川北区志

CHUAN BEI QU ZHI

（1950.1~1952.9）

川北区志编纂委员会　编

方志出版社
Publishing House of Local Records

图书在版编目（CIP）数据

川北区志：1950.1~1952.9 /《川北区志》编纂委员会编. —北京：方志出版社，2015.3

ISBN 978-7-5144-1668-8

Ⅰ.①川…　Ⅱ.①川…　Ⅲ.①区（城市）-地方志-南充市-1950~1952　Ⅳ.①K297.13

中国版本图书馆CIP数据核字（2015）第185282号

川北区志（1950.1－1952.9）

编　　者：《川北区志》编纂委员会

责任编辑：罗　滔

出 版 人：冀祥德

出 版 者：方志出版社

地址　北京市朝阳区潘家园东里9号（国家方志馆4层）

邮编　100061

网址　http://www.fzph.org

发　　行：方志出版社发行部

电话（010）67110500

经　　销：各地新华书店

印　　刷：四川省印刷制版中心有限公司

开　　本：889×1194　1/16

印　　张：32

字　　数：843千

版　　次：2015年3月第1版　2015年3月第1次印刷

印　　数：0001~2000册

ISBN 978-7-5144-1668-8　定价：320.00元

川北区行政区划图（1950年）

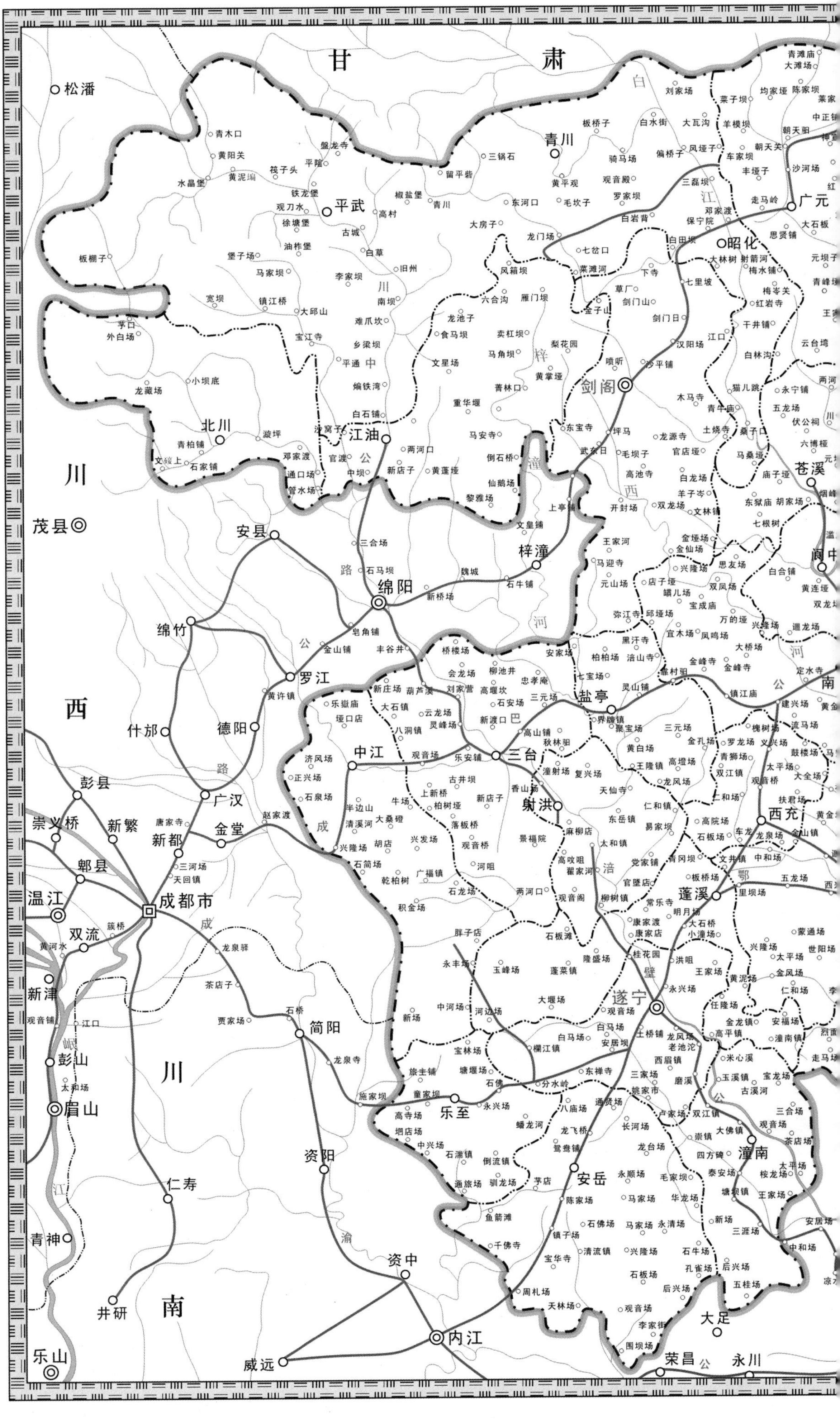

南充市街道计划图（1951年）

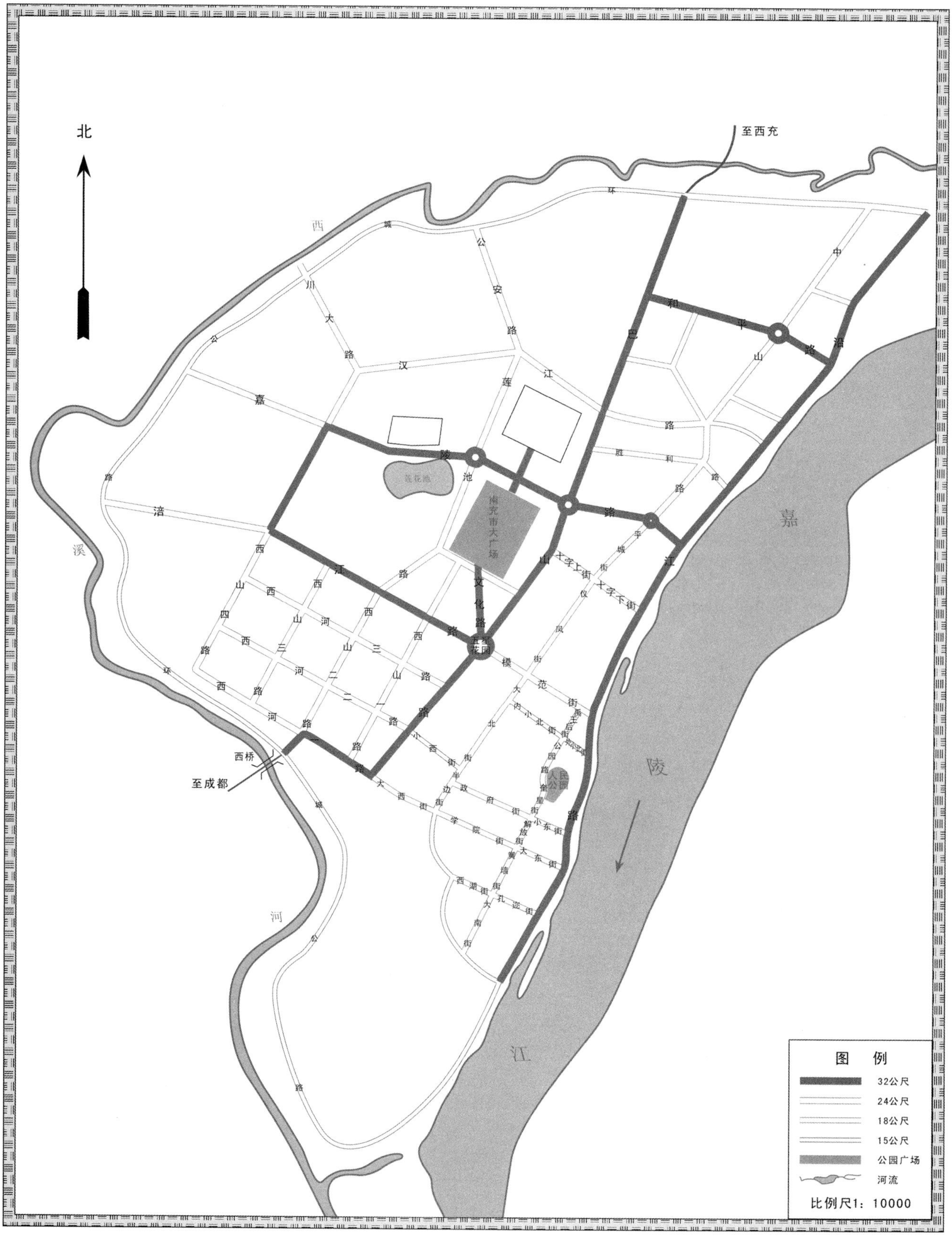

川北公路路線圖

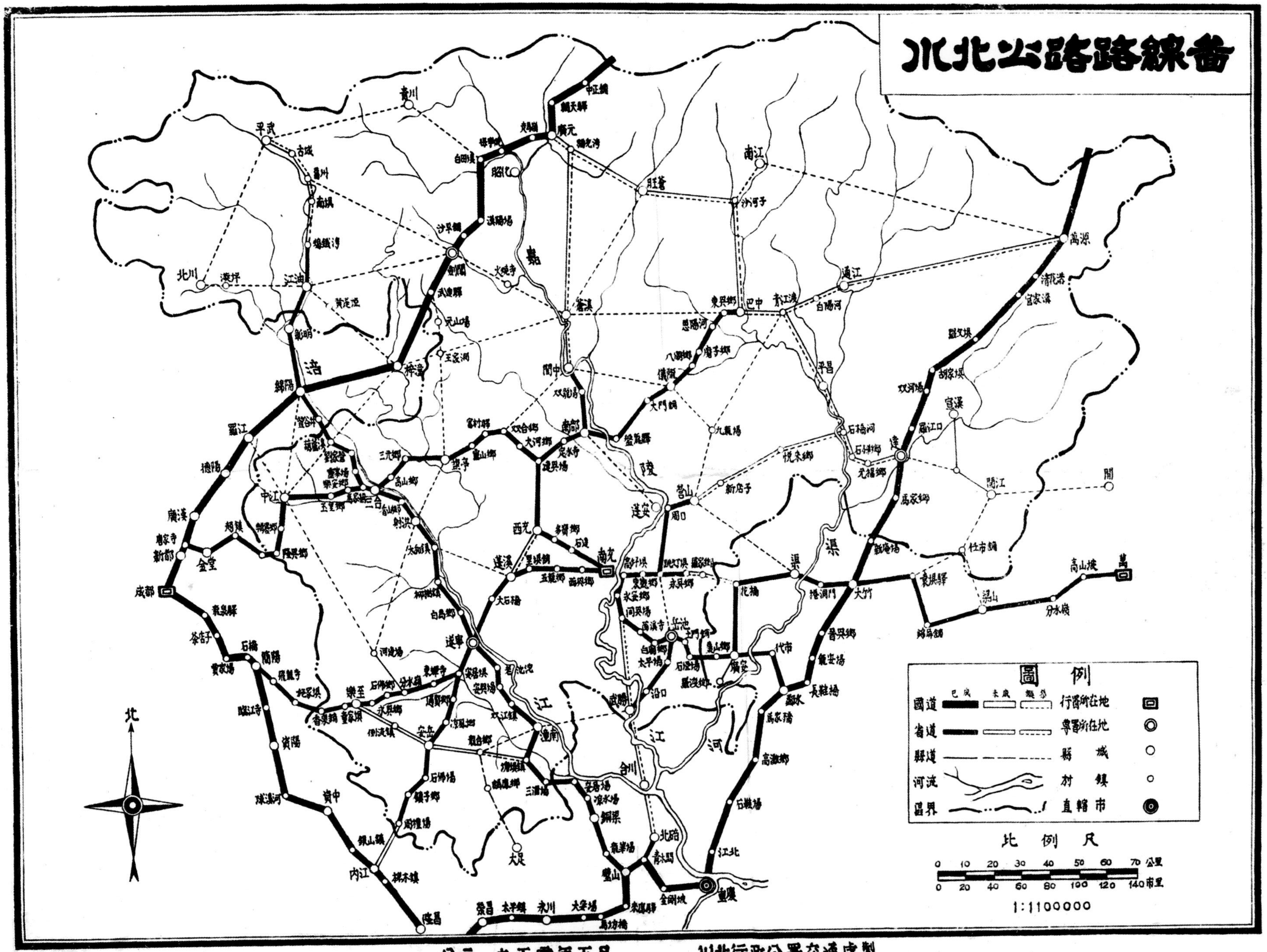

公元一九五零年五月　　川北行政公署交通處製

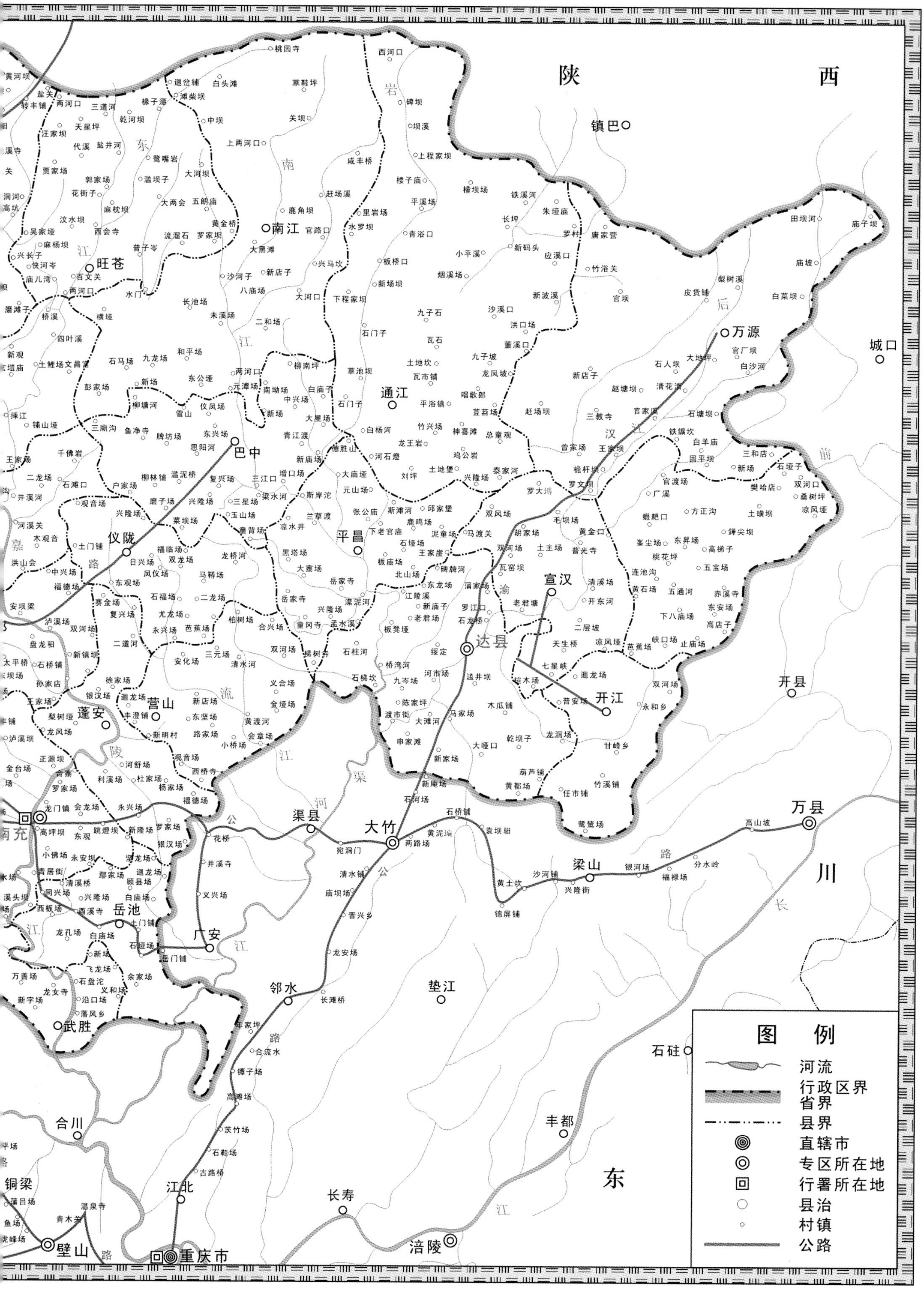
陕
西
镇巴
城口
万源
开县
万县
川
东
江
长
石柱
丰都
涪陵
长寿
重庆市
江北
壁山
铜梁
合川
武胜
岳池
广安
邻水
垫江
梁山
大竹
渠县
达县
开江
宣汉
平昌
通江
巴中
南江
旺苍
仪陇
营山
蓬安
南充
桃园寺
西河口
白头滩
草鞋坪
遛岔铺
滩柴坝
碑坝
黄河坝
盐关
转丰铺
两河口
三道河
橡子滩
乾河坝
中坝
关坝
坝溪
天星坪
汪家坝
代溪
盐井河
上两河口
咸丰桥
上程家坝
鹭嘴岩
贾家场
郭家场
滥坝子
大河坝
楼子庙
檬坝场
铁溪河
花街子
大两会
五朗庙
赶场溪
平溪场
朱垭庙
汶水坝
麻枕坝
鹿角坝
里岩场
长坪
田坝河
庙子坝
吴家垭
西会寺
黄金桥
水罗坝
罗村
唐家营
流溜石
罗家坝
官路口
青浴口
麻杨坝
普子岑
大黑滩
小平溪
新码头
应溪口
兴长子
快河岑
百文关
兴马坎
板桥口
竹浴关
庙坡
沙河子
新店子
烟溪场
梨树溪
庙儿湾
两河口
水门
八庙场
新场坝
皮货铺
磨滩子
长池场
大河口
下程家坝
新波溪
官坝
白菜坝
桥溪
横垭
未溪场
二和场
九子石
沙溪口
四叶溪
洪口场
石门子
瓦石
董溪口
新观
土鲤场
文昌宫
石马场
九龙场
和平场
土地坎
九子坡
官厂坝
石人坝
大地坪
白沙河
增庙
两河口
柳南坪
草池坝
龙凤坡
新店子
彭家场
东公垭
新场
元潭场
南坳场
瓦市铺
唱歌郎
赵塘坝
清花滩
柳塘河
仪凤场
中兴场
白庙子
石门子
平浴镇
赶场坝
三教寺
官家滩
石塘坝
雪山
新场
大星场
莹营场
铺山垭
三蔺沟
鱼净寺
东兴场
竹兴场
神喜滩
总童观
铁镰坎
白羊庙
牌坊场
白杨河
青江渡
恩阳河
龙王岩
曾家场
王家坝
三和店
千佛岩
德胜山
河石燈
鸡公岩
泰家河
固平坝
新庙场
土地堡
新场
石垭子
二龙场
柳林铺
滥泥桥
复兴场
三江口
增口场
大庙垭
刘坪
兴隆场
桅杆坝
罗文坝
官渡场
樊哈店
双河口
石滩口
户家场
磨子场
兴隆场
三星场
梁水河
斯岸沱
元山场
罗大埔
厂溪
桑树坪
井溪河
观音场
兴隆场
菜坝场
玉山场
凉水井
兰草渡
张公庙
斯滩河
邱家堡
双凤场
方正沟
土璜坝
凉风垭
河溪关
童背场
下老官庙
鹿鸣场
毛坝场
蝦耙口
木观音
土门铺
福临场
龙桥河
黑塔场
石垭场
泥童场
马渡关
胡家场
黄金口
东昇场
铧尖坝
洪山会
日兴场
双龙场
板庙场
王家崖
双河场
土主场
普光寺
峯尘场
桃花坪
高梯子
中兴场
凤仪场
马鞍场
大寨场
北山场
碑牌河
瓦窑坝
连池沟
五宝场
福德场
东观场
岳家寺
蒲家场
清溪场
黄石场
五通河
赤溪寺
安坝梁
赛金场
石福场
二龙场
岳家寺
溸泥河
东龙场
渝
开东河
江陵溪
新庙子
罗江口
老君塘
东安场
泸溪场
复兴场
尤龙场
柏树场
兴隆场
老君场
石龙桥
下八庙场
高店子
双河场
永兴场
芭蕉场
合兴场
童冈寺
孟水溪
板凳垭
二层坡
盘龙驲
二道河
三元场
双河场
梯树寺
石柱河
绥定
天生桥
凉风垭
芭蕉场
峡口场
止庙场
太平桥
石桥铺
新镇坝
安化场
清水河
桥湾河
七星峡
孙家店
徐家场
义合场
石梯坎
九岑场
河市场
滥井坝
檀木场
遛龙场
双河场
银汉场
遛龙场
新店场
金垭场
陈家坪
普安场
王家场
梨树垭
丰澄铺
东坚场
黄渡河
渡市街
大滩河
马家场
木瓜铺
永和乡
龙凤场
新明村
路家场
会章场
申家滩
乾坝子
龙洞场
泸溪坝
观音场
小桥场
大哑口
甘峰乡
正源坝
河舒场
新家场
金台场
合流
利溪场
杜家场
西桥寺
葫芦铺
合营
罗家场
杨家场
新庵场
黄都场
竹溪铺
福德场
任市铺
龙门镇
会龙场
永兴场
石河场
石桥铺
高山坡
鹭鸶场
高坪镇
东观
跳蹬河
新隆场
罗家场
银汉场
花桥
宛洞门
两路场
黄泥塌
袁坝驲
小佛场
永安坝
竖龙场
井溪寺
清水铺
沙河铺
银河场
分水岭
青居街
鄢家场
遛龙场
顾县场
黄土坎
兴隆街
福禄场
清溪桥
庙坝场
同兴场
兴隆场
白庙场
义兴场
锦屏铺
西板场
西溪寺
晋兴乡
土门铺
龙孔场
白庙场
石垭场
龙安场
新场
岳门铺
万善场
飞龙场
余家场
石盘沱
义和场
龙女寺
沿口镇
新字场
长滩桥
落凤乡
年家坪
合流水
镡子场
高滩场
茨竹场
石鞋场
古路桥
蒲吕场
温泉寺
青木关
公
路
流
江
渠
河
东
南
岩
汉
后
前
嘉
陵
图例
河流
行政区界
省界
县界
直辖市
专区所在地
行署所在地
县治
村镇
公路

1949年12月，中国人民解放军第一野战军第18兵团翻越秦岭，进军川北

1949年12月，中国人民解放军第二野战军第3兵团11军32师94团进军南充

南充市解放纪念碑

川北
解放
01
Chuan Bei Jie Fang

1950年1月1日，南充县庆祝元旦暨胜利解放军民联欢大会

1950年1月19日，南下中共党员与川北地下党员会师合影

1950年7月18日，川北行署委员会委员及工作人员就职合影

1952年7月20日，川北行署主任、副主任、各厅局长合影

1951年，中共川北区委第一书记胡耀邦（前排中）、第二书记赵林（前排左一）和部分常委、委员合影

1951年，中共川北区委、川北行署领导合影

1950年8月27日，南充军分区首届党委扩大会议与会人员合影

1951年1月，中江县仓山区各界人民庆祝元旦大会暨农民武装自卫队检阅式

川北女民兵

中共川北區党委直屬党

1951年7月12日，中共川北区委直属党委会首届党代会全体代表合影

1952年8月27日，西南革命大学川北分校四部第七期全体工作人员结业合影

1950年7月20日，中共川北区首届代表会议主席团合影

1950年10月21日，川北区直属机关好单位与模范工作者合影

1951年9月1日，中共南充丝二厂党支部党员入党宣誓合影

1950年9月15日，剑阁专区干部训练班学员毕业合影

党建
工作
12/13
Dang Jian Gong Zuo

1950年4月，川北第一届工人代表会议代表合影

1950年11月30日，川北区工会筹备委员会第一届扩大会议代表合影

1951年3月22日，川北区首届农民代表大会当选的农民协会委员

1951年3月22日，中国新民主主义青年团川北区直属机关首届团代表大会代表合影

1950年4月19日，川北各界妇女代表会代表合影

1950年10月16日，南充专区民主妇联筹委会代表合影

1951年3月4日，胡耀邦接见藏族劳模木津津、哈他、波罗、白扭

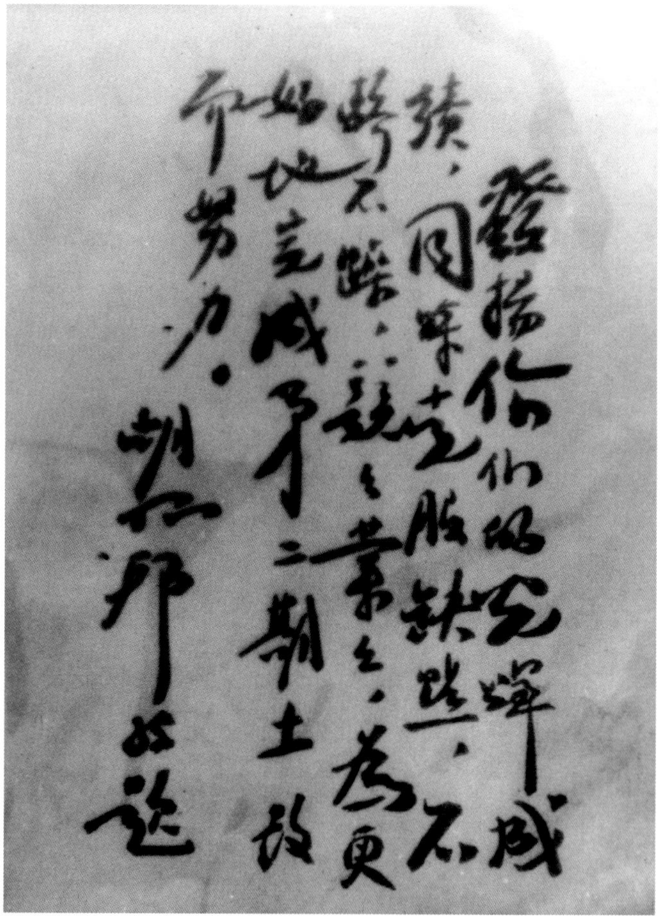

胡耀邦为川北区第二期土地改革题词

1951年6月18日，川北区第二期土地改革工作团部分成员出发前合影

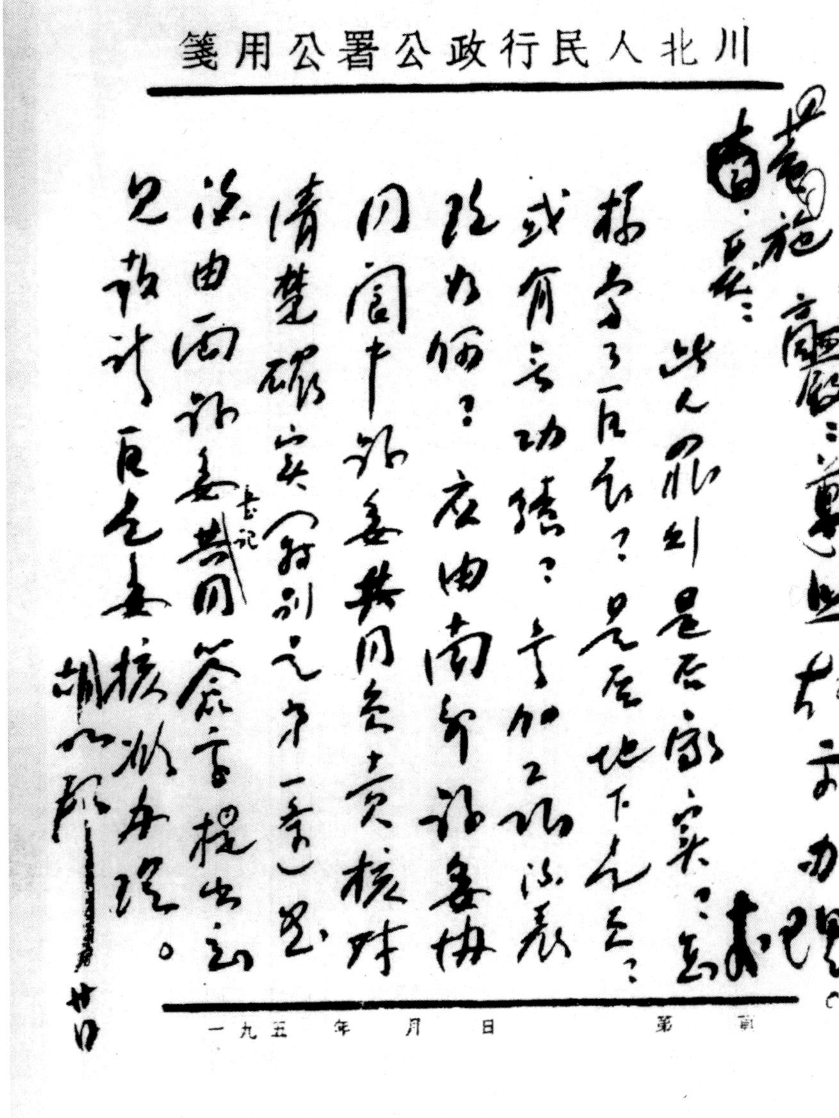

1951年初，胡耀邦在镇压反革命运动中的批示手迹

1951年5月，中央土地改革工作团川北队成员胡愈之、严济慈等民主人士在川北合影

1951年6月25日，南充市抗美援朝爱国捐献活动现场

1951年3月25日，南充县指路碑农业社女社员在抗美援朝爱国公约上签名

1951年10月1日，西充县庆祝国庆两周年纪念大会暨各界人民庆祝志愿军蒙炳和荣获一等功两次大会会场

川北區首屆勞動模範代

川北南部縣城闵鎮訴苦説理鬥争大会1951.4.2

1
2 | 3

1、1951年3月13日，川北区首届劳动模范代表大会代表合影

2、1951年4月2日，南部县城关镇土地改革诉苦说理斗争大会会场

3、1951年，川北区第一批互助组组长合影

川北區協商委員會暨各民

1、1952年7月17日，川北区协商委员会暨各民主党派欢送胡耀邦合影

2、1952年，蓬安县第一区城中乡何玉清互助组秋耕情景

3、1951年4月2日，剑阁专区首届妇女代表会上，藏区干部与平武藏族妇女代表合影

1950年7月1日，川北区首届第一次各界人民代表会议代表合影

1951年12月，川北区首届第二次各界人民代表会议会场

1951年1月16日，川北区第一届司法会议与会人员合影

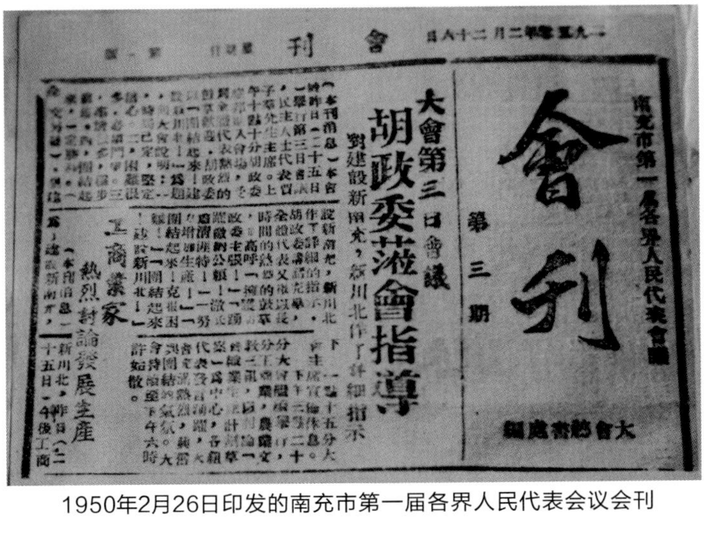

一九五〇年二月二十六日 會刊

南充市第一屆各界人民代表會議

會刊

第三期

大會秘書處編

大會第三日會議

胡政委蒞會指導

對建設新南充，新川北作了詳細指示

工商業家熱烈討論發展生產

1950年2月26日印发的南充市第一届各界人民代表会议会刊

1951年10月，胡耀邦与各地领导座谈工农业生产工作

1951年1月，川北农工矿调查团合影

1951年5月11日，川北区首届工业会议代表合影

1951年6月17日，南充专区首届农林生产扩大干部会议与会人员合影

1951年6月16日，南充专区首届土产会议与会人员合影

1950年12月16日，岳池县临时工商代表会议代表合影

1950年的南充丝二厂

川北行署机关驻地

南充市城区一隅

1
2 | 3 | 4 | 5

1、中共川北区委、川北军区机关驻地　　2、中共川北区委办公楼
3、胡耀邦在川北工作时的旧居　　4、川北行署礼堂
5、1950年7月30日，胡耀邦为川北行署办公大厦奠基题词：建设人民新川北的第一基石

1951年建成的南充市五星花园

1951年1月28日，川北区中小学教师讲习班开学典礼学员合影

1951年4月14日，川北行署农村文化服务队队员出发前合影

1950年11月14日，川北区幻灯工作人员训练班学员毕业合影

1951年4月14日，川北区灯影木偶洋片工作会议与会人员合影

1951年，川北第一医院

1951年11月25日，川北区文学工作会议与会人员合影

1951年10月5日，南充县医护人员为群众接种牛痘疫苗

1950年8月8日，《川北日报》记者合影

《川北区志》编纂委员会

主　任：向　东　中共南充市委副书记、市政府市长

副主任：郑和平　中共南充市委常委、市政府常务副市长

朱家媛　市政府副市长

沈一凡　市政府秘书长

夏建平　市地方志办公室主任

成　员：杨　雄　市委副秘书长、办公室主任

张　和　市人大常委会副秘书长、办公室主任

刘　洪　市政府副秘书长、办公室主任

谷光明　市政协副秘书长、办公室主任

张相君　市政府副秘书长

聂文钧　市委政法委副书记

官晓林　市委组织部副部长、市委编办主任

赵　东　市委宣传部副部长

王大文　市委统战部副部长

胡　蓉　市委农工委主任

斯顺平　市国家保密局局长

雷国林　市教育局局长

杨　铁　市经济信息化委主任

李　军　市民政局局长

廖大春　市财政局局长

侯　健　市人力资源和社会保障局局长

吕兴伦　市住房和城乡建设局局长

蔡绍雄　市交通运输局局长

杨明君　市商务粮食局局长

陈家喜　市文化广播影视体育局局长

郑和平　市卫生局局长

吴兴中　市统计局局长
杨　丹　市金融办主任
唐宗政　市委党史研究室主任
陈　新　市档案局局长
朱和晏　市地方志办公室副主任
何　进　市地方志办公室调研员
于　明　市地方志办公室副调研员

《川北区志》总编室

总　　编： 朱家媛
副 总 编： 沈一凡　张相君
执行主编： 夏建平
执行副主编： 何　进　朱和晏　于　明
特邀副主编： 谢洪才　罗永师　徐方强　蒲明礼
英文翻译： 林志华
编　　务： 李　翠　祝　华　袁渊明　童梅菁　付微臻　谢先锋

《川北区志》终审验收小组人员

陈越良　马小彬　何晓平　冯宝运　胡品生
罗亚夫　谭继和　汪　毅　曾新苗

序

中共南充市委、市人民政府组织编纂了《川北区志（1950.1—1952.9）》，作为那段历史的参与者、见证人，南充市请我为此书写序，很高兴看到这段历史面世，很乐意就我所知写一段话。

川北区是1950年至1952年在特定历史条件下设立的一个省级行政区，下辖南充市和南充、遂宁、达县、剑阁4个专区、35个县，面积约9万平方公里，人口1700余万人。中共川北区委、川北行署驻地南充市。

1950年春，我带着母亲和两个孩子经武汉坐船，经三峡到重庆，最后到川北南充。一路风光，让我第一次看到天府之国的山水之美，第一次接触到纯朴的川北人民。耀邦是个孝子，随后又从湖南老家接来公婆和大侄女一起生活，1952年我的四子也在南充出生。

新中国成立后，地域辽阔的四川省在行政区划上分为川东、川南、川西、川北4个省级建制行政区和西康省、直辖重庆市。1949年12月中旬，中共中央西南局电告以贺龙同志为首的川西北临时军政委员会"同意组织川北党的临时工委，以胡耀邦为书记，赵林为副书记"。

在面对旧政权留下满目疮痍的川北这块土地上，如何巩固新生的人民政权，恢复工农业生产和发展经济，让饱受苦难的川北人民尽快过上好日子。这一切，对于新成立的川北区党委来说，都是严峻的考验。

在巩固新生政权方面。川北区党委、川北行署团结带领川北人民，开展了大规模的剿匪反霸和镇压反革命运动，彻底肃清匪特，建立了良好的社会秩序。

在发展地方经济方面。严格执行财经统一政策，调整工商业，战胜经济困难，发展地方经济。开展了“三反”“五反”运动，巩固了国有经济的领导地位。在这方面我深有感触，1950年随耀邦到川北后，我就被组织安排在丝三厂参加工作。当时丝绸业是南充的支柱产业，南充是成都蜀绣丝绸原料的供应基地。为了加快发展经济，川北区党委研究决定抓好丝绸生产，不仅能带动南充一大批相关企业，还可以搞活川北的经济。就这样，如火如荼的生产建设开始了。

在恢复工农业生产方面。开展了轰轰烈烈的减租退押、土地改革运动，消灭了封建剥削制度，恢复发展了农业生产。1951年，中央派出了西南土改工作团到川北参加土改时，川北区党委把南充丝织厂纺织的一块丝绸方巾作为礼物相赠。时隔60多年后，当年西南土改工作团成员，原《北京青年报》记者安瑞霞同志又将这块保存完好的方巾交给我的儿子德平。睹物生情，一块方巾勾起了无数回忆。这块方巾正中绣的是耀邦题写的“翻了身的川北人民亲切地记忆着您”。题词的四周用文字罗列了24种“川北区土特产：柚子、苹果、大米、竹子、胡豆、白蜡、茶叶、生丝、鹅毛、猪鬃、梨子、拐杖、银耳、桔梗、煤、生铁、广柑、牛皮、桃子、枳壳、贝母、葡萄、桐油、五倍子”，并绘有土特产图片。一块丝绸方巾也成了对外宣传的一个载体，不仅宣传当地的支柱产业——丝绸业，也宣传了农副业。从此，我喜欢上了纺织业。全家到北京以后，我先在全国总工会工作，总工会领导陈少敏、栗再温劝我不要在机关办公，最好去基层锻炼。我欣然同意，组织上安排我到北京市国棉一厂工作，在这个行业一干就是30年，直到退休。

在1951年耀邦给中央西南土改工作团作报告时，安瑞霞同志在会场还请耀邦给她题了词，内容是“在毛主席的号召下团结起来为人民的事业而努力奋斗”。这也是耀邦在川北工作的指导思想。安瑞霞、张其锟夫妇至今还保留着这份珍贵的题词。

在统一战线工作方面。改革和扩大各阶层人民的民主统一战线，团结和调动各方面力量，建立和巩固了人民民主政权。

在兴办教育方面。有步骤、有计划地改革与发展文化教育工作，恢复和发展了文教事业，创办川北革命大学、川北党校，训练培养革命干部，为新川北的建设奠定了组织基础和干部基础。

同时，积极响应抗美援朝、保家卫国的号召，倡导增产节约、积极捐献、支援前线，为抗美援朝做出了较大贡献。

1952 年 9 月，中共中央和中央人民政府决定撤销川北等 4 个行政区，恢复四川省建制。短短的两年多时间里，川北区党委、川北行署经受住了严峻的考验，不仅建立和巩固了新生的人民政权，而且迅速恢复和发展了国民经济，推动和促进了社会进步。川北区的伟大革命实践，是建国初期民主改革和建设的一个缩影，它有力地回击了新中国成立时有些人对共产党执政的怀疑，粉碎了“共产党在军事上得满分、政治上得八十分、经济上得零分”的错误言论。

耀邦和我曾在这块土地上工作、生活了近 900 个日日夜夜，一直对这方土地和人民怀有深深的眷恋之情。耀邦和我离开川北之前，耀邦曾跟我讲过：“南充今后要建机场，这里很可能还有大量油气资源等待开发，嘉陵江也要治理通航。”我们是怀着依依不舍的心情离开川北南充的。

川北区建制存在的时间虽然短暂，但它的重要历史性不容忽视，这段历史已经过去 60 多年了。高兴的是 2012 年中共南充市委、南充市人民政府决定将这段历史记述下来，组织力量编纂《川北区志》，功莫大焉！

《川北区志》的编纂者们实事求是，运用大量的翔实的历史资料，全面系统、客观公正地记述了川北区时期建立政权、巩固政权和民主改革、发展经济、社会进步等方面的历史状况。不仅为人们研究中国共产党在新中国成立之初如何执政提供了弥足珍贵的史料，而且还填补了地方志书专门记述新中国成立初期这一特殊时期的历史空白。为此，我向付出心血的所有编纂者们致以崇高的敬意！

当年的川北区，今天已分属于四川省、重庆市的 10 个市（区）。在过去的 60 多年里，各级党委、政府领导川北人民大力发展经济，努力提高人民生活水平。今天的川北大地已面貌一新，人民生活幸福。我深感欣慰！

回顾历史，展望未来，我衷心地祝愿川北人民，在全面建成小康社会和全面深化改革、实现中华民族伟大复兴中国梦的奋斗目标中，发展得更加美好，生活得更加幸福，描绘出更加灿烂的画卷，谱写出更加绚丽的篇章！

李昭

2014年7月9日

（李昭系胡耀邦夫人，时任中共南充市委副书记、组织部部长。）

凡　例

一、本志以马列主义、毛泽东思想、邓小平理论、“三个代表”重要思想和科学发展观为指导，坚持辩证唯物主义和历史唯物主义的观点和方法，全面客观记述川北区行政区域内自然、政治、军事、经济、社会事业的历史状况。

二、本志上限为1950年1月，下限为1952年9月，记述内容原则上不上溯下延。

三、本志记述地域为川北区行政区域，即川北区直辖南充市和南充专区、遂宁专区、达县专区、剑阁专区。

四、本志由志首、主体部分、志尾组成。志首设川北区行政区划图、川北区公路线路图、南充市街道计划图、特载图片、序、凡例、目录、概述、大事记；主体部分按照川北区特定的历史背景和工作重点设17类，重点记述建立人民民主政权、征粮剿匪、减租退押、清匪反霸、土地改革、镇压反革命等中心工作；志尾设附录、编后记、索引。

五、本志采用条目体，设类目、条目、子目3个层次，条目用黑体字加【】标示，并以汉语拼音为序，辑成索引。

六、本志采用述、记、志、传、图、表、录等体裁，以志为主，表格随文附置。

七、本志1949年10月1日前纪年采用历史朝代纪年，括注公元年份；1949年10月1日后采用公元纪年。本志中使用的解放前（后）系指川北区各地解放前（后）。

八、本志使用现代汉语书面语言记述，正文（除引文外）采用第三人称表述。使用规范汉字，遵循现代汉语语法规范。标点符号、数字、计量单位的使用执行国家规定的统一标准。历史上常用的担、石、挑等个别计量单位仍使用当时的计量单位。1955年3月1日前使用的旧制人民币一律折成新制人民币（旧制人民币1万元合新制人民币1元）。

九、本志涉及的政区、地名、机构、组织、会议、职衔等，使用当时称谓。对易产生歧义的地名等称谓采用括注。人物直书姓名，不加褒贬。

十、本志大事记以编年体为主，辅以纪事本末体。

十一、本志人物类所记人物为川北区党委委员、川北行署委员以上的领导干部和川北区时期政治、军事、经济、社会事业各界在川北区有影响的人物。设人物传、人物简介、人物录。人物传遵守“生不立传”原则，按人物卒年排序，川北区主要领导人胡耀邦序位前置。人物简介按人物生年排序。人物录按人物获得荣誉称号时间先后排序。

十二、本志资料来源于档案、报刊、书籍等。

目 录
CONTENTS

政 区 Administrative Region

自然环境 Natural Environment

人 口 Population

中共川北区委员会 CPC North Sichuan Committee

川北人民行政公署
North Sichuan Prefectural Administrative Office

政事概要 Summary of Government Affairs

川北区各界人民代表会议
All Circles of the People's Congress of North Sichuan

民主党派 Democratic Parties

群团组织 People's Organizations

军　事 Military

公　安 Public Security

检　察 Procuratorate

审 判 Judgment

国民经济 Economy

社会事业 Social Undertaking

宗　教 Religion

人　物 Figures

附　录 Appendix

概　述

川北区位于秦岭南麓、四川盆地北部，东邻川东区和重庆直辖市，西与川西区接壤，南连川南区，北与甘肃省和陕西省毗邻，总面积约9万平方公里，耕地面积216万公顷，人口1784万。辖南充市和南充、遂宁、达县、剑阁4个专区35个县，中共川北区委、川北行署、川北军区驻南充市。

川北区地势从北向南倾斜，北部以山地为主，摩天岭主峰海拔4522米，是川北最高峰。南部以丘陵为主，高丘低山、中丘、低丘等分布广泛。大部分地方属亚热带湿润季风气候，冬暖、降水少；春早，回温快但不稳定；夏长，降水集中，持续高温，常有夏旱和伏旱；秋稍短、气温急降、多绵雨。境内主要河流有嘉陵江、涪江、渠江、东河、西河。境内原生自然植被以常绿阔叶林和落叶阔叶林为主，珍稀古树有柏树、红豆、银杏、铁坚油杉、榕树、香椿等。珍稀动物有大熊猫、金丝猴、牛羚、金猫、云豹、猕猴、大灵猫、水獭、大鲵等。主要矿产资源有石油、天然气、煤、铁、金、铜、铅、锌、锰和石灰石等。

一

1949年11月中旬，中国人民解放军第2野战军主力和中国人民解放军第4野战军一部从川东、川南方向进军入川。12月初，中国人民解放军第1野战军第18兵团从川北方向进军入川。12月5日，解放潼南县。至1950年1月23日，川北其余各县先后解放。分配到川北的1680名南下干部随进军路线沿途到职视事，及时同川北地下党员会师，并会同部队中调出的一部分干部，开展接管建政各项工作。

为完成新解放区复杂的社会变革任务，中共中央决定在地域辽阔的四川设川东、川南、川西、川北四个省级行政区以及西康省和中央直辖的重庆市。川北区辖南充市和南充、遂宁、剑阁、达县4个专区，35个县。1949年12月18日，中共中央西南局电告川西北军政委员会，同意组建中共川北区临时工作委员会（简称中共川北临工委）。川北政权组织以行署名义出现。1950年1月5日，中共川北临工委、川北行署直属工作机构南下干部到达南充。1950年2月20日，胡耀邦到达南充。21日至24日，在中共川北临工委召开的全区县以上干部会上，中共川北区委、川北行署、中国人民解放军川北军区正式成立。胡耀邦任中共川北区委第一书记兼川北行署主任、川北军区政委。

国民党统治期间，川北战乱不断，横征暴敛，经济萧条，金融混乱，物价上涨，民不聊生。加之，国民党溃败时，留下反革命地下武装，布置潜伏特务。这些反革命地下武装和潜伏特务与川北各地惯匪、恶霸地主、反动会道门头目相勾结，造谣破坏，蛊惑人心，放火投毒，破坏交通，煽动暴乱。群众人心惶惶，社会秩序混乱。面对川北解放初期严峻的形势和艰巨的任务，中共川北区委、川北行署、川北军区紧紧依靠各级领导干部，充分发动群众，团结一切可以团结的力量，调动各种积极因素，接收接管旧政权，建立人民民主新政权，领导全区人民开展了征粮剿匪、清匪反霸、减租退押、土地改革、镇压反革命、“三反”“五反”等运动。同时以巨大的人力、物力、财力支援抗美援朝、保家卫国战争，努力恢复和发展经济及社会事业，改善人民生活，为川北进行社会主义改造和社会主义经济建设打下了坚实的基础。

1952年9月1日，中共中央和中央人民政府决定：撤销川东、川南、川西、川北四个省级行政区，恢复四川省建制。中共四川省委、省人民政府正式成立，中共川北区委、川北行署即日停止行使职权。

二

1950年1月，中共川北临工委赵林、秦仲方等领导到达南充。根据中共中央的方针、政策及中共中央西南局的部署，中共川北临工委结合川北实际，制定了《川北区初期工作纲要》。明确提出了川北区初期基本任务是：支援前线，接管城市，收缴国民党军、特、匪等武装组织的枪支；安定社会，稳定人心，恢复生产。川北各县解放后，在城市人口5万人以上的南充县、遂宁县建立了军事管制委员会，其他各县建立接管委员会，对川北各地进行接收接管。同时，建立了各级人民政府。

中共川北区委、川北行署正式成立后，把各界人民代表会议作为中共联系和沟通各界群众的桥梁和纽带，把开好各界人民代表大会作为建立新生人民民主政权的首要工作。1950年2月25日，胡耀邦在南充市首届各界人民代表会议上，作了题为《团结起来，建设新川北》的报告。会议选举产生了34名协商委员会委员，成立了川北最早的人民政治协商组织。南充市各界人民代表会议经验很快推广到川北各地，各县相继召开各界人民代表会议，争取了各界人士向人民政府靠拢，社会秩序基本稳定下来。1950年6月23日至7月1日，川北区首届第一次各界人民代表会议召开。胡耀邦在会上作了题为《川北区当前施政方针》的报告。报告中提出了6个方面的任务，即彻底肃清匪特，建立巩固的革命秩序；实行减租，准备土改，恢复与发展农业生产；调整工商业，繁荣经济；严格执行财经统一政策，努力完成财政任务，克服困难；有计划、有步骤地改革与发展文化教育事业；巩固与扩大人民民主统一战线，建立坚强的各级人民政权。会上，经过民主协商，选举产生了川北区各界人民代表会议政治协商委员会委员，成立了川北区各界人民代表会议政治协商委员会。7月18日，川北行署委员会委员和川北行署主要工作人员宣誓就职典礼在南充市隆重举行，胡耀邦带领川北行署委员会全体委员、川北行署主要工作人员举起右臂，庄严地朗诵誓词："我们以至诚向川北人民宣誓：我们要奉行中央人民政府和西南军政委员会的各种政策法令，厉行廉洁朴素、为人民服务的革命作风，随时随地倾听人民群众的意见和呼声，及时改进我们工作中的缺点和错误，坚决完成我们的任务，为彻底实现《共同纲领》和建设人民的新的川北而努力奋斗。"

川北区各级干部主要由南下干部、地下党干部、部队转业干部组成。中共川北区委坚决贯彻中共"五湖四海"的干部政策，在工作安排上一视同仁，不搞山头主义，不搞小圈子。把团结各民主党派、各界民主人士和共产党一道参加新政权的建设，互相监督、肝胆相照、荣辱与共作为一项十分重要的工作，把这项工作同政权建设联系在一起。中共川北区委对党外人士关怀备至，相处中光明磊落、开诚布公。在川北行署委员会29位委员中，民主党派和民主人士的代表占15人，超过了二分之一。川北行署主要厅、局中，都有民主人士担任厅、局一级的领导职务。起义将领裴昌会担任川北行署副主任，民盟成员杨达璋担任川北行署副秘书长，川北民革负责人龙杰三担任川北行署委员，川北民盟负责人贾子群担任川北行署文教厅厅长，川北著名工商业代表人士奚致和担任川北行署商业厅厅长。这些民主人士有职、有权、有责，切实感受到了中共对他们的信任和尊重，彼此坦荡真诚，相互尊重，心情舒畅，创造了很好的业绩。同时，中共川北区委为解决任务重、干部少的矛盾，通过举办人民革命大学、开办各类干部培训班以及在工人、农民中选拔干部等办法，大量培养和吸收新干部。

1951年5月，川北区第一期土地改革结束后，部分乡村干部和农村积极分子产生了不愿意继续工作，不愿意当干部的“换班松劲”思想。南充县斑竹乡乡长鄷斯云在当时颇具代表性。中共川北区委对此现象非常重视，《川北日报》辟出专栏，开展“鄷斯云思想”大讨论，在川北区掀起了“鄷斯云思想”讨论热潮。《人民日报》和全国其他各大报纸以及各省报纸也以“好了伤疤忘了痛”为题，在全国范围内开展“鄷斯云思想”讨论。川北区广大乡村干部和农村积极分子通过开展“鄷斯云思想”大讨论，受到很大教育，提高了政治思想觉悟，增强了为人民服务的使命感和责任感。

1951年年底，中共中央鉴于干部队伍中出现严重贪污蜕化现象，在全国范围内发动了反贪污、反浪费、反官僚主义的“三反”运动。中共川北区委认真贯彻执行中共中央指示精神，正确地领导了川北区的“三反”斗争。1951年12月21日，中共川北区委对川北解放以来反贪污的情况向中共中央及中共中央西南局作了书面报告。中共川北区委的书面报告，分析客观有据，检讨深刻有力，引起中共中央的高度重视，毛泽东阅后立即做出批示“川北区党委12月21日的报告简明有力，说得中肯，发给各地参考，并在党刊发表”。1952年初，中共中央在全国各地开展了反行贿、反偷税漏税、反盗骗国家财产、反偷工减料和反盗窃国家经济情报的“五反”斗争。中共川北区委在南充市和35个县城及6个大镇开展“五反”运动，肃清经济内奸和坐探分子，提高了各级干部的阶级觉悟，巩固了国营经济领导地位，并在“五反”运动中进一步组织发动工人阶级，实行城市的民主改革运动。5月底，“五反”运动基本结束。“三反”“五反”运动有力地打击了国家公职人员中蜕化变质分子和工商界的不法资本家，整肃了革命队伍，提高了广大干部的阶级斗争觉悟，进一步巩固了新生的人民民主政权。

三

川北解放初期，特务、惯匪匪首、恶霸、反动党团骨干和反动会道门头子等反革命分子组织武装暴乱，杀害干部、解放军战士、人民群众，抢劫军车、商车，烧毁公私建筑物和仓库，破坏工矿企业生产，气焰极为嚣张。川北区征粮工作全面展开后，相互勾结的土匪和地主造谣惑众，煽动抗粮、抢粮、烧粮，破坏交通，杀害征粮工作人员，以致人心惶惶，社会不得安宁。清除匪患成为巩固新生的人民民主政权、安定社会秩序、保障征粮工作顺利进行的当务之急。1950年2月初，川北区剿匪工作全面展开。剿匪任务主要由中国人民解放军第61军承担。剿匪中，各部队把发动群众放在首要位置。各团都成立了百人以上的群众工作队，连队普遍建立了群众工作组，同时组织农会和农民武装自卫队。川北广大人民群众一经发动，纷纷举报匪情，提供线索，自动设立盘查哨，四处堵截追捕。是时，匪特活动最严重的地区是嘉陵江、涪江、渠江三角地带。川北各军分区集中优势兵力，对腹心地区股匪进行重点围剿。至6月底，共歼灭股匪7.3万多人，粉碎了匪特企图在营山、江油、盐亭、射洪、蓬安、南充等地发动暴乱的阴谋，安定了社会秩序，保证了征粮工作顺利完成。10月，中共川北区委发出《川北区关于镇压反革命活动的指示》，川北行署发出《关于镇压反革命的指令》。各地人民政府结合减租退押，发动群众集中力量进行清匪反霸。至1952年6月，川北区共镇压各类反革命分子8万多人，反革命势力基本肃清。

民国时期，川北一带山地种大烟农户较多，万源、旺苍、平武、通江、昭化等地是四川大烟主要产地。烟馆、烟民遍布川北各地。川北解放初期，中共川北区委要求各专区、各县迅速封闭烟馆，禁种、禁吸、禁运大烟。川北行署成立禁烟禁毒委员会，并发出《严格执行禁绝烟毒实施办法的指示》。川北各地全面开展禁烟禁毒工作。至1950年9月，川北区各专（市）、县召开群众大会，宣传禁烟禁毒政策和打击目标，掀起群众性的肃清烟毒高潮，动员各阶层群众积极与毒犯做斗争，抓捕毒犯，川北烟毒基本禁绝。

四

川北解放初期，粮食供应十分紧张，市场上粮价一日数变。征集和掌握粮食是关系支援前线、稳定物价、恢复经济、安定社会，巩固新生的人民民主政权的大事。1950年1月，中共川北临工委、川北行署制定了《川北区征粮工作方案（草案）》，要求全区各地和驻军密切联系，结合剿匪开展征粮工作。南充、遂宁、达县、剑阁地委、专署和35个县的县委、县人民政府成立了由机关、军队干部和各阶层人士组成的各级征粮委员会。中国人民解放军迅速由战斗队变成工作队，参加征粮剿匪。川北区党政领导带领工作组分赴各地督促检查征粮剿匪工作。川北军区对主要征粮地区的股匪实施清剿围歼，保障征粮工作的顺利进行。各县依靠农协，广泛发动群众齐心协力催征公粮。对勾结匪特破坏征粮的地主和少数顽抗的恶霸及时进行惩办。1950年度公粮征收工作开始后，中共川北区委和南充、遂宁、达县、剑阁地委抽调4100名干部，组成21个征粮工作团，由各专区主要领导率领，分赴各县指导征粮工作。至11月底，全区全面完成1949年度和1950年度征粮任务。

民国时期，川北农村的土地集中在地主、富农手里，绝大多数农民无地，靠租佃土地耕种维持生活。中共川北区委、川北行署在征粮剿匪工作取得重大胜利的基础上，把工作重心及时转入到减租退押、清匪反霸工作中。中共川北区委发出《关于大力发动与组织农民开展减租、退押、反霸运动的指示》。川北行署颁发了《在征粮减租前不得收租，严厉禁止地主非法夺佃》的布告，制定了《川北区退押实施办法》。川北区减租退押开始后，土匪、特务及恶霸地主趁机破坏。为保证减租退押的顺利进行，中共川北区委连续发出《为开展减租退押、反恶霸运动告党员书》《关于坚决而正确的发动农民群众完成清匪反霸、减租退押运动的决定》。川北区在遂宁、三台、中江、安岳、乐至、蓬溪、潼南、盐亭、射洪、南充、西充、南部、岳池、达县、巴中、广元、江油、阆中等18个县进行减租退押试点。在取得减租退押试验经验的基础上，全区组成34.5万人的减租退押工作队伍，分赴各县开展减租退押工作。在减租退押工作中，各地严格执行中共实事求是、区别对待的政策，妥善保护工商业。对破坏减租退押的反革命分子进行严惩。在减租退押、清匪反霸运动中，全区健全了农民协会组织，壮大了农民武装自卫队。在此基础上，川北农村土地改革运动轰轰烈烈地展开。中共川北区委制定了《川北土地改革实施细则》，成立了川北行署土地改革委员会。1951年2月至1952年4月，川北区分三期开展了有领导、有步骤、有秩序的土地改革运动。全区共没收、征收土地64.27万公顷（占总耕地的39.4%），全区56%的无地少地农民分得了土地和部分生产资料，工商业和小土地出租者受到保护，民主人士、开明士绅得到适当照顾的同时，也受到深刻的教育。封建剥削制度的消灭，给川北带来了前所未有的欢乐、兴旺景象，广大农民的生产积极性空前高涨。中共中央西南局对川北区的土地改革运动给予了充分肯定。中央土地改革参观团专程到巴中，总结了巴中的土地改革经验。

五

1950年10月8日，中共中央作出“抗美援朝、保家卫国”决定。中共川北区委和川北区各民主党派、人民团体发出拥护《各民主党派宣言》通电，川北区各地举行了大规模集会游行，全区人民积极参加爱国公约签名运动，各地寄往朝鲜前线的慰问信5万多封，送往朝鲜前线慰问中国人民志愿军的慰问袋28419个、毛巾3905张、布鞋等生活日用品49010件、锦旗271面。川北人民热烈响应中国人民抗美援朝总会发出的“推行爱国公约，捐献飞机大炮，优待烈军属”号召，积极投入爱国增产捐献运动。全区共捐献719.9万元，可买48架战斗机。在抗美援朝运动中，全区11600名大学、中学学生踊跃报考军事干部学校（占大学、中学学生人数的65%），700名大学生被录取。全区10多万青年报名参加中国人民志愿军，有4万多名青年参加中国人民志愿军赴朝作战，他们在朝鲜战场上英勇杀敌，血洒疆场，涌现出许多英雄人物。川北区赴朝作战的志愿军战士中，有79人荣立四等功以上战功，特级战斗英雄黄继光是杰出代表。

六

川北区大部地处嘉陵江、涪江、渠江三江流域，山地多于丘陵。全区耕地面积仅占土地总面积的25%左右。十年九旱。只有若干小县城和乡镇，没有大中城市，工商业基础极为薄弱，经济发展长久处于落后状态。建区之初，农业总产值占全区生产总值的85%，手工业生产总值占全区生产总值13.5%，近代工业生产总值仅占全区生产总值的1.5%。川北解放后，中共川北区委、川北行署在开展各项政治运动的同时，把各项运动同发展生产结合起来，有计划地领导川北区国民经济的恢复和发展。

川北区成立之初，统一财经，控制物价，稳定经济，恢复生产，是中共川北区委、川北行署一项十分紧迫的重要任务，是川北新生的人民民主政权在政治上、经济上站稳脚跟的重要基础。中国人民解放军接收接管民国川北地方政权机关、军事机关和公共事业单位后，马上加强了对金融货币的管理，推行和使用人民币，限期禁用金圆券、银圆券，公布了金银管理办法，严禁金银外币计价流通和私下买卖。迅速建立人民银行，开办公私储蓄、汇兑、发放工商贸易贷款等业务。大力开展人民币储蓄，开办折实储蓄、保本储蓄、定活两便储蓄，有效聚集社会闲散资金。在此期间，除严厉打击投机奸商倒卖银元非法活动外，在征收1949年度公粮时可以用人民币抵交公粮，迅速提高了人民币信誉。当时，因物价不稳定，粮食和纱布成为投机资本家囤积的对象。加之匪特破坏捣乱，物价出现剧烈波动。川北各级人民政府掌控粮食、食盐、油、布、纱、煤等事关民众生计的主要物资，想尽一切办法急调粮食救市，通货膨胀得到了有效遏制，人民群众生活基本稳定下来，大大提高了人民政府的威信，为稳定川北社会秩序，恢复和发展工农业生产创造了有利条件。

中共川北区委、川北行署根据中央人民政府政务院总理周恩来关于“农业的恢复是一切部门恢复的基础，没有饭吃，其他一切都没有办法”的指示，把主要精力放在农业生产上。大力加强粮食生产，要求农民精耕细作，挖塘修堰，防旱防荒，增加粮食产量；大量发展蚕丝棉麻，为国家增加工业原料；大规模植树造林，提倡多种桐树，多种柑橘；大量发展牲畜，鼓励农民多喂猪，多养牛羊和鸡鸭。土地改革以后，农民的生产积极性空前高涨，广大农民以自愿互利为原则，逐步形成一批互助合作组织。各级人民政府发放贷款、贷粮，推广优良品种，召开劳动模范大会，发动“万户、千组、一百乡”爱国增产运动。1952年1月至8月，农业总产值分别比1950年、1951年同期提高42.44%和11.01%。取得了经济恢复时期农业生产的重大胜利。

川北区工业在地方经济中基础极端脆弱。手工业企业户数占工业企业户数的96.8%，具备一定生产规模，采用机器生产的企业仅有3家缫丝厂和1家纺纱厂。中共川北区委、川北行署量力而行，制定了川北区面向农村、就地取材、轻而易举、吹糠见米、有利可图的工业建设方针，恢复和发展与人民群众生产生活息息相关的小型地方工业及农副产品加工业，加强对私营工业、手工业、小型作坊的指导，在劳资双方完全自愿的原则下组织联营生产，采取产品加工订货、统购统销、统购代销等形式恢复和发展生产。至1952年8月，扩建了6家工业企业，新建了39家工业企业，把41家工业企业纳入社会主义改造轨道，将其改造为国营工业企业或公私合营工业企业。全区基本形成了23个行业。但工业基础仍然薄弱，工业总产值只占工农业总产值的15.48%。工业总产值中轻工业总产值占98.4%；国营工业总产值仅占工业总产值的2.2%。

川北解放初，流动摊贩占商户的53%，坐商占35%，行商占12%。部分商户对中国共产党的工商业政策不了解，一度关门停业，致使市场萧条，物价波动。为尽快恢复市场，稳定物价，川北行署成立川北区国营贸易公司，筹措资金收购物资，以公营带动私营，恢复和发展商贸经济。银行发放贷款，扶持私营业主。组织工商业联合会，使广大私营工商业者感到有地位、有前途，激发了经营积极性。积极发展国营经济，扩展商业网点，划分公私经营范围，让私营商业有利可图。积极开展城乡物资交流，组织工业品下乡，收购农副土特产品，满足人民生活需要。逐步建立农村集市，发挥各种经济成分的优势。各地召开土产交流会，沟通城乡关系，使全区土特产品找到了销路，促进了川北区工农业发展和市场繁荣。

随着川北区土地改革的深入，广大农民分得了土地等胜利果实，生产热情空前高涨，在国营商业尚未深入农村的情况下，为解决农业生产资料需求，农副产品销售问题，中共川北区委、川北行署积极探索走农村供销合作社的路子，作出《关于建立发展合作社的决定》。川北区各级合作社成立后，从重庆等地购回棉布、肥皂、香烟、草鞋等商品，协助国营商业稳定了物价，保障了农村生产生活资料供应，特别是食盐供应得到充分保证。

川北区成立之初，中共川北区委就确定了“建设新南充，推动建设新川北”的城市建设战略构想。当时的南充县城，建成区面积仅1.6平方公里，南北长2.4公里，东西宽0.55~1.1公里，人口5万人，全城91条街、巷，只有3条街为石板街面，其余都是泥结碎石路面，没有配套的下水道和公共环卫设施。房舍多为木质穿逗结构的平瓦房，砖木结构楼房很少。街巷狭窄，凹凸不平；房屋低矮，旧陋不堪；一遇大雨，污水横流。为把中共川北区委、川北行署驻地南充建成川北政治、经济、文化中心，川北行署设置了直辖市——南充市。在南充市市政建设委员会成立大会上，胡耀邦与参会的各界代表共商建设新南充的百年大计，制订了发展新南充的蓝图。南充市市政建设委员会遵循“依托旧城，向城北城西紧凑发展，使旧城区和新城区浑然一体”的规划原则，绘制了南充市城市规划图和南充市道路计划图，这两张图规划了直径50米的五星花园、人民花园两个街心花园，32米宽的人民南路、人民中路、人民北路。在五星花园周边，由西向东，依次规划修建川北大旅社、川北人民银行、川北电影院、川北食品大楼、川北百货公司5栋中西合璧的三层至五层建筑物，由此形成五条大街，奠定了南充城市布局和街道骨架。南充市政府按照规划，投入大量人力、物力和财力，加快南充市的城市建设步伐。南充市仅用两个多月的时间，就铺修了禹王街、果山街、二府街、奎星街、学院街、金泉街、文峰街、西湖街、公园街、模范街街面，使旧城的居民晴天能走平路，雨天能走干路。同时，以模范街为主干线，开挖建设南充城市地下排水管线。胡耀邦亲率川北区党政机关干部、川北革命大学师生、广大市民对莲池进行挖掘，新建了莲池公园。1950年年底，川北区党委办公楼、川北行署办公楼、行署礼堂、南充市委办公楼、川北军区礼堂、川北人民银行、川北大旅社、川北电影院、川北食品大楼、川北百货公司等一大批新建筑陆续开工建设。之后，还开工建设了南充市第一人民市场、电厂和自来水厂。至1952年8月，城市建成区面积扩展到3平方公里，宽广整洁的街道，风格典雅、分布合理、错落有致的大楼，成荫的绿树，明亮的路灯，城市面貌焕然一新。

为打破川北因交通落后造成的封闭，中共川北区委、川北行署确定将交通建设的重点放在公路建设上。整修了国民党军队溃退时破坏的公路，修建了从南充经蓬安到营山、阆中到苍溪、巴中到南江的沙河寺3条公路和南充经武胜到合川的公路。区内嘉陵江、涪江、渠江航道近2000公里，经多处疏浚，畅通无阻。军管会接管邮政电信后，立即组织力量抢修线路，很快就开通了南充至合川、遂宁长话实线电路各一条，并开通南充至重庆无线话路。重点建设南充行政中心的城市电话，扩建和整治了遂宁、达县、广元等专署所在地及部分县的城市电话，保证了川北区的通信需求。

七

解放初期的川北以农耕为主，经济落后，文化、教育、卫生等事业也落后。为改变川北地区文化、教育、卫生事业落后面貌，《川北区当前施政方针》中，明确提出了“有计划、有步骤地改革与发展文化教育事业”的方针。

1950年初，胡耀邦就指示一定要在川北办一所大学。川北行署文教厅根据胡耀邦的指示，将私立川北大学从三台县迁到南充市，与私立川北文学院合并组建公立川北大学，为川北地区及川北周边许多县的优秀青年接受高等教育打开了一条通途。中共川北区委、川北行署非常注重中小学基础教育和工农教育。要求各地每个学校力求做到教员称职、学生充实、设备较完善、经费有保证。幼稚教育有重点地先在工厂、学校、机关、部队和主要城市创办。为提高人民大众的文化水平与政治觉悟，川北各地工农教育逐步开展。在各地文化馆开办了成人识字班或夜课班。中共川北区委、川北行署成立了机关干部业余文化补习学校。区内各类中等专业学校和普通中学开办了工人业余文化学习班。至1952年8月末，全区小学由解放初期的7924所发展到17845所，学生由41.35万人增加到148万人；中等教育学校达到92所，学生3.07万人。少数民族教育从无到有，全区有民族完小5所、民族中心初中5所、民族初小12所，少数民族学生1326人；全区工人业余学校23896所，学员240万人；农民夜校74799所，学员360万人；川北人民革命大学共毕业7期学员1万余人；川北大学先后培养本科生和专科生1000多名。

川北区当时10多万知识分子中，大部分集中在中、小学任教。对这样一批学识、经验都很丰富的教育人才，中共川北区委视为重要财富，尊重有加，关爱备至。1950年的除夕，胡耀邦以行署主任名义，在《川北日报》上发表了向全川北文教工作者表示慰问的贺年信。为了提高教师的政治水平，川北各地在中等学校通过座谈会、训练班、研究会和学习会等形式，对教师进行思想教育。1951年11月，中共中央作出《关于在学校中进行思想改造和组织清理工作的指示》。1952年2月5日至3月11日，中共川北区委组织了“川北区教育工作者寒假学习会”，2000多名大、中学教师集中到南充学习，进行思想改造和组织清理。在思想改造和组织清理中，中共川北区委本着与人为善、耐心帮助的精神，联系实际，以理服人。学习会结束时，胡耀邦代表中共川北区委、川北行署，给每位学员颁发了《人民教师合格证书》。川北区集中教师进行思想改造和组织清理工作，得到了中共中央及中共中央西南局的充分肯定。

川北区成立后，《川北日报》《川北农民报》《川北工人报》及《川北文教》《川北大众》《川北画报》《宣传手册》《文艺战线》先后创刊。川北区无线电收音站、川北人民广播电台、川北人民出版社、新华书店川北分店先后成立。这些新闻出版单位密切配合川北区各个时期的中心工作，宣传党的路线、方针、政策，介绍国内外大事，出版发行有益于人民的读物。川北区文联将各地川剧团、京剧团、文工团、文工队中的文艺工作者组织起来，引导文艺工作者努力创作、表演展现新时代的新作品，讴歌新时代、新人物、新事件、新面貌，为人民政权的建设和中心工作服务。全区文艺工作者深入生活，大量创作表现新社会、新人物、新面貌的作品。创作的诗歌有《佃客朱老三》《太阳照山坡》《在中美合作所》《红契和家具》《土改歌》等；创作的新剧本有《双喜临门》《四战士订计划》《嘉陵江之歌》等；创作的曲艺作品有《英模进京》《解放海南岛》《翻身年月月乐》《互助组八大好》等；创作的小说有《押金》等；创作的歌曲有《减租小调》《永远是战斗队》等；创作的美术作品有《试耕》《减租退押清算团》《大恶霸黄伯宣》《良心》等；创作演出的歌舞有《腰鼓舞》《军鞋舞》《小马车舞》以及大型歌舞《川北歌舞》；出版的通俗读物有《减租退押读本》《农民三字经》《抗美援朝三字经》等。

川北区初期的体育活动从解放军驻军部队发起，社会体育活动从南充市逐渐向其他专区发展。各地按照“业余、自愿、小型、多样”，“因时、因地、因人制宜”的原则，积极开展各项体育活动。全区各机关、学校、企事业单位，每天在规定的课间、工间播放广播体操乐曲，集体做广播体操。部分工厂因地制宜开展拔河、跳绳等体育活动。各学校为改善学生健康，坚持开展早操、课间操、眼保健操、体育课余训练、课余竞赛、课外体育活动。不定期举行校内小型运动会，比赛项目以田径、广播体操、篮球、排球、足球、乒乓球为多。川北区篮球运动开展较为普遍。排球在学校学生中十分受欢迎。乒乓球运动、羽毛球运动和游泳也是群众体育锻炼的项目之一。棋类项目主要有中国象棋和围棋。至1952年8月，川北区先后举办了川北军区首届运动会、川北区第一届人民篮排球运动大会、川北区首届运动会、川北区首届游泳运动会。

川北解放初，35个县只有29个县有县级卫生院，县级卫生院人员多者7人至8人，少者2人至3人。医疗设施极差，有的县卫生院连一把可用的镊子都没有。民众患病主要靠中医中药诊治。川北区成立后，对接管接收的卫生医疗机构进行整顿、改组、充实，相继设立了川北区卫生防疫队，川北第一、二、三人民医院、川北区妇幼保健院，川北区慢性病疗养所，川北区卫生实验所，川北区卫生学校，川北区钩虫病防治所和川北医药公司。动员组织全区人民群众参加清洁卫生运动，开展爱国卫生运动，消灭蚊蝇老鼠，减少和防止传染病疫情发生。积极发动群众开展卫生防疫，重点抓了当时川北地区流行的疟疾、麻疹、痢疾、天花、钩虫病、霍乱等传染病防治。开展妇幼保健工作，推广新法接生。向人民群众宣传普及防病治病知识。

川北区从组建到完成历史使命，不到三年时间。在近三年的时间里，中共川北区委、川北行署结合川北实际，在从战争转向建设的伟大变革中，创造性地、放手大胆地执行中共中央的路线方针及中共中央西南局的指示，在满目疮痍、经济萧条、百废待兴的川北大地，迅速稳定了局势，建立并巩固了新生的人民民主政权，把各项工作顺利推向前进，带领川北人民从贫穷走向幸福，得到了人民群众的真心拥护和支持，川北的发展迈上了一个新的历史起点。

大事记

1949年

5月

是月　中共晋绥分局根据中共中央指示，在山西临汾开办党校，培训万余名南下干部，为西南解放区配备干部，跟随中国人民解放军南下到西南地区接管旧政权，建设新政权。

6月

是月　中共中央决定，在四川分设川东、川南、川西、川北四个省级行政区以及西康省和中央直辖的重庆市。川北区初辖南充、遂宁、剑阁、达县4个专区35个县。1950年3月，增设南充市（川北区直辖市）。

10月

是月　胡耀邦同贺龙一起到山西临汾，与中共晋绥分局领导会商干部南下的配合问题。

是月　在山西临汾党校学习的南下干部从临汾出发，经西安，翻秦岭抵达陕西褒城县。按西康、川北、川西3省（区）统一分配干部。根据“全面照顾，重点加强，先城后乡，先腹心后边远”的方针，逐级按部门作了配备。1680名南下干部分配到川北区。

11月

16日　中国人民解放军第2野战军主力和中国人民解放军第4野战军一部从川东、川南方向进军入川。12月4日，中国人民解放军第1野战军第18兵团翻过秦岭，跨越大巴山，从川北方向进军入川。12月5日，2野第3兵团11军35师105团和33师97团，从重庆璧山分两路进攻潼南，占领潼南县城，解放了川北境内的第一个县。至1950年1月23日，川北全境解放。从旧政权的瓦解到南下干部到达接管政权中间相隔的一段时间，各县在中共地下组织领导或影响下，成立了由各界民主人士、开明士绅组成的“治安委员会”“解放委员会”“自治委员会”，在保护国家财产和档案，维护社会治安秩序，安定人心，筹集粮秣支援解放军等方面发挥了积极作用。各县人民政府成立后，这些组织自行解散。

12月

10日　中国人民解放军第2野战军第3兵团11军第32师94团从南充县城西郊西河桥进入南充县城，南充县解放。14日，南充县城各阶层群众在果山公园集会庆祝解放。

16日　胡耀邦、赵林、秦仲方到广元，听取广元县临时治安委员会工作汇报后，胡耀邦指示，将广元县临时治安委员会改称为广元县支前委员会。

18日　中共中央西南局电告川西北临时军政委员会，“同意组织川北党的临时工委，以胡耀邦为书记，赵林为副书记。川北政权组织可直接以行署名义出现，不必用军政委员会过渡。奉西南军政委员会刘（伯承）电令，发表行署正副主任，先行到职，随即报告中央政府”。

1950年

1月

1日　中国人民解放军第1野战军第18兵团派师职军代表温怀亮、吕生润对民国四川省政府设置的川北盐务管理局进行军事接管。发动贫苦灶户和盐工修淘盐井，修复盐灶，复工制盐。动员灶户组织盐工恢复生产，解除川北人民和邻近省区人民的淡食之苦。

5日　分配到川北区工作的南下干部，从褒城经广元、绵阳、三台、遂宁、蓬溪到达南充县城，开始接管建政的各项工作。至2月20日，先期到达南充的中共川北临工委赵林、秦仲方等领导，根据中共中央的方针、政策及中共中央西南局的部署，结合川北实际，制定了《川北区初期工作纲要》，纲要提出了初期工作的基本任务：支援前线，接管城市，收缴国民党军队、特务、土匪等有组织武装及散匪枪支，安定社会秩序，稳定人心，复业生产。中心工作是完成粮食征借任务，清理旧时财粮税收，推行人民币，交流城乡物资，稳定市场，维持治安，接管好城乡。

8日　南充军事管制委员会成立，主任赵林，副主任孙先余。

是日　成立中国人民解放军南充城防司令部。18日，南充城防司令部被撤销，成立中国人民解放军南充警备司令部。

12日　遂宁军事管制委员会成立，主任李林枝，副主任王叙五。

13日　中共川北临工委、川北行署根据中共中央西南局和西南军政委员会的指示，结合川北区的实际情况，制定了《川北区征粮工作方案（草案)》。

15日　中共川北临工委制定《川北初期工作纲要》。

17日　奉西南军区命令，中国人民解放军第61军兼任川北军区，以军的领导机关兼任川北军区的领导机关，各师领导机关兼任川北各军分区领导机关，团在军分区领导下，执行战斗队与工作队任务。

19日　老解放区到南充工作的中共党员和中共川北地下党员在南充县城公共体育场举行会师大会。

20日　中共中央西南局批复川西北临时军政委员会："同意以胡耀邦、赵林、韦杰、郭林祥、王贵德、李登瀛、秦仲方、李林枝、王叙五、孙先余、董弼忱11位同志组成川北区党委。胡耀邦为第一书记，赵林为第二书记，李登瀛为组织部长，董弼忱为社会部长，张永青为宣传部副部长。"此后，又增补饶兴、李文清、刘聚奎为区党委委员。

是日　中共川北临工委、川北行署作出《关于征收1949年度公粮工作的决定》，制定了《川北区1949年度公粮征收暂行办法》。

21日　中国人民解放军第61军党委在三台召开扩大会议，会议决定剿匪肃特为1950年中心任务。2月初，川北区剿匪工作全面展开。2月28日，川北军区党委召开扩大会议，贯彻落实西南军区剿匪指示精神，研究制定了50天（3月10日至4月30日）的全面进攻计划。至6月底，腹心地区股匪基本肃清，主要交通干线畅通。8月底，全区军民粉碎了匪特妄图在营山、蓬安、南充、盐亭、射洪、江油等地发动暴乱的阴谋，安定了社会秩序。

是日　南充军事管制委员会发布命令，宣布民国时期的金圆券、银圆券、银元、铜元、镍币为非法货币，不准参与流通买卖。指定人民币为唯一合法货币，城乡一律使用人民币。

是日　南充军管会接管四川省南充高级中学。后四川省南充高级中学与私立建华中学合并，更名为川北公立南充高级中学校。

28日　中共川北临工委按照中共中央西南局的指示，大胆吸收各民主党派、开明士绅、工商界代表进入各级政府机关，并参加部分中心工作。在川北行署委员会29位委员中，民主党派和民主人士代表有15人，超过二分之一。部分厅、局有民主人士担任厅、局一级的领导职务。

29日　南充军事管制委员会发布命令筹建南充市。3月8日，经中共川北区委批准，中共南充市委、南充市人民政府正式成立。3月11日，川北行署划南充县城区的东南镇、西城镇、北城镇、舞凤乡、华凤乡、文峰乡、河东乡设置的南充市正式行使职权。6月，西南军政委员会批准南充市为川北区直辖的专区级市。

30日　南充军事管制委员会聘请各界代表组成南充市第一届各界人民代表会议筹备委员会。

是月　按照中共川北临工委部署，川北各地采取自上而下的方式进行行政接管。除城市人口在5万以上的南充县、遂宁县成立军事管制委员会实行军管外，川北其他县成立接管委员会，负责接管敌伪政治、经济、文化等机关。至2月底，全区接管工作基本结束。

是月　中共川北临工委、川北行署开始筹备召开川北区首届各界人民代表会议。

是月　南充军事管制委员会和各专署、各县人民政府分别接管各地法院，废除民国司法机关和审判制度。4月，川北人民法院成立。5月起，川北人民法院南充、遂宁、达县、剑阁分院和南充市人民法院及各县人民法院先后成立。

是月　川北区国营川北贸易公司成立，以有限的人力、财力组织商品，调剂供求，稳定物价，解决群众急需。

是月　南充县率先接管民众教育馆。之后，川北各县先后接管当地民众教育馆。3月，成立南充市民众教育馆。7月，南充市民众教育馆改为南充市人民文化馆。

是月　川北人民革命大学成立。2月25日，川北人民革命大学开学。4月3日，川北人民革命大学更名为西南人民革命大学川北分校。5月，招收新生1000人。

2月

1日　川北区内邮政局陆续开办存簿和定期储蓄业务。

3日　经中共中央西南局批准，川北遂宁分区行政督察专员公署在遂宁县城成立，辖遂宁、潼南、乐至、三台、盐亭、蓬溪、安岳、中江、射洪9县。

8日　经中共中央西南局批准，川北南充分区行政督察专员公署在南充县城成立，为川北行署的派出机构，辖南充、西充、南部、仪陇、蓬安、营山、岳池、武胜8县。3月20日，中共南充地委、南充专署机关迁驻岳池县城。1952年6月，中共南充地委、南充专署机关迁驻南充市河东乡。

9日　南充军事管制委员会派军代表分别接管了四川丝业公司第二、第三制丝厂。阆中县人民政府接管了四川丝业公司第四制丝厂。没收了3家制丝厂中的官僚资本。将其改造为公私合营缫丝厂，采取发放短期无息贷款，收购库存积压蚕丝等措施，支持3家公私合营缫丝厂和缫丝车房开工恢复生产。四川丝业公司第三制丝厂接管5天后就复工生产。

18日　胡耀邦率领中国人民解放军第1野战军第18兵团部分干部、文工团员和警卫连，分乘军用卡车和吉普车从成都出发前往南充。20日傍晚，胡耀邦到达南充。晚饭后，胡耀邦主持召开中共川北临工委会议，会上，赵林等中共川北临工委负责人汇报了川北地区情况和先期工作。胡耀邦听取汇报后指出，当前头等大事是建立中共川北区委和川北行署。

21日至24日　中共川北临工委召开全区县以上干部会，讨论通过了《川北初期工作纲要》。会上宣布中共川北区委员会、川北行政行署（6月改称川北人民行政公署）、中国人民解放军川北军区正式成立。胡耀邦任中共川北区委第一书记兼行署主任、川北军区政治委员，赵林任中共川北区委第二书记，秦仲方任川北行署副主任，韦杰任川北军区司令员，郭林祥任川北军区副政治委员，李文清任川北军区副司令员。

21日至28日　川北区各界人士代表会议筹备会议在南充市召开，153名党、政、军、工人、农民、妇女、民主人士、工商界的代表齐聚一堂，共商剿匪肃特、恢复生产、建设新川北大计。

22日至28日　南充市第一届各界人民代表会议第一次会议召开。会议代表138人。25日，胡耀邦到会作了题为《团结起来，建设新川北》的讲话。会议做出四项决议：剿匪肃特，建立革命秩序；恢复与发展稳定金融；征收公粮，支援战争；发展文化教育事业。会议推选34人组成南充市第一届各界人民代表会议协商委员会。南充市第一届各界人民代表会议的经验很快推广到全区各地，接着南充、西充、营山、武胜、仪陇等县也相继召开了各界人民代表会议。

23日　中国人民银行川北分行成立。根据中国人民银行总行指示，在川北区主要城镇查禁银元黑市交易活动，禁止旧币流通，开展货币兑换工作。川北区在开展货币兑换时，一些土豪劣绅、地主富农和部分群众私藏银元，对抗人民币。1950年上半年，中国人民银行川北分行着重在城市推行本币，禁查金银，开展货币斗争。中国人民银行川北分行颁发查禁银元办法，组织各种力量进行宣传，使政策和群众见面，通过汇兑放款、物资交流、收购土产等方式使人民币下乡，并有目的地办理托收调剂市场筹码。从9月起停止征粮折收金银，并由川北行署重申禁银命令，在重要乡镇开始查禁，组织人民币下乡。人民币由点到线、由交通要道到乡镇而农村逐渐占领市场，货币斗争取得胜利。

25日　川北人民革命大学开学。

26日　中共川北区委印发《关于恰当处理革命领袖、革命烈士、革命干部和战士家属问题的通知》。

是月　川北行署工商处成立，按照中共中央及中共中央西南局关于接管工作的指示精神开始接管工业企业。至4月，先后接管了南充火柴厂、南充蜀新面粉厂、南充电灯公司、广元煤矿、遂宁水电厂、中江水电厂、达县水电厂、达县渠江公司、川北机器修造厂、广元机器修造厂、达县机器修造厂、川北建筑公司等12家企业。

是月　南充县城乡率先恢复织绸生产，111户织绸厂、织绸机房复工生产。

是月　全区物价出现较大波动。至3月初，南充市物价平均上涨28%。各级政府采取大量出售实物、推销公债、节省开支、银行只收不放和国营企业只卖不买以回笼货币等一系列措施，使物价渐趋稳定。4月，随着物价的稳定，过去虚假的购买力下降，市场出现萧条现象。针对这一情况，各级政府开始有计划地收购产成品和土特产品，银行发放贷款扶植私营工商业，使市场活跃起来。

是月　川北区各地先后召开南下干部和地下党员会师大会。中共川北区委对地下党和南下同志一视同仁，不分亲疏，充分信任，大胆使用。7月前，有1031名地下党员脱产参加工作，一些同志还担任了各级各部门的领导。

是月　川北行署决定在全区发行胜利公债和胜利折实公债，以筹集建设资金。

是月　川北区各级人民政府和公安部门积极配合川北军区和驻军部队开展肃清匪特工作。

是月　抢修遭国民党溃军破坏的川鄂、绵璧两条路的大桥6座及遂宁、蓬溪附近各一段已毁路，6月底完成。

是月　川北行署卫生处成立，接管了民国时期四川省立南充医院、遂宁医院。3月28日，省立南充医院更名为川北医院，省立遂宁医院更名为遂宁专区中心卫生院。

3月

3日至5日　中共川北区委召开扩大会议。胡耀邦传达了中共中央西南局二月会议精神，通过了川北初期工作总结与当前任务的决议。会议强调：各级政府必须吸收三分之一的党外人士参加工作。遵照这一精神，经过调整配备，7月前，全区有443位民主人士参加了工作。至1952年，全区县人民政府科长以上干部中，安排党外人士147人，其中26人任厅局长、川北行署委员，35人任专区机关的科长和副县长，86人任县政府机关科长。

8日　新华书店川北分店正式成立。

12日　中共中央西南局通知：由胡耀邦、赵林、韦杰、秦仲方、郭林祥、李登瀛6人组成中共川北区委常务委员会。

中旬　中共川北区委宣传部发给南充市苏制九灯收音机、100瓦扩大机、750瓦发电机、电唱机各一部，25瓦高音喇叭4只、话筒2个，建立川北区第一个收音站。收音站在市内主要街道安装了4只高音喇叭，播放收音机收到的新闻。

17日　中央人民政府政务院第二十四次政务会议通过提请中央人民政府委员会批准，任命胡耀邦为川北行署主任，秦仲方为副主任。

19日　经中共中央西南局批准，川北剑阁分区行政督察专员公署在广元县城成立，辖剑阁、广元、苍溪、阆中、江油、昭化、北川、青川、平武、旺苍10县。

22日　中共川北区委机关报《川北日报》创刊。1952年9月30日停刊。

31日　中央人民政府政务院第二十六次政务会议通过，提请中央人民政府委员会批准，任命刘聚奎为川北行政公署副主任。

是月　经中共中央西南局批准，川北达县分区行政督察专员公署在达县县城成立，辖达县、开江、宣汉、万源、平昌、通江、南江、巴中8县。

是月　中国新民主主义青年团川北区工作委员会成立。

是月　川北行署召开川北区首届蚕丝工作会议，区内15家蚕种场场长，22个重点养蚕县的政府负责人，100人以上的缫丝厂（坊）、织绸厂（坊）厂主参加了会议。会议制定了川北区蚕丝业由“维持、恢复、走向发展”的生产方针，分析了川北蚕丝生产的现状，要求在是年内要全面恢复丝绸生产。

是月　中旬，川北区公安处按照西南军政委员会公安部肃特工作部署，宣布国民党内政部调查局（中国国民党党员通讯局、中国国民党调查局）、国民政府国防部保密局（军事委员会调查局）及其所属组织和其他性质相同的一切组织，均属残害人民的法西斯特务组织，一律解散、查封，没收其所有公产、档案；令其一切人员立即停止活动，向人民政府悔过自新，立功赎罪。南充市和南充、遂宁、达县、剑阁4个专区及35县公布了《国民党特务人员申请悔过登记实施办法》，规定一切特务人员自《办法》公布之日起到公安机关申请悔过登记，呈缴一切证件、档案、武器、通讯器材等。

是月　南充县城由于缺粮，市场大米价格由原每公斤0.078元猛涨到0.45元。川北贸易公司在南充、西充、南部等县的部分场镇设点收购粮食240.5万公斤，调往南充平抑粮价。

是月　中共川北区委、川北行署把恢复发展桑蚕、丝绸生产作为恢复发展工业经济的骨干产业来抓，制定了“蚕丝业由维持、恢复、走向发展”的方针。

4月

1日　“中国共产党川北区委员会”印章正式启用。

3日　川北区卫生会议召开。会议要求，各地要把卫生防疫工作由城市交通要道逐步推广至农村。

3日至7日　川北区财政经济会议召开。会议传达了中央和西南财经会议精神，批评了部分领导干部存在的轻视财经工作、重粮轻税、片面群众观点等错误思想，并根据政务院《关于统一国家财政经济工作的决定》，着重解决了财政政策统一和思想统一的问题，同时强调了完成公粮、税收任务的重大政治意义，通过了保证完成国家公粮、税收、整编等决议。

4日　南充市工人夜校成立，参加学习的工人有837人。

6日　中共川北区委召开常委会，作出《关于纠正享乐腐化思想的决定》。10日，中共川北区委印发《关于纠正享乐腐化思想的决定》，要求各级干部加强政治思想教育，展开学习，对享乐腐化思想严重的干部进行批评、揭发，对情节严重的干部给予一定的处分；迅速健全支部组织生活，加强党的纪律教育，建立经常的批评、自我批评制度，及时防止与纠正不良思想倾向的产生；各地委建立纪律检查委员会，普遍检查进入川北后的领导干部违反党纪、法纪、享乐腐化的情况，并将典型事例通报各地。

6日至10日　川北区首届学生代表会召开，会议号召全区学生努力学习，树立革命的人生观，使自己成为建设新中国的有用人才。会议通过《川北学生运动的当前任务》。

8日　川北区开始建立户口管理制度，登记整顿城市居民户口。至7月底，完成登记整顿城市居民户口工作。

11日至16日　川北第一届工人代表会议召开。会议通过恢复生产、组织工会及工人福利等重要议案。

13日　中共中央西南局转中央4月6日电：同意以赵林、郭林祥、李登瀛、董弼忱、饶兴、刘聚奎、王叙五组成中共川北区委纪律检查委员会，赵林为书记，郭林祥、李登瀛为副书记。是年12月28日，中共中央西南局来电，同意增补严尚林、杨伯华、刘天相、郭理、彭长登、牛击、薛冰为中共川北区委纪律检查委员会委员，严尚林为第二副书记。

15日至21日　川北首届妇女代表会议召开。会议选举产生了川北民主妇联筹委会。

20日　川北区剿匪委员会成立，中共川北区委第一书记、川北行署主任、川北军区政委胡耀邦任主任，川北军区司令员韦杰任副主任。随后，各专区及县、区、乡、保相继成立剿匪肃特委员会，21日，川北区剿匪委员会召开首次会议，会议通过川北区剿匪委员会组织条例，决定蹇幼樵、李树骅、赵济刚、王成章分别负责剑阁、遂宁、达县、南充四个专区剿匪委员会工作。

22日　川北行署公布川北区首届各界人民代表会议筹备委员会名单。23日，筹委会举行第一次全体会议，一致通过了筹委会常务委员名单及筹备组织条例，通过了施政方针起草委员会、代表资格审查委员会、提案整理委员会及委员名单。

下旬　中共川北区委统战部召集川北区工商界人士座谈，共商恢复和发展工业、商业，筹建川北区工商业联合会。7月2日，参加川北区首届第一次各界人民代表会议的45名工商界代表，通过协商成立川北区工商业联合会筹备委员会。1951年3月31日至4月10日，川北区工商业界代表会议召开。会上，成立川北区工商业界联络委员会。1951年7月26日至8月13日，川北区工商业联合会筹备委员会全体会议召开，川北区工商业联合会正式成立。

5月

1日　《中华人民共和国婚姻法》正式颁布实施，川北区各级妇联认真宣传贯彻，分别召开干部、妇女、青年座谈会，批判封建意识，揭发封建婚姻制度的毒害。

3日　反革命组织“国民党救民义军”阴谋于5月5日在南充市周围龙门、芦溪等29个场镇同时武装暴乱，破坏交通，洗劫南充市。公安机关侦讯后，3日活捉匪参谋长及多名团长在内的匪徒277人。6日活捉匪司令胡伯洲，彻底粉碎了匪特的罪恶计划。

7日夜　反革命分子纵火焚烧川北行署宿舍大楼。正在中共中央西南局开会的胡耀邦连夜赶回南充，召开紧急会议部署破案。经过军民奋力协作，很快将240多名暴乱骨干分子抓获，收缴了各类枪支1500多支。6月11日，南充市人民政府召开万人公审大会，公审处决了反革命暴动头目胡伯洲、李旭光等干犯。

10日　川北行署在南充市公共体育场召开人民公审匪特大会，各阶层群众一万余人参加，依法处决匪首毛国安、何柏林。

15日至20日　中共川北区委在南充市及其附近场镇，组织和发起了大规模的剿匪肃特宣传周，教育人民提高警惕，控诉和检举匪特。

20日　川北区公安处印发西南军政委员会公安部《关于敌特人员登记后处理办法》，对拒不登记和登记后继续从事反革命活动或准备逃跑罪大恶极、为群众深恶痛绝的特务作出逮捕决定，并通过审理判处死刑、执行枪决。同时，全面查封中国国民党、中国青年党、中国民主社会党、中国国家社会党、中国三民主义青年团县党部及其分支组织，没收所有财产，登记解散其人员。

28日至29日　中共川北区委召开干部整风动员大会。区党委第二书记赵林作整风报告。

6月

3日　《川北日报》发表题为《认真整顿不良的作风》的社论。在区一级直属机关干部参加的整风动员大会上，胡耀邦、赵林深刻分析了各种不良作风在川北区的具体表现及其产生的根源。胡耀邦强调，不能采取简单粗暴的组织结论，主要采取反省的方法，自我批评与批评的方法，教育的方法，决不可轻易对干部进行处分与斗争。

9日　川北行署拨粮50万公斤，帮助川北区革命烈属、军属解决生产困难问题。

15日　成渝铁路开工典礼在成都举行。12月，西南铁路天成线川北区民工筑路指挥部在资中县成立，担负成渝线资中资阳成都站场土石方及桥涵备料安砌任务。川北区动员数万人参加成渝铁路修筑，1952年3月完成任务。3月中旬，指挥部奉命转移到江油中坝，承修天成路南段便道。1952年7月1日，成渝铁路全线通车。

23日至7月1日　川北区首届第一次各界人民代表会议在南充市隆重召开，会议应到代表432人，到会代表377人，列席33人，旁听6人，大会收到各界代表提案740件。会议讨论并通过了中共川北区委第一书记、川北行署主任胡耀邦关于《川北区当前施政方针》的报告、川北行署副主任刘聚奎关于《川北半年来的政府工作报告》。会议选举产生了川北区各界人民代表会议政治协商委员会委员。7月1日，川北区首届第一次各界人民代表会议举行闭幕式，胡耀邦作了题为《团结一心，站在庄严的公约下面》的报告。

26日　西充县百分之百完成1949年度公粮征收任务，在川北区1市35县中荣居第一位。

是日　平武县境内发生反革命叛乱，波及14个乡镇，持续20天，参与叛乱的匪徒800余人，加上被裹胁的群众共1200余人。叛乱中，叛匪共杀害区、乡工作人员17人，小学教员3人，征粮工作队员20人，农民、居民及小商贩16人，抢走各种枪支80支，粮食5万余公斤。遇害和在清剿中牺牲的解放军指战员16人。叛乱发生后，中国人民解放军61军182师545团即派出4个连火速从江油开往平武，平武县大队、北川县大队各派1个连配合。7月16日，叛乱头目张质均向剿匪指挥部投诚。至8月底，叛乱基本肃清。平叛中，共打死打伤叛匪20余人，俘虏173人，投诚自新904人，缴获机枪1挺，长短枪12支，子弹591发。

29日　川北行署将设在三台县的私立川北大学和设在南充的川北文学院合并，组建公立川北大学。8月，川北大学从三台县搬迁到南充市。9月14日，川北大学开学行课。学校设中国文学、哲学历史、企业管理、农艺、农业经济、水利工程、土木工程、化学工程、数学物理9个系。

1952年9月，全国高等学校院系调整，川北大学撤销，成立四川师范学院。

是月　川北行署相继颁发了《恢复农业生产，保持1949年原有生产水平》的布告及《农业生产奖励暂行办法》。《办法》规定：凡因勤劳耕作、加工修整，使其收藏量超过常年一般产量者，超过部分免征公粮；开垦熟荒地，免征公粮一年，开垦生荒地，免征公粮三年；凡农民中，对于粮食生产（如选择良种，防治病虫，改善栽培，改良水利等）有特殊贡献，而群众普遍应用，确有增产成效者，除呈请政府另予奖励外，其产地的收入，按常年产量的九成计征公粮；农民新修渠堰、水坑与修复旧渠堰，变旱地为水田者，三年内仍按原来旱地产量计征公粮。

是月　川北区首届第一次各界人民代表会议期间，出席会议的60名农民代表经过座谈协商，成立了川北区农民协会筹备委员会。7月16日至22日，川北区首届农民代表会议召开，会议讨论通过了《川北区农民协会组织章程》。选举产生了川北区农民协会筹备委员会。1951年3月18日至22日，川北区第一届农民协会会员代表大会召开。大会通过了《农民八项爱国公约》。选举产生了川北区农民协会，赵林当选为主席，龙鸣、孙桂林当选为副主席。

7月

1日　川北区各界人民代表会议政治协商委员会第一次全体委员会议召开。会议选举产生了川北区各界人民代表会议政治协商委员会主席、副主席。胡耀邦当选为主席，赵林、卢子鹤、张雪岩当选为副主席。

2日　川北区文艺工作者联合会筹备委员会成立。1951年11月18日至25日，川北区首届文艺工作者代表大会召开，川北区文学艺术界联合会正式成立。

4日　中央人民政府委员会第八次会议批准中央人民政府政务院提请任命的王叙五、王贵德等29人为川北人民行政公署委员会委员。

5日　中国国民党革命委员会川北区临时工作小组建立。1952年1月20日，民革川北分部筹备委员会兼民革南充市支部筹备委员会正式成立，隶属民革川康临时工委。1952年9月1日，民革川北分部筹委会被撤销，民革南充市支部筹委会改隶民革四川省筹备委员会。

5日至19日　中共川北区首届党员代表会议召开。会上，中共川北区委第二书记赵林作题为《为胜利完成减租而斗争》的报告。中共川北区委第一书记胡耀邦作题为《提高自己，依靠人民，稳步前进》的总结报告。之后，川北各县以扩大干部会议的方式，进行了10天至15天的整风学习。

11日　川北行署发出《关于发动蚕农迅速购蚕种的指示》。

16日至30日　川北行署召开川北区首届财政专业会议，贯彻中央人民政府政务院《关于统一国家财政经济工作的决定》，研究川北区稳定物价，统一财政的行政手段和必要的经济措施。

18日　胡耀邦率领川北行署委员会委员和川北行署主要工作机构负责人举行宣誓就职典礼。

20日　民盟川北支部兼南充市分部临时工作委员会成立，两块牌子、一套班子，隶属民盟西南总支部。辖南充、遂宁、剑阁3个专区18个县的民盟组织，成员多来自文教、科技界。1952年9月1日，民盟川北支部撤销，民盟南充市分部临时工委改隶民盟四川省支部。

23日　川北区首家保育院在南充市吉庆巷成立。

30日　中共川北区委指导平武县建立了藏族自治区政府委员会，随后陆续建立乡自治政府。川北行署及有少数民族的县各界人民代表大会与县的常驻委员会，均吸收了少数民族代表参加。

是月　中共川北区委党校创办开学。至年底，共办训练班76期，训练干部18922人，解决了干部奇缺的问题。

是月　中共川北区委决定在全区各行业评选劳动模范。

8月

7日　按照西南军政委员会颁布取缔反动会道门组织的命令，川北军区政治部、川北行署公安厅剿匪委员会、宣传委员会联合发出《关于全区各城镇举行反特运动宣传周的联合指示》，要求各城镇成立反特运动宣传指导委员会，结合当地匪特破坏国家利益的罪行，教育群众，揭穿谣言，宣传中国人民的伟大力量，匪特必然灭亡，建设新中国的美好前途；提高群众觉悟，使群众认识匪特对自己利益的危害，发动群众人人防特，彻底扫清匪特活动，达到全体人民保卫祖国、保卫人民利益的目的；组织自新分子在群众大会上坦白其罪过，宣传首恶必办、胁从不问、立功受奖的宽大与镇压相结合的政策，号召残余、隐蔽的匪特自新；建立密告箱，开展追查谣言与检举匪特运动。

15日　川北行署颁发《在征粮减租前不得收租，严厉禁止地主非法夺佃》布告。

20日　川北行署委员会召开首次全体委员会议。讨论通过并颁发了《关于实施〈西南区减租暂行条例〉的若干补充规定》。

23日至27日　川北军区召开首届英雄模范代表会议。

25日　川北人民法院选择遂宁分院在蓬溪县试行成立首个县人民法庭，并在全区推广。

是月　川北区城镇户口管理实行一簿册（户口簿册）一卡（人口卡片）制，通过户口普查登记，由派出所建立户口登记簿册，农村由乡、村建立簿册管理。

是月　中国人民解放军南充市警备司令部发布《城市交通管理十则》。

9月

1日　川北行署委员会第三次全委会决定成立川北区禁烟禁毒委员会。10月19日，川北行署发出《严格执行禁绝烟毒实施办法的指示》。各地全面展开禁烟禁毒工作，查获了大批毒品和烟具，封闭烟馆近2000家，破获烟毒案1165件，判处烟毒犯1051人，其中判死刑45人，帮助4632名烟犯烟民另谋职业或就业。1952年8月7日，中共川北区委拟定了《肃清烟毒流行问题方案》，从8月15日开始，统一行动，至9月19日结束。运动结束后，公安机关把禁烟禁毒列为经常性工作。

5日至6日　川北区第一届工人劳动模范代表会议召开。王法海、姚淑英等17人受到表彰。会议推选王法海为出席全国劳模会议代表。

7日　中共川北区委发出《关于大力发动与组织农民开展减租、退押、反霸运动的指示》。

9日　南充市人民政府建设委员会在川北行署礼堂召开成立大会。会议特邀教授、专家、工程师、工商界代表和热心城市建设的社会名流70余人参加会议。会议决定从川北大学等单位选调土建工程技术人员10余人充实南充市建设委员会并承担具体工作。会议要求各专区、县统一设置建设科，专司城市规划建设管理工作。

11日　川北区宣传委员会成立。

13日至20日　中共川北军区第一届党代表会议召开。胡耀邦、赵林、韦杰、王贵德到会并讲话。郭林祥代表川北军区党委作《1950年上半年几个主要工作基本总结与下半年工作方针的报告》。会议决定下半年的任务是肃清匪特、干部整风、复员与整编、文化教育、普遍建团和加强党委领导。

中旬　1950年度公粮征收全面展开。中共川北区委和各地委抽调4100多名干部，组成21个征粮减租工作团，分赴29个县参加征粮工作。至11月底，完成包括1949年度公粮尾欠在内的全部任务。

21日　中共川北区委机关成立干部业余文化补习学校。

29日　中央人民政府政务院第52次政务会议通过，提请中央人民政府委员会批准，任命裴昌会为川北人民行政公署副主任。

是月 新民主主义青年团川北区工委创办机关刊物《川北青年》（半月刊）。至1952年8月底，共出44期。

是月 川北区工矿企业相继开展民主改革工作。在开展工矿企业民主改革的同时，川北行署结合镇压反革命运动，开展了嘉陵江、涪江、渠江的水上民主改革。

是月 南充市基督教徒集会，拥护中国基督教徒关耀宗等人发表的《中国基督教在新中国建设中的努力途径》宣言。

是月 南充市城区陆续开工建设中共川北区委办公楼、川北行署办公楼、川北行署大礼堂、川北军区大礼堂、川北人民银行、川北大旅社、川北电影院等建筑物。至1951年年底，中共川北区委、川北行署、中共南充市委、南充市政府办公大楼相继落成。同时，位于五星花园周边的川北人民银行、川北大旅社、川北百货公司、川北食品大楼、川北电影院等5幢造型各异、风格雅典、分布合理、错落有致的新型建筑物落成。

10月

1日 川北行署制定的《川北区退押实施办法》明确规定，从10月1日起，凡出租土地者，不得向农民收取押金，若非法勒索押金者，以违法论处。农民协会为退押的合法执行机关，退押必须经过农民协会批准，不得自行处理。

是日 《川北农民》报创刊。1952年9月30日停刊。

5日 广元县召开禁毒大会，当众焚毒3328两，烟具300余件。

10日 中共中央发出《关于镇压反革命活动的指示》。中共川北区委根据中共中央及中共中央西南局关于镇压反革命运动的指示精神，作出了《川北区关于镇压反革命活动的指示》。川北行署发出了《关于镇压反革命的指令》。11月13日，中共川北区委发出《关于镇反革命的补充意见》。11月29日，中共川北区委发出《坚决及时就地处决叛乱行凶现行犯罪的指令》。

中旬 中共川北区委发出清匪肃特指示，要求全区各个城市统一于10月中旬至下旬举行清匪肃特运动周，深入开展清匪肃特宣传和群众性的清匪肃特运动，并通过清理户口、旅馆客栈等工作，在全区建立起治安组织和管理制度，较大城市坚持夜间巡逻，不定期清查户口，广泛发动群众检举匪特。

17日 川北行署向各级政府工作人员发出《严守减租退押反恶霸的八项纪律》的训令，强调指出，各级政府工作人员应严格执行人民政府减租退押法令，不准违犯。

21日 川北区总学习委员会举行评功奖模大会，赵林作整风学习总结报告。

21日至24日 中共川北区委连续发出《为开展减租退押、反恶霸运动告党员书》《关于坚决而正确的发动农民群众完成清匪反霸、减租退押运动的决定》《关于开展减租退押运动的通知》。

23日至11月6日 川北行署召开川北区第一次各市、县工商界代表暨工商科长联系会议。各专（市）区、各县工商界代表和工商科长参加会议，胡耀邦在会上作了题为《消除顾虑，加强信心，提高警惕，为恢复和发展川北工商业而奋斗》的报告，与会代表坚定了带领工商户放手放胆搞好生产、改善经营的信心。

24日 川北行署发出《彻底废除旧乡保政权，建立乡村人民政权的指示》，要求各专区、各县在征粮结束后减租退押开始前，宣布废除保甲，停止乡保政权的一切活动，取消乡公所，改为乡人民政府，实行以乡农会代行乡人民代表大会职权，并由农代会主持选举乡人民政府委员会，开始农村基层民主建政。各地根据川北行署指示，废除了旧的乡保政权，并于11月前后以县为单位先后集中训练了旧乡保长，随即区别情况作了处理。凡已立功赎罪者，从宽发落；有特殊贡献的，欢迎继续为人民服务；作恶不改的发动群众检举，并视情节轻重论处。随着减租退押运动的展开，新的人民政权普遍建立起来。在城区设立公安派出所，下设居民段、组，农村设村、组。

是日　中共川北区委作出《关于坚决而正确的发动农民群众完成清匪反霸减租退押运动的决定》。全区抽调1.5万余名干部参加清匪反霸减租退押运动，为进行土地改革打下了基础。

26日至11月2日　中共川北区委召开群众大会，总结1950年度全区征粮经验。会议订出川北区减租退押运动具体步骤。

是月　川北行署公安厅召开首次水上治安工作会议，把镇压反革命列为水上民主改革的重要内容。12月，中共川北区委成立中共川北水上工作委员会，具体领导水上的民主改革及镇压反革命工作。川北区水上镇压反革命工作，查出各类反革命分子900余人，按政策及时进行了镇压和处理。

是月　川北行署派出民族访问团和服务队到少数民族聚居和杂居的主要地区进行慰问，宣传中国共产党的民族政策，开展医疗、救济工作。

是月　南充城区最早修建的成衣后街、兴顺街下水道工程竣工。

11月

月初　中国人民抗美援朝总会川北分会成立。

8日至15日　川北区各界人民代表会议政治协商委员会第二次全体委员会议召开。会议总结了川北区政治协商委员会成立3个月来的工作，讨论通过了胡耀邦所作的《关于我们川北区的当前工作》的报告和《动员各民主阶层人民结成广泛的反封建统一战线，完成减租、退押、清匪、反恶霸任务的决定》。

12日　中共川北区委和12个民主党派、人民团体发出拥护《全国各民主党派支持全国人民抗美援朝保家卫国的正义要求的联合宣言》的通电。川北区抗美援朝运动全面展开。各城市组织群众进行时事学习，广为宣传，批判亲美、恐美、崇美思想，同时举行了大规模的集会游行。1951年4月1日，川北各代会协商会、中苏友协川北分会和川北抗美援朝分会举行联席会议，要求各地普遍召开各种会议，进行宣传教育，订立爱国公约，开展反对美帝重新武装日本的签名运动。至4月底，全区签名人数达900万人，约占总人口的53%。与此同时，全区有4万余名青年响应“抗美援朝，保卫胜利果实”的号召，踊跃参加中国人民志愿军。他们在朝鲜前线英勇杀敌，涌现了许多英雄模范人物，有79人荣膺人民功臣，特级战斗英雄黄继光烈士，特等功臣、一级战斗英雄柴云振是其中杰出代表。4月26日至5月3日，在南充市召开了川北区首届抗美援朝代表大会。

是日　民革、民盟、民建、工商联南充地方组织和人民团体发出拥护《全国各民主党派支持全国人民抗美援朝保家卫国的正义要求的联合宣言》的通电。

13日　中共川北区委发出《关于镇压反革命的补充意见》，要求各地务必开展群众性的宣传教育，公开大胆揭露匪特的阴谋诡计，堵塞反革命活动空隙，对一切反革命罪犯给予坚决及时镇压。

16日　川北区全国农业劳动模范贺松亭、刘悦廷从北京归来，开始到川北区各县传达会议精神，介绍宝贵经验。

中旬　川北行署召开川北区代耕工作会议，贯彻中央人民政府关于新解放区代耕工作指示，各专（市）区、各县民政科长参加会议。会议要求以各县为单位，订出代耕计划，组织代耕队伍，解决部分烈红军属缺乏劳动力耕种问题，以实际行动拥军优属和支援抗美援朝。

22日　川北行署颁布命令，要求各级人民政府加强对农民自卫武装的建立和领导工作。

24日　川北行署组织农村文化服务队到边远地区农村开展文教宣传工作。

下旬　川北行署召开第二次蚕丝工作会议。会议要求川北区1951年的蚕丝生产要做到产量增加，质量提高，扩大出口，多换外汇，增加蚕农收入和地方财政增收，由恢复走向发展。

30日　广元500多名天主教徒在神父王良佐的倡议下，发动革新运动，发表了《广元天主教自立革新运动宣言》，表示坚决与帝国主义断绝关系，实行自治、自养、自传，号召大家以实际行动支援抗美援朝。12月22日，该宣言在《人民日报》和其他报刊登载后，全国各地天主教徒纷纷响应。1951年1月中旬，天主教南充籍教区主教王文成、副主教钟炳尧联合川东、川北13个县的2万多名教徒，又发表革新宣言，号召"中国人传中国教"，坚决斩断与帝国主义的一切联系，并于3月25日成立了"天主教南充籍教区爱国革新教务委员会"。在运动的发动和发展的整个过程中，中共川北区委始终把它作为一项重要工作，指示各地党委注意掌握动向，及时引导，广泛宣传中共宗教政策，启发中国神职人员的爱国觉悟，培养进步教徒，帮助教会解决自养问题，保证了运动的正常发展。

是月　中共川北区委发出《反恶霸斗争中及时镇压反革命活动的意见》，要求各级党委将镇压反革命列为中心工作之一。川北各地公安机关结合减租退押、清匪反霸和土地改革运动，充分发动群众，大张旗鼓地开展镇压反革命运动。

是月　川北保险公司成立，以公营企业为主要对象，逐步开办财产自愿保险、财产强制保险、农业保险等业务。

12月

1日　川北区合作社联合社筹备委员会成立，开始筹备组建川北区合作联社。1951年9月，川北合作事业局成立，南充、遂宁、达县、剑阁四个专署分别设立合作科，南充市及35个县全部建立起了联合社。

22日　川北区农民协会筹备委员会发出通知，决定在减租退押清匪反霸运动基本结束后，举行一次大检阅。为了保证检阅的顺利进行，中共川北区委和川北行署要求各地加强领导，积极支持，热情赞助这一标志群众力量的壮举，动员组织各方面加以慰问和帮助。

31日　川北区首届地方武装干部会议召开。会议基于全区匪特尚未彻底肃清，群众正在发动，主力部队逐渐外调和集中整训的实际情况，要求各地要树立长期建设地方武装的思想，建立一支强大的、贯彻一元化领导的地方武装。会议强调要加强地方武装部队的教育和训练，保证其可靠性和纯洁性。

1951年

1月

1日　驻市党、政、军机关及人民团体举行新年团拜会。中共川北区委第一书记、川北行署主任、川北军区政委胡耀邦出席并讲话。

3日　川北行署部署结合土地改革，开展收容处理游民乞丐工作。要求力争做到在土地改革后基本解决城市游民乞丐问题。至6月，南充市、南充县、遂宁县、三台县等1市20个县，共收容游民乞丐3592人。经教育后，资遣回乡生产2901人，占收容数的80.8%，转入生产教养院691人，占收容数的19.2%。

5日　西南军政委员会第二十次行政会议修正批准川北行署委员会《关于一九五一年争取完成全区土地改革的决定》（即土地改革工作要求八条）和《川北区土地改革具体实施办法》。20日，成立了以赵林为主任，裴昌会、李登瀛为副主任的川北行署土地改革委员会。

6日至10日　中共川北区委、川北行署召开第一次土地改革工作会议。参加会议的有区党委各工作团团长、地委书记和部分县委书记。会上总结了减租退押、清匪反霸运动，决定在南充、三台、遂宁、岳池、阆中5县和南部县7个区、南充市郊区及达县、巴中、广元、江油4县的各一个区开展第一期土地改革。

6日至18日　川北区首届司法会议召开。会议通过评功捡过，明确和统一了人民司法工作观点，进一步建立与健全人民司法制度和司法机构。

9日　川北行署发出《关于着手计划和施行对乡村干部大规模进行教育的指示》。

17日　天主教南充国籍教区在南充天主教堂召集教徒举行自立革新运动签名大会。到会教徒333人。主教王文成及13县司铎发表革新宣言。川北区两万多教徒行动起来，开展爱国革新运动。

21日　中共川北区委组成5个土地改革工作团，南充和遂宁地委各组织一个团。区党委和地委工作团团长及负责的县区是：一团秦仲方，南部；二团李登瀛，三台；三团饶兴，阆中；四团李文清、龙鸣，巴中；五团胡健，南充县；南充地委工作团孙先余，岳池；遂宁地委工作团李林枝，遂宁。2月初，各土地改革县以扩大干部会形式整训参加土地改革的干部。中下旬，第一期土地改革全面展开。这些地区总计人口460万人，占全区总人口28.7%，耕地面积38.67万公顷，占全区耕地面积的24%，投入的干部、农民积极分子和民主人士共12432人。5月中旬，第一期土地改革基本结束，没收征收土地200余万亩，分给了土地改革地区51.8%无地少地的农民。

26日　川北行署颁发《大森林收归国有具体执行办法令》，明令各县境内符合《大森林收归国有具体执行办法令》的森林收归国有。

29日　川北行署把增产棉花列为副业生产的首要任务，制定种棉奖励办法十二条。

是日　南充市人民政府举行劳苦人民代表大会。通过修建劳苦人民住宅区、解决劳苦人民工作与教育问题的决议。会后成立了南充市贫民委员会。

2月

2日至9日　川北区宗教界举行座谈会。会议制定了川北区宗教界爱国公约和“三自”运动实施办法。

10日至14日　川北行署委员会和川北区各代会政治协商委员会举行联席会议。与会代表联系实际讨论了土地改革问题，政治协商委员会30位委员决定分赴各县协助土地改革工作。会议确定了川北区1951年各项工作任务。

16日至18日　川北区农民武装自卫队进行大检阅。奖励了农民武装自卫队中的模范单位和先进个人，同时宣读了川北区农民武装自卫队的“三大任务和八项纪律”，举行了爱国抗美游行示威。

21日至3月6日　中共川北区委召开第一次统战工作会议。会议总结了川北区一年多来的统战工作，安排布置了工作。胡耀邦到会作了重要讲话。

23日至3月2日　川北区首届工农教育会议召开。

24日　川北行署发布命令，要求各地认真贯彻政务院《惩治反革命条例》。土地改革区紧密结合土地改革进行，既推动了土地改革，又沉重打击了反革命分子。

27日　中共川北区委发出《关于在全区开展反对美国重新武装日本，举行爱国公约签名运动周的通知》。

是月　对全区干部进行1950年年终考核。中共川北区委和地委直属机关由临时学习委员会和党支部领导，县由县委领导。全区共选出模范干部2656人，占干部总数的10.6%，受到批评和各种处分的干部1092人，占干部总数的4.4%。

3月

月初　春耕开始前，川北区加紧组建代耕队伍。月底，西充、安岳、达县、宣汉、江油、射洪、乐至、遂宁、盐亭、广元、平武等23个县陆续建立起代耕队。各代耕队一般为15人至20人。代耕对象为缺乏劳动力的烈军属或无劳动力的烈军属，大多以村为单位，实行包耕、代耕、助耕。

6日至12日　川北区首届劳模代表大会召开，各地劳模代表947人参加会议。与会人员听取了各项生产建设的工作报告，交流了先进生产经验。大会成立了劳模等级评审委员会，评选出特等劳模8名，甲等劳模45名，乙等劳模105名。

上旬　川北行署召开川北区税务局局长会议，贯彻中央人民政府酒类专卖会议精神，研究川北区实施酒类专卖工作。经中共川北区委同意，从川北区到各专（市）区、各县酒类专卖事业局局长由税务局局长兼任。

中旬　川北区土地改革试点工作在巴中县恩阳乡展开。胡耀邦专程到恩阳乡，召开工作团小组长以上干部会议，听取汇报和了解工作详情。胡耀邦指出："恩阳乡土改试点工作，是川北人民最关心的一件大事，你们要尽一切力量，一定要搞好，搞彻底，川北人民正在等待着你们，注视着你们。"

18日　川北行署颁布《川北区土地改革实施办法》。

18日至22日　川北行署召开川北区首届农民代表大会。大会选出了川北区农民协会委员会，通过了《农民八项爱国公约》。

19日　中共川北区委发出《关于进一步开展抗美援朝运动的指示》。

20日　川北行署发出《大力领导春耕生产的十项命令》。各级政府和各土地改革工作团认真贯彻执行，调动了农民生产积极性，促进了生产的发展。

是日　中国人民抗美援朝总会川北分会在南充市举行集会，控诉美国入侵朝鲜罪行，发表了拥护世界和平理事会宣言和函电，会后举行了游行示威。

25日　天主教南充国籍教区召开座谈会，正式成立爱国革新教育委员会。

是月　川北区开展第二期镇压反革命运动。川北行署作出《当前运动中镇压反革命分子的具体意见》。《川北日报》发表了题为《大胆地反复地开展镇压反革命的宣传工作》的社论。至5月，第二期镇压反革命运动结束。

是月　中共川北区委发出《重点试验逐步建立宣传网的指示》。《指示》要求各地党委委员要履行报告员的光荣义务，成为宣传员的领导者。并在城市的工厂和学校、第一期土地改革县的农村先行建网。12月，重点建网工作基本完成，党的报告员制度也在县以上各级党委建立起来。随着宣传网的大发展，在抗美援朝、镇压反革命、土地改革及发展工农业生产运动中，宣传员发挥了显著作用。

是月　川北行署制定了《川北区酒类产制厂商暂行管理办法》《查实没收私酿酒办法》，成立了川北行署专卖事业局，主管全区酒类生产和购销工作。从4月份开始，全区施行酒类专卖。至1952年8月，川北区酒类产销全部纳入计划管理，实行专卖。

是月　按照中共川北区委、川北行署"建设新南充，推动建设新川北"的工作部署，南充市拆除大西门、小西门及部分城墙，填平城壕，帮助住在城墙、城壕边上的贫民就地建设新居。至

1952年8月，在小西门、大西门、茧市街、人民广场、和平西路及城北丝绸村修建住宅33.38万平方米。

是月　川北行署建立妇幼保健委员会，妇幼保健委员会制定了组织条例，指导全区开展妇幼保健工作。

是月　川北行署颁发《关于保护森林的指示》。

4月

1日　《川北画报》创刊，胡耀邦为创刊号题词“热爱祖国，祖国万岁！”

2日　中国民主同盟川北支部兼南充市分部临时工作委员会举行酒会，庆祝中央人民政府副主席、民盟中央主席张澜先生80寿辰。

5日　川北区第一家国营医药专营企业——中国医药公司川北分公司在南充市成立。该公司批发零售兼营，经营西药700余种，医疗器件、玻璃仪器400多种，批发供应南充、遂宁、达县、剑阁4个专区35个县和南充市。

9日至16日　川北军区首届运动会在南充市举行。川北军区所辖南充、遂宁、达县、剑阁4个军分区和川北军区直属机关l800多名男、女运动员参赛。

15日至22日　川北区首届妇女大会召开，723名妇女代表出席会议。会议总结了一年来的妇女工作，讨论了今后的工作方针与任务，选举产生了川北区民主妇女联合会。

18日　川北区灯影、木偶、洋片工作者集会，决定加强剧艺改革，推陈出新。制定了爱国公约及下一步工作计划。

19日　川北区农民协会号召全区农民积极搞好春耕生产，实现增产增收。

26日至5月3日　川北行署召开首届抗美援朝代表大会，总结抗美援朝运动经验，表彰工作模范，部署下一步工作。

是月　川北行署成立川北区转业建设委员会暨办公室，抽调11名干部到办公室专职从事转业军人接待接收安置工作。从4月底到5月上旬，川北区各专区、县均成立转委会，并在遂宁、广元、达县交通要道设立了3个接待转运站，负责接待区外转业军人退役回乡。

5月

1日　川北区总工会机关报《川北工人报》创刊。初为4开4版，周刊。后为3日刊，8开4版。初期发行3000份，1952年发行量达到l万余份。1952年9月停刊。

2日至10日　中共川北区委、川北行署召开第二次土地改革工作会议。会议总结了一期土地改革工作，部署了二期土地改革任务。二期土地改革6月上旬开始，9月上旬基本结束。参加二期土地改革的县有巴中、达县、江油、广元、武胜、蓬安、营山、仪陇、西充、蓬溪、安岳、潼南、中江、射洪等14县，加上南部第一期土地改革留下的5个区，除去巴中、达县、广元、江油各一个区已经参加第一期土地改革，巴中留下一个区参加第三期土地改革外，总计人口760万人，占全区总人口47.5%，耕地面积74.14万公顷，占全区总面积的37.4%，参加的干部、工人、农民积极分子和民主人士共17313人。运动中没收征收的土地分给了占总人口58.4%的无地少地农民。

19日　川北行署发出通令，要求各县、市健全各代会常务委员会。

28日　中国人民志愿军归国代表张甫在南充市公共体育场作报告。川北区和南充市党政机关干部，各县代表，各民主党派代表，工人、农民、居民、教师、学生代表万余人到会听报告。

30日至6月1日　中共川北区委召开有各专区（市）、县公安处处长、公安局局长和各地委负责同志参加的扩大会议，传达贯彻中共中央第三次全国公安工作会议精神。会议肯定了镇反成绩，指出了缺点，讨论研究了下一步工作。根据中央规定，镇反工作采取谨慎收缩的方针，集中精力处理积案，从6月到9月必须清理完积案，各级成立党内的“清理积案委员会”，负责此项工作，胡耀邦为区党委清理积案委员会主任，董弼忱为副主任。各专区（市）、县清理积案委员会由书记任主任，公安处、局长任副主任。6月中旬，各地经过各代会或协商会扩大会，选出包括各民主党派、人民团体和民主人士代表参加的党外“处理反革命案件审查委员会”，其职责是民主讨论，一件一件地审查反革命案件，提出处理意见，报批执行。至8月底，清理积案工作基本结束，共清理在押人犯20341人，对1.5万名已判刑的人犯，由公安厅、处、局三级分别举办劳改营，进行劳动改造。

是月　川北区开展第三期镇压反革命运动。各专区、各县大量印发张贴《中华人民共和国惩治反革命条例》和反革命罪恶事实材料，组织宣传队，采取演讲、展览、漫画、板报、曲艺、戏剧等各种方式，大张旗鼓地开展镇压反革命运动宣传。至1951年9月，第三期镇压反革命运动结束。

是月　川北区开始贯彻实施政务院《中华人民共和国劳动保险条例》。

是月　川北区第一届水利专业会议召开，交流三台、西充、南充等地养护塘埝和挖旱河经验。

是月　川北行署卫生厅率先在南充市建立川北区妇幼保健院。同时，在南充、遂宁、达县、剑阁专区建立4个专区妇幼保健站。

是月　川北区各地积极开展爱国公约签名运动，全区904.2万人在爱国公约上签名。

是月　川北区恢复与扩大农田灌溉面积3.3万公顷。

6月

1日　中国抗美援朝总会发出“推行爱国公约，捐献飞机大炮，优待烈军属”的号召，得到了川北各界人民的响应。10日，中国人民抗美援朝总会川北分会召开各民主党派、人民团体座谈会，商讨响应抗美援朝总会号召，夏借爱国粮，修订爱国公约，开展捐献运动等工作。12日，发出用半年时间，捐献命名为“新川北战斗机大队”27架飞机的爱国增产捐献通知，全区1200多万人投入爱国增产捐献运动。25日，南充市率先举行爱国大捐献，中共川北区委、川北行署领导带头订立爱国公约，带头参加捐献。至12月底，爱国捐献运动结束，川北区交捐献款719.9万元，超过原定400万元捐献款的79.96%。按是时物价，可买48架战斗机。

是日　南充电厂250千瓦发电机投产。

10日至14日　川北行署召开川北区转业军人安置会议。会议交流了各地接收安置复员军人的经验，纠正了安置工作中的偏向，商讨了转业军人安置中有关问题的处理意见。

16日　川北保险公司发出公告，在南充、遂宁、达县、广元、射洪五地设立代理处，以工业厅、商业厅所属企业为主要对象，办理财产强制保险业务。

18日　川北人民检察署正式成立，

中旬　川北行署召开川北区酒类专卖事业局局长会议。会议决定，酒类生产实行以销定产，各级财政拨付给各级酒类专卖事业局的周转资金，只能用作酒类专卖，不能挪作他用。

是月　胡耀邦批转《青年团川北工委关于南充市中等以上学校重视正课学习中解决工作与学习矛盾问题的报告》。《川北日报》亦发表评论，严厉批评某些机关乱调乱抽学生参加社会活动，是“浪费国家宝贵财富的严重错误。”制止了学校中遍普存在的乱调乱抽学生参加社会活动现象。

是月　南充市木偶剧组和仪陇县木偶剧团参加全国木偶剧会演。

是月　南充市人民广场开工建设，川北区党政机关、南充驻军和学校师生、市民参加义务劳动，将莲池东侧的低洼地填土夯实，修建成长288米、宽166米、占地3.2万平方米、可容纳5万人的人民广场。同时，在南充市人民政府大院正对面开工修建南充市第一人民市场。

月底　川北区29个县出现不同程度的旱灾，其中14个县既遭旱灾，又遭风、雹、虫害袭击，灾情严重。

7月

2日　青年团川北工委、川北学联联合给全区青年学生、青年学生团员写信，号召全区青年学生、青年学生团员踊跃报考参加军事干部学校。

3日至4日　川北大学及南充市各中学学生踊跃报名参加军事干部学校。南充市明德中学百分之九十的学生报了名。

7日　川北行署召开紧急行政会议，讨论部署抗灾斗争。会议要求对受灾特别严重的村和户，要组织开展其他副业生产。是日，川北军区也发出紧急指示，号召所属部队，立即动员起来，积极帮助农民抗灾、保苗、补种。行署拨发救济粮63.5万公斤，组织检查组，分赴各地监督检查。川北灾区农民在各级人民政府领导下，积极开展生产自救运动。经过群众性的抗灾斗争，加之7月后各地普遍降雨，除一些重灾区外，当年大春仍获得较好收成。

10日　川北行署颁布《各县（市）公共市场管理费征收办法（草案)》。

26日　川北区举办土特产展览交流大会，土特产展览共设18个馆，展品2500余件，展示了川北解放一年半以来的生产成就。

下旬　川北行署召开“八一”建军节拥军优属工作会议。

是月　川北行署卫生厅开始举办新法接生培训班。

8月

2日至10日　中共川北区委召开全区第一次宣传工作会议。会议总结了全区宣传工作的成绩与经验，部署了今后宣传工作的方针与任务。

7日　胡耀邦就文学艺术界的创作方向问题，给川北区委宣传部副部长张永青等写了一封长信。胡耀邦在信中要求川北区文艺工作者不能漠视川北人民斗争的新情况，要表现英雄人物，歌颂英雄人物，刻画出英雄人物的思想感情和性格，以英雄人物的崇高品质做榜样，鼓舞人民群众的战斗意志，指明人民群众的斗争方向。

8日至9月14日　中央人民政府南方老根据地访问团川陕分团一行在团长王维舟、副团长余洪远率领下到川北区，慰问老区红烈军属、革命残废军人，并从中选出赴京参加国庆典礼的代表，同时搜集烈士事迹、革命史迹和革命文物。并分组访问了巴中、广元、宁强、渠县、镇巴等川北、川东和陕南的23个县。访问团所到之处，受到了当地人民群众的夹道迎接和热烈欢迎。访问中，访问团转达了中共中央和中央人民政府对老区人民的关怀和慰问。

17日至19日　川北区体育代表会在南充高级师范学校礼堂召开。

21日至27日　川北行署召开全区首届合作工作会议。会议决定先重点建社，同时训练干部，宣传政策，为大发展创造条件。至1952年8月，川北区建立合作社基层组织764个、社员125万余人，50%以上的乡场建起了合作社。

24日　胡耀邦在川北行署召开的财经委员会上作了《有计划有预见地领导农业生产的发展》的讲话，胡耀邦指出：“农业占全区生产总值的85%，因此我们的主要方向、主要精力应该放在农业上。”强调：“为着不落后，为着向人民尽忠，就要继续发挥我们那种固有的毛泽东式的无比勇敢、顽强和毅力，为发展我区的生产而积极奋斗。”

30日　川北区和南充市首批汽车司机志愿援朝驾驶队启程赴朝。

31日 中共川北区委、川北行署、川北区协商委员会联合举行集会，欢送赴朝慰问团川北工作队、中央土改工作团川北工作队返京。

是月 川北医士学校成立。学校以中级医学教育为重点，主要培养医士。9月1日，川北医士学校举行开学典礼，胡耀邦出席并发表讲话。1952年1月，川北医士学校更名为川北区卫生学校。至1952年8月，川北卫生学校为川北区培养了1364名医药卫生干部和医务人员。

9月

6日 中共川北区委纪律检查委员会、川北行署人民监察委员会联合发布《关于处理群众在报纸刊物上控诉国家机关和公务人员失职违法事件的通告》。

6日至17日 中共川北区委、川北行署召开第三次土地改革工作会议，总结二期土地改革工作，安排部署三期土地改革和一、二期土地改革复查。会议强调，群众特别是贫雇农真正发动起来了，地主阶级真打倒了，是检查土地改革好坏的标准。三期土地改革11月开始，1952年4月结束。

6日至19日 中共川北区委召开1951年第三次扩大会议。会上，赵林作了《四个月来三大运动基本总结和今后任务》的报告。听取了秦仲方、饶兴、刘聚奎、李登瀛、刘玉衡、施群、张永青关于已土地改革区工作、三期土地改革区工作计划、整党建党及干部配备、发展与巩固统一战线、镇压反革命、抗美援朝、农民教育和干部教育等问题的报告。胡耀邦在会上作《勿骄勿躁，同心同德，为实现今冬明春的工作任务而奋斗》的总结报告。

10日 川北区抗美援朝分会收到北京总会转来朝鲜前线川北出征志愿军立功喜报，蒙炳和、刘远清等人当了功臣。

26日 川北行署发出指示，号召各县大量种植油菜，并提高菜籽与大米的比价。

是月 筹建川北人民广播电台，在川北行署机关院内修建编播大楼和发射房。1952年5月1日，川北人民广播电台正式开播。1952年9月停播。

是月 南充市水电厂自来水工程开工建设。1952年7月26日建成供水。

10月

1日 南充市军民3万余人在南充市公共体育场隆重集会庆祝中华人民共和国成立两周年，并举行盛大游行。中共川北区委第一书记、川北行署主任胡耀邦等出席庆祝大会，并检阅游行队伍。川北区600名战斗英雄、劳动模范、烈军属模范、藏族代表应邀观礼。

7日至8日 中共川北区委召开会议，传达第四次全国公安工作会议精神，并提出了八项贯彻意见。

19日 川北行署印发《严格执行禁绝烟毒实施办法的指示》。

23日 川北行署召开工商工作会议。

24日 川北行署颁布《川北区乡村干部十大守则（草案）》。

是日 川北人民法院向全区各级人民法院发出指示，开展反对干涉婚姻自由与残害妇女的斗争。

25日 川北区和南充市联合举行庆祝中国人民志愿军出国作战一周年大会。表彰抗美援朝模范、宣传员模范、烈属、军属模范400余人。

是月至12月 针对土地改革后乡村干部中普遍存在的“换班松劲”思想，川北区党委在已土改县分别举办了3至5期乡村干部练训班，每期300人左右，时间半月至20天，用“想想过去，比比现在，看看将来”和查敌人、查工作等方法，进行教育，全区共轮训乡村干部21561人。同时，配合老苏区晋京代表报告团，到各地巡回宣传共产主义和共产党，并认真解决乡村干部工作、生产和生活上存在的实际困难和问题。

是月　川北区开展第四期镇压反革命运动。至1952年6月，第四期镇压反革命运动结束。

是月　民建川北支会筹备委员会兼民建南充市支会筹备委员会成立，隶属民建西南办事处。1952年1月，建立民建川北分会南充市支会会员小组。6月，正式成立民建川北分会筹备处兼民建南充市支会筹备委员会。1952年9月1日，民建川北分会筹备处被撤销，民建南充市支会筹委会隶属民建西南办事处。

是月　川北人民出版社成立。1952年10月，并入四川人民出版社。

11月

6日　《川北日报》针对土地改革后乡村干部中普遍存在的“换班松劲”思想，不愿当干部的现象，刊登南充县斑竹乡乡长鄷斯云擅自回家的消息，并加了编者按。同时发表了题为《进一步提高乡村干部政治觉悟，树立终身为人民服务的思想》的社论。《川北日报》的消息、编者按和社论发表后，川北区掀起了“鄷斯云思想”讨论热潮，各级干部、农民、工人、中小学校教师，联系实际，积极参加讨论。《川北日报》上开展的“鄷斯云思想”讨论，扩大到全国，历时3个月，出专栏64期。1952年2月初，《人民日报》以《共产党教育农民的一大胜利》为题，结束了“鄷斯云思想”在全国范围内的讨论。

中旬　第三期土地改革开始。第三期土地改革包括宣汉、平昌、开江、万源、通江、南江、剑阁、苍溪、旺苍、昭化、青川、平武、北川、盐亭、乐至等15县，加上巴中1个区，共380万人口，占全区总人口的23.8%，耕种面积50万公顷，占全区耕种面积的23.1%，参加的干部、工人、学生、农民积极分子和民主人士共20629人。第三期土地改革至1952年4月结束，没收征收土地17.9万公顷，分给了占总人口57%的无地少地农民。一、二、三期土地改革，共没收征收土地64.3万公顷，占全区耕地面积的39.4%；没收房屋218万余间；多余粮食折稻谷4206万公斤，耕牛9万余头，农具261万余件。至此，全区除少数民族聚居的63个寨（相当于村）约1.3万人口的地区尚未土地改革外，封建土地所有制在川北区被废除。

16日至25日　川北区首届文艺工作者代表大会召开。会议选举产生了川北区文学艺术界联合会，段可情当选为联合会主任委员。

17日至21日　中共川北区委召开第四次扩大会议，传达贯彻中共中央西南局第七次会议决议。会议精神是“加快速度，准备建设”。会议决定全区工作的指导方针是：“抓住要害，放松枝节，争取主动，力求踏实。”

25日　中共川北区委作出《关于执行〈西南局第七次会议决议〉的决定》。《决定》强调，开展爱国丰产运动，应立即成为农村中压倒一切的中心工作，必须用大力或全力来组织和领导。

28日　川北行署颁布《川北区代耕暂行办法（草案）》。

是月　川北区修建川北人民图书馆，馆址大北街。1952年8月1日建成开馆。

是月　川北行署工业厅投资在南充市大西街142号兴办南充专区第一家国营轻工企业——川北南充骨粉厂，次年1月下放南充市管理，更名为南充市骨粉厂。

12月

2日至20日　川北区首届工会会员代表大会召开。大会主要议题是继续加强抗美援朝工作，做好全区工矿企业的民主改革，进一步开展爱国劳动竞赛，纯洁和扩大工会组织。大会选举产生了川北区总工会，李登瀛当选为川北区总工会主席。

6日至14日　川北区首届第二次各界人民代表会议在南充市召开。会议应到代表1621人，实到1209人，缺席333人，请假14人，大会收到提案、意见1012件。会上，川北行署主任、协商委员会主席胡耀邦向大会作了《川北人民动员起来，向着争取反侵略斗争和建设我们伟大国家的胜利奋勇前进》的报告。川北行署副主任秦仲方作了《为动员组织一千六百万人民开展大规模的爱国增产节约运动而斗争》的报告，川北行署副主任裴昌会作了《川北一年来的抗美援朝运动》的报告，川北区协商委员会副主席赵林作了《为全面完成和全部结束川北区土地改革而斗争》的报告，川北区协商委员会副主席卢子鹤作了《川北区协商委员会工作和中国人民政治协商会议第一届全国委员会第三次会议的传达》报告，公安厅厅长董弼忱作了《彻底肃清反革命残余而斗争》的报告，川北区人民法院院长张雪岩作了《一年来川北区司法工作》的报告，文教厅厅长贾子群作了《动员与组织全区文化界、教育界和各种知识分子加速思想改造而斗争》的报告。中共代表赵林、解放军代表韦杰、民盟代表贾子群等27人作了大会发言。与会代表经过充分讨论，通过了《关于川北区人民行政公署各项工作报告和今后工作任务的决议》《关于川北区协商委员会工作报告的决议》《关于提案审查报告的决议》《川北区各界人民代表联系办法》。会议审议并通过了在胡耀邦主持下，南充市建设委员会和市政府建设科制订出的确定了南充中心城区布局的《南充市城市规划图》和《城市道路计划图》。会议期间，与会代表着重讨论了“爱国增产节约”问题，提出全区增产的奋斗目标，选举出川北区爱国增产节约委员会，并重点讨论了对教师的思想改造问题。

上旬　已土地改革的21个县市开始复查。复查分三期进行，每期1个月至40天左右。复查的原则是：“团结内部，刀锋对敌，有利生产。”复查工作着重解决8个遗留问题：清理漏网反革命；斗倒继续作恶的不法地主；纯洁和加强农村组织；修订敌我颠倒的成分；彻底处理未分的斗争果实；处理尚未处理的山林、塘堰；调整区、乡；填发土地证。此项工作于1952年4月结束。

中旬至次年1月初　中共川北区委和各地委两次派出194名整党组织员，分别去四个地委训练班和南充、西充、南部、平昌、射洪5县，结合土地改革和土地改革复查进行农村整党。至1952年3月，全区整理了17个农村支部，934个农村党员（其中零散党员623人）。同时，结合土地改革和土地改革复查以及增产创模运动，试验性地发展了一批农村党员。至1952年6月，全区共发展农村党员1500余人，建立了近200个临时支部。

19日　川北区爱国增产节约委员会成立，胡耀邦任主任。

28日　川北行署，川北区政治协商委员会联合发出《关于展开反贪污、反浪费、反官僚主义斗争的决定》。

是日　川北区直属机关1000多余名党、团员参加“三反”运动动员大会。

是月　中共川北区委作出进一步培养干部的决议。

是月　中共川北区委、川北行署联合召开川北区100名劳动模范座谈会，探讨建立互助合作的好处，分析开展互助合作的利弊，会议要求劳动模范带头组织互助合作社。

是月　川北体育协会印发《关于在川北区推行广播体操的通知》。全区各机关、学校、企事业单位，每天在规定的课间、工间播放广播体操乐曲，集体做广播体操。

是年　南充县老君乡农民郑国友响应政府号召，动员12户贫农、1户中农组织临时换工组抢栽秧苗。秋收时，提前8天打完谷子，犁完板田，全组的红苕提前挖完。临时换工组尝到组织起来的甜头，在川北区率先建立互助组，被誉为互助组状元。

1952年

1月

4日　中共川北区委制定在学校进行思想改造和组织清理工作的计划。中等以上学校教职员的思想改造和清理工作，由区党委直接领导，在当年寒假集中南充市学习1个月。全区仅有的一所大学，与中等学校一并进行。

5日　中共川北区委召开紧急会议，决定在全区迅速大规模地开展反贪污、反浪费、反官僚主义的“三反”运动。中共川北区委、川北行署、川北军区领导分别表明了对“三反”运动的态度与决心，并带头作了检查。

是日　川北人民监察委员会、川北人民检察署、川北人民法院联合发布《关于开展反贪污反浪费反官僚主义斗争的通告》。

7日　川北行署直属机关召开反贪污斗争大会。

8日　川北区监察、人事、财经等部门组织“三反”联合检查组，到遂宁县、阆中县、达县和川北区部分财经、贸易系统检查“三反”运动进行情况。

14日　川北区工商业联合会号召全区工商界开展反行贿运动。

22日　中共川北区委指示各地，农村不搞“三反”运动，已经发动者立即停止，仍以增产节约为中心。

30日中共川北区委发出继续大张旗鼓地开展“三反”运动宣传工作的指示。

2月

月初　中共川北区委结合“三反”运动，决定在南充市和35个县城及蓬安县周口、武胜县沿口、蓬溪县蓬莱、中江县仓山等4个大镇开展反行贿、反偷税漏税、反盗骗国家财产、反偷工减料、反盗窃国家经济情报的“五反”运动。

5日至3月11日　川北区举办教育工作者寒假学习会，全区大中学校教职员及南充市小学教师2033人、专区和部分县文教科长22人，集中在南充市进行思想改造和组织清理。学习结束时，查明有重大政治问题的72人。鉴于有27个中学校长不适宜继续担任领导工作，抽调了113名党团员干部到学校担任校长、教导主任和政治教员。8月1日至9月中旬，4个专区又用一个半月时间，分别集训了全区完小教师12008人。

6日至9日　胡耀邦4天内连续3次审定、签发中共川北区委关于“三反”运动中要严格执行政策的指示，指出证据是降“虎”的有力武器，要求各地重证据而不单纯重口供。

13日　中共川北区委发出《关于春耕生产工作的指示》，要求各级党委发动农民订立增产节约计划，有重点地发动挑战竞赛，有领导、有组织地掀起群众性的增产节约运动。

27日　中共川北区委发出《关于执行中央2月15日指示的几个具体意见》，指出：“五反”的目的是揭露资产阶级向共产党猖狂进攻的各种阴谋，在政治上、经济上、思想上对资产阶级加以反击，使之规规矩矩在《共同纲领》所规定的原则下，从事正当的经营活动。配合“三反”运动，肃清经济内奸和坐探分子，提高干部的阶级觉悟，巩固国营经济的领导地位，并在“五反”运动中划清劳资界限，进一步组织发动工人阶级，实行城市中的民主改革运动。

3月

1日　川北行署发出通知，要求各县在春耕防旱中开展劳动模范运动。

12日　南充火电厂开始安装发电机组，装机容量250千瓦，5月19日安装调试完毕，投入营运。

17日至19日　中共川北区委召开1952年第一次扩大会议，传达中共中央西南局第八次会议精神，对捉“虎”比例和具体数字提出了要求，掀起了第二次打“虎”高潮。4月底，打“虎”阶段基本结束。5月起，运动转入全面定案追赃和处理阶段。至7月中旬，定案处理基本结束。

22日　川北行署发布八项农业生产政策。政策规定：农业税（公粮）一律按常年产量计征；凡私人节约所得，一律保证归私人所有，自行支配；土地改革后，凡属自己劳动或增产所得者，一律归其本人所有，自行支配，任何人不得侵犯；凡佃种公田的收益，计算农业税时，单独计征，不与该户其他收益合计累计；允许农民在棉田中间种植玉米等其他作物，征收农业税时，仍按棉田产量计征，上述间植作物的产量，不计征农业税；农业生产上的互助合作组织（如互助组）必须按照自愿互利、民主管理的原则办事，不得有任何强迫命令和损害他人利益的行为；允许自由借贷，双方自行议定利息，保障有借有还，禁止强迫借贷和只借不还的行为；所有公共塘堰，必须妥为护养，实行民主管理，合理使用水源，严禁强占和破坏。

30日　中共川北区委发出《关于配合南充市人民法庭宣判大会再次掀起全区反贪污斗争高潮的通知》。

是月　中共川北区委、川北行署发出紧急指示，要求各地充分发动群众，团结各界人民共同抗灾备荒，并以此作为当前农村压倒一切的中心任务。此前，仪陇、三台等27县已有130多天未下透雨，出现严重旱灾。17日，南部等18个县又遭受暴风冰雹袭击，小春损失严重。有21个县发生了不同程度的农民缺粮断炊现象。中共川北区委、川北行署拨出1750万公斤大米和26万元人民币作为贷粮和救济款，发放农村，并派出8个检查组分赴灾区督促帮助。同时，通过奖励抗灾先进乡村，在全区发动以抗旱为中心的春耕生产竞赛运动。经过广大干部和群众的艰苦努力，减轻了灾害，渡过了春荒。

4月

3日　中国人民银行川北分行破获2800两黄金贪污盗窃案。

5日　南充市举行宣判大会，严厉惩治情节严重、顽抗抵赖的大贪污犯，宽大处理了一批情节虽较严重，但能真诚悔过，彻底坦白、交出赃款、戴罪立功的贪污分子。

中旬　中共川北区委召开各地委、县委办公室主任、研究室负责人会议，赵林作了《在抗旱高潮的基础上，响应全国丰产竞赛运动》的报告。会后，爱国丰产运动在川北区全面展开。

中旬　川北行署召开川北区农业生产互助合作会议.会议要求全区1952年组织临时性的互助组应达到农业人口的20%左右，季节性的互助组应达到农业人口的10%左右，常年定型的农业副业相结合的互助组应达到农业人口的3%。

15日至20日　川北区首届篮、排球运动会和田径测验在南充市公共体育场举行。

28日　南充县郑国友互助组与人民银行东观营业所签订生产资金互助合同。国家银行通过合同方式，在生产资金上帮助互助组发展生产。

29日　川北行署发出《开展爱国增产竞赛运动的指示》。5月11日，胡耀邦在川北人民广播电台发表“在爱国增产竞赛运动中，开展‘万户千组一百乡’创模运动”讲话。爱国增产竞赛运动得到了全区广大农民的热烈响应。至5月底，全区有17200多户、9120个组、1832个村、461个乡参加竞赛，参加竞赛人数700万人以上。至1952年8月中旬，全区有互助组185100多个，参加的人数占农业人口的25%。当年产量与1949年相比，粮食增产32%，棉花增产50%，蚕丝增产20%。

5月

1日　川北区农民协会号召各级农民协会，动员组织全区广大农民开展爱国增产竞赛运动。

4日　川北区首届运动会在南充召开。川北区所辖南充、遂宁、达县、剑阁4个专区和川北区直属机关组团共600名运动员参赛。

22日　川北行署印发《关于医院和卫生院的几点指示》。

23日　南充市文艺界人士举行座谈会，纪念毛泽东《在延安文艺座谈会上的讲话》发表10周年。会议号召全区文艺界迅速行动起来，大量创作表现新英雄人物的作品。

27日　川北区民主妇联发出通知，要求各级妇联发动百分之八十农村妇女参加农业增产创模运动。

是月　中共川北区委、川北行署分别就中等学校和小学工作发出指示，明确中等学校不得自发进行“三反”，小学一律不进行“三反”；中学教职员的政治学习，每周只集体讨论一次，小学不超过两次，星期日照例休息；教职员的任免调动，必须遵守人事调动制度，未经行署文教厅批准，各地不得自行动员教师学生停课参加社会活动；派去学校工作的干部，要耐心谦虚，不要盛气凌人。

是月　中共川北区委文艺工作团和川北行署文工团整合，又抽调60人组建2个川北农村文化科学普及宣传队。

是月　川北区各地农业生产互助组与劳动模范积极参加“万户千组一百乡”农业增产创模运动。

是月　川北机器修造厂试制缫丝机成功，为川北区丝绸工业的发展提供了有利条件。

是月　川北区各地农村团员与青年劳动模范积极参加爱国增产竞赛运动。

是月　在抗旱备荒春耕生产运动中，全区各地农业生产互助组发挥了极大作用，显示了农民组织起来的优越性。

6月

5日　川北花纱布分公司邀集南充市绸布业等单位座谈改进公私业务关系问题。

7日　中共中央西南局转中共中央组织部来电“调胡耀邦来中央工作，务于7月底抵京”。

11日　南（充）武（胜）合（川）公路正式开工建设。

11日至23日　中共川北区委召开1952年第二次扩大会议，主要议题是总结“三反”“五反”运动，检查区党委两年多来的工作，传达中共中央西南局第九次会议精神，研究讨论下半年工作。

22日至28日　川北区国营农场业务会议召开。会议确定了国营农场工作方针和任务，会议要求国营农场在爱国增产竞赛运动中起带头示范作用。

24日　中共川北区委召开座谈会。与会人员认为：区党委和胡耀邦、赵林政策明确，领导及时、具体，总的方针比较稳妥，求实、大胆创造的工作作风发扬得好，统战工作搞得好，镇压反革命政策掌握得好，深入基层、民主作风发扬得好，批评与自我批评抓得紧，干部有话敢讲，对干部的帮助教育大，使干部感到精神愉快，从上到下同心同德，团结一致。

是月　川北行署召开扩大干部会议，中共川北区委第二书记赵林作了《土改后的农村工作任务和发展方向》的工作报告。会议强调农村土地改革完成后的发展方向是实行中央指示的“组织起来”的方向，实现农民在生产、供销、信用上的合作化。工作任务是大力发展农业合作社，深入开展“增产创模”运动，努力完成“万户千组一百乡”的生产任务，保证和超额完成1952年农业增产5%的计划和创办25万个农业生产互助组的工作任务。

是月　川北区国营财经贸易部门大力加强经济工作，扶持私营工商业者改善经营发展生产。

是月　川北区各地通过检查评比生产成绩，推动爱国增产竞赛运动深入开展。

7月

2日至11日　中共川北区委宣传部召开川北区小学教师代表大会，为暑、寒假分期集训教师培训骨干和积极分子。

3日至10日　川北区第四次工商业界代表会议暨第三次土产交流大会举行。会议指出，过去两年半的工作与努力，为川北区工商业的大发展创造了足够的条件，一切正当而有利于生产的私营工商业都有光明的前途。会议认为，大力开展物资交流是活跃工商业，繁荣城乡经济的关键。会议期间，全区218种土特产参展。

4日　中共川北区委统战部发出不能轻易裁减老秀才的指示，要求各县邀请老秀才参加各界人民代表会议，对已遣返回家的，要设法解决他们的生活困难或恢复工作。

9日　川北行署工业厅邀请20余位工业专家座谈老革命根据地工业建设问题。

10日至8月20日　全区机关结合“三反”后的思想建设、组织建设和制度建设，进行整党和审干。全区干部4.1万人参加整党和审干。

17日　川北区政治协商委员会和川北区各民主党派为欢送胡耀邦调中央工作，举行欢送会。

21日　中共中央西南局转中共中央13日电示：“同意四川四个区合并为四川一个省，以李井泉为省委书记兼省政府主席，李大章、赵林、阎红彦为第一、二、三副书记。”中共中央电示后，中共川北区委、川北行署积极进行合省的各项准备工作。

下旬　胡耀邦轻车简装，悄然离开川北。到中共中央西南局办理调任手续后，前往北京。

是月　川北花纱布分公司开展推销工业品运动。

是月　川北区各地先后召开工商业界代表会议，各地国营企业与私营工商业签订合同协议，推动了城乡物资交流。

是月　川北区各地先后举办小宗土产交流会，广泛开展近距离土产交流，为滞销土产品打开了销路。

8月

1日　川北人民图书馆开馆，馆舍面积5000多平方米。开馆时有新书9058种，计1.33万册。报纸20种，杂志77种。有旧书2.96万册。接收南充市文化馆图书731部8496册，接受川北博物馆藏书1271部1.21万册。接受卢子鹤捐赠藏书186部共1563册，王恩洋捐赠龟山书院藏书77部2288册，石体元捐赠藏书1500册，伍非百捐赠藏书3000册。

3日至10日　川北区第一届粮食会议召开。会议决定各级粮食局与粮食公司合并。会议布置了秋粮收购和公粮入库工作。

7日　中央人民政府委员会第十七次会议决定，成立四川省人民政府，并在四川省人民政府成立后撤销川东、川南、川西和川北人民行政公署；免去胡耀邦川北人民行政公署主任职务，秦仲方、刘聚奎、裴昌会川北人民行政公署副主任职务，王叙五、王贵德等29人川北人民行政公署委员会委员职务。

9日　川北行署印发《关于肃清烟毒运动的指示》。

11日　川北行署文教厅、文化事业管理处及川北区总工会联合开办的川北区速成识字法基干教员训练班开学，时间15天，440人参训。

15日　川北区统一行动，开展第一期肃清烟毒工作，对毒犯实施抓捕。

21日至25日　川北老根据地人民代表会议召开。会议通过川北老根据地建设计划。

26日　川北行署、川北区协商委员会发出通知，要求各县、市召开一次各界人民代表会议，动员全区人民加强经济工作，搞好生产，以迎接祖国大规模经济建设。

31日　川北人民行政公署委员会和川北区政治协商委员会举行第九次扩大联席会议（最后一次联席会议）。会议听取了川北行署副主任秦仲方所作《在四川省人民政府的坚强领导下，为迎接国家经济建设而努力》的报告。讨论和总结了川北区的工作成就，号召川北区全体干部和广大人民继续发扬团结一心、艰苦奋斗的精神，在中共四川省委、四川省人民政府的领导下，为完成新的历史使命而胜利前进。

是月　川北体育总会在南充市西河举办川北区首届游泳选拔赛。川北区区级机关及各专区118名运动员参赛。

9月

1日　中共中央和中央人民政府颁布决定：撤销川东、川南、川西、川北四个行政区，正式恢复四川省建制。中共四川省委、省人民政府正式成立，川东、川南、川西、川北行署即日停止行使职权。

是日　四川省人民政府发布命令："川东、川南、川西、川北人民行政公署的移交工作已基本完成，本府自即日起正式行使职权。原4个行署所属各级组织及各部门自即日起一律接受本府领导。"

是月　川北、川西、川南、川东各界人民代表会议政治协商委员会联合办事处成立，川北区政治协商委员会被撤销。

政 区

1949年6月，中共中央决定将四川分为川东、川南、川西、川北四个省级行政区，重庆为中央直辖市，西康仍为一个省。

川北区位于秦岭南麓和四川盆地北部，东邻川东行政区和重庆直辖市，西与川西行政区接壤，南连川南行政区，北与甘肃省和陕西省毗邻。1952年8月，川北区总面积约9万平方公里，人口1784万人。辖南充市和南充、遂宁、达县、剑阁4个专区35个县。中共川北区委、川北行署、中国人民解放军川北军区驻南充市。

1952年9月1日，中央人民政府决定撤销川东、川南、川西、川北四个省级行政区，恢复四川省建置。

【川北区建置】 1949年6月，中共中央决定，设立川北区（省级行政区），辖民国时四川省第十一、十二、十四、十五行政督察区所辖的南充、西充、南部、岳池、武胜、营山、蓬安、仪陇、遂宁、三台、中江、安岳、乐至、潼南、蓬溪、射洪、盐亭、广元、昭化、剑阁、旺苍、苍溪、阆中、江油、北川、青川、平武、万源、开江、宣汉、达县、平昌、通江、南江、巴中35县。1949年12月至1950年1月，中国人民解放军先后占领了川北各县，川北全境解放。1950年1月，遂宁专区成立。2月，南充专区成立。3月，达县专区、剑阁专区、南充市成立。1952年9月1日，川北区被撤销，川北区所辖的南充市和南充、遂宁、达县、剑阁四个专区35个县改隶四川省。

南充市建置　1949年12月10日，南充县和平解放，中国人民解放军进入南充县城。1950年1月8日，南充军事管制委员会成立。1月29日，南充军事管制委员会发布命令筹建南充市。1950年3月11日，川北行署划南充县城区的东南镇、西城镇、北城镇、舞凤乡、华凤乡、河东乡、文峰乡置南充市。为中共川北区委、川北行署驻地。6月10日，西南军政委员会批准，南充市为川北区直辖的专区级市。中共南充市委、市人民政府驻南充市区。1952年9月1日，川北区被撤销，南充市改隶四川省。

南充专区建置　1950年2月8日，经中共中央西南局和西南军政委员会批准，川北南充分区行政督察专员公署成立，隶属川北行署，辖南充、西充、南部、岳池、武胜、营山、蓬安、仪陇8县，中共南充地委、专署驻南充县城。3月11日，南充市成立后，地委、专署迁驻岳池县城。1952年6月，地委、专署由岳池县城迁驻南充市河东乡。1952年9月1日，川北区被撤销，南充专区改隶四川省。地委、专署由河东乡迁驻南充市城区内。

遂宁专区建置　1950年1月13日，经中共中央西南局和西南军政委员会批准，成立川北遂宁分区行政督察专员公署，隶属川北行署，辖遂宁、三台、中江、安岳、乐至、潼南、蓬溪、射洪、盐亭9县，地委、专署驻遂宁县城。1952年9月1日，川北区被撤销，遂宁专区改隶四川省。

达县专区建置　1950年3月，经中共中央西南局批准，成立达县分区行政督察专员公署，隶属川北行署，辖达县、开江、宣汉、万源、平昌、通江、南江、巴中8县，地委、专署驻达县县城。1952年9月1日，川北区被撤销，达县专区改隶四川省。

剑阁专区建置　1950年3月19日，经中共中央西南局和西南军政委员会批准，成立川北剑阁分区行政督察专员公署，隶属川北行署，辖广元、昭化、剑阁、旺苍、苍溪、阆中、江油、北川、青川、平武10县，地委、专署驻广元县城。1952年9月1日，川北区被撤销，剑阁专区改隶四川省。

【川北区行政区划】 川北区成立后，辖南充、西充、南部、岳池、武胜、营山、蓬安、仪陇、遂宁、三台、中江、安岳、乐至、潼南、蓬溪、射洪、盐亭、广元、昭化、剑阁、旺苍、苍溪、阆中、江油、北川、青川、平武、达县、开江、宣汉、万源、平昌、通江、南江、巴中35个县。1950年1月至3月，南充市和南充、遂宁、达县、剑阁4个专区先后成立，35个县分别隶属4个专区。1952年9月1日，川北区被撤销，川北区所辖的南充市和南充、遂宁、达县、剑阁4个专区

35个县并入四川省。

南充市行政区划　1950年3月，南充市辖城区西城、北城、东南三镇和舞凤、华凤、文峰、河东四乡。1950年8月，南充市华凤、文峰、河东3乡划归南充县。析原西城镇所辖第十至二十三保，东南镇所辖第八、九保成立12个行政村，置新建乡。在市区设西城、北城、东南、中城、青年街、三公街、五里店、水上8个派出所，办理各项行政事务。1951年8月1日，将南充县第四区（青居区）的河东乡（20个村）、第十区（潆溪区）所辖的华凤乡（11个村）、第九区（西兴区）所辖文峰乡（10个村）和西兴乡的6个村划属南充市（西兴乡的6个村并入新建乡）。同年，分文峰乡的一部分村置都尉乡。1951年8月，南充市辖舞凤、华凤、新建、河东、文峰、都尉6乡，7个居民委员会，500个居民小组。1952年5月，南充市成立市郊区人民政府，将河东乡分为河东、清溪两乡，新建乡分为新建、栖乐两乡。1952年9月，南充市辖舞凤、华凤、新建、栖乐、河东、清溪、文峰、都尉8乡、7个居民委员会。

南充专区行政区划　1950年2月，南充专区辖南充、西充、南部、岳池、武胜、营山、蓬安、仪陇8县。1950年10月至1951年11月，南充专区各县严格执行川北行署《彻底废除旧乡保政权，建立乡村人民政权的指示》，按要求推进“民主建政”工作，在原有基层行政区划的基础上，划分区、乡、村、组，彻底废除了保、甲。从1952年4月开始，从1952年4月开始，遵照川北行署调整区、乡行政区划的决定要求，南充专区各县把大区大乡划小。南充县由4个区72乡调整划分为16个区114乡；西充县由4个区32乡调整划分为7个区55乡；南部县由6个区2镇32乡调整划分为12个区2镇59乡；岳池县由5个区34乡调整划分为13个区7镇87乡；武胜县由3个区2镇26乡调整划分为9个区3镇54乡；营山县由7个区30乡镇调整划分为11个区85乡镇；蓬安县由4个区24乡调整划分为7个区36乡镇；仪陇县由5个区20乡调整划分为7个区49乡。

遂宁专区行政区划　1950年1月，遂宁专区辖遂宁、三台、中江、安岳、乐至、潼南、蓬溪、射洪、盐亭9县。1950年10月至1951年11月，遂宁专区各县严格执行川北行署《彻底废除旧乡保政权，建立乡村人民政权的指示》，按要求推进“民主建政”工作，在原有基层行政区划的基础上，划分区、乡、村、组，彻底废除了保、甲。从1952年4月开始，遵照川北行署调整区、乡行政区划的决定要求，遂宁专区各县把大区大乡划小。遂宁县由10个区40乡镇调整划分为14个区（含城区）91乡；三台县由5个区57乡镇调整划分为15个区116乡镇；中江县由12个区59个乡镇调整划分为16个区118乡镇；安岳县由原13个区52乡镇调整划分为15个区103乡镇；乐至县由5个区32乡镇调整划分为8个区34乡镇；潼南县由原3个区36乡镇调整划分为9个区60乡镇；蓬溪县由7个区41乡调整划分13个区102乡镇；射洪县由3个区28乡镇调整划分为11个区77乡镇；盐亭县由3个区18乡调整划分为7个区52乡镇。

达县专区行政区划　1950年3月，达县专区辖万源、开江、宣汉、达县、平昌、通江、南江、巴中9县。1950年10月至1951年11月，达县专区各县严格执行川北行署《彻底废除旧乡保政权，建立乡村人民政权的指示》，按要求推进“民主建政”工作，在原有基层行政区划的基础上，划分区、乡、村、组，彻底废除了保、甲。从1952年4月开始，遵照川北行署调整区、乡行政区划的决定要求，达县专区各县进行了分大区为小区、分大乡为小乡的工作。万源县由5个区调整划分为7个区47乡；宣汉县由6个区58乡镇调整划分为13个区115乡镇；达县由6个区62乡镇调整划分为15个区124乡镇；平昌县由4个区21乡镇调整划分为11个区82乡；通江县由4个区20乡镇调整划分为12个区104乡镇；南江县由5个区17乡镇调整划分为11个区94乡；巴中县由5个区27乡调整划分为14个区110乡镇。

剑阁专区行政区划　1950年3月，剑阁专区辖广元、昭化、剑阁、旺苍、苍溪、阆中、江油、北川、青川、平武10县。1950年10月至1951年11月，剑阁专区各县严格执行川北行署《彻底废除旧乡保政权，建立乡村人民政权的指示》，按要求推进“民主建政”工作，在原有基层行政区划的基础上，划分区、乡、村、组，彻底废除了保、甲。1951年12月至1952年4月，剑阁专区各县按地形、人口、交通及群众生活习惯、少数民族居住特点，进行了划大区为小区、划大乡为小乡工作，划分了少数民族自治区域和大部落行政区划。广元县由9个区61乡调整划分为11个区88乡，昭化县由3个区12乡调整划分为7个区60乡；剑阁县由4个区26乡镇调整划分为10个区75乡镇；旺苍县由3个区13乡调整划分为9个区66乡镇；阆中县由5个乡调整划分为11个区94乡镇；苍溪县由3个区20乡镇调整划分为10个区90乡镇；江油县由3个区21乡镇调整划分为8个区64乡镇；北川县由4个区10乡调整划分为5个区37乡；青川县由3个区13乡调整划分为7个区54乡；平武县由5个区1个藏族自治委员会、19个乡、3个大部落调整划分为8个区、45个乡、5个大部落。

自然环境

川北区大部位于川北台陷、川中台拱和川东褶皱束3个构造单元内。中生代地层主要有三叠纪地层、侏罗纪地层和白垩纪地层。地势从北向南倾斜，北部以山地为主，南部以丘陵为主，平坝主要分布在重要干流及其支流沿岸。摩天岭主峰海拔4522米，是川北地区最高峰。川北区大部分地方属中亚热带湿润季风气候。其气候特点与四川盆地南部的长江河谷地区相比，气温相对较低，雨季较长，暴雨较多。夏季长，多在110天以上，冬季次之，大多不到100天，春季略长于秋季，大约在75天左右。全年雾日多出现在10月至次年1月，其中尤以12月份最多，多在20天~30天之间。是全国日照时数最少的地区之一。嘉陵江流域面积广阔，境内绝大部分区域都分布在嘉陵江流域范围，涪江、白龙江、东河、西河、渠江是嘉陵江主要支流。境内原生自然植被以常绿阔叶林和落叶阔叶林为主，大巴山、米仓山、平武、北川等地受人类活动影响较小的边缘山地还保留有较好的亚热带常绿阔叶林。自然植被主要是马尾松、柏树林、石栎林、刺叶栎林、青杠林、草丛，灌木主要有麻栎、栓皮栎、映山红、马桑、黄荆、大棘蔷薇等。经济林木以核桃、梨、桑树、蜡树和油桐等为主。栽培植物主要有农作物、用材林木、经济植物。珍稀古树有古柏、红豆、银杏、铁坚油杉、榕树、香椿等。动物主要有亚热带和温带森林、农田动物群。珍稀动物主要有大熊猫、金丝猴、牛羚、中华秋沙鸭、玉带海雕、绿尾虹雉、四川梅花鹿、嘉陵裸裂尻鱼等。川北区矿产资源主要有有石油、天然气、煤、铁、金、铜、铅锌、锰和石灰石等。自然灾害首推干旱，次为洪涝，在龙门山断裂带及其附近的平武、青川、北川等地地震灾害较多。

【地质】 川北区所在境域大都地处扬子准地台西北部，其西部边缘处于向西进入地槽性质断块的过渡区域。大巴山断裂带把秦岭褶皱系和扬子准地台分开，形成次一级的构造单元。川北地区北部跨大巴山断裂带。川北区境内的次级构造单元以四川台拗为主体，北部的龙门山—大巴山台缘褶带是扬子准地台边缘的拗陷带，西北的平武县、青川县一带则属松潘—甘孜地槽褶皱系，是次级构造单元中的后龙门山冒地槽型褶皱带的一部分。

四川台拗 四川台拗有川西台陷、川北台陷、川中台拱、川东褶束带四个次级构造单元。川北大部分地区位于川北台陷、川中台拱和川东褶皱束三个二级构造单元的区域。

川北台陷范围在龙泉山断裂和华蓥山断裂之间，北起广元县、南江县，南至盐亭县、阆中县、平昌县一带，是米仓山山前凹陷带，也是米仓山风化剥蚀物的堆积地。川北台陷主体为梓潼拗（断）陷，其拗陷由侏罗系、白垩系和第三系构成。

川中台拱位于川北台陷以南，为侏罗系和垩系红层广布的地区。晚震旦世南充—内江一带隆起，沉积厚度仅600米左右。二迭系岩层不整合于寒武、奥陶系岩层之上。自三叠系早期开始拗陷，并在印支运动、燕山运动和喜马拉雅运动中，形成一系列小型凹陷和隆起。燕山运动后期，受华蓥山与龙泉山等断裂发生顺时针水平扭动的影响，整个川中台拱一起旋扭。其上覆岩层围绕局部隆起和凹陷一起扭动，生成一系列连环式旋扭构造，使这里成为四川地壳厚度最薄的地方，大都不到40公里。龙女寺穹窿构造单元是川中台拱中的一个次级构造单元，位于川中台拱的东北部，由龙女寺环状构造、巴中—陇莲花状构造、中台山半环状构造所组成，占了川中台拱的大部分地区。

川东褶皱束形成于燕山运动时期。燕山运动时期发生强烈水平挤压，形成褶皱和断裂，成为四川盆地东部的高背斜带。达县东南境内为川东褶皱束一部分，主要包括华蓥山背斜与明月峡背斜之间的平行褶皱构造。

龙门山—大巴山台缘褶带 龙门山—大巴山台缘褶带属于扬子准地台边缘的凹陷带，也是靠近地槽区的过渡带。

龙门山断褶束属于台缘凹陷，构造特性为地台性质，很少岩浆活动与区域变质现象。

大巴山褶皱束成生于燕山运动时期，是扬子准地台北边呈弧形沿大巴山东西展布的一条台缘褶皱带，震旦纪和古生带早期处于处于凹陷地带。二叠纪、叠纪早期沉积岩相和厚度与周边区域一致，三叠纪初期开始隆起。褶皱和断裂相间，平行排列。

米仓山台穹为汉南台拱向南伸入川北的部分，属于摩天岭–米仓山东西构造带的东段。晋宁运动开始大规模褶皱隆起，并伴有超基性酸性岩的侵入。三叠纪中期末的印支运动中为东西向隆起，而南江县—旺苍县一带发生拗陷。燕山运动使隆起和凹陷加剧，岩层受强烈挤压，地层由北向南倒转，使冲断层逆冲。

后龙门山冒地槽型褶皱带　后龙门山冒地槽型褶皱带位于龙门山台缘褶带西北侧，东北接摩天岭台隆，在川北境内以龙门山深断裂为东界和扬子准地台相接。平武褶束、锁江褶束是这个褶皱带上的次级构造单元

平武褶束位于摩天岭台隆西南侧，南以青川断裂和火炮岭断裂与锁江褶束为邻，西与马尔康地向斜过渡。其构造性质受摩天岭台隆与锁江凹陷深刻影响，多形成轴向东西的褶皱。

锁江褶束为后龙门山褶皱带北东段的中部。北东夹于青川断裂带和北川断裂带之间，西南段与茂汶褶皱束及马尔康地向斜比邻。平武西南的轿子顶地块位于其核心，燕子砭地块位于其东北端。地块周围为震旦系岩层环绕。

深大断裂　大巴山断裂带把秦岭褶皱系和扬子准地台分开，龙门山断裂带将西南地区划分以东的扬子准地台和以西的地槽区。

大巴山断裂带走向沿川陕鄂三省交界处，川北仅占其南缘部分，由一系列冲断层所组成。

龙门山断裂带北起青川，向东北延伸汉中，向西南经北川延伸到康滇地轴，主干断裂有青川断裂、北川—映秀断裂和江油——灌县断裂。

元古界地层　按不同地质时期先后划分，川北境内前震旦系有南江—旺苍小区、青川—平武小区，震旦系有川中分区、川东分区。

前震旦系地层在川北归属于南江—旺苍小区和青川—平武小区两个部分，南江—旺苍小区主要分布在南江县、旺苍县和剑阁县等地，基底岩系由前震旦系火地垭群组成。岩层层序自下而上分为火地垭群，扬坝群和铁船山组。主要由变质岩、火山岩、火山碎屑岩夹碳酸盐岩组成。青川—平武小区主要包括北川县、青川县、平武县等地，其中的碧口群为一套变质中酸性—基性火山岩及变质碎屑岩，通木梁群为一套火山变质岩系。

震旦系地层在川北大部可以归属于川中分区和川东分区。川中分区在川北主要出露于龙门山和大巴山等地的旺苍，南江北部的米仓山。主要为白云岩、紫红色页岩。川东分区主要出露于城口和万源等地。此外，广元县青木林、平武县、青川县轿子顶和摩天岭一带，城口高观寺断裂以北，分别出露杂色板岩、大理岩、变质岩和白云岩等。

古生界地层　川北地区古生界地层主要有寒武系地层、奥陶系地层、志留系地层、泥盆系地层、石炭系地层、二叠系地层等。

寒武系地层主要在米仓山小区和龙门山小区和大巴山东段的广元县、北川县、青川县、平武县和万源县等地。万源县的庙子乡和皮窝乡等地有这个时期的砖红色白云质泥岩、泥质白云岩夹绿色泥岩。南江的甘溪、孔明洞、新立等地呈北东—南西走向，厚度1020米~1230米，主要为滨海—浅海相的砂岩和页岩，夹砂、泥质灰岩。

奥陶系地层主要在广元县北部，南江县、旺苍县北部和巴中县以东的盆地周围地区。北川县

境内南起擂鼓龙头山、向北东经油坊沟、杨家沟进入平武县的马尿沟和马槽渠等地厚度大约在14米~44米不等。盆地内部深埋地腹，如在武胜县的龙女寺的深井揭露。

志留系地层在川北境内主要出露于大巴山和龙门山北段的广元县和江油县等地。在龙门山前呈条带状分布。江油县的大康乡、文胜乡和枫顺乡以及广元县的罗家、羊模到朝天、曾家一带，以页岩、粉砂岩为主。南江县境内由浅海相砂页岩夹生物碎屑灰岩组成，厚度为793米~998米，呈北东—南西走向分布。

泥盆系地层在川北境内北起广元南到龙门山北段，在北川县、青川县、平武县和广元县境内都有出露。为一套未经变质的沉积岩系，岩相稳定，层序清楚，生物化石丰富。龙门山北段发育齐全，是四川泥盆系的标准剖面。后龙门山的北川厚2071米，为炭质千枚岩、绢云母千枚岩夹砂岩和灰岩透镜体，化石含腕足类、珊瑚等。

石炭系地层在川北境内以龙门山的分布最为集中，后龙门山也有零星分布。北川县、平武县、江油县、旺苍县等地出露有相关的碳酸盐岩类。

二叠系地层发育完善，层序清楚，分布广泛。盆地内多埋藏在地腹。龙门山前地带有零星出露，为浅海相碳酸盐建造。

中生界地层　川北地区中生代地层主要有三叠纪地层、侏罗纪地层和白垩纪地层。

三叠纪地层中主要有飞仙关组、嘉陵江组、雷口坡组、须家河组。飞仙关组为紫红、灰紫、黄绿色页岩和深灰色灰岩，泥质灰岩，泥灰岩的不等厚互层。嘉陵江组主要是灰色灰岩、泥质灰岩，生物灰岩夹有浅灰棕色白云岩或石膏层等。雷口坡组为灰黄色的岩层，主要是泥质白云岩、泥质灰岩、黄色页岩及泥质水云母黏土层等。须家河组为黑灰色泥岩、页岩与灰色长石石英砂岩。

侏罗纪地层中主要有自流井组、沙溪庙组、遂宁组、蓬莱镇组、新田沟组。自流井组主要为湖相沉积的紫红色砂岩，间有少量灰黑色页岩夹灰岩与砂岩。自流井组岩层从老到新可分为五段。第一段是珍珠冲段，为紫红、黄绿、黄灰色泥岩，个别地方夹有细粒石英砂岩和页岩；第二段是东岳庙段，为黄绿色泥岩夹黑色页岩、介壳灰岩和灰岩透镜体；第三段是马鞍山段，主要是暗红紫色泥岩、砂质泥岩夹灰绿色石英粉砂岩和砂岩；第四段是大安寨段，为暗紫红色钙质泥岩、灰绿色石英粉砂岩、灰黑色页岩与厚层结晶灰岩；第五段是新田沟段，主要是深灰绿色粉质页岩和灰绿色石英砂岩互层。沙溪庙组为河湖相沉积。岩层组合多为紫红色泥岩、砂质泥岩与灰绿色砂岩等互层，间或夹有透镜状砂岩。上沙溪庙组三段砂质泥岩比例大，下段和上段的石灰含量高，中段较低。遂宁组岩石主要为新鲜的棕红色、紫红色泥岩。上部夹灰色块状含钙细粉砂岩二、三层，多有钙质结核或豆状泥灰岩，具水平层理，斜交层理等构造。

白垩纪地层的城墙岩群为浅黄色与浅灰色钙质块状砂岩夹紫红色砂质泥岩、粉砂岩等，其中砂岩比重最大。苍溪组上接白龙组。为浅灰、青灰或紫灰色砂岩，与紫红色、棕红色砂质黏土岩等互层，中夹红色泥质粉砂岩薄层。白龙组上接七曲寺组。为灰紫色细粒岩屑长石砂岩、岩屑砂岩和紫红色黏土岩、粉砂岩互层。七曲寺组以浅灰色块状长石砂岩为主，间夹紫红色泥质粉砂岩、钙质砂质泥岩，底部常有钙质砾岩透镜体。白垩纪城墙岩群主要分布于阆中县北部广大地区，南部县西北部以及仪陇的九龙山背斜西南、仪陇背斜西北与响滩向斜以北等地区。

新生界地层　川北地区新生界地层主要以第四系地层为主，分布于境内河流，如嘉陵江和涪江的干、支流沿岸，以阶地堆积与现代河流冲积物为主，坡残积物次之。在一些现代河谷两侧的丘陵间遗留的古河道上，还保留有第四纪黏土和砾石层。

第四系属于陆相盆地沉积。其中更新世沉积层多见于河流的二、三级阶地上，为第四纪冰川融水携带的红、黄色黏土及磨圆度较高的砾石沉积物，沉积厚度由几米至上百米不等，构成高出现代河床20米至100米的浅丘宽谷带坝地貌。

全新世以近现代河流冲击物和阶地堆积为主，也有少量坡残积物，分布于河流一级阶地与河漫滩，如嘉陵江及其支流西河、濛溪河、桓子河、芦溪河、曲水河、仪陇河、营山河等两岸。全新世沉积层的沉积物，按来源有紫色冲积物、灰棕色冲积物。紫色沉积层为河流源地或流经地区紫色岩石的风化剥蚀物。灰棕色沉积物沿河流呈带状分布，距河床越远，沉积物颗粒越细。

【地貌】 川北区地势大致从北向南倾斜，北部以山地为主，为大巴山南麓。西北山地海拔高，为龙门山北段和摩天岭的西端。南部以丘陵为主，高丘低山、中丘、低丘等类型分布广泛。

西北山区　为龙门山北段和摩天岭西端一带区域。地势自西向东逐渐下降到盆地边缘，多地震和泥石流。

龙门山主脉东北起源于嘉陵江上源干流之西，龙门山北段在川北地区部分跨广元县、青川县、北川县、江油县、平武县等地，主要山岭的海拔都在1500米以上，其中高者如青川县和平武县交界处的轿子顶海拔3045米，低者如广元县羊模西侧的石骡子海拔为1548米。

摩天岭属于秦岭东西构造带西段南缘，西邻岷山山脉，东经青川县境，跨过白龙江，横过龙门山脉进入陕西境内，南面以青川—平武断裂带为界。山脉总体为东西向或近东西的一系列近于平行排列的山岭组成主峰在平武与松潘的交界处，主峰海拔4522米，为川北地区的最高峰。

北部山区　北部山区由北向南大致可以划分为盆北边缘山地和盆北山地。

盆北边缘山地主体是米仓山脉和大巴山脉。米仓山、大巴山横亘于盆地北部广元县以西，嘉陵江与白龙江之间，山岭平均高度1303米。

米仓山西起嘉陵江东，与龙门山相连，东接大巴山。广元以东到通江河源的川陕边界，为米仓山主体，山脉东西向排列，地势北高南低，为一连绵不断的中山。山峰平均高度从西向东由1478米上升到1659米，谷地海拔400米~510米，相对高度一般都在1000米~1200米以上。有许多2500米以上高山，主要有大光雾山、小光雾山、云雾山甲、光头山等。山脉呈北东或东西走向。本区褶皱紧密，断层多，岩性不一，地形上形成有高山深谷、倒置低山，岩溶地貌多。光雾山东北从陕西境内向西南进入南江县北部并延伸到旺苍县中部的东河西侧，最高处海拔为2005米。光头山位于旺苍县北部东河与盐井河之间，海拔1800米~2100米。

大巴山西起陕西，向东南延伸万源县、城口县一带为川北境内部分，向东与川鄂交界的巫山连接。由数条海拔1000米以上的弧形山脉组合构成。平均海拔1100米~1300米，最高峰不到2000米，相对高度600米~700米。

川北地区岩溶地貌主要分布在广元县境内的曾家台地，海拔1200米~1800米，高出东西两侧的西河、嘉陵江700米~1200米。台地边缘由峰丛和峰丘组成高数十米到上百余米的锯齿状山脊。台内有峰丛、丘陵及峰林，谷地开阔，岩溶盆地众多，台坎下部灰岩与沙、页岩接触面附近有较大的洞穴发育。广元县北部到旺苍县麻英以西，南江县甘溪到通江县楼子庙一带，海拔1200米~1600米的嘉陵江组灰岩中，岩溶地貌也很发育。通江的荀家坪、空山一带，海拔1400米~1800米，岩溶作用强烈，石芽、漏斗、落水洞和洞穴较多。

盆北山地　北界为广元县、旺苍县、南江县一线，与盆北边缘山地相接，南界大致在盐亭县、阆中县、营山县以北，以海拔600米~1600米的低山为主，沿河谷有零星平坝，丘陵所占比重很小。地面向盆地中心倾斜，河流纵切，形成条桌状低山。多白垩系橘红色砂岩和泥页岩。

盆北山地南部边缘部分山脊走向不明显，地面切割强烈，沟谷密集。海拔一般为500米~800米，相对高度200米~300米。阆中县龙泉镇的天冒水山和营山县东北部的陈大寨山主峰，海拔均为888.8米。低山区大致以嘉陵江为界，分成东西两部分。江西为龙门山支脉向东南的延伸，江东属大巴山余脉。低山分布在梓潼县、盐亭县、南部县、蓬安县一线以北，广元县、旺苍县、南江县和通江县一线以南。

龙门山北部北坡陡峭，南坡平缓，南北不对称.中部发脉于五子山分水岭，经盐店、金乡等地进入南部县和阆中县境内。阆中县境内的大罗山海拔707.3米，思依山海拔724米，老牛山海拔840.5米。仙桂山（又称仙炼山）的主要山峰锦屏山，位于城南嘉陵江对岸。南部县境内的山体呈条状分支。主要有海拔720米的天公山。店垭乡境内的楼房山，海拔720米。蓬安县的观音寨，东临嘉陵江，其主峰四方梁海拔559.6米。西部一列从五子山经江油县、剑阁县，然后在瓦子垭分支撒进入梓潼县和南部县、盐亭县。

嘉陵江以东的大巴山余脉从南江县、巴中县蔓延到嘉陵江流经的阆中县、南部县、仪陇县、蓬安县。地层平缓，河流顺倾斜地面由北向南流。受北部秦岭褶皱带影响，新构造运动中上升较为强烈，河流切割深达200米~400米以上，当砂岩层厚大于5米~10米时，作为顶盖，形成桌状和台状低山，四周边坡呈台阶状。顶部较为平缓，长度百米至数千米，宽数百米，边壁陡峭。阆中县境内属大巴山余脉的山体主要有蟠龙山、方山、龙山和大仪山等。南部县的嘉陵江东大巴山余脉，从县域东北入境，向南延伸，海拔在500米以上的有禹迹山、长坪山、雁山寨、方头寨和石城寨等。仪陇县的低山约占全县面积的65.46%，海拔500米~700米，相对高度200米~400米，均属大巴山余脉，主要有护山梁、大仪山、铁山等。与蓬安县交界处的啄啄山，海拔691.7米。蓬安县北部的铜鼓寨、西阳山，东南部的黄泥巴寨、千佛寨、轿顶山、白云寨等，都为大巴山余脉。黄泥巴寨有四座山峰在海拔820米以上。白云寨主峰海拔744.2米，山石奇异。

南部丘陵区　川北区南部的丘陵分布很广，包括盐亭县、阆中县和营山县以南，龙泉山至华蓥山的广大区域。海拔350米~500米，相对高度20米~200米。主要有侏罗—白垩系的紫色砂岩和泥岩构成，素有“川中红色盆地”之称。主要受嘉陵江及其支流的分割，形成典型的丘陵，按各地切割深度不同，分为高、中、低和缓丘，其间的一些地方，也可以见到低山，但海拔多在1000以下。南部丘陵区的东南沿，大致包括营山县的星火，蓬安县的罗家，南充县的石圭、阙家一带，为一横卧的狭长低山区。其间，南充县与岳池县交界的金城山，主峰海拔824.6米。

高丘相对高度100米~200米，川北地区分布很广，射洪县到三台县，射洪县涪江以西各地，中江县、潼南县、安岳县等地是主要分布地。相对高度一般都大于100米，丘顶海拔多在425米~530米左右，个别地方，如射洪县太乙乡的磨盘山，丘顶海拔为537米，而河谷地，如安岳县石羊场东南河谷263米。盐亭县南部，蓬溪县北部和西充县等地也有高丘分布。阆中县的高丘面积268172.2亩，占总面积的9.52%，其中缓坡高丘占全市高丘面积的94%，陡坡高丘占6%。仪陇县的高丘占全县面积的24.48%，岩层倾角小，接近水平，坡度较小，地势也开阔。南部县的高丘只占总面积的1.65%，主要分布在五灵、三清一带，丘间谷地较窄，一般只有20米~30米宽。西充县的高丘占全县面积的21.6%，主要分布于县境西北部的罐垭、鸣龙、双洛和西南部的高院、同德、祥龙、占山等乡镇，地形起伏，呈连岗状，偶尔有低山耸立。营山的高丘主要分布于县境东部的老林、龙伏、木顶、清源等地，丘顶平坦，呈长岗状，多“V”形谷。蓬安县的高丘占全县丘陵面积的58.86%，主要分布在金溪、徐家、龙云等21个乡镇。嘉陵区和蓬溪县交界的羊龙庙附近高丘，丘顶最高海拔494.8米，谷底最低为307米，积差187.8米。

中丘相对高度50米~100米，广泛分布在嘉陵区、西充县境内，占两县（区）面积的55%以上。受大自然长期剥蚀作用的影响，地形破碎，分布无规律。有的砂岩裸露，形成零星方山丘陵；有的坚硬砂岩被蚀后，泥岩显露，丘体浑圆，状如馒头。砂泥岩地区，丘坡多呈阶梯状，顶部较为平整宽阔，地表植被少，荒坡秃岭多，耕地面积小，水土流失严重。

低丘相对高度20米~50米，分布广泛，如乐至县、安岳县、遂宁县、潼南县、蓬溪县、南充县、武胜县等地。由低丘和老冲沟组成的低丘平坝，地表物质组成较复杂，多为坡积物与残积物，其厚度一般在50厘米以上。坡麓的物质厚度较大，不小于80厘米~100厘米。低丘间的沟间谷地宽阔、平坦，多已发育成老冲沟或坳沟，沟长可达数千米，宽80米~250米。营山县的低丘平坝，占全县面积的32.45%，主要分布在回龙、幸福、城守、骆市、小桥、四喜等乡镇，为营山县粮油的主要产地。西充县的低丘平坝249.6平方千米，占全县面积的22.5%。主要分布在县域的中部和南部的凤和、凤鸣、仁和、双凤、莲池等乡镇，多为独立小丘，丘低谷宽，地势较平，土层亦深厚、肥沃。低丘在高坪区的东观、斑竹、长乐、走马、马家、御史、喻家等乡镇也有分布，占全区面积的15%以上。嘉陵区何家湾附近的低丘，切割极差73.5米，平均切割深度31.9米。

盆东平行岭谷区　达县铁山一线以东的东南部，是四川盆地东部平行岭谷区的一部分，包括河市、赵家、景市、大树、麻柳、亭子等区的全部和罗江区（除新村乡）的大部，渡市区的一部分，由四条东北—西南走向背斜与向斜谷地平行排列组成。条状背斜低山有铁山、铜锣山、七里峡山、明月山。条状低山之间是向斜谷地，有魏兴—达县城—赵家向斜谷地、亭子—景市向斜谷地、麻柳—大树向斜谷地，地势平缓开阔，宽8公里~17公里，海拔300米~450米，相对高差10米~15米。其间包括大树、麻柳、亭子、赵家等区的圆缓低浅丘，马家至魏兴一线的台状中丘，安仁、新胜、檀木等交界地带的脊状深丘，分布于麻柳、檀木、大滩、东兴、万家乡的湖积平坝和巴河、州河沿岸的零星冲积平坝。

平坝　平坝主要分布在川北区境内重要干流及其支流沿岸，从山区到缓丘都有发育，一般以河漫滩、阶地的形式出现。嘉陵江是长江北岸的重要支流，大小河流众多，流域面积广，川北地区几乎占尽嘉陵江流域。嘉陵江从北向南，面积较大的平坝主要有阆中县的七里坝、彭城坝，南部县的满福坝，仪陇县的新政坝，蓬安县的金溪坝、马迴坝，顺庆区的清泉坝、搬罾坝，嘉陵区的都尉坝、李渡坝等，均由一、二级阶地组成。七里坝为嘉陵江截弯取直的废弃河道，由泥沙淤积而成，现已高出江面20多米。冲积平坝的物质构成以黄色沙土、黏土和亚黏土为主，水热充足，土壤肥沃。此外，涪江流域大小平坝分布也很广，如江油县的城塘坝、江油县平原，遂宁县桂花到龙凤，以及安居坝到大安乡的平坝。

【气候】　川北地区大部分地方属中亚热带湿润季风气候。其气候特点与四川盆地南部的长江河谷地区相比，气温相对较低，雨季较长，暴雨较多。与川西平原相比，气温相对较高，春雨比重大。

四季　川北地区夏季长，多在110天以上，冬季次之，大多不到100天，北部春季略长于秋季，大约在75天左右。四季长短的地区变化大，尤以夏季和冬季。

川北部分地区四季持续日（天）和开始日（日/月）

地名	春季	夏季	秋季	冬季	海拔（米）
广元	76（6/3）	113（21/5）	71（11/9）	105（21/11）	494
南充	84（26/2）	118（21/5）	76（16/9）	87（1/12）	318
安岳	71（17/2）	151（29/4）	72（27/9）	71（8/12）	321
万源	87（16/3）	87（11/6）	70（6/9）	120（5/11）	655
南江	87（15/3）	91（10/6）	74（9/9）	113（22/11）	555
平武	92（11/3）	82（11/6）	76（1/9）	115（16/11）	870

南边的安岳县入夏早而入秋晚，夏季长达151天；北部的广元县入夏晚，入秋早，夏季只有113天。安岳县入春又比广元县早相近20来天，故冬季比广元县短了一个月时间。一般来说，川北地区的南部夏季长，冬季短，而北部则是冬季略短于夏季。低山地区的南江县和万源县，冬季和春季都较长，尤其是冬季；西北高山区的河谷地带，冬春时间更长，夏季比丘陵地区短了相近两个月。由于北方冷空气迅速南下，气温下降快，四季中秋季的持续时间较短。

主要气候特征　川北地区冬暖、降水少；春早，回温快但不稳定。受盆地地形因素影响，北部秦岭山地阻挡了寒冷的冬季风入侵，形成冬暖的显著气候特点，一月平均气温普遍比长江中下游地区高。冬季降水少，一般占全年降水的5%。每年2月底或3月初，随着冬季风力减弱，更难影响到盆地内，加之冬季降水少，气温开始快速回升，大部分地方可升高5℃，到中旬，很多地方气温已经在10℃以上。初春，冷暖空气的交替使天气多变，尤其是北方冷空气强盛时，四川盆地一旦受到南下冷空气的影响，还会出现“倒春寒”，即使到了4月中旬，气温上升到15℃以上，受寒潮入侵，也会发生较大幅度的降温过程，故民间亦有农历三月“冻桐子花”之说（阳春三月正是桐子花开的季节）；夏长，降水集中，持续高温，常有夏旱和伏旱。川北丘陵区的夏季比长江中下游地区开始得早，结束得晚，大多数地方持续时间在120天左右，多始于5月20日前后，偏南的安岳县更是早在4月底就进入夏季，时间长达5个月之久。夏季，各地气温普遍升高，5月份上升到23℃以上。7月和8月，持续高温，这两个月的气温十分接近，相差不到1℃，个别地方甚至8月平均气温超过7月。受夏季风的影响，夏季的降水增加。根据南充的统计资料，6月~8月，降水量多的可接近500毫米，约占全年降水量的45%。夏季有两个降水高峰期，6月下旬到7月中旬，降水量多年平均为120毫米~140毫米；8月下旬到9月中旬，降水量多年平均为130毫米~235毫米。盛夏，北部因常处于西太平洋副热带高气压带边缘符合带，再因地形影响，多暴雨而强度大，通常以阻塞型连续暴雨出现；南部在西太平洋副热带高气压带控制下，暴雨少，强度也不很大。由于降水变率大，降水集中，高温季节蒸发旺盛，此时也是农业需水多的时候，天不降雨容易造成旱灾。盛夏之时，有的地方持续数日高温连晴天气还会引起伏旱。伏旱一般是南部甚于北部；秋稍短、气温急降、多绵雨。大约在9月10日前后，川北各地陆续进入秋季，日子相差10来天，结束在11月底或12月初，一般持续70余天。立秋过后，蒙古高压日渐增强，北方冷空气对南方的影响越来越大，使秋季降温幅度增大，日际气温变化可达8℃~9℃，旬间多年平均降温最大为31℃。一到深秋季节，大有“一夜就是冬”的感觉。秋季降水量一般多于春季，仅次于夏季。四川盆地处大陆干冷空气和印度西南季风气流交汇所在区域，又因四周山地阻滞，极锋南撤缓慢，甚至出现准静止状态，再因盆地内气流不畅，当冷空气进入盆地后将夏季遗留在盆地底部的暖湿气流抬升致雨。秋季阴雨天一般持续10来天，最长可持续一个月之久。由于秋雨多在农历八月，故俗称“烂八月”。个别年份因副热带高气压比较稳定，秋雨难以出现，反而是连晴天气，容易出现罕见秋旱；阴天多、日照少、多夜雨、湿度大。受盆地地形的影响，空气湿度非常大，天空多云，遮挡了部分太阳辐射，白天气温不易升高，对流难以发展。夜间云层能够吸收来自地面辐射的热量，再以逆辐射的方式，把热量输送给地面，这种保温作用在夜间空气上冷下暖发生对流，出现降雨现象。在冷暖空气交锋频繁的春季最多，出现夜雨的概率较夏季高23%，夜雨占全年总降水量的55%，春季最多可占当季的71%，尤其是4月，达到76%。全年日照时间较短，仅为1000小时~1400小时，比同纬度的长江流域下游地区少600小时~800小时。

气候的地区差异　北部山区地处盆地边缘，和丘陵地区比较，气温较低，降水较多，气候有垂直变化。地处西北的平武县、北川县和青川县，气候上总的特点是冬冷、夏凉，降水更加丰富。

部分地方气温（℃）和降水量（毫米）

地名	1月	4月	7月	10月	年平均气温	1月	4月	7月	10月	年降水量
巫溪	36	149	261	156	149	150	1222	1771	1168	13881
城口	25	143	250	141	136	135	1170	1724	1273	12916
万源	35	151	253	148	147	48	992	2230	1033	11747
南江	53	170	266	163	163	71	785	2339	1062	11851
北川	52	164	251	160	157	63	644	3662	711	13871
青川	25	149	236	144	137	70	536	2433	598	10272
平武	39	160	243	149	147	33	516	2163	465	8513

平均气温　川北地区历年平均气温，丘陵平坝在17℃左右，南部相对北部略高。北部山区，大约从万源经青川到北川一线为16℃年平均气温等值线通过的地方，并向海拔增高的方向减小，平武县西北山区年平均气温在12℃左右。

1月，川北广大丘陵地区的月平均气温一般不超过7℃，北部山区大都不到4℃，到平武县以西，已在2℃左右。

7月，月平均气温大于28℃的地方出现在大竹县、营山县、南充县和安岳县以南的区域，该线以北和以西直到中江县、广元县、南江县、万源县一线之间的广大区域在28℃~26℃，再往北向西，已经小于26℃。西北的平武县境内一些地方已不足24℃。

全年极端最低气温介于–9.4℃到到–2.5℃之间，多出现在1月；极端最高气温在40℃左右，多出现在8月。各地极端高值十分接近，而极端低值则是向海拔高处降低。

川北部分地区气温变化（℃）

地名	年平均气温	1月平均气温	7月平均气温	极值最低气温	极值最高气温
广元	164	49	260	–82	389
南充	175	65	280（8月）	–25	401
安岳	176	67	276	–37	402
万源	147	35	253	–94	392
南江	162	51	263	–70	395
平武	147	39	242	–73	370

气温年较差　川北地区一年中的冷热变化，一般在20℃~22℃之间，地区差异不明显。

多年日平均气温≥10℃的积温　一年内日平均气温≥10℃持续期间日平均气温的总和，即活动温度总和，简称积温。一般以日平均温度≥10℃作为喜温作物开始生长的温度指标，并以其持续时间作为喜温作物的生育期。这个生育期随着纬度和海拔高度而变化。

各地多年日平均气温≥10℃的积温

地名	初日	终日	天数	积温（℃）
旺苍	3月18日	11月18日	266	5083
南充	3月10日	11月27日	263	5590
蓬溪	3月12日	11月23日	257	5383
达县	3月10日	11月24日	260	5514
三台	3月14日	11月21日	253	5284
安岳	3月18日	11月13日	241	5350

无霜期　川北各地的无霜期都比较长，一般规律是北部各地比南部各地的无霜期要短。如南部县份潼南县和北部县份青川县，差值长达91天。北部靠近盆地边缘上去的县份初霜日多出现在11月中下旬，而南部的县份多出现在12月上旬到下旬期间，终霜日也又北边县份提前，多出现在2月中下旬，潼南县甚至出现在1月底，而北边的县份多在3月初到3月底期间出现。

无霜期的长短和霜期的起止时间随海拔高度的变化而变化。随着海拔的增高，初霜日提前，终霜日推迟，无霜期缩短，热量资源减少。北部山区一带，有“霜降见霜，谷雨断霜”的农谚。

川北部分地区无霜期情况

地名	初霜日	终霜日	多年无霜期平均天数
广元	11月13日	3月5日	263
青川	11月11日	3月22日	243
平武	11月21日	3月12日	252
旺苍	11月19日	3月6日	266
苍溪	12月7日	2月18日	288
南部	12月上旬	2月下旬	286
宣汉	12月8日	2月16日	296
武胜	12月23日	2月1日	329
潼南	12月27日	1月27日	334
盐亭	12月10日	2月20日	294
乐至	12月12日	2月10日	303

降水时空分布　川北地区各地年降水量平均值大致在800毫米~1200毫米，盐亭一带偏少，靠近分布的低值。受季风气候的影响，全年降水季节变化明显，春末、夏季和秋初的5月至9月，降水占了全年的绝大部分，雨季明显。降水的时间变化特点是5月相对4月，降水量急增，而10月相

对9月，降水量下降很快。6月、7月、8月尤其是7月、8月降水最多，1月到次年的1月、2月降水少。境内部分县6月、7月、8月3个月的降水量占全年的40%~46%。如蓬安县占年降水量的46%，阆中县占45%，仪陇县占43%，营山县占40%等。冬季是降水最少的季节，12月和次年1月、2月3个月的降水量仅占全年的40%~50%。如营山县冬季降水量507毫米，占全年降水量的50%。春季降水量占全年的21%，秋季降水量比春季稍多，9月、10月、11月3个月的降水量占全年的28%~32%，如仪陇县秋季降水量368.45毫米，占全年的32%。

川北部分地区全年及各月平均降水量

（1952年）

单位：毫米

地名	1月	2月	3月	4月	5月	6月	7月	8月	9月	10月	11月	12月	全年
平武	31	59	167	502	893	1048	2186	1782	1324	472	141	20	8665
广元	38	75	239	544	961	1384	2368	1980	1549	532	219	41	9930
宣汉	54	209	472	712	1419	1617	1744	1028	1199	593	596	139	8971
南江	61	90	349	778	1170	1194	2575	1927	2403	982	363	67	11958
武胜	187	170	361	848	1286	1354	1643	1350	1561	914	449	217	10379
蓬安	121	132	328	749	1305	1205	1653	1512	1689	909	366	163	10132
盐亭	92	104	222	483	835	937	1818	1288	1577	588	239	75	8258
蓬溪	135	143	306	712	1043	1066	1732	1196	1682	834	300	146	9295

降水强度　大雨（日降水量≥25毫米）一般始于4月下旬至5月上旬，到9月下旬至10月初结束。夏季暴雨较多，暴雨出现于6月中旬至7月上旬，到8月下旬或9月上旬已不多见。干旱年份大雨出现较晚，一般要延迟到6月下旬至7月下旬才会有大雨，出现暴雨的时间也推延到8月下旬至9月上旬。暴雨一般7天~9天，但北部的旺苍县和北川县暴雨日数多，分别为13天和16天。有13天各个月份的平均降水强度以夏季为最大，冬季最小，秋季又大于春季。夏季的平均日降水强度>100毫米，秋季逐月减少，春季虽逐月增加，但不超过90毫米/日，冬季则<20毫米/日。

湿度　受盆地四周高中间低的地形影响，川北境内年均相对湿度大都在75%~80%之间，如江油县为81%，仪陇县为75%，蓬安县为79%。年均相对湿度以秋季为最大，冬季次之，春、夏两季几乎相等。以仪陇县为例，9月、10月两月最大，分别为81%和80%，3月、4月都是70%，其余各月在72%~78%之间。年极端最小的相对湿度，多出现于春季的3月、4月间或冬季的12月和1月。如仪陇县、南部县、阆中县等地相对湿度的最小值都小于10%，阆中县12月和1月都出现过相对湿度只有9%的极小值。

雾日　川北地区全年雾日多在20天~30天之间，多出现在10月至次年1月，其中尤以12月份最多。各地日年均雾日差异很大，如江油县日年均雾日73天，南充县日年均雾日40天以上，阆中县、仪陇县等地日年均雾日不足15天，蓬安县的日年均雾日为26天。山区雾日多，如北川县一些高海拔的地方，常年有雾，有时甚至整天大雾弥漫，能见度不到10米。

日照　四川盆地是全国日照时数最少的地区之一，川北地区日照多年平均日照总时数为1000小时~1400小时，比盆地南部多200小时~600个小时。盆地的东北部平均日照时数增多。7月、8月因晴天多，云量少，多年来的月均日照时数在200小时左右，8月份是一年中日照最多的时候。每年的10月到次年2月，是日照较少的几个月，12月是一年中日照最少的月份。

风　四川盆地内为少大风区，大部分地方不超过10天。相对大风多的区域，北部以广元县、剑阁县为中心，北起广元县，东到仪陇县，南到苍溪县，西到梓潼县。年均大风日数在7天以上，广元县、仪陇县、蓬溪县为10天~19天，剑阁县为22天。东北的万源县一带年平均大风日数为20天，宣汉县13天，达县、平昌县为5天~6天。此外，乐至县一带也有7天~9天的大风日数。大风在春、夏两季最多。

【陆地水】　川北地区大部分区域地处嘉陵江流域，陆地水年径流量，径流的季节分配等对农业生产和人民生活产生重要影响。

陆地水分布　川北区跨盆地平水区、盆中少水区，北部边缘山地多水区和西部高原平水区。

盆地平水区包括嘉陵江南充以下干流及东河中游、巴河右岸、渠江右岸等地是春季径流较少地区，多为低山深丘，北部靠近边缘山地。川北区水系主要是嘉陵江干流及其支流，河流多发源于盆地四周，向盆地底部汇集。年径流深和年降水分布趋势大体一致，四周高，中部低由600毫米减少到300毫米以下。最大水量在5月至10月，占年径流量的34%~48%。2月至4月水量最小。嘉陵江的阆中县、广元县干流段以西及其西河上游、涪江干流江油段及两侧支流和梓潼江上游，多为深丘，春季径流量特别少，仅占年径流量的6%~9%，夏季集中，占年径流量的70%~80%，最大水出现在7月至9月，占年径流量的35%~50%。冬季径流量只有2%~5%。

盆中少水区包括嘉陵江阆中到南充段右岸各支流，涪江中下游的三台到潼南段。主要河流都自西北流向东南。由于降水相对较少，900毫米左右，年径流深不足300毫米，为川北径流最少的地区。丰水期长，但水量起伏大，6月也容易出现枯水期。径流集中在下半年，夏季和秋季占年径流量的90%。春水很少，略比冬水大。

北部边缘山地多水区位于米仓山南坡，包括巴河、东河上游和万源一带。万源县一带春雨较多，春季径流量较大占年径流量22%~30%，秋季径流量比夏季大，占35%~45%，夏季为25%~35%。万源县以西，春季径流量减少，只有年径流量的15%~20%，夏季一般为40%~50%。汛期晚，开始于7月，持续时间7月至10月，相当集中，占年径流量的60%~70%。

西部高原平水区主要是平武县。江油县以北的龙门山为多雨区，沱江、涪江上游椒子园一带降水多达1600毫米以上，年径流深为1400毫米以上。

水系　嘉陵江流域面积广阔，大小支流众多。嘉陵江流域地势为西部、北部、东部三面高而东南部低。干流北跨秦巴山地，南延至四川盆地腹部。嘉陵江干流主要流经川北地区，境内绝大部分区域都分布在嘉陵江流域范围。

嘉陵江主要支流概况

河名	流域面积（公里）	河长（公里）
羊木河	1040	110
东河	5210	264
西河	3490	260
渠江	39211	720
涪江	36400	700

嘉陵江古称巴江、汉水、渝水，是长江上游最大支流，四川盆地内的重要通航河流。主要源头有二：一为东源，发源于陕西凤县东北秦岭南麓的东峪沟，流经甘肃徽县、陕西略阳，于阳平关附近进入四川，再经朝天驿、广元至昭化与西源汇合。二为西源，发源于川陕边境的郎木寺以东岷山北麓，向东南流经迭部、舟曲、武都、碧口至姚渡进入四川，再东流经白水街、三堆坝、宝轮，在昭化与东源汇合。东、西二源在昭化汇合后，经广元流经苍溪，阆中、南部、蓬安、南充、武胜后出境，在重庆注入长江，干流长1119公里，流域面积16万平方公里。嘉陵江干流水量丰富，武胜水文站的多年资料统计为894立方米/秒。径流年内分布变化大，7月~9月约占全年的55%，3月最少，不到2%。嘉陵江含沙量居长江各支流之首，年输沙量约1.36亿吨，约占长江上游年输沙量的26%。嘉陵江广元昭化以上为上游，穿行于秦巴山地的崇山峻岭中，多宽度100米~200米的“V”形河谷,两岸常有滑坡、崩塌、泥石流出现；水急滩多，河道平均比降为3.8‰。昭化至合川为中游，谷地开阔，河谷多为宽300米~800米的不对称U形和浅凹形，河床常有卵石、沙砾覆盖，一些地方还有基岩出露。河道比降减少到0.30‰，水面宽100米~400米。由于水流平缓，形成众多的河漫滩、沙洲或江心滩。江水迂回于深槽、浅滩之间，陡坡与缓坡分别见于凹岸和凸岸。沿岸有5级阶地，其中以高出枯水面20米~25米的一级阶地保存较好，局部地段与方山浅丘相连，构成面积较大的缓丘平坝。合川以下为下游，横切华蓥山伸向西南的三条支脉，形成著名的嘉陵江小三峡。长江的各支流中，嘉陵江的长度仅次于汉水，流量仅次于岷江。河流水量大，终年不结冰，全年均可通航。嘉陵江的径流补给主要来自降水，上游又流经山区暴雨集中地带，故夏、秋两季易发洪水。据四川省文史馆资料统计，嘉陵江干流自唐大历八年（773）至1949年的1176年中，出现大水62次，平均每20年左右就有一次。嘉陵江南充段平均含沙量1.97公斤/立方米，最大含沙量达11.7公斤/立方米，多年平均输沙量1220万吨。嘉陵江干流上曲流十分发育，有“九曲回肠”之称，为世界丘陵平坝地区的地貌奇观。著名的曲流有蓬安马回、南充青居、武胜东西关。嘉陵江流经青居时，受阻于有坚硬砂岩覆盖的烟山，在青居镇北侧的上码头折向西北，环绕20平方公里的“牛肚坝”，流长17.5公里，回旋近360°，形成一个如仿锤形椭圆环后回到青居镇南侧的下码头，曲颈直线距离不过400米，为嘉陵江第一曲流。

东河为嘉陵江支流，发源于大巴山南坡，东、西两源自双河汇合后，由北向南流经旺苍、苍溪、阆中，在阆中文成下两公里处汇入嘉陵江。地势由北而南从山地过渡到丘陵，干流全长293公里，流域面积5353平方公里，河床比降0.90‰。东河水量丰沛，年总径流量最高达32亿立方米。据清泉水文站资料记载：多年平均径流量29.27亿立方米，平均径流深653.8毫米，多年平均流量104立方米/秒。东河径流来源主要是降水，径流年内变化与降水变化趋势基本一致。年际变化不大，年内变化不均。4月、5月为春雨、融雪补给，水量占全年的12.4%，6月至10月主要为降雨补给，占78.4%，11月至次年3月主要为地下水补给，占9.2%。历年以12月至次年3月为最枯，有些年份汛期也出现枯水。东河多年平均含沙量0.85千克/立方米，最大含沙量13.6千克/立方米，多年平均输沙率90.8千克/秒，多年平均输沙量290万吨，年侵蚀模数522吨/平方千米。

西河古称西水，一源出自剑阁县五指山南麓，一源出自江油县云集乡皇堂垭，在江油邓家坝合流后，由北向南，在南部王家镇南1公里处注入嘉陵江。碑垭庙以下河宽50米~140米，集水面积1934平方公里，比降0.42‰，天然落差62米。多年平均流量为9.2立方米/秒。

渠江是嘉陵江支流，也称渠河，古称“潜水”，又名岩渠水。渠江干流从渠县的三汇镇起，在渠县境内自北而南，从渠县最南端的琅琊乡瓦窑滩出境，进入广安市，由北东向南西斜贯广安中部，从广福进入。在岳池由东北向东南，至赛龙镇流出，进入重庆市合川区东北部，在合川区北7.5公里处的渠河咀注入嘉陵江。

涪江是嘉陵江支流，长江的二级支流。发源于川西高原上的松潘与南坪之间的岷山主峰雪宝顶，向南流经平武、江油、绵阳、三台、射洪、遂宁、潼南等地，在重庆合川汇入嘉陵江。全长700公里，流域面积3.64万平方公里，多年平均径流量572立方米/秒。涪江干流在江油中坝以上为上游，上游河长254公里，流域面积5930平方公里。涪江源头松潘黄龙至平武一带，地处川西北高山区，河谷宽多在100米以内，狭窄的河谷多呈"V"形或"U"形，江宽大多不足30米，河床陡峻，平均比降15‰以上。平武以下为高、中山过渡区至盆周低山带。涪江江油中坝至遂宁段为中游，流经江油、绵阳、三台、射洪、蓬溪、遂宁等地，长237公里，平均比降1‰，遂宁以上流域面积约27000平方公里。河道迂迴曲折，水流平缓，江面宽200米~500米，江中漫滩发育，多沙洲。江油至遂宁有滩140余处。汛期河床变化大。河流两岸间隔分布着河流冲积层形成的一阶台地小平原，地面一般高出江面5米~10米。涪江遂宁以下至合川河口为下游，长179公里，平均比降0.5‰。涪江下游段流经潼南直至合川。域内以中、低丘丘陵地貌为主，至合川后受华蓥山、歌乐山影响，间有岭伏深丘、低山带，海拔高程600米~200米。下游河谷宽阔，沿江两岸间隔分布着河流冲积层形成的一、二阶台地平坝，地面高出江面8米~20米。下游河道河曲发育，滩沱相间，多沙洲。涪江泥沙较多，根据小河坝处的观察资料，每立方米为1.23千克,是嘉陵江泥沙的主要来源之一。

地下水　碎屑岩孔隙裂隙水和松散堆积孔隙水是川北地区分布最广泛的地下水类型。前者多存在于侏罗纪、白垩纪紫红色岩层，后者多见于河流沿岸的河漫滩与阶地。仅据南充、阆中等地资料，松散堆积孔隙水。多分布于境内嘉陵江的干支流两岸第四系冲积、洪积层中，越靠近河道，地下水蓄量越丰富，埋藏浅，易开采。一般单井出水量为100立方米/日~500立方米/日，最高可达1000立方米/日以上。南部嘉陵江两岸，单井出水量大于200立方米/日。西河、宝马河、柴井河两岸，因冲积堆积层次薄，含泥质较重，出水量仅200立方米/日。阆中嘉陵江两岸阶地上，兰家坝、七里坝、彭城坝等，单井出水量50立方米/日~100立方米/日。蓬安嘉陵江沿岸的河漫滩和一、二级阶地中，单井出水量在1000立方米/日以上的，一般为潜水。南充境内嘉陵江及其支流的河漫滩、阶地的沙砾石层中，含水层仅深2米~3米，主要靠大气降水与河水以垂直、横向渗入补给，单井出水量100立方米/日~500立方米/日，最高达1000立方米/日。碎屑岩孔隙裂隙水分布极不均匀，变化大，部分地方为承压水，出水量相差很大，最小仅20立方米/日，最高可达1000立方米/日以上。蓬安的侏罗纪蓬莱镇组砂岩层中，一般单井出水量150立方米/日，最小为20立方米/日。南部蓬莱组上段，储水体连续完整，一般井深5米~20米，平均出水量185立方米/日；蓬莱组下段平均出水量80立方米/日；侏罗纪遂宁组主要岩层为黏土夹粉砂岩透镜体组成，基岩裸露，水土流失严重，含水量少，平均出水量仅30立方米/日。大坪镇上游村一机井出水量为1040立方米/日。孔隙裂隙水贮存于岩层的孔隙、裂隙之中，出水量不稳定，雨季水量多，天旱则减少，一般是秋季最旺，春季最小。

碳酸盐岩岩溶水这类地下水在川北地区境内分布不广，主要存在于大巴山、米仓山的南麓以及龙门山，如广元、`旺苍、青川、宣汉、万源、南江等地。平武东南的藏王寨向斜部位，含水层是泥盆系中统到石炭系下统的碳酸盐岩建造。根据广元的资料，分布在曾家、羊模和竹园等乡的岩溶水，各含水层的富水性在不同地段有较大差异，溶洞、暗河发育强烈的含水层，裂隙岩溶率3.2~14.5，泉水流量1立方米/秒~5立方米/秒，暗河流量100立方米/秒~200立方米/秒，富集带单孔涌水量大于100吨/日。

岩浆岩和变质岩裂隙水主要分布在北部山区，如北川、广元、青川、南江等地。其中北川县境内的浅层地下水主要为变质岩裂隙水，占地下水蕴藏量的76.9%。

【土壤】 川北地区归属于四川盆地丘陵紫色土黄泥土区和盆周山地黄壤黄棕壤区。丘陵地区的紫色土分布广泛，构成土壤的重要物质基础主要为中生代河湖相紫色岩层的风化剥蚀的碎屑物、残积坡积物及新生代以来的河流冲积物。由紫色土经人工熟化而成水稻土是农业生产的重要土地资源。

土壤分布　土壤分布与成土母质的分布一致，大致在剑阁、旺苍、南江和通江一线以南的区域，主要土壤有棕紫泥土、红棕紫泥土以及零星分布的灰棕紫泥土。成土母质为蓬莱镇组、遂宁组和沙溪庙组的紫色砂泥岩，遂宁组岩层分布地多为红棕紫泥，沙溪庙组岩层分布地则是灰棕紫泥等。新积土主要分布于河流沿岸的阶地上，从丘陵下部或山麓到河边，土壤的质地由黏而砂，土粒由细而粗。土种分布受地貌影响，垂直变化亦很大。从丘陵的顶部至沟谷，由水土流失变成堆积，其土壤则由石骨子土变为夹沙土，直至大眼泥土，土层也由浅变厚。到了地势低平的正沟，地下水位增高，多形成冷浸烂泥田。

涪江和嘉陵江中游的射洪、南部、南充一带，多为棕紫泥土，富含钙、镁、盐类。岳池、武胜、安岳一带土壤以灰棕紫泥土为主，含钙少。遂宁、乐至一带则多棕紫泥土和红棕紫泥土，因厚泥岩特别多，风化颗粒粗干旱缺水，水分下渗保蓄少，遇大雨容易造成大量径流冲刷，泥沙淤积稻田。盆地北部的米仓山和大巴山的南麓，包括梓潼、盐亭、剑阁、苍溪、广元、旺苍、巴中、平昌、仪陇、宣汉、通江和南江等地，土壤主要是白垩系城墙岩群黄红色砂泥岩和侏罗系莲花组棕红色砂泥岩风化物发育而成的钙质黄红紫泥和棕紫泥，富含钙质。西部的一些地势低平的地方，如江油靠近成都平原的地方，表层为灰色冲积物，其下多为黄色黏土，再下为深厚卵石层。

地处盆地边缘山地的一些县域，如北川、青川、广元、旺苍、南江、通江、万源，以及平武，海拔在500米~1500米的山地，是川北地区黄壤分布区。由于这些黄壤分布地区多为山地，随着海拔的变化形成了土壤的垂直分布。成土母质为砂岩、页岩、石灰岩、变质岩和第四系红色黏土。如平武的低山河谷地带，其成土母质主要是第四系新老冲积物及志留系、泥盆系、寒武系、前震旦系等变质岩和沉积岩的坡积、残积物等。

西北的平武县境山地广布，海拔高，形成了以黄壤为土壤垂直分布的基础土壤带（600米~1500米），随着海拔向西北方向的增加，逐渐变化为黄棕壤（1500米~2200米）、暗棕壤（2200米~2800米）、棕色针叶林土（2800米~3500米）、亚高山草甸土（3500米~3900米）、高山草甸土（3900米以上）。

大巴山和米仓山海拔在2000米以上，母岩为灰岩石、硅质灰岩及砂岩风化物。万源、城口一带形成的土壤垂直带谱依次是黄壤、山地黄壤（700米~1500米）、黄棕壤（1500米~2100米）、棕壤（2100米~2400米）。

地处龙门山北段的北川，土壤的垂直分布是黄壤、山地黄壤（540米~1500米）、黄棕壤（1500米~2300米）、棕壤和暗棕壤（2300米~3200米）、亚高山草甸土（3200米~3800米），高山草甸土（4000米以上）。

紫色土　紫色土集中分布在四川盆地丘陵和800米以下低山，土质肥沃，主要由三叠系、侏罗系、白垩系紫色砂泥岩的风化物发育形成。

中性紫色土由侏罗纪沙溪庙组、自流井组的砂岩、泥岩风化发育而成，pH值介于6.5~7.5之间。土壤中富含磷、钾等盐基物质，矿质量养分含量较高，土壤的透水性以及保水、保肥的性能良好，但是其氮素蓄量较低。按其母质的不同，又可分为灰棕紫泥土和暗紫泥土，主要分布在南充和蓬安等地。由于人类产生活动的影响，坡脚和谷底多被开垦为水田，形成肥力较高的灰棕紫泥田（土），其土层深厚，有机质、氮素蓄量较多，磷、钾含量丰富，而且黏粒较多，多为轻黏土。

碱性紫色土在盆地内的中部和北部有广泛分布。由侏罗纪蓬莱镇组、遂宁组，白垩纪城墙岩群砂岩、泥岩的坡、残积物发育而成，pH值一般大于7.5，土壤中富含碳酸钙。该种土壤肥力相差较大，依据母质的不同，又可分为红棕紫泥土、棕紫泥土和黄红紫泥土，其中的红棕紫泥土属在分布在海拔300~500米的丘陵，遂宁、南充、营山、岳池、潼南、安岳、乐至等地，在海拔较高的丘陵和低山处也有零星分布，如通江、巴中、广元等地。棕紫色泥土属分布在海拔300米~500米的丘陵低山，三台、盐亭、阆中、平昌以南，达县、西充、安岳以北是主要分布区域。黄红紫泥土属分布于海拔400米~1200米之间，三台、阆中、平昌、宣汉以北，江油、广元、旺苍、南江、万源以南为主要分布区域。

酸性紫色土主要发育于白垩系砖红色细粒石英砂岩风化物上，其次是下侏罗纪沙溪庙组紫红色长石石英砂岩风化物上。pH值多小于6.5。这种土壤的土层深厚，质地黏重，矿物养分含量较低，缺乏有机质，耐旱但不耐涝，耕性差，主要分布在丘陵与低山之中下部地势较平的地方，分布于南充、西充、蓬安等地。

新积土　川北境内的新积土由河流冲积物直接发育而成。这类土壤的土层深厚，矿物养分含量丰富，土质疏松通气透水性好，供肥力强。按土壤冲积物的来源，可分为灰棕新积土、紫色新积土、黄洪新积土等。

黄壤　形成于湿润，夏无酷暑，冬无严寒的气候条件下，为亚热带森林土壤，分布地主要在山区，地貌类型复杂。由于常处于湿润状态，土中铁质水化，剖面呈现为整体的黄色、金黄色、黄棕色。淋溶作用强烈，土壤为酸性反应。一般为中壤到重壤，有机质及养分含量较高，但缺磷。老冲积母质发育的黄壤淋溶性淀积强烈，剖面上有锈斑、铁锰结核，有的形成铁盘，成为不透水层。

水稻土　水稻土为紫色土、黄壤、冲积土等母质经人类耕作，长期积水栽种水稻后熟化形成的一种土壤。土层深厚，一般呈中性或微酸性，磷、钾和有机质的含量较高，耕性好。水稻土可划分为3个亚类：第一类为淹育型水稻土。依据其成土母质的不同，这类水稻土又可分为灰潮田、紫潮田、黄潮田、紫泥田、钙质紫泥田、沙黄泥田、冷沙黄泥田等，集中分布于丘陵中支沟和正沟的上部，包括长期水旱轮作的田块。它爽水透气，协调水分、养料、空气和湿度的能力较强。第二类为潴育型水稻土。这类土壤的结构较差，由于长期的淋溶作用，其盐基流失，有效养分的含量不高。依据成土母质与水分条件的变化，又可分为潴育灰潮田、老冲积黄泥田、紫泥田等，主要分布于江河沿岸的平坝和丘陵交接地带。第三类为潜育型水稻土。由于长期被水淹没，土温和水温都较低，土层尚处于还原状态，有效养分含量少，泥土深而难耕。这类水稻土依母质差异又可分为下湿紫泥田、紫泥田、黄泥田等，主要分布在冲沟交汇处，以及长期关冬水田的沟田。

成土母质　土壤矿物质占土壤固性物质成分的90%以上，是岩石风化的产物。岩石物理风化产生的造岩矿物是土壤中各种化学元素的最初来源。

白垩纪成土母质主要分布于阆中、南部、仪陇等县（市）的低山沟谷地区，海拔多在600米以上。其岩层主要为紫红色的砂质泥岩，相对高度达200米以上，化学风化较深，胶体品质差，形成的土壤肥力比较低，呈微碱性，为黄红紫泥土。

侏罗纪成土母质主要分布在侏罗纪蓬莱镇组、侏罗纪遂宁组、侏罗纪沙溪庙组。其中：侏罗纪蓬莱镇组主要分布在阆中、仪陇、营山、蓬安等县，南充、西充等县也有分布。海拔高度在400米~600米之间，地貌为高丘和中丘，相对高度在200米左右，岩层以河湖相灰紫色砂岩和棕紫色泥岩为主，形成的土壤颜色与岩层的相似。这种土壤的质地适中，结构也好，呈微碱性，保水保肥力强。侏罗纪遂宁组主要分布于南充、蓬安、西充、营山等区县。海拔高度300米~400米，丘陵相对高度50米~100米。岩层以棕红色砂质泥岩为主，底部是砖红色石英砂岩，发育成的土壤为红棕色紫泥土。这种土壤的胶体品质差，冲刷严重，保水保肥的能力差；侏罗纪沙溪庙组主要分布在蓬安、营山、西充、南充等县。其海拔高度300米左右，丘陵相对高度50米。多为丘浅谷宽地貌，其间有地势起伏不大的平坝。岩层主要是河湖相沉积而成的紫红色泥岩，风化后形成暗紫色或浅灰色的紫色土，pH值呈中性，保水保肥能力强。

第四纪成土母质分为第四纪全新世新冲积组、第四纪更新世老冲积黄泥组、第四纪全新世紫色冲积组。其中：第四纪全新世新冲积组，分布在嘉陵江的河漫滩与一级阶地及其支流西河、蒙溪河、桓子河、芦溪河等的沿岸。高出现代河床0~10米，地势平坦，形成的土壤肥力高；第四纪更新世老冲积黄泥组，分布于嘉陵江的二、三级阶地上，沉积物为黏土及砾石等。一般高出现代河床20米~40米，甚至可达100米，是浅丘宽谷带坝地貌。土壤呈酸性，质地黏重，肥力不高，不利耕作；第四纪全新世紫色冲积组，多分布在嘉陵江及其支流的沿岸。冲积物多为河流源地或流经地区的紫色岩石风化剥蚀物，层次明显。自坡顶至坡脚，土壤肥力呈递增趋势。

其他岩类风化物成土母质主要是前震旦系以及古生界和中生代早期等的变质岩和沉积岩。根据川北地区的土壤分布和形成，又主要是寒武系、志留系、泥盆系、三叠系的岩石风化物。在广元，古生界二叠系兼有少量志留系和三叠系飞仙关组的岩石为灰岩和页岩，形成的土壤为黄棕壤和矿子黄泥水稻土。

【植物】 川北地区气候温暖湿润，为种类繁多的植物提供了优良的条件。川北的原生自然植被以常绿阔叶林和落叶阔叶林为主。海拔高的地方是针叶林。栽培植物种类较多。在剑阁、巴中、南江、青川、平武、北川、射洪等地，分布有古柏、红豆树、银杏、榕树等古树奇木。

植被　川北区植被主要有低山丘陵区植被和山地植被。低山丘陵区植被在盆地低山丘陵区的北界大致从广元经旺苍到通江一线以南的广大地区，土壤以紫色土为主，次有黄壤、水稻土，气候温暖湿润，热量丰富，湿度大，霜雪少，无霜期长，十分有利于常绿阔叶林的生长。由于气候、地形以及植被组合的地域差异，低山丘陵区植被分为北部和南部两个植被小区。北部的江油、阆中、南部、仪陇、宣汉和平昌等地的低山高丘区，低山下部有柏树林；向上海拔较高的地方有黄壤分布，自然植被主要是马尾松、柏树林、栎类灌丛及草丛。在海拔更高的地方有石栎林、刺叶栎林、青杠林。灌木主要有麻栎、栓皮栎、映山红、马桑、黄荆、大棘蔷薇等。经济林木则以核桃、梨、桑树、蜡树和油桐等为主。人迹罕至的地方或峡谷陡岩处，零星分布着常绿阔叶林，其优势树种为刺叶栎、黄丹木姜子、包石栎、香叶子等；林下灌木主要有木竹、小叶女贞、木瓜、鹅掌楸等。向南，包括南充、蓬溪、遂宁，乐至、安岳、潼南等地，岩层产状近于水平，地形上多缓丘平坝，地势起伏较小，河流众多，植被以亚热带常绿针叶林为主，有马尾松、柏树、杉树等。落叶阔叶植物有壳斗科的麻栎、栓皮栎、板栗、刺槐等，多与柏树混生在一起，形成针阔混交林。嘉陵江沿岸的一些老阶地上，常见以白栎、麻栎、栓皮栎等组成的灌木丛。境内河流的河漫滩或江心洲上，多有斑茅、甜根子草等草本植物组成的高草群落分布。

山地植被在盆地低山丘陵区以北，包括米仓山和大巴山，山地海拔多在1500米~2500米，相对高度一般700米~1200米。由于纬度偏北，容易受到寒冷空气的影响，地势又高，热量条件已不及以南地区。土壤的垂直变化明显，自下而上为山地黄壤、山地黄棕壤和山地棕壤。植被随着海拔高度的增加由常绿阔叶林到常绿与落叶阔叶混交林、亚高山常绿针叶林的变化，又以常绿与落叶阔叶混交林的分布幅度最大。耐寒植物有包石栎、青杠等，成为主要的种类。重要的经济林木有油桐、漆树、白蜡树、茶树、竹类等。

盆地西北边缘的青川、平武，地形上是盆北边缘山地向青藏高原过渡的地带，地势西北高东南低，西部海拔在3000米以上。森林植被茂密，植被垂直带谱完整，1500米以下为常绿阔叶林，在水热条件较好的地方可上升至2200米高度；1900米~2200米分布着常绿阔叶与落叶混交林；2200米~3500米处为亚高山常绿针叶林。3000米以上向阳的坡地，有亚高山草甸。

常绿阔叶林多分布于河谷、低山和中山地带，天然建群种多为壳斗科、樟科、山茶科等。其下灌木层有马桑、黄荆、盐肤木等。草本层有白茅、糯米团以及其他杂草类植物。常绿阔叶树种以山毛榉科的栲属、石栎属、青冈属为优势种，伴生有樟树、山茶科、木兰科、蔷薇科、虎耳草科、木犀科、五加科等常绿种类。落叶树种以桦木科的鹅耳枥属、桦属、槭树科的槭属、漆树科的漆树属，山毛榉科的水青冈属、栎属为主。

针叶林因组成林木的优势种不同，在海拔1600米以下的低山和中山河谷，有马尾松林、杉树林、铁坚树林；在1000~2200米地势稍平缓的阴坡或半阴坡，有零星小块分布的华山松林；亚高山常绿针叶林分布在山高谷深处，主要有岷江冷杉林、紫果云杉林、青扦林、方枝柏林。在绿阔叶向针叶林过渡地带，如在海拔2200米~2800米地段，针叶树种常见的有油松、三尖杉、麦吊云杉、铁杉等，阔叶树种常见的有红桦、紫椴、疏花槭青杨等。

亚高山草甸和高山针叶林镶嵌分布，组成的植物种类以禾本科、莎草科、菊科豆科等为主，建群层片以疏丛禾草、根茎莎草为主分别成为群落上层和下层次。高山草甸分布在3900米以上，建群层片占优势者为密丛莎草层片，其次为密丛禾草层片和莲座状杂类草层片。

栽培植物　川北地区栽培植物主要有农作物、用材林木、经济植物三类。

农作物中的粮食作物有本科的水稻、小麦、玉米、高粱，旋花科的红苕（亦称红薯、甘薯、番薯），豆科的大豆、蚕豆、豌豆、绿豆、豇豆、扁豆。花生和十字花科的油菜为重要的油料作物。锦葵科的棉花、黄麻、红麻，荨麻科的苎麻是重要的经济作物。主要蔬菜有：十字花科的萝卜、芥菜，伞形科的胡萝卜、芹菜，菊科的莴苣，藜科的菠菜，旋花科的空心菜，百合科的百合、大蒜、韭菜、黄花菜，茄科的茄子、番茄、辣椒，葫芦科的黄瓜、冬瓜、南瓜、丝瓜，豆科的菜豆，天南星科的芋，囊荷科的姜，禾本科的茭白，侧耳科的香菇，鳖茸科的竹荪。

用材林木主要品种有樟科的樟树，罗汉松科的罗汉松，柏科的柏树、扁柏、桧，松科的冷杉、云杉、云南松、马尾松、油松，桦木科的桤木，挑金娘科的桉树，杉科的杉木、柳杉，玄参科的泡桐，蝶形花科的槐、刺槐，榆科的白榆，楝科的椿、川楝，金缕梅科的枫香，桦木科的桦木，木樨科的女贞，山茱萸科的灯台树，紫树科的旱莲木。竹类也是重要的用材植物，禾本科的慈竹、斑竹、楠竹等分布甚广。

经济植物主要品种有桑树、油桐、柑橘、苹果、桃、核桃、李、杏、柠檬、柿、柚、橙、雪梨、樱桃、栗、猕猴桃、桂花、山胡椒、油茶、蓖麻、花椒、棕榈、构、漆树、皂角树、油橄榄、枇杷、山楂、石榴、柞木、枣树、沙棘、佛手等。

野生药用植物中的名贵药材主要有川芎、麦冬、天麻、香附子、川白芷、当归、牛膝、大黄、半夏、泽泻、川明参、续断、川党参、牛蒡子、桔梗、枳壳、栝楼、何首乌、杜仲、木瓜、秦艽、防风、薄荷、栀子、川楝子、吴茱萸、荆芥、银杏、乌梅、峨眉五味子、华中五味子、茯苓、野百合、金钗石斛、柴胡、红花、枸杞、七叶一枝花、天门冬、姜、沙参、厚朴等。

古树奇木　川北有记载的珍稀古树有柏树、红豆、银杏、铁坚油杉、榕树、香椿等，主要分布在剑阁、南江、巴中、北川、射洪、南充、平武、宣汉等地。

古柏分布在剑阁县城，西、南、北有3条古驿道，道路两旁保留下来的古柏树近万株，人称“张飞柏”“皇柏”“浸柏”。其大者4人至5人方能合围，高达三四十米，树冠千姿百态。人们喻为“翠云廊”，世所罕见。

在南江县城西南20公里的东榆铺古米仓道约65公里沿线有被称之为皇柏林的古树，有胸径一尺以上的古柏2800多株，最高的达50多米，最大的胸径为2米多。皇柏林年代久远，生长繁茂，各朝县令都派专人看守，具册交接，明令规定：损一枝须报县，损一株须报省，盗伐一株按律治罪。

剑阁柏木为世界珍稀树种，在剑阁汉阳乡大柏树湾。树高34.8米，胸径1.23米，躯干挺拔，枝叶向上，树冠紧小，远看似松，近观是柏，人称“松柏长青树”。

红豆树生长于巴中县兴隆场乡玉皇村的红豆树垭，一树高16米，胸径1米，冠幅23平方米，树龄1200多年。

巴中县双凤乡鼓楼村白果树湾，一银杏树高28.6米，胸径2.05米，冠幅10.75平方米，树龄逾500年。射洪县万林乡南泉寺一银杏树栽植于清嘉庆七年（1802年）。

北川太洪小学后，一铁坚油杉树高50余米，胸径2米多，树干通直，距地9米处分为两枝，树冠覆盖面积1230平方米，树根隆起，延伸至200米外。专家鉴定其树龄已达1200年。当地人视为神树。另在平武响岩乡平江公路旁的一株，其胸径1米有余，高20余米，树龄200余年。

射洪境内金华山古柏树成林，其中树龄最高者已300多年。另在文庙内有四株为明嘉靖三十九年（1560年）所植。

射洪境内金华山脚有榕树4株，栽植于明万历十一年（1583年）。

南充县同仁乡青木桥村袁家坝生长两株红豆木，树高15.5米，胸径一为0.47米，一为0.52米，相传是该村赵姓人北宋真宗年间在江南做州官时带回幼苗栽培成活。

平武县南坝乡茅湾林场的一株香椿树主干高18米，胸径0.7米。香椿树上寄生了8种其他植物，在离地3米处有一株漆树，往上是野樱桃、铁灯塔、红构树、林芙树、金银花、野葡萄、悬钩子等。每到花开季节，红、黄、白各色鲜花竞相争艳，甚为壮观。

平武县珙桐、宣汉县桫椤为孑遗树种，远古时期已经存在，是原种树木依然少量存活于世的珍稀树种。

【动物】　川北地区动物主要由亚热带和温带森林、农田动物群所组成。

森林动物区区域主要分布在平武、青川、北川，属于高原山地森林、草甸动物，著名的有大熊猫、金丝猴、牛羚等。盆地北缘大巴山和米仓山等边缘山地，常见的有金猫、云豹、猕猴、大灵猫、小灵猫、水獭、大鲵等。嘉陵裸裂尻鱼是嘉陵江上游的特有物种。

平武：有大熊猫、金丝猴、牛羚、小熊猫、云豹、林麝、水獭等。

青川：有大熊猫、金丝猴、牛羚、猕猴、短尾猴、猞猁、毛冠鹿、黑熊等。

北川：有大熊猫、金丝猴、牛羚、金钱豹、藏羚、梅花鹿、小熊猫、马熊、黑熊等。

广元：有鸟类和豺、狼、虎、豹、熊等野生动物51种。

剑阁：有牛羚、金钱豹、小熊猫等。

旺苍：有野猪、熊、刺猬、野兔等。

南江：境内角蟾、光雾臭蛙是国家特有物种。

苍溪：有野猪、豹、猴、獐、鹿、麝等。

南江：有野猪、豹、猴、黄鼬、獐、麂、麝等。

达县：有虎、豹、犀牛、猿和金丝猴等。

丘陵平坝区和低山区多已开辟为农田，所占面积宽广，人的活动足迹遍布，受其长期干扰，森林动物，特别是大型动物已经无法适应而减少或灭绝。农田动物以鼠类为主，主要有巢鼠、黄胸鼠、大足鼠、褐家鼠、社鼠、小家鼠和黑腹绒鼠等。

有蹄类多是一些小型种类，如果子狸、豹猫、赤狐、貉、大灵猫、小灵猫、水獭等，尤以黄鼬、赤狐和兔数量最多。

鸟类则以白鹭、斑鸠、家燕、喜鹊、麻雀最为常见。

两栖类以稻田蛙类种群数量最为丰富，常见的有黑斑蛙、沼蛙、泽蛙、饰文姬蛙和中华蟾蜍等。

爬行类主要有龟、鳖、乌梢蛇、白条草蜥等。

鱼类中经济价值较高的有鲤鱼、鲶、中华倒刺鲃、草鱼、黄腊丁、白鲢、鳙鱼、花鲢、鲫鱼、泥鳅、黄鳝、乌鱼、青鳝、白鳝等。

家畜家禽类养殖动物主要是家畜猪、牛、羊、兔、马、骡、驴，以及家禽鸡、鸭、鹅、鹌鹑等。

珍稀动物　川北地区珍稀动物主要有大熊猫、金丝猴、牛羚、中华秋沙鸭、玉带海雕、绿尾虹雉、四川梅花鹿、嘉陵裸裂尻鱼等。

大熊猫又名白熊，生活在常年空气稀薄，云雾缭绕，气温低于20℃，海拔1300米~3500米的茂密竹林里。是中国特有物种，主要分布在川北北部山区。

金丝猴是典型的森林树栖动物，常年栖息于海拔1500米~3300米的北部森林中。

中华秋沙鸭俗名鳞胁秋沙鸭，是中国的特有物种。主要栖息于川北阔叶林或针阔混交林的溪流、河谷、草甸、水塘以及草地。

玉带海雕为隼形目鹰科的鸟类，是一种大型猛禽。常在水面捕捉各种水禽，如大雁、天鹅幼雏和其他鸟类，捕鱼主要在浅水处。

绿尾虹雉属鸡形目雉科，大型鸟类。主要分布在川北北部高海拔的高山草甸和灌丛。冬季由于高山积雪过厚，难以找到沙砾，这时它就吞吃火炭，因此又名“火炭鸡”，又因它的嘴很坚固，而且前端弯曲呈钩状，很像老鹰的嘴，又有“鹰鸡”的俗称。

四川梅花鹿是梅花鹿的一个亚种。栖息于苔原、林区、荒漠、灌丛和沼泽。听觉、嗅觉发达，喜爱群居，擅长奔跑。典型的草食性动物，吃草、树皮、嫩枝和幼树苗。善游泳。

药用动物　据《潼南县志》记载，该县境内主要动物性药物有：环毛蚯蚓、宽身蚂蟥、医蛭、无齿蚌、蜗牛、蜗子、蜈蚣、九香虫、土鳖子、僵蚕、白蜡虫、蝉、五倍子蚜、中华大蟾蜍、乌龟、鳖、蝙蝠、夜明沙（蝙蝠粪）、乌梢蛇、狗宝、望明沙（兔粪）等。

哺乳动物各种不同的器官可以入药的种类很多，平武药用动物不少都是名贵中药材，最名贵的首推鹿茸、林麝和马麝出产的麝香。其他动物药用部分有：刺猬皮、灵猫香、牛角、猴骨、豹骨、熊胆等。

嘉陵江鱼类　嘉陵江流域鱼类资源有153种，珍稀种和特有种都有一定分布。主要有摄食浮游生物的鲢鱼、鳙鱼和麦穗鱼；摄食底栖无脊椎动物的鳅科、鮡科、鮠科等有发达触须和肥厚嘴唇的鱼类；食鱼性鱼类白鲟、鲇、鳡以及鲌属和鳜属的鱼类；摄食着生藻类的鲴属鱼类；草食性鱼类草鱼、鳊鱼和团头鲂等；杂食性鱼类鲤、鲫、漂鱼属和银鮈属的鱼类等。

嘉陵裸裂尻鱼学名Schizopygopsis kialingensis，为辐鳍鱼纲鲤形目鲤科裸裂尻鱼属的鱼类，俗名小白飘、冷水鱼。冷水性鱼类，是中国特有物种，亦称土著种，也是长江鱼类142个特有种中的一个。嘉陵裸裂尻鱼生存在嘉陵江上游峡谷河流江段，其他江河未曾发现。

嘉陵江流域鱼类中经济价值较高的有鲤鱼、鲶、中华倒刺鲃、草鱼、黄腊丁、白鲢、鳙鱼、花鲢、鲫鱼、泥鳅、黄鳝、乌鱼、青鳝、白鳝等。有经济价值的鱼类有：方氏鲴、云南鲴、四川鲴、黄尾鲴和斜颌鲴。鲌类有蒙古红鲌、青梢红鲌、翘嘴红鲌、南方马口鱼、赤眼鳟、草胡子鲢等。

嘉陵江流域珍稀淡水鱼有：白鲟（因为其吻部长状如象鼻，故俗称象鼻鱼，又称为箭鱼，主要分布在嘉陵江南充以下江段）、岩原鲤（俗称岩鲤巴，在江河水体中底层岩石缝间生存）、胭脂鱼（又名黄排、血排、粉排、火烧鳊、木叶盘、红鱼、紫鳊、燕雀鱼、火排、中国帆鳍吸鱼等，其体型奇特，色彩鲜明，尤其幼鱼体形别致，色彩绚丽，游动文静，被人们荣称为“一帆风顺”，在东南亚享有“亚洲美人鱼”的美称。曾经是重要的经济鱼类之一）、长薄鳅（俗称花鳅，薄鳅，主要分布于嘉陵江的中下游和一些水流较急的支流，是鳅科鱼类中个体最大的一种）、石爬鮡（俗称石爬子、青石爬子、黄石爬子、火箭鱼）。

【矿产资源】　川北区矿产资源主要有有石油、天然气、煤、铁、金、铜、铅锌、锰和石灰石等。石油、天然气主要分布在丘陵平坝广布的地区，是四川盆地中出产天然气最多的地方。

铁　以内生类型的铁矿为主。旺苍县椿树坪和朱家坡为岩浆分凝型磁铁矿。岩浆后期交代型的有南江县竹坝、水马门、汇滩；热液型的有平武县的铁锰矿和旺苍县李家河。火山热液铁矿以旺苍县阴坝子铁矿为代表。沉积型的铁矿在江油县；沉积变质铁锰矿典型的是平武县的虎牙，成矿为早三叠纪和早寒武纪。平武的“虎牙式”铁矿有大虎牙老队部和水晶草塘湾的赤铁矿。磁铁矿分布在大草地、磨河坝，北川县的通口乡幸福村、茶园村、甘溪乡所产生的赤铁矿可供小规模开发。江油县以赤铁矿为主，伴生有少量褐铁矿，北城乡观雾山重华乡广林寺、老君山、文胜乡棉角湾、马角镇是主要产地。宣汉县的鸡唱乡流水沟也有赤铁矿的储藏。菱铁矿主要分布在达县和宣汉县，达县分布在竹园坝、白马、白田坝、龙王沟、回龙、大王家沟和文安、青林等地。菱铁矿是宣汉县主要矿种，分布在樊哙、成虎、三墩、漆树、漆牌、塔河、上峡、凉风、天生、芭蕉、七里、柏树、河坝、石铁等地。

锰　主要分布在平武县、青川县和北川县。产于下三叠统菠茨沟组的碳酸岩中。此外，平武—青川一带存有同类型矿床。北川县大断裂南侧的陈家坝、桂溪乡一带也有锰矿。

金　沙金在嘉陵江流域分布广泛，储量丰富，主要产地多在上游山区、盆地边缘和盆地内的河谷地带，如平武、青川、北川、广元、江油等地。青川县白水到广元县、昭化县，沙金分布在河谷突然由窄变阔处以及河谷转弯处、支流汇入处；南部县盘龙的沙金矿沙金富集，分布在河曲凸岸下侧及冲沟与河流相会地段。青川白水、平武古城、广元水磨的沙金含金量品位高，为0.3克/立方米。昭化沙金分布面积113.6平方公里，储量资源达30吨，含金量10克/立方米。岩金分布点不多，青川、广元主要为含金石英脉和含金硫化物脉两种。矿脉产生于碳酸盐岩为主的浅变质岩和花岗岩中，受层间裂和断裂带的控制，矿体呈脉状、网状。平武金洞沟金矿床为低温热液型金矿床，其成矿物源主要是志留系茂县群浅变质碎屑岩系，矿石中硫化物以黄铁矿为主，硫化物含量约1%，为少硫化物型矿石。成矿温度为125℃~185℃,平均温度为148.7℃，属低温热液型金矿床。南江县的关坝乡也出产岩金。

岩盐 主要产于三叠纪嘉陵江组和雷口坡组中，为沉积的层状矿床。盐层平均埋深为2300米~2850米，厚度为28米~144米。含盐地层分布广泛，发展较稳定，封闭条件好，保存完整。南部县、南充县一带的盐卤资源多为优质岩盐，氯化钠含量超过90%，最高达96.6%，岩盐矿床杂质含量低于10%，水不溶物小于3%。盐层顶板，底板都是厚1米~3米的灰白色硬石膏岩，界面清楚，便于水溶开采。盐卤产于三叠纪须家河组和侏罗系中，蓬溪是主要产地。宣汉主要是黑卤，伴有碘、钾、硼、溴等有益元素。

川北地区岩盐矿体分布

专区名称	岩盐矿体分布
南充	南充、蓬安、岳池、武胜
遂宁	盐亭、潼南、遂宁、蓬溪、安岳、乐至
达县	达县、宣汉、通江、开江
剑阁	旺苍、剑阁、苍溪、江油

石油和天然气 含油、气层以三叠系、二叠系为主。沉积岩厚度为6000米~8000米。在侏罗纪下统自流井群有凉高山组和大安寨组的两个油层。为川中地区的主要产油层。遂宁、蓬溪、盐亭、南充、营山、达县、潼南、武胜等地都有出产。在侏罗纪下统香溪群组、三叠纪中统雷口坡组、二叠纪下统等天然气层，以油层伴生气居多，主要产于大安寨油层。香溪群潜力较大的构造有营山构造、公山庙构造。达县专区的石油、天然气主要分布在华莹山煤田北段，如开江以沙罐坪为为中心的天然气，储藏量也很大。江油的天然气则集中在位于县城东郊的中坝。

煤 多赋存于二叠系到侏罗系的岩层中。如广元县沿宝轮、河西、大石一带的上三叠系和下侏罗系煤层多为复合煤层，其煤层稳定且厚度变化少。达县专区的开江、南江和宣汉等地储藏量大，分布广。宣汉的煤层位于三叠系须家河组地层中，如铁山、铜锣山、七里峡山和明月山等地，为煤化程度高的无烟煤。与宣汉县相邻的南江县，分布于铁溪、什字和朱元三乡的烟煤也位于三叠系须家河组。北川县的擂鼓火石沟到曲山茂垭，青川县的楼子乡模岩里、新顺乡薅地坪，江油县的二郎庙镇与石元乡交界处的五花洞以及二郎庙镇金石村，南江的团结、小河、水洞、甘溪、流坝、碾垭、赶场、红岩等，也是煤炭资源较多的地方。

铜 北川县的金凤乡银厂沟、贯岭乡金洞沟，南江县的汇滩乡大垭、枫垭子、尖山、草鞋坪、庙坝，青川县的青溪、乐安、桥楼、乔庄、关庄、姚渡为川北铜矿产地。

铅锌 北川县大断裂南侧的陈家坝大兴村，青川县的大院乡银洞渠，南江县的沙滩乡和坪河乡以北的银厂湾为川北铅锌矿产地。

重晶石 北川县大断裂南侧的陈家坝、桂溪乡一带，青川县酒家垭到南溪山一带，达县的元吉乡、朝天乡一带为川北重晶矿产地。

石灰石 分布广，储藏量丰富，青川县的乔庄黑河潭和薅溪乡青岩岭、楼子乡大坪山，北川县的曲山、擂鼓、通口、香泉、甘溪等乡，开江县的明月峡，以及江油、宣汉、广元、达县、南江、万源境内，都有广泛的分布。

霞石 霞石是一种含有铝和钠的硅酸盐，可用来炼铝，制造玻璃和陶器等。南江县的霞石储量丰富，居亚洲第一。境内主要储藏于坪河乡，矿体赋存于坪河碱基性杂岩体的霓霞岩与磷霞岩中，矿带最长520米，最厚处有112.4米。

矿产资源分布 南充专区所属各县矿产资源分布情况为：南充县主要有石油、天然气、盐、锆石钛铁砂矿、膨润土；西充县主要有石油、天然气、盐、含钾页岩；南部县主要有石油、天然气、盐；仪陇县主要有天然气；蓬安县主要有石油、天然气、盐、芒硝、沙金、石膏矿、锆石钛铁砂矿；营山县主要有石油、天然气、盐、磷矿、菱铁矿；岳池县主要有石油、天然气、盐、磷矿、沙金；武胜县主要有石油、天然气、盐。遂宁专区所属各县矿产资源分布情况为：遂宁县主要有石油、天然气、盐；乐至县主要有盐；蓬溪县主要有石油、天然气、盐；三台县主要有石油、天然气、盐、石灰石、膨润土；盐亭县主要有石油、天然气、盐、膨润土、白垩土；中江县主要有铜、天然气、盐、含钾页岩；梓潼县主要有石油、天然气、盐；安岳县主要有石油、天然气、煤、铜矿；潼南县主要有石油、天然气。达县专区所属各县矿产资源分布情况为：万源县主要有煤、菱铁矿、黄铁矿、菱锰矿、铝土矿、钒矿、铀矿、磷钡矿、石膏、滑石、石灰石、白云石、石英砂岩；通江县主要有石油、天然气、煤、菱铁矿、赤铁矿、铅土矿、银矿、石膏矿、大理石、石灰石、石膏、大理石、白云石、硫铁矿、钾矿石、膨润土、高岭土、铀矿；南江县主要有煤、沙金、磁铁矿、铜矿、铅锌矿、霞石铝矿、石墨、大理石、钾长石矿；巴中县主要有石油、天然气、煤、沙金、磁铁矿、霞石矿、大理石，磷矿、石墨、黄铁矿、方解石、花岗岩；宣汉县主要有石油、天然气、煤、菱铁矿、铝土矿、硫磺矿、硫铁矿、石膏矿、石灰石、石英石、大理石、盐；达县主要有煤、菱铁矿、石灰石、石膏矿、石英砂岩、高岭土、盐；开江县主要有天然气、煤、菱铁矿、石灰石、磷灰矿、土硝；平昌县主要有石油、天然气、稀有金属、石英砂。剑阁专区所属各县矿产资源分布情况为：平武县主要有赤铁矿、磁铁矿、褐铁矿、锰矿、铁锰矿、铜矿、铅锌矿、锡钨矿、钼矿、汞矿、岩金、沙金、银矿、水晶、重晶石；青川县主要有煤、铁锰矿、褐铁矿、铜矿、铜钼矿、铀矿、岩金、石英、石灰石、石棉、滑石、白云岩、重晶石、蛇纹石（伴生镍矿）、水晶；北川县主要有煤、赤铁矿、锰矿、铅锌矿、铜矿、岩金、沙金、硫铁矿、重晶石、石灰石、白云石；广元县主要有天然气、煤、岩金、沙金、铁矿、钴矿和锰矿、铜铅、锌矿、耐火黏土、熔剂石灰岩、硫矿、磷矿、油页岩矿；苍溪县主要有天然气、铝土矿、褐铁矿、磷矿、方解石、沥青、石英砂岩昭化县主要有石油、天然气、煤、金、铁、铜、石灰石；旺苍县主要有煤、铁、石灰石、黄铁矿、花岗石；阆中县主要有石油、天然气、盐、沙金、磷、石英砂、铀矿。剑阁县主要有天然气、沙金、膨润土、铀矿。江油县主要有石油、天然气、煤、沙金、铁矿、铅锌矿、黄铁矿、石灰石、石英石、白云石。

【自然灾害】 川北区自然灾害首推干旱。受冬夏季风的强弱、进退早迟以及持续时间长短的变化，或者造成降水量的季节性分配不稳定，或者发生降水量的年际间的起伏，农业生产需水时却无降水或降水比往常减少很多。次为洪涝，因降水的季节变化、降水在某个时间特别集中，或出现局部的或大范围的暴雨，使山洪暴发。在此过程中，山区还产生次生的地质灾害，如滑坡、崩塌，甚至是泥石流。冻害影响动植物的生长，造成农业生产的直接损失。冰雹和大风主要因地形和局部大气形势的不稳定，尤其是山区和深丘地带容易发生。地质灾害中的地震多发生在断裂带，川北地区在龙门山断裂带及其附近的平武、青川、北川等地地震灾害较多。

人口

1950年，川北区总人口1702.87万人。1952年，全区总人口增加到1784.10万人，其中农业人口1721.65万人，占总人口的96.5%。人口密度187.47人/平方公里。区内人口以汉族为主，有藏族、回族、羌族等少数民族。

【人口数量】 1950年，据川北行署民政厅初步调查，川北区总人口1702.87万人，比1949年增加48.97万人，增长2.96%。人口最多的县是三台县，总人口98.84万人；人口最少的县是北川县，总人口4.07万人。

1951年，全区总人口达到1740.55万人，比1950年增加37.68万人，增长2.21%。

1952年，全区总人口为1784.10万人，比1951年增加43.55万人，增长2.50%。人口最多的县仍是三台县，达到101.57万人；人口最少的县仍是北川县，仅为5.63万人。

1950年至1952年，累计增加人口130.20万人，平均每年增加43.40万人，相当增加一个中等县的人口，平均递增速度为2.56%。

【人口分布】 1950年至1952年，川北区人口以农业人口为主，农业人口占总人口的96%。区域人口分布不平衡，最少的南充市仅10余万人，最多的遂宁专区600余万人。

城乡人口分布 1950年，全区农业人口1668.81万人，占总人口的98%，城镇人口34.06万人，占总人口的2%；1951年农业人口达1693.55万人，占总人口的97.3%，城镇人口47.00万人，占总人口的2.7%；1952年农业人口达1721.65万人，占总人口的96.5%，城镇人口62.45万人，占总人口的3.5%。

区域人口分布 1950年，南充市人口最少，仅有11.48万人，其次是剑阁专区，仅有261.48万人，人口最多的是遂宁专区，高达618.20万人，占全区总人口的36.3%。至1952年，变化不大。南充市仍是全区人口最少的地方，只有12.42万人，其次是剑阁专区，有277.58万人，人口最多的仍是遂宁专区，达646.55万人，占全区总人口的36.2%。

【人口密度】 川北区人口密度适中。1950年全区人口密度178.94人/平方公里，1951年为182.89人/平方公里，1952年为187.47人/平方公里。县城人口密度大，平原、丘陵、山区人口密度依次递减。

【民族构成】 1950年，川北区总人口1702.86万人，其中汉族人口占全区总人口的99.9%。全区少数民族有3570户，人口16894人，仅占全区总人口的0.1%。据川北行署民政厅调查：全区有藏族、回族和羌族等少数民族。

1952年，川北区总人口达到1784.09万人，全区少数民族人口增加到19498人，比1950年增长15.4%，快于全区总人口的增长。少数民族中，藏族7439人，回族12000人，羌族59人。其中：平武县有藏族1173户，人口5766人，占全区藏族人口的77.5%，主要聚居在黄羊、白熊、虎牙、白牙四大部落的大小41个寨子；北川县有藏族355户，人口1673人，主要聚居在麻窝、建设乡。回族散居在平武、阆中、盐亭、青川、广元、旺苍、南充市、武胜、南部、三台、遂宁、巴中、江油、苍溪、昭化、射洪、达县、万源、北川19个县市，其中阆中、青川、盐亭、广元4县占回族总人口的76.7%。回民主要居住在县城区及附近，乡以下地区也有杂居和聚居情况。回族居住在城镇的约占回族全部人口的60%左右。阆中的博树乡、盐亭的七宝乡、青川的薅溪乡回族人口占当地人口的15%~20%，而且居住都比较集中。如盐亭县七宝乡松柏村194户居民，只有3户是汉族。羌族59人，分布在北川县。

【性别构成】 1950年，全区男性人口为868.25万人，女性人口为834.62万人，男性比女性多33.63万人，性别比为104∶100。性别比最高的县是开江县，达到115.1∶100；最低的县是营山县，仅为97.1：100。

1951年，全区男性人口为887.96万人，女性人口为852.58万人，男性比女性多35.38万人，性别比达104.2：100。

1952年，全区男性人口达到914.54万人，女性人口达869.56万人，男性比女性多44.98万人，性别比为105.2：100。性别比最高的县为广元县，高达116：100；最低的县为盐亭县，仅有97.9：100。

【文化构成】 川北区总人口的文化构成资料稀少，以阆中县抽样调查资料作为代表。据1952年阆中县政府文教科对山区（二龙区红土乡）和平地、浅丘（今江南镇）及县城西街的各种文化程度人口抽样调查结果：山区地带具有各种文化程度的约占当地总人口的4%；平地、浅丘地带具有各种文化程度的约占当地人口的6%；县城西街具有各种文化程度的约占当地总人口的46%。

【职业构成】 川北区总人口的职业构成资料稀少，以苍溪县调查资料为代表。据《苍溪县志》（1993年）记载，1952年全县从业人口39.59万人，其中从事工业100人，占从业人口的0.03%；农业39.34万人，占从业人口的99.37%；气象15人；交通运输及邮电44人，占从业人口的0.01%；商业饮食服务及物资供应333人，占从业人口的0.08%；文教、卫生及科研935人，占从业人口的0.24%；银行及保险58人，占从业人口的0.01%；国家机关、党群及社会团体965人，占从业人口的0.24%。

川北区人口统计表

单位：人

行政区 \ 年份		1949年				1950年				1951年				1952年			
		总计	男	女	性别比	总计	男	女	性别比	总计	男	女	性别比	总计	男	女	性别比
南充市		109796	56303	53493	105.3	114828	58390	56438	103.5	126773	68188	58585	116.4	124191	66417	57774	115.0
南充专区	南充县	811296	409049	402247	101.7	766718	387960	378758	102.4	790430	397745	392685	101.3	814876	446064	368812	120.9
	南部县	753519	381092	372427	102.3	880727	457978	422749	108.3	905000	470600	434400	108.3	919662	478224	441438	108.3
	岳池县	613508	312276	301232	103.7	632482	321566	310916	103.4	648036	331042	316994	104.4	667885	344730	323155	106.7
	营山县	505265	247883	257382	96.3	514684	253533	261151	97.1	524278	261361	262917	99.4	540856	268806	272050	98.8
	武胜县	408316	210282	198034	106.2	412400	212388	200012	106.2	418586	215572	203014	106.2	426958	219884	207074	106.2
	蓬安县	370204	189059	181145	104.4	393099	202643	190456	106.4	396244	204264	191980	106.4	400318	208366	191952	108.6
	仪陇县	442598	225415	217183	103.8	448655	227154	221501	102.6	454795	228902	225893	101.3	502877	253141	249736	101.4
	西充县	399123	198700	200423	99.1	400385	199954	200431	99.8	401165	200198	200967	99.6	403685	201198	202487	99.4
南充专区小计		4303829	2173756	2130073	102.1	4449150	2263176	2185974	103.5	4538534	2309684	2228850	103.6	4677117	2420413	2256704	107.3

续表

行政区	年份	1949年				1950年				1951年				1952年			
		总计	男	女	性别比	总计	男	女	性别比	总计	男	女	性别比	总计	男	女	性别比
遂宁专区	遂宁县	750713	386692	364021	106.2	774303	385579	388724	99.2	755265	383249	372016	103.0	811381	413155	398226	103.7
	三台县	975060	495331	479729	103.3	988418	502116	486302	103.3	1001960	508996	492964	103.3	1015688	515970	499718	103.3
	中江县	754461	389260	365201	106.6	861571	443020	418551	105.8	869041	447295	421746	106.1	887526	456987	430539	106.1
	安岳县	818410	420611	397799	105.7	845000	432000	413000	104.6	860558	440069	420489	104.7	871300	445500	425800	104.6
	蓬溪县	775898	393341	382557	102.8	794065	402552	391513	102.8	812646	411972	400674	102.8	831667	421615	410052	102.8
	射洪县	647170	321801	325369	98.9	666028	338780	327248	103.5	672965	339727	333238	101.9	676132	341812	334320	102.2
	乐至县	399909	194763	205146	94.9	412641	207543	205098	101.2	497294	250120	247174	101.2	504805	256882	247923	103.6
	潼南县	446127	213978	237510	214967	458812	108.0	465010	223675	185330	189288	387526	97.9	388000	196050	198876	203124
	盐亭县	232149	108.5	452477	110.5	238190	220622	241335	107.9	374618	97.9	191715	195811	191950	97.9	402000	97.9
遂宁专区小计		5942366	3019278	2923088	103.3	6182029	3140815	3041214	103.3	6316541	3211568	3104973	103.4	6465509	3292132	3173377	103.7
达县专区	达　县	778953	395060	383893	102.9	791757	401714	390043	103.0	804687	408274	396413	103.0	819187	415630	403557	103.0
	宣汉县	615225	318004	297221	107.0	637135	331475	305660	108.4	659216	339302	319914	106.1	677035	345397	331638	104.1
	巴中县	644559	323568	320991	100.8	646559	324874	321685	101.0	649559	324780	324779	100.0	654907	331383	323524	102.4
	开江县	300228	160622	139606	115.1	300830	160944	139886	115.1	300920	160992	139928	115.1	310221	165968	144253	115.1
	平昌县	385700	204421	181279	112.8	393000	208290	184710	112.8	404205	214228	189977	112.8	416317	220648	195669	112.8
	通江县	351183	179100	172083	104.1	353333	180200	173133	104.1	357533	182340	175193	104.1	364733	186010	178723	104.1
	南江县	280008	141404	138604	102.0	281546	142076	139470	101.9	284102	143373	140729	101.9	286682	144082	142600	101.0
	万源县	262700	133970	128730	104.1	263700	134480	129220	104.1	266700	136017	130683	104.1	269300	137340	131960	104.1
达县专区小计		3618556	1856149	1762407	105.3	3667860	1884053	1783807	105.6	3726922	1909306	1817616	105.0	3798382	1946458	1851924	105.1

续表

行政区 \ 年份		1949年				1950年				1951年				1952年			
		总计	男	女	性别比	总计	男	女	性别比	总计	男	女	性别比	总计	男	女	性别比
剑阁专区	苍溪县	383844	192305	191539	100.4	391677	196622	195055	100.8	399578	200409	199169	100.6	411702	206263	205439	100.4
	阆中县	490009	249630	240379	103.8	499484	254304	245180	103.7	509832	259879	249953	104.0	521408	265878	255530	104.0
	剑阁县	331639	166870	164769	101.3	335454	166056	169398	98.0	339136	168891	170245	99.2	342952	170790	172162	99.2
	江油县	382098	202138	179960	112.3	388448	205497	182951	112.3	397447	211598	185849	113.9	406670	215128	191542	112.3
	广元县	253050	129790	123260	105.3	253578	135572	118006	114.9	263578	141572	122006	116.0	271241	145688	125553	116.0
	旺苍县	383844	192305	191539	100.4	391677	196622	195055	100.8	399578	200409	199169	100.6	411702	206263	205439	100.4
	北川县	40657	20627	20030	103.0	40657	21296	19361	110.0	50739	26315	24424	107.7	56308	29494	26814	110.0
	平武县	94625	104.1	97540	49804	105188	55750	53565	56420	54915	104.1	55684	104.1	107200	104.1	134953	68820
	昭化县	48259	48965	47045	104.3	51479	104.3	104.1	54207	112065	113634	104.1	48620	52520	127201	104.1	66133
	青川县	46366	96010	104.1	47736	53709	109315	110627	104.1	57150	57950	95345	46725	54680	64870	62331	104.1
剑阁专区小计		2564426	1306294	1258132	103.8	2614812	1336034	1278778	104.5	2696694	1380897	1315797	104.9	2775758	1419983	1355775	104.7
合　计		16538973	8411780	8127193	103.5	17028679	8682468	8346211	104.0	17405464	8879643	8525821	104.2	17840957	9145403	8695554	105.2

注：1. 个别县、个别年份缺少的数字根据相关资料推算；2. 性别比为女=100。

中共川北区委员会

1949年5月，中共晋绥分局根据中共中央指示，在山西临汾党校集中10000余名即将派往新解放区工作的干部，进行政治、军事训练。6月，为完成解放四川省后艰巨复杂的社会变革任务，中央人民政府决定将四川省划为川东、川南、川西、川北四个省级行政区，重庆市为中央直辖市，西康仍为一个省。1949年10月下旬，派往新解放区工作的干部在西北军区司令员、中共中央西北局第二书记贺龙率领下，从山西临汾出发，经过陕西西安、翻越秦岭，抵达陕西汉中褒城，按照中共晋绥分局统一分配干部方案，对随军南下的干部逐级作了配备。1949年12月18日，中共中央西南局同意组建中国共产党川北临时工作委员会（简称中共川北临工委）。

1949年12月10日，川北重镇南充县解放。1950年1月5日，中共川北临工委、川北行政公署（简称川北行署）直属工作机构的南下干部到达南充，开展接管建政的各项工作。1月15日，中共川北临工委召开工作会议，研究制定了《川北区初期工作纲要》。《纲要》提出了川北区解放初期的基本任务、中心工作、工作步骤和工作方法。1月20日，中共中央西南局组建中国共产党川北区委员会（简称中共川北区委）。2月24日，中共川北区委、川北行署、中国人民解放军川北军区（简称川北军区）在南充正式宣布成立。

中共川北区委按照中共中央、中央人民政府及中共中央西南局、西南军政委员会的部署，结合川北区实际，团结带领川北区广大干部和人民群众，开展了建立政权，巩固政权，恢复经济，改善民生等一系列艰苦卓绝的工作，取得了政治清明，社会秩序稳定，国民经济得以迅速恢复与发展，社会事业建设项目快速推进，人民生活得到改善的显著成效，打下了川北发展的基础。川北区的部分工作方法和经验受到中共中央及中共中央主席毛泽东的肯定和通报表彰。1952年9月1日，川北区被撤销，中共川北区委完成历史使命。

【中共川北区委领导机构】 1949年12月18日，中共中央西南局电告川西北临时军政委员会“同意组织川北党的临时工委，以胡耀邦为书记，赵林为副书记”。12月21日，南下工作团到达陕西汉中褒城县，修整两天后，宣布了接管川北区、川西区和西康省等3个省、区的干部名单。分配到川北区工作的干部有1680名。之后，分配到川北区的干部随进军路线沿途到职视事。1950年1月5日，中共川北临工委、川北行署直属机关的南下干部到达南充后立即开展接管建政的各项工作。

1月19日，中共南下党员与中共川北地下党员在南充举行会师大会。1月20日，中共中央西南局批复川西北临时军政委员会，同意以胡耀邦、赵林、韦杰、郭林祥、王贵德、李登瀛、秦仲方、李林枝、王叙五、孙先余、董弼忱组成中共川北区委，胡耀邦任中共川北区委第一书记，赵林任第二书记。此后，又增补饶兴、李文清、刘聚奎为区党委委员。

2月20日傍晚，胡耀邦到达南充。2月21日至24日，中共川北临工委召开县以上领导干部会议，会上宣布中国共产党川北区委员会、川北行政公署、中国人民解放军川北军区正式成立。胡耀邦任中共川北区委第一书记兼川北行署主任、川北军区政委。会议讨论并通过了《川北区初期工作纲要》。中共川北区委成立后建立了中共川北区委办公厅、中共川北区委组织部等工作机构。按照《川北区初期工作纲要》确定的各项任务，迅速开展各项工作。

3月12日，中共中央西南局通知，由胡耀邦、赵林、韦杰、秦仲方、郭林祥、李登瀛6人组成中共川北区委常务委员会，胡耀邦任第一书记、赵林任第二书记。4月1日，正式启用中共中央颁发的“中国共产党川北区委员会”印章。6月8日，中共中央西南局电示，批准中共南充市委为专级市委，隶属中共川北区委。

中共川北区委及工作机构办公地址设南充市仪凤街。1951年3月，迁入南充市莲花池北侧新址。

1952年6月7日，中共中央西南局转中共中央组织部来电：“调胡耀邦来中央工作，务于7月底抵京。”7月下旬，胡耀邦离开川北赴京上任。1952年9月1日，中共川北区委被撤销。

【中共川北区委工作机构】 1950年2月24日，中共川北区委正式成立后建立了区委办公厅、区委组织部、区委宣传部、区委统战部、区委纪律检查委员会等工作机构。1952年9月1日，川北区被撤销，中共川北区委工作机构终止工作。

中共川北区委办公厅 1950年2月，建立中共川北区委秘书处，由中共川北区委委员饶兴直接领导，内设秘书科、收发科、卫生科、会计科、供应科、管理科等办事机构，共有干部职工298人，谢冰任处长，祁明任副处长。1950年5月，改秘书处为办公室。1951年12月，办公室更名为中共川北区委办公厅，内设秘书处、行政处。至1952年8月，张再旺任厅长，吴奇任副厅长，中共川北区委办公厅仍由饶兴直接领导。

中共川北区委研究室 1950年2月，建立中共川北区委研究室。内设调研科、资料科、编印科，共有干部职工46人，陈一平任主任，张再旺任副主任。1951年12月，张再旺调任中共川北区委办公厅主任。

中共川北区委组织部 1950年2月，建立中共川北区委组织部，是中共川北区委管理党组织和党员干部的工作机构，内设办公室、组织科、干部科。1951年5月，内设机构科改处、干部管理处、组织指导处、党员管理处、支部工作处，有干部职工52人，至1952年8月，李登瀛任部长，王叙五，严尚林、龙鸣先后任副部长。

中共川北区委宣传部 1950年2月，建立中共川北区委宣传部，是中共川北区委负责党的路线、方针、政策等的宣传和对干部进行政治思想教育的工作机构，内设办公室、宣传科、教育科、文艺科。1951年12月，内设机构科改处、基本宣传处、时事政策宣传处、报刊出版宣传处、文化教育管理处，有干部职工40人。胡耀邦兼任部长。至1952年8月，张永青、胡亦仁先后任副部长。

中共川北区委统战部 1950年2月，建立中共川北区委统战部，是中共川北区委开展统一战线工作的工作机构，内设办公室、人事科、党派科、工商科，有干部职工38人。胡耀邦兼任部长。至1952年8月，刘玉衡任副部长。

中共川北区委纪律检查委员会 1950年4月，建立中共川北区委纪律检查委员会，主要职责是负责对全区党员领导干部进行党风党纪的教育和党纪案件的查处，内设办公室，共有专职纪检干部9人。至1952年8月，赵林兼任书记，李登瀛兼任第一副书记，严尚林任第二副书记负责日常工作。

中共川北区委保密委员会 1951年3月28日，奉中共中央西南局电示，成立中共川北区委保密委员会，系中共川北区委的保密工作机构，有6名委员，下设办公室。至1952年8月，李文清任主任，董弼忱任副主任。

中共川北区委党校 1950年7月，建立中共川北区委党校，是中共川北区委培训工会、农协、青年团、妇联、党政干部的工作机构，内设组织科、教育科、总务科，有干部职工70人。至1952年8月，赵林兼任校长，李登瀛兼任副校长，教育长苏黎负责日常工作。

中共川北区委直属机关委员会 1950年6月，建立中共川北区委直属机关委员会，是中共川北区委负责管理直属机关各党支部和党员的工作机构，有干事5人。至1952年8月，谢冰任书记，杨伯华、箫更海、赵文华先后任副书记。

【市（专区）地方党委】 1950年1月至3月，中共中央西南局先后批准建立了中共南充地委、中共遂宁地委、中共达县地委、中共剑阁地委4个专区级地方党委。1950年6月8日，中共中央电示，中共南充市委升格为专区级地方党委。中共南充市委、中共南充地委、中共遂宁地委、中共达县地委、中共剑阁地委隶属中共川北区委。1952年9月1日，川北区被撤销，5个专区级地方党委改隶中共四川省委。

中共南充市委　1950年3月8日，经中共川北区委批准，中共南充市委在南充市正式成立。吴致中任中共南充市委书记，李昭、袁观、牛天鸾、罗文华、康守忠任市委委员。6月8日，中共中央电示批准中共南充市委升格为专区级地方党委。6月10日，西南军政委员会批准南充市为川北区直辖的专级市。9月27日，袁观病逝，增补袁钊、郭子玉为市委委员。1951年9月，李昭任市委副书记。1952年4月，增补孙桂林为市委委员。至1952年8月，吴致中任书记，李昭任副书记，市委委员未作调整。1952年9月1日，中共南充市委改由中共四川省委领导。

中共南充地委　1950年2月8日，经中共中央西南局批准，中共南充地委在南充县城正式成立。孙先余任地委书记，王大昌（专署专员）、李国珍（地委组织部部长）、张平（地委宣传部部长）、智泽民（专署公安处处长）、马浩天（中共南部县委书记）、黄定基（南充军分区司令员）、刘天相（中共南充县委书记）任地委委员。中共南充地委领导南充、西充、南部、仪陇、营山、蓬安、岳池、武胜8个县委。3月20日，地委迁驻岳池县城。5月，刘天相调中共川北区委组织部工作，中共川北区委秘书处处长丁耿林调任中共南充地委委员、中共南充县委书记。1951年3月，南充专署副专员兼中共南充地委统战部部长朱光璧任中共南充地委委员。1952年6月，地委机关迁驻南充市河东乡。1952年9月1日，中共南充地委改由中共四川省委领导。

中共遂宁地委　1950年2月3日，经中共中央西南局批准，中共遂宁地委在遂宁县城正式成立，李林枝任地委书记，吕韵（专署专员）、兰馨亭（专署副专员），戈润生（地委组织部部长），韩学禹（地委宣传部部长）、王子度（地委统战部部长）、王三武（专署公安处处长）任地委委员。中共遂宁地委领导遂宁、三台、射洪、安岳、乐至、潼南、蓬溪、中江、盐亭9个县委。3月，遂宁军分区司令员王诚汉任中共遂宁地委委员。4月，遂宁军分区政治委员张春森任中共遂宁地委第二书记，中共三台县委书记斐润、中共中江县委书记陈杰、三台县县长刘石安、遂宁军分区副政治委员谷纪芳、吴立兴、副司令员朱友德任中共遂宁地委委员。10月，王诚汉、张春森赴朝鲜抗美援朝，免去其地委委员职务。1951年2月至4月，谷纪芳、兰馨亭先后调离遂宁，免去中共遂宁地委委员职务。8月，陈杰，斐润调离遂宁，免去其地委委员职务，中共三台县委书记王俊民、中江县委书记王朴庵、射洪县委书记段晋炤、遂宁军分区副政委李启唐、地委秘书长李吉杰任中央遂宁地委委员。11月至12月，吕韵、王三武、王子度调离遂宁，免去其地委委员职务。1952年9月1日，中共遂宁地委改由中共四川省委领导。

中共达县地委　1950年3月，经中共中央西南局批准，中共达县地委在达县县城正式成立。杨铭曾任中共达县地委书记，范铭任地委第一副书记，李敏（专署专员）、杜秉清（地委组织部部长）、苟洁良任地委委员。中共达县地委领导达县、宣汉、开江、万源、巴中、平昌、通江、南江8个县委和巴中中心县委（1951年1月，巴中中心县委更名为通南巴工委）。2月，魏文引（原中共川北组织工委委员）任地委第二副书记兼地委统战部部长。6月，地委机关迁至达县解放路92号禹王宫。1952年2月，地委机关又迁至达县文华街56号。3月，魏文引调离达县，免去其地委第二副书记职务，范铭改任地委第二副书记兼任地委统战部部长。7月，中共南充县委书记丁耿林升任中共达县地委第一副书记兼任地委宣传部部长。1952年9月1日，中共达县地委改由中共四川省委领导。

中共剑阁地委　1950年3月中旬，经中共中央西南局批准，中共剑阁地委在广元县嘉陵镇正式成立。胡亦仁任中共剑阁地委第一书记兼地委统战部部长，黎光（剑阁军分区第二政治委员）任地委第二书记，杨新任地委副书记兼地委组织部部长，姜英岩（专署代专员）、冯克心（地委宣传部部长）、王东海（剑阁军分区司令员）、青雄虎（剑阁军分区副司令员）、李迅（剑阁军分区副政治委员）、杨耀任地委委员。中共剑阁地委领导广元、昭化、旺苍、剑阁、平武、江油、北川、青川、阆中、苍溪10个县委和江油（武都）中心县委。10月，黎光、王东海、青雄虎、李迅赴朝鲜抗美援朝，免去其地委第二书记与地委委员职务。1951年8月，裴润（地委组织部部长）任中共剑阁地委委员。11月，王三武（专署公安处处长）任中共剑阁地委委员。1952年2月，崔殿臣（剑阁军分区副政治委员）任中共剑阁地委委员。3月，胡亦仁调离，免去其地委第一书记职务，杨新任地委书记，姜英岩兼任地委统战部部长。1952年9月1日，中共剑阁地委改由中共四川省委领导。

【中共川北区委重要会议】 1950年至1952年8月，中共川北区委（中共川北临工委）适时召开各种会议，宣传贯彻落实中共中央的路线、方针、政策及中共中央西南局的指示、决定、会议精神。会议的形式有常委会，区委扩大会、代表会议等。

中共川北临工委工作会议 1950年1月15日，副书记赵林主持召开了中共川北临工委工作会议。会议根据中共中央的方针、政策和中共中央西南局的部署，结合川北实际，制订了《川北区初期工作纲要》，提出了川北解放初期工作的基本任务和立即要开展的几项中心工作，以及完成基本任务的工作步骤与方法。

中共南下党员与川北地下党员会师大会 1950年1月19日，中共南下党员与川北地下党员在南充举行会师大会，中共南下党员负责人秦仲方、李登瀛等主持会议。

川北区县以上干部会议 1950年2月21日至24日，中共川北临工委书记胡耀邦在南充主持召开县级以上干部会议，讨论通过了《川北区初期工作纲要》。会上宣布撤销中共川北临工委，正式成立中共川北区委、川北行政公署、中国人民解放军川北军区。同时宣布川北区党政军领导机构的人事任命，胡耀邦任区党委第一书记兼行署主任、军区政委，赵林任区党委第二书记，韦杰任川北军区司令员。

中共川北区委扩大会议 1950年3月3日至5日，中共川北区委召开扩大会议，胡耀邦传达中共中央西南局2月会议精神，会议通过了川北区初期工作总结与当前任务的决议。会议强调没有群众要孤立，没有朋友也要孤立，各级人民政府必须吸收三分之一的党外人士参加政府工作。

中共川北区委常委会 1950年4月6日，中共川北区委召开常委会，作出《关于纠正享乐腐化思想的决定》。会议拟以赵林、郭林祥、李登瀛、董弼忱、饶兴、刘聚奎、王叙五组成中共川北区委纪律检查委员会，以赵林为书记，郭林祥、李登瀛为副书记，提请中共中央西南局审批。4月21日，中共中央西南局转中央同意中共川北区委成立纪律检查委员会的电文。

中共川北区首届党员代表会议 1950年7月5日至19日，中共川北区委在南充市召开首届党员代表会议，出席会议的代表205人，266人列席和旁听。会上，赵林作了《为胜利完成减租而斗争》的工作报告，秦仲方、韦杰、李登瀛分别作了财经、军事、组织工作报告。会议以整风精神检查了半年来的工作，开展了批评与自我批评，布置了任务。胡耀邦作了《提高自己，依靠人民，稳步前进》的总结报告。会议决定从1950年8月至1951年春，全区的中心任务是搞好减租退押、清匪反霸运动和完成1950年公粮征收任务。

川北区首届地方武装干部会议 1950年12月31日，中共川北区委和川北军区联合召开川北区首届地方武装干部会议。会议认为树立长期建设地方武装的思想，建立一支强大的地方武装是保卫胜利成果，稳定社会秩序的重要力量。会议决定加强地方武装部队的教育和训练，保证其可靠性和纯洁性。

川北区第一次统战工作会议　1951年2月21日至3月6日，中共川北区委召开第一次统战工作会议，各地（市）委、各县县委负责统战工作的领导参加会议，川北行署公安厅、《川北日报》社等单位出席会议，与会人员42人。会议总结了川北区一年多来的统战工作，安排布置了工作。胡耀邦到会作了重要讲话，明确提出统战工作要办的几件大事：妥善安排老秀才；加强对工商、文教、宗教界人士联系，沟通思想，组织民主人士、开明士绅参加土地改革；动员民主人士、开明士绅，工商、文教界人士参加三大运动；开展城市建设；建立统战机构。

中共川北区委公安工作扩大会议　1951年5月30日至6月1日，中共川北区委召开公安工作扩大会议，各专区公安处处长、各县公安局局长参加会议。会议传达了中共中央第三次全国公安工作会议精神，提出了贯彻意见。会议决定从6月份起，镇压反革命工作采取谨慎收缩的方针，集中精力处理积案，无论土地改革区、待土地改革区和已土地改革区，到9月底，必须把积案清理完毕。

川北区第二次统战工作会议　1951年10月8日至26日，中共川北区委召开第二次统战工作会议，各地（市）委、各县县委负责统战工作的领导参加会议。会议传达了中央人民政府政务院秘书长李维汉《关于进一步加强政府机关内部的统一战线工作》的报告、中央工商统战工作汇报会议及西南民主党派与宗教统战工作汇报会议精神，着重讨论了工商与政权机关的统战工作。会议通过了《全区统战工作情况与目前存在的问题及今后的任务》的决议。

中共川北区委扩大会议　1951年11月17日至21日，中共川北区委召开扩大会议，传达贯彻中共中央西南局第七次会议决定。会议决定1952年3月底以前必须做好7件事：开展爱国增产节约运动；彻底肃清反革命；全面完成土地改革；积极发展供销合作社；分期分批整党建党轮训干部；初步加强学校教育工作；军队完成精简任务，加强人民武装工作。会议明确指出，1952年4月以后的工作中心是发动大规模生产运动；有步骤地进行城市民主改革；清理混入机关干部队伍和共产党组织内的反革命分子；对教师进行思想改造和组织清理工作；加强马列主义和毛泽东思想学习。

中共川北区委扩大干部会议　1952年3月17日至19日，中共川北区委召开扩大干部会议，着重讨论“三反”“五反”和经济工作。会上提出按比例继续打“虎”。会议还就大胆提拔干部、适当调配干部、加强经济工作的问题进行了部署。

中共川北区委扩大干部会议　1952年6月11日至23日，中共川北区委召开扩大干部会议，会议听取了胡耀邦、赵林和李登瀛的报告，总结了“三反”“五反”运动，检查了区党委两年多时间的工作，传达了中共中央西南局第九次会议精神，研究讨论了1952年下半年的工作。

川北区第三次统战工作会议　1952年7月15日至26日，中共川北区委召开第三次统战工作会议，各地（市）委、各县委负责统战工作的领导参加会议。会议传达贯彻了1952年6月中央统战工作会议精神，中共川北区委统战部副部长刘玉衡就川北区贯彻执行中央统战工作会议决议讲了话，中共川北区委第二书记赵林到会，就统一战线的发展规律，恢复和发展工农业生产中的统一战线工作，结束“五反”运动，加强对统一战线工作的领导等问题作了重要讲话。会议讨论了《关于民主党派的决定》。

【组织工作】　1950年至1952年8月，中共川北区委组织部着重清理了原中共川北地下组织26个县地下党员的组织关系。培养和培训了2.9万多名干部，解决了川北区社会变革任务繁重与干部欠缺的矛盾。整顿干部作风，解决了干部的思想作风和工作作风与完成川北区社会变革任务不相适应的问题。开展整党建党工作，解决了川北区中共地方党组织思想不纯和组织不纯的问题，为开展各项工作提供了组织保证。

组织关系清理　1949年，川北有26个县有中共地下组织。是年，入党人数约占地下党员人数的三分之二，且多为农民和知识分子。1950年1月上旬，原中共川北地下组织——中共川北区委书记王叙五在南充向中共川北临工委移交中共地下组织及中共南遂地委的组织关系，有2865名中共地下党员与中共川北临工委接洽上了组织关系。因民国时期中共川北地下组织内部情况复杂，领导人变动频繁，或出问题或无正式组织关系，有2000余名中共地下党员没有接洽上组织关系。在特殊的革命斗争环境，有少部分投机分子、异己分子、反革命分子混入了党组织。中共川北区委正式建立后，按照中共中央西南局的指示精神，结合征粮、剿匪，对原中共川北各县的地下组织和地下党员进行了整顿清理。按照“加强教育，结合审查，少数清洗”的方针，坚持“不是大批清洗，更不是清党，而是大量教育”的原则，整顿清理了农村38个党支部和23个党小组。清理了城市的地下党员组织关系，建立了党的组织生活制度。至1950年11月，川北区有3493名地下党员接洽上了党的组织关系。

由于中共川北各县地下组织从建立到民国38年（1949年）5月，除朱光壁领导的中共上川东第九工委和袁观领导的南充、岳池的部分中共川北地下组织有横向联系外，其他各县的川北地下组织上下线之间都实行纵向单线联系。因各县地下党组织领导人变动频繁或出问题，或因各个地下党员的上下线联系人牺牲，或因少数人病故或叛变，有少部分地下党员的组织关系至1952年9月1日川北区被撤销时仍未确定。

干部培训　川北区建立时，全区干部队伍主要由随军南下干部1680人（含山西老解放区带来的学生361人）、军队调地方工作的干部586人、中共中央西南局介绍来川北区的干部400人、吸收原中共川北地下组织中的1031人组成，干部总数为3697人。3697名干部要配备川北区党政军机关、4个专区、35个县的党政军机关和江油（武都）中心县委、通南巴工委两个中心县委，差额极大。中共川北区委采取“全面照顾，重点加强，先城后乡，先腹心后边缘”的方针，对川北区区级机关，4个专区和35个县及两个中心县委的干部逐级做了配备。有的县只配备了7名至8名干部，最大的县也只配备了20名干部。因干部差额大，多数县由县委书记兼任县长。在国民党残余势力较大，情况复杂的区、乡配备了少量干部，多数区、乡因干部缺乏无力配备。中共川北区委对民国时期的乡保政权机关部分人员采取控制、利用、分化的方针，用其协助开展征粮、剿匪工作。

川北区建立初期，干部奇缺，中共川北区委教育改造民国时期川北地方政府机关和教育界的公职人员，以党的干部的模范行动去影响这些公职人员，使其从思想上逐渐树立为人民服务的观点，为人民政府工作。吸收党外民主人士参加工作。中共川北区委要求各级党委组织部协同统战部吸收三分之一的党外民主人士参加政府工作，有计划地、慎重地提出党外民主人士参加各部门工作的意见和名单，报各级党委批准，大胆使用，放手让他们工作。至1950年7月，川北区有443名党外民主人士参加了各级政府工作。吸收接洽了3493名原中共川北地下组织中的党员参加工作。召开各种代表会，成立各群团组织筹备会，发展工会会员、青年团员、农协会员、妇女代表，从中培养群众积极分子，从群众积极分子中选拔人员充实干部队伍。其间，西南革大川北分校面向社会公开招考青年知识分子，第一学期招收学员2000人左右，到川北区撤销时结束，共办7期，总计培训干部1万人。各专区举办干部训练班，吸收大批知识分子参加工作。至1950年年底，川北区、各专区、各县共办干部训练班76期，训练干部18922人，除清洗和退学的以外，有

16895人参加工作。川北区每个县脱产干部配备达300人左右，全区财经系统队伍扩大到近1000人，干部奇缺问题至1950年底得到解决。同时，在社会变革实践中锻炼、培养和发现干部。在开展征粮、剿匪等中心工作，组建工作团队时有目的地抽出各部门骨干，吸收部分学生及征粮、剿匪的积极分子进行短期培训，学习政策法令后分配到各地，让其在工作实践中锻炼提高。是时，在干部使用中存在论资排辈的“唯资”论，品德好又有能力的新干部不易被重用提拔，致使少部分重要岗位没有配备领导干部。至1951年8月，川北区第二期土地改革中对原设置的区由281个调整为302个，应配备区委书记、区长各302人，实际上仅128个区配备了区委书记。

针对部分重要岗位没有配备领导干部，有才干的年轻干部或新干部又不容易被提拔重用的情况，中共川北区委提出从“唯资”论的思想束缚中解放出来，大胆选拔德才兼备的年轻干部和新干部，并确定选拔干部的标准是坚决执行党的路线，服从党的纪律，密切联系群众，有独立工作能力，工作积极肯干，不谋私利等。同时，在《川北日报》上发表选拔德才兼备干部充实各级领导班子的社论。川北区各级党委组织部把在各项社会变革中涌现出的一批政治立场坚定，工作认真负责的新干部提拔到领导岗位，把在征粮剿匪、减租退押、清匪反霸、土地改革运动中涌现出的一批农村党员安排到区乡工作，对老干部中没有文化和文化程度低的工农干部，进行文化补习。经过大规模的干部培养培训，至1951年，川北区干部达到40885名，其中党员干部3762名，团员干部6114名，非党团干部31009名，配齐了川北区区级党政机关到各区乡各级领导干部班子。1952年，中国人民解放军整顿编制后有部分军队干部转业到川北区工作。

干部作风整顿　1950年5月1日，中共中央针对执政后党内出现的新问题，发出《关于在全党全军开展整风运动的指示》，着重整顿解决党的干部的作风问题。为贯彻中共中央的指示精神，及时纠正解决川北区内党的干部的工作作风及享乐腐化的思想倾向，保持和发扬艰苦奋斗的优良作风，1950年5月10日，中共川北区委作出《关于纠正享乐腐化思想的决定》。要求各级党委加强干部的政治思想教育，对享乐腐化思想严重的干部进行批评，揭发，对情节严重的干部给予处分，迅速建立健全党支部组织生活，加强党纪党风教育，建立经常性的批评与自我批评制度，及时防止和纠正享乐腐化思想的产生。要求中共南充地委、中共遂宁地委、中共达县地委、中共剑阁地委迅速建立纪律检查委员会，对川北区领导干部违反党纪、法纪及有享乐腐化思想和行为的情况，普遍开展一次检查，并将其中的典型事例进行通报。5月12日，中共中央西南局《关于干部整风的指示》下达后，中共川北区委及时对全区干部的整风学习进行了安排部署，决定6月份各级机关开始整顿干部作风。7月5日至19日召开川北区第一届党代会时，整顿县委书记以上的领导干部作风。8月以县为单位整顿县区主要领导干部作风。中共川北区委组织部印发了中共中央西南局指定整顿干部作风必读文件，要求各级党委通过学习文件，领会精神，检查半年来的工作，开展批评与自我批评；检查党员干部、干部的思想作风，分别作出鉴定；严禁只整顿下级的干部作风不整顿上级的干部作风的事情出现。整顿干部作风的对象是南下干部及担任领导职务的原中共川北地下组织的干部和新吸收参加工作的知识分子及民国时期川北各级政权机关及教育界的公教人员，主要是加强思想政治教育，克服个人主义与雇佣思想，树立为人民服务的人生观。整风的任务主要是反对官僚主义，命令主义，统一战线中的关门主义及新腐化等不良倾向。提倡发扬艰苦奋斗、群众路线、批评与自我批评的作风，反对军阀主义作风。发扬人民军队的光荣传统，达到增强团结，提高干部思想认识和政策水平，更好地联系群众，顺利完成建设新川北的各项社会变革任务的目的。在整顿干部作风中严禁乱戴帽子，个人报复，互相攻击，对干部的缺点和错误着重从思想上解决问题，不轻易作组织结论和处分干部。对个别坚持错误的干部，经上级领导机关批准后，才能给予相应的处分。如发现反革命分子则移交公安机关、法院处理。

5月28日，中共川北区委印发《区党委一级直属机关干部整风学习计划》，要求采取个人反省、批评与自我批评、反复教育、实事求是、讲清道理、做通思想工作的方法，进行广泛深入的干部作风整顿动员，消除干部的思想顾虑，由各部门负责人主持召开检查工作会议，对部门工作的缺点错误做出正确的结论。区党委一级直属机关建立总学习委员会，赵林为主任。学习小组以部门为单位，新老干部混合编组，在时间安排上，一般机关早上2小时，晚上2小时，特殊业务部门（如银行、公安局等）至少坚持早上2小时。区党委一级直属机关干部整风从6月初开始，采取半工作半整风的方式进行。6月3日，《川北日报》发表题为《认真整顿不良作风》的社论，拉开了全区干部整风运动的序幕。南充市，南充、遂宁、达县、剑阁4个专区按照中共川北区委的安排部署也开始以半工作半整风的方式开展干部作风整顿。

在区一级直属机关干部参加的整风动员大会上，胡耀邦、赵林深刻分析了各种不良作风在川北区的具体表现及其产生的根源。命令主义的作风在征粮中表现得最为严重，某些干部在征粮中，不走群众路线，采取粗暴蛮干的方法，强迫命令，乱捉乱扣、吊人打人，不但征粮任务没有完成，反而使当地人民产生许多误解和不满，带来许多不良的后果。官僚主义的作风主要表现在不调查研究，不学习党和国家的政策，不看报纸，凭经验办事，坐在机关里随便发号施令，命令发出后不督促检查，不交流经验，工作有头无尾，对工作中发生的问题拖延堆积，不予处理，爱说大话，爱管大事，不老老实实把自己本职工作做好，不愿和群众联系，不愿开群众大会，不关心群众疾苦，不在可能范围内给群众解决困难，不接受群众的批评与意见等。军队在剿匪中违反群众纪律和违反俘虏政策等。享乐腐化思想主要表现在某些干部经不起花花世界的诱惑，贪污腐化，与坏人同流合污，丧失共产党员的立场。某些干部以“功臣”自居，骄傲自大，计较名誉地位，贪图享乐，不愿再过艰苦的生活，丧失斗志，停步不前。产生上述不良作风的主要原因是一些干部不认真学习党和国家的政策，不精心研究党的指示，不看报纸，不了解具体情况，未能及时检查工作、发现问题，或陷于事务主义，没有抓住中心环节，一些干部因为工作的紧迫与繁重，把完成任务与执行政策对立起来，缺乏策略思想，不懂得与不善于运用群众路线，甚至以粗暴蛮干的方式进行工作等。会议要求大家端正整风学习态度，在整风学习时，必须与工作和思想作风相联系，进行深入的检查，揭露工作中的缺点和错误并及时纠正。胡耀邦还特别强调，一条最重要的整风原则，是不能采取简单粗暴的组织结论，主要采取反省的方法，自我批评与批评的方法，教育的方法，决不可轻易处分和斗争干部。

6月中旬，经过学习和思想、作风、工作上的评功捡过活动，大多数干部尤其是参加川北区第一次各界人民代表会议和党代表会议的高、中级干部，对统一战线政策、策略思想、群众路线、新区工作方针等，从思想上基本解决了问题。一般干部对官僚主义、命令主义、统战中的关门主义和享乐腐化思想对人民事业的危害，也有了明确的认识，并积极提出改进工作的意见和办法。7月5日至19日，中共川北区首届党员代表大会后，各县以扩干会的方式，进行了10天至15天的整风学习。中共南充县委在总结工作时提出奖惩办法，奖励工作好的干部，对少数工作不好的干部进行批评教育，帮助他们改正错误，号召他们向好干部看齐，从而使其在工作上有了显著改进，被奖励的干部工作也更加积极。中共川北区委认为中共南充县委经验很好，向全区发出“评功检过”的号召，指示各部门都要开展评功检过活动，对于既完成任务又执行政策的好单位、好干部一定要表扬，反之则一定要批评，对犯重大错误且屡教不改的干部一定要给予相应的处分，用好典型、坏典型具体事例教育干部，警醒干部，调动干部的积极性。各级各部门积极响应，表扬工作有成绩的部门和干部，批评工作不好的部门和干部，制订改进工作的方案和工作奖惩条例。川北区干部整风运动于1950年10月下旬结束。

整党建党　1950年整顿干部作风时间较短，只初步解决了干部工作作风方面的问题，尚未解决党内思想不纯和组织不纯等问题。1951年2月，中共中央发出《中共中央政治局扩大会议决议要点》，决定用3年时间对党进行一次整顿。1951年3月29日至4月9日，中国共产党第一次全国组织工作会议通过了《关于整顿党的基层组织的决议》和《关于发展新党员的决议》。

1951年，川北区有党员干部3800人，普通党员（主要是农村党员）2200人，共计6000人（不包括军队中的党员）。根据中共中央《关于整顿党的基层组织的决议》和《关于发展新党员的决议》及中共中央西南局的指示精神，中共川北区委在全区开展了有领导，有计划、有工作步骤的党组织整顿工作。1951年9月20日，中共川北区委作出《关于整党、建党、审查及培养配备干部的补充计划》，要求各地在整党时，所有党员必须普遍学习中共中央规定的共产党员标准的8项条件，采取自我阅读和上课讲解、讨论两种方式进行。所有党员干部必须根据8项条件每人写一篇自我检讨，补报未曾向党组织交代过的历史，县级以上党员干部送地委、区党委各一份，县以下党员干部送县委、地委各一份。以支部为单位，召开检讨鉴定会，根据8项条件，展开批评与自我批评，作一次民主鉴定，然后自上而下地按级进行认真的审查，对发现的坏分子，必须坚决予以清洗，对不够条件的党员进行帮助教育，不过早地作组织处理，对拒绝接受党组织教育的落后分子，必须采取妥当办法，使他们退党或撤销他们的党籍。

中共川北区委要求各地要把整党、整风和审干紧密结合起来，在“三大运动”的基础上，着手进行建党工作。根据全国组织工作会议精神，9月至10月，全区以县为单位，订出建党计划，经各地委审查后，报中共川北区委批准。各地在发展党员时，必须先经过教育，能够接受党员的8项条件，才能吸收入党，不能拉进来再教育；严防反动分子、投机分子混入。严格履行批准手续，凡要求入党者，必须亲自向党组织申请，并将自己的政治、历史老老实实向党组织交代清楚，不得有任何夸大和隐瞒，介绍人必须负责考查，不得马虎从事；凡吸收新党员之前，必须由县委或县委所委托的同志进行谈话，不得轻易接收；入党后必须认真教育，严格组织生活。工作做法上首先在干部、工人、农村积极分子、知识分子中普遍宣传什么是共产党和怎样做一个共产党员，训练好一批建党组织员和普遍发展建党宣传员，分期分批并审慎地在干部、产业工人、土地改革区的农村积极分子中发展2500人左右的新党员。在建党准备工作时期，每县抽调5人至7人，集中在地委学习，把他们培养成组织员，派往各县协同县、区委专作建党工作。土地改革过程中，指定专人掌握积极分子名单，结合土地改革进行教育，为土地改革后的建党打下基础。工厂、机关、工作团、学校的建党工作，与抗美援朝、民主改革、生产竞赛和整风学习、考核工作成绩等结合进行。要求9月至12月，普遍展开教育，争取在1952年1月至3月内，在重点地区先发展一批新党员，机关、工作团、干部学校等，如果条件完全成熟，个别人已具备入党条件时，应积极发展为新党员。

中共川北区委及南充、遂宁地委和进行土地改革的县委，以组织部为基础，抽调政府、宣传部、公安、人事部门的党员干部，组织专门办公室，指导整党建党工作，并建立定期书面报告及电话联系等制度。正在进行土地改革的部分县，亦由组织部，宣传部、公安、人事等部门及工作团担负组织工作的干部，联合组织办公室，专门负责掌握县级机关、工作团团部的整党、建党和整风审干及掌握直接参加土地改革干部的思想、作风和新党员对象的培养教育、登记和审查等工作。区党委直属机关、各地委直属机关、各县县级机关分别于10月、11月和12月上半月先后召开扩干会，结合检查总结工作，进行了3天以上的共产主义、共产党及党员标准8项条件的教育，所有下乡党员与参加区党委第二次组织工作会议的干部，有意识、有计划的分别编为建党小组，集中配备于第一期农村建党实验乡，结合当地中心工作，进行广泛的共产主义、共产党及党员标准8项条件的宣传教育；在工作中进一步培养已经掌握名单的农村积极分子和物色新的积极分子。与此同时，各县选择重点，进行实验，取得经验，推动与指导其他各乡的建党工作。正在进行土地改革的地区也在干部下乡前的扩干会上，组织所有党、团员学习共产主义、共产党及党员标准8项条件，要求土地改革工作组负责结合土地改革对农民群众特别是乡村干部进行共产主义宣传教育，负责对农村党员、农民积极分子进行党员标准8项条件的宣传教育，负责登记掌握所有积极分子名单的任务，作好土地改革在农村建党的准备工作。

1951年12月，中共川北区委在《关于整顿党的基层组织的决议》中指出，由于全区工作任务重，力量不足以及党员分布不平衡，故整党仍采取选派建党骨干深入党员集中地和集结零星党员于领导机关两种方式，分期分批进行，先机关后农村，先骨干后一般。各地各机关进行的支部试整工作，必须认真总结经验，进行系统的经验介绍，以便在全面展开整党时，少走或不走弯路。经过动员教育，在党内开展热烈的学习讨论，使每个党员都懂得整党的方针与目的，切实理解党员标准8项条件；经过充分教育与学习后，以支部为单位，进行党员的登记工作；在动员登记时，应着重讲明每个党员要检查自己是否符合党员标准，不够标准的是否有决心把自己提高到党员的标准，没有决心的可以不登记，登记与不登记，完全自愿，要求每个党员慎重考虑。整党时，党支部必须吸收群众中的积极分子参加，征求群众意见，以便通过整党进一步密切党与群众的关系；进行必要的组织处理时，特别是在处理党员的党籍时，必须经过支部大会讨论通过，提请上级党委批准，并应尊重本人意见；凡被处理者，本人如有不同意见时，有权向上级党委申诉，各级党委不得阻挠。整顿党的基层组织工作完毕后，建立和健全了党的正常的组织生活和教育制度，巩固整党的成果，发挥了党组织在工厂、学校、机关和农村中的战斗堡垒与领导作用。中共中央西南局在《决议》上批示“川北区党委1951年12月执行《关于整顿党的基层组织的决议》较具体明确，我们同意，可供各省区参考”。

1951年12月中旬至1952年1月初，中共川北区委及各地委先后抽调194名整党组织员到4个地委训练班及南充、西充、南部、射洪、平昌5县（平昌县只试验性地整理了一个支部），结合土地改革复查，进行普遍的整顿。有支部的地区，派遣整党组织员，就地结合农村工作进行整顿，没有支部的农村零星党员集中地委训练班整顿。整党初期，大部分党员思想上存在顾虑，有的因历史复杂，有劣迹，怕整掉党籍、怕群众斗争和管制；有的在过去学习中，未交代历史，侥幸过了“关”，这次依然存在应付“过关”的思想；有的怕耽误生产，甚至还有个别的党员为了生产而不愿参加整党学习；一般乡、村干部党员则认为是整换班思想的，抱着应付的态度。根据这些情况，各级党委反复动员、讲明整党的方针与目的，帮助大家端正态度，稳定情绪，展开整党学习。采取大会报告、小组讨论、联系实际、个人检讨的方式进行，依靠支部或训练班中的积极分子并吸收群众参加，广泛开展批评和自我批评。在对党员的组织审查中，发现一些农村党员思想不纯，个别支部组织不纯。南充县的黄泥、浸水等支部，部分党员参加过袍哥和土匪组织。经过几个月的整顿，基本弄清了每个党员的政治、历史、思想、工作等情况，党员的阶级觉悟得到普遍的提高，为共产主义奋斗的信念得到增强，不够条件的党员明确了努力方向，提高了积极性。至3月底，全区整顿了17个农村支部、934名农村党员（其中零星党员623人）。整顿结果，承认党籍的有581人，被清洗、不符合入党手续而不承认党籍以及劝退和自动退党者共计353人。全区区以上机关有党员4400人，因抽调下乡或集中进行“三反”“五反”运动，至6月，只有近二分之一的党员初步进行了共产主义、共产党及党员标准8项条件的学习教育。为此，中共川北区委确定今后整党的重心在机关党员，在农村整党中，结合土地改革和土地改革复查以及增产创模运动，试验性地发展了一批党员。至6月，全区发展农村党员1500人，建立了近200个临时党支部。在城市，由于各级党员的主要精力放在“三反”“五反”运动方面，虽在工人、店员、机关干部及学校教职员中也开展了教育工作，但发展党员很少。1952年9月，川北区被撤销后，整党建党的后续工作由中共四川省委领导。

【宣传工作】 1950年至1952年8月，中共川北区委通过建立各级宣传机构，充实宣传队伍，实行宣传工作报告员、宣传员的工作制度。建立起了宣传工作网络，并紧密结合接管建政、征粮剿匪、减租退押、清匪反霸、土地改革、抗美援朝、“三反”“五反”、互助合作、撤区建省等各个时期的中心工作，及时地把党和人民政府的方针、政策向全区广大人民群众宣传。建立起了党和人民政府与人民群众的广泛联系，提高了党员、干部和人民群众的政治思想觉悟，鼓舞了全区人民群众的革命热情，推动了各项工作任务的完成。

宣传工作网络　川北解放初期，中共川北临工委在干部力量严重不足、绝大多数地方还没有建立党组织的情况下，通过广泛而系统地召开各种代表会、干部会、各界人士座谈会、群众会，宣传党的方针、政策、任务，用以会代训的形式，把参加会议的代表，培养成为各种运动的核心工作力量和宣传力量。为加强宣传阵地建设，1950年3月，中共川北区委在只有极少数破旧房屋和简陋印刷器材、经费匮乏的情况下，创办了机关报《川北日报》，以后又增办了《川北农民报》和《川北工人报》，使之成为宣传党的方针政策的主要宣传阵地。各地的机关报、油印小报也纷纷与群众见面。这些宣传载体及时、有效地向人民群众宣传党和政府的各种政策法令，交流群众的革命斗争经验，提高群众思想政治觉悟，启发、引导和组织群众参加各种社会变革运动；结合党委、政府各个时期的中心工作，组织强有力的评论，广泛开展批评与自我批评，使媒体的宣传、指导作用得到极大的发挥。党报发行数量节节攀升，发行网也由城市逐渐深入到乡村，从而使报纸成为宣传、教育群众、指导干部工作的有力武器，成为干部、群众必备的政治读物。各地运用黑板报、广播筒、文艺宣传、图片展览、读报组、识字班、文化馆、收音网、文工团等载体，广泛开展宣传工作。为开展边缘地区和少数民族地区的宣传工作，中共川北区委宣传部组织了5个农村文化服务队，不定期地分赴各地宣传。

1950年，中共川北区委根据中共中央《关于在全党建立对人民群众的宣传网的决定》，就如何有计划、有步骤地建立健全宣传工作网络，提出了“重点试验，逐步建立”的工作方针。为了加强川北区的宣传工作，中共中央西南局调给川北区1400名干部，对人民群众进行经常性的宣传教育，建立经常性的宣传工作制度，建立宣传工作网络等都作了具体布置。地（市）委，各县县委按照中共川北区委的指示，在重要县城和市镇选择重点工厂、学校及乡村进行重点试建，取得经验后逐步推广。1951年5月，中国共产党第一次全国宣传工作会议后，中共川北区委于1951年8月2日至10日召开第一次全区宣传工作会议，对川北区成立以来的宣传工作进行了总结，布置了以后的宣传工作任务。建立了宣传工作报告员、宣传员制度，每项中心工作开展时，由报告员、宣传员向各种代表会议和各级机关工作人员作开展该项中心工作的报告，使党的各项中心工作更好地与群众斗争相结合。至12月中旬，全区有宣传员6312人，其中党员、团员约占30%，个别地方占80%至90%。平昌县223名宣传员中，有党员102人、团员101人。南充市的宣传员绝大部分是城市工会和乡村干部及工人、贫雇农中的积极分子。全区389名报告员，由各县县委、县政府担任领导职务的党员干部担任。其中川北区级报告员33人，南充市级报告员6人，专区级报告员52人，县级报告员178人及基层区级报告员120人。各地普遍建立了党的宣传员、报告员制度。此外，还组织了9.8万余人的非党宣传队伍，利用各种形式，广泛开展宣传工作。据不完全统计，至1952年8月，全区建立读报组30715个，工农业余夜校18750所，黑板报15066块，广播筒3697个，收音网66台，开办各种图片、模型、实物展览1416次，102万多人参观了展览。

时事政策宣传　1949年12月至1950年2月，中共川北临工委坚持“宣传工作是一切革命工作的前提”，围绕接管建政加强宣传工作，使川北区广大人民群众及时了解中国共产党和人民政府的方针、政策。中共川北临工委分配到川北区35个县的南下干部和解放川北35个县的中国人民解放军指战员紧密配合，通过召开工人、工商、文教、学生、妇女等座谈会，宣传中国人民政治协商会的《共同纲领》，中国人民解放军的约法八章，中国共产党的方针、政策，接收接管的方针、原则、方法、步骤。听取各方面人士的意见和建议，动员工人、学生、开明人士协助开展接收接管工作。

1950年3月至1951年1月，川北区的宣传工作围绕征粮剿匪、减租退押、清匪反霸等中心工作进行。宣传完成征粮任务，对于保障川北区的军需民用，稳定物价，安定人心，完成中共中央要求川北区提供战略机动粮的重大政治意义。宣传剿灭川北区内国民党残存的反动武装力量及土匪，对于保护人民群众生命财产的安全，建立新的社会秩序和经济秩序，巩固新生的人民民主政权的极端重要性和紧迫性。动员川北区广大人民群众配合支持中国人民解放军开展剿匪工作。宣传减租退押、清匪反霸，围绕打垮封建势力，清除匪患，废除保甲制度，建立乡村人民政权。川北区广大农民参加声势浩大的减租退押和清匪反霸运动，消灭了匪患，打击了封建地主恶霸势力，巩固了人民民主政权，广大农民从运动中获得了较大经济利益，为开展土地改革创造了有利条件。其间，1950年11月17日，中共川北区委提出开展抗美援朝、保家卫国的时事宣传，主要宣传中国共产党和各民主党派联合发表的关于抗美援朝保家卫国的《各民主党派宣言》、周恩来的历次声明以及有关时事的讨论、资料、《川北日报》刊登的《怎样认识美国》等文章。

1951年2月至1952年7月，川北区结合抗美援朝和土地改革、镇压反革命、恢复和发展国民经济、“三反”“五反”等中心工作开展宣传工作。在宣传抗美援朝中，川北区成立各级宣传委员会，结合中心工作，举办时事报告会，由各级党委领导作时事报告，广泛开展抗美援朝动员，对全区人民群众进行爱国主义与国际主义的教育，抗美援朝思想动员深入到了各个地方，人民群众的思想觉悟普遍提高，并以实际行动支援抗美援朝战争。在开展土地改革运动宣传中，中共川北区委宣传部、各土地改革工作团，通过多次召开县、区、乡各种代表会议，翻印张贴有关土地改革的法律、法令、政策，广泛深入的宣传土地改革的总方针、工作步骤和具体做法，做到了家喻户晓，真正把贫雇农发动了起来，土地改革宣传员发挥了极大作用。南充县二龙乡地主造谣说“土地改革改三年，三年以后又还原”。土地改革宣传员立即针锋相对地编出歌谣“不还原不还原，人民江山万万年，人民种的自己田”，并在全乡各村进行传唱，给地主造谣有力回击。营山县分配土地的工作结束后，土地改革宣传员组织群众讨论“胜利果实从哪里来的？”“怎样巩固胜利果实？”使分得土地的农民群众进一步认识到，胜利果实是在中国共产党、毛泽东的英明领导下，广大农民团结斗争得来的，表示要把胜利果实全部投入生产。一、二期土地改革结束后，农村乡村干部普遍存在“换班松动”情绪，知识分子不问政治的倾向也有所抬头，针对出现的新情况，中共川北区委宣传部组织各地的报告员、宣传员，对人民群众进行共产主义与共产党员标准教育，深入宣传中国共产党的纲领、性质、任务，与人民群众的关系以及在中国革命中的领导作用，提高了全区党员、干部和人民群众的政治思想觉悟，使党和人民政府与人民群众的联系更加密切，推动了土地改革、镇压反革命，“三反”“五反”等各项中心工作任务的完成。在镇压反革命运动中，川北区结合一期土地改革，通过各种会议，大张旗鼓的宣传中共中央《关于镇压反革命运动的指示》和“镇压与宽大相结合”的政策，组织群众揭发反革命分子罪行，加深群众对反革命分子的愤恨，提高防匪防特的警惕性，组织群众站岗放哨，严格看管不法地主。南充市舞凤乡召开大小会宣传《惩治反革命条例》和镇压与宽大相结合的政策后，第8村参加一贯道的人员向人民政府投案自首，全乡参加会道门的人员也提出退道申请。在镇压反革命运动中，川北区各县、区、乡都建立起治安保卫委员会，为巩固新生的人民民主政权、保证土地改革和恢复与发展工业、农业、商业提供了保障。

在恢复和发展川北区国民经济中，川北区大力宣传中央人民政府政务院《关于统一国家财政经济工作的决定》，中共川北区委关于恢复和发展工业、商业9个方面的27条政策。“五反”运动中宣传“五反”运动主要是打击资本家的不法行为，对守法资本家进行保护等方针、政策，并依靠工人阶级，团结守法的工商业资本家或业主恢复和发展工商业。在农业上主要宣传把胜利果实投入农业生产，签订爱国增产公约，开展“万户千村一百乡”的增广创模运动，川北区700万人投入了增产创模运动，掀起了群众性的生产热潮，实现了川北区国民经济恢复和发展的预期目标。

1952年7月，中共中央和中央人民政府决定撤销川东、川南、川西、川北四个行政区，正式恢复四川省建制。至8月底，川北区集中宣传撤区建省重要意义，号召川北区的广大党员、干部和人民群众在四川省人民政府的领导下，为迎接国家经济建设而努力奋斗。

国庆宣传　1950年9月15日，为庆祝中华人民共和国诞生一周年，川北区编印了《庆祝国庆节宣传要点》，要求川北区各专区（市）和各县，围绕10月1日是中华人民共和国的生日，中华人民共和国成立、人民当了国家的主人，中华人民共和国是个什么样的国家、国民公德是什么，彻底肃清残余匪特、巩固革命秩序，拥护人民政府，踊跃交纳公粮，全国人民大团结、建设中华人民共和国等主题进行宣传。印发了22种60余万份宣传资料下发各地并组织宣传队到各专区、县进行宣传。《川北日报》也在国庆节前后，登载了庆祝国庆节的文章、诗歌，开辟了庆祝国庆栏目。

1951年9月15日，为庆祝中华人民共和国诞生两周年，川北区宣传委员会编印了《庆祝国庆节宣传要点》，要求各专区（市）和各县，重点宣传中华人民共和国成立两周年取得的伟大胜利，抗美援朝保家卫国保卫胜利果实，交纳抗美援朝爱国公粮，制订爱国公约完成捐献计划，响应川北行署号召，努力发展工业、农业、商业，巩固人民民主政权的经济基础等主题进行宣传。国庆节前后，各专区、各县开展了声势浩大的国庆宣传活动。

宣传贯彻《婚姻法》　1950年5月1日，《中华人民共和国婚姻法》正式颁布。《中华人民共和国婚姻法》明确规定“废除包办强迫、男尊女卑、漠视子女利益的封建主义婚姻制度。实行男女婚姻自由、一夫一妻、男女权利平等、保护妇女和子女合法利益的新民主主义婚姻制度”。川北的封建婚姻制度根深蒂固，各地的早婚、童养媳、包办婚姻、买卖婚姻、虐待、打骂妇女等现象比较普遍。川北区建立后大多数干部是从农民中培养成长起来的，受封建思想的影响较深，具有浓厚的封建残余观念，看不起妇女，歧视妇女和不关心妇女，漠视妇女权利。剑阁专区各县怕妇女离婚多了引起农村秩序混乱，便硬性规定：乡不能解决的离婚问题交区上处理，区不能解决的离婚问题再交县人民法院处理，并提出决不准轻易判离婚，干部更不能提出离婚。少部分农村基层干部认为好人不离婚，离婚不正经（不正派）。很多寡妇和男女正常的恋爱遭受宗族、家庭干涉和反对。甚至有个别地方召开群众大会斗争要求离婚的妇女，致使20多名妇女自杀或被杀。

针对此种情况，中共川北区委要求各专区（市）、各县结合开展中心工作，加强对各级干部进行教育，清除干部头脑中的封建思想残余，帮助干部正确领会和宣传贯彻《婚姻法》。动员各种力量，采取多种方法，宣传贯彻《婚姻法》，发现问题，及时解决。按照中共川北区委的要求，川北区从区妇联到各专（市）区、各县妇联积极主动地开展《婚姻法》的宣传工作。在中共川北区委、川北行署召开的各种重要会议上，宣传《婚姻法》，做通干部特别是乡村干部的思想工作，使川北区妇女争取婚姻自由的斗争得到应有的支持和保障。全区各地举办《婚姻法》轮训班及调解人员训练班，部分县的县委书记和县长向干部讲解《婚姻法》，帮助干部理解、掌握、贯彻《婚姻法》，并通过各级干部将《婚姻法》宣传贯彻到群众中去。与此同时，川北区广泛运用各种宣传工具，黑板报、广播筒、夜校、油印小报以及广大农村党的宣传网组织，开展《婚姻法》宣传，帮助广大妇女从封建婚姻制度束缚中解放出来，建立自由婚姻与民主和睦的新型家庭关系。

1951年夏，中央人民政府政务院《关于检查婚姻法执行情况》的指示下达后，各专（市）区、各县先后组织检查组，对《婚姻法》的贯彻执行情况进行了大检查。川北行署组织有关部门的干部，配合西南军政委员会检查组，从1951年10月28日起，用50天时间，对南充、遂宁两个专区的南部、武胜、遂宁、三台及剑阁专区的阆中等5个县的7个重点区、21个重点乡及法院的审判工作进行了检查。检查组深入各地，分别召开了干部、妇女、青年、群众及各界人士座谈会，并且组织文教工商各界的力量，运用街头宣传和广播、花鼓等方式，由重点到面地开展《婚姻法》的宣传运动。举行了规模较大的公开审判大会，批判封建残余思想，揭发封建婚姻制度的丑恶与毒害，使群众认识了《婚姻法》的好处，同时，也纠正了部分群众和少数干部对《婚姻法》的错误理解。对宣传贯彻《婚姻法》不够重视的倾向，检查组把深入检查与法律制裁结合起来，揭露封建主义的残余势力和各种类型的恶劣现象，使广大群众认识其毒害，为按《婚姻法》解除包办婚姻创造了条件。三台县十五区龙树乡在《婚姻法》检查期间就解除了42件童养媳关系及18个大媳妇的离婚问题。阆中县黄泥乡五村，66岁的老人刘永福，在20年前入赘刘罗氏，被视为奴隶，深受虐待18年，他未与罗氏说过话。听了《婚姻法》宣传后，刘永福提出离婚得到了解决。同时，检查组也解决了家庭纠纷，使夫妻父母和睦团结。

随着减租退押、清匪反霸、土地改革等一系列社会变革运动的开展，川北区广大妇女走出家门，投身火热的社会斗争。各专（市）区、各县宣传贯彻《婚姻法》，采取男女一齐发动的方针，广大妇女在阶级觉悟上有了很大提高，不少妇女在运动中起了积极的带头作用。妇女在经济上同男子一样翻了身，政治上也同男子一样获得了应有地位，部分妇女不仅参加农民协会，农民武装自卫队，而且进入了区、乡、村的政权组织机构。川北区有16.6万名妇女参加农会，1.5万名妇女当上了农民武装自卫队员，有300多名妇女当选为各级农会主席。至1952年，川北有4名女区长、113名女乡长、664名女村长。在抗美援朝、保家卫国运动中，妇女在捐献、参军、优抚红烈军属工作中表现出前所未有的爱国热情与积极性，不少妇女当上了劳动模范。随着思想觉悟、政治地位的提高，川北区广大妇女要求家庭幸福、婚姻自由的愿望更加迫切，并为此开展了斗争。至1952年1月至4月统计，川北区各级法院受理婚姻案件5149件，离婚案件就有4980件，占婚姻案件的91.7%，而且多半是妇女因父母强迫包办、不堪丈夫与公婆虐待以及男小女大等原因提出离婚的。因婚姻纠纷引起的杀害案件116件、伤害案件56件，其中自杀与被害者多系妇女，显示了妇女反对封建婚姻的迫切要求。对此，各地结合中心工作，加强《婚姻法》的宣传和婚姻登记工作。司法机关也组织力量，迅速清理婚姻诉讼案件，加大对侵犯妇女权利方面违法犯罪行为的打击力度，对各种不同类型的典型案件就地公开审理，达到了既教育违法婚姻当事人，又宣传了

《婚姻法》的目的。

【统战工作】 1950年至1952年8月，中共川北区委从实际出发，采取建立统战机构，安排党外人士任实职，关怀民主人士，帮助民主党派发展地方组织，支持宗教革新运动，保护工商业主，安置“老秀才”等工作措施，创造性的贯彻中央统战工作的方针、政策，巩固和扩大了川北区的人民民主统一战线，团结了川北区一切可以团结的人一道工作，共同建设新川北。

统战工作机构 1950年1月15日，中共川北临工委召开工作会议，制定了《川北初期工作纲要》。《纲要》要求各级党委要正确运用执行党的统一战线政策，团结一切进步分子与更多的中间分子，共同建设新川北。

1950年2月28日，中共川北区委统战部建立，胡耀邦兼任部长。3月2日，中共川北区委致电中共南充、遂宁、达县、剑阁地委，要求尽快建立地委统战部，统战部部长须由地委委员担任，并按规定配备人员，开展统战工作。中共中央及中共中央西南局对建立和加强各级党委统战机构作出明确规定后，中共川北区委结合各地实际情况，就建立统战工作机构又致电各地委。《电报》指出，中共川北区委已建立统战部，胡耀邦兼任部长，刘玉衡任副部长；各地委应迅速建立统战部，部长一定要由地委委员担任，如由地委委员兼任部长的，须设专职副部长1人，并配齐统战干事，限5天将部长、副部长名单电告中共川北区委；各地委统战部建立后，要随时与中共川北区委加强联系，反映情况，报告统战工作。至1951年4月，各地委统战部相继建立，大部分县委也设立了由县委委员担任的统战工作委员，开展了统战工作。但也有个别地方统战干部未按规定职数配备，并抽调统战干部搞中心工作的事例。为此，胡耀邦在川北区第一次统战工作会议上再次强调健全统战机构，配备统战干事的工作。1951年5月18日，中共川北区委组织部、统战部根据中共中央第二次统战工作会议《关于各级统一战线工作部业务组织机构的建议》及中共中央西南局统战部《关于加强西南各级统战机构和业务方案的通知》，结合川北区统战工作的实际，联合发出《关于健全统战组织机构，配备统战工作干部的指示》。《指示》规定，各地委统战部应设部长1人，副部长1人，副部长必须专职从事统战工作，负责处理社会统战、政权统战及其他统战工作；地委统战部应配备5名干部；县委不设统战部，但应在县委委员中设统战委员1人，专司统战工作，并配备1名至2名干部，负责具体的统战工作；政府机关、专科以上的学校、群众团体中的党组织、企业中的党组织应设置统战委员，负责统战工作；各地党委组织部要选调政治上强、工作作风好的干部到统战部门工作，各地委统战部除部长、副部长外，必须配备2名党员干部做统战工作；适合做统战工作的干部，须尽可能使之专业化，在未征得上级统战部同意之前，不得随意调动，也不要抽去干临时工作。各地委组织部、统战部按照中共川北区委两部的《指示》，迅速健全统战机构，按规定职数配齐统战干部。至1952年6月15日，中共川北区委统战部配备干部职工26人，各专区（市）、县配备统战干部49人。

安排党外人士担任实职 1950年1月28日，中共中央西南局指示中共川北临工委，要分别情况吸收民主人士参加政府和人民团体的各项工作。中共川北区委按照中共中央西南局的指示，大胆吸收各民主党派、开明士绅、工商界的代表进入各级政府机关，并参加部分中心工作。在川北行署29位委员中，民主党派和民主人士的代表占15人，超过二分之一；部分厅、局配有民主人士担任厅、局一级的领导职务。起义将领裴昌会任川北行署副主任，民盟川北地方组织成员杨达璋任川北行署副秘书长，民革川北地方组织负责人龙杰三任川北行署委员，民盟川北地方组织负责人贾子群任川北行署文教厅厅长，工商业资本家奚政和任川北行署商业厅厅长，民主人士傅子东任川北行署文教厅副厅长，蚕桑专家徐孝恢任川北行署农业厅副厅长，民主人士张雪岩任川北人

民法院院长，民盟盟员谭卫根任川北行署交通厅厅长更成为当时川北民主人士关注的事宜。谭卫根毕业于北京大学，在大革命时期曾加入过中国共产党，民国36年（1947年）年又加入民盟，是三台县民盟组织中心人物。川北解放前他参加过许多进步活动。在川北大学任总务长时，他聘请了一批进步文人办学，他讲授的“三民主义”课实际是讲新民主主义。川北大学学生掀起反蒋学潮上街游行，他保护学生不受国民党迫害。民国37年（1948年）年底，国民党特务搜查了中共川北地下工委的通讯机关，联络员李淑君姐妹被捕刑讯。中共川北地下组织找谭卫根出面营救。谭卫根通过民国三台县参议长龙杰三出面，将李淑君等人保释出狱。以后，他又在和平解放三台县中发挥了作用，三台县一解放，就被安排为三台县人民政府文教科科长。遂宁专署成立后，调任专署文教科科长。胡耀邦知悉谭卫根经历、学识后，调谭卫根到川北行署任交通厅厅长。谭卫根在短短的两个月时间里，连升三级。担任川北行署委员会的委员、参事和担任川北行署有关厅、局、法院领导职务的民主人士有职、有权、有责，感受到了共产党对他们的信任和尊重，心情舒畅，在工作中创造了很多的业绩。

1950年6月26日，剑阁专区平武县发生上千人的土匪暴动，历时20多天，造成干部和群众72人死亡，损失公粮5万余公斤。在平武军民共同围剿下，暴动得以平息，但匪患尚未铲除。胡耀邦指示中共平武县委，任用宋北海为副县长，带领队伍上山剿匪。民国时期，宋北海为江油、彰明、平武、川北、青川山防总队副总队长，川北解放前夕，在国民党恐怖时期，保护了上述地方的中共地下组织。中共平武县委在做好群众工作的基础上，委任宋北海为副县长，并为宋北海配备了通讯员、警卫员、炊事员、马夫，安排宋北海带队伍上山剿灭土匪。宋北海不仅在围剿、瓦解叛乱残匪和其他顽匪斗争中成效显著，而且影响了一大批民主人士团结到中国共产党的周围，在促进社会稳定和经济恢复与发展上发挥了一定作用。至1952年3月，川北区安排到各级政府机关工作的科以上的党外人士达147人，其中担任川北行署委员会委员、川北行署厅、局、院领导职务的党外人士有26人，担任专区一级科长、局长和副县长领导职务的党外人士有35人，县政府科长领导职务的有86人，占各县政府科长级干部总数的三分之一。川北区在安排党外人士担任领导职务的同时，各级党委在政治上对党外人士进行帮助，教育与保护以及生活上的关怀与照顾，团结党外人士共同建设新川北。

关怀民主人士　1949年12月，裴昌会在德阳率国民党第七兵团起义。1950年9月，中央人民政府任命裴昌会为川北行署副主任，胡耀邦派川北行署秘书长刘玉衡专程去重庆迎接。裴昌会到达南充后，川北行署为其召开了欢迎会，中共川北区委和川北行署的领导及部、委、厅、局的领导参加了会议。裴昌会到任后，住房修建尚未完工，胡耀邦就把自己的住房腾出一间给裴昌会暂住，并嘱咐炊事员多给裴昌会做面条吃。裴昌会接任工作后，胡耀邦热情地向裴昌会介绍川北区的情况，帮助裴昌会熟悉地方工作，后又请裴昌会兼任川北行署工业厅厅长。是时，经西南军政委员会工业部化工局批准，在南充新建了1家火柴厂，建成后，才了解到邻县广安已有1家火柴厂，造成了重复建厂。裴昌会认为他是厅长应对此负责，并检讨。胡耀邦认为兴建火柴厂项目是上级批准的，不应由裴昌会负责，也不要裴昌会检讨。在南充火柴厂建厂过程中，代厂长刘钊书面向厅里请示了一件事，川北行署工业厅以正式文件批复，并盖上裴昌会的签章。川北行署工业厅工业科科长是位老红军，他看后认为此批复不合他的意，当众把文件撕毁。刘玉衡知道后，立即到川北行署工业厅召开干部会，对当众撕毁文件的科长进行了严厉教育批准，当众作检讨。刘玉衡还向裴昌会道歉。裴昌会到川北行署后实行的是供给制，胡耀邦知道他没积蓄，旧部属多，开支大，特地给他改为工资制。裴昌会起义前，家属子女被胡宗南强行带去台湾，大儿子是他在大陆的唯一亲属。他大儿子在铁道部门搞设计和施工，在一次施工中，水泥隧洞顶棚发生裂缝，他怕联系到个人社会历史无限上纲，产生了自杀的念头，并给裴昌会写了诀别信。中共川北区委得知后立即向其单位发了急电，使他大儿子的问题得到很好解决，并安排他大儿媳专程去看丈夫，使裴昌会非常感动。

中共川北区委按照中共中央要保护民主党派过好减租退押、土地改革关的指示，经过调查研究，提出了对川北区龙杰三、尹子勤、赵济刚等100余名民主人士进行保护的名单，其保护对象报中共中央西南局备案。在川北区一至二期减租退押中和一至三期土地改革退赔中，副厅长以上民主人士所欠农民的钱都由川北行署垫付，这些民主人士得到了保护。

在抗美援朝、土地改革、镇压反革命三大运动中，中共川北区委对敌我界限掌握分明，对敌人决不留情的打击，对民主革命时期为革命做过贡献的人士都加以关怀、照顾。可以借薪退赔。还拨出1万元专款帮助他们过退赔关。这样既未伤害民主党派人士，又取信于民，保护了农民的革命热情，支持了农民的翻身运动。

在镇反运动中，中共巴中县委和中共达县地委向中共川北区委电话报告，反映群众要求镇压赵济刚的请求。赵济刚系巴中县人，在国民党部队当过营长，回巴中县后任县参议长。解放前夕，当过县剿共委员会会长和巴中县自卫总队副队长。但赵济刚在民主革命时期掩护过中共地下党员，做了些有益于革命的事。解放后，当地群众因对赵济刚所作有益革命的事不了解，民愤大。通江、南江、巴中、平昌等县的群众要求将赵济刚逮捕法办。胡耀邦知道后，通知当地政府对赵济刚加以保护，并邀请4县各界代表20多人到川北行署参加座谈会，由川北行署副主任秦仲方向与会代表全面介绍赵济刚做的对革命有益的工作。抗日战争时，赵济刚随川军出川抗日，曾多次给八路军送军事情报。在南岳参加游击干部训练班学习期间，多次受到叶剑英教诲，接受了中国共产党团结抗日、民主进步的主张。赵济刚返乡后筹办了化城小学，在中共阆中中心县委交通机关遭到破坏时，将中共地下党员王叙五、郑谦、王朴庵、魏文引安排到化城小学任教，以此作掩护开展党的活动。中共地下组织协助赵济刚办起了奇章中学，培养了大批革命干部。在此期间，赵济刚还多次设法掩护中共地下组织人员摆脱国民党特务的追捕。赵济刚任巴中县参议长是巴中县的中共地下组织为他拉的选票，任巴中自卫总队副总队长是接受中共地下组织的指示去控制地方武装。因此，川北解放后，便将他安排为川北行署委员、川北监察委员会驻会委员。秦仲方全面介绍赵济刚对革命工作做的有益的事后，参加川北行署座谈会的20位各界代表表示拥护中共川北区委保护赵济刚的做法，回县后做好群众的说服工作，不再要求政府逮捕法办赵济刚。

1951年6月，川北区第二期土地改革运动中，武胜县的农民成群集队来到南充市，向中共川北区委统战部提出要把民革成员尹子勤抓回去批斗的要求，在没有达到目的后就住进川北大旅社，声称不将尹抓回去批斗，决不离开南充城。尹子勤在民国时期当过武胜县的参议长，但属开明进步人士，曾借助其身份，掩护过不少中共地下党员，对革命有功。川北行署建立后，尹子勤被任命为川北行署参事，是中共川北区委保护的主要对象之一。胡耀邦得知此事后，立即指派中共川北区委统战部副部长刘玉衡、公安厅厅长董弼忱速去川北大旅社做说服工作。这些来南充要抓尹子勤回去批斗的农民听了刘玉衡、董弼忱介绍尹子勤做的对革命有益的工作后，表示理解中共川北区委保护尹子勤的做法，立即回县参加土地改革运动。此后，中共川北区委统战部立即将此事通报全区，要求各地党政重视，予以借鉴。胡耀邦在通报上亲笔批示：“刀下留人。”强调指出，在民国时期做了有益于革命工作，对革命有功的党外人士，像尹子勤这位在川北民主人士中有才干的人若被不明真相的群众抓回批斗，其后果轻则斗斗而已，重则不堪设想，会给民主人士带来恐慌，进而影响党和他们的关系，影响合作共事，给党的事业带来不可弥补的损失。尹子勤知道内情后，感激万分。1951年8月，川北区第二期土地改革运动中，剑阁专区江油县的农民群众，强烈要求镇压蹇幼樵。蹇幼樵系民国时期江油、昭化、平武、北川、青川、松潘一带地方实力派头面人物，民国中央政府立法委员、省参议会议员、县参议长，又是袍哥大爷。蹇幼樵在民国时期参加民革，他的儿子是中共川北地下组织成员，两个弟弟一个是民国政府的国大代表，一个民国时江油县参议长。蹇氏家族可谓名噪一方，显赫一时，蹇幼樵几兄弟在地方民愤很大。在川北解放前夕，经中共地下组织成员王朴庵等人做工作，蹇幼樵决心为川北解放尽力，使中共地下组织全部掌握了江油、昭化、平武、北川、青川、松潘一带的地方武装，为这一地区的和平解放创造了有利条件。川北解放后，蹇幼樵被推选为川北区协商委员会委员。江油县的群众不了解蹇幼樵所做的有益和平解放这一地区的工作，在土地改革时，20名农民代表到川北行署要求带蹇幼樵回江油斗争。蹇幼樵忧心地向王朴庵倾诉苦衷，王朴庵即向胡耀邦、赵林作了汇报。胡耀邦、赵林当即指示："一定要做好工作，叫他放下包袱，只要他认识以前的错误就行了。"刘玉衡将江油县农民代表请到区委统战部进行开导、说服，保护了蹇幼樵。

民革川北地方组织发展　民国时期，民革在川北只有4名党员，未建立地方组织。1950年，中共川北区委统战部依据民革中央的指示，指导协助民革建立了民革川北区临时工作小组，由民革成员龙杰三主持工作。中共川北区委动员川北区党政机关中的中共党员、新民主主义青年团员加入民革，帮助民革发展地方组织。1952年1月20日，中共川北区委统战部指导协助民革建立民革川北区分部兼南充市支部筹委会，民革川北区临时工作小组结束活动。民革中央指定裴昌会、龙杰三等9人为支部筹委会委员。至1952年8月，民革川北区分部兼南充市支部筹委会发展民革党员108人，新党员绝大多数系川北区党政机关和南充市党政机关干部。

民盟川北地方组织发展　川北是民盟中央主席张澜的故乡。民国时期，川北有民盟盟员60多人，其中鲜英、贾子群、张默生、王燕荪、杨达璋、奚致和、王文彝、杜晴初、张雪岩、蔡燕乔、张崇古、罗英武、张修实、张进思、谭卫根、武叔修、阳西恒、戴冠雄、康济南、唐子明、张幼房、蒋祜周、张恢先等人均是名重一方人士，其中有的是中共地下党员，对解放川北起了相当大的作用。川北区建立后，中共川北区委积极帮助民盟清理盟员和壮大民盟地方组织。1950年8月，中共川北区委统战部帮助民盟建立民盟川北支部临时工作委员会（简称民盟川北临工委），贾子群任主任委员，其工作方针是停止发展盟员，重新审查、清理川北区的民盟地方组织，对盟员进行思想改造。中共川北区委统战部、中共南充、遂宁、达县、剑阁地委统战部、14个县的县委统战委员在协助民盟川北临工委清理地方组织时，对每个盟员进行认真审查，清理混入民盟地方组织的特务和投机分子。1951年2月25日至27日，川北区召开第一次民盟扩大干部会议，着重讨论民盟的性质和任务，进行复查动员。会议通过了《民盟川北临工委1951年工作计划纲要》。会后，民盟川北临工委动员盟员结合学习中共中央《关于镇压反革命运动的指示》，再次动员盟员交代个人历史，配合组织调查进行复查。经过两次清理整顿，纯洁了川北区民盟地方组织，促进了川北民盟的团结。5月25日至31日，川北区召开第二次民盟扩大干部会议，讨论通过了《川北区民盟发展地方组织的决定和发展计划》及《川北区民盟参加抗美援朝、土地改革、镇压反革命三大运动的决定》。其间，5月27日，从北京到川北区参加第二期土地改革运动的民盟中央领导人胡愈之也参加了川北区第二次民盟扩大干部会议。6月1日，胡耀邦举行茶话会，邀请与会的民盟盟员座谈。座谈中，民盟川北区临工委负责人提出希望能够在原来已建有民盟组织的14个县中继续得到发展。胡愈之也提出了这个意见。是时，中共中央规定，民主党派应集中力量在大、中城市和省政府驻地城市发展。在某些县城，如民主党派有相当人数和一定骨干，且主动提出要求发展时，也应允许适当发展。中共川北区委认为，在川北区一些地方有步骤地适当发展盟员是符合中共中央精神的。只要愿意接受民盟组织教育的知识分子，就应该有意识地欢迎他们加入民盟，有组织比没有组织好；发展新盟员，要经支部批准，发展对象以民主人士、中学以上教师、大学生为主；民盟可在工商界发展一些盟员。中共中央西南局统战部得知中共川北区委支持民盟川北区临工委在县城发展民盟盟员后，认为不符合中共中央规定，还需待“中央决定”，并且在内部刊物《情况反映》中点名通报。中共川北区委统战部拟写信申报，胡耀邦认为，对党派发展地方组织，中共中央对此有明确政策，不需申请。中共川北区委支持民盟在有基础的县发展盟员，是结合川北区的实际，贯彻执行中共中央对发展民主党派规定的。在中共川北区委的支持下，川北区民盟地方组织得到较快发展。至1952年8月，民盟盟员发展到370人，在岳池、武胜、西充、仪陇、中江等县建立了民盟临时工作小组，在遂宁、射洪、三台等县建立了民盟县分部。

民建川北地方组织发展　川北解放时，仅有散居的民建会员3人。在中共川北区委统战部的帮助下，在川北区工业界、商业界发展了一批民建会员。1952年1月，建立民建南充会员小组，6月成立民建川北区分会筹备处。1952年8月，民建川北区分会筹备处更名为民建南充市支部筹委会，推举费锡光为第一召集人，苏承业为第二召集人。

支持川北天主教自立革新运动　1950年4月14日，上海基督教青年会吴耀宗同津京基督教会领袖发起“自立、自养、自传”的三自爱国运动。9月23日《人民日报》刊登吴耀宗起草的《中国基督教在新中国建设中努力的途径》，同时发表社论予以支持。随后，中共川北区委统战部迅速发动川北区基督教开展“三自”爱国运动，为时月余，由南充中华圣公会牧师领导签订了革新宣言，组织教徒签名响应。与此同时，川北区在天主教界大力推动宗教革新运动。初期效果甚微，大部分县天主教会抱着观望态度，敷衍甚至抵触。岳池天主教神父聂翼道发表了宣言，但未被重视。

1950年11月30日，广元县500多名天主教徒在王良佐神父等人的倡导下，签名发表“清除帝国主义影响和与罗马断绝一切关系”的《广元天主教自立革新运动宣言》，表示坚决与外国传教士断绝关系，号召教友以实际行动支持抗美援朝、保家卫国，为建设新川北而奋斗。广元天主教自立革新运动宣言的发表，成为中国天主教革新运动的突破口。

1951年1月20日，《广元天主教自立革新运动宣言》在《人民日报》第一版全文刊载，随后川北机关报《川北日报》予以转载，全国天主教徒响应，北京等地的教堂及教徒纷纷来信表示赞许并询问自立革新情况。1月23日《人民日报》刊载《关于天主教革新运动诸问题——川北广元天主教堂答复教友询问》文章，公开发表部分来函和简要答复。中共剑阁地委、中共广元县县委统战部对天主教自立革新运动给予大力支持。此后，广元天主教法国神父安朗如、杜朋在幕后策划组织“圣母军”，借传教为名，反对中国革命，破坏“三自”革新运动，广元县人民政府依法将安、杜二人驱逐出境。

1951年3月，广元天主教革新促进会筹委会成立，王良佐等14人为委员。筹委会在党政部门支持下，组织开展教务活动，兴办“喜光烛皂工业厂”“广元协康奶牛房”等企业，安排神职人员生活。11月，成立广元天主教教务委员会，王良佐任主任，尚锡祝任副主任，孙克强等9人为委员。

在《广元天主教自立革新运动宣言》发表后，南部、营山天主教神甫董怀安、何隐及教徒等相继发表宣言，拥护革新运动。南充市由统战部派人一面发动教徒中的积极分子，一面与天主教南充教区主教王文成谈判。王文成在“要减租、要退押”的交换条件下，承认愿“与帝国主义断绝一切关系”，率南充教区13个县的神父、教徒代表333人发表了“自立革新宣言”，号召川北教区2万多教友行动起来，开展爱国革新运动。因此，王文成成为全国第一个发表革新宣言的天主教教区主教。1952年1月8日，《人民日报》发表题为《欢迎天主教人士的爱国运动》的社论，充分肯定了王文成、王良佐的爱国行为。从此，川北各县天主教全面开展了革新运动。至1952年2月，总计10余县13000余名教徒进行了签名。同时，大多数县教会成立了三自革新教务委员会或革新运动促进会。中共川北区委统战部注重掌握川北天主教自立革新运动动向，及时进行引导，帮助各教会解决自养中的具体问题，认真纠正和防止天主教自立革新运动中出现的“左”的做法，促进了川北区天主教自立革新运动深入推进，健康发展。

保护工商业主　1950年11月至1951年1月，川北区在开展减租退押运动中，个别地方在执行中共中央“保护工商业民主人士的政策”时出现偏差，出现了南充市丝织业工人用斗争地主的办法斗争老板李桂林的事。李桂林民国时期有缫丝机7部。1950年上半年仅开工4部，到9月底自行停工。工会劝其复工，他不仅拒绝，而且截断丝捆子，并且不负责工人伙食，也不按正式手续解雇工人。法院判决李桂林付工人解雇金，赔偿工人10天伙食费，并要他公开向工人承认错误。法院判决后工人召开大会，批判斗争李桂林。此事引起了许多资本家的恐惧，这些资本家普遍同情李桂林，在背后议论说：“农民斗争地主，工人把老板用枪押起来，已被当地主斗了。”并到处散布“共产党要提前实行社会主义”“1950年斗地主，1951年整商人”等消极言论。胡耀邦知道此事后，指示中共川北区委统战部，在减租退押运动中要坚决保护工商业，不能用斗地主的办法去斗老板，在中共川北区委统战部的督促下，有关部门对斗争李桂林事件即刻作了处理。既稳定了工商业者的情绪，又激发了他们发展生产的积极性。

在此期间，南充县工商业兼地主贾元和为讨好群众，办了几桌酒席请周围的人吃了一顿，当地干部和农民认为这是收买、腐蚀群众，把贾元和一顿批斗。胡耀邦知道后，当天就把一些资本家请来开会，要求参加减租退押运动的干部要向群众宣传中共中央保护工商业的政策，做好说服工作。1951年1月，中共川北区委统战部专题调查射洪县太和镇工商业兼地主在退押中的情况后通报全区。《通报》指出，退押对工商业者产生了不同程度的影响，个别户因资金短缺，周转困难而转向，也有因难以为继而停业，退押后工商界的经营态势出现大幅度减弱。胡耀邦看到通报后，联想到他在南充县了解退押情况时，有些人对工商业兼地主罚款毫无限度，胡耀邦当即在通报上批示：“退押不能伤工商业者元气，这一条要坚持，似应再叮嘱各地一下。”从而纠正了有些地方在减租退押工作中的偏差，保证了各地减租退押工作的顺利进行。

1951年5月，中共中央西南局统战部根据中共中央统战部指示，为协助中央召开全国工商联筹备会议作准备，责成中共川北区委统战部研究，选定一小城市作为工商联工作的典型实验县。中共川北区委统战部选定岳池县试点。在试点工作进程中，陆续印发了《岳池工商联典型实验工作通讯》。通讯三、四期，把岳池工商界检查爱国公约学习运动的一些的做法作为成功的经验加以肯定。如“采取自上而下，由工商联负责人、学习大组长、小组顺次检讨”，并有12人在1200余名工商业者参加的大会上检讨。胡耀邦看后，当即作了“这一套经验基本要不得。这样一来，表面上看来似乎有成绩，实际上把大家弄得精神紧张，坏处比成绩更多得多”的重要批示。岳池很快纠正了这些过左的做法。

1952年4月至5月，川北区按中共中央决定开展“五反”运动。在“五反”运动开始和进行当中，工商界情绪紧张，思想也较为混乱。一些人认为：“‘五反’是政府要搞资本家的钱”，“政府口头说要保护工商业，实际是要没收我们财产，要搞垮我们，‘五反’就是一个重要步骤”等，工商界人士普遍担心被划为“违法户”，怕退财补税过重，负担不起，怕挨了斗以后在工人面前无法抬头。针对这些情况，中共川北区委统战部召开工商界代表座谈会，宣布“五反”是反不法奸商，对大多数守法户、基本守法户要予以保护，对半守法半违法户予以教育。中共川北区委制定了在“五反”运动中对待“五类工商户”的具体政策。对“五反”运动中部分工商业户补税罚款问题，川北行署从保护工商业出发，结合川北区工商业的实际制定了具体补税罚款办法。补税罚款，能够很快缴清又不影响营业的工商户应一次缴清，实在有困难的，可分期补缴。税收要合情合理，符合中央税收政策。缺少资金的，国家可以贷款。劳资两利的原则不变。关于违法户与公安的关系，没有判刑的违法户，公安系统不能剥夺他们的权利。川北行署对工商界承诺适当解决“五反”后工商界的实际困难，工商界的朋友只要能够做到严格守法，大胆经营，政府就一定坚决保护，坚决团结。

“五反”运动后期，中共川北区委统战部对“五反”运动中因计算错误、案情不实等原因造成对工商户处理不恰当的案件进行了认真清理纠正，对已定案为完全违法、严重违法的工商户进行了复查。复查后川北区完全违法户占0.42%，严重违法户占1.26%。守法户、基本守法户、半守法户3类合计占98.32%。

安置老秀才　民国时期，川北各县有些有学问、品性好，未与国民党与各种社会组织同流合污，又未任民国川北各地方政府的官，年纪大、家庭又穷的人，老百姓习惯称这批人为老秀才或穷秀才。中共川北区委把安置老秀才的工作作为一项重要的政治任务来抓，通过各种方式进行妥善安置。1951年初，中共川北区委统战部要求南充、遂宁、达县、剑阁地委统战部及各县委统战委员，加强对老秀才的工作安置，吸收有声望，拥护党和人民政府的老秀才参加各界人民代表会议。1951年10月24日，中共川北区委统战部发请柬，邀请刘杨夏、王德海、罗邦祯、刘冠侯、刘子清、傅渊泉、冯华云、张鹤舫、侯邦伯、王月秋、吴奇萍、何南浦、雷衡峰、刘鼎三、杨雪门、何晓峰、尹健三、邓瑞璋、何守一、冯尚达、张坤如、汤香九、曹赞侯、徐秀石、张秀峰、杨葆田、张福翘27名社会贤达列席12月6日至14日的川北区首届第二次各界人民代表会议。1952年7月4日，中共川北区委统战部、川北行署文教厅、人事厅，川北区文化教育委员会联合发文，再次强调要求各专区、各县要按照中共中央关于争取尽可能多的、能够与党和人民政府合作的小资产阶级、自由资产阶级知识分子的方针，大量吸收他们参加工作。在工作岗位安排上适当进行照顾，帮助他们学习政治理论，安排他们参加政治运动。但有的县在“三反”运动后期将已安置工作的部分老秀才精简回家。对此，中共川北区委统战部再次提出安置老秀才工作的要求，邀请有声望的老秀才列席各界人民代表会议，参加各民主阶层举行的各种会议及各种中心工作；各县对已安置工作的老秀才不能精简，如因工作机构裁减，应尽量设法调整到老秀才适合的单位去工作；对年事高、身体差，确实不能再继续胜任工作已裁减回家的老秀才，生活有困难的人应给予救济。至1952年8月，机关精简中将已安置工作的老秀才裁减回家的均招回重新安置。

【纪律检查工作】　1950年4月，建立中共川北区委纪律检查委员会。5月，为配合川北区干部整风运动，中共南充、遂宁、达县、剑阁地委相继建立纪律检查委员会，各县县委配备了纪律检查干部。川北区各级纪律检查委员会建立后，对在干部整风运动中揭发出的党员特别是党员领导干部违犯党纪、法纪、享乐腐化的人和事开展了检查，并将其中的典型事例进行通报。至1952年5月10日，共查处41个违犯党纪的案件，对其进行了处理，对6名党员开除党籍，8名党员（其中县级干部7名）留党察看，撤销1名党员的总支委员职务，警告8名党员，劝告3名党员，取消3

名预备党员资格，对12名党员（其中县级干部8名）进行集中教育，组织他们学习共产党员八项标准。

【党校工作】 1950年7月，中共川北区委决定对新参加工作的各级工会、农协会、青年团、妇联等党群干部进行培训。从西南革大川北分校中分出中共川北区委党校，赵林兼任校长，李登瀛兼任副校长，原川北分校副教育长苏黎任教育长，主持日常工作。到1950年9月，共培训211人。至1952年8月，中共川北区委党校共办了5期训练班，培训干部4000人。党校继承延安抗大的革命传统和优良作风。教育学员了解人类社会发展的客观规律，树立共产主义世界观和革命人生观，坚定正确的政治方向，树立全心全意为人民服务的观念。学习中，学员普遍联系思想实际，进行新旧社会对比，控诉封建主义、帝国主义、官僚资本主义三座大山对中国人民的剥削和压迫，提高了思想认识和阶级觉悟。

【中共川北区委总学习委员会工作】 1950年5月，成立中共川北区委总学习委员会，赵林任主任，秦仲方、饶兴、张永青任副主任，下设办公室，孙福田任办公室主任。1951年5月前，总学习委员会主要是领导下属各级各单位学习委员会进行整风和各项运动的学习，处理运动的具体事宜。1951年5月后，领导各学委分别办初级班、中级班、高级班，提高干部的政治思想水平和处理具体问题的能力。

初级学习班 1951年5月，中共川北区委总学习委员会下属各级各单位学习委员会举办初级学习班，把从工人、农民、部队中提拔的文化程度较低的干部集中起来学习文化。南充市市级机关干部政治夜校1951年8月10日举行开学典礼，初级学习班有学员260人，依照行政单位分为4个班。夜校聘请6名教师轮流讲课。每周学习4个晚上，每晚学习2小时。至10月底，初级学习班的学员大多数能认识2000多字。

中级学习班 1951年5月27日，中共川北区委总学习委员会开办不脱岗的中级学习班。第一期为中共川北区委直属机关各单位学员，学习《共同纲领》、毛泽东在中国人民政协会议上的开幕词，周恩来对《共同纲领起草经过与纲领的特色》的报告，中国人民政协组织法、中央人民政府组织法等文件。在学习中，要求凡具有初中文化程度的干部均须做笔记，最后进行测验。第一期中级学习班于6月底结束。

1951年7月27日，中共川北区委总学习班开办第二期中级学习班，川北行署各工作机构干部参加学习。主要学习毛泽东的《实践论》。学习以自学为主，并辅以大班课。总学委成立了解答问题小组。学员提出的问题由唐国庆、黄天祥等进行解答。总学委组织了两次心得报告会，介绍川北行署财经委员会、川北行署民政厅的学习方法。

高级学习班 1951年5月27日，中共川北区委总学习委员会开办高级学习班，学员主要是川北行署及各厅、局、人民法院、人民银行、花纱布公司、土产公司的领导干部。高级学习班5月28日至6月29日自学《共同纲领》的序言、总纲、政权机关、民族政策、经济政策、军事制度、外交政策、文教政策。在30多天的自学过程中，分别由苏黎、袁毓明、黄天祥、刘成功、何仲明、彭长登、贾子群作学习辅助报告。6月30日，高级学习班举行《共同纲领》测试。从8月26日起，高级学习班自学和听老师讲授毛泽东的《实践论》，并分组进行专题讨论。10月底学习结束。

川北高级学习班学员名单

（1951 年 8 月 26 日）

单位	职务	姓名	单位	职务	姓名
行　署	主任	胡耀邦	办公厅	主　任	张一平
	副主任	秦仲方		研究室主任	黄天祥
	副主任	刘聚奎		机要室主任	李树章
	副主任	裴昌会	文教厅	厅　长	贾子群
	副秘书长	彭长登		副厅长	傅子东
	副秘书长	杨达璋		秘书主任	邢坚
财委会	秘书处	刘成功		文化科长	张静虚
				厅　长	王叙五
监委会	副主任	卢子鹤	民政厅	副厅长	陈其文
	秘书主任	杨衡石		副厅长	刘忠良
	驻会委员	赵涪刚			常耀武
人事厅	厅　长	郑方			
革　大	副教育长	郝笑天	卫生厅	副厅长	杨正朱
	研究室主任	唐国庆		秘书主任	张富科
公安厅	厅长	董弼忱	人民法院	院长	张雪岩
	副厅长	施　群		副院长	吴　奇
	处长	薛　滨		民庭庭长	蔡燕界
	处长	肖光甲	人民银行	行长	何仲明
	处长	王敏		副行长	孟遂生
交通厅	厅长	谭卫根		科长	强克坚
	副厅长	施挺檀	劳动局	局长	武毅
农业厅	副厅长	徐孝恢			
商业厅	副厅长	李　鹏	合作局	副主任	辛德
	副厅长	薛春圃	税务局	局长	彭光扬
	秘书主任	王明光			
	副科长	张浴朝	花纱布公司	经理	冯彬
工业厅	副厅长	韩培义		副经理	周清枫
	副厅长	李海渠	土产公司	副经理	徐复丹

续表

单位	职务	姓名	单位	职务	姓名
区党委	第二书记	赵林	粮食局	局长	陈玉中
	秘书长	饶兴	川北农协	副主任	龙鸣
组织部	部长	李登瀛	党校	教育长	苏黎
	副部长	严尚林			
宣传部	副部长	张永青	新华社	记者组组长	鲁石
	办公室主任	孙福田			
统战部	副部长	刘玉衡	新华社	记者	王景盛
研究室	主任	陈一平			
	副主任	张再旺			
川北日报社	副社长	袁毓明			

【直属机关党务工作】 1950年6月，中共川北区委直属机关建立后至1952年8月，针对直属机关干部党员的思想情况和工作作风进行思想教育，开展以批评与自我批评为主的整风运动，改进直属机关党员干部特别是领导干部的思想和工作作风。召开了两次直属机关党员代表大会。

直属机关党员干部思想情况 1951年3月，中共川北区委直属机关有干部3247人，其中，南下党员干部413人，地下党员干部179人，新参加工作干部1599人，旧职员835人，军队转业党员干部221人。

由于直属机关工作任务繁重，干部党员又来自各方，缺乏有系统的政治教育，少数同志不注重学习，跟不上形势需要，因胜利而冲昏头脑，发生了许多不良现象。少数南下干部以功臣自居，认为革命一二十年，没功劳也有苦劳，摆老资格；少数地下党员干部入党动机不纯，虚报党龄；新参加工作的少数干部特别新招收的知识分子认为自己有文化，好高骛远，爱干轰轰烈烈的工作，对埋头苦干不感兴趣；民国时期川北地方政权机关留用的少部分人员雇佣观点浓，参加工作是为了挣薪俸，当一天和尚撞一天钟；少部分留用人员社会关系复杂，政治面貌不清；川北行署文教厅有15人参加过反动组织；部分军队转业党员干部不安心在地方工作，想回部队工作。川北区直属机关党委及时把干部中存在的不良现象向中共川北区委、川北行署领导报告，让领导掌握干部的思想情况，适时开展教育。至1952年8月，川北区直属机关党委在直属机关干部中做了大量深入细致思想工作，促使南下干部和川北地下党干部、新干部与老同志团结合作，有力推进了川北区的各项工作。

直属机关干部党员教育 1950年10月26日至12月，中共川北区委直属机关委员会根据中心工作、国际国内形势和机关的实际，制定了《学习计划》，要求直属机关所有干部学习熟悉减租退押、清匪反霸有关政策。通过学习，贯彻整风精神，坚持评功检过制度，批判官僚主义，克服小手小脚、事务主义作风。开展思想批判运动，进一步改善思想作风和工作作风。要求党员干部要加强马列主义、毛泽东思想学习，反对以功臣自居、骄傲自满和蜕化变质思想。要求老干部着重批判经验主义，发扬群众路线的作风。要求新干部应分别不同情况批判个人主义、自由主义、雇

佣思想，特别是分清敌我界限，明确阶级观点和群众观点，建立和巩固革命的人生观。通过时事学习，认识国内外形势发展的规律和前途，坚定革命信心。胡耀邦、赵林等领导亲自制定了1952年学习《毛泽东选集》第一卷的学习计划。至1952年8月，直属机关党委坚持每半年制定对干部党员开展教育的工作计划，配合区党委的中心工作加强对直属机关党员的教育。

直属机关党员代表大会　1951年7月，中共川北区委直属机关党委召开首届党员代表大会。中心议题是总结与检查一年来直属机关党的工作，布置今后任务；进一步审查机关干部；讨论党与群众的关系问题，做好机关党的统一战线工作；发扬党内民主生活与整顿党的组织纪律；研究党员教育与提高党员政治思想水平等工作。5个党支部在会上作了做好机关党务工作的大会发言。

1952年7月4日至7日，直属机关党委召开第二次党代会。出席会议的正式代表199人，列席代表103人，293人参加旁听中共中央西南局第五次会议及中共川北区委1952年第二次扩干会议精神的传达报告。会议贯彻中共中央西南局第五次会议及中共川北区委1952年第二次扩干会议精神，总结了第一次党代会以来的主要工作。会前和会议中共收到各种提案125件。按照党章选举产生了区党委直属机关第二届党委会，布置了大力做好“三反”阶段的工作，按时完成整党及审查干部工作，在“三反”运动的基础上，积极做好发展新党员工作。

川北人民行政公署

1950年年初，川北行署成立后，按照《川北区初期工作纲要》和《川北区当前施政方针》确定的重大工作任务，采取建立工作机构，制定施政举措，召开重要会议，开展综合协调等措施，及时解决政务和经济工作中的问题及困难。1950年1月至1952年8月，经过全区广大干部群众艰苦卓绝的努力，把贫瘠落后、匪祸横行、物价飞涨、生产凋敝，人民生活极度苦寒的川北地区，初步建设成为国民经济迅速恢复发展，社会事业快速进步，社会秩序稳定，老百姓安居乐业的新川北。

【川北行署领导机构】 民国38年（1949年）6月，中共中央决定将四川省分为川东、川南、川西、川北四个省级行政区，重庆市为中央直辖市，西康仍为一个省。1949年12月18日，中共中央西南局电告川西北临时军政委员会，川北政权组织可直接以行署名义出现，不必用军政委员会过渡。行署正副主任先行到职，随即报告中央政府。被分配到川北区工作的1680名南下干部，按照“全面照顾、重点加强、先城后乡、先腹心后边远”的方针，沿着中国人民解放军的进军路线，分批到川北各县履职视事，开始接管民国政府川北地方政权机构，组建人民民主政权。

在成都解放前，川北行署由川西北临时军政委员会领导。1949年12月30日成都解放后，川北行署改由西南军政委员会领导。

1950年1月5日，中共川北临工委、川北行署工作机构的南下干部到达南充，展开接管建政的各项工作。2月24日，川北行署在南充县县城正式成立。

1950年3月17日，中央人民政府政务院第二十四次政务会议通过提请中央人民政府委员会批准，任命胡耀邦为川北行署主任，秦仲方为副主任。3月31日，中央人民政府政务院第二十六次政务会议通过，提请中央人民政府委员会批准，任命刘聚奎为川北行政公署副主任。

1950年7月4日，中央人民政府委员会第八次会议比准中央人民政府政务院提请任命了川北人民行政公署委员会委员。是日，中央人民政府政务院第三十八次政务会议通过，任命了川北人民行政公署工作人员。7月18日，胡耀邦率领川北行署委员会委员和川北行署主要工作人员举行宣誓就职典礼。庄严宣誓：“我们至诚向川北人民宣誓，我们要奉行中央人民政府和西南军政委员会的各种政策法令，厉行廉洁朴素，为人民服务的革命作风，随时随地倾听人民的意见和呼声，及时改进我们工作中的缺点和错误，坚决完成我们的任务，为彻底实现《共同纲领》和建设人民的川北而努力奋斗。”

1950年9月29日，中央人民政府政务院第五十二次政务会议通过，提请中央人民政府委员会批准，任命裴昌会为川北人民行政公署副主任。

1952年6月7日，中共中央西南局转中共中央组织部来电“调胡耀邦来中央工作，务于7月底抵京”。7月21日，中共中央西南局转中共中央13日电示：“同意四川四个区合并为四川省，川北行署及其工作机构随之进行合省准备工作。”8月18日，中共四川省委书记、省政府主席李井泉指示：做好结束工作，立即组织留守处。8月31日，川北行署副主任秦仲方主持召开川北人民行政公署委员会和川北区政治协商委员会第九次扩大联席会议。会议讨论和总结了川北区两年多的工作，号召川北区全体干部和广大人民继续发扬团结一心、艰苦奋斗的精神，在中共四川省委、四川省人民政府的领导下，为完成新的历史使命而胜利前进。

1952年9月1日，中共中央和中央人民政府颁布决定：撤销川东、川南、川西、川北四个行政区，正式恢复四川省建制。四川省政府从9月1日起，正式行使职权，原四个行署及工作机构一律停止工作，处理善后事宜。

川北行署实行委员会制，委员会设主任1人，副主任3人，委员29人。

主　任：胡耀邦（1950年2月至1952年7月）
副主任：秦仲方（1950年2月至1952年8月）
　　　　刘聚奎（1950年3月至1952年8月）
　　　　裴昌会（1950年9月至1952年8月）
委　员：王叙五（1950年6月至1952年8月）
　　　　王贵德（1950年6月至1952年8月）
　　　　伍非百（1950年6月至1952年8月）
　　　　余子云（1950年6月至1952年8月）
　　　　李文清（1950年6月至1952年8月）
　　　　李林枝（1950年6月至1952年8月）
　　　　赵济刚（1950年6月至1952年8月）
　　　　刘玉衡（1950年6月至1952年8月）
　　　　刘寿川（1950年6月至1952年8月）
　　　　卢子鹤（1950年6月至1952年8月）
　　　　龙杰三（1950年6月至1952年8月）
　　　　谭卫根（1950年6月至1952年8月）
　　　　李海渠（1950年6月至1952年8月）
　　　　李登瀛（1950年6月至1952年8月）
　　　　李　鹏（1950年6月至1952年8月）
　　　　林全九（1950年6月至1952年8月）
　　　　林维干（1950年6月至1952年8月）
　　　　段可情（1950年6月至1952年8月）
　　　　韦　杰（1950年6月至1952年8月）
　　　　奚致和（1950年6月至1952年8月）
　　　　孙先余（1950年6月至1952年8月）
　　　　张永青（1950年6月至1952年8月）
　　　　张雪岩（1950年6月至1952年8月）
　　　　郭林祥（1950年6月至1952年8月）
　　　　傅子东（1950年6月至1952年8月）
　　　　杨达璋（1950年6月至1952年8月）
　　　　董弼忱（1950年6月至1952年8月）
　　　　贾子群（1950年6月至1952年8月）
　　　　赵　林（1950年6月至1952年8月）

【川北行署工作机构】　1950年2月24日，川北行署成立时，内设办公室、秘书处、财务处、民政处、文教处、公安处、交通处、农林处、工商处、新闻出版处、交际处、总务处、劳动局、粮食局、税务局等工作机构。1950年7月，部分处改为厅，并先后增设部分工作机构。

川北行署设秘书长1人，承川北行署主任之命，处理行署日常事务。设副秘书长2人，协助秘书长工作。

秘 书 长：刘玉衡（1950年6月至1952年8月）

副秘书长：杨达璋（1950年6月至1952年8月）

彭长登（1950年6月至1952年8月）

川北行署办公厅和参事室　办公厅和参事室在秘书长领导下进行工作。办公厅于1950年5月由秘书室、交际处、总务处合并成立。下设机要室、政研室、人事科（人事科于1951年6月并入人事厅）等科室。参事室于1951年5月成立。

主　任：张一平（1950年5月至1952年3月）

刘忠良（1952年3月至1952年8月）

副主任：廖开诚（1951年5月至1952年8月）

黄天祥（1952年3月至1952年8月）

参事室主任：杨衡石（1951年6月至1952年8月）

川北行署民政厅　1950年7月在川北行署民政处基础上成立。内设办公室、干部科（干部科于1951年6月并入人事厅）、民政处、优抚处、少数民族工作处等机构。

厅　长：王叙五（1950年7月至1952年8月）

副厅长：刘忠良（1950年7月至1951年3月）

陈其文（1950年7月至1952年8月）

川北行署公安厅　1950年7月在川北行署公安处基础上成立。处改厅后设政保处、经保处、治安处、劳教处、人事处，处下设科，同时管理监狱。

厅　长：董弼忱（1950年1月至1950年7月任处长）

（1950年7月至1952年8月任厅长）

副厅长：王世耀（1950年4月至1950年7月任副处长）

（1950年7月至1952年7月任副厅长）

施　群（1951年4月至1952年8月）

川北行署民族事务委员会　1951年1月成立。主管川北区少数民族区域自治指导、文化教育宣传、各民族情况调查研究及其相互关系等事项。

负责人：马腾九（1951年至1952年8月）

川北行署财政经济委员会　1950年7月经西南军政委员会批准成立。下设计划室。

主　任：胡耀邦（兼）（1950年7月至1952年7月）

副主任：秦仲方（兼）（1950年7月至1952年8月）

秘书长：刘成功　　（1950年7月至1952年8月）

刘石安　　（1950年7月至1952年8月）

何仲明　　（1950年7月至1952年8月）

委　员：王燕荪　余子云　李海渠　李　鹏　林全九

胡正平　范　惠　何仲明　徐孝恢　梁延檀

张祥龄　刘石安　刘成功　谭卫根　饶　兴

川北行署财政厅　1950年7月在财务处基础上成立。内设主计科、会计科、行政财务科，经济建设财务科和秘书主任。

厅　长：秦仲方（兼）（1950年7月至1952年8月）

副厅长：张祥龄　　（1950年7月至1952年8月）

李登丰　　（1950年7月至1952年8月）

川北行署工商厅　川北行署成立初期设工商处，1950年7月，工商处改为工商厅。

厅　长：奚致和（1950年7月至1951年4月）

副厅长：李海渠（1950年7月至1951年4月）

李　鹏（1950年7月至1951年4月）

刘石安（1950年7月至1951年4月）

川北行署工业厅　1951年4月撤销川北行署工商厅，分设川北行署工业厅和川北行署商业厅。

厅　长：裴昌会（兼）（1951年4月至1952年3月）

刘石安（1952年3月至1952年8月）

副厅长：李海渠（1951年4月至1952年8月）

韩培义（1951年4月至1952年8月）

杨伯华（1952年7月至1952年8月）

川北行署商业厅　1951年4月撤销川北行署工商厅，分设川北行署工业厅和川北行署商业厅。

厅　长：奚致和（兼）（1951年4月至1952年8月）

副厅长：李　鹏（1951年4月至1952年8月）

薛春圃（1951年4月至1952年8月）

川北区合作联社　1950年12月1日，成立川北区合作社联合社筹备委员会，委员33人，常委15人，刘成功任筹委会主任。筹建川北区合作联社，负责全区合作社的建立与管理。内设秘书室、组导科、计划科、财务科，有干部34人。三台、射洪、南部、巴中、遂宁5县建立起县联社筹委会。1951年，22个县市先后建立县联社。1951年9月，成立川北合作事业局，南充、遂宁、达县、剑阁四个专署分别设立合作科，36个市、县全部建立了联合社。

主　任：刘成功（1950年12月至1952年8月）

川北行署交通厅　1950年7月在交通处基础上成立。1950年9月1日，川北区公路管理局成立。1951年4月，川北区公路管理局并入交通厅。厅下设办公室、计划室等。

厅　长：谭卫根（1950年7月至1952年8月）

副厅长：梁延檀（1950年7月至1952年8月）

公路局局长：陈岐山（1950年9月至1951年4月）

副局长：郑道隆（1950年9月至1951年4月）

川北行署农林厅　1950年2月，川北行署内设农林处。1950年7月在农林处基础上成立川北行署农林厅。内设机构有农业、棉业、蚕业、畜牧、林业科，并管理水利局。

处　长：刘聚奎（兼）（1950年2月至1950年7月）

副处长：张一平（1950年2月至1950年7月）

厅　长：刘聚奎（兼）（1950年7月至1951年10月）

吕　韵（1951年10月至1952年8月）

副厅长：徐孝恢（1950年7月至1952年8月）

赵克林（1950年7月至1952年8月）

水利局副局长：王玄英（1950年7月至1952年8月）

川北行署人事厅　根据中央人民政府政务院1951年5月11日关于“建立并适当地充实人事部门的机构来统一管理政府部门的人事工作”的指示，1951年6月，由川北行署办公厅、公安厅、民政厅主管人事、干部工作的科室合并成立川北行署人事厅。厅内设一科和二科。

厅　长：郑　方（1951年10月至1952年8月）

川北行署劳动局　1950年8月5日正式成立。

局　长：武　毅（1950年8月至1952年8月）

副局长：王燕荪（1950年8月至1952年8月）

秘书主任：王清明（1950年8月至1952年8月）

川北行署文教厅　1950年7月在川北行署文教处基础上成立。

厅　长：贾子群（1950年7月至1952年8月）

副厅长：傅子东（1950年7月至1952年8月）

　　　　郑　方（1950年7月至1951年10月）

1952年5月，川北行署文教厅分设川北行署教育厅和文化事业管理处。原文教厅负责人为教育厅负责人，文化事业管理处处长彭长登（1952年5月至1952年8月）

川北行署卫生厅　1950年6月26日，成立川北行署卫生处。1950年7月在卫生处基础上成立川北行署卫生厅。

处　长：赵安泰（1950年6月至1950年7月）

厅　长：赵安泰（1950年7月至1952年8月）

副厅长：杨正泉（1950年7月至1952年8月）

川北行署新闻出版署　1950年10月成立。

处　长：张永青（1950年10月至1952年8月）

副处长：袁毓明（1950年10月至1952年8月）

川北人民监察委员会　1950年6月，经西南军政委员会报请中央人民政府批准成立。委员会主任由中央人民政府任命。

主　任：李登瀛（1950年6月至1952年8月）

副主任：卢子鹤（1950年6月至1952年8月）

秘书长：何铁刚（1951年至1952年8月）

委　员：丁长河　王成璋　王贵德　吴　奇　张默生

　　　　郭林祥　冯　凯　杨衡石　谭琴舫（女）

川北盐务管理局　1950年2月成立，驻三台县。1952年2月，由三台县迁入南充市西南马路（现人民北路）川北行署后院。内设业务、会计、警务、总务科。

局　长：温怀亮（1950年3月至1950年3月）

　　　　吕生润（1950年4月至1952年2月）

副局长：范　惠（1950年3月至1950年3月）

　　　　孙宪维（1951年3月至1952年8月）

川北行署税务局　1950年3月成立，内设会计科、计划科、宜货税科、地方税科、检查室和秘书主任。

局　长：彭光扬（1950年3月至1952年8月）

副局长：傅阿模（1950年3月至1952年8月）

　　　　杨天荣（1950年3月至1952年8月）

川北行署粮食局　1950年3月成立。

局　长：陈中玉（1950年3月至1952年8月）

川北邮电中心局　1950年3月成立。

局　长：程文定（1950年3月至1952年8月）

副局长：邸　萍（1950年3月至1952年8月）

　　　　武挺进（1950年3月至1952年8月）

川北行署合作事业局　1951年1月成立。

局　长：张一平（1951年1月至1952年8月）

副局长：辛　得（1951年1月至1952年8月）

川北区蚕桑管理局　1952年2月成立。

局　长：朱光璧（1952年2月至1952年8月）

川北区酒类专卖事业管理局　1951年7月成立，局长由川北行署税务局局长兼任。

局　长：杨天荣（兼）（1951年7月至1952年8月）

川北人民法院　1950年4月成立。内设司法行政科、秘书科、刑事审判庭、民事审判庭。

院　长：张雪岩（1950年4月至1952年8月）

副院长：吴　奇（1950年4月至1952年8月）

　　　　王成统（1950年4月至1952年8月）

川北人民检察署　根据1950年7月中央人民政府政务院指示成立，领导成员由中央人民政府政务院批准任命。

检 察 长：董弼忱（1950年7月至1952年8月）

副检察长：薛　滨（1950年7月至1952年8月）

　　　　　苏德良（1950年7月至1952年8月）

川北行署政治法律委员会　1951年11月，经中共中央西南局批准成立。

主　任：刘聚奎（兼）（1952年6月至1952年8月）

川北区编制委员会　1950年4月，经中共中央西南局批准成立。

主　任：赵　林（兼）（1950年4月至1952年8月）

副主任：韦　杰（兼）（1950年4月至1952年8月）

　　　　刘聚奎（兼）（1950年4月至1952年8月）

川北区清匪委员会　1950年4月，经中共中央西南局批准，成立川北区清匪委员会。由韦杰、胡耀邦、刘聚奎、李文清、郭祥林、胡正平、王贵德、董弼忱、刘玉衡、贾子群、蹇幼樵、李树骅、赵济刚、肖毅安、尹子勤组成。

主　任：韦　杰

副主任：胡耀邦

川北行署土地改革委员会　1951年3月，经西南军政委员会批准成立，成员经西南军政委员会通过并报中央人民政府政务院审核任命。1951年5月，中央人民政府政务院第八十三次政务会议通过川北行署土地改革委员会委员任命名单：

主　任：赵　林（1951年5月至1952年8月）

委　员：王叙五　李登瀛　张再旺　龙　鸣　胡　健

　　　　张祥龄　孙桂林　戴　峻　卢子鹤　李炳英

　　　　徐孝恢　杨伯华　贾子群　裴昌会　熊季光

川北行署外事管理委员会　1950年12月，经中共中央西南局批准成立。

主　任：董弼忱（1950年12月至1952年8月）

川北行署禁烟禁毒委员会　1950年9月，经中共川北区委批准成立。

主　任：王叙五（1950年9月至1952年8月）

副主任：刘寿川（1950年9月至1952年8月）

李树骅（1950年9月至1952年8月）

川北区爱国增产委员会　1950年11月，经川北区人民代表会议政治协商委员会第二次会议选举产生。

主　任：胡耀邦（1950年11月至1952年7月）

副主任：卢子鹤（1950年11月至1952年8月）

川北区失业工人救济委员会　1950年9月，经中共川北区委批准成立。

主　任：王叙五（1950年9月至1952年8月）

副主任：武　毅（1950年9月至1952年8月）

林全九（1950年9月至1952年8月）

川北行署部分工作机构人员构成一览表

部别＼数目＼类别	外来地方干部	部队来干部	地下党干部	老解放区带来学生	新解放区接收学生	民主人士	留用人员	其他	共计
办公厅	34	8	2	28	25	1	26	19	143
财委会	3	—	2	2	15	6	1	—	33
监委会	1	—	3	6	156	2	—	—	12
民政厅	16	3	3	7	35	3	26	—	93
公安厅	48	22	18	8	33	1	8	—	138
财政厅	18	5	—	7	29	—	24	5	88
税务局	8	6	1	3	12	—	24	—	54
粮食局	11	23	—	18	55	—	26	32	165
工商厅	4	2	5	7	16	4	19	53	110
合作局	5	2	1	—	7	1	—	14	30
文教厅	4	—	3	3	34	3	9	—	56
交通厅	6	1	3	10	16	1	14	—	51

【市政府和专员公署】　1950年至1952年8月，川北行署直辖南充市人民政府及南充、遂宁、达县、剑阁4个专区级专员公署。1952年9月1日，川北区被撤销，南充市人民政府及4个专区的专员公署改由四川省人民政府管辖。

南充市人民政府　1950年3月11日，川北行署析南充县城关区的东南、西城、北城3镇和舞凤、华凤、河东、文峰4个乡设置的南充市人民政府正式行使职权，内设秘书室、民政科、财政科、建设科、教育科、司法科、工商科、税务局、公安局等9个办事机构。袁观任市长。中共川北区委、川北行署及其工作机构驻南充市。6月，西南军政委员会批准南充市为川北行署直辖的专级市。8月，胡豫侯、袁钊任副市长。9月，袁观病逝，11月，由中共南充市委书记吴致中兼任市长。1952年4月，孙桂林任市长。1952年9月1日，川北区被撤销，南充市人民政府改由四川省人民政府领导。

川北行署南充区专员公署　1950年2月8日，经中共中央西南局批准，川北南充分区行政督察专员公署在南充县城建立，为川北行署的派出机构，管辖南充、西充、南部、仪陇、蓬安、营山、岳池、武胜8县。内设秘书室、民政科、财政科、建设科、教育科、卫生科、公安处、税务局等工作机构。3月，专署机关迁驻岳池县城。5月，设立专署粮食局，7月，设立专署工商科和专署财政经济委员会。10月，川北南充分区行政督察专员公署更名为川北行署南充区专员公署，专署教育科更名为专署文教科。1951年，川北行署南充区专员公署内设机构调整为秘书室、民政科、人事科、卫生科、财政科、监察处、财经委员会、建设科、农林科、文教科、工商科、粮食局、合作科、税务局、邮电局。1952年6月，专署机关从岳池县城迁驻南充市河东乡。至1952年8月底，王大昌任专员，朱光壁任副专员。1952年9月1日，川北行署被撤销，川北行署南充区专员公署改由四川省人民政府领导。

川北行署遂宁区专员公署　1950年2月3日，经中共中央西南局批准，川北遂宁分区行政督察专员公署在遂宁县城建立，为川北行署的派出机构，管辖遂宁、潼南、乐至、三台、盐亭、蓬溪、安乐、中江、射洪9县。内设工作机构与川北南充分区行政督察专员相同。10月，川北遂宁分区行政督察专员公署更名为川北行署遂宁区专员公署。至1952年8月底，吕韵任专员，刘石安任副专员。1952年9月1日，川北行署被撤销，川北行署遂宁区专员公署改由四川省人民政府领导。

川北行署达县区专员公署　1950年3月，经中共中央西南局批准，川北达县分区行政督察专员公署在达县县城建立，为川北行署的派出机构，管辖达县、开江、宣汉、万源、通江、南江、巴中、平昌8县。内设工作机构与川北南充分区行政督察专员公署相同。10月，川北达县分区行政督察专员公署更名为川北行署达县区专员公署，至1952年8月底，李敏任专员。1952年9月1日，川北行署被撤销，川北行署达县区专员公署改由四川省人民政府领导。

川北行署剑阁区专员公署　1950年3月19日，经中共中央西南局批准，川北剑阁分区行政督察专员公署在广元县城建立，为川北行署的派出机构，管理剑阁、广元、苍溪、阆中、江油、昭化、川北、青川、平武、旺苍10县。内设工作机构与川北南充分区行政督察专员公署相同。10月，川北剑阁分区行政督察专员公署更名为川北行署剑阁区专员公署。至1952年8月底，姜英岩任专员。1952年9月1日，川北行署被撤销，川北行署剑阁区专员公署改由四川省人民政府领导。

【川北行署重要会议】　川北行署先后召开川北行署委员会、工作会、联系会议等，贯彻实施中共川北临工委制定的《川北区初期工作纲要》，川北区第一届各界人民代表会议讨论通过的《川北区当前施政方针》确定的建设新川北的六大工作任务，推进全区工作。

川北区首届蚕丝工作会议　1950年3月，川北行署召开川北区首届蚕丝工作会议。区内15家蚕种场场长，22个重点养蚕县的政府负责人，100人以上的缫丝厂（缫丝车房）、织绸厂（织绸机房）厂主参加会议。川北行署副主任秦仲芳到会作重要讲话。会议制定了川北区蚕丝业“由维持、恢复、走向发展”的生产方针，分析了川北蚕丝生产的现状，要求在是年内全面恢复丝绸生产。

川北区财经工作会议　1950年4月3日至7日，川北行署召开川北区财经工作会议，专题研究1949年度公粮征收工作。会议强调完成1949年度公粮征收的重大政治意义，决定采取大胆依靠群众，认真分化地主，纠正畸轻畸重现象，严厉打击破坏征粮的土匪特务等措施，抓紧征收公粮。会议通过了《关于保证完成1949年度公粮征收的决议》。

川北区学生代表会　1950年4月6日至10日，中共川北区委、川北行署召开川北区学生代表会。川北区党政主要领导出席会议并讲话。会议号召全区学生努力学习，树立革命的人生观，使自己成为建设新中国的有用人才。

川北区财政专业会议　1950年7月16日，川北行署召开川北区财政专业会议，贯彻中央人民政府政务院《关于统一国家财政经济工作的决定》，研究川北区稳定物价、统一财政的行政手段和必要的经济措施。会议确定了全区财政工作指导思想与政策、业务与制度相统一的原则和具体办法。

川北行署首次全委会　1950年8月20日，川北行署委员会召开首次全体委员会议。会议讨论通过川北区《关于实施〈西南区减租暂行条例〉的若干补充规定》，并颁发命令，从1950年8月22日起正式施行。

川北行署第二次全委会　1950年8月28日，川北行署委员会召开第二次全体委员会议。会议讨论通过《川北区一九五〇年度农业税（即公粮）征收办法》，并颁发命令，从即日起施行。

川北行署第三次全委会　1950年9月1日，川北行署委员会召开第三次全体委员会议。研究禁烟禁毒工作。会议决定成立川北行署禁烟禁毒委员会，由15人组成，川北行署民政厅厅长王叙五任主任，负责全区禁烟禁毒工作。

川北区第一次各市、县工商界代表暨工商科长联系会议　1950年10月23日至11月6日，川北行署召开川北区第一次各市、县工商界代表暨工商科长联系会议，各专（市）区、各县的工商界代表和工商科长参加会议。胡耀邦作了题为《消除顾虑，加强信心，提高警惕，为恢复和发展川北工商业而奋斗》的报告。与会代表坚定了带领工商户放手放胆搞好生产、改善经营的信心。

川北行署第四次全委会　1950年11月7日，川北行署委员会召开第四次全体委员会议。讨论并通过了川北行署民政厅提请公布任命的全区35县的正副县长及南充市正副市长和《川北区初级小学民办公助暂行办法》。

川北区代耕工作会议　1950年11月中旬，川北行署召开川北区代耕工作会议，贯彻中央人民政府关于新解放区代耕工作指示，各专（市）区、各县的民政科长参加会议。会议将察哈尔省的代耕办法印发给参会人员，要求以县为单位，订出代耕计划，组织代耕队伍，解决部分烈红军属缺乏劳动力耕种问题，以实际行动拥军优属和支援抗美援朝。

川北区第二届蚕丝工作会议　1950年11月下旬，川北行署召开第二届蚕丝工作会议，总结是年春、秋两季栽桑养蚕，恢复缫丝织绸工作。会议要求1951年川北区的蚕丝生产要做到产量增加，质量提高，扩大出口，多换外汇，增加蚕农收入和地方财政增收，在年内蚕丝业实现由恢复走向发展。

川北区第一次土地改革工作会议　1951年1月6日至10日，中共川北区委、川北行署联合召开川北区第一次土地改革工作会议。川北行署土地改革委员会的5个土地改革工作团正、副团长，4个地委的地委书记和南充市委书记，部分县的县委书记参加会议。会议初步总结了减租退押、清匪反霸工作，着重研究了6县1市4区（即：三台、岳池、南充、阆中、南部、遂宁6个县和南充市郊区与达县、巴中、江油、广元4县各1个区）的第一期土地改革工作，制定了8条工作要求。会议认为第一期土地改革，事关川北区土地改革大局，各县土地改革工作团必须按照《中华人民共和国土地改革法》，恪尽职守搞好第一期土地改革工作，为川北区土地改革开好局。会议提出了要做实工作，防止“回头”和“煮夹生饭”；要进一步发动群众，防止“和平土改”；要严守政策，防止秩序混乱；要紧密结合发展农业生产，防止浪费破坏的“四要四防”检查验收标准。

川北区税务局局长会议　1951年3月上旬，川北行署召开川北区税务局局长会议，贯彻中央人民政府酒类专卖会议精神，研究川北区实施酒类专卖工作。会议制定了川北区酒类专卖方针及酒厂（坊）暂行管理办法，查收没收私酿酒办法。会议报经中共川北区委同意，从川北区到各专（市）区、各县由税务局局长兼任酒类专卖事业局局长。

川北区首届农民代表大会　1951年3月18日至22日，川北行署召开川北区首届农民代表大会。会议指出，人民群众要坐稳江山，必须完成土地改革与彻底肃清反革命势力，打垮地主阶级与坚决镇压反革命是胜利完成土地改革的关键。会议强调要坚决依靠和发动贫雇农，团结中农，进行反封建斗争。反封建斗争要结合生产进行，不得有任何影响生产与脱离群众的行为。大会选出了川北区农民协会委员会，通过了《农民八项爱国公约》。

川北区第二次土地改革工作会议　1951年5月2日至10日，中共川北区委、川北行署联合召开川北区第二次土地改革工作会议。川北行署土地改革委员会的5个土地改革工作团的正、副团长，4个地委的地委书记，列入第二期土地改革的15个县的县委书记、县长参加了会议。会议总结了第一期土地改革工作，安排部署了第二期土地改革工作任务。强调在第二期土地改革中，一定要召开好各种会议，采取多种方式，广泛宣传《中华人民共和国土地改革法》，把土地改革的总路线与总任务做到家喻户晓是检查土地改革的最高标准，关键是充分发动和依靠贫雇农；毫不动摇地坚决惩办不法地主，但在饬令赔罚时，要有界限、有范围，区别封建与非封建、守法与违法、违法之轻重、低头与顽抗，做到合理合法，名正言顺。

川北区转业军人安置会议　1951年6月10日至14日，川北行署召开川北区转业军人安置会议，4个专署的安置科长和接收转运站站长共16人参加会议。会议交流了各专区接收安置复员军人的经验，纠正了安置工作中的偏向，商讨了转业军人安置中有关问题的处理意见。

川北区酒类专卖事业局局长会议　1951年6月中旬，川北行署召开川北区酒类专卖事业局局长会议，总结3个月酒类专卖工作，研究加强酒类专卖，保证酒类税收征收事宜。会议决定，酒类生产实行以销定产，防止酒类生产和购销脱节现象，对酒类生产企业实行生产许可证制度；酒类收购专卖区按厂价收购，非专卖区按市场批发价收购；酒类调拨以保证酒类利税征收为原则，由川北行署酒类专卖事业局计划统筹，各专区酒类专卖事业局具体实施；酒类专卖行业内部调拨要适当照顾产、销双方利益；酒类价格由川北行署酒类专卖事业局统一掌握核定，核价如有出入，各专县均可提出意见，酌情降低或提高；酒类批发价以550酒计算，零售可按批发价提高10%至15%定价，但要报川北行署酒类专卖事业局备案；各级财政拨付给各级酒类专卖事业局的周转资金，只能用作酒类专卖，不能挪作他用。

川北行署抗灾救灾工作会议　1951年入夏以后，川北区有29个县出现不同程度的旱灾，其中14个县还遭到风灾、冰雹、虫灾袭击，灾情严重。1951年7月7日，川北行署召开紧急行政会议，安排部署抗灾救灾工作。会议决定，一切灾区都应毫无例外地领导与发动群众以抗灾救灾为最中心的任务，土地改革因抗灾救灾不能按期完成的，时间可以延长，要发动灾区男女老少一齐动手抗灾夺丰收。

川北行署生产教养院联系会议　1951年7月中旬，川北行署召开生产教养院院长联系会议，总结一年半城市救济、游民乞丐资遣与教育工作。会议决定实行教育与生产相结合的办法，解决资遣与教育城市游民乞丐。

川北行署“八一”拥军优属工作会议　1951年7月下旬，川北行署召开“八一”建军节拥军优属工作会议，各专（市）区、各县民政部门负责人，拥军优属委员会委员参加会议。会议作出五项决定，即：8月1日全区城乡普遍召开群众性的拥军优属大会或军民联欢会，除热烈表示对烈红军属、荣誉军人慰问外，各地主要领导与拥军优属委员会的负责人要带头检讨对拥军优属工作做得不够的地方，并订出改进的具体办法；8月1日，川北人民广播电台要组织拥军优属广播，各地有广播设备和有收音机的区、乡要组织广大干部群众和烈红军属、荣誉军人收听；"八一"建军节前，各专（市）区、各县拥军优属委员会要对当地驻军进行慰问，开展军民联欢活动；对烈红军属、荣誉军人组织一次慰问活动，将优抚款、优待粮送至生产生活有困难的烈红军属、荣誉军人家中；"八一"建军节后要组织代耕队，帮助缺乏劳动力的烈红军属、荣誉军人秋收秋种。

川北区首届供销合作社工作会议　1951年8月21日至27日，川北行署召开川北区首届供销合作社工作会议。会议确定了"广泛宣传、重点建社、训练干部、建立机构、积极准备1952年大发展条件"的建社方针；规定了"入社自愿、民主管理、做好业务"的建社原则；明确了"不以营利为目的""不作非社员交易"等经营思想。会议要求各县农村每个区建立一家农村供销合作社，在人口集中的县级城市适当组织职工及其他群众开办消费合作社，供应生活用品。

川北区财经工作会议　1951年8月24日，川北行署召开川北区财经工作会议。会议决定土地改革在全区大部分地方完成后，主要精力应放在农业生产上，大量发展棉麻，大力提高粮食产量，大规模植树造林，大量发展牲畜。

川北行署第十五次文教会议　1951年9月4日，川北行署召开第十五次文教会议。决定成立川北区职工业余教育委员会，由川北行署教育厅、工业厅、劳动局、青年团川北工委、总工会、妇联、文联等7个单位组成，负责川北区的职工业余教育工作。

川北区第三次土地改革工作会议　1951年9月6日至17日，中共川北区委、川北行署联合召开第三次土地改革工作会议。总结第二期土地改革，安排部署第三期土地改革和第一、二期土地改革复查。会议强调，群众特别是贫雇农真正发动起来了，地主阶级真正打倒了，是检查土地改革好坏的标准。

川北区工商工作会议　1951年10月23日，川北行署召开川北区工商工作会议，总结全区工商业发展情况，听取工商界代表对党发展工商业政策、措施的意见，研究调整公私、劳资、城乡关系必须解决的若干问题。

川北行署劳动模范座谈会　1951年12月，中共川北区委、川北行署联合召开川北区100名劳动模范座谈会，探讨建立互助合作的好处，分析开展互助合作的利弊。会议要求劳动模范带头组织互助合作社，到春节前组织10000个互助合作组，20000名农民参加互助合作社。

川北区农业生产互助合作会议　1952年4月中旬，川北行署召开川北区农业生产互助合作会议，初步总结全区农业互助合作运动经验。会议要求全区1952年组织临时性的互助组应达到农业人口的20%左右，季节性的互助组应达到农业人口的10%左右，常年定型的农业副业相结合的互助组应达到农业人口的3%。

川北行署扩大干部会议　1952年6月，川北行署召开扩大干部会议。中共川北区委第二书记赵林作了《土改后的农村工作任务和发展方向》的工作报告。会议强调农村土地改革完成后的发展方向是实行毛泽东指示的"组织起来"的方向，实现农民在生产、供销、信用上的合作化。工作任务是大力发展农业合作社，深入开展"增产创模"运动，努力完成"万户千组一百乡”的生产任务，保证和超额完成1952年农业增产5%的计划和创办25万个农业生产互助组的工作任务。

川北行署委员会、川北区协商委员会第九次扩大联席会议 1952年8月31日，川北行署委员会和川北区协商委员会举行第九次扩大联席会议（最后一次联席会议）。会议听取了秦仲方所作《在四川省人民政府的坚强领导下，为迎接国家经济建设而努力》报告。总结了川北区的工作成就，号召川北区全体干部和广大人民在中共四川省委、四川省人民政府的领导下，为完成新的历史使命而胜利前进。

【民政工作】 1950年2月，川北行署民政处（厅）成立后至1952年8月，主要承担川北区的民主建政、烈军属优抚、转业复员军人安置、抗灾救济、收容游民乞丐、禁烟禁毒、少数民族等项工作。

烈军属优抚 民国22年至24年（1933年至1935年）4月，川北区的通江、南江、巴中、平昌、苍溪、阆中、南部、仪陇、营山、蓬安、万源、开江、广元、剑阁、昭化、旺苍、达县、宣汉等18个县的全部或部分地方属川陕革命根据地组成部分。江油、平武、北川、青川等县是中国工农红军第四方面军北上抗日参加长征经过的地方。22个县面积37568平方公里，占川北区总面积的三分之一，人口410多万人，占川北区总人口的四分之一。

1950年2月24日，中共川北区委、川北行署正式成立后，对川北区的烈属、红属、军属（简称烈军属）进行了调查登记。全区共有烈军属255320户。其中，烈属34362户、红属53527户、军属167431户。烈军属大多分布在22个县的农村。

2月26日，中共川北区委发出《关于恰当处理革命领袖、革命烈士、革命干部和战士家属问题的通知》，要求4个专区、35个县开展烈军属优抚工作。3月至7月，中共川北区委、川北行署联合向255320名烈军属发送慰问信，表达党和政府对烈军属的关怀；向烈军属传达中共中央及中共中央西南局对烈军属优抚工作的指令和中央人民政府优抚工作的重要法令及优抚暂行条件，推动全区烈军属优抚工作；向280名红军家属颁发首批“光荣纪念册”，向6100名烈士家属颁发首批“光荣纪念证”；确定了在川北区财政暂时困难阶段，对烈军属优抚以政治慰问为主，对家庭确实困难，无法维持生活的烈军属适当给予救济和酌情减免负担，对子女无力就学的烈军属家庭给予免除学费和介绍适当工作，鼓励烈军属家属组织起来，劳动自给；拨出46万公斤粮食，解决红军家属的生活困难，拨出150万公斤粮食解决烈属军属的生活困难，结合庆祝“八一”建军节，采取送粮上门到户的方式对烈军属进行慰问。

南充市民政科对城市贫困烈军属的优抚工作，除进行适当的救济外，还把有劳动能力的烈军属家属组织起来，成立生产工作队，担砖挑瓦，做土方工程，使250名烈军属家庭常年有工作做，参加一天的生产或工作可收入1.5元左右，够2人至3人一天的基本生活费。南充市民政科还将有部分劳动力的烈军属组织起来，开办生活用品推销社，专卖米、油、盐、酱、茶、醋等生活用品，并为其争取到所销产品进货优惠政策，烈军属凭证到生活用品推销社购买产品，享受优惠价格。川北行署民政厅在全区推广了南充市劳动自给的优抚经验。8月至12月，川北区对烈军属的优抚工作，实行分类优抚。对日子较好过的烈军属进行政治优抚，对从事农业生产缺乏劳动力的烈军属组织代耕，对缺乏生产资料的烈军属酌情补助，对鳏寡孤独及残疾的烈军属给予特别照顾和救济。其间，8月份西充县莲池乡第三村的翻身农民自发组织起来，为缺乏劳动力的杨家新烈士家属秋收秋种，开川北区为烈军属代耕先例。在减租退押、清匪反霸中，蓬溪、武胜、西充、营山、开江5县，翻身农民组织代耕队，为烈军属及缺乏劳动力的贫雇农耕种。11月，川北行署召开全区民政工作会议，总结优抚工作，传达贯彻中央人民政府内务部关于新解放区开展代耕工作的指示精神，部署对缺乏劳动力的烈军属和贫雇农开展代耕工作，搞好来年的春耕生产，用增产节约的实际行动支持抗美援朝。至1950年12月底，川北区代耕组织蓬勃发展。

1951年春节期间，川北区从行署到各专、县政府，采取召开烈军属代表会和拥军优属模范会等方式，开展拥军优属工作，进一步提高烈军属的社会地位，发动和教育群众拥军优属。是年春季开学前，川北行署针对部分烈士、革命军人家境贫困，子女无钱上学的实际，结合党和国家对烈红军属的优抚政策，制定了《川北区优待贫困烈士革命军人子弟（女）（简称贫困烈军子女）上学难的问题》。规定川北区贫困烈军子女范围，系指贫困烈士、革命军人之直系儿女及与其同居16岁以下的同胞弟妹，其他非直系的子侄及与其分居的弟妹不在此列。要求各级文教机关、中小学校必须明确解决贫困烈军属子女上学难的深远政治意义，并作为光荣的政治任务不折不扣的完成；全区各级负责教育工作的领导干部、中小学校长、教师应在春季开学前，召开一次所在地的烈军属座谈会，了解贫困烈军属子女入学情况，听取意见，帮助他们解除思想顾虑，解决实际困难，动员其子女上学读书；在烈军属学龄子女失学较多的县、区、乡，各个小学应灵活运用各种教育方式，适应烈军属子女的家庭生活情况和学习要求，尽量降低失学率；承担贫困烈军属子女入学的各中小学校，对他们的入学考试、入学年龄应适当放宽，实行免费入学报名，其考试成绩达不到录取标准的学生，可按其相当文化程度的班次，降级录取，对已经入学、学习成绩较差、年龄较大的烈军属子女，老师可在课外时间对其补习，提高这部分烈军属子女的学习成绩；凡贫困烈军属子女，通过拥军优属会议，民主评定免费名额，小学规定为该乡烈军属子女总数的30%，中学暂不规定比额，由乡出具证明，区批准确属贫困烈军属子女，可自持证明送交就读中学，即可享受免交学杂费、补助书籍费，享受助学补助费等免费待遇；私立中小学校对贫困烈军属子女同样实行免费入学，所免之费汇总后专项报请文教机关核发；实行免除贫困烈军属子女学杂费所需经费，小学部分在各县（含南充市）地方教育经费内学费收入项目内开支，中学部分在川北行署文教厅教育经费内中学收入项目内开支；就读中等专业以上学校的贫困烈军属子女，优先享受人民助学金待遇，在烈军属子女较多的中等以上专业学校，可增加助学金份额；通过实行上述免费优待办法后，仍不能解决极少数非常贫困的烈军属子女上学难的地方，各专、县民政机关应给予救济，采取特殊办法解决这极少数贫困烈军属子女上学问题。1951年春季，川北区对贫困烈军属子女发放了65000元的学杂费，贫困烈军属子女学龄儿童入学率达80%以上。

1951年3月初春耕开始前，川北区加紧组建代耕队伍。到月底，西充、安岳、达县、宣汉、江油、射洪、乐至、遂宁、盐亭、广元、平武等23个县，陆续建立起代耕队。一般以村为单位建立代耕队。各代耕队一般为15人至20人，多的40人至50人。每10人至15人分为一个代耕组，每2组为一个代耕分队，每4组为一个代耕大队。有的村以村农协会主席或烈军属代表担任代耕队队长，村民小组长任代耕组组长，每组选出代耕委员、生产委员、宣传委员各1人，轮流巡视督促检查代耕工作。各专、县在发动农民参加代耕队时，按青年男女年龄在18岁以上、45岁以下的全劳动力者自愿参加。代耕方式有多种，盐亭县将缺乏劳动力的烈军属的土地固定给一个代耕组实行包耕；武胜、宣汉、安岳等县，代耕队志愿义务为烈军属耕种，帮助解决生产中的具体困难，实行助耕（又称义务帮耕）；岳池、营山的代耕队将烈军属土地按代耕所需劳动力的强弱调换使用或视其耕种需用代工数，分配给代耕队，实行代换工耕种；岳池县西板乡将烈军属的土地，由全乡按劳动力来分配，轮流出劳动力进行耕种，实行轮耕。代耕的范围，大部分按照缺乏劳动力的烈军属或无劳动力的烈军属的情况决定，大多以村为单位，实行包耕、代耕、助耕。

川北区各专、县在城市优抚中，除开展对生活有困难的烈军属实行救济、组织劳动生产收入自给外，还多次与各政府机关、人民团体、公私合营企业、私营企业沟通联系，为烈军属中有文化、有技术的人员寻找工作。经盐亭县政府民政股推荐，该县有9名烈军属招入纺织厂当工人，5名烈军属招入花纱布公司当营业员，8名有文化的烈军属招入学校当教师，6名烈军属招入蚕种场养蚕制蚕种。对贫困无依靠又没有劳动力的烈军属，按其不能自食能力的人口，采取发放优待粮的办法进行优抚。南充市民政科总结劳动生产收入自给优抚经验，进一步扩大劳动生产收入自给门路，投资390元兴办东南城区优抚工艺社，招收18名烈军属进社当工人，承制文具、印刷品，开办之月就盈利，又将所获利润投入扩大生产，再招10名烈军属进社当工人。

1951年4月至5月春夏荒时期，川北行署下拨110.5万公斤大米、10万元现款解决了40%的烈军属的生活、生产困难。在第一期土地改革分配斗争果实时特别注意照顾烈军属，保证烈军属的生产生活水平不低于当地一般群众的水平。

1951年“八一”建军节前，川北区各专、县均召开烈军属代表会议，8424名烈军属代表参加会议。其中，开江县以区为单位召开烈军属会议，参会人员人数达3500人。川北行署拨粮50万公斤、拨款50万元慰问烈军属。南充专区对烈军属除发慰问粮款外，还发了8600封慰问信。川北区各国营商店以“九·五”折价款欢迎烈军属购物。阆中县向烈军属模范赠送了生产工具。

“八一”建军节后至12月，全区开展拥军优属大检查，南充、遂宁、达县、剑阁专署除检查所辖农村的优抚工作外，还重点检查了所驻县城城市的优抚工作。川北行署民政厅派出工作组，对南充市的优抚工作进行了检查，写出了《检查南充市优抚工作总结报告》。抽调老红军、老地下党员，组成5个访问组，配合中央慰问团，对川陕革命老区进行慰问，传达中共中央和毛泽东主席对老区人民的关怀和慰问。“八一”建军节后新调查登记的近5万名烈军属，因原无证件未享受到烈军属待遇，对其中生产生活确实困难的，从国家公粮死角粮中借40万公斤大米进行救济。进一步健全拥军优属组织，制定全区统一的代耕办法，搞好1951年的秋收秋种。

1952年2月，川北区在召开春节拥军优属会议之后，抽调干部到农村开展代耕工作调查，制定了统一的代耕办法。规定凡年在18岁到45岁的农村全劳动力，及能从事耕作的畜力，都应负担代耕任务，人力与畜力的折合按各地的具体情况，由农民讨论决定。凡革命烈士、革命军人之贫困直系亲属无劳动力的，全部享受代耕，劳动力不足的享受一部分代耕；不缺劳动力的不享受代耕；被评为特一、二等的革命残废军人享受代耕，与其同居之家属享受与革命军人同等的待遇。对其需要的代耕量，先由烈军属自报公议，再由农民群众讨论决定。在春耕生产中，各代耕队都造具了烈军属代耕清册，记清楚代耕土地面积、代耕用工数，组织固定的代耕队进行代耕，防止平均主义和多要代耕用工数的现象。固定的代耕队指定专人负责，工薪米高于各地一般从业人员的工薪米，代耕队员不能吃烈军属的伙食，避免增加代耕户的负担。

是年5月，川北区建立临时性、季节性、常年性三种形式的农业生产互助组之后，代耕工作由农业互助组承担。是年，春夏荒期间，因1951年全区农业收成较好，川北行署只拨了50万公斤大米（大米折成款发放）、5万元就解决生产生活困难的烈军属度荒问题。

川北区老革命根据地面积户数人口一览表

（1951年6月）

县名	全县面积（平方公里）	全县户数（户）	全县人口（人）	根据地面积（平方公里）	根据地户数（户）	根据地人口（人）
通江	4989	62404	366874	4989	62404	366874
南江	1787.57	62404	274874	1787.57	62404	274528
巴中	3788.90	123255	344164	3788.90	123255	344164
旺苍	3008.08	32943	99865	3008.08	32943	99865
苍溪	2398	78886	288931	2398	78886	288931
平昌	1101.45	80464	390275	1101.45	80464	390275
万源	4112.36	45742	202255	4112.36	45742	202255
仪陇	1577.33	44045	418901	788.61	22200	214400
广元	5143.10	35412	233690	2572.10	17760	111845
昭化	1541.36	27795	107200	513.78	9565	35733
阆中	1481.40	95991	456927	787.61	63994	304618
南部	1461.06	197562	797900	1461.06	98931	398952
营山	2540.75	106801	543490	846.91	35600	181165
剑阁	4104.50	78767	249777	1025.27	19691	68443
宣汉	4339.72	135012	344164	2129.86	67560	172082
蓬安	1622.33	169.345	803314	405.58	42334	200824
达县	3541.81	170551	685589	1182.93	56850	228567

注：缺开江县。

川北区烈红军属户数人口一览表

(1951年6月)

专区别	县（市）别	烈属		红属		军属	
		户数	人口	户数	人口	户数	人口
	南充市	5	—	—	—	462	—
南充专区	南充县	75	—	3	—	3739	—
	南部县	1290	4814	499	1658	8086	29861
	岳池县	39	—	9	—	4696	—
	蓬安县	13	—	16	—	4340	—
	营山县	285	1239	210	1003	3922	21018
	西充县	10	—	2	—	4258	—
	武胜县	40	—	2	—	4738	—
	仪陇县	67	—	955	2634	2634	—
遂宁专区	遂宁县	34	137	—	—	7237	21820
	三台县	35	—	—	—	5767	—
	中江县	40	172	—	—	5327	—
	蓬溪县	7	43	—	—	3150	1694
	潼南县	29	139	5	21	2716	12129
	乐至县	17	—	2	—	2647	—
	射洪县	40	170	14	33	5027	—
	盐亭县	19	95	1	5	2935	20186
	安岳县	84	—	7	35	8549	—
达县专区	达县	770	1507	2536	—	11316	—
	巴中县	333	—	335	1550	4104	20888
	开江县	38	—	3	16	3700	—
	宣汉县	12273	—	362	1426	5713	—
	通江县	450	—	327	—	1408	—
	南江县	345	—	364	1080	1700	—
	平昌县	860	3926	501	—	2245	8642
	万源县	88	517	797	5074	828	5271
剑阁专区	剑阁县	111	469	418	1636	2102	10681
	阆中县	49	221	261	1306	2246	8221
	广元县	4	—	1127	—	1191	—
	苍溪县	1647	—	1454	5570	2230	10680
	江油县	22	—	47	—	894	—
	昭化县	3	—	215	—	556	—
	旺苍县	6	—	355	—	329	—
	平武县	46	—	118	—	126	—
	北川县	—	—	11	—	3	—
	青川县	—	—	—	—	—	—
合计		19174	13449	10956	23047	120923	171091

川北区 1950 年首次发放优待抚恤粮表

(1950 年 8 月 1 日)

县市名（机关名）	红军家庭优待粮（公斤）	烈士家属抚恤粮（公斤）
南充市	522	2050
南充县	350	6328
岳池县	—	8075
西充县	648	2700
蓬安县	1005	1925
营山县	11910	19600
仪陇县	14459	2500
南部县	536	3459
武胜县	—	12952
遂宁县	—	4300
安岳县	250	10425
三台县	—	1025
中江县	—	7500
盐亭县	—	4200
射洪县	1460	10300
蓬溪县	—	2650
潼南县	550	2663
乐至县	750	1250
达　县	8205	10307
宣汉县	111103	—
开江县	177	6708
万源县	16275	242
巴中县	55977	2785
通江县	62944	182
平昌县	4100	—
广元县	2470	150
昭化县	5425	—
苍溪县	10600	2125
阆中县	15641	4565
剑阁县	2903	1375
青川县	3198	1750
平武县	4211	4650
北川县	2312	225
江油县	4699	2450
达县专区	250	675
川北行署民政厅	7537	—
合计	350467	142066

转业军人接收安置　1951年底，根据朝鲜战局的变化，中共中央决定对中国人民解放军进行精简整编。1952年1月5日，毛泽东批准了中央军委重新制定的《军事整编计划》。为做好转业军人的接待接收安置工作，4月份川北行署成立了川北区转业建设委员会（简称区转委会）暨办公室，抽调11名干部专职从事转业军人接待接收安置工作。从4月底到5月上旬，川北区各专（市）、县均成立转委会，并在遂宁、达县、广元交通要道设立了3个接待转运站，接待转运站正、副站长由遂宁、达县、剑阁专署民政科的正、副科长担任，负责接待外区转业军人退役回乡。3个接待转运站除受遂宁、达县、剑阁专署领导外，还受区转委会及川北行署民政厅的领导。5月至7月，区转委会抽派27名干部，分赴南充市和35个县检查转业军人接待接收安置情况。区转委会与川北区供销合作社、川北区粮食局、人民银行川北分行、川北行署财政厅、川北行署卫生厅、川北人民法院等工作机构多次商讨转业军人兑换粮款、存放粮款、就业复学、住院治疗、婚姻纠纷等事宜的解决办法。其间，6月10日至14日，川北行署召开转业军人接待接收安置工作会议，总结交流转业军人接待接收安置工作经验，商讨进一步做好接待接收安置工作的措施，纠正接收安置工作的偏向。至8月底，共接收转业军人40873人。其中，接收华东、东北、西北等外区回川北原籍的转业军人24838人，川北军区及川北荣军校转业军人16035人；团职干部3人、营职干部37人、连职干部153人、排职干部983人。

抗灾救济　川北历来自然灾害频繁，尤以旱灾和涝灾为甚。1950年，春雨失调，广元、剑阁、旺苍、北川、万源、武胜等14县发生旱灾，17.23万公顷农作物受灾，受灾人口达504500人。受灾县收成最低的只收到20%~30%。5月入夏以后，遂宁、岳池、宣汉、乐至、巴中等10县又遭受涝灾，据开江、岳池、南充、乐至等8县不完全统计，淹死11人，16703亩农作物受灾，受灾人口达15万人，上百户农民房屋被冲走，山岭地带5万人面临饥荒。夏春之交，川北区各地匪特乘川北解放后革命秩序尚未完全建立之机，到处骚扰破坏，造谣抢劫，其中以安岳、南充、潼南、蓬溪、射洪等县，匪灾最为严重。6月至7月，盐亭、阆中、青川、蓬安等10县又遭受雹灾。宣汉县冰雹降落4小时。昭化县遭冰雹打死3人，34个村、1753户受灾，重灾户达288户。蓬安县5383亩农作物、430户、2286人受灾。

川北行署根据中央人民政府和西南军政委员会关于开展生产救灾的指示精神，随即成立川北区救灾委员会，各受灾县也成立县救灾委员会，吸收开明人士参加；受灾区、乡由接管干部、驻军、农协会等共同承担救灾工作。受灾县生产救灾委员会派干部到受灾区、乡、村慰问灾民，发动群众开展生产自救，及时发放救灾粮款。春旱、涝灾发生后，中共川北区委、川北行署号召全区人民群众节约募捐救灾。中共川北区委、川北行署、川北军区机关开展党政军机关干部、革命军人每天每人节约一两米募集救灾粮活动，3个月募集救灾大米141524公斤。达县、西充、遂宁、岳池、宣汉、南部、安岳、三台等8县共节约募集救灾粮141751.4公斤。全区共募集救灾大米309575.5公斤，救灾款44352元。同时发动群众互助互济救灾。在开展救灾活动中，川北行署救灾委员会发动群众"亲帮亲、邻帮邻"进行救灾，并提出"保证邻居不饿死一个人"的救灾口号。各受灾区、乡的开明人士及各界代表组成互助救灾委员会，协助政府开展互助互济救灾工作。岳池县提出"一把大米、一根木料、一根竹子"的互助互济救灾口号，石垭乡灾民在同村群众的援助下，被水冲毁的房屋在一个月内得到修复。安岳县发生严重水灾之后，均在群众互助互济之下解决了暂时的吃住困难。在救灾工作中，各县政府发动灾民参加整修塘堰、兴修水利、修复水毁公路、修建仓库、翻晒公粮等生产自救。遂宁县1300多灾民参加了修复四联堰和绵壁公路。仪陇县通过兴修水利，救济了276名灾民。川北人民银行宣汉支行低息贷款给已停产的20户铁厂和14户锅厂开工恢复生产，解决了81328名失业工人和灾民的生计问题。开江、仪陇、武胜等县，组织灾民编篾席、磨豆腐、打草鞋、搞运输，经营生活用品，解决灾民生活困难。各受灾县生产救灾委员会干部深入到无地或少地的灾民之中，宣传开垦荒地，多种粮食，对救灾起到了较大作用。宣汉县开荒增产苞谷100万公斤。武胜县开垦荒地达33.3公顷。是年，川北区在抗御旱灾、涝灾、匪灾、雹灾4种灾害中，共发放救济粮416945.5公斤，救灾款按粮价折合贷粮160万公斤。

1951年，川北区35县发生旱灾，14县遭受涝灾。94.54万公顷农作物受灾，受灾人口达7578131万人。川北区和各受灾县救灾委员会，认真总结借鉴1950年的救灾经验，深入到受灾地了解灾情，周密部署，广泛发动灾民抢救禾苗。各地均把领导与发动群众抗旱保苗作为中心工作来抓。同时，发放救灾粮21万公斤，救灾款107800元，贷粮180355公斤，贷款217167元，支持灾民救灾，解决灾民生活困难。

1952年又遇春旱连夏涝，35县发生旱灾，33县遭受涝灾。重灾区1.07万公顷农作物只收一成至二成，受灾人口达3982569人。川北行署及各县及时发放救灾粮50万公斤，救灾款109246.8元，贷粮221万公斤，贷款375200元。在抗灾中发动群众兴修小型水利，扑灭农作物病虫害，找水保苗，排除内涝，植树造林等，把灾害损失降到了最低程度。

收容处理游民乞丐　1950年，川北区开始收容处理部分游民乞丐。1951年1月3日，川北行署要求各专、县结合土地改革工作开展收容处理游民乞丐工作，力争做到在土地改革后基本解决城市游民乞丐问题。川北行署民政厅先在南充、岳池、遂宁等县一期土地改革区试点，由民政、公安部门抽调干部组成工作班子，在进行调查登记的基础上，组织力量开展集中收容，安定其生活后加强必要的管制。然后进行阶级教育、前途教育。教育后即作处理。处理原则是：对有劳动能力且有家有依靠的游民乞丐资遣返乡，交当地人民政府及农民协会，分配其土地，强迫劳动生产，每人发给75公斤~125公斤大米，使其在4个月至6个月后做到生产自给，避免资遣返乡后又重新流入城市，沦为新的游民乞丐；对有劳动力而无家无依靠及外籍路程过远的游民乞丐，组织参加城市建设或其他生产劳动；对老弱残废，大部分或全部失去劳动能力的游民乞丐，转入生产教育院，无生产教育院的县根据人数多少组织生产教育组、生产教养队，实行生产教养，逐步做到生产自给。处理经费标准为，集中教育期间的伙食费、医药费，每人每天1.5公斤大米；资遣路费每人每天走30公里发大米1.25公斤；转入生产教育院的，按各院实有生产基础，每人每月补助生产基金75公斤至125公斤大米。各项处理经费，先暂在地方粮预备费内垫支，处理结束后在标准内实支实报，川北行署民政厅拨粮归垫。在处理城市游民乞丐的同时，对乡间游民乞丐亦通知各区、乡人民政府、农民协会，严禁其流动，限在当地分配土地，强行劳动改造。对个别确系老弱病残、无依靠的游民乞丐，由区、乡人民政府报送县人民政府收容。至6月底，南充市、南充县、遂宁县、三台县等1市20个县，共收容游民乞丐3592人。经教育后资遣回乡生产的2901人，占收容数的80.8%；转入生产教养院691人，占收容数的19.2%。9月，川北行署民政厅对游民乞丐收容处理采取了新的措施，对被开除的机关工作人员由原机关负责资遣，并一次发足到家路费，不得沿途转送；对经教育改造后的游民乞丐，造具审查表册，注明原籍详细住址，送原籍人民政府审查同意后，办妥一切资遣手续始行遣送，一次发足到家路费，不能沿途转送；外区资遣回川北区的游民乞丐，各地人民政府应积极负责安置，对不按规定资遣回原籍的游民乞丐，先安置后再向原遣送机关提出意见，不得相互推诿辗转相送。1952年春节后，川北区部分县城复现游民乞丐沿街乞讨，其中有的是曾资遣回家，分到了田地，不思劳动，重新到城市乞讨；有的是土地改革中被划为地主，当地未严加监督劳动，流入城市，流荡乞食。为此，川北行署民政厅要求1951年已进行收容处理游民乞丐的地区，再进行一次收容处理；未进行游民乞丐收容处理的地区，从3月份起开展收容处理，由县民政部门协同公安部门，将游民乞丐先集中收容，再进行登记了解，通过一个月的短期教育后，按不同情况分别处理。对流入城市的游民乞丐，同时通知所辖区、乡人民政府；对乡村游民乞丐，由区、乡人民政府及区、乡农协会负责处理，并强迫劳动，严禁流入城市。至6月底，各县城的游民乞丐基本收容处理完毕。在收容处理游民乞丐中，川北行署民政厅拨给各县一定数量的粮食作为专项费用。至6月底不完全统计，川北区在一年多时间里共拨出专用粮食229850公斤。

川北区 1 市 19 县收容处理游民乞丐表

（1951 年 1 月至 7 月）

县（市）名	收容数（人）	资遣数（人）	转入生产教养院数（人）
南充市	83	55	28
南充县	876	876	—
西充县	56	31	25
南部县	155	70	85
营山县	151	117	34
遂宁县	494	451	43
安岳县	88	32	56
射洪县	57	57	—
乐至县	127	10	117
三台县	300	294	6
中江县	139	139	—
蓬溪县	64	25	39
潼南县	174	174	—
盐亭县	47	31	16
江油县	372	305	67
阆中县	52	30	22
广元县	48	—	48
苍溪县	42	23	19
达县	91	47	44
开江县	49	37	12
合计	3592	2901	691

少数民族工作　川北区回族、藏族、羌族等少数民族主要分布在青川、平武、北川三县。中共川北区委、川北行署认真执行中共中央及中共中央西南局对少数民族的政策，实行慎重、缓进

的方针。按照《共同纲领》中关于少数民族平等自治的精神，1950年7月30日，中共川北区委指导平武县建立藏族自治区政府委员会，随后陆续建立乡自治政府。川北行署对有少数民族县的各界人民代表大会与县的常驻委员会，都吸收了少数民族代表参加。1950年10月，川北行署派出民族访问团和服务队，代表川北行署前往少数民族聚居和杂居的主要地区进行慰问，宣传党的民族政策，开展医疗、物资救济工作。在发放贷款中，特别照顾少数民族，帮助发展民族经济，改善其生产生活条件。

青川、平武、北川三县，地域偏僻，经济落后，少数民族采取杀羊、跳神、打老牛等办法驱除疾病。1951年，川北行署在财政较困难的条件下，拨款修建了青川、平武、北川县卫生院（县医院），并帮助平武县修建了一所区卫生院，为其购置医疗设备。还三次组织医疗队赴少数民族地区巡回医疗，共医治病人3139人。接收了7名少数民族学生到川北区卫生学校学习。

1951年11月至1952年4月，在川北区第三期土地改革中，川北行署土地改革委员会尊重少数民族的意见，对少数民族聚居的63个寨、约1.3万多人口的地区，暂未进行土地改革。至1952年8月，川北区除为少数民族培养了7名医疗卫生干部外，还培养了77名民族干部，在南充、阆中、广元等地建立民族完小5所、初小17所。

【人事工作】 1951年6月，川北行署人事厅成立后，根据中央人民政府和西南军政委员会的人事工作方针、政策，承担干部录用、聘用、配置和转业干部安置，公职人员任免、考核、奖惩、调配、培训，以及承办机关、事业单位工作人员工资、福利和离退休待遇等有关干部工作的职责。

行署机构编制 1950年3月，西南财政会议根据中央整顿各级人民政府党群团体组织的决定，初步核定各省区市各级人民政府、党委、群众团体暂行编制。是年10月，改按国家编制委员会印发的《统一管理各级人民政府、党派、群团员额暂行编制草案》执行。西南区分配川北行署包干编制人数如下：

川北行署包干编制人数

（1950年10月）

单位：人

各级行政	税务	粮务	盐务	区武装	土改队	干训革大	水上公安
22742	2500	2272	1779	3900	2500	2000	354

川北行署包干编制人数

（1951年1月）

单位：人

总计	行政编制					其他编制						
	政府	省辖市	党委	群团	小计	税务	盐务	粮务	水上公安	干训革大	土改队	小计
35629	16077	850	3299	2516	22742	2500	1961	2272	354	2000	2500	11587

川北行署工作机构设：办公厅、民政厅、财政厅、工商厅、工业厅、商业厅、农林厅、粮食局、盐务管理局、交通厅、文教厅、文化事业管理处、卫生厅、公安厅、劳动局、税务局、财政经济委员会、人民监察委员会、政治法律委员会、民族事务委员会、文化教育委员会、川北区编制委员会、人民银行川北分行、人事厅、川北人民法院、川北人民检察署、行署外事管理委员会、川北邮电中心局、供销合作社联合社。川北行署党委机构设：办公厅、研究室、组织部、宣

传部、调研室、社会部、统战部、纪委、党校、保密委员会、直属机关党委。群团机构有：工会、妇联、青年团、农会（农协）、文联、工商联。

专署机构编制　1950年专署机构设秘书室（办公室）、民政科、公安处（含公安部队）、法院、财政科、财委、工商科、农林科、建设科、文教科、卫生科、托儿所、检察署。地委机构设秘书处、组织部、研究室、宣传部（宣教部）、社会部（公安处兼）。群团机构设工会、农会、青年团、妇联。是年，川北行署各专署编制285名。川北行署直辖市市级编制615名。1951年1月，川北行署核定下达所属各级机关设置及人员编制新标准，专署级总编制1180名，各专署为295名。12月，川北行署下达1952年各级党政群机构编制，专署级总编制820名。

县（市）机构编制　解放初，政务院将全国的县划分为特、甲、乙、丙、丁五等。规定，凡辖有80万人口以上的为特等县，50万至80万人口的为甲等县，30万至50万人口的为乙等县，15万至30万人口的为丙等县，15万人口以下的为丁等县。各县政府、县委、群团机构设置为：政府秘书室、民政科、财粮科、工商科、农林科、建设科、文教科、卫生科、公安局、法院（含看守所）；县委设秘书处、组织部、宣传部；群团设工会、农会、青年团、妇联会。1951年1月，川北行署核定下达35个辖县县级总编制8400名，另有其他编制，其中税务2282名、粮务2163名、水上公安659名、土改队1100名、干训600名。南充市编制535名，另有税务58名，粮务9名，水上公安队11名。12月，川北行署下达1952年所属县级编制，特等县180名，甲等县167名，乙等县157名，丙等县141名，丁等县134名。南充市856名。

领导职务任免　1950年，川北行署主任、副主任，于行署成立时由西南军政委员会任命，后经中央人民政府委员会第8次会议批准。行署各委、厅、会、院、署、行、局负责人，分别由中央人民政府委员会、政务院、西南军政委员会任命。专员、副专员由西南军政委员会提请政务院任免。1951年，根据中央人民政府任免国家机关工作人员的权限范围划分，川北行署各委、厅、会、院、行、局所属处长、局长、科长与其副职，上述机构所属专管机构（包括事业、企业单位）主要负责人等，提请西南军政委员会任免或批准任免。专署所属局长、处长、科长与其副职，人民银行中心支行正副行长，各县正副县长、正副区长、委员，各中学正副校长，逐级呈报川北行署提请西南军政委员会任免。专署各局、委、处、院、署、行所属正副科长（股长）、各县政府所属委、科、局正副主任、正副科长、正副局长、法院正副院长，检察署正副检察长、委员及县辖区正副区长、各中小学正副校长由川北行署任免。

吸收录用　解放初期，为巩固人民民主政权和适应大规模经济建设需要，川北行署吸收录用复员转业军人安排在商业、卫生、林业等系统工作之后，又将在土地改革和“三反”、“五反”运动中涌现出的一批优秀工人、农民吸收进入干部队伍。还对失学失业知识分子和民国时期地方政府的职员按照分别吸收安置的方针给予工作及生活出路。据《南充市志》（2010年版）记载：南充解放时有各类干部517人，分别来自原中共南充地下组织、部队复员转业干部和老解放区调配支援干部及南下学生。1950年至1951年，南充干部来源包括应届大中专毕业生，失学失业中青年知识分子，民国时期南充地方政府职员，以及工人、农民等，专县两级机关干部增至4638人，事业企业干部4524人（含中小学教师1187人）。据《达州市志》（2009年版）记载：1950年1月，达县境内有各类干部499人。其中，由解放军（含西南服务团）干部转为地方干部344人，地方干部155人。对于旧职员、旧军人，本着区别对待方针，在集中训练后录用470人。1951年至1952年，录用复员转业军人186人，吸收参加土地改革工作的农民积极分子2140人，考核录用青年知识分子1350人（试用期1年）。

考核　川北行署规定全区各级机关工作人员的考绩每年年终进行一次。干部调动前的考核按自我鉴定、群众鉴定、组织鉴定三个程序进行，鉴定材料装入干部档案。领导干部考核内容，以掌握政策、业务指导方法与作风、原则性与立场观点为主。一般工作人员以工作态度、成绩、缺点、学习进展、思想作风、群众关系和创造性、组织性与纪律性为主。考核采取民主评议和行政核定方式进行。被考核人或被考核单位对考核小组的意见如有异议，可直接向考绩委员会提供材料和意见。考绩后由各级考绩委员会进行总结，公布考绩结果及典型事迹，并对值得学习者报请上级机关审核通报。

奖励　川北行署期间，国家对工作人员实行奖励，分为记功、记大功、授予奖品奖金、升级、升职、通令嘉奖等。1950年11月，按照西南军政委员会要求，南充、遂宁、达县、剑阁专署首次进行阶段性工作总结表彰，并对特殊功绩者呈报川北行署通报表彰。1951年至1952年8月，奖励结合年终考绩或在一定工作阶段结束时进行。

惩戒　1950年至1952年8月，川北行署对丧失革命立场、受贿失职、利用职务陷害或欺压人民者；违犯政府政策法令规章，损害政策威信或人民利益者；对上级指示决议不研究不执行或执行中消极怠工，玩忽职守，致使工作遭受损失者；违犯政府纪律及各种工作制度，屡教不改者；贪污、腐化、窃用公款或因工作不力，疏于检查，致使国家财富遭受损失或破坏者；遗失重要文件、暴露国家机密，造成直接损失或间接损失者，分情况予以劝告、警告、记过、降级、撤职、开除或撤职查办等处分。

调配　1950年至1952年8月，川北行署以中共川北地下组织干部、军队转业干部为基础，以各级新政权干部、知识分子、军大学员、社会团体职工及民国时期地方政权留用人员、土地改革工作积极分子为主体，由组织人事部门统一调配干部，参加征粮、清匪反霸、减租退押、镇压反革命、土地改革、抗美援朝等中心工作。

培训　1950年，川北行署根据西南军政委员会民政部命令，对留用、招聘和新参加革命工作的干部进行职前培训。培训工作分两段进行：首先集中进行思想作风教育与时事政策教育，由川北革命大学、工农干校或组织专门性的短训班承担。然后由各系统分别组织业务政策和业务技能训练。训练时间为3个月至6个月，其中业务培训时间占总时数的20%~50%。1951年，川北行署各系统开办各种专业干部学校和干部训练班，训练2个月至6个月，开设邮电、合作、财政、税务、银行、会统、经济保卫、边防保卫、林业、种子等专业。1952年，中共中央西南局按编制数5%下达在职干部轮训计划，川北参训660人。训练内容与各部门工作相结合，如农业技术干部开设农具推广、化肥推广、病虫害防治、土壤肥料、种子、植麻、茶叶、畜牧、兽医防治、水产、气象、农业、园艺等科目。

工资　川北行署期间，川北区国家机关、事业企业单位实行供给制和薪金制两种工资制。

供给制。1950年2月，供给人员的供给标准按照行署规定的标准执行。4月，依照政务院颁布的《全国各级人民政府1950年暂行供给标准》施行。按职务、斗争历史、工作年限将伙食分为大灶、中灶、小灶三等。地专职以上职务任职满5年者和重伤病号享受小灶；地专级（副职）、县级任职满5年、区级任职满8年者及伤病号享受中灶；工作人员享受大灶。分别按不同标准供给菜金、肉食、粮油。每人春、夏、秋、冬四季供应衣、被、鞋、袜等生活必需品，并按工作人员职务等级发给猪肉、肥皂、牙刷、牙粉、烟叶、理发、毛巾等零用津贴以及技术津贴、特别津贴、过节费、保健费、老年优待金、妇婴费、医药费等。1952年3月，中央人民政府政务院将享受供给制人员暂分为十等二十四级。是年7月5日，政务院颁发《各级人民政府供给制工作人员津贴工资标准》，又将供给制人员津贴改为二十九级，并以工资分作为津贴标准的计算单位。同日，川北行署建立各级评级委员会，由各级政府领导负责，专、县人事（民政）科具体掌握，按工作人员所在职务、德才、资历确定其级别。代理职务者依原职，评级后低于原待遇者照原待遇不变。经评定，南充专区和川北行署直辖南充市警察定为22级~27级，其余各县定为24级~27级。公安局股长最高为19级，应届大学、专科毕业生除技术人员外、行政干部以22或23级办事员评定，个别定为21级。转业干部营级定为17级~18级，连级19级~21级，排级22级~25级。班长、警卫25级~26级，勤杂员27级~28级。低于部队待遇者，照原待遇执行。

薪金制。1950年年初，中央人民政府为使薪金制与供给制标准保持大体平衡，并消除薪金制人员的工资因地域或参加工作时间不同而形成较大差异，决定对各级人民政府的行政、文教、银行、贸易、卫生、农林、水利等部门的薪金制人员工资进行合理调整。6月，西南军政委员会规定：行政人员工资按大行政区、直辖市、省（行署）、省辖市、专、县、区等25个等级；大学教学人员及医务工作人员，因职务等级标准和条件，故有一个工资等级即可；中等学校教员工资因其本身学识程度的差异和城乡生活水平不同，应分别大、中、小城市而作出具体评定；农林、水利部门技术人员工资，应依照技术人员工资等级表评定；银行、贸易部门从事业务工作人员工资，原则上应稍高于同级事务管理人员工资水平；评定工资应以德、才、资为标准，德占25%，才占65%，资占10%，满60分即为及格。统一公教人员工资标准后，仍以折实单位为工资计算单位，每个折实单位的实物含量为大米1.5公斤，白布0.33米，菜油0.05公斤，食盐0.05公斤，煤1.5公斤。1951年11月，人事部将原定职务等级工资制中的二十五级改为二十九级，缩小最低工资与最高工资的差距，即由1950年的28.33倍改为19倍。1952年7月，西南军政委员会规定，薪金制人员和供给制（包干）人员均改用工资分。每个工资分的实物含量为粮0.4公斤、白布0.07米、食油0.025公斤、盐0.01公斤、煤1公斤。在不降低个人实际收入、机关增资总额不超过10%、不打乱工资等级的原则下，规定相当级分。川北行署薪金制人员工资按中央人民政府、西南军政委员会规定调整、评定、执行。

假期待遇　1950年至1952年8月，川北行署对离家时间长的干部准予请假探亲，其差旅费在工作单位机动费中开支。机关工作人员婚假3至5天，回家结婚为7天，路程假另给，假期工资照发。1950年，女工作人员产假一个半月，流产或小产一个月假，照支原薪。1952年，女工作人员产假改为两个月。1952年6月，对确需停止工作治疗或休养者经医院证明，可请病假。病假6个月内，供给制人员待遇不变；薪金制人员，1个月内工资照发。1个月以上至6个月者，发给80%的工资，病假6个月以上者，经机关核转，报上级人事部门核准备查后，按非编制人员处理。其中，供给制人员除发原津贴的二分之一或三分之二外，其他不变；薪金制人员发给本人工资的40%至60%，特殊情况者给予适当照顾。

伤残待遇　1950年至1952年8月，川北区各级国家机关、法院、检察署、民主党派、人民团体工作人员的伤残抚恤，按照中央人民政府政务院《革命工作人员伤亡褒恤暂行条例》执行。丧葬抚恤及遗属生活困难补助，川北区按照《革命工作人员伤亡褒恤暂行条例》办理。对为革命作出特殊成绩和工作满10年以上积劳成疾死亡的工作人员，授予烈士称号，并对其遗属生活予以照顾。

福利费　川北行署期间，干部家属生活补助费、家庭医药补助费、多子女补助费等，合并统称工作人员福利费。1950年，西南军政委员会人事部颁发《供给制干部家属生活困难补助暂行办法》，规定：夫妻双方均是干部或女方是干部者，其子女按供给制供给。随机关干部同住的家属补助按等级发放，甲等每人每年补助米270公斤，乙等225公斤，丙等180公斤；住原籍家属每人每月补助粮15公斤至25公斤，每年不超过5个月；如住在生活水平较高城市的，可酌量增加补助，但最多不超过原标准1/4；住机关干部家属医药费、子女教育费、生育费、丧葬费等，予以酌情补助。是年10月，西南军政委员会又规定：随干部同住的子女，所需学费及书籍文具费按学校规定准予报销。川北区按上述规定执行。1951年，改按《西南区直属各机关供给制干部家属补助暂行办法》执行。经批准住在机关的干部家属，成人按供给制勤杂人员对待，6岁以上未成年子女在入学期间连同津贴一并计算发给，6岁以内，给予40公斤至70公斤米补助；家属医药费、生育补助费由卫生部门统一掌握；干部家属住原籍的，每人每年补助米分别按特等750公斤、甲等500公斤、乙等400公斤、丙等250公斤、丁等100公斤执行。1952年5月至6月，在西南军政委员会人事部统一部署下，对干部家属补助进行调整：供给制女干部生产婴儿后无奶哺乳，必须雇用奶姆者，原则上从保育费、保姆费中解决；一胎生2个婴儿者准雇保姆、奶姆各一名，一胎生3个者准雇奶姆2名；供给制干部家属一胎生2个者，准雇一个奶姆，一胎生3个者，准雇保姆、奶姆各一名；薪金制干部或家属，一胎生2个准雇一个保姆，一胎生3个的准雇1个奶姆，时间为一年。干部批准结婚时，双方均为供给制的，补助15元至40元，一方为供给制、一方为薪金制者，以供给制方为主，补助10元至30元；双方均为薪金制，在机关结婚者补助10元至20元，回家结婚者不予补助。供给制改为薪金制且1948年前参加革命工作的干部，其家属有特殊困难、本人薪金确实无法解决者酌情补助，其数额不超过本人1月薪金，全年2次为限。供给制干部镶牙、补配眼镜费用，由卫生部门证明后报销；薪金制人员如费用较大且个人无力负担者，酌情予以补助。薪金制人员家庭困难的，每年以2次补助，每次10元至30元为限；住机关所在地的直系亲属死亡，确实无力埋葬者，补助普通棺木1口。供给制和薪金制人员生活困难，酌予定期或临时补助，定期补助每人每月3元至12元。

离退休　川北行署期间，对解放前参加革命工作、因体弱多病不能继续坚持工作的干部，准予长期休养，并享受供应待遇不变。1950年，政务院财经委员会制发《关于退休人员处理办法的通知》，其时川北区各级政权尚处初期阶段，干部均较年轻，未办理工作人员退休。

【劳动工作】　1950年2月至1952年8月，川北行署劳动部门根据中央人民政府发展生产、繁荣经济、公私兼顾、劳资两利的新经济政策，主要从事调处劳资关系、劳动保护、失业工人救济等工作。

调处劳资关系　川北行署建立后，大力扶持恢复工商业。1950年，南充市的68个行业，生产经营户由7月的3400户发展到9月份的3733户。是年，劳动部门共受理劳资争议17件，经调解解决5件，经说服撤回协商解决5件，经查明转送其他机关办理4件，调处中3件。争议涉及工资、解雇、复工、遣散费等方面。订立集体合同6起。

1951年，南充市、遂宁、广元等十二县市及盐场共调处劳资公私争议786件。其中，解雇停工争议占50.3%，工资（包括欠薪）占12.6%，打骂、虐待占9%。工资争议以欠薪情况最为严重。全区盐场930个灶，拖欠的盐工工资达3394人、22万元。经劳动部门配合有关方面组织协商，工资争议案件得到调解。

1952年，继续调处劳资关系。南充市、广元、阆中1月至5月共受理劳资争议案件78件，其中欠薪解雇纠纷占56.3%。主要原因是“三反”“五反”运动中，国营企业及修建单位集中力量搞运动，暂时停止加工订货及修建工程，银行贷款紧缩，使资方经营暂时受到影响。另一方面是，工人店员在运动中对资本家的“五毒”行为进行斗争，资本家由此产生怀疑、顾虑，丧失经营信心，隐藏资金，拖欠工资，歇业解雇。经各级党委与政府加强领导，通过工会、工商联组织分别召开代表会议，工人店员觉悟提高，资本家顾虑消除了，劳资关系逐步得到改善。

劳动工资 1950年，川北区厂矿存在工资制与提高生产效率脱节，工资无技术标准等问题。和源猪鬃厂各工作部门工资悬殊，搂工每人每月可达100个折实单位以上，水梳工每人每月难达45个单位。南充面粉厂、三台水电厂则存在平均主义现象。实业机械厂技术优良的工人工资偏低。

1951年，川北行署劳动局对川北区厂矿工资进行调查，于6月形成《川北区工资调查报告》(以下简称《报告》)。报告称：全区工业以缫丝、纺织等轻工业为主，缫丝以南充丝二厂、南充丝三厂和丝四厂（厂址阆中）为代表，纺织业以广元大华纱厂为代表，有职工1015人。机械、面粉、电气、火柴、酒糟、碾米、猪鬃等多为小型工场，占工业比重不大。重工业方面，广元、旺苍之煤，达县、万源之铁蕴量丰富，但开采很少。

《报告》指出全区工资状况存在5个问题。即：工资标准一般很低，职工每月平均所得低到11.55个折实单位。有的工资制度混乱，同一部门的生产岗位，采用不同的计月工资、计工工资与计件工资，大华纱厂前纺部门计时每天平均工资2.353单位，计件每天平均工资1.832单位，细纱部门计时每天平均工资2.64单位，计件每天平均工资1.79单位，计件工人的基本工资低于计时工人；有的轻重工业工资标准高低相差太大，重工业工人工资远低于轻工业工人工资，如广元大华纱厂工人平均月工资92.02单位，广元煤矿工人平均月工资仅32.81单位；有的存在平均主义现象，如遂宁联营酒厂职工一律每月8元，遂宁人民水电厂副厂长与学徒工每月均是112.5公斤米，技工最高187.5公斤米，最低120公斤米，职员最高工资未超过学徒，仅105公斤米；再是计资标准繁杂，万源采煤铁以铁锅为计资标准，旺苍煤矿以煤为计资标准，米厂、面粉厂、染织厂以大米为计资标准，亦有直接用人民币计资的。

《报告》针对工资方面存在的问题，提出了全区工资工作的方向，即：公布工资有关法令，组织工厂工资委员会学习；提出工资研究委员会组织章程，经川北财委批准实行；继续调查并统计工资情况，重点检查工资制度执行情况；合理解决工资待遇，巩固现有技工与工程师。1952年进一步落实措施，完善工资制度。

劳动保护 1950年，川北区工矿企业环境卫生和劳动保护条件甚差，缫丝业仅有南充丝二厂建有医疗室，配备中、西医医生各一名。川北行署劳动局为加强劳动保护，会同有关单位召开工厂安全卫生动员会议，推行各项劳保政策，改进工厂安全卫生。会后，南充丝二厂制定了执行卫生条件的规定，建立了消防组织。和源猪鬃公司设置了垃圾箱、水痰盂、饮食加热、哺乳室、沙包等设备。行署劳动局还建立病伤残亡报告制度，要求工厂发生安全事故必须及时上报。

1951年，川北区开展了两次劳动保护检查。全区有8个县市建立起了劳动保护工作的领导组织，50人以上的厂矿有35家建立了安全卫生组织，有6家厂建立了检查制度。广元大华纱厂装置了通风机，车间温度降低，职工患病人次减少。南充丝二厂在机器旁添置护板，新建了托儿所、浴室。大众印刷厂每周上一次安全卫生课。丝四厂（厂址阆中）在机器旁装设护板，新建医疗室，给工人种牛痘，打预防针。是年全区安全事故共伤亡751人，其中死亡91人，重伤172人，轻伤488人。事故主要发生在建筑、搬运、盐业、煤矿等行业。

1952年3月，劳动机构被裁减，致使对全区厂矿的劳动保护情况无法全面掌握。仅据13个县市不完全统计，安全事故死亡40人，重伤73人，轻伤372人。其中以伐木业和盐业伤亡为最大，平昌伐木厂210名职工，因搬运材料压伤和打伤致死6人，重伤14人。盐场因打飞车致死2人，重伤11人，轻伤15人。为减少安全事故，确保工人的安全，川北行署劳动局贯彻保护劳动发展生产的政策，配合有关单位对一些工矿开展劳保调解处理和不定期的督导检查，促使改善安全生产和医疗卫生条件。

失业工人救济　1950年9月5日，川北区成立救济总会，从各厅抽调干部开展失业工人救济工作。根据不完全统计，全区共登记失业工人3984人，经介绍就业者1301人，还乡生产者203人，参加修筑成渝铁路1866人。遵照中央人民政府政务院的指示，川北区救济方式以以工代赈为主，发救济金为辅。中共中央西南局拨来大米169782.5公斤，现款12130元，银元34元。因救济工作未推开，是年，仅开支大米36050公斤，现款198元。

1951年，南充市、遂宁县等10个县市统计，失业工人共4307人。川北行署劳动局根据政务院颁示的救济办法，举办了各种救济事业，安置就业1513人，其中以工代赈313人，生产自救307人，还乡生产423人，转业训练159人，发放救济款5人。是年救济金收支情况是：1950年结余及本年收入银元34元、人民币12872元，奉中共中央西南局指示将存粮大米213289公斤变价收人民币25021元，合计37893元。发放救济金133元，结余37760元，结存银元34元。救济粮收支为：共收入260297.5公斤，以工代赈支出6000公斤，转业训练支出11370公斤，生产自救支出15945公斤，发放救济粮1461公斤、生产贷金粮10062.5公斤，保管费支出1040.5公斤，奉中共中央西南局指示变卖粮食213289公斤，结余329.5公斤。

1952年6月，据27个市县统计，全区失业工人207221人，主要为建筑搬运工人。各级政府大力设法救济，得到解决14028人。其中，政府发动还乡生产6539人，自己还乡4215人，政府介绍就业532人，自行就业518人，转业499人，以工代赈1443人，生产自救285人。未解决的6695人。其中，已发救济金329人。还有半失业工人4762人，支付救济金约2000元。

【人民监察】　1950年6月，川北行署人民监察委员会成立。1950年7月，西南军政委员会根据中央人民政府政务院的有关规定，制定了《川东、川南、川西、川北人民行政公署试行组织条例》，经中央人民政府政务院修正，1951年3月15日批准试行。《条例》规定：人民监察委员会监察本区各级国家机关及其公务人员是否违反国家政策、法令或损害人民及国家之利益，并指导各县、市政府监察机关的工作。至1952年8月，川北区各级人民监察机关配合“三反”（反贪污、反浪费、反官僚主义）、“五反”（反行贿、反偷税漏税、反盗骗国家财物、反偷工减料、反盗窃国家经济情报）和“新三反”（反对官僚主义、反对命令主义、反对违法乱纪）运动，对违法乱纪、贪污浪费和严重官僚主义案件进行查处，对严肃政纪、巩固人民民主政权起到了重要作用。

【外事工作】　1950年至1952年8月，川北区在政治、经济、文化、教育、宗教等领域逐步开展了肃清帝国主义残余特权、势力和影响的工作。经外事、公安文化、教育、经济、卫生、民政、宗教等部门共同努力，顺利完成。同时，全区还开展了多种形式的反对侵略战争、保卫世界和平的宣传教育活动，组织开展大规模的抗美援朝、保家卫国的群众运动。

外事团体　川北区外事团体有中苏友好协会川北分会，中国人民保卫世界和平大会委员会川北分会。其中，中苏友好协会川北分会1950年11月6日在南充成立，会长赵林，副会长裴昌会、张雪岩、张永青。中国人民保卫世界和平大会委员会川北分会1950年11月16日在南充成立，主席贾子群，副主席王宏实。

外国侨民管理　1950年4月，川北区各有关县市开始对外国侨民进行登记。川北行署公安厅外侨管理科负责该项工作。年底，川北行署根据中央统一部署，开展肃清帝国主义残余特权、势力和影响的工作。1951年，川北区各级人民政府按照国家法令，对原由外国开办或受外国津贴的教育、文化、救济机构、宗教团体进行全面调查登记，分别由主管部门接管或改由中国公民自主办理。

【财政工作】 川北区解放初期，百业待兴，财政收入少，支出项目多，财政工作任务异常繁重。为了组织收入，1950年上半年根据中共中央西南局指示，征收1949年度公粮，以应急需，在支出上，仍实行战争时期办法，分散管理，各市县自收自支。

1950年4月川北财经会议后，贯彻中央“整顿收入，节约支出，统一财政收支管理”的决定，基本做到了财政收支统一。7月，西南财政会议后，建立了财政专业会议和银贸税联席会议制度，完善了会计制度，仓库制度，加强了财政工作的统一管理。1951年，逐步试行包干制管理各县财政收支，并设置财政监察机构，充实财政干部，强化企业财务管理，开创了财政工作新局面。1952年上半年，进一步健全财政制度，加强财政预决算，严格掌握财政收支，适应了各项事业发展需要。

川北区财政收支预算执行情况表

（1950 年至 1952 年 6 月）

表（一）收入预算完成情况

科目	完成数占预算数比例（%）		
	1950 年度	1951 年度	1952 年上半年
农业税	109.49	128.25	100.25
各项税收	141.55	196.93	107.84
专卖利润	—	254.95	200.11
蓝税	125	126.8	83.95
土地证照费	—	236.35	227.09
清仓收入	248.96	128.13	893.01

表（二）支出预算执行情况

科目	完成数占预算数比例%		
	1950 年度	1951 年度	1952 年上半年
经济建设费类支出	104.71	98.27	—
文教、社会、卫生费类支出	94.16	91.03	61.97
行政管理费类支出	89.75	83.26	39.06
民主党派及人民团体补助费类支出	—	94.15	70.73
其他费类支出	—	2.05	15.11

财政收入　川北区的财政收入包括农业税（公粮）收入、工商税收、盐税收入，公债收入、公私合营企业、国营企业上缴利润收入和其他零星收入。川北区属农业区，解放初期工商税收甚少，公粮收入为财政收入的主要部分。1950年根据中共中央西南局指示，集中力量征收1949年度公粮加地方粮27850万公斤，接着征收1950年度公粮21500万公斤，均超额完成计划。但其余收入

项目进展不平衡。是年1月至3月，全区财政收入只达到全年概算的6%。盐税差计划16%，其他收入仅完成计划的1%。对此，全区财政部门根据川北行署指示，加强组织收入，积极开辟收入来源。至7月止，完成收入预算的42.21%，年底止，全年预算超额完成。

川北区财政收入表

（1950年）

单位：人民币元、大米公斤

项目	人民币		粮食折米	实物折米	总计折米
	金额	折米			
公粮收入	7740714.85	79384441	356908577.5	16587981.5	452875000
1949年秋征	5353116.92	52803 8.5	173526288.5	13669913	240000000
1950年秋征	2387597.93	26580642.5	1833822289	2912068.5	212875000
各项税收	15411393	132548040	—	—	132548040
企业收入	2505.93	21542	—	—	21542
清仓收入	14154.26	139048.5	5462713.5	—	5601753
其他收入	38842	326546.5	—	—	326546.5
合　计	23207638.58	212419811	362371291	16581981.5	591373083.5

1951年，川北区充实财政干部，进一步加强县财政和乡镇财政管理，同时对地方国营企业开展清产核资。通过清理企业流动资金使用情况，清理和处理积压产品、呆滞器材和未使用的固定资产，制定消耗定额，加强财务管理，实行财务监督，按规定提缴固定资产折旧及上缴利润，使财政的企业收入迅速增加。1951年，全区地方国营企业利润及基本折旧收入达到1.59万元，比1950年的2500元，增加5.36倍。其间，1951年7月，川北行署公布《川北地方公有房地产管理暂行办法》，规定各县、区所属公产，由县人民政府财政科直接管理，结合土地房屋登记进行清理，增加公产收入。全年公产收入达到11万元。特别是随着工商企业不断发展，工商税收大幅度增长。全年各项税收达到2323.38万元，比1950年的1541.13万元，增长50.75%。

川北区财政收入表

（1951年）

单位：人民币（元）、大米（公斤）

项目	金额	其中粮折款	主粮
各项税收	23233873.61	—	—
企业利润收入	7008.96	—	—
专卖利润收入	265152.86	—	—
企业基本折旧基金收入	8939.11	—	—
其他收入	2231524.33	—	—
上缴补助收入	9247870.54	1886859.92	11231309
合计	34994396.55	—	—

1952年1月至8月，川北区进一步加强财经纪律，堵塞收入漏洞，各项收入全面增加。工商营业税、所得税、货物税、专卖收入、公产收入等，分别完成预算任务的105%~395%。除农业税外，全区各项财政收入共达到3583.3万元，比1951年的3499万元，增长2.39%，比1950年的2320.76万元，增长54.4%。

川北区财政收入表

（1952年1月至8月）

单位：人民币（元）

科目	1月至8月预算数	1月至8月实收数	实收数占预算数%
货物税收入	74397.00	7874490.79	105.84
工商营业税	6648742.85	7010924.16	105.44
工商所得税	19401.00	2429437.71	125.22
印花税收入	899542.9	906991.36	100.83
利息所得税	407.00	15388.39	37.81
地方税收入	59735.00	5747711.53	96.22
土地证照费	12572.34	2854993.57	227.09
专卖收入	865886.2	1732694.61	200.11
企业利润	259816.3	64675.03	24.89
企业提缴基本折售基金	174719.2	50290.84	28.78
行政收入	2066.80	331038.2	160.17
公产收入	140.00	553206.91	395.15
其他收入	2092.00	17777.024	849.76
事业收入	50394.5	60800.96	187.27
合计	30971460.45	35833040.55	115.69

财政支出　解放初期，川北区财政支出项目主要有：行政经常费、各项事业费、经济建设费，以及各项工作的临时费及其他支出费等。行政经费主要是各级党政机关、人民团体、公安、司法、检察支出。事业费，主要是农业、林业、水利、文教、卫生、新闻、出版、文艺等事业的专项费用。经济建设费，根据财力和急需安排。支出原则是：“取之于民，用之于民”，统筹安排。

1950年，全区各项财政支出以粮食计算，支出预算21376万公斤（折合大米，下同），实际支出21535万公斤。其中，事业费中的文化教育费超支137万公斤，市政建设费超支224万公斤。临时性支出，因中共中央西南局未批准纳入预算，均为超支，川北区自编该项支出预算8万公斤，实际支出高达4998万公斤，造成财政总支出超预算。

1951年，财政收入增加，支出有所控制。全年支出占预算的89.63%，支出结余280万元，其中行政管理费结余190万元。结余部分，按规定全部上缴中央。预算外收入与超额留成投资企业41万元。预算收入超额部分，投资交通事业341万元，电力工业137万元，燃料工业173万元。为扶持棉花生产，贷出棉贷粮2313万公斤（大米）。从财政收入超额留成中拨出104万元，作为救济款，帮助农民度过春荒。是年，全区财政共支出2509.45万元、粮食（大米）1170.23万公斤。

川北区财政支出表

（1951年）

单位：人民币（元）、大米（公斤）

项目	金额	其中粮折款	主粮
行政费支出	11408136.92	1217511.87	7247094.5
经济建设支出	940351.61	341.04	4060
文教卫生新闻支出	2624172.9	307000.68	1827385
市政建设支出	611659.77	—	—
社会支出	1335885.31	193270.05	1150417
民主党派及人民团体补助	2197324.9	247527.92	1473380.5
上缴支出	5971558.84	—	—
其他支出	5447.1	—	—
合计	25094537.39	1965992.61	11702337

1952年1月至8月，除保障各项行政、事业必要开支外，加大了经济建设费用支出。专项安排农业事业支出97.43万元，用于国营农场、畜牧繁殖、农作物病虫害防治、特产改进、土地利用、良种推广等开支。安排水利支出13.49万元，用于防洪工程、航道工程、水利工程投资。安排扶持事业支出23.66万元，用于造林和林业管理开支。安排市镇建设支出45.66万元，用于自来水企业投资、城市消防建设、公共建筑、住宅建筑、道路桥涵建设等。其间，根据西南财委批准，将1949年度剩余公粮2500万公斤，用于开发川北经济。截至1952年8月，计划企业投资总额折人民币680.22万元，其中补充企业流动资金139.2万元，基本建设资金541万元。具体投资项目有：重工业投资74.28万元，其中流动资金13.49万元，基本建设资金60.79万元，主要用于建设较大的川北机器厂锻工房、食堂、职工宿舍、围墙、下水道、厨房、厕所、收发传达室。以及渠江矿冶公司安装鼓风机，修建炼铁炉及轻便轨道工程。燃料工业投资157.68万元，其中流动资金9.78万元，基本建设资金147.4万元，主要用于广元煤矿开拓坑道、购置轻便铁轨、安装锅炉、新建巴中等6县电厂厂房、购发电机等设备、修建中江水电厂厂房及安装机器等。轻工业投资43.66万元，其中流动资金17.96万元，基本建设资金25.7万元。主要用于新建榨油厂厂房，安装机器，修建火柴厂等。交通投资233.85万元，其中流动资金26万元、基本建设资金207.85万元。主要用于修建公路、桥梁、隧道、订购板车。农业投资2.66万元，其中流动资金1692.1元、基本建设资金2.5万元，用于南充骨粉厂建筑围墙及厂房。林业投资80.68万元，其中流动资金67.8万元，基本建设资金12.88万元，主要用作木柴周转及伐木公司、各分厂整修厂房。

乡镇财政收支　1950年，川北区各地调动发挥各乡镇的积极性，按照政策及时组织收入，合理安排支出。是年，全区乡镇实收农业税附加、工商业税附加及其他零星收入470.96万元；支出行政管理费、文教卫生费、经济建设费、社会事业费及其他支出472.91万元，支出略大于收入。1951年收入比1950年增长近一倍，达到850多万元。1952年收入继续增加，除中央补助250万元、省财政（川北区财政）补助233万元外，陆续开辟了行政、公产、企业、事业等方面的收入。在收入逐步增加的基础上，对各项事业加大了投入。从1950年起至1952年8月，先后增加了全区867所完小、376所中心小学校的经费，对1.9万所民办小学补助了部分经费。解决了130万名儿童的入学困难。支持27个农场恢复了推广示范工作。新架设地方电讯线3000公里，使全区重点县区通讯畅通。补助了36个市县卫生院的经费。对全区1.45万名土地改革等群众运动积极分子进行了生活补助。解决了12万多名乡村干部和8.7万多名人民武装人员的集训费用。拨付87万元支持农村合作事业发展。投资建设了5个小电厂、铁厂、农具厂等。

川北区乡镇地方财政收入表

（1950 年）

单位：人民币（万元）

地区	农业税附加	折款收入	工商业税附加	其他收入	收入合计
合计	431.75	21.62	14.57	3.01	470.96
南充专区	133.31	5.62	2.29	0.25	141.48
遂宁专区	167.96	—	7.24	0.99	176.20
达县专区	59.95	13.26	0.56	1.75	75.53
剑阁专区	63.59	1.00	1.40	—	66.01
南充市	6.92	1.73	3.06	—	11.72

川北区乡镇地方财政支出表

（1950 年）

单位：人民币（万元）

地区	行政管理费	文教卫生费	经销建设费	社会事业费	其他支出	支出合计
合计	228.67	132.72	55.74	17.96	37.80	472.91
南充专区	30.02	610.3	18.40	3.09	10.99	123.55
遂宁专区	52.69	50.82	24.78	14.05	12.31	154.67
达县专区	108.34	—	—	—	—	108.34
剑阁专区	37.31	18.81	7.66	0.35	11.13	75.29
南充市	0.30	2.03	4.88	0.46	3.35	11.04

注：1. 本年度结余粮食 626887 公斤；2. 达县缺报数字。

财政管理与监督　1950年1月至3月，除征收农业税（公粮）依靠各级党委、政府通力完成外，各专、县均是自收自支，收入多少支出多少，缺乏通盘筹划。4月，川北区召开财经会议，贯彻中央“整顿收入，节约支出，统一财政收支管理”的决定，强调统一管理的必要性，纠正分散管理现象。基本上做到了思想统一、政策统一、财政收支统一。同时，开始进行企业财务管理，建立会计制度。但步调不一致，制度尚不健全，专县各有一套会计报表，账目不统一，造报预算还未形成制度。7月后，根据西南财政会议要求，对各种财经制度作了明确规定。制定了“调整公粮征收办法”“结算公粮折实变款手续”。

1951年，根据西南财政会议决定的财政预算编制原则，开始实行预决算管理，做到收支有计划早安排，并逐步试行“包干制”垂直管理各县财政收支，掌握了财政工作的主动权。是年8月，开始实行专区、县、乡三级财政分级管理，发挥各级积极性。财政预算编制，由以往的“由上而下”变为“由下而上”，扭转过去“只伸手要钱，不掌握预算”的倾向，层层落实了责任，提高了工作效能。各县都坚持了无预算不拨款、开支先报计划的制度。各专署对县加强督促检查和帮助，建立报告制度，密切上下联系。坚持按季造预算，按月拨经费。还实行行政费包干，及时保证供应。是年，川北行署财政厅建立起总会计制度，统一全区会计报表，对各单位的财政收支和预算进行监督。

1952年1月至8月，针对“三反”“五反”运动中暴露出的财政管理方面的问题，进一步加强财政制度建设，严肃财经纪律。特别是加强了企业财务管理。经1951年8月开始的地方国营企业清产核资工作，是年核定了全区16家地方国营厂矿的流动资金，确保企业生产经营正常进行。同时加强了乡镇财政管理，修订了《川北区乡镇财政几项决定》，确定了乡镇财政供给的编制员额与供给标准，相应建立起报销手续与会计制度。在乡镇财务管理办法上，主要实施了四条措施，即：坚持实事求是编审预算，避免下面宽列预算、上面折扣审核的情况发生；按照中央规定税目税率组织收入，开辟新税源须呈请川北行署批准，反对巧立税目，乱征乱派；节约支出，保证供给，重点使用，用之得当，反对铺张浪费；加强督促检查，控制开支，严格执行预算。对事业部门和企业单位的财务收支管理，进行了详细调查，按规定提缴利润及折旧金，指导其编制财务收支计划，并彻底清理公营企业资产，重新估价，确定资产股权报财政厅转作投资固定资产。在此基础上，制定了各厂定额消耗制度，指导和审核企业编制财务收支计划，进一步加强了企业财务监督。

【税收工作】 解放初期，川北区的税种主要有农业税、工商业税、货物税、盐税，以及征收数量不多的零星税种。国家实行税收政策统一，征收统一管理。对各项税种均分别制定了税率，明确了征收对象。川北区税务局1950年3月成立后，即专事全区税收征管工作。1950年，全区农业税（包括补征1949年度公粮）及工商各税收入达人民币2315.2万元，占全部财政收入的99.76%；征收粮食折米58542.3万公斤，占财政收入粮食的98.99%；1951年除农业税外的各项税收2323.38万元，占财政现金收入66.39%，比1950年增长0.03%；1952年，除农业税外的各项税收达2791.9万元，占财政现金收入的90.14%，比1951年增长20.16%。

农业税　解放初期，农业税征收实物公粮。1950年1月13日，为了保证军需民食和各项事业开支，中共川北临工委、川北行署根据中共中央西南局和西南军政委员会指示，制定《川北区征粮工作方案（草案）》，决定补征1949年度公粮，并对各专区、县下达征粮任务。《方案》规定：在民国时期的田赋制度未废除前，仍按原田赋元累征3至6成，实行田多多出，田少少出，赤贫不出的合理负担政策。同时，废除一切苛捐杂税，每斤公粮附加人民币0.1分，柴草1斤。由于征粮任务紧迫，加之匪特造谣破坏，中共川北区委、川北行署和川北军区均指派负责人到各县领导帮助征粮工作。各级组织征粮工作团、工作队、征粮委员会，层层负责，充分发动群众，如数完成征粮任务。

在完成1949年度公粮任务后，1950年8月1日，中共川北区委、川北行署制定《1950年农业税暂行条例》，决定征收1950年度公粮。9月5日，西南军政委员会财政部下发《西南区1950年农业税征收办法草案》。9月9日，中央人民政府委员会公布《新解放区农业税暂行条例》。根据西南区和中央规定，川北行署拟定了实施细则。自此废除旧田赋，根据合理负担，增产不增税，鼓励发展生产的原则，实行“查实田土面积，评定计税常年产量，以户为单位，按人均收入多少，依率计征”的农业税制度。凡有农业收入的土地，均由其收入所得人交纳农业税。税率为“全家每人平均全年农业收入75公斤以下者免税，75.5公斤至95公斤为3%，95.5公斤至115公斤为4%，随着收入增加税率相应提高，共40个税级。计税常年产量以稻谷为标准计算，其他粮食按比价折合稻谷。全区1950年计划征收稻谷21500万公斤，实征农业税加地方附加完成数折米达到21287.5万公斤。在征粮中，层层召开扩干会、农代会、各代会，布置任务，各级领导包干负责，各乡组织查田小组、调查评议委员会，丈量土地，核实产量，基本上达到了公平合理负担的要求。据安岳县护龙乡、南部县江华乡、三台县花园乡、乐至县石福乡、潼南县利相乡、仪陇县小城乡等地调查，农业税负担面为户数的84.1%~94.3%、人口的93.1%~98%；负担率平均为13.9%~16.12%，其中出租土地的大户负担为33.14%~45%，富裕农民为22%~32%，中等农民为9%~15.2%，贫困农民为3%~9.4%。

1951年6月，执行中央人民政府政务院公布的《新解放区土地改革地区农业税暂行条例》，凡已完成土地改革地区的农业税，改按26级全额累进税率计征。全家每人平均全年农业收入一级75.5公斤到95公斤、二级95.5公斤至115公斤，税率分别提高为5%和6%，最高26级为84.5公斤以上。农业税附加，改为不超过正税的20%，川北区实际执行15%，是年，全区夏征、秋征及地产附加，共征粮折米38523.89万公斤。

1952年6月，政务院规定，取消农业税附加。8月，已完成土地改革地区的农业税，改按24级全额累进税率计征。一级为全家每人平均每年农业收入75公斤至100公斤，税率7%；二级100公斤至125公斤，税率8%，直到24级975公斤以上，税率为30%。是年8月止，全区夏季征粮实行预征，共计实征折米69.86万公斤，完成夏征任务的98.10%。

川北区公粮收入表

（1949 年至 1951 年）

单位：人民币（元）、大米（公斤）

年度	预算数	决算数					决算占预算%
		人民币		粮食折米	实物折米	总计折米	
		金额	折米				
1949年度公粮	276000000	5353116.92	52803798.5	214638120	13669913	281111831.5	101.85
1949 年度秋征	240000000	5353116.92	52803798.5	173526288.5	13669913	240000000	100
1949 年度附加	36000000	—	—	41111831.5	—	41111831.5	114.19
1950 年度公粮	27600000	2387597.93	26580642.5	238583378	2912068.5	268051089	109.49
1950 年度秋征	2448062500	2387597.93	26580642.5	183382289	2912068.5	212875000	100
1950 年度附加	212875000	—	—	55176089	—	55176089	172.79
1951 年度公粮	31931250	5348572.92	41940633.5	360681693	36646583.5	385268910	128.25
1951 年夏征	60000000	391916.89	2996812.5	55227762.5	52176625.5	60401200.5	100.66
1951 年度秋征	201360000	4956656.07	38943821	203233302.5	32678394.5	274855518	139.49
1951 年度附加	39038400	—	—	48220628	1791563.5	20012191.5	128.11

工商业税　1950年1月31日，政务院公布的《工商业税暂行条例》规定，凡以营利为目的的工商事业，除另有规定者外，不分国籍、经营性质、公私企业及合作事业，均依法征收工商税。工商业依其经营性质分为固定工商业、临时商业及摊贩业。固定工商业的工商税，按其营业额及所得额计算征收。依营业额计算的，税率分为甲、乙两类：甲类为出售产品的工业及贩卖货品的商业，以净销货额计算，税率为1%~3%；乙类为供给劳务或信用的行业，按佣金、报酬、手续费、利息等收益额计算，税率为1.5%~6%。依所得额计算的，按全额累进14级税率计征，所得未满100元者执行最低级5%税率，所得额在3000元以上者，按最高级14级30%税率计征。对具有临时营业性质的行商及固定工商业从事本业以外的经营，征收临时商业税，税率4%，起征额5元。7

月1日起，临时商业税一律按5%计征，营业额不足20元者免征。1951年7月，临时商业税税率调整为6%，起征点改为10元。9月，财政部又调整临时商业税率和起征点，粮食、棉花、山货、药材税率为4%，其他货品税率6%。对摊贩业中，属于规模较大的摊贩，依民主评议方法，按工商业税暂行条例规定的税率计征。摊贩每日平均营业额不满3元者，免征摊贩业税。10月，执行财政部公布的《合作社缴纳工商业税暂行办法》，供销、消费合作社按经营总收入额2%的税率交纳。合作社应纳的营业税，一律按税额减征20%。1952年3月，财政部平衡坐商与行商的税负，将临时商业税税率调整为：贩卖粮食、棉花、药材6%；贩卖其他货品8%。

川北区工商业量少且弱，解放后人民政府鼓励其发展。1951年通过普查，全区固定工商业户达到233579户，其中国营企业408户、公私合营51户，合作社101户，私营233019户。随着税源增加，全区1950年和1951年的工商业税收分别达到389万元、927万元，1952年1月至8月达到739亿元。

货物税　1950年3月31日，政务院公布《货物税暂行条例》。货物税实行从价计征。川北区主要应税品种的适用税率为：烟丝30%，烟叶20%，白酒100%，粮20%，麦粉30%，植物油5%，土布3%，皮毛5%，竹木5%，丝织5%。是年12月对税率作了适当调整，除白酒调低为80%外，其余均有所调高。川北区1952年1月至8月货物税收入为542.03万元，比1950年的218.6万元、1951年的397万元均大幅增加。

盐税　1950年1月20日，政务院发布《全国盐务工作的决定》统一盐政。据此，川北区对盐税执行从量核定，就场征收，税不重征的政策。每50公斤食盐征收大米50公斤，工业用盐全部免税，渔业用盐按食用盐税的30%征收。2月1日起，南阆、西充两地盐场每50公斤食盐，征收大米53.5公斤，折合人民币5.98元。3月23日，每50公斤盐税折合人民币12.30元，4月26日调减为10.35元。6月1日，统一税率为5元。

川北区各年盐税收入为：1950年征收粮食3630.37万公斤（稻谷），1951年征收892.69万元，1952年1月至8月征收544.7万元。

川北区完成盐税统计表

（1951年）

月份 \ 各月完成数	完成数（元）	占全年任务数（%）
1	1095404	139.32
2	746359	119.91
3	863333	122.57
4	615451	87.43
5	683564	91.75
6	611124	86.83
7	671189	95.38
8	748425	112.92
9	801378	120.91
10	357320	92.54
11	641225	86.08
12	791097	106.19
合　计	8926485	105.07

川北区完成盐税统计表

（1952年1月至8月）

盐场名	完成数（元）	占全年任务数（%）
总计	5447027	96.86
射洪盐场管理处	998279	82.35
南阆盐场管理处	1279488	109.44
三台盐场管理处	897719	98.40
乐至盐场管理处	604181	95.50
蓬溪盐场管理处	504151	89.58
河边盐场管理处	546159	94.23
西充盐场管理处	347678	105.17
盐亭盐场管理处	229786	102.44
川北盐场管理处	39586	—

其他零星各税　解放初期，川北区先后开征了印花税、利息所得税、遗产税、生猪屠宰税、交易税、契税、车船使用牌照税、特种消费行为税等。

印花税。1950年3月，西南军政委员会公布《西南区印花税稽征暂行办法》。12月19日，政务院公布《印花税暂行条例》。按金额比例贴花或按件定额贴花。实行比例税率，分0.1‰、0.3‰及3‰三级。所载金额不满人民币1.50元者免贴；定额税率分为0.02元、0.05元、0.20元、0.50元四级。按件定额贴花，所载金额不满人民币15元者，一律贴花0.02元。农村土地改革后所发土地证，车船客票及行李票免税。1951年全区印花税收入112.27万元，1952年1月至8月收入62.69万元。

利息所得税。1950年5月，西南军政委员会颁布《西南区利息所得税稽征暂行办法》，征收利息所得税。征收对象为：储存金融业存款所得、购买证券、公债及公司利息所得。利息所得税税率为5%，以利息所得者为纳税义务人。1951年起，公债利息免税。1951年全区利息所得税收入2.88万元。

房地产税。1950年初，南充市和南部、阆中、西充、营山等县的建制镇开征房产税和地价税。5月，两税合并为房地产税。1951年8月，政务院公布《城市房地产税暂行条例》。1951年，川北区征收房地产税26.32万元。1952年年初，川北行署核定只有南充市符合开征条件，其余各县停征。征收税率分别为1%、1.5%。

生猪屠宰税。1950年3月，西南军政委员会公布《西南区屠宰税稽征暂行条例》。川北区主要征收猪、牛、羊屠宰税，税率为10%，从价计征。7月1日起，执行政务院财经委员会规定，凡自养、自宰、自食的牲畜，一律免税。1951年川北区征收屠宰税405.44万元。

交易税。1950年5月起，川北区开征交易税。凡通过集市、行栈货栈交易的牲畜、粮食、棉花、土布及大宗土特产品，均依法纳税。税率为：牲畜5%，粮食、棉花、土布3%，土特产品2%，一律从价计征。1951年2月，征收范围缩小为粮食、牲畜、土布、棉花四项，其他货品免征，并将粮食交易税减为2%。11月，土布改征货物税，停征交易税。1951年，川北区征收交易税468.13万元。

契税。1950年4月，政务院公布《契税暂行条例》，规定土地房屋买卖、典当、赠予或交换，均应凭产权所有证，由当事人双方订立契约，由承受人交纳契税。税率为买卖契6%，典当契按典价3%、赠予契税按征税时价格6%计征。契税只在部分城镇征收。

车船使用牌照税。1950年3月30日，西南军政委员会公布《西南区使用牌照税稽征暂行办法》，凡人口在3万人以上的市县，征收车船使用牌照税。每辆（只）车船全年税额为：机动车征大米250公斤至2500公斤，非机动车征大米12公斤至18公斤；机动船每吨征大米2.5公斤至10公斤，非机动船征大米12公斤至24公斤。上列税米均按征收时市价折款征收。1951年9月起，执行政务院公布的《车船使用牌照税暂行条例》，只在县（市）税务局或设有金库比较大税务所所在地，征收车船使用牌照税。按季计征，每季税额为：乘人汽车按座位数分40元、50元、60元、70元四档定额；载货汽车依净吨位数自14元起至86元止，分六档定额；马拉车按马计征，一马征税3元，4马征税7元，分四档定额；人力驾驶车征税1元；自行车征税1元。川北区1951年征收车船使用牌照税11.49万元。

特种消费行为税。1950年开征。税率为：电影、戏剧及娱乐15%~30%，舞会5%，筵席15%~20%，冷食15%~20%，旅馆5%~20%。1951年1月16日税率统一为：电影戏剧及娱乐20%，有教育意义的影片或戏剧减半征收；机关、团体、学校举办不售票的晚会不征；舞会5%、筵席15%，起征点3元；冷食15%，起征点1元；旅馆15%，起征点2元。1950年南充专区征收特种消费行为税1.1万元。1951年川北区征收4.06万元，其中南充专区1.8万元。

税收征管　1950年税务局初建时，税务干部人员少、任务重。全区40个专、市、县税务局和155个税务所，仅有干部1709人，平均每个单位仅7.6人。税收征管办法，只在公营企业的工商税实行了查帐计征，私营企业尚未统一建账。对营业税征收，大部分地方采用民主评议办法，给企业摊派负担。一般一月份评定上半年应交税收，7月份评定下半年税额。遂宁专区总结出五步评法，即：工商户自报，专区专管干部初审；专区小组初评，组与组互评；行业复评，行业交叉互评；联评会审查，不公平者重评；税务局核定。平衡了各地及行业间税负。对大的工矿企业直接派员驻征，协助建立统一的发货票制度。对流转中的出入境货物进行登记，控制税源。对所得税实行估征，由税务局统一规定全区标准纯利率，据此估计征税。

1951年，在南充市私营企业中试行查账计征。由于缺少经验，会查账的人员很少，至年底该市仅批准3户私营制丝厂为查账计征单位。对于少数账簿较健全的私营联营社（如木船运输联营社），则分别施行营业税查账计征、所得税民评户交。是年，对工商业税普遍实施了定期定额征收办法。全区定额面占到工商总户数的74.15%。对所得税估征，由全年估征改为按季估征，估征比率根据西南税管局规定，按营业总收入额计算，行业不得超过2%；按收益额计算，行业不得超过4%。据全区26个县、市统计，1951年共核定所得税294万元，实征100万元。是年，开展了对全区工商户普查登记，核发登记证。在南充市试行工商户与税务专责管理相结合的办法，选择17个行业的工商业户，组成6个大组、24个小组，协助税收工作。1952年上半年，遵照西南税管局通知，对经过“五反”运动的工商业户再次开展普查，重新统计工商户数及“三反”前后经济变化。由于许多工商户经营情绪低落，至6月底，川北财委决定暂停普查，改为在重点地区作典型调查。

政事概要

1949年12月5日，中国人民解放军解放了川北境内第一个县—潼南县。至1950年1月23日，川北全境解放。1680名南下干部随进军路线沿途到职视事，及时同中共川北地下党员会师，开展接管建政各项工作。1950年2月24日中共川北区委、川北行署、中国人民解放军川北军区正式成立。至1952年9月1日，中共川北区委、川北行署、中国人民解放军川北军区接收接管了旧政权，建立和巩固了人民民主政权，领导全区人民开展了征粮剿匪、清匪反霸、统一财经、稳定物价、减租退押、土地改革、镇压反革命、抗美援朝、“三反”“五反”、禁绝烟毒，开展爱国丰产等运动，进行鄞斯云思想大讨论，对教师进行思想改造和组织清理，努力恢复和发展地方经济，大力发展社会事业，改善人民生活，为川北进行社会主义改造和社会主义经济建设打下了坚实的基础。

【接收接管】 1949年12月5日至1950年1月23日，川北各县先后解放。中国人民解放军和南下干部到达接管接收各县政权前，在中共地下组织领导或影响下，各县各界民主人士、开明士绅组成了名称不一的“治安委员会”“解放委员会”“自治委员会”等组织，在保护国家财产和档案，维护社会治安秩序，安定人心，筹集粮秣支援解放军等方面发挥了积极作用。各县人民政府成立后这些组织随之撤销。

1950年1月5日，中共川北临工委、川北行署直属机关南下干部到达南充，开展接管建政的各项工作。1月初，县城人口5万人以上的南充县、遂宁县成立军事管制委员会，实行军事管制。其他各县成立接管委员会，负责接管民国时期川北各县政府的政治、经济、文化等机关。

在接收接管工作中，解放军召开厂矿、文教、工商、妇女等各界人士代表座谈会，宣传《共同纲领》、中国人民解放军约法八章和中国共产党的各项方针、政策，听取各界人士的意见和建议，为接收接管做舆论准备。

与工人代表座谈主要宣传中国共产党的性质及与工人阶级的关系，讲明解放后工人阶级的政治地位已经发生根本变化，由被压迫阶级转变为新民主主义国家的领导阶级，翻身做了主人。号召工人阶级团结一致，帮助接管，保护国家财产。贯彻“发展生产、繁荣经济、公私兼顾、劳资两利”的政策，克服困难，使工厂尽快复工生产。

与文教界人士和学生代表座谈主要宣传中华人民共和国的教育方针、中国共产党对知识分子的政策及“严格保护、维护现状、有计划有步骤地逐步改革”的接管方针。希望文教界的知识分子协助接管，发展文化教育事业。

与工商界代表座谈主要宣传保护民族工商业，农牧业不受侵犯。讲明“公私兼顾、劳资两利、城乡互助、内外交流”的经济政策。号召工商界与人民政府合作，共同克服困难，发展生产，解决失业就业问题，繁荣川北经济。

中国人民解放军占领各县后，中共川北临工委、川北行署根据川北区的具体情况，确定了全盘接收、逐步封存、清点物资器材、审查和处理民国时期川北各地的政府工作人员的接收接管重点，进一步宣传中国共产党的各项方针、政策，广泛发动群众，采取措施加强管理等工作方针，迅速稳定川北社会秩序，恢复工农业生产。

川北区采取自上而下与自下而上相结合的方式进行接收接管。南充、遂宁军事管制委员会，达县、剑阁专区及各县接管委员会派出的接收接管干部进入接收接管单位后，通知接收接管单位的人员回到单位报到，初步了解情况；召开全体人员大会，宣布接管命令，交代政策，稳定人心，责令原机关或单位负责人办理移交手续，其余员工各守其位，各尽其责，保护好财产，听候接管；责令国民党党团人员立即停止活动；分别召开座谈会，深入了解情况，全面掌握接收接管单位的人数、财务状况；成立以军代表或接管代表为主，吸收积极分子和民国时期川北各地方政府人员参加的接交委员会或接交小组；重点进行财产清点核实，验收并妥善保管资财、档案；部分接收接管单位迅速转入管理；复查接收物资，处理民国时期川北各地方政府的工作人员，总结接收接管工作。被接收接管单位在完成接收接管后，转入正常工作。

南充、遂宁军事管制委员会和川北各专、县接管委员会，对于分散在川北各地的官僚资本一经查实，全部予以没收。国民党战犯、反动军阀、反革命分子的私产，亦予接管没收。为确保官僚资本不致流失，南充、遂宁军管会发布布告，着令凡曾与民国时期党、政、军、特机关及战争罪犯合资经营工、商、金融业者，限期据实将其所拥有的股份向军管会财经接管委员会报告登记。如有化名隐匿或逾期不报者，一经查明予以没收严惩。同时对举报有功者给予奖励。1950年2月，川北区接收接管工作结束。

南充军事管制委员会接管工作 1950年1月8日，南充军事管制委员会成立，赵林任主任、孙先余任副主任。内设秘书、政务军事、财贸经济、交通企业、文化教育等5个处。南充军事管制委员会按照中共中央及中共中央西南局关于接管工作的指示，遵循中共中央“按照系统、整套接收、调查研究、逐步改造”的方针，从1月9日起，陆续派出军代表或联络员到各机关、学校、工矿等单位开展接管工作。军代表或联络员采取自上而下的行政接管和自下而上地发动群众进行管理相结合的方法，1个月时间即接管了60个单位。其中省级单位30个，计有四川省高等法院南充分院、四川省高等法院检察处、四川省南充第三监狱、青居水电厂、四川省蚕丝改良场、四川省南充制种场、四川省南充蚕丝科职业学校（四川省蚕桑学校）、四川丝业公司第二制丝厂（南充丝二厂）、四川丝业公司第三制丝厂（南充丝三厂）、中国农民银行南充办事处、四川省银行南充分行、国税局、嘉陵碾米厂、四川省公路局第五运输处广元修理厂、四川省公路局南充汽车站、南充机场、空军留守站、国民党残废军人第三、第九、第十三临时教养院、四川省立南充高中、四川省立南充师范学校，川北大学（驻三台县）、川北文学院、四川省立南充医院、嘉陵日报社、四川省田赋粮食管理处储运处南充聚点仓库等。专区级单位8个，计有民国四川省第十一行政督察区专员公署、十一区电台、保安司令部、保警大队、南充师管区司令部、南充地方法院、南充社会救济院、南充育才中学等。县级单位22个，计有南充县政府、县党部、县参议会、县法院、县自卫总队、县警察局、县水上警察区、县银行、县合作金库、县田粮管理处、南充税捐稽查处、县邮政局、县电信局、县电话管理处、县卫生院、县救济院、县防空监视哨、县农业推广所、县军民合作总社、县教育局、县民教馆、县立男中、女中学校等。

南充军事管制委员会对接收接管后予以取消的民国时期川北地方政府的党、政、军、警机构，予以坚决“打碎”，人员集中学习、分别处理，房屋财产收为人民民主新政权机构所用。对民国时建立的3个临时教养院中的国民党残废军人，连同家属近6000人，迅速给予了资遣还乡。对工作不宜停顿的邮政、电信、电话、银行、税收、粮食等部门，采取接收和管理同步进行，对其人员进行边教育、边工作、边清理整顿。对少部分机关或单位，采用先接后管或先管后接的办法进行接收接管。南充的银行解放前夕即已停业、资金抽逃，整顿费时费事。南充军事管制委员会采取先行接收再筹划恢复营业的方法进行接收接管。南充县田粮管理处贪污情况甚多，南充军事管制委员会采取扎旧账，建新账，对原有人员进行教育利用，在工作之中逐步清理旧账目和人员历史问题。

接收接管中涉及的各类人员，采取不同办法进行处理。对民国时南充县公职人员，有技术有特长有能力愿意为建设新中国服务的，尽力教育留用，一时无适当工作安排的或送西南革大川北分校学习，或介绍报考各种学校继续深造，或资助其自谋职业，或安排还乡生产。在接收的2242

名各级公职人员中，1654名留用，95名送西南革大川北分校学习，20名介绍报考各种学校，262名资助其自谋职业或还乡生产。对接收接管的工矿企业，组织工人清点、登记、盘查资产，查清资本金来源，没收官股，保护私股，抓紧复工生产。南充丝三厂在军代表接管5天内，便完成了机器、仪器、物件用品、档案、账册等的清理清查工作，并复工生产。复工第一天缫制蚕丝360多公斤，第二天增加到420多公斤，第三天达到600多公斤。南充县城解放前夕嘉陵江港口渡船被破坏，军代表一边组织力量修复渡船，一边商借民船10多只搭成浮桥解决人民群众过江急需。南充面粉厂40名工人看了军管会的通告和解放军进城后的严明军纪，得知南下干部急需面粉，主动要求资方复工，同时自发组织起来检修机器。1月20日复工第一天，生产面粉1.32万公斤，超过1949年的最高日产量。接收各类学校后，军管会首先拨出粮款解决教职员工的生活问题，然后组织学生复课。1月21日，南充军事管制委员会发布使用和推行人民币的布告，宣布民国政权时期的金圆券和银圆券、银元、铜元和镍币为非法货币，只准保存，不得参与流通买卖。同时，迅速建立了中国人民银行川北分行，开办公私储蓄，发放工商贸易贷款。税收则实行工业税率轻于商业税率，工业税率中生产工具和生活必需品的税率又轻于奢侈品及非必需品工业的税率，促进了与人民群众生产、生活息息相关的制糖、火柴、肥皂、日用五金（铁钳、铁锅、锅铲）、小农具（犁头、锄头、镰刀）等产品的复工生产。粮食供应，军管会派出强有力的工作队下乡征粮，组织力量彻底清查了公私粮仓的库存粮数量、止住了多头支拨粮食。同时，从外地组织回一批粮食投放市场，平抑了粮价，稳定了民心。2月底按预定计划完成了南充的接收接管工作。

遂宁军事管制委员会接管工作　1950年1月9日，遂宁军事管制委员会开始接收接管工作。接收接管民国时期政权机关和事业单位计有民国四川省第十二行政督察区专员公署兼保安司令部、第十二行政督察区保警大队、农民自卫总队、县政府、县党部、遂宁地方法院及看守所、警察局及看守所、水上警察局遂宁分局、师管及团管区、县田粮处、县税捐局、财政部川康税局遂宁稽征所、四川省立棉改场、县参议会、第八临教会、省聚点粮食仓库、义渡管委会、救济院、农推所、电管所。接收接管的民国时期公营的企事业单位有第五运输业务所、修理厂和救济所、第五区电台、第三工程处及工务所、第二管理区、一等电台交换所、四川省运输公司汽车站、空军225运输中队留守处、县邮政局、电信局、第九线务所电信管理局工程处、第二十八分台、四川省立遂宁医院、中国银行遂宁办事处、重庆银行遂宁办事处、县银行、县合作金库、水利合作社。接受接管的文教单位有遂宁师范学校、农业高中、县立2所中学、私立4所中学、3所教会中学、涪声报社、群众教育馆、中国图书馆（县政府，义渡管委会、农推所、电管所、县合作金库、救济院由遂宁县人民政府直接接管接收）。整个接管工作于2月底结束。

川北区所属县解放日期及解放部队

潼南县	1949年12月5日	2野3兵团11军35师105团和33师97团
遂宁县	1949年12月8日	2野3兵团11军33师先头部队
安岳县	1949年12月8日	2野3兵团11军35师105团
射洪县	1949年12月10日	2野3兵团11军33师99团
南充县	1949年12月10日	2野3兵团11军32师94团
蓬溪县	1949年12月10日	2野3兵团11军33师97团
开江县	1949年12月10日	4野42军124师372团
蓬安县	1949年12月12日	4野镇江纵队先头部队

营山县　1949年12月13日　4野镇江纵队第二支队
乐至县　1949年12月14日　2野3兵团11军33师97团、98团
广元县　1949年12月14日　1野18兵团60军180师538团、540团
昭化县　1949年12月15日　1野18兵团60军180师540团
达　县　1949年12月15日　4野42军124师371团、372团
武胜县　1949年12月15日　2野3兵团11军31师
岳池县　1949年12月16日　4野50军39师50团
宣汉县　1949年12月17日　4野42军124师372团
剑阁县　1949年12月18日　1野18兵团60军180师540团
青川县　1949年12月19日　1野18兵团62军184师550团
南江县　1949年12月19日　1野18兵团60军181师542团
巴中县　1949年12月21日　2野42军124师371团
江油县　1949年12月22日　1野62军184师550团
仪陇县　1949年12月23日　1野18兵团61军先遣队
南部县　1949年12月24日　1野18兵团61军181师43团
平昌县　1949年12月25日　2野42军124师371团
中江县　1949年12月26日　1野18兵团60军181师542团
平武县　1949年12月27日　1野18兵团62军182师545团
盐亭县　1949年12月28日　1野18兵团61军181师
三台县　1949年12月29日　1野18兵团61军181师541团、542团、543团
阆中县　1949年12月29日　中国人民解放军川北独立师
万源县　1949年12月29日　中国人民解放军陕南军区驻镇巴团
苍溪县　1949年12月31日　中国人民解放军川北独立师1团
西充县　1950年1月4日　2野3兵团11军32师94团
北川县　1950年1月7日　1野18兵团61军182师55团
旺苍县　1950年1月12日　1野18兵团60军180师538团
通江县　1950年1月23日　中国人民解放军19军55师163团、164团

【民主建政】　1950年至1952年4月，川北区完成了城市和乡村民主建政工作，摧毁了民国政府在川北城乡的政治基础，广大人民群众翻身做主人有了制度保障，为巩固人民民主政权，进一步规范和统一全区基层政权奠定了基础。

城市基层政权建设　1950年初，中共川北区委、川北行署根据实际情况，采用4种形式于1951年完成城市、城镇的民主建政工作。

第一种形式是根据城镇辖地范围，建立相当于农村乡一级、具有政权性质的街道或镇人民委员会（是时各级政府称各级人民委员会）。1950年初，苍溪县建立城市街道（镇）人民委员会，各街道（镇）人民委员会由居民民主选出主席1人，副主席1人~2人。街道（镇）人民委员会内设民政、财政、文教、生产、公安、武装、青年、妇女等委员和脱产的民政、工商、文教干事与不脱产的武装、青年、妇女干事；下设若干个居民小组，每个居民小组设正、副组长各1人。宣汉县城镇以下设街道、街道以下设居民小组。城镇人民委员会委员和正副镇长由各居民委员会民主选举产生。射洪县城镇街道人民委员会直辖居民小组。建立城市街道（镇）人民委员会的各县

城，各街道（镇）所辖人口不等。射洪县各个街道（镇）人民委员会管辖7000人至8000人。中江县各个街道（镇）人民委员会只管辖600人至1400人。

第二种形式是建立具有半政权性质的居民委员会。1950年年初，江油县城市、城镇建立居民委员会，各居民委员会下设居民委员会分会，居民委员会分会再设居民小组。广元县城市、城镇居民委员会直接设居民小组。乐至县城市、城镇居民委员会只下设居民委员会分会，不设居民小组。各城市、城镇居民委员会委员和正、副主任由各居民委员会民主选举产生。设委员4人至5人，管理各项工作。

第三种形式是建立政警合一的公安派出所。派出所下设若干个居民段。1950年年初，南充市、潼南县等在城市、城镇只设公安派出所，不建立人民委员会。各公安派出所内设1名至2名民政干事，负责办理民政行政事务和联系群众，解决群众诉求问题。

第四种形式是建立城市、城镇街道代表会。1950年年初，达县在城市、城镇每个街道建立街道代表会，由居民民主选举街道代表会正、副主任。每个街道代表会设5名至7名不脱产的民政、宣教、青年、妇女等干事。每个街道代表会下设若干个居民小组。遂宁县城有居民48316人，以街道为范围成立了41个街道代表会，下设421个街道居民小组。每个街道代表会设代表2人，共设代表82人。每个街道居民小组设组长1名，共设421名居民小组长。遂宁县城区街道代表、居民小组长共503名。

农村基层政权建设 民国29年（1940）下半年，民国政府在四川乡村普遍推行乡保制度，设乡长、保长、甲长。

1950年2月，川北行署组织干部对全区35个县的区、乡、村（保）的个数进行调查核实，对乡保人员进行了调查摸底。全区共有281个区、1537个乡、13029个村。

川北区废除乡保甲制度，建立农村人民政权组织经历了三个阶段。

1950年春至秋，为利用乡保政权组织协助完成征粮剿匪阶段。川北解放初期，因缺乏干部，群众特别是贫雇农尚未发动和组织起来，为集中力量开展征粮、剿匪工作，中共川北区委决定，对民国时期川北农村基层的乡保政权采取控制、利用、分化的方针，逐步进行改造进而彻底废除。对乡保人员采取分别对待的政策，适当使用。其间，对少数地方的一些乡保政权进行了改造，撤换了部分乡保人员，选择贫苦农民担任乡保长。但大部分地方在征粮剿匪时未动乡保制度，利用乡保人员协助工作，号召乡保人员立功补过完成征粮任务。同时并着手建立农民协会(简称农会)，把农村基层政权由乡保政权过渡到农会，减少农村工作阻力，使人民民主专政势力进入了农村基层阵地并站住了脚跟，为农村基层民主建政打下了基础。

1950年秋至1951年2月，为实行农会代政阶段。其间，1950年10月24日，川北行署发出《彻底废除旧乡保制度，建立乡村人民政权的指示》。《指示》明确规定：从减租退押开始，到1951年减租退押结束，为彻底废除民国时期的乡保政权和普遍建立乡村人民政权时期。各级人民政府与减租退押工作团，必须将减租退押、清匪反霸工作与建立乡村人民政权紧密结合进行。南充市和35个县在1950年征粮结束后减租退押开始前，宣布废除保甲制度，停止乡保政权的一切活动。土地改革完成后，在乡村实行人民普选，进一步开展农村基层民主建政工作。《指示》要求，南充市和35个县要以市、县为单位，用两个月时间，对乡保长进行集训。宣传中国共产党对乡保人员分别对待的政策，宣讲保甲制度的本质和它带给广大人民群众的苦难，乡保人员的前途与他们应采取的态度，实行减租退押，土地改革的目的及其必要性，号召乡保人员坦白反省过去的罪恶行为及思想根源。最后是写悔过书、保证书，带回原地召开群众大会，当众向人民群众认错、认罪。减租退押、清匪反霸工作开始后，全区按照《指示》精神，宣布废除乡保制度，大力组织和发动农民特别是贫雇农，通过办农民干部训练班等形式，训练农民积极分子、发展农会会员。至1950年12月底，全区农会会员发展到7090601人，占农业人口总数的43.4%，农民自卫队队员发展到867430人，占农业人口的5.3%。南充市和各县以农民积极分子为骨干，普遍建立农会或农会筹备会，挑选一批干部作农会特派员，负责指导农会工作。中央人民政府和西南军政委员会规定农民大会、农民代表会及其选出的农会委员会，为减租退押和土地改革的合法执行机关，在减租退押、土地改革期间一切权力归农会。农会代行农村乡村政权组织。对乡保甲工作人员，根据其在征粮、剿匪、减租退押中的表现，过去劣迹大小，分别对待。原则上乡保长大部分撤换，甲长大部分留用。南充市、各县人民政府与各减租退押工作团普遍采取民主评议的方法，对劣迹不深、罪恶不大、解放后有立功表现而切实愿意进步者分配工作，但以不回原地工作为宜；对少数过去作恶多端，解放后仍继续作恶者，依法严办；对过去虽有劣迹，解放后已停止作恶，在征粮、减租退押中又能悔过守法者，只要向群众低头认罪，适当赔偿人民的损失，从轻处理，给予立功自赎给出路的机会。对遣散回家的乡保人员，发动农民群众对其管制，迫使他们安分守己，从事生产。

1951年3月至1952年4月，为川北区农村基层政权建设阶段。1950年10月24日，川北行署发出《彻底废除旧乡保政权，建立乡村人民政权的指示》，废除保甲制度，取消乡公所，建立乡人民政府。每乡辖10个村，约1000户，大约4000人至5000人，乡人民政府以当地主要集镇（场）命名。乡人民政府工作人员设主席、民政、财粮、文教、公安、生产建设委员各1人，通讯员2名。在人事安排上，除从征粮剿匪、减租退押等运动中选择贫苦积极分子外，还有计划地吸收一部分经过长期艰苦战争环境考验、有工作能力的复员老红军、川陕革命根据地时期参加过革命工作的积极分子参加乡村政权工作。由乡农代会选举正、副乡长，报县人民政府批准任命或由县人民政府委派。乡人民政府实行委员会制，设委员7人至9人，正、副乡长各兼任一职委员，委员中贫雇农占三分之二，并吸收三分之一的中农和贫苦知识分子或其他农村劳动人民参加。乡长与乡人民政府委员会负责主持与处理乡人民政府日常工作，对乡农代会负责，执行乡农代会的决议，并定期向农代会报告工作。乡人民政府脱离生产的工作人员，以5人为限，即正、副乡长、农会主席、自卫队指导员、通讯员。乡以下以原来的保改设村，称某某乡第几村，每村辖100户左右。村设1名代表主任，由各居民小组的代表与代表主任组成村代表会。村代表主任由村农代会或农民大会选举产生，负责处理全村日常事务。村以下以原来的甲改设居民小组，称某某村第几居民小组，辖10户、50人为限。每组设1名居民代表，由各居民小组农民会议选举产生，居民小组代表均不脱离生产。川北区少数民族聚居的地方，按各民族习惯，实行区域自治。

南充市和35个县，按照《指示》精神，在第一期、第二期、第三期土地改革中普遍建立起了乡村人民民主政权。川北行署对原设置的区、乡、村规模进行了适当调整，县以下的区由281个调为302个，乡由1537个调为2133个，村由13027个调为16674个，并将村公所一律改为村政府。

1951年12月，川北行署在开展第一期、第二期土地改革复查和同步开展第三期土地改革工作时，对区、乡设置再次进行调整。调整以乡政府所在地为中心，周围不超过15公里，行政方便，又适当照顾地形、人口、交通及群众生活习惯等实际情况进行。在人口较密集的南充和遂宁专区各县，每乡人口5000人左右；人口较稀少的山区，每乡人口3000人左右；人口稀少的大山区，每乡人口1000人至2000人左右，最少不少于500人。区、乡调整工作1952年4月结束。调整后，川北区县以下的区由302个调至333个，乡由2133个调至3000个。

【征粮剿匪】 1949年底至1950年初，川北市场上粮食供应紧张。中共川北临工委、川北行署按照中共中央西南局关于解决粮食紧缺问题的指示，发动和依靠党、政、军各方面的力量，组织征粮工作队伍到农村征收公粮。在征粮的同时，川北区开展了全面剿匪。在剿匪中审时度势，调整战略战术，到6月底基本肃清10人以上的股匪，保卫了川北区的各级人民民主政权。至1950年11月，川北区完成1949年度及1950年的征粮任务。

征粮 1949年底至1950年初，川北粮食供应十分紧张，市场上粮价一日几变，人心动荡，社会秩序不稳。1950年1月13日，中共川北临工委、川北行署根据中共中央西南局和西南军政委员会指示，结合川北区实际情况，制定了《川北区征粮工作方案（草案）》，《方案》指出：川北区大多数县的人民民主政权已经建立，进军时期的筹粮应立即结束，转入正式征粮。要求各地和驻地人民解放军密切联系，结合剿匪开展征粮工作。

中共中央西南局分配给川北区1949年度的公粮任务是，稻谷37350万公斤，另加地方用粮5662.5万公斤，合计43012.5万公斤，每公斤公粮附加人民币0.1分、柴草0.5公斤。1月20日，中共川北临工委、川北行署作出《关于征收1949年度公粮工作的决定》，制定了《川北区1949年度公粮征收暂行办法》。规定：以民国政府38年度（1949年9月30日前）原有赋元额累进三至六成计征，赋元多的多加，少的少加，地主、富农、佃富农未达到负担比例者（任务占总产的13.24%），加征到应负担程度。加征部分只征粮食，不附加人民币和柴草，使中农阶层不增加负担，一般地主又不致恐慌逃跑。鉴于川北区是粮食低产区，1949年受灾面积大，灾情重，粮食普遍歉收，贫苦农民糠菜度日，少部分人外出他乡乞讨等实际情况，为使负担面达到80%左右，川北行署规定1949年公粮起征点为100公斤，凡产量达不到100公斤的免征。地主、富农按照产粮情况确定征粮数额，并由以临时农民代表会议代表为骨干的评议委员会进行审查评议，做到有照顾、有加征。

1949年公粮征收任务开始后，南充、遂宁、达县、剑阁地委、专署和35个县的县委、县人民政府，成立了由机关干部、军队干部和各阶层人士组成的各级征粮委员会，各县县长任县征粮委员会主任。各级征粮委员会广泛征求各阶层人士的意见，动员他们参加征粮工作，协助人民政府按期完成征粮任务。人民解放军迅速由战斗队变成工作队，参加征粮剿匪。各县组织了300多个征粮工作队开展征粮工作。

川北解放较晚，征收公粮时间较迟，加之国民政府在崩溃之前已征收了1949年度田粮赋税，农村中的地主势力仍然存在，广大的群众特别是贫雇农还没有真正发动起来，粮食又大部分掌握在地主、富农手里，许多地方的农村基层政权尚未建立，征粮干部人手过少，南下干部刚到川北区人地生疏，不熟悉情况，不少地方只有利用乡保人员征粮。部分地主、富农抗粮拒交，或装穷叫苦，或交点粮食应付，甚至煽动农民暴动闹事，围攻征粮工作队。有的县抓得不紧。至1950年3月底，全区仅完成1949年度征粮任务的10%。面对征粮进度滞后问题，中共川北区委、川北行署紧急电示南充市和南充、遂宁、达县、剑阁专署，并转发各县政府，强调征粮任务一律不能减少，要保证100%完成，要走群众路线，突破征粮难关。同时，提出了完成征粮任务的四项措施。即：立即清除一部分领导干部中的动摇思想；把完成征粮任务作为川北区党组织的中心任务，党、政、军全体动员，明确分工，严格负责，任何人不得消极旁观，全区在4月份保证完成80%的征粮任务；认真组织各阶层力量，发动群众，分化地主及乡、保长，表扬好的，推动观望者，严办顽抗者，认真纠正征粮中的缺点和错误；严明纪律，严格督促检查，严厉处分因不负责而使公粮遭受损失的人员。在4月3日至7日召开的川北区财经工作会议上，胡耀邦传达了中共中央及中共中央西南局财经会议精神，再次强调完成1949年度公粮征收和其他财经任务、实现财政统一的重大政治意义，通过了完成公粮、税收、整编三个决议。

会后，中共川北区委、川北行署从川北区党、政、军区机关和川北文工团、西南革大川北分校、川北公安学校抽调200名党员和干部，组成协助征粮剿匪工作团，分赴南充县飞龙乡和同兴乡协助当地征粮工作队完成征粮任务。川北军区对主要征粮地区的股匪实施剿伐围歼，保障征粮工作的顺利进行。各县加强和充实征粮队伍，由各级领导率领，深入保甲，依靠农协会，普遍召开区乡农民代表会议、乡保农民会议、绅粮户会议等，宣布征粮任务，讲解征粮政策，鼓励农协会员和开明士绅带头交粮，并以交粮先进分子为骨干，团结中间分子，争取落后分子，广泛发动群众齐心协力催征公粮。各县在征粮工作中，严格执行团结开明地主，争取中间地主，打击顽固地主的政策，争取多数，孤立少数，对抗拒不交粮的地主，发动群众进行说理斗争，组织乡、保长和开明人士对其进行劝导交粮。对勾结匪特破坏征粮的地主和少数顽抗的恶霸，通过人民法庭，召开公审大会，揭露其违法行为和罪恶，及时进行惩办。对春荒严重的地方，征粮工作队、组织农民群众生产自救，对断炊农民进行救济，帮助他们度过春荒。各县农民在明确了上交公粮是自己对国家应有的义务和责任后，踊跃交粮，有的区、乡农民敲锣打鼓，成群结队地交粮，有的农民在自己交完公粮后，协助征粮队、组向拖缴的地主催粮。许多乡采取逐步缩小欠粮面，一片一片扫清的办法征粮，开展比“清”、争“清”竞赛。到5月下旬，川北区各地掀起了送交公粮热潮。

中共中央西南局、西南军政委员会鉴于川北区1949年公粮征收偏重的实际情况，对征粮任务作了两次调整。先是按原任务的70%交纳，即26400万公斤，加上地方公粮共计30360万公斤。后又调整为公粮24000公斤，加地方粮3850万公斤，共计为27850万公斤。至7月上旬，全区完成78%的征粮任务。

1950年8月28日，川北行署发出通令，决定在1950年公粮开征之前，坚决扫清1949年度公粮尾欠。要求全区各级人民政府坚持实事求是的清理方针和原则，坚持西南军政委员会的四条规定，即凡属贫苦农民尚未缴纳者，一律明确宣布免征；凡属地主、富农欠粮，确因超过其负担能力或其数目超过政务院规定者，应予减少；凡属地主、富农欠粮，负担数目并未超过政务院规定，而又有缴纳能力者，务必坚决、迅速、严厉追缴，不得再行拖欠；凡属应缴又能缴，但采取顽抗态度者，经再次说服无效的，应毫不动摇地送交人民法院，依法惩处。同时，抓紧追缴逃亡在重庆、成都及其他地区的地主公粮尾欠。到10月底，全区完成1949年度征粮任务的93.5%。

在抓紧催缴1949年度公粮尾款的同时，中共川北区委作出了征收1950年公粮的决定，川北行署公布了征粮办法和工作方案。1950年的公粮任务，各专区一律按分配任务减少30%征收，全部取消附征人民币。减少后包括地方公粮在内，南充专区为8137万公斤，遂宁专区为10750万公斤，达县专区为5436万公斤，剑阁专区为3963万公斤。9月初，中共川北区委再次发出《关于征粮的指示》，要求力争提前完成征粮任务。中共川北区委紧接着又发出《关于征粮二次指示》，要求各县根据实际情况，在公粮征收数未派分到户以前，评实产量，按1949年度每户实应负担数先预征入库四成至五成，力争在10月底前基本完成1950年度征粮任务。

1950年度公粮征收工作开始后，中共川北区委和南充、遂宁、达县、剑阁地委抽调4100名干部，组成21个征粮工作团，由主要领导干部率领，分赴各县指导征粮工作。一些民主人士主动请缨，要求参加征粮工作。各县在各代会、农民代表会议召开之后，迅速组织征粮队伍，采取自上而下和自下而上的方式，组织农会，发动和依靠农民群众，查黑田，评产量，做到公平合理。

在查田评产中发现一些地主隐瞒田土，压低产量，或不愿评定产量企图逃避负担；有的怕自己评实了产量，别人不实，加重自己的负担。加之特务和地主的造谣破坏，在农民群众中引起不少怀疑和顾虑。对此，各县开展了广泛的思想教育，讲明评实产量不是增加负担，而是使负担公平合理。启发农民报实田土面积，关心公粮评议，勇于与瞒田户做斗争。同时，组织农民民主选举乡、保的公粮评议委员会、征粮委员会和督粮委员会，管理征粮工作。田土面积查实后，张榜公布每户公粮负担数，让农民群众评议，无异议后填发正式征粮通知，农民按数交粮入库。各地发起区与区、乡与乡、保与保、户与户之间的送交公粮竞赛。11月底止，全区全面完成1949年度公粮尾欠任务和1950年度征粮任务。各地召开庆祝征粮胜利的群众大会，总结经验，表彰征粮和完粮模范。

川北区1950年公粮任务分配表

（1950年8月20日）

专县名称		公粮任务分配数（万公斤）
南充专区	南充县	1752
	南部县	1190
	岳池县	1525
	武胜县	900
	营山县	800
	蓬安县	750
	西充县	550
	仪陇县	670
	合　计	8137
遂宁专区	遂宁县	1486
	三台县	1871
	中江县	1476
	射洪县	718
	安岳县	1734
	蓬溪县	1265
	乐至县	881
	潼南县	823
	合　计	10750
达县专区	达　县	1375
	巴中县	853
	宣汉县	880
	开江县	715
	万源县	358
	平昌县	523
	通江县	429
	南江县	303
	合　计	5436

续表

专县名称		公粮任务分配数（万公斤）
剑阁专区	广元县	405
	江油县	561
	阆中县	968
	剑阁县	523
	苍溪县	620
	昭化县	263
	旺苍县	204
	平武县	156
	青川县	156
	北川县	107
	合　计	3963
	总　计	28286

剿匪　民国时期，川北匪患猖獗。川北解放前夕，民国政府国防部二厅（情报厅）、国防部保密局等都在川北做过潜伏布置，有“巴山防线”的军事设防和情报网，华蓥山和大巴山的“游击根据地”；廖宗泽、杨元森等率特务来川北活动，国民党党团组织和中统特务在川北也做了“应变布置”；胡宗南和孙震等部溃退经川北时，除留下大批散兵游勇外，也布置了“地下军”。1949年11月至12月，人民解放军以排山倒海之势挺进川北，各类匪特慑于人民解放军的强大攻势，分散隐蔽于城乡，基本停止公开活动。

1950年1月中旬之后，各类匪特利用人民解放军进军急促，驻防分散，又忙于接管城市、建立人民民主政权、改造国民党投降部队、整编国民党起义部队之际，与地主及伺机反扑的乡、保长、封建会道门互相勾结，以攻击人民政府征收1949年度公粮为借口，煽动不明真相的群众，组织土匪武装，到处打家劫舍，拦路抢劫，破坏征粮和民主建政等工作。1950年年初，川北区公开活动的股匪和散匪达52股，23400多人。剿匪成为巩固新生的人民民主政权、安定社会秩序、保障征粮工作顺利进行的当务之急。

1950年1月21日，中国人民解放军61军党委召开扩大会议，针对川北区土匪为患的现实，作出了1950年的工作以剿匪为中心，实行军政结合，剿抚兼施，力求先打最反动最猖獗的大股土匪的决定。部分部队率先进入匪特破坏严重的地区。2月初，川北区剿匪全面展开。是月，由于参加剿匪部队的部分指战员存在轻敌麻痹思想，屯兵城镇，消极等待，不积极组织部队进剿，形成东来东挡、西来西阻，疲于应付的被动局面。在战术上，由于不适应土匪时聚时散的活动特点，加之不熟悉地形，群众尚未发动，农村基层乡保政权又未改造，以及交通不便等客观因素，有的部队掌握不住剿匪的主动权，经常扑空，甚至遭到匪特袭击。到月底仅歼匪2600人，还不到川北区土匪数的十分之一。匪特甚至发展到在公路沿线伏击和抢劫军、商汽车，袭击人民解放军分散驻防部队。遂宁军分区某部一天内就遭土匪武装围攻4次，土匪还杀害征粮人员和地方干部，抢劫公粮和仓库，甚至在川北军区驻地南充市区及其附近地区，匪特武装亦公开活动，疯狂为非作歹，残害人民群众。2月15日至21日，中国人民解放军西南军区先后发出剿匪指示，指出剿匪肃特是西南全区在新的斗争形势下的新战役，其本质是肃清国民党残余势力和反封建的斗争，并且这场斗争是长期的、艰巨的、复杂的和残酷的。提出了“以政治争取为主，以军事打击为辅”、“军事打击、政治瓦解与发动群众相结合”的剿匪方针。制定了“先腹心区、后边沿区，先交通要道、后两侧乡村，先股匪、后散匪”的作战步骤。要求剿匪部队“克服任何困难与一切怕疲劳的情绪，来进行这一艰苦复杂的斗争”。2月28日，川北军区党委召开扩大会议，贯彻落实西南军区剿匪指示精神，研究制定了50天（3月10日至4月30日）的全面进攻计划。强调克服“左倾”、“右倾”思想，严格执行“首恶必办，胁从不问，立功受奖”的政策。确定以野战团为主担任剿伐部队，以地方武装为主担任守备部队，以匪特严重地区和较大股土匪为打击重点。

1950年3月上旬，川北军区及各军分区按照部署，进入剿匪位置，3月中旬开始全面进剿土匪。剿匪部队采取分进合击、远程奔袭、设伏诱敌、反复搜剿等战术，匪特则利用人地熟悉的条件，与当地地主与会道门勾结串通，与剿匪部队周旋。地主与会道门在特务操纵下，打着“抗粮保命”“反共保粮”的旗号，煽动胁迫群众，组织暴动，妄图造成全民皆匪的局面。川北军区及各军分区部队在进剿中，匪特负隅顽抗，合小股为大股，窜至县与县、专区与专区交界地带，在人民解放军进剿力量薄弱的地区进行活动。是时，匪特活动最严重的地区为嘉陵江、涪江、渠江三角地带，有大小股匪15股，10000余人，以盘踞在安岳县的蒋正南部为核心。蒋正南部为民国政府溃败时潜伏下来的特务武装，蒋正南是国民党四川省主席王陵基委任的第三游击纵队司令。其成员以叛军为核心骨干，并与当地会道门、反动军人、地主等勾结在一起。其活动地区，东起武胜县的龙多山及潼南县、安岳县，西至乐至县，成马蹄形分布，并以此为基础，与腹心地区的股匪、散匪相配合，逐渐向周围扩张，企图控制遂宁县、璧山县等腹心产粮区。蒋正南部在战术上采取时而聚合为患，时而化整为零，与人民解放军进行游击战。西南军区决定以川北军区为主，川东军区璧山军分区配合，组成第三联防指挥部，由川北军区副政委郭林祥统一指挥，对嘉陵江、涪江、渠江三角地带蒋正南部实施围剿。达县军分区和川东军区大竹军分区组成的第四联防指挥部，由达县军分区司令员钟发生统一指挥，对渠江沿岸的股匪实施围剿。与此同时，川北军区决定在各军分区之间，各县、区之间组织联防，互通情报，打破地区界限，统一行动，多路进击，分段包干，对腹心地区的股匪进行重点围剿。4月10日，川北区统一围剿行动开始。在匪特活动区担任守备任务的部队，选择重点建立守备据点，第三联防区共设立据点40余处，修建大小碉堡70多个，形成格子网。担任围剿的部队，按照划分的地区，集中优势兵力展开重点围剿。同时，实行军民联防的战略，把剿匪与组建农会、发展农协会员、建立农民自卫武装结合起来，在有农会的地方加岗设卡，实行区域性净化。

就在剿匪部队以强大攻势进剿之时，“中国国民党四川省反共救民义军”组织3000人的土匪武装，妄图于5月5日，在南充市及周围的龙门、芦溪等29个场镇同时进行武装暴动，攻占南充县人民政府及各乡镇，洗劫南充市（史称南充“五五”反革命暴动）。在中共南充县委、县人民政府、驻军、公安干警和农民武装自卫队的配合下，一举捣毁了他们设在南充县老君乡凌云山的匪巢，活捉胡伯洲等骨干分子30余人，匪徒1993人，击毙匪徒35人，击伤728人。缴获各种枪支485支，其他武器152件。在追捕中，漏网匪特放火烧毁了川北行署宿舍大楼，造成近4万元的损失。6月11日，南充市人民政府召开万人大会，公审处决了“五五”反革命暴动头目胡伯洲、李旭光、方显臣、蒲清等干犯。继后又抓捕焚烧川北行署职工宿舍大楼的匪特。6月26日，平武县发生持续20多天、方圆150公里范围的1000余名匪特暴乱，杀害干部群众72人，损失公粮10余万公斤，茶叶300多担。经军民全力围剿，平息了平武县匪特暴乱。在剿匪中，残匪划大为小，从公开转入隐蔽，逃到边远山区，腹心地区100人以上的股匪不多，主要交通线基本畅通。中国人民解放军剿匪部队除继续对股匪组织搜剿外，抽出部分干部、战士配合地方人民政府，开展发动群众、组织农会、建立与健全农村乡镇基层政权等工作。为适应分散剿匪的特点，整编了野战部队，少数团保持大团，多数团编为小团，并抽出21个营、42个连队，与地方人民武装合编，组成35个县警卫营、240个区警卫队，县、区人民武装力量得到加强。至6月底，川北区彻底粉碎了匪特企图在南充、蓬安、营山、射洪、盐亭、江油等地发动暴动的阴谋。歼匪4.95万人，政治瓦解匪特2.48万人，缴获枪支2万余支，10人以上的股匪基本肃清，剿匪取得了阶段性胜利，保证了征粮工作顺利进行，巩固了人民民主政权。参加剿匪的野战军和地方部队指战员牺牲377人。

【清匪反霸】 1950年6月，川北区10人以上的股匪全部肃清，但匪患尚未根绝。残余匪特采取分散隐蔽，利用与组织国民党残存的党派团体、封建会道门，图谋再起。10月，川北区减租退押工作开始后，匪特的破坏活动日益猖獗，采取打人、分化和控制农协会及偷盗、抢劫、放毒、暗杀等手段，阴谋组织暴乱。部分地主与土匪、特务串通一气，公开反对减租退押政策，强迫农民交一年至两年的租金，并以不租地给农民相威胁。或分散、盗卖、隐藏、烧毁粮食，破坏农具，砍伐树木，折卖房屋，宰杀和饿死耕牛，对抗减租退押。中共川北区委发出清匪肃特的指示，要求各地铲除匪根，打掉地主的嚣张气焰，保障减租退押工作顺利进行。全区统一于10月中旬至下旬举行清匪肃特运动周，深入开展清匪肃特宣传和群众性的清匪肃特运动。要求经过清理户口、清查客栈等工作，在全区建立起治保组织和管理制度。较大城市坚持夜间巡逻，不定期清查户口，广泛发动群众密告，检举匪特。在清匪反霸中，广大群众积极举报匪情，提供线索，自动设立盘查哨，进行堵截追捕。通江县地主杨晶恩等，曾杀害川陕革命根据地红军家属150多人。中华人民共和国成立后上山为匪。在清匪反霸斗争中，240名农民武装自卫队员跋山涉水几十公里到不见人烟的深山老林里搜捕杨晶恩匪帮，埋伏三天三夜，终于在峭壁石洞里将杨晶恩捕获。蓬安县二区农民武装自卫队员千里远涉陕甘等省，后又追踪到贵阳，终将匪首“川陕反共救国军”司令周仕平捕获。“川陕反共救国军”支队长杨德胜从蓬安县窜匿到名山县汇岭乡后，3000多名群众搜山，9名妇女在一山洞内将其捕获。蓬安县农民武装自卫队张月阶等3名队员，为捉拿匪首伍曾生，不分昼夜追至重庆，经过20多天的查访搜索，终将其捉拿归案。

川北区在清匪反霸运动中，按照中央人民政府政务院规定，反霸对象采取由各县县委提出、地委批准的办法确定，避免了把稍有劣迹或带有恶霸行为的地主当作恶霸处理，或把思想落后，被地主欺骗利用的农民当做狗腿子对待。根据恶霸分子的罪恶性质、罪恶大小、作恶的不同时间，作出相应处理。对少数罪大恶极、死不悔改的恶霸分子从严惩处，对罪恶较轻又低头认罪者，则予以从宽处理。各县组织人民法庭，深入到农村，直接受理群众告发、检举的清匪反霸减租退押案件，惩办反抗和破坏减租退押的土匪、特务首要分子和恶霸地主。1951年3月，全区清匪反霸工作结束。

【减租退押】 民国时期，川北农村的土地集中在地主、富农手里，绝大多数农民无地，靠租佃土地耕种维持生活，地主对农民进行沉重的地租剥削。据1950年年初岳池、阆中、遂宁、南部、三台、达县、广元等7个县111个乡的调查统计，占7个县人口总数4.96%的地主，占有7个县30.5%的土地。岳池县7个乡，占人口总数6.4%的地主，占7个乡64.1%的土地；占人口总数50.3%的贫雇农，只占7个乡3.31%的土地。遂宁县31个乡，占人口总数7.11%的地主占有34%的土地，占人口总数54%的贫雇农只占13.5%的土地。地租有实物地租、劳役地租、货币地租三种形式。无地农民租种地主的土地，除交地租外还得向地主交纳押金，不交押金就租不到土地。川北地区，地租额均在60%以上，押金一般等于地价的三分之一以上，部分地主在民国38年（1949年）9月前就预收了1950年至1951年的地租。

1950年7月22日，中共中央西南局召开第三次会议，决定西南全区在1950年冬及1951年春开展以清匪反霸、减租退押为主要内容的反封建斗争。斗争的目的是把广大农民群众充分发动起来，把封建势力基本打垮，经济上给封建地主阶级普遍而严重的削弱，政治上打垮地主阶级的权势，巩固无产阶级对农民的领导，巩固人民民主专政的基础。西南军政委员会制定了《西南区减租暂行条例》。规定：凡地主、旧式富农及一切机关、学校、祠堂、庙宇、教会所出租的土地，其租额一律按照原租额减低25%；减租后租额最多不得超过土地正产物的35%，超过的都应再减低至35%；凡出租土地者，均不得预收地租或地租以外的任何变相剥削；凡出租土地者的任何额外剥削均应废除。中共川北区委、川北行署在中共中央西南局第三次会议之后，在征粮剿匪工作取得重大胜利的基础上，把工作重心及时转入减租减押、清匪反霸。8月15日，川北行署颁发《在征粮减租前不得收租，严厉禁止地主非法夺佃》的布告，明确宣布地主不得非法夺佃，亦不得按原租额强收租谷。是年应收租谷必须等交清公粮与确实实行减租后才能依法收租。若有不法分子仍敢向农民夺佃，或违法索租，经教育无效，农民向政府提出控告后，将依法论处。对确系生活困难必须先收部分租谷以暂时维持生计者，正产物收获后，经农佃双方及农民协会协议，方可先收部分租谷，但不得超过出租地正产物的10%。农民之间及农民与其他劳动人民和小土地出租者之间的交租问题，由业佃双方本着自愿原则经农民协会协商处理。9月7日，中共川北区委发出《关于大力发动与组织农民开展减租、退押、反霸运动的指示》。10月1日，川北行署制定了《川北区退押实施办法》，明确规定，从10月1日起，凡出租土地者，不得向农民收取押金，若非法勒索押金者，以违法论处。地主、富农以前收取的佃户押金，原则上均应于减租时全部退还佃户。少数地主、富农退还押金确有困难者，经农民协会及佃户本人同意，无力一次全退者，分期退还；无力全退者，退还一部分；无力退还者，免予退还。但分期退还者，须于1951年秋收前全部退清。地主退给农民的押金，要教育农民投入农业生产及发展农村副业，严禁大吃大喝，造成押金分散浪费。农民协会为退押的合法执行机关，退押必须经过农民协会批准，不得自行处理。10月17日，川北行署向各级政府工作人员发出《严守减租退押反恶霸的八项纪律》的训令，强调指出：各级政府工作人员应严格执行人民政府减租退押法令，不准违犯；坚决实行减租减押，不准包庇地主；廉洁奉公，不准贪污浪费，不得接受贿赂和窃取果实；尊重人民民主权利，倾听群众意见和批评，不准欺压人民；一切重要问题，要和大家商量决定，然后进行，不要个人决定，强迫执行；依据政策法令和群众路线办事，不准乱捕、乱罚、乱杀，严禁使用肉刑和变相肉刑；坚决服从上级指示，不准阳奉阴违；严格执行请示报告制度，不准虚报情况，各自为政。对以上规定执行有功者，酌予奖励；对违犯者，一经查实或经群众揭发，按情节轻重处分。

10月22日至24日，中共川北区委连续发出《为开展减租退押、反恶霸运动告党员书》《关于坚决而正确的发动农民群众完成清匪反霸、减租退押运动的决定》《关于开展减租退押运动的通知》，强调打好减租退押仗，铲除匪根，是为土地改革作出最实际地准备。10月下旬至11月上中旬，遂宁、三台、中江、安岳、乐至、蓬溪、潼南、盐亭、射洪、南充、西充、南部、岳池、达县、巴中、广元、江油、阆中18个县，选择了一个至数个土地较集中、人口较多、封建势力较强、社会环境较安定的乡、保进行减租退押试验。各试验乡保首先集中干部学习文件，领会减租退押文件精神，学会工作方法，深入农村发动群众，整顿农协会，在农民中广泛开展“天下农民一家人”和“今年减好租，明年好分田”的宣传教育。然后开好地主斗争会，对地主讲明减租退押政策，实行分化瓦解，不准地主以种种借口抵赖、拖延，迫使绝大多数地主按政策规定减租退押。试验乡、保减退的租谷和押金大致相当于1950年公粮数，退押约为减租的三分之二，实退果实占应退还数的50%以上，多的达70%。在取得减租退押试验经验的基础上，11月下旬，川北区采取依托重点、分期进行的方针全面开展减租退押工作。全区抽调1.5万名干部，培训33万名农民积极分子，组成34.5万人的减租退押工作队伍，分赴各县开展减租退押工作。全区减租退押工作分三期进行。第一期，南充、遂宁专区和剑阁专区阆中、苍溪两县征粮结束较早，于11月下旬开展减租退押工作，12月底完成减租退押任务。第二期普遍于12月底开始，1950年1月底结束。第三期剑阁专区的平武、青川、北川、旺苍4县和达县专区的南江县因社会环境尚不安定，1951年2月开展减租退押工作，3月底结束。

按照中共川北区委制定的方针、政策、方法、步骤，全区减租退押工作由点到面、有序开展，稳步推进。在工作中，严格执行党的实事求是、区别对待的政策，妥善保护工商业。对破坏减租退押的反革命分子，按中共中央《关于镇压反革命活动的指示》进行严惩。对违法地主从严惩处。对守法地主采取谈判方式解决。对自觉执行减租退押法令，带头减租退押的开明士绅，进行鼓励，并通过他们协助政府做好减租退押工作。对与共产党合作的上层人士和起义投诚的军官，在退押中给予特殊照顾和宽大处理。在减租退押工作中，全区农民协会会员发展到400万人，武装自卫队员发展到82万多人，减租退押成果折稻谷3亿公斤，迅速分配给了农民。

【土地改革】 1951年2月至1952年4月，川北区分三期开展有领导、有步骤、有秩序的土地改革运动。在土地改革运动中自始至终贯彻依靠贫雇农，团结中农，中立富农，有计划地消灭封建剥削制度，发展农村生产力的总方针，在新解放区土地改革中保存富农经济的政策。第二期土地改革结束后，对第一、第二期土地改革进行了复查，解决土地改革中的遗留问题和集中力量突击20%落后乡村的工作。至1952年4月，第三期土地改革工作结束，川北区除少数民族聚居的63个寨、近1.3万人口的地方未进行土地改革外，全区完成土地改革。川北区的土地改革工作受到中共中央西南局的肯定。

第一期土地改革 1951年1月5日，川北行署根据全区农村革命秩序基本确立，农村干部大批成长，广大农民群众的政治思想觉悟有很大提高，积极要求分配土地的实际，遵照《中华人民共和国土地改革法》，作出了《关于一九五一年争取完成全区土地改革的决定》《土地改革工作要求八条》和《川北区土地改革具体实施办法》，报经西南军政委员会后获得批准。是日，成立了以赵林任主任，裴昌会、李登瀛任副主任的川北行署土地改革委员会，负责领导全区的土地改革工作。6日至10日，中共川北区委、川北行署联合召开川北区第一次土地改革工作会议，总结减租退押、清匪反霸工作，安排川北区第一期土地改革，对开展土地改革的方针、政策、步骤、作法作了全面部署。提出了一要作得踏实妥帖，防止“夹生饭”；二要进一步发动群众，防止“和平土改”；三要严守政策，防止混乱；四要结合生产，防止破坏浪费的四要四防检查标准。会议决定三台县、遂宁县、岳池县、南充县、阆中县5个县和南部县的7个区与南充市郊区及达县、巴中县、江油县、广元县各确定1个区进行第一期土地改革工作，史称“川北区实验土地改革区”。第一期土地改革区有67个行政区、344个乡、3753个村，总面积13953平方公里，耕地面积46.7万公顷，人口462万人。

中共川北区委在原征粮减租退押工作团的基础上，经过充实调整，组成5个土地改革工作团，实行定点定人负责土地改革工作。领导均到一线。一团团长秦仲方负责南部县，二团团长李登瀛负责三台县，三团团长饶兴负责阆中县，四团团长李文清负责巴中县，五团团长胡健负责南充县。中共南充地委土改工作团团长孙先余负责岳池县，中共遂宁地委土改工作团团长李林枝负责遂宁县。南充市和开展土地改革工作的县均成立了土地改革委员会，所属区、乡均由上级党委、政府的领导到一线坐镇负责土地改革工作。各土地改革县都吸收一定数量支持土地改革的民主人士和开明士绅参加土地改革工作。2月初，川北行署组织12432名参加第一期土地改革的干部、农民积极分子、民主人士，以各县土地改革工作团为单位，召开扩大干部会议，用15天至20天时间集中进行培训。学习《中华人民共和国土地改革法》，使大家明确“依靠贫雇农，团结中农，中立富农，孤立和打倒地主，有步骤有分别地消灭封建剥削制度，发展农业生产”的土地改革总路线和总任务。消除了“和平土改”的思想，树立了依靠贫雇农的观念，弄懂了土地改革政策和基本的工作方法与工作步骤。同时，列入第一期土地改革的县层层召开县、区、乡各级人民代表会议，大张旗鼓宣传土地改革政策。川北行署土地改革委员会大量翻印《中华人民共和国土地改革法》《农民协会组织通则》《中央人民政府政务院关于划分农村阶级成分的决定》《惩治不法地主条例》等有关土地改革的政策、法令，分发各土地改革县、区、乡、村张贴。在做好一系列准备工作之后，2月下旬，各土地改革工作团奔赴第一期土地改革地区，分五个步骤开展土地改革工作，5月中旬结束。

第一步，发动群众特别是发动贫雇农参加土地改革。各土地改革工作团通过召开区、乡贫雇农代表会议、农代会和村的农民、妇女、农会会员和自卫队队员会议，广泛宣传土地改革政策、法令、法规，进行调查摸底。中共川北区委连续发出一、二、三号指示，强调在第一期土地改革中，要坚决执行中共中央制定的“依靠贫雇农，团结中农，中立富农，孤立和打倒地主，有步骤有分别地消灭封建剥削制度，发展农业生产”的土地改革总路线和总任务。各土地改革工作团深入到贫雇农家中，采取发动贫雇农“吐苦水”“挖穷根”“算剥削账”等方式，对贫雇农进行“谁养活谁”和“土地回老家”的启发教育。让贫雇农认识到封建土地剥削制度是广大农民贫穷和农村落后的总根源，把封建土地剥削制度变革为农民的土地所有制，广大农民特别是贫雇农才能在政治、经济上获得解放翻身。在第一期土地改革初期，针对部分贫雇农“怕变天”、怕报复的思想顾虑和生产、生活上困难大的实际，土地改革区及时开展了镇压反革命分子和反地主违法斗争，以消除农民群众顾虑，适当解决贫雇农经济上的要求。在此基础上，整顿建立健全农民协会、农民自卫队组织，保证贫雇农在土地改革中发挥核心作用。据不完全统计，第一期土地改革地区农协会会员达186万多人，占其总人口的37.8%；农民自卫队队员发展到22万多人，占其总人口的4.7%；涌现和培养积极分子10多万人。在广泛发动农民参加一期土地改革的同时，还召开小土地出租者会议、富农会议，向他们传达《中华人民共和国土地改革法》对小土地出租的政策规定，保存富农经济的规定，促使他们配合土地改革，稳定社会秩序。

第二步，划分阶级、划好成分、分清界限。《中华人民共和国土地改革法》颁布后，地主闻风分散、盗卖、隐藏财产，烧毁粮食，破坏农具，砍伐树木，拆卖房屋，杀害和饿死耕牛，抽屋夺佃等破坏活动相当严重。阆中县统计，损失折黄谷3700余万公斤，相当于阆中县1950年的公粮数目。为此，一期土地改革一开始，各土地改革区就开展了反破坏、反分散、反隐瞒财产的斗争。同时抓紧镇压反革命，实行政治上揭盖子，结合反地主违法斗争进行镇压反革命。土地分配后，结合打扫战场，对镇压反革命再作一次清查，从政治上打掉地主嚣张气焰，从经济上打垮封建地主经济。接着，开展划分阶级、划好成分、分清界限工作。按宣布政策、对照政策评议、通过农会审查、报上级领导批准四个步骤，划分阶级。先划地主，后划富农，然后划农民内部成分。划分农民内部成分时，先自报公议，出榜公布，如有不同意见可向农会说明，报请上级政府批准，最后定案。对划分为地主成分的，通知地主本人到场，允许申辩，开展面对面的说理斗争，清算剥削账，揭发压迫农民的罪行，使其低头认罪。第一期土地改革划分成分结果，地主成分占3.52%，富农成分占2.2%，佃富农成分占0.17%，小土地出租成分占2.33%，中农成分占26.20%，佃中农成分占8.12%，贫农成分占49.80%，雇农成分占3.78%，工商业和其他成分占3.88%。

第三步，没收征收。第一期土地改革区在整顿建立健全农民协会的基础上，建立了没收征收委员会，制定出没收征收工作纪律后再召开没收大会，先没收后征收。没收时先令地主呈送土地、耕畜、农具、房屋、多余粮食等五大财产清单，地主自报中有隐瞒五大财产者，发动农民群众当场揭发斗争，促其实报，经过群众审查核实后召开没收大会，进行没收。没收时给地主家人也留一份财产，给生活出路。对顽抗狡赖的地主，除展开斗争外送人民法院惩办。对一些罪大恶极、血债累累、民愤极大的地主，召开公审大会，由各人民法庭分别判处杀、关、管。没收地主五大财产后，采取谈判说服方法，征收富农和小土地出租者超出规定范围的土地。川北区一期土地改革区没收征收土地14.07万公顷，没收地主的农具35万件、耕牛11300头、房屋50万间、粮食110余万公斤，并从惩治不法地主的斗争中追回赔罚款529万元。

第四步，公平合理分配胜利果实。一期土地改革区均建立了乡、村两级斗争成果分配委员会。在分配土地财产中，经历了思想发动，讲清政策，依靠贫雇农，强调干部大公无私，团结互让，较富村照顾穷村的工作过程。在土地分配上，采取由乡调剂到村，由村搭配到组，然后在组内自报公议，具体预分到户。实行互相审查，大会通过，最后张榜公布，插标定案。通过由上而下的计划调剂，由下而上的具体搭配，“先在屋内分，后在地里踩”的土地分配办法，贫雇农极为满意。分地后的搬迁问题，各地尽量做到不搬或少搬，通过划拨和调节土地的办法解决。必须搬家的，则认真细致地做好思想工作，在群众中形成“不分一二村，农民一家人”“搬家搬家，嘻嘻哈哈”的融洽气氛，做到来者欢迎，去者欢送，大家满意。

在第一期土地改革期间，川北行署发出通知，要求土地改革区土地改革与发展生产相结合，务必于春耕大忙前把土地分配完毕，把可以推后解决的问题放在春耕后去解决，保证农民新分得的土地和财产不受侵犯。同时发布《再度宣布土改地区谁种谁收，号召农民加工施肥努力耕作》的布告。分配其他生产生活斗争果实时，按照“填坑补缺，照顾需要，有利生产”的原则处理。第一期土地改革区280万人分到了土地，占其总人口的61%，190万人分到了生产资料，占其总人口的41%。在分配中适当照顾了中农，中农阶层中32%的人口分到了部分土地及生产资料。广大农民特别是贫雇农分到土地后，生产积极性空前高涨。南充县统计，农民开荒50万亩，新修塘堰2400多口，分得的斗争果实绝大部分投入了农业生产。遂宁县一区农民共分到斗争果实175250元，用于购买生产资料的钱就达140200元。

第五步，总结工作，庆祝胜利，布置生产，健全组织，处理遗留问题，填发土地证。

第二期土地改革　1951年5月2日至10日，中共川北区委、川北行署联合召开第二次土地改革工作会议。部署第二期土地改革任务。胡耀邦到会作了重要讲话，强调在第二期土地改革中，对土地改革的总路线一定要做到家喻户晓，关键是发动和依靠贫雇农，惩办不法地主务须坚决贯彻，不许动摇。但在饬令赔罚时一定要有界限、有范围，区别封建与非封建、守法与违法、违法之轻重、低头与顽抗，做到合理合法、名正言顺。第二期土地改革6月上旬开始，9月上旬结束。开展地区为达县、巴中、广元、江油、蓬安、营山、仪陇、西充、蓬溪、潼南、武胜、中江、射洪、安岳14县，加上南部一期土地改革留下的5个区，巴中、达县、广元、江油4县一期土地改革留下的区，以及巴中县除留下1个区参加第三期土地改革外，均参加第二期土地改革。共有111个行政区、765个乡、6129村，总面积82260平方公里，耕地面积8.23万公顷，人口762万人。参加第二期土地改革的干部、工人、学生、农民积极分子和民主人士共17313人。第二期土地改革仍按五个工作步骤进行。

在第二期土地改革开始前，川北行署土地改革委员会对参加第二期土地改革工作的干部、学生、农民积极分子和民主人士进行了一个月的政策培训。公布了开展第二期土地改革工作的具体计划，及正确开展反违法斗争的规定，制定了完成第二期土地改革“坚决而正确的贯彻政策法令；充分发动群众特别是依靠贫雇农进行土地改革；彻底打垮地主阶级；公平合理分配斗争果实，有利生产，防止浪费”的四条标准。在每一步开始前，川北行署土地改革委员会都作出了具体可操作的指示和规定，特别是对反地主违法斗争，中共川北区委作出了《关于正确开展惩治不法地主斗争的几项规定》。第二期土地改革工作开始后，川北行署土地改革委员会6月至7月先后发布了《关于没收征收结合惩治不法地主的方针与步骤》《关于依法没收反革命分子之商业财产的几点意见》，指导各地土地改革。

第二期土地改革改进了领导方法和工作方法。负责土地改革的各级领导干部都深入到第一线，狠抓发动与依靠贫雇农，团结中农，联合各民主阶层，坚决斗争不法地主、发展农业生产等关键环节，自始至终贯彻执行土地改革总路线。第二期土地改革，贯彻了在新解放区土地改革中保存富农经济的政策，对富农自耕和雇人耕种的土地均不变动，被征收的土地仅占本阶层土地总数的37%。对中农政治上不排斥，经济上保护，分配土地时有19.5%的中农增加了土地。同时，本着坚决支持农民翻身，又保护工商业的原则，在第二期土地改革区的城市和城镇成立了土地调解委员会，吸收民主党派、开明士绅、工商、文教界的代表参加，统一处理城乡工商业兼地主、地主兼工商业者在土地改革中的问题。对其中无恶霸行为者不斗，无违法行为者不罚，对违法者实行自报公议、农会同意和调解委员会最后决定合理赔罚，本人不必一律下乡。农村违法的富农和小土地出租者，也只按价赔偿，不予处罚。适当照顾军烈属与在外地的民主人士的直系亲属，重要的民主人士要报告县委，土地改革中对重要民主人士应处理的有关问题由地委决定。

中共川北区委在第二期土地改革中组织3000名民主人士到农村参加和参观土地改革，让他们直接了解土地改革的真实情况。既消除了对土地改革运动的疑虑，又利于发现和纠正土地改革工作中的缺陷和偏差，使地主阶级在全社会彻底孤立，有力地配合了土地改革工作顺利推进，也使民主人士顺利地过了土地改革关。

第二期土地改革在公平合理分配斗争果实上，做得更为细致扎实。射洪县土地改革工作团在耕牛的分配上创造了五条新经验。其一，根据没收耕牛的多少，按以乡为单位，村与村进行调剂。由乡的分配委员会作出调剂计划，农民代表会议讨论通过，作出决定后再进行调剂。其二，没收的耕牛数量过少，不够分配时，在赔罚款中酌情抽出一部分购买耕牛或作为购牛资本，顶牛分配。暂时不能买到耕牛，资金存入银行，待分牛户集体购买耕牛时再行使用。其三，以乡或村为单位，首先计算出应分配耕牛与分田户自有耕牛总数，并按耕牛的大小、耕种力强弱，分别记“分”，如一头牛能耕种2公顷田即记30分。然后计算出牛力总分，按每分所占土地总面积（包括应分配土地和分田户自有土地之和）的比例，算出牛力应耕种田土数，或评为若干等级，作为分配耕牛的依据，在农民大会上通过决定。其四，以分得土地的贫雇农为主要分牛对象。根据自己有无牛力，合理分配，如分田1公顷，自己无牛则分半头；分田0.5公顷，只分牛力一脚（四家合分）；若自有半头牛，虽分得土地1公顷，也不再分牛力。耕牛分配方法由小组民主评议，拟出分牛户名单。交分配委员会审查，农民大会通过，出榜定案。其五，分配委员会根据分牛户的土地亩数，以及远近情况和耕牛的耕作能力，提出分配方案。一般一头耕牛分给两户或三户。对应分牛而未分得的户，由得牛户按价出钱，另行设法购买。上述办法得到了川北行署土地改革委员会的肯定，通报发至进行土地改革的村。西南军政委员会也在西南土地改革区推广。

川北区第二期土地改革期间，中央土地改革工作团川北队胡愈之、严济慈，西南土地改革工作团梁聚五、川北土地改革工作团谭卫根一行4人组成临时巡视组，于7月19日由蓬溪经射洪、中江两个第二期土地改革县，遂宁、三台两个第一期土地改革县的10个乡村进行巡视，听取了五次工作汇报，召开了10次座谈会，参加了三次公审大会，作了6次巡视报告。历时19天。联合巡视组在向中共中央及中共中央西南局的书面报告中，充分肯定了川北区第一、第二期土地改革工作，指出了工作上出现的偏差，对发展川北区经济提出了许多宝贵建议。中共中央西南局对川北区第二期土地改革工作给予了充分肯定。

第二期土地改革也存在工作进展不够平衡，遗留下一定数量的落后乡村；少数乡村干部用斗争果实搞吃喝；一些土改干部把历史文物、名胜古迹视为封建腐朽的东西加以摧毁；部分乡村干部产生松劲情绪和换班思想等主要问题。

土地改革复查　针对第一期、第二期土地改革后，少部分乡存在的少数不法地主与反革命分子不服管制，甚至进行反攻破坏活动，以及20%的落后村需要突击解决等问题，中共川北区委决定，从1951年12月开始，与开展第三期土地改革同步，对第一、二期进行土地改革的20个县进行复查。

复查工作按照“进一步发动群众，稳定大多数，发展生产”的原则，分第三期进行，每期30天至40天。每个已经土地改革的乡配备10名土改复查干部，由区级主要领导负责。总的要求是抓住要害，在踏实的基础上加速前进，力争主动，决不让细小枝节拖住后腿。复查范围是：清理漏网反革命分子，斗争继续作恶的不法地主，纯洁和加强农村政权组织建设，修订错划的阶级成分，分配未分配完的斗争果实，处理尚未处理的山林问题，调整区、乡区划，填发土地证。

复查工作以乡为基本单位，本着“刀锋对敌，团结农民”的原则，首先发动群众开展对不法地主、反革命分子的斗争，在此基础上处理土地改革工作中的遗留问题。处理遗留问题以村为具体作战单位，根据各村不同情况，采用不同做法，实事求是地解决问题。解决落后村的遗留问题一般都在40天左右。

复查土地改革的工作重点是，突击落后村，提高一般村，加强较好村。集中力量突击落后乡村的工作，处理解决好八项突出的遗留问题。即：着重清查有无漏网的反革命分子；斗倒继续作恶的不法地主；彻底解决组织不纯的现象；修订敌我之间划颠倒了的成分；分配未分配完的斗争果实，包括土地、房屋、农具、耕牛、粮食、衣物、现金、堰塘、果木及典当关系的处理和田边地界的划定等；彻底处理山林问题；以乡政府所在地为中心，周围相距均不超过15公里，行政领导方便和适当照顾地形、人口等条件，对区乡适当进行调整。原有村级组织机构，根据地形、行政方便等条件，适当改变为代表主任制，在调整中建立正式的农民代表大会制度；对农民进行内部民主管理与对敌实行专政的教育，提高农民当家作主的思想认识与能力；在查实田土、评好产量的基础上，迅速填发土地证，并抓紧宣传生产政策和前途教育。经过复查，落后村比例大幅度下降；一般村和较好村比例大提高。

复查土地改革工作在发动群众上，采用“抓紧后进层，教育中间层，提高先进层”的做法。用深入细致的个别串连和分工包干的办法，配合运用小组会、院坝会、雇工会、齐心会、会师会等方式，把后进群众发动起来。同时通过斗争不法地主，对广大农民群众进行了诉苦、回忆、对比，特别是共产主义前途教育，提高了广大农民群众的政治思想觉悟和政策水平。在有民族关系的地方，抓住不法地主或反革命分子挑拨民族关系的事实，对其进行揭露与斗争。在工作较有基础，已经产生有一定数量骨干分子的地方，采用“提高先进，带动后进”的办法，既发动群众，又提高干部的工作水平。

复查土地改革工作在对敌斗争上，则是集中火力打击反攻破坏的不法地主与反革命分子，同时对一般地主进行遵纪守法教育。复查中，共召开了221次斗争会，平均每个乡7次，斗争了4358名违法地主，平均每乡斗争15名。其中属于反攻破坏的地主3510人，占被斗地主的80.5%。对不服管制的地主，复查中一般采用小型会议形式，令其低头认错。在结束赔罚款上，有472名地主交出赔罚款23000多元，其中122户地主受到新的赔罚，交出赔罚款11000多元，占收缴赔罚款总数的46.7%。被赔罚款地主，大都是反攻破坏的地主，从经济上给予了他们较重打击。而对劳动守法的地主，以及兼有工商业和自由职业者之地主，一般是减免赔罚款结案，不进行斗争。

复查土地改革工作在处理农民内部的遗留问题上，执行“不要锅里不争碗里争”的原则，并紧密结合发展农业生产进行。遗留未分的斗争果实和新收的斗争成果，主要以村为单位进行分配，特别照顾土地改革中未分到或分得很少的贫雇农。遗留未分之山林、房屋和未定界的田土，大都采取不斤斤计较和协商调解的办法处理。对190户错划为地主的农民，或土地改革中自动献地而被分配了土地的中农，一般给予补偿或退还原地。各地在复查工作结束时，结合填发土地证，普遍修订了爱国公约，把发展农业生产、实行增产节约、开展拥军优属、对烈军属土地进行代耕等充实到了爱国公约之中，并建立了农业生产互助组或合作社。

在复查土地改革工作中进一步巩固了民主建政工作。分别进行了建政选举，对乡村干部进行共产主义的教育，对敌斗争教育，组织干部群众学习《乡村干部十大守则》，扭转部分乡村干部松劲换班思想。结合学习讨论农会章程，审查农会会员，接收新会员，划分农会小组，健全农会组织，加强对不法地主和反革命分子的管制。经过一系列的工作，巩固和完善了农村基层民主政权组织。土地改革复查工作于1952年3月结束。据对蓬溪、西充、安岳、南部、营山等县105个乡、1013个村的调查，一般村从复查前的49%上升至55%，较好村从复查前的19%上升到37%，落后村由复查前的32%下降至8%。

第三期土地改革 1951年9月6日至17日，中共川北区委、川北行署联合召开第三次土地改革工作会议，部署第三期土地改革任务。胡耀邦到会作了重要讲话，明确提出：群众特别是贫雇农真正发动起来了，地主阶级真正打倒了，是检查土地改革好坏的基本标准。因是时集中力量进行秋收秋种，完成抗美援朝捐献任务，第三期土地改革从11月开始，1952年4月结束。三期土地改革地区为，宣汉、平昌、开江、万源、通江、南江、剑阁、苍溪、旺苍、昭化、青川、平武、北川、盐亭、乐至15个县，加上巴中县的1个区共90个行政区、438个乡、3147个村，总面积44786平方公里，耕地面积57.56万公顷，人口358万人。

第三期土地改革区地域辽阔，人口稀少，气候寒冷，交通不便，封建势力较强，工作基础较为薄弱，且有3个县是少数民族地区，开展土地改革的难度较大，投入的干部、工人、学生、农民积极分子和民主人士达20629人。土地改革的时间也较一、二期长。中共中央及中共中央西南局到川北区参加第三期土地改革的民主人士达737人，其中有胡愈之、严济慈、梁聚伍等全国知名的民主人士。这些民主人士在宣传政策、组织发动群众、特别是在对地主阶级进行分化瓦解中做了很多工作，起了较大作用。

第三期土地改革吸取第一、二期土地改革的成功经验，针对大多数县位于山区的特点，作了具体而细致的安排，仍按五个工作步骤进行。三期土地改革区共有地主51550户，守法地主只占

4.2%，违法地主占95.8%。至1952年2月，地主户共认赔认罚1069万元，收到赔罚款1018万元。违法地主面大、人多，破坏性大，在第三期土地改革中突出地开展了反违法斗争。主要做法是：各地从实际出发，广泛宣传关于《正确开展惩治不法地主斗争的几项规定》和各项政策，揭露不法地主违法事实，发动群众控告检举，造成强大的社会舆论。在开展斗争不法地主前，先进行调查研究，掌握材料，作出斗争计划，按各个不法地主的不同情况，规定斗争、谈判、照顾的大体比例、赔罚面的比例和批准手续，保证斗争有准备有目的进行。广泛发动群众特别是贫雇农，集中火力开展斗争。据旺苍、乐至等9县统计，共斗争违法地主2498人，按每人1户计算，占9县地主总户数的8.54%。乡斗争会斗争违法地主2710人，占9县地主总数的9.25%。数村联合斗争会斗争违法地主1566人，占9县地主总户数的5.35%。三期土地改革区虽地域辽阔，人口稀少，但参加斗争违法地主的群众仍较广泛。据开江、巴中等14县统计，共召开数乡联合斗争会290次，参会的群众达109万人，占14县人口总数的21%；乡联合斗争会1325次，参会的群众达306万人，占14县人口总数的75.8%；数村联合斗争会2566次，参会的群众达103万人，占14县人口总数的26.2%；村斗争会12798次，参会的群众达373万人，占14县人口总数的92.3%。同时，对被地主迫害致死的贫雇农，普遍召开了追悼会，有的农民手捧被地主杀害的亲属头骨，抱着被地主砍断干枯了的手，控诉地主的罪行，提高了广大农民的阶级觉悟。

在对敌斗争中领导层层示范，使斗争不法地主有领导有步骤地进行。对违法地主开展有理、有法、有力、有据的斗争。盐亭县猴区乡斗争违法地主胥开龙、胥连志时，把他们分散的财产摆在他们的面前，两名违法地主低头认罪，认赔罚1000元。剑阁县古楼乡在斗争违法地主时，把违法地主杀死耕牛的牛骨头、牛皮与杀害贫雇农的斧头、刀具、血衣等当场摆出来。有的乡在召开斗争违法地主会上，把地主违法的事实做成统计表进行展览，激发群众积极参加反违法斗争行动。经过先控诉违法地主的罪恶，后揭发其经济上的违法事实，使违法地主认赔认罚。最后将罪恶事实上升到政策法令上清算，切实打倒地主阶级。

在斗争策略上，把斗争和谈判，斗争和公审结合起来，对地主阶级进行分化瓦解。首先打击首要分子，分化一般，孤立顽固分子，打消违法地主观望态度，造成低头认罪认赔罚局面。每次大的斗争会都做到有杀、有判、有扣、有放、有赔、有罚，完整体现镇压与宽大相结合的政策。在反地主违法斗争中，既注重经济目的，更注重政治目的。既控诉他们的政治罪恶，又揭露其经济违法。既斗现实违法，又揭露剥削历史，从政治上打垮地主阶级。第三期土地改革反违法斗争比第一、二期取得更大成效，获得斗争果实2871多万元，得到中共中央西南局的充分肯定，经验被介绍到各地参考。

第三期土地改革在反违法斗争中，存在对老苏区（川陕革命根据地通江、南江等县）和大巴山区一带的复杂情况估计不足，或政策宣传不够，出现地主自杀过多的现象。少数地方发生地主向农民借钱缴赔罚款的事例，个别领导干部发现后，抱着既不提倡又不禁止的放任态度。有的地方还有死角未突破的缺陷。

第三期土地改革针对第一、二期土地改革后部分乡村干部出现的松劲情绪和换班思想，在第五步工作后，增加了对干部和群众进行为人民服务和共产主义前途的教育。

川北区第一、二、三期土地改革，共没收、征收土地964万亩，占全区耕地面积的39.4%；没收房屋218.6万余间，多余粮食折稻谷8412万公斤、耕牛9万多头，农具261万件，在一定程度上解决了贫雇农生产生活上的困难。

川北区一、二期土地改革各阶层户数人口比例及每户平均人数统计表

成分 \ 百分比重% \ 户数 人口 \ 类别	第一期			第二期			第二期土地改革三个典型县（潼南、蓬溪、广元）		
	户数	人口	每户平均人数	户数	人口	每户平均人数	户数	人口	每户平均人数
地主	3.52	4.85	6.65	4.43	5.20	5.40	4.44	6.10	6.45
富农	2.20	2.83	6.18	2.25	3.10	6.16	2.26	3.04	6.32
佃富农	0.17	0.18	7.40	0.15	0.24	7.20	0.19	0.38	8.82
小土地出租者	2.33	1.42	2.87	3.16	2.10	3.05	3.54	2.12	2.84
中农	26.20	28.43	5.25	24.50	27.01	5.05	23.83	26.50	5.25
佃中农	8.12	8.85	5.21	10.35	12.20	5.74	10.86	13.05	5.70
贫农	49.80	48.66	4.70	46.64	45.40	4.45	45.57	43.40	4.50
雇农	3.78	2.02	2.56	3.56	1.90	2.43	3.64	1.77	2.24
其他	3.88	2.76	3.40	4.96	2.85	2.61	5.67	3.24	2.88

【镇压反革命】 1950年10月，川北区从实际出发，紧密结合减租退押、土地改革、抗美援朝三大运动，分四期开展镇压反革命运动。至1952年6月结束。共镇压、处理了各种反革命分子86012人。川北区的土匪、特务、恶霸、反动党团骨干、反动会道门头目等五种反革命残余势力基本肃清。

一期镇压反革命运动 1950年10月至1951年2月，川北区开展一期镇压反革命运动，清查隐藏在社会上的反革命分子。其间，1950年9月前，中共川北区委、川北行署在开展建立人民民主政权、征粮剿匪、减租退押、清匪反霸运动之中，开展了镇压反革命活动。成股的土匪、特务被剿灭后，小股和打散的土匪、特务便分散隐藏，想方设法获取公开的合法身份，秘密进行反革命活动。他们操纵利用封建会道门，勾结恶霸、地主、国民党军官、乡保人员，利用地痞流氓，散布各种谣言，煽动迷惑不明事情真相的群众，反对中国共产党，反对人民民主政权。有的混入农协会，潜入仓库、工矿企业进行爆炸、放火、投毒等破坏活动，暗杀革命干部和农民积极分子。川北区发生大小反革命暴动90多次，杀害南下干部、人民解放军指战员及农民积极分子数百人；烧毁公粮及建筑物、仓库及抢劫公私财产价值23万多元；破坏公私工矿企业及生产设备99次，放火183起，投毒致51人死亡；策动国民党的起义和投降军队叛变55次；内奸破坏案117件。据1950年9月开展镇压反革命运动前统计，川北区有土匪、特务、恶霸、反动会道门头目、反动党团骨干等5种反革命分子8.9万余名。从川北解放到1950年9月底，全区共消灭土匪76899名，处决叛乱首领、惯匪头领、大恶霸756名，给予现行反革命分子以沉重打击，平息了匪患，初步稳定了社会治安。1950年10月10日，中共中央发出《关于镇压反革命活动的指示》。是月，中共川北区委根据中共中央及中共中央西南局关于镇压反革命运动的指示精神，作出了《川北区关于镇压反革命运动的指示》，川北行署发出了《关于镇压反革命的指令》。《指示》和《指令》强调川北区开展镇压反革命运动，打击的重点是土匪（匪首、惯匪）、特务、恶霸、反动党团骨干、反动会道门头目等5种反革命分子。各级党政领导必须将镇压反革命运动列为中心任务来抓，克服麻痹思想，动员全区党、政、军、群紧急行动起来，全面贯彻镇压与宽大相结合的政策，对现行反革命活动予以坚决镇压。是月，川北区多数县在部分乡、保正进行减租退押试验时，恶霸地主、土匪、特务百般阻挠、反抗与破坏。中共川北区委、川北行署紧密结合减租退押，发动群众，集中

力量清匪反霸，开展镇压反革命运动。随着美国扩大侵朝战争，川北区又逢全面开展减租退押工作，农村阶级斗争日益尖锐。不甘失败的恶霸、地主采取造谣威胁、收买利用、分散财物、破坏农具、烧毁房屋等手段进行顽抗，并以投毒、暗杀等残忍手段，向人民群众报复。部分地主潜逃为匪，潜伏隐蔽的残余土匪，也趁机与地主、恶霸相互勾结，采取更诡诈的活动方式避实就虚，流窜于人民解放军兵力薄弱的地方，进行抢劫破坏。11月13日，中共川北区委及时发出《关于镇反革命的补充意见》，强调各地委、各县减租退押工作团及各级领导，广泛开展群众性的宣传教育，坚决打击地主、恶霸、土匪、特务的嚣张气焰，公开揭露土匪、特务的阴谋诡计，缩小谣言范围，堵塞反革命活动空隙，对一切现行反革命罪犯给予坚决及时的镇压。11月29日，中共川北区委发出《坚决及时就地处决叛乱行凶现行犯罪的指令》，指令要求各专员、市长、县长依照《关于镇压反革命运动的指示》，“对聚众叛乱，放火放毒，以反革命为目的而杀害公职人员和人民群众，破坏仓库、交通、电讯之罪犯，一经捕获，应以最迅速最简便之方式，经由川北行署或川北行署委托的专员批准，就地公审判决，不得以任何借口稍加姑息，犹豫或迟缓”。同时，《指令》规定：“在捕捉此类凶犯中，凡向人民政府告案、报告或协助追查捕捉而有功绩者，应分别给以一定的奖励，对于幡然悔过、投案自首分子，仍可予以宽大处理。”川北区各专、县人民政府，根据《指令》，结合减租退押，发动群众集中力量进行清匪反霸，采取镇压、斗争、谈判、分化四结合的策略，以反霸轰开局面，对有严重现行破坏活动的反革命分子，由各地人民法院公开制裁。至1951年2月，全区共处决恶霸，土匪、特务等现行反革命分子642人。

二期镇压反革命运动　1951年3月至1951年5月，川北区开展二期镇压反革命运动。是时，第一期土地改革的六县一市四区，结合土地改革开展镇压反革命运动，待土地改革区结合减租退押及抗美援朝等工作开展镇压反革命活动。中共川北区委根据中央人民政府颁布的《中华人民共和国惩治反革命条例》精神，制定了《认真贯彻惩治反革命条例通知》，川北行署作出了《当前运动中镇压反革命分子的具体意见》。《川北日报》发表了题为《大胆地反复地开展镇压反革命的宣传工作》的社论。中共川北区委坚持实行镇压与宽大相结合的政策，针对少数干部把握不准标准，出现杀人过多过宽的现象，及时制定“既不放过一个反革命分子，也不冤枉一个好人”的原则。对血债累累，民愤极大，对国家利益的危害达到最严重程度，不杀不足以平民愤的，依法判处死刑立即执行。对罪该处死，但无血债，民愤不大，危害国家利益未达到最严重程度者，则判处死刑缓期两年执行，强迫劳动，以观后效。其余依其罪恶大小，分别判处徒刑、管制、取保开释。农村打击的重点，主要是有破坏活动的散匪、散特、恶霸、不法地主及封建会道门头目。城市则是重点打击混入干部职工队伍内部的土匪、特务头子。

随着镇压反革命运动的深入开展，反动势力垂死挣扎，到处放火、投毒，进行破坏，活动范围波及全区各地。据不完全统计，从1951年3月第二期镇压反革命运动开始至1951年5月，全区共发生投毒事件117起，放火事件30余起。中共川北区委采取政治斗争与经济斗争、法庭公审与群众斗争、个别谈判与小会斗争三个相结合的办法，把斗争与处决结合起来进行，在政治上打垮地主阶级的威风，加大镇压反革命分子力度，支持群众的斗争要求，给农民群众撑腰。在运动中有些地方杀人掌握不严，杀得过宽了一些。4月下旬，中共川北区委报请中共中央西南局同意，决定从5月5日起，全区暂时停止镇压反革命运动。及时召开中共川北区委镇压反革命第一次扩大会议和公安厅、处、局长会议，总结检查第二期镇压反革命运动的经验教训，进一步阐明镇压反革命运动的政策、界限，为开展第三期镇压反革命运动作准备。

三期镇压反革命运动　1951年6月至1951年9月，川北区开展第三期镇压反革命运动。其间，

5月30日至6月1日，中共川北区委召开南充、遂宁、达县、剑阁专区地委负责人、公安处处长，各县公安局局长参加的镇压反革命第二次扩大会议，贯彻中央第三次全国公安工作会议精神。根据中央规定，全区镇压反革命运动采取谨慎收缩的方针，对控制杀人数、收回捕杀人批准权、清理积案、组织人犯劳动改造、清理“中内层”等问题作出了规定。决定从6月1日起，集中力量处理积案，要求土地改革区、待土地改革区、已土地改革区到9月底必须把积案处理完毕。对批捕程序作出明确规定，批捕手续更加严格。对放火、放毒、杀人、叛乱等现行反革命凶犯，人人皆有权及时抓获，送交人民法庭审讯。区级以下的人民团体包括农协会，可搜集罪证，向人民政府控告，但没有捕人的权利。捕人权属县以上人民政府。对反革命分子的判处，由专区以上人民政府批准。死刑判处，由川北行署主任批准。6月10日前，南充、遂宁、达县、剑阁地委召开扩大会议，传达贯彻中央第三次全国公安工作会议及中共川北区委扩大会议精神，解决部分领导干部存在的“多余”与“免得麻烦”等思想。同时，避免错杀并控制杀人数量，中共川北区委确定由李登瀛、饶兴、李林枝、秦仲方、孙先余、刘聚奎、杨绍增、杨兴8位领导全权负责审批。将逮捕反革命的捕人权一律收回各地委，对正在进行土地改革地区和边远县，由地委派遣或确定地委委员以上的领导人负责审批。如有特殊情况，须报经中共川北区委批准。从6月中旬开始转入集中力量清理积案。中共川北区委成立了党内清理积案委员会暨办公室，胡耀邦任主任，董弼忱任副主任。各专、县、区、乡相继成立清理积案委员会、分会、清案小组。全区抽调800名干部参加清理积案工作，第二期土地改革工作团的18600多名干部结合土地改革参加积案清理工作。南充市与各县经过各代会或协商会，各选出20名至30名各界代表，分别组成南充市与各县由各民主党派、人民团体的民主人士及各界代表组成的“党外处理反革命案件审查委员会”，参加清理积案工作。川北区党外处理反革命案件审查委员会的各界代表达700多人。许多群众自发协助人民政府清理镇压反革命运动积案。在清理积案中，各专区、各县大量印发张贴《中华人民共和国惩治反革命条例》和反革命罪恶事实材料，组织宣传队，采取演讲、办展览、漫画、板报、曲艺、戏剧等各种方式，大张旗鼓地开展镇压反革命运动宣传。通过召开县、区、乡干部会、积极分子会以及工、农、青、妇、工商、文教、宗教等各界代表会、座谈会，讲解镇压反革命运动政策，讲述反革命分子罪犯案例，发动群众深入讨论，使镇压反革命运动的政策家喻户晓，深入人心。南充市在处理匪特吴光普等罪犯时，事先将罪犯的罪状及初步处理意见印发给各机关、民主党派、人民团体及广大群众进行讨论，搜集整理群众讨论意见后报经上级批准，召开了有2万多人参加的公审大会，以“群众控诉与法庭公审相结合，镇压与宽大相结合”进行分别处理。全区所有的干部和80%以上的群众都投入了清理积案工作。同时，对土匪、特务、恶霸、反动会道门头目和反动党团骨干分子及家属进行了分化教育，指明出路，安定情绪。

6月下旬开始，开展了对在押人犯的积案清理工作。采取内部审讯、发动坦白、整理材料、研究处理与外部调查、审查讨论、公审与控诉相结合的方法，有重点地分区（片）分批突击处理。在调查核实、充分准备材料的基础上，由清理积案委员会对案件进行研究讨论，提出处理意见，送交处理反革命案件审查委员会讨论，提出判处意见，送交批准机关批准后，再发动群众进行控诉、公审判决。对判处缓刑、假释、交群众管制的人犯，经审查批准，将其犯罪事实材料交群众讨论同意后，再召开群众大会，令其向群众认罪，写出保证书，由群众监督执行。为保证清理积案工作进度，中共川北区委从四个地委抽调57名干部组成10个巡视组，分赴各地、县检查指导。至8月底，全区对19870名在押人犯的结案进行了清理，占在押人犯总数的81.79%；结案处理11314名在押人犯，占清理总数的56.94%；仅有2784名人犯继续调查弄清问题。在清理积案的同时，川北区结合第二期土地改革实际，作出了《关于正确开展惩治不法地主斗争的几项规定》，抓捕了一批罪大恶极的反革命分子。川北区已判刑的人犯，分别由川北行署公安厅，南充、遂宁、达县、剑阁专区公安处，各县公安局举办劳改营，集中进行劳动改造。

在处理积案中，中共川北区委党内清理积案委员会很谨慎地区别反革命的界限，把普通有劣迹的分子、一般反动党团分子、一般封建会道门分子、一般违法地主分子与反革命分子相区别，不混淆。蓬溪县看守所所长刘振海，民国35年（1946）前系国民党军队的一名小军官。是年，刘振海抱着升官发财的动机参加中国人民解放军，作战英勇，解放后刘振海任蓬溪县看守所所长，在任所长期间乱搞女人。镇压反革命运动开始后，蓬溪县打算将其定性为反革命加以镇压。申报材料经胡耀邦细阅后，核实了所述事实，明确批示不能搞镇反扩大化，要求把他的批示尽快转发到各专区、各县参考。胡耀邦在批示中从四个方面作了详细分析。指出："(一）此人四六年以前在国民党军队当兵，当班长，又当了四年多随从副官、排长，搞女人，偷东西，是个兵痞，只是奸污了三个陕北根据地女同志则是政治罪过。但总的说来，这样的人不要当反革命分子，如果算，就算不清。（二）此人四六年后即参加我军，一直到现在，基本上是作革命工作，而且已作了五年革命工作了。如果我们又把他当反革命分子办，岂不是有点冤枉。但因为这几年流氓性未改，所以无政府、无纪律，特别是当看守所长搞女人，这是政治原则错误，但不要与反革命分子混为一谈。（三）此人四六年参加我军动机是来升官发财，当时以特务把他捉起来，反来又经过拷打逼供，已经做错了一次，后来放了。如果我们现在又把他当反革命办，则比过去错误更重，因为过去是在他参军之时，现在是在他参军五年之后。（四）因而，把他当反革命办是不对的，错误的。但因犯了无政府、无纪律，违法乱纪等政治错误，流氓性很大，应受较严格的处分。如果因为他错误大，要关他年把禁闭，实行劳改，我也同意。但绝不可把他当作反革命分子和什么混入的内奸分子办。"

胡耀邦对刘振海案件的批示，对区别反革命的界限起了划线作用。在量刑问题上，胡耀邦指出："必须分别其罪恶之大小，对人民危害程度，分别治以应得之罪。对其中罪大恶极，人人痛恨者，应处以极刑；对罪不至死或可以不杀的分子，则处无期或有期徒刑，这也是必须坚持的；至于对自动向人民政府真诚自首悔过赎罪分子，或被反革命胁迫欺骗非自愿者分子，或解放前反革命罪行并不重大而解放后又确已悔改与反革命组织断绝关系者，均应宽大，分别不同情况从轻处刑、减轻刑罚或免于处刑，给予政治上重新做人的出路。"

9月初，中共川北区委召开镇压反革命第三次扩大会议，针对全区镇压反革命不彻底的情况，强调对该处决而尚未处决的反革命分子坚决镇压，并规定了具体办法，把继续镇压反革命列为今后一个时期的主要任务之一。同时，要求把清理积案工作中存在的问题一个一个地彻底加以解决，不留尾巴，不留后患。9月底，全区清理积案工作全部结束。

四期镇压反革命运动　1951年10月至1952年6月，川北区开展四期镇压反革命运动。10月7日至8日，中共川北区委召开有南充、遂宁地委书记、专员、公安处长和四个县委书记及公安局长参加的镇压反革命第四次扩大会议，传达第四次全国公安工作会议精神。对彻底肃清反革命残余，狠抓薄弱环节，作了专门讨论和研究。会议指出全区镇反不彻底的部分有：待土地改革区，已土地改革区薄弱的乡村和边远区，以及一般隐蔽较深的特务、反动党团骨干及反动会道门头目的"中层""内层"。从实际出发作出了八项决定，提出了"依靠群众，深入摸底，坚持政策，彻底肃清"的方针。对农村、工矿企业、机关、学校、水上、码头等各个方面的摸底工作作了部署。中共中央西南局在转发中共川北区委《关于贯彻第四次全国公安会议决议的八项具体决定》

上批示："你们关于贯彻第四次全国公安会议的八项决议很好，请即照此执行。"同时将这个决议转发西南各地参考。

川北区各地按照中共川北区委作出的八项规定，深入开展镇压反革命运动。对档案材料与在押罪犯进行摸底，有重点、有目标地进行查对，纠正原材料中的一些不实，补充新的事实材料。宣汉县通过认真查对，发现1242份人犯材料中，属于全部错误的有175份，部分错误的有264份，含糊不清的有67份，对不实材料及时进行了更正。南部县将448份材料交群众证实后，发现并纠正了173份假材料，错判死刑的人犯材料8件，新查出罪恶较大的反革命分子71名。在深入摸底的基础上，川北行署公安厅召开全区各专署公安处调研科长和部分县公安局长会议，提出《当前镇反工作意见》和《川北区关于反革命罪犯财产的没收处理办法》，对正确认定和掌握应捕、应杀、应管人犯的罪恶以及捕捉方法、财产处理等问题作出了明确规定，实行各级领导签名制。各专、市、县党委，按照中共川北区委及川北行署公安厅所规定的审批职权和具体部署，结合第三期土地改革等中心工作，大张旗鼓地对反革命分子采取零星的或成批的打击处理。盐亭、西充等县，破获了企图暴动、放火、放毒的"协心团"等反革命组织。清查隐藏在人民解放军和人民政府机关内部（即中层）和隐藏在共产党内（即内层）的反革命分子。各专区、县按照中共川北区委部署，贯彻"严肃谨慎、思想启发、不追不逼"的方针，号召各种政治上有问题的人交代清楚历史，坦白出隐藏的问题，以清洗嫌疑，卸掉包袱，专心工作。各机关清理工作，以组织、人事、公安部门为主，组织审干办公室、镇反办公室，结合"三反"运动鉴定进行。工商界的清理，结合"五反"运动进行。文教界的清理，结合集训教师进行。水上、码头和工厂的清理，结合民主改革和生产改革进行。南充丝二厂在川北区民主改革工作组指导和帮助下，清除了胡祉明、郑平安等匪特17人，改组了工会委员会筹备会，废除了各种帮会组织。南充各丝绸企业共清除反革命分子29人，开除封建把头和流氓、土匪、反动军官48人。对水上码头进行清理。川北区各地的水上码头历来为封建势力所把持，有反动社团、会道门组织30多个。反动社团和会道门组织利用水上战线长，流动分散的特点，公开或隐蔽地进行反革命活动。在征粮剿匪、清匪反霸中，部分县对水上码头公开的、罪恶昭著的反革命分子进行了镇压，但很不彻底，水上码头成为全区镇压反革命运动的薄弱环节。川北行署公安厅召开水上治安工作会议，把镇压反革命列为水上民主改革的重要内容，作出了部署安排。成立中共川北水上工作委员会，具体领导水上的民主改革及镇压反革命的工作。中共川北水上工作委员会发出《关于开展水上民主改革工作的指示》，对水上民主改革和镇压反革命的政策、方针、方法、步骤、范围等作出明确规定。水上民主改革和镇压反革命工作共查出各种反革命分子900多人，按政策及时进行了镇压和处理。南充在开展水上民主改革和镇压反革命中，采取依靠工人，团结船民，充分发动群众投入水上民主改革，查出潜伏在水上的反动组织"'五·五'暴动团""反共游击队""十人团""英勇特务队""塞滩队""扇子队"等骨干分子共376人，基本肃清了隐藏在水上、码头的反革命残余势力。

【抗美援朝】 1950年10月，中共中央作出"抗美援朝、保家卫国"决定。11月，中共川北区委和12个民主党派、人民团体发出拥护《各民主党派宣言》的通电，川北区抗美援朝运动全面展开。

抗美援朝宣传 1950年11月16日，中国人民抗美援朝总会川北分会成立，贾子群任主席，卢子鹤、王宏实、武毅、龙鸣、王贵德任副主席，丁长河、刘寿川等195人任委员。分会广泛宣传抗美援朝的重大意义，激发川北区人民的国际主义和爱国主义热情，动员人民群众以实际行动支援朝鲜、保卫祖国。11月11日，中共川北区委提出开展时事宣传教育活动，主要内容是宣传《各

民主党派宣言》、周恩来的历次声明，以及有关时事的社论、资料、《川北日报》刊登的《怎样认识美国》一文等。时事学习教育从党政军群机关干部开始，然后推广到各民主党派、工厂、学校、工商界。中共川北区委有计划地组织各级党委领导和指派部分干部担任报告员，在各种代表会议和各系统的工作会议上，专题报告抗美援朝运动，做到每会必讲抗美援朝运动。每个专区一级的报告员作报告的次数都在10次以上，有的多达20多次。川北区各城市普遍举行大规模的集会游行，并组织若干小型临时宣传队对参加游行的群众进行宣传。在各机关，通过时事学习教育，批判亲美、恐美、崇美思想和部分干部中存在的麻痹思想，增强了机关干部的民族自尊心、自信心和爱国热情。在工厂，通过工人夜校、工厂时事报告会及各种集会，对工人进行爱国主义教育。南充丝二厂、丝三厂结合民主改革，控诉国民党反动派的罪恶，提高工人的阶级觉悟。工人提出“变工厂为战场，变机器为武器“的抗美援朝口号，开展爱国增产竞赛。许多工厂的工人自发组织纠察队，保卫工厂，保证实现爱国增产任务。南充市工商界组织了314个学习小组，各行业轮流上课，坚持经常性的时事学习教育。在各学校，通过报考军校活动，对学生进行爱国主义、国际主义教育。川北区中等以上学校报考军校的学生达1.16万余名，超过在校学生的50%。在各城市街道，除了通过召开代表会、座谈会等形式对市民进行时事学习教育外，还通过临时性的宣传队、文化馆请人讲演、组织展览、曲艺书场、茶馆演唱、周末晚会、市民夜校、屋顶广播、黑板板、挨户访问等多种方式，进行时事学习教育。在乡村，通过农代会、各种代表会议、农民武装自卫队检阅、农民夜校、读报组、黑板报、山头广播、组织临时宣传队等方式，结合减租退押，对农民进行抗美援朝教育。1951年3月，正在进行第一期土地改革的六县一市四区，各土地改革工作团在对农民进行时事宣传教育时，把控诉恶霸地主的罪恶与控诉美国入侵朝鲜的罪恶联系起来进行，提高土地改革区农民的阶级觉悟和爱国主义热情。第一期土地改革期间，川北区有900万人签名反对美国重新武装日本，4万名青年农民响应“抗美援朝，保卫胜利果实”的号召，踊跃参加中国人民志愿军入朝作战。

1951年3月19日，中共川北区委针对抗美援朝运动在城市发展不平衡，农村还没有完全普及的实际情况，发出《关于进一步开展抗美援朝运动的指示》。南充市、各专区、县根据中共川北区委的指示精神，举行集会，干部、工人、学生、市民、农民普遍参加游行。专、县在党团员及青年积极分子中，挑选了一批宣传员，建立与发展宣传员网络，发挥宣传优势，宣传抗美援朝。宣传活动从城市推向土地改革地区的重点乡场和未开展土地改革地区的大部分乡村，掀起了抗美援朝宣传的新高潮。在城市，把抗美援朝宣传教育同发动群众控诉与镇压反革命运动结合起来进行。驻南充市的川北大学在控诉美日与反革命分子的罪行中，有300多人坦白曾参加过反动组织，检举了一些反革命分子。在市民中，结合反“一贯道”，分别召开座谈会进行控诉。南充市一个星期内组织了1500余次大小座谈会和控诉会，每一个市民家庭都有人参加。达县、阆中、宣汉等县在市民中组织控诉，推动了佛教、回教教徒的爱国运动。各县、区、乡普遍建立了宣传委员会，达县专区还成立了村的宣传小组。在宣传委员会下还设有经常或临时的宣传组织。川北区绝大多数乡村小学都办了宣传抗美援朝的黑板报。《川北日报》发行7万多份，进行抗美援朝宣传。川北区抗美援朝分会组织了5个农村文化服务队，分赴少数民族地区和偏僻地区宣传，并组织随队医生免费为群众治疗疾病，推动了抗美援朝宣传。

1951年4月26日至5月3日，川北行署在南充市召开首届抗美援朝代表大会，总结运动经验，表彰工作模范。对于抗美援朝运动还有“空白”和“死角”的边远地区和工作薄弱地区，各专、县按照中共川北区委的指示，加强督促检查。利用各种代表会议培养工作骨干和积极分子，或组织专门力量，采用多种方式帮助这些地区进行抗美援朝宣传。对已经基本普及宣传的地区存在的“死角”，则采取分别访问或召开小型座谈会及家庭会议的办法，进行宣传教育。经过一个月的突击补课，到6月上旬，消除了抗美援朝宣传“死角”和“空白”。10月，胡耀邦到遂宁视察，并在遂宁县船山公园主持了中国人民解放军181师出国参加抗美援朝誓师大会。

爱国公约签名　1951年2月27日，中共川北区委印发《关于在全区开展反对美国重新武装日本，举行爱国公约签名运动周的通知》。川北区各机关、工厂、学校、部队、城市街道、农村积极参与反对和揭露美国单独对日媾和及重新武装日本的阴谋，参加爱国公约签名运动。3月20日，中国人民抗美援朝总会川北分会在南充市举行集会，控诉美国入侵朝鲜罪行，发表了拥护世界和平理事会宣言和函电，会后举行了游行示威。是日，遂宁县25000人、南部县6000人、西充县5000人、岳池县3000人、江油3000人、苍溪县2000人、射洪县3000人、武胜县4000人、宣汉县2500人参加了游行示威。以各人民团体和机关、工厂、学校、城市街道、农村乡村为单位，分别向日本、美国及东南亚各国政府议会、党派、社会团体写信、发函，警告日本和美国不得单独媾和及重新武装日本，发动各界群众写信慰问中国人民志愿军及进军西藏的部队。全区通过中国人民抗美援朝总会川北分会寄出的慰问信达5万多封，单独寄出的慰问信16000多封。同时，送往朝鲜慰问中国人民志愿军的慰问品有慰问袋28419个、毛巾3905张，牙刷、牙膏、香皂、衬衣、布鞋等生活日用品49010件，锦旗271面。川北区各工厂、机关、学校、街道、乡村共9041797人参加了爱国公约签名。5月1日，川北区1市35县部分乡村600万人参加“五一”抗美援朝、反对美国重新武装日本大示威、大游行。

6月1日，中国人民抗美援朝总会发出“推行爱国公约，捐献飞机大炮，优待烈军属”的号召后，中国人民抗美援朝总会川北分会按照中共川北区委的要求，把增产捐献计划列为爱国公约的重要内容，指导和帮助各工厂、机关、学校、街道、乡村修订爱国公约，帮助群众制订具体的增产办法。经过修订爱国公约与订立增产捐献计划，许多私营工厂改善了劳资关系，生产效率大提高。南部盐场7月份即增产盐150吨。南充市94户私营织绸厂，每天每张织绸机增产2匹绸缎。江油县中坝镇酱油厂修订爱国公约后，营业额由6月份的60元增至7月份的1600元。南充丝二厂修订爱国公约后，改季节性生产为常年性生产，改一班生产为两班生产，1700多名工人，开动800多台缫丝机缫丝，1951年生产蚕丝137吨，比上年增产50.55%，蚕丝质量全部达到出口要求。1952年4月29日，川北行署发出《爱国增产竞赛运动指示》后，爱国公约的实施转为开展“万户千组一百乡”的增产创模运动。

爱国增产捐献　1951年6月1日，中国人民抗美援朝总会发出“推行爱国公约，捐献飞机大炮，优待烈军属”的号召，得到了川北各界人民的响应。6月10日，中国人民抗美援朝总会川北分会召开各民主党派、人民团体座谈会，商讨响应抗美援朝总会号召，夏借爱国粮，修订爱国公约，开展捐献运动等工作。6月12日及25日，先后发出用半年时间，捐献命名为“新川北战斗机大队”27架飞机的爱国增产捐献通知，全区人民投入爱国增产捐献运动。

中共川北区委对开展爱国增产捐献运动作出了明确指示。指示指出：抗美援朝不是一项临时的或附带的工作，而是一项政治上和思想上具有革命根本性质的任务；爱国增产捐献运动，是目前抗美援朝最具体、最中心的任务，在政治上、思想上、经济上均具有极大的重要意义；各级党委、各土地改革工作团必须把开展爱国增产捐献运动作为首位的艰巨任务来完成；各县、各民主党派、各人民团体可根据本县人民的力量联合发起捐献以本县命名的飞机，也可数县联合发起捐献一架飞机；参加几个团体的人，在捐献时可以申明只以一个名义捐献，也可以将预定的捐献总额分股捐献；捐献必须是完全自愿的，力争川北区有1200万以上的人民参加捐献；捐献资金的来源应是增加生产、扩大收入、厉行节约获得的资金，每个捐献单位和个人须订立或增订爱国增产节约捐献计划，可分期献交捐款；捐款的接收、登记、统计等事宜，由各级抗美援朝分会或经由该级抗美援朝分会委托的其他机关负责办理。同时，中共川北区委要求南充市、各专、县大力开展爱国增产捐献运动的宣传教育工作，把增产捐献计划列入爱国公约的内容之一，帮助群众制订具体的增产节约办法，提高群众增产捐献信心。6月25日，南充市率先在川北区举行爱国大捐献，全市有2万多人参加，胡耀邦到第三捐献站捐款30元。在开展爱国增产捐献运动中，川北区健全了各级抗美援朝分会，中国人民抗美援朝总会川北分会向南充、遂宁、达县、剑阁四个专区各派一个工作组、每个县派一个联络员加强领导。南部、盐亭等县组织300人至500人的抗美援朝爱国增产捐献工作团或检查组，分别到工厂、农村、学校、商店和市民中，深入发动群众，具体帮助群众修订爱国公约，订立增产节约和捐献计划。全区各地普遍召开了1次至2次的县、区、乡抗美援朝爱国增产捐献代表会，组织了42万多人直接听取志愿军归国代表团和赴朝慰问团的报告，并组织下乡传达，掀起更为广泛的抗美援朝爱国增产捐献宣传高潮。川北行署组织5个文化服务队，深入到边远地区和少数民族地区，在33个县的172个乡，对36.6万名群众进行了爱国增产捐献宣传。南充专区以“夏借爱国粮，用实际行动支持抗美援朝”为号召，动员全区人民完成夏借公粮任务。至6月30日，完成夏借公粮1799万公斤，占分配任务的84%。至9月底，川北区捐献款达456.7万元，超额56.7万元，提前3个月完成原定捐献27架飞机的捐献计划。国庆节后交捐献款达556.44万元。至12月底，爱国捐献运动结束，川北区交捐献款719.9万元，超过原定400万元捐献款的79.96%。按是时物价，可买48架战斗机。

工人的捐献款占总捐献款的6%，平均每人捐1.2元。农民的捐献款占总捐献款的65%，捐献款近400万元，平均每人捐款0.3元。机关团体的捐献款占总捐献款的13%，平均每人捐10元。文教界以积极宣传，节约薪金来捐款，平均每人捐款超过2元。青年学生以节约零用钱积极参加捐款，平均每人捐款0.4元。工商界的捐献款占总捐献款的16%，平均每人捐款0.5元，南充市和岳池县的工商界捐款较多。

依据各县人口数量、经济条件、捐献款额的捐献排序为：岳池、乐至、南充市、盐亭、西充、广元、江油、苍溪、南充、仪陇、遂宁、阆中、南部、潼南、平昌、万源、蓬安、三台、营山、射洪、川北、安岳、昭化、巴中、武胜、达县、宣汉、剑阁、平武、通江、蓬溪、中江、开江、旺苍、青川、南江。

川北区在开展爱国捐献中，出现了许多模范单位和模范人物。较为突出的有，广元大华纱厂1005名工人，捐献2万元。南充市舞凤乡第六村农协会主席陈玉山一家捐献50多元。遂宁榨油厂工人郭海谦，捐献12元，带动17家榨油厂捐献2300元。南部县枣儿乡女乡长谢瑞贞，组织13位青年团员到各村宣传，动员群众修订爱国增产捐献计划。在其带领下，全乡提前完成增产捐献任务。盐亭县定光乡光明村军属王思华，不仅自己带头捐献，还动员光明村461名妇女捐款160元，银元3块。江油县中坝镇中药界季品修，捐献了3000元。遂宁县在县城读书的高中和初中学生，利用暑假参加运砖工作，将所得工资全部捐献。遂宁县师范校教师陈有宗，把储蓄起来准备结婚用的63元全部捐献，动员未婚妻也把储蓄起来准备结婚用的钱拿出来捐献。在陈有宗的带动下，该校28名教师捐献款达1000多元。《川北日报》干部杨成之，在工作之余开办速记训练班，将所得报酬194元全数捐出。岳池县西板乡10村军属杨顺，村上开展捐献时病卧在床，坚持从床上爬起来，将其捐献稻谷运入交粮点。1951年12月底，川北区爱国捐献运动结束。

川北区各县（市）捐款一览表

县名	捐款数（元）	人均（元）
岳池	430415	0.72
乐至	248487	0.57
南充市	235532	1.7
盐亭	171917	0.5
西充	180594	0.5
广元	164999	0.72
江油	156402	0.05
苍溪	149664	0.5
南充	377438	0.47
仪陇	177137	0.42
遂宁	334062	0.49
阆中	300398	0.45
南部	289748	0.46
潼南	159839	0.49
平昌	123037	0.89
万源	842237	0.34
蓬安	145208	0.35
三台	351160	0.36
营山	174385	0.35
射洪	196083	0.35
北川	154316	0.31
岳池	253696	0.32
昭化	382841	0.31
巴中	183788	0.32
武胜	133687	0.32
达县	249950	0.31
宣汉	168867	0.3
剑阁	105794	0.3
平武	27728	0.28
通江	92118	0.29
蓬溪	188342	0.27
中江	237842	0.25
开江	81978	0.27
旺苍	36719	0.21
青川	18737	0.20
南江	47283	0.15

注：捐款统计至1951年11月。

参军参战　1950年11月，中共川北区委响应中共中央号召，动员大学、中学学生报考军事干部学校。全区11600名大学、中学学生报考，占大学、中学学生人数的65%，700名大学生被录取。其中，正在参加川北区首届学生代表会的129名代表，就有107名代表报名。川北大学在学生大会上刚一宣读完中央号召，就有20名团员和70名学生报名。《川北日报》出特刊，报道川北大学、中学学生用实际行动支持抗美援朝运动。1951年3月至4月，川北区动员青年参加中国人民志愿军，26天内报名即达10多万人。达县招兵任务只有5000人，报名青年达30000多人。南充县招兵任务只有1000人，报名青年达13000多人。南充市有1917名适龄青年学生自愿报名参加中国人民志愿军。达县第三区赵家乡妇女陈光珍，将她一儿一女都送去参加了中国人民志愿军。南部县枣儿乡谢瑞贞鼓励丈夫蒲祥明参加中国人民志愿军。因招兵名额限制，许多青年被编成抗美援朝后备军，在各乡村进行抗美援朝工作，随时准备奔赴朝鲜前线。1951年7月，川北区又动员大学、中学学生报考军事干部学校，有15000多名大学、中学学生报名，占大学、中学学生人数的78%，690名大学、中学学生被录取。仅南充市报名学生就收到100封以上的家长鼓励信。至1952年8月，川北区有4万多名青年参加中国人民志愿军赴朝作战，涌现出许多战斗英雄，有79名志愿军战士荣立四等功以上战功，特级战斗英雄黄继光是杰出的代表。

【“三反”运动】　1950年5月至1951年9月，川北区采取轮训干部办法，结合检查工作，改造思想，进行反贪污斗争，查出贪污分子1678人。据已查清对象统计，贪污金额共约34万多元，其中贪污1000元以上的占13%。对大多数贪污分子分别给予惩治，31人被判处死刑，137人判处各种徒刑，开除189人，降职30人，记过184人。

1951年12月1日，中共中央作出《关于实行精兵简政、增产节约、反对贪污、反对浪费和反对官僚主义的决定》。是月上旬，川北区区级机关和南充市与南充、遂宁、达县、剑阁专区5个专级机关，开始学习中共中央《决定》，动员开展“三反”运动。19日，成立川北区爱国增产节约委员会，胡耀邦任主任，统一领导全区的“三反”运动。21日，中共川北区委对川北区解放以来反贪污的情况向中共中央及中共中央西南局作了书面报告。《报告》在分析川北区干部现状，列举贪污、浪费和官僚主义的种种现象之后，总结了四条教训。即：“没有统一布置，没有造成人民对贪污分子深恶痛绝的政治气氛；没有把反对贪污与反铺张浪费、反官僚主义、反自由主义联系联系起来，没有大张旗鼓地把这件事当作一个严肃的政治任务来抓；在处理问题上，对廉洁奉公、艰苦朴素、忠心耿耿的干部表扬太少，而对贪污分子处置不力，没有把是非好坏标榜得十分明显，因而无形中减弱了反贪污斗争的力量；没有把党委的纪律检查委员会、政府的监察委员会、检察署和法庭健全起来，没有把反贪污浪费与反官僚主义当作中心任务去完成，从而失去了经常领导这项斗争的专门力量。”《报告》经中共中央主席毛泽东阅后批示“川北区党委12月21日的报告简明有力，说得中肯，发给各地参考，并在党刊发表”。12月28日，川北区直属机关1000多余名党、团员参加“三反”运动动员大会。是日，川北行署，川北区协商委员会联合发出《关于展开反贪污、反浪费、反官僚主义斗争的决定》，规定川北区反贪污、反浪费的范围，只限于区级以上政府机关、革命团体及国营工厂、企业内部。同时规定，目前不在农村进行“三反”运动，已经发动起来的立即停止，仍以增产节约为中心。

1952年元旦，中共中央主席毛泽东再次号召迅速开展“三反”运动。1月5日，中共川北区委召开紧急会议，决定在全区迅速地大规模地开展“三反”运动。会议指出，开展“三反”运动的关键是各级领导带头检查，放手发动群众，依靠群众深入斗争，并进行深入的检查指导。同时重申“言者无罪、告者不究、压制民主者必办”的运动纪律。1月8日，中共川北区委发出《为开展

“三反”运动的宣传给全体报告员、宣传员的指示》，明确指出开展“三反”运动是川北人民的重大政治任务。要求各级党委接到指示后，必须在三天内将所属报告员和宣传员组织起来，划定范围，指定日期，分别向工人、农民、市民、工商界和文教界进行反对贪污、反对浪费、反对官僚主义斗争的宣传。使人民群众在最短时间内了解“三反”斗争的重大意义，造成舆论氛围和社会风气，发动群众大胆揭发和检举一切贪污、浪费、官僚主义行为，为开展“三反”运动扫清障碍。至此，川北区“三反”运动除北川、平武、通江、万源、南江等少数正在进行土地改革的偏远县尚未发动外，南充市和各专区、各县相继开展。

川北区“三反”运动分四个阶段进行。1952年1月至2月，为学习文件，动员群众，检举揭发有贪污行为的人和事的阶段。1月24日统计，全区发现有贪污行为的人4638名，贪污款项达17万元，其中1000元以上的25人。有28名干部因拒不坦白，压制民主而被撤职，100余人受到停职反省的处分。人民群众纷纷检举贪污行贿的人和事，南充市及遂宁、南部县共收到群众检举案例1000余件。达县专区税务局副科长韩某坦白交代贪污560元，受贿包庇10户商人漏税3590元。该局会计科副科长周某贪污1000元。川北区总工会95人，在“三反”运动中检举揭发出36人有贪污行为，占该单位人数的36.3%，共贪污859元，浪费1933元。川北行署财政厅及其所属的粮食局、税务局、专卖局、盐务局，在第一阶段检举揭发出有114人贪污，占财政部门参加“三反”运动总人数的25.6%，其中党员16人、团员26人，新吸收人员12人，留用人员60人，贪污金额达2227元。中国人民银行川北分行在第一阶段检举揭发出有163人贪污，其中贪污1000元以上的65人(均是留用人员)，贪污金额6万多元。有的地方未经批准就对被检举揭发有贪污行为的人员予以停职、撤职或扣押处理。1月25日，川北区爱国增产节约委员会发出通知，对停职、撤职或扣押处理的对象作了界定：撤职，一般只用于某些单位负责人；停职反省，一般用于错误较大，但又不愿改正或不彻底坦白的分子；扣押法办，只用于个别罪大恶极，毫无悔改，坚持错误立场，拒不坦白，不扣押不足以平民愤的分子，不能用于一般不坦白的贪污分子；对于一般观望、狡赖、避重就轻、藏头露尾、说远不说近的贪污分子，根据分别对待的政策进行教育，消除顾虑，指明出路，采取调查研究、掌握材料、发动和依靠群众等办法，促使其坦白。7月29日，中共川北区委发出《关于继续大张旗鼓地开展“三反”运动宣传工作，打退资产阶级进攻的指示》，各县采取固定对象、指定日期、制定制度、包干负责4项办法，分别不同对象，召开各种规模的群众大会进行“三反”运动宣传，发动群众检举揭发贪污行贿分子。7月31日，岳池县召开扩大干部会议，将11个物资仓库的人员全部调回进行“三反”，在5个仓库的人员中捉到12只贪污1000元的“老虎”（“三反”运动期间，人民群众称贪污犯为“老虎”，故有“打虎”之说。贪污人民币1万元以上的叫“大老虎”，1万元以下1000元以上的叫“小老虎”。）中共川北区委紧急通报各地，要求各地一律效仿岳池县经验，捉尽仓库的大小“老虎”，同时适用于捕捉税务、银行、贸易公司、公安、公营企业、机关采购人员中的“老虎”。

1952年2月至4月，川北区“三反”运动进入打“虎”阶段。其间，2月2日，中共中央西南局在《川北岳池县“打虎”经验的报告》上批示：“川北这个经验很好，批转各地，一律效行”。据2月7日统计，全区捉“虎”415只，17日，上升到1204只，24日达到1674只，形成第一次打“虎”高潮。2月下旬，中共川北区委派出党委委员和研究室主任到各县巡回检查指导，发现少部分干部迫于时间限制，急于完成任务，轻信贪污分子口供，甚至采用了“逼、供、信”的错误方法，致使捉“虎”统计数字和“三反”运动出现一些偏差。针对运动中存在的问题，中共川北区委要求各地深入发动群众，调查研究，反复核对事实、证据，按照各单位的实际情况，实行不同的作法，提出不同的要求。捉“虎”已基本彻底的，主力转到打扫战场和追赃；本来问题不大的，转入正常学习；尚不彻底的，则主要是甄别已捉的“老虎”和追赃，同时继续捉“虎”；很不彻底，再行动员，重新摸底，重点深入；对基本未动的单位，则派干部增援，从头做起；尚无力量增援的机关，仍暂不开展“三反”运动。2月27日，中共中央西南局电示同意中共川北区委的决定，并进一步指出“一般的县（不包括区乡）捕虎已经达到50只以上的，都可考虑转到基本结束，而以主要力量做好清理工作。”在“打虎”运动中，对贪污分子实行分别对待的政策。凡是个人贪污款额50元以下，其情节合乎下列五条之一者，即：占小便宜，而非性质恶劣者；接受商人小额回扣或佣金者；一向廉洁，偶尔失足者；对革命有功者（如战斗英雄、劳动模范、工作模范等）；年龄在18岁以下者。只要能真诚悔悟，积极参加反贪污斗争并退回赃物，保证以后不再犯，一律免于行政处分，不给予贪污分子的罪名，不列入贪污分子名单。贪污在在50元以上、1000元以下，符合下列四条之一者，即：未被发现以前，能自动坦白者；被发现以后，真诚悔悟并交出赃款、赃物者；在自动坦白和真诚悔过后，积极参加反贪污斗争者；年轻，作风一向廉洁，偶犯贪污罪，又愿意悔过者。根据情节轻重给予适当的行政处分，如警告、调职、记过、降级、撤职等，免于刑事处分。贪污在1000元以上的，暂不作具体处理，在捉“虎”结束后，经审查后再作处理。中共川北区委要求各地举行一次公审，判处1个或2个最大的贪污分子，同时宽大2个或3个坦白好的贪污分子（只限于内部）。对要公审的大贪污分子，公审前，将公审计划、判刑理由和处罚名单，报各地委和中共川北区委批准后执行。凡判死刑、无期徒刑或免于处罚的大贪污分子，必须经中共川北区委批准，其他徒刑，必须经各地委批准。清理旧案，要求在已处理、已捕、既贪污又有其他罪行的人员中清查“老虎”。3月17日至19日，中共川北区委召开扩大干部会议，传达贯彻中共中央西南局第八次会议精神，着重讨论“三反”“五反”和经济工作，部署4月上旬再开展一次捉“虎”战役。力争4月内基本捉尽“老虎”，特别是“大老虎”，并提出了具体做法。3月30日，中共川北区委发出《关于配合南充市人民法庭宣判大会再次掀起全区反贪污斗争高潮的通知》。4月5日南充市举行第一次宣判大会。严厉惩治了情节严重、顽抗抵赖的大贪污犯，宽大处理了一批情节虽较严重，但确能真诚悔过，彻底坦白、交出赃款、戴罪立功的贪污分子。狠狠打击了一批罪恶虽然不很大，但态度顽抗的顽固分子。6日上午，各地以县为单位召开第二次反贪污行动大会。地、县委书记作动员报告，号召所有干部克服“松劲”“麻痹”“革命收兵”思想，宣布不捉尽“老虎”绝不收兵的决心及“宽大与严肃”“改造与惩办”的方针。要求已坦白彻底的贪污分子退赃清污；坦白不彻底的贪污分子重新交代，定案退赃，立功自救；未坦白的贪污分子争取时间，抢先交代。两次大会后，川北区再次掀起捉“虎”高潮。4月底，全区打“虎”阶段基本结束。“老虎”数量由1204只增至4318只，其中“大老虎”从213只增至420只。

1952年5月至7月中旬，川北区“三反”运动转入全面定案、追赃处理阶段。中共川北区委按照中央“实事求是、不怕麻烦、坚持到底、不枉不纵”的方针，指示各地要实事求是地全面分析情况，分辨真假，分清主次，区别性质，弄清危害，分别对待，对主谋与胁从，屡犯与初犯，揭发与自首，数额多少，均应有所区别，并且一律不得株连亲属。中共川北区委组织10个工作组，分别赴南充、三台等22个县巡回指导定案工作。采取“四查、三找、三有”的工作方法，即：从查情节、查用途、查关系、查赃窝入手；分析取证时找窍门、找关键、找要害；每定一案必须有证据、有材料、有分析，做到合情合理、无可辩驳。同时，对贪污分子展开思想瓦解工作，提出了宽大处理比加重处分好，行政处分比刑事处分好，机关管制比判刑劳改好，继续留用比开除清理好，坦白悔罪比顽抗判刑好，重新做人比永为坏人好的“六好六不好”的处理后果。按照“实事求是，有错必改”的精神，对原先错定的贪污案件进行了平反纠正，促使抱各种顽抗抵赖态度的贪污分子，在政策感召下认错认罪。为使定案工作既稳且快进行，各专、县采取自上而下逐层展开和由下而上层层负责的办法，领导、骨干、群众相结合，领导分工、“老虎”排队、分批进行。各专、县定案的“老虎”都经过了1次至2次甚至3次复查。至7月中旬，全区定案工作基本结束，定为贪污分子的7232人，占干部总数的16.8%。其中贪污1000元以上的2267人，占干部总数的5.27%；受到刑事处分的1003人，占干部总数的2.3%；最后核定赃款为577万元，比原定1561万元下降63%。

1952年7月中旬至8月底，转入思想、组织、制度建设。结合进行整党、审干，并继续对部分“老虎”进行定案、复查处理。本着“思想启发、不追不逼”的方针，中共川北区委机关和4个专区级机关一期搞完，7月底8月初先后结束。县、区机关分两期进行，每期半月至20天。在进行“三反”鉴定过程中，结合整党与审干工作，全区96%区以上干部和近5000名机关党员参加了“三反鉴定”工作，处理和重新审查了“三反”中犯错误的一些党员。全区干部最后审查排队结果，没有问题的干部占37%，有一般性问题的干部占55%，问题严重的干部占7%，五类反革命和内奸分子占0.58%。至8月底，“三反”运动结束，川北区收回赃款242万元，占核定数的42%。

对已定案的贪污分子的处理，按照“宽大与严肃相结合”“改造与惩办相结合”的政策，严格执行“过去从宽，今后从严，多数从宽，少数从严，坦白从宽，抗拒从严”的处理方针，将“胁从从宽，主谋从严；偶犯从宽，屡犯从严；退赃从宽，赖账从严”作为量刑时的参考。打击的重点是“坐探”（系与某一集团成员或可疑分子联合从事阴谋活动的人，专门在某地刺探、收集情报）、“双皮虎”和对国家经济建设有严重危害行为者。照顾有特殊技术的、非贪污成性且有改造前途的。民主人士不按一般干部处理。各专区、县在处理前，根据中央规定的比例提出处理计划，报上一级党委批准，严格执行审批制度。贪污不到1万元的区级以下人员和判处五年以下徒刑的贪污分子由各地委批准，判处五年以上和区级以上的贪污分子由中共川北区委批准。实行领导与群众相结合的方法，严格执行“个人自报、领导定刑、群众通过、上报批准、法庭宣判”的处理步骤。每处理一个贪污分子，必须经过群众认真严肃地讨论，才作出决定。至8月底，在已定案贪污100元以上、1000元以下的5154人中，除341人尚未处理外，2254人免于处分，2356人受到行政处分，203人受到刑事处分。在已定案贪污1000元以上的2018人中，除492人尚未处理外，有266人免于处分，520人受到行政处分，800人受到刑事处分。在受到刑事处分的800人中，有68%的人是机关管制和劳动改造，再除去一部分缓刑者，实际判刑的仅201人，占已处理人数的12.67%。

1952年8月，川北区“三反”运动结束。

【“五反”运动】 1952年2月初，中共川北区委结合“三反”运动，决定在南充市和35个县城及6个大镇开展反行贿、反偷税漏税、反盗骗国家财产、反偷工减料、反盗窃国家经济情报的“五反”运动。2月27日，中共川北区委发出《关于执行中央2月15日指示的几个具体意见》，指出：“五反”的目的是揭露资产阶级向共产党猖狂进攻的各种阴谋，在政治上、经济上、思想上对资产阶级加以反击，使之规规矩矩在《共同纲领》所规定的原则下，从事正当的经营活动。肃清经济内奸和坐探分子，提高干部的阶级觉悟，巩固国营经济的领导地位，并在“五反”运动中划清劳资界限，进一步组织发动工人阶级，实行城市中的民主改革运动。

开展“五反”运动的总方针是，党委领导，依靠工人、店员、城市贫民，团结独立劳动者、小贩、小商和守法的工商业者，争取半守法、半违法的工商业者；打击少数严重违法的工商业者，严惩极少数全面违法、抗击“五反”运动的奸商。要求各专、县在“五反”运动中，对工商业户（不包括小摊贩）的团结面和争取面要达到97%，打击面控制在2%~3%。依据川北区工商业分布情况，“五反”运动只在南充市、35个县城及龙门场、周口、沿口、蓬莱、仓山共40个城镇内进行。中共川北区委要求各级党委必须自始至终加强对“五反”运动的领导和控制，组织一批经过训练，能掌握政策的工作队，在党委的领导下开展工作。严禁吊、捆、罚跪和不经批准抓人等现象发生。捕人、判刑、没收财产等，必须经过中共川北区委批准，死刑必须呈请中央批准。“五反”运动开始时，要十分慎重，经过调查研究，深入摸底，实行稳打稳扎，步步前进；不准“逼供”，防止一切急躁粗鲁作法；要大张旗鼓地向群众和工商业界交代区别对待的政策，使90%以上的工商业户心中有数。

根据中共中央指示，中共川北区委2月29日发出《关于春耕以前各县暂不开展“五反”运动的指示》，对全区“五反”运动的开展重新做了安排部署。除南充市和遂宁县城作为实验城市开展“五反”运动外，其余各城镇3月份暂停。4月份各县城重新开展“五反”运动后，中共川北区委遵照中共中央西南局“城市分类、按类采取不同作法的要求”的指示，将全区开展“五反”运动的城市进行了分类。南充市和遂宁县城为一类城市，三台、射洪、江油、广元、达县、巴中县城为二类城市，南充、西充、南部、仪陇、营山、蓬安、岳池、安岳、盐亭、乐至、潼南、中江、蓬溪、平昌、开江、宣汉、南江、万源、阆中、剑阁、通江、苍溪县城为三类城市，青川、北川、平武、武胜、旺苍、昭化为四类城市。做法和时间安排是，二类城市“一般交待，重点突击”，时间一个月；三类城市“一般号召，个别突击”，时间7天至10天；四类城市不开展“五反”运动。全区开展“五反”运动的城市共有工商户45205户（包括摊贩在内）。其中资金在1000元以下的43665户，占全区工商总户数的96%；1000元至1万元的1497户，1万元至10万元的53户，10万元以上的1户。

在“五反”运动中，中共川北区委将工商户分为五类，制定了区别对待的具体政策。即：保护一切工商业者的正当合法的经营；一切小摊贩（化形小摊贩在外）的一般偷税、漏税的违法行为，在自动坦白，并保证不再犯后，一律不赔不罚；基本守法，稍有违法和半守法的工商业者，约占工商业户的67%，在其彻底坦白后，实行“只退不罚”政策，对其中某些资本不超过200元左右的小商贩，在查明其确系无力补税或补税后影响其正常经营的，可酌情少补或缓补；严重违法的工商业户，约占工商业户的2%~3%，对其实行“罚而不捉”的政策，罚款的轻重、视其违法情节轻重，国家经济损失大小及本人坦白悔改程度而定，轻的不得轻于其全部资金的10%，重的不得重于其全部资产的50%，一般可采用“自报公议、民主评定”的方法进行，但必须经地委以上机关批准，由法庭判处执行，号召坦白者从轻，立功者减罪，顽抗者严办，促其分化；严重违法工商业户中的全面违法、抗拒“五反”运动的奸商，约占工商业户的0.8%，对其予以严惩。对其中的半数交大会斗争或采用“捉而不判”的办法，打垮其抗拒态度，促其承认严重违法。对其中另外的半数，扣押法办，判处各种程度不同的徒刑，没收其财产。

根据上述政策，中共川北区委对各专（市）、县违法工商户打击面户数作了规定。全区打击面为515户，其中严重违法373户，完全违法142户。南充市打击面为101户，严重违法71户，完全违法30户。南充专区打击面为66户，严重违法45户，完全违法21户。遂宁专区打击面为180户，严重违法130户，完全违法50户。达县专区打面击为95户、严重违法73户，完全违法22户。剑阁专区打击面为73户，严重违法54户，完全违法19户。

川北区“五反”运动分为四个阶段进行。第一个阶段是，大张旗鼓地宣传动员，由领导出面，向各界说明开展“五反”运动的目的，号召违法资本家坦白交代，并宣布对几类工商户的具体政策。同时发动工人阶级揭发不法资本家的违法行为，迫使其低头认罪。第二阶段是，在坦白检举的基础上对守法户、基本守法户、半守法户、半违法户作出结论，宣布过关，团结争取工商业界的多数。第三阶段是，集中力量斗争严重违法与完全违法的奸商。全区属于这两类奸商共有515户，占总户数的1.66%。在斗争中，凡坦白只补、只退不罚、及时放过；抗拒坦白者，分别给予补、退、罚、捉、判等不同处理，由人民法庭公审执行。根据中共中央及中共中央西南局指示，中共川北区委对量刑标准作了具体规定。即：违法资本家违法在1万元以上不到5万元，情节不十分恶劣者，判2年以下有期徒刑；情节恶劣，又抗拒运动者，处以5年以下有期徒刑；违法5万元以上不满10万元者，处以5年以上10年以下有期徒刑，其中极少数情节非常恶劣，抗拒运动者，处以10年以上有期徒刑；违法在10万元以上者，处以10年以上有期徒刑；少数情节严重恶劣，抗拒运动者，处无期徒刑。中共中央西南局指示，“五反”案件不判死刑，“五反”运动中发现的反革命、大烟犯、金银犯及其他应该判刑的案件，不在“五反”运动量刑范围内，作另案处理。中共中央及中共中央西南局还作出了“五反”判刑比例控制在总工商户2‰以下的规定。中共川北区委结合川北区实际，确定全区判刑户数为55户，其中南充市6人，南充专区13人，遂宁专区19人，达县专区10人，剑阁专区7人。南充市和4个专区对已判刑者进行了重新审查，凡应改判免刑、减刑和缓刑的，在“从宽处理给以立功自赎的机会”下进行改判。第四阶段是，安定人心，恢复经济。同时对部分工商户进行定案、追赃、处理。至5月底，川北区“五反”运动全面结束。

川北区参加“五反”运动的南充市和35个县，有30个工商业联合会，1465个同业公会，在“五反”运动第四阶段都进行了整顿和改造。改造的方针是，团结争取多数，坚决打击少数“五毒俱全”的分子，开除违法极为严重、性质极为恶劣以及完全丧失威信的分子，吸收在“五反”运动中的积极分子。据南充市、遂宁专区等20个城市的统计，工商联委员467人中，清洗264人，占委员总数的56.1%，吸收积极分子310人，充实到工商联领导岗位。其中国营企业代表由“五反“运动前的77人增至94人，公私合营企业代表由1人增至35人。同时，整顿了工会组织。据南充市、南充专区、达县专区等16个县（市）统计，在已整顿的161个基层工会中，清洗会员430人，占会员总数的1%；停止会籍346人，占会员总数的0.8%；清洗工会委员84人，占工会委员总数的0.74%；撤职213人，占工会委员总数的18.8%。整顿工会、改造工商业联合会和同业公会的工作亦在5月底完成。

川北区“五反”运动结束后，各地根据中共川北区委《关于执行〈中央关于争取“五反”斗争胜利的几个问题的指示〉的指示》，对计算错误，案情不实等原因造成的不恰当处理的案件，作了认真清理纠正，对已定案的严重违法的工商户又进行了一次复查。至8月底，全区工商户，经核实定案，守法户占22.09%，基本守法户占58.05%，半守法半违法户占17.25%，严重违法户占1.26%，完全违法户占0.42%。前三类工商户合计占总户数的98.32%，后两类工商户占总户数的1.68%。其中38名罪大恶极者受到了法律制裁。违法款项最高时曾达701万元，核实后下降到518万元，其中偷税、漏税245元，盗窃国家财产134万元，合计占违法总额的73%。收缴违法款192万元，占应追缴款的37%。

【统一财经和稳定物价】 1950年，控制物价飞涨，稳定经济、恢复生产，是川北区新生的人民政权在政治上、经济上站稳脚跟的一项十分紧迫的重要任务。中共川北区委、川北行署按照中共中央及中共中央西南局的方针、政策、指示，结合川北区财经和物价状况的实际，积极稳妥地采取了一系列经济措施和必要的行政手段，统一财经和稳定物价。至1950年年底，川北区基本做到了财政收支平衡，物资供求平衡和现金出纳平衡，主要商品价格涨幅保持在百分之几，百分之十几以内。至1952年，全区除粮食价格有所上升外，其他商品价格呈下降趋势。

统一财经　中共川北区委（包括中共川北临工委）、川北行署在接收接管民国川北地方政权机关和军事机关及公共事业单位之中，加强了对金融货币的管理，宣布推行和使用人民币，限期禁用金圆券、银圆券。宣布银元、铜元为非法货币，只准保存，不得参与流通买卖。公布金银管理暂行办法，严禁金银外币计价行使流通与私下买卖。同时，迅速建立人民银行，开办公私储蓄、汇兑，发放工商贸易贷款等业务，建立人民币的阵地和信誉。中共川北区委、川北行署为使人民币站稳脚跟，同时解决政府财经方面的困难和减轻人民群众的负担，除严厉打击投机奸商和倒卖银元的非法活动外，决定在征收1949年度公粮中可以用人民币抵交，迅速提高了人民币信誉，为统一财经创造了有利条件。

1950年3月3日，中央人民政府政务院颁发《关于统一财政经济工作的决定》，此后中共中央又发出《关于统一国家财政经济工作的通知》，《通知》要求全国各级党委要保证政务院决定迅速全部实现，以便共同努力克服国家财政上的困难。1950年4月3日至7日，中共川北区委、川北行署召开川北区财经工作会议，各地（市）委、各县县委、税务局、贸易公司的领导干部参加会议。会议传达贯彻中共中央及中共中央西南局财经工作会议精神，并根据政务院《关于统一国家财政经济的决定》，着重研究解决财政上政策统一和思想统一的问题。会议强调完成公粮征收、税收任务的重大政治意义，并通过关于保证完成公粮、税收、整编的决议。会后，川北区按照中共中央统一财经工作的通知，统一财政收支，统一物资调拨，统一现金管理，执行新的税收政策，调整和建立新的税收机构，充实干部，积极宣传税收政策，努力完成财政收入，节省开支，推销公债，严格财经制度，回笼货币，全区财政收入迅速增加，支出相对减少，至1950年年底，全区基本实现财政收支、物资供求、现金出纳三方面的平衡。同时，通过整顿编制、裁减人员等有效措施，减少行政经费支出，紧缩军政公教人员的待遇和一切不急需的开支，1950年全区财政支出比预算节省22%，减轻了财政上的困难，统一财经收到了预期的成效。

稳定物价　解放初期，川北物价工作由川北行署商业厅管理。1950年1月，成立川北国营贸易公司时，为平抑市场物价，公司即设物价资料室，确定专人搜集商情，编制商情日报，供各级领导决策。各专业公司建立后，也分别成立物价股，建立物价日报、旬报、月报制度。商业行政部门统管社会市场物价，根据各个时期经济发展态势和商品供求关系变化，及时进行市场物价动态调查、社会购买力调查，制订工农产品价格，核定各类商品价格，制订和调整地区差价、季节差价和商品批（发）零（售）差率等。企业据此管理内部物价工作，确保生产经营正常进行。

解放初期一段时间，市场极度萧条。国营商业初建，量小力薄，只在广元、遂宁、南充初步开展业务，私营商业又持怀疑观望态度，物资几乎断流，物价急剧上涨。南充市44个主要物资平均物价指数，以1949年12月为100，1950年1月涨为121.39，3月达到370.64，其中菜油高达1200、食盐780、棉纱465、大米320、棉花445，以致出现人心恐慌，抢购粮食等商品。此时，川北国营贸易公司尽量抛售粮、油、布安定人心。1950年3月，川北行署贯彻全国财经统一政策、紧缩通货，实行现金管理制度，对经营企业下达资金回笼计划，打击投机。加之国营专业公司逐步建立，拓展购销，加快物资交流，物价转趋稳定。南充市4月物价指数降到205.71，6月份再降到182.98。此后，除菜油在7月至8月上涨40%以外，其余主要商品价格均保持在百分之几，百分之十几的涨幅以内。1951年，川北区贯彻中央指示，冻结资金，紧缩投放，国营商业扩大业务，川北区物价基本稳定，除西药因进口受阻涨价超过3倍以外，其余商品物价水平均在99.45%至124.13%之间。全年物价指数仅比1950年12月上升17.37%。1952年，通过“三反”“五反”打击了违法活动，许多商品降低了成本，社会商品流通更加活跃，市场繁荣。经营企业加强审价工作，主动降价销售。百货公司降低价格的商品达1000多种，医药公司降价400多种。1月至7月，全区物价指数呈下跌趋势。以1951年12月为基数，南充市1952年1月指数为99.07，7月份为94.76。其中，药材1月份为97.94，7月份仅为60.60；百货类1月份为98.65，7月份降为86.8。惟粮食因季节关系有所上升，由1月份的99.87，7月份升为109.4。

在稳定物价工作中，川北区根据市场变化灵活掌握，及时调整，有力地促进了生产发展。棉花价格，在西南各重要城市普遍上扬时，川北花纱布公司大量抛售，稳定了棉产地遂宁、太镇、安岳、三台等地的纱布价格。在重庆、汉口口岸生丝价格上涨时，渝沪商人纷纷来南充低价进货。川北区为了保护生产者利益，及时调整了地区差价，将生丝价格由每担31元调为43元。在川西菜油价格上涨，引起区内三台、中坝、遂宁等地相继涨价时，川北行署商业厅将阆中县3万余斤菜油安排供应市场，并在低价地区收进，稳定了市场菜油价格。

川北行署商业厅经常掌握城乡居民购买力状况，为领导决策和企业经营服务。1950年至1952年8月，川北行署商业厅对市场物价进行过多次调查，及时反映川北区城乡人民生活水平，发挥了物价工作的职能作用，稳定了物价，为稳定川北区社会秩序，安定川北人民生活，恢复和发展工农业生产，创造了有利条件。

川北区农村居民购买力调查表

年度	人均购买力（元）	比上年增减（%）
1950	10.1	—
1951	12.5	23.76
1952	15.59	24.72

川北区城市居民购买力调查表

年度	人均购买力（元）	比上年增减（%）
1950	50.65	—
1951	54.43	7.46
1952	62	13.91

川北区城市居民购买力构成表

项目		1951年比1950年人均购买力增加额（元）	占百分比	1952年比1951年人均购买力增加额（元）	占百分比
合计		3.78	—	7.57	—
其中	主食支出	1.7	38.89	2.94	38.84
	副食支出	1.09	28.84	2.48	28.82
	燃料支出	0.48	12.69	0.45	5.94
	衣着支出	0.31	8.2	0.62	8.19
	嗜好支出	0.14	3.7	0.29	3.83
	百货支出	0.08	2.12	0.46	6.08
	医药支出	0.08	2.12	0.18	2.28
	购置支出	0.06	1.5	0.12	1.58
	文教用品支出	0.04	1.06	0.28	3.7
	其他支出	0.03	0.79	0.05	0.66

【禁绝烟毒】 民国时期，川北区的山岭地带种大烟农户较多，万源、旺苍、平武、通江、昭化等县是四川大烟主要产地。在万源县、大竹县河田坝150里的条形地带，部分农民以种大烟为主，年产大烟多者，平武县达18000两，万源县16000两，旺苍县12000两，昭化县2400两，通江县800两，江油县500两。青川、广元、巴中、苍溪、南江等县亦种大烟。在旺苍县，民国政府

规定分成收大烟，政府三成、驻军二成、地方二成、种烟农户三成，致使每年靠种烟为生的农民达6250户。川北种烟地方烟馆林立、烟贩云集，烟土公开交易，致使鸦片不断流入其他地区，烟馆、烟民遍布川北各城市、乡镇。吸毒者，多为官僚地痞，平武县5%的劳工亦有吸毒嗜好。贩毒者，多为袍哥流氓。1949年12月调查，南充县城有烟馆300余家，烟民3700人。广元县城10人中有2人吸食鸦片。旺苍县二郎庙30多家住户，户户有烟灯，有的住户甚至有2具至3具烟灯，10多岁的小孩也有吸食鸦片的。平武县藏区吸食鸦片的人数占总人口的近50%。剑阁专区有烟馆2158个，吸烟、贩烟者6万余人。据1950年1月不完全统计，川北区有烟民130多万人，占总人口的7.6%。平武县旧堡乡每年至少要闹3个月的粮荒，一些烟民为筹烟款，卖儿卖女，讨口叫花，流离失所，家破人亡。

1950年2月24日，中央人民政府政务院颁布《关于严禁鸦片烟毒的通令》，命令各级人民政府广泛进行禁烟禁毒宣传，动员人民一致行动，在烟毒盛行地区，突出限期禁绝办法。在军事斗争已完全结束地区，从1950年春起禁绝种烟；在军事斗争尚未完全结束地区，军事斗争一结束，立即禁绝种烟。中共川北区委遵照政务院《关于严禁鸦片烟毒的通令》，要求各专区、县采取切实办法，迅速封闭烟馆，禁种、禁吸、禁运大烟。同时，结合征粮、剿匪等中心工作，大张旗鼓地宣传禁烟肃毒，对严重吸毒、贩毒人员进行打击。因川北区刚解放，党政军的主要力量集中民主建政、征粮、剿匪，上半年部分边缘地区仍在继续种植大烟。7月31日，西南军政委员会颁布《关于禁绝烟毒的实施办法》。9月1日，川北行署在第三次委员会上，决定成立由15人组成的川北行署禁烟禁毒委员会，川北行署民政厅厅长王叙五任主任。10月19日，川北行署发出《严格执行禁绝烟毒实施办法的指示》，根据川北区的实际，提出了10项具体的禁绝烟毒实施意见。即：各专、县及南充市立即成立禁烟禁毒委员会，吸收民政、司法、公安、人民团体、文化卫生界人士参加，讨论研究，订出计划，开展禁烟禁毒工作。如已成立而不健全者应健全。如尚未成立的县务于文到一周内成立；由各专、县卫生机构负责戒烟的具体工作，并有计划地制造戒烟药品，帮助烟民戒烟；各级人民政府立即发布命令，严格禁止播种鸦片烟苗，从1950年秋季起，禁绝种烟，发动农代会作出决议，号召农民坚决不再种烟。今秋如有再种者，由各级干部负责将烟苗彻底铲除，改种农作物，给违种者严厉处分。乡保干部隐瞒不报，一经查出亦应酌情处分；严厉禁运、禁销、禁贩及开设烟馆。在南充市和35个县的禁烟禁毒委员会成立10日内，运销贩卖毒品的商贩须向当地人民政府或公安机关缴呈全部存货。在规定期限内，开烟馆者立即停止营业，并缴呈全部烟具毒品。若继续隐瞒运贩烟毒，开设烟馆及拒不缴呈全部存货、烟具，一经查出定予严办。所有缴呈或没收的烟土毒品烟具，一律由南充市及各县人民政府协同禁烟禁毒委员会等机关清点数目，当众全部焚毁不准保存，不准转卖或作财政收入，违者严办；对吸食烟毒的烟民定期登记（城市由公安局登记，乡村在区、乡人民政府登记），由当地人民政府订出分期戒绝办法。若拒不登记或戒绝后仍继续吸食者，一经查出定予严办；凡武装贩运烟毒或借土匪武装贩运烟毒者，一经查出，加重治罪，定予严办；加强交通码头的检查工作，奖励告密与公开检举。凡经告密或检举而查获烟土毒品者，对报告人、检举人分别予以适当的奖励；少数民族的禁烟禁毒工作，斟酌当地实际情况，采取慎重措施，有计划地进行；禁烟禁毒人员有包庇纵容种运吸售烟毒者，一经查实，定予严办；南充市及各专、县人民政府领导必须重视禁烟禁毒工作，根据具体情况，及时订出实施计划，通过各种会议，利用标语、黑板报等各种形式，宣传烟毒的害处以及人民政府坚决禁烟的政策，务使家喻户晓，使禁烟禁毒成为群众自觉的运动，彻底消灭烟毒。

南充市、南充、遂宁、达县、剑阁4个专区和35个县按照川北行署禁绝烟毒的10项实施办法，全面开展禁烟禁毒工作。到1950年12月底，据不完全统计，封闭烟馆近2000家；破获烟毒案2728件，判处烟犯1051人，其中45人判处死刑；帮助4632名烟犯、烟民另谋职业或就业；收缴烟土55466两、吗啡459两、烟具5600套；16742人集中戒毒，16500人脱瘾。是年，全区禁烟禁毒虽取得阶段性成果，但烟毒未禁绝。1951年，少数毒犯利用社会职业掩护，拉拢勾结政府工作人员中的不法分子进行贩运烟土乃至种植大烟。种植大烟和吸食鸦片的现象仍然存在。

1952年8月7日，中共川北区委根据中央及西南军政委员会的部署，拟定了川北区《肃清烟毒流行问题的方案》，决定工作重点放在达县、剑阁两个专区，南充、遂宁专区则有目标地进行。全区计划分两期完成禁毒工作。第一期肃清烟毒的重点地区，分别是：南充专区武胜县的沿口乡、蓬安县的周口乡、岳池县的赛龙乡、南部县城、营山县小桥乡；遂宁专区的遂宁县、射洪县；达县专区的达县、开江县、南江县、宣汉县南坝乡；剑阁专区的江油县、广元县。第二期肃清烟毒的县城和乡场由各地委研究确定。8月9日，川北行署发出《关于肃清烟毒运动的指示》，要求各专区、各县广泛发动群众进行一次系统的、全面的肃清烟毒运动。采取事先准备、摸清底细、广泛宣传、各界动员、统一步调、配合行动、重点打击、全面肃清、严格控制、既稳又准的方针，重点打击集体或大量制、贩、运毒的主犯、惯犯、现行犯及严重违法的政府工作人员。8月15日，川北区统一行动，开展第一期肃清烟毒工作，对毒犯实施抓捕。各专（市）、县在破案的同时，召开群众大会，宣传禁烟禁毒政策和打击目标，动员各阶层群众积极与毒犯做斗争，检举毒犯，协助人民政府开展禁毒工作，掀起群众性的肃清烟毒高潮。川北行署禁烟禁毒委员会和南充、遂宁、达县、剑阁地委组织视察组，深入肃清烟毒工作重点地区进行检查指导。9月19日，第二期肃清烟毒工作结束。

【教师队伍思想改造与组织清理】 1952年，中共川北区委利用寒假暑假，对大中小学教师采取分期分批集中学习的办法，进行思想改造，批判教师队伍中存在的封建主义、官僚资产阶级和小资产阶级思想，树立为人民教育事业服务的思想。在思想改造的基础上开展组织清理工作，清除极少数反革命分子。

大中学校教职员集中进行思想改造与组织清理 1952年1月4日，中共川北区委根据中共中央及中共中央西南局关于对知识分子进行思想改造和组织清理工作的指示，结合川北区实际，制定了工作计划，决定分期分批对全区大中学校教职员进行思想改造和组织清理工作，有重点地向学校和文教行政部门调配党、团员干部，培养学校中的领导骨干，加强各级党委对学校工作的领导，为下年度学校教育改革作准备。在1952年1月放寒假前，中共川北区委从各机关抽调463名干部，对46所中等以上学校进行了调查，提前进行准备。川北大学教职员的思想改造与组织清理工作与中学一并进行。川北区大中学校教职员的思想改造与组织清理工作由中共川北区委直接领导，胡耀邦负责，张永青协助，吸收一部分党内外文教行政干部，组成大中学校教师学习委员会。达县、剑阁专区的部分教师因参加第三期土地改革工作，对其思想改造与组织清理工作安排在1952年暑假进行，时间延长3个月至半年。中共川北区委直属机关和各专、县派至各高中工作的党员干部，1952年1月15日集中在南充市学习后分赴各个学校工作。

1952年2月5日至3月11日，川北区大中学校教职员及南充市小学教师2033人，南充、遂宁、达县、剑阁4个专区和部分县的文教科长22人，集中到南充市进行思想改造和组织清理工作。在大中学校教职员集中进行思想改造与组织清理工作中，贯彻执行了以下原则和规定：即思想改造与组织清理工作是知识分子自我教育和自我改造的运动，是分清革命与反革命的群众运动，必须打通思想，耐心说服，不能粗暴急躁，命令改造，乱逼乱追；区别党内与党外，不要以共产党员标准的八项条件去衡量非党知识分子；区别是非轻重，区别思想问题与政治问题，区别反动思想与错误思想，对一贯进行反动宣传和偶然说几句反动话的人要加以区别，对问题严重的和较轻的要加以区别，对主导思想和次要思想要加以区别，对反动思想和反动分子要加以区别，对于反动分子中罪恶大小要加以区别；批评与自我批评相结合，要高度发扬民主，鼓励自由争论，启发暴露思想，由积极分子带头检讨，开展批判，错误思想一露头不要马上打回去，不要乱戴帽子，不要过早作结论，不要勉强找典型人物进行批判，在任何情况下，不采取斗争会的方式；在思想成熟的基础上交代历史。交代历史一般均在小组会上进行，或直接向领导写书面材料，只在有利的条件下才个别的在大会上坦白；民主处理与领导掌握相结合，清理时对每个人的处理都要通过群众讨论，严格遵守清理中层的原则，不得与清理外层相混淆，逮捕教职员时必须经中共川北区委批准。

川北区大中学校教职员集中进行思想改造与组织清理工作具体工作步骤是：第一步学习文件，进行思想动员。主要学习中共中央《关于在学校中进行思想改造和组织清理工作的指示》，周恩来向北京、天津高等学校教师学习会作的《关于知识分子的改造问题》的报告，以及中共川北区委关于大中学校教职员进行思想改造与组织清理工作必须遵守的原则和规定等。在学习文件的基础上，中共川北区委领导作动员报告，着重阐明共产党对知识分子的政策，知识分子进行思想改造的极端重要性和目的、方法、工作步骤。强调在思想改造中要分清敌我，批判帝国主义、封建主义、官僚资产阶级的思想。勉励一切有民族思想、爱国思想的知识分子，不仅要进一步站到人民的立场上来，还要进一步站到无产阶级的立场上来。思想动员、学习文件，使大家明确了集中进行学习的目的是为了了解每个人的思想、历史、政治面貌，肃清反动思想与封建主义思想，批判资产阶级思想，划清革命与反革命的界限，清除教职员中的极少数反革命分子，团结大多数，树立全心全意为人民教育事业服务的思想，消除顾虑，端正学习态度。第二步，广泛发扬民主，开展批判与自我批判，分清两种思想界限。为进一步消除参加学习人员的思想顾虑，川北区文教委员会负责人、川北行署文教厅厅长首先带头公开历史，带头进行检讨。南充、遂宁、达县、剑阁4个专区、各县文教科科（股）长和各校校长，也相继在以学区或学校为单位的会上检讨，启发教职员交代历史的自觉性。在各级文教行政领导带头检讨的基础上，互相开展批评与自我批评，分清敌我思想界限，分清小资产阶级思想和工人阶级思想的界限。第三步，进行个人思想检查。参加集中学习的人员，对个人进行思想检查很认真，检查一次就过关的只有一名科长，其余的至少检查了两次，有的还检查与交代了10多次才过关。对态度不老实的少数教职员，采取不追不逼，让其补充，再行检查评议，使其逐渐地交代清楚了自己的问题。第四步，在思想成熟的基础上，号召大中学校教职员忠诚老实交代历史，进行组织清理工作。在民主评议中，对有一般思想问题和没有政治问题的教职员先过关，思想上有问题、但政治问题不大的教职员后过关，政治问题较为严重的再后过关，经历复杂、问题最严重的留下审查，达到了团结大多数，孤立少数的目的。在90%以上的教职员都过关以后，中共川北区委采取依靠群众，调查研究，思想瓦解，领导劝说的方式，进行组织清理，开展忠诚老实运动。运用坦白分子示范，大会、小会与个别谈话相结合等策略，进行群众性的质疑分析，将反革命组织各个击破，初步弄清了川北区大中学校教职员的政治面貌。参加集中进行思想改造的2033名教职员中，有1878人参加过一般反动党团、会道门组织，占总人数的88%；1949年12月份前是特务，1950年1月初停止活动的有363人；现行特务和各种反革命分子123人，有重大历史问题的72人，破获了5个重大反革命组织。其中广元师范学校的“联谊社”，系中统特务校长网罗该校反动党团、会道门人员所组成，该校32名教职员中就有23名教职员参加“联谊社”，其组织已发展到广元中学等单位。遂宁高职校的“唯学生会”，南部中学的“民志社”等，均是牵连数县的反革命组织，由潜伏、流散在当地的反革命分子组成。川北区大中学校教职员集中进行思想改造结束时，10个有重大问题的教职员送川北革大留训审查；对问题较小、交代彻底或暂时弄不清楚的教职员，均回原校，少数降级调动；撤换了27所中学的校长。中共川北区委为加强大中学校的领导工作，从直属机关和各专、县抽调了113名党、团员干部到学校担任校长、教导主任和政治教师；从川北区各中学校中提拔了37名积极分子担任校长和教导主任。

中共中央在《川北区党委宣传部关于寒假集中大中学教职员进行思想改造与清理组织的报告》上批示：“各中央局、各分局转各省市区党委，川北区党委在寒假中集中大、中学教职员进行思想改造与清理组织的经验很好，特转发你们。请你们考虑，在今年寒假期内，仿照川北办法，对中学教职员进行一次思想改造与清理组织工作，并及早进行准备。”中共中央西南局批示：“兹将川北区委宣传部关于寒假集中大、中学教职员进行思想改造与清理组织的报告转发你们，他们的经验是成功的。”

小学教师集中进行思想改造与组织清理　川北原有小学教师近4万名。南充、遂宁、达县、剑阁地委从1950年下半年开始到1951年12月底，轮训了4000多名小学教师。因小学教师的思想与组织现状复杂，工作中存在的问题较多。中共川北区委决定，利用暑假、寒假，由各地委负责，分两期进行集训，每期一个半月时间。在暑假期间将各县完小教师集训完毕，寒假期间将各县村小教师集训完毕。对小学教师进行思想改造与组织清理的方针是，严格审查，从宽处理，打击面不超过2%。

1952年7月2日至11日，中共川北区委宣传部召开川北区小学教师代表大会，为暑、寒假分期集训教师培训骨干和积极分子。参加会议的有，各地完小、高级小学校长及优秀的村小教师，南充、遂宁、达县、剑阁专署文教科科长和部分县人民政府文教股股长，共1769人。会上成立了川北区小学教师联合会，选出委员47人。南充、遂宁、达县、剑阁地委为加强对小学教师集训工作的领导，用5天至7天时间，对参加小学教师集训工作的干部进行了集中培训。7月22日，中共川北区委发出《关于各地集训小学教师必须反复交待政策的几点意见》，要求各地在暑假小学教师集训中必须向所有干部和群众反复地、公开地将下列三个问题交代清楚。第一，思想改造与交待历史的性质是人民内部的问题，不是对待敌人的问题，不能与镇压反革命问题混为一谈，不能把98%作为改造教育的对象与极少数有严重政治问题的人混为一谈。第二，党对知识分子的政策是保护，即争取、团结、教育、改造的政策，集训中应以提高思想的方法，解决他们的问题。第三，思想改造与交代历史的方法，只能采取民主的说明的方法，即批评与自我批评的方法，“和风细雨”的方法，不能采取斗地主的方法，不能采取“三反”“五反”运动的方法，不能造成人人自危的紧张空气，坚持“启发自觉，不追不逼”的原则，严禁逼供打骂的错误方法。明确思想改造与交代历史的区别与关系，严格遵循先解决思想问题，后交代历史，在思想成熟的基础上交代历史的工作步骤，不要误认为思想改造是交代历史的手段，不要一开始就号召交代历史。8月1日至9月中旬，南充、遂宁、达县、剑阁4个专区集中川北区完小教师12008人，在各专区驻地城市分别进行集训。

小学教师集训分4个阶段进行。第一阶段是学习文件，端正态度，时间为1个星期。各地由专员或副专员对集训的小学教师作动员报告，阐明共产党对知识分子的政策，对小学教师集中进行思想改造与组织清理的重要意义，以及集训的方针、工作步骤、时间安排等，要求大家认真学习政策，领会精神实质，端正学习态度，遵守学习制度和生活纪律，达到改造思想、明确前进方向的目的。动员报告之后，集中学习中共中央《关于在学校中进行思想改造和组织清理工作的指示》，中共川北区委《关于各地集训小学教师必须反复交待政策的几点意见》等。针对部分干部歧视小学教师，认为他们不能自觉改造，认为地主家庭出身的教师都是地主以及小学教师对干部存在戒备、惧怕心理，顾虑大，怨言多的情况，8月2日，中共川北区委宣传部发出《关于集训小学教师中解决干部与教师的关系问题的指示》，要求参加集训学习的干部明确小学教育的重要性及小学教师集中进行思想改造的意义、方法、原则，端正态度，提高思想认识。动员教师大胆向干部提意见，为教师思想改造树立榜样，消除干部与教师之间的隔阂，解除教师的思想顾虑，密切干部与教师的关系，推动小学教师思想改造深入进行。第二阶段是学习政治，提高思想认识。时间为两个星期。各专区都由地委书记、专员讲授政治常识、社会发展简史、国际国内形势等政治课。由负责教师集训的专署文教科领导组织教师学习《中国革命和中国共产党》《新民主主义理论》，周恩来向北京、天津高等院校教师学习会作的《关于知识分子的改造问题》的报告。通过学习讨论，大家认识到从旧社会过来的知识分子，因受封建主义、官僚资产阶级的教育，都不同程度地打上了封建主义、官僚资产阶级思想的烙印，在人民民主专政的新社会，要为人民的教育事业服务就必须学习马列主义、毛泽东思想，进行思想改造，除去旧思想、旧观念，树立起无产阶级的世界观和为人民教育事业服务的新思想，才能够做一名合格的人民教师。表示决心按照党对教师进行思想改造的要求，把头脑中的陈旧思想洗掉，重新装上为人民服务的新思想。第三阶段是联系各人实际，写好自传。时间为一个星期。每位教师向党组织忠诚老实地陈述个人的年龄、出身、家庭成分、经济状况、个人学历、工作经历、参加各种组织与活动、社会关系等。个人写好自传后，再以学习小组为单位，由个人宣读，大家评议。如果在旧社会工作经历清楚，未参加任何党派和反动组织，在评议中无异议就顺利过关。如在国民党时期社会历史复杂，交代不清，需要补充的，暂停评议，不追不逼，让其补充后再作评议。在这一阶段，曾发生了极少数教师因政历复杂，交代不清过不了关，出现自杀的现象。第四阶段是思想建设阶段。时间为1个星期。各专区总结前段工作经验，寻找存在问题，宣布对集训中态度不端正、历史交代不清的极少数小学教师进行处理。在思想建设上，主要是正面教育，着重宣传共产党的性质和共产党员标准，布置工作，解决具体问题。集训工作结束前，各专区、各县都建立了小学教师联合会，有的完小还发展党员，在小学校中建立起党的基层组织。

【酆斯云思想讨论】 1951年5月，川北区第一期土地改革结束后，在部分乡村干部和农村积极分子中产生了不愿意继续工作，不愿意当干部的“换班松劲”思想。9月，川北区第二期土地改革结束后，有“换班松劲”思想的乡村干部有增无减。据中共川北区委办公厅农村工作组调查，参加南充县第一期农村干部训练班的303名农村乡村干部中，154人有“换班松劲”思想，占参训干部的50.8%。南充县双店乡第4村9个干部中，7个干部有“换班松劲”思想，占全村干部三分之二以上。蓬溪县抽调自卫队员到县参加集训，部分自卫队员找人顶替，出现了部分干部请假回家种地或请假未获批准就消极怠工，甚至有的自行放弃工作。酆斯云便是丢下工作擅自回家生产的典型。

酆斯云土地改革中，工作积极，表现突出，斗争地主坚决，先后被选为乡农民协会武装委员、乡农协会主席、斑竹乡乡长，分到了18挑好水田和一些生产资料，他认为土地改革结束了，革命成功了，就一心想着如何发家过舒适的日子。因此，他人在乡里，心在家里。多次向上级领导提出辞职，说：“当干部也不能老是一个人当呀，大家换换轮子嘛！”辞职未获批准，于1951年10月，擅自离职回家种田。他的“换班松劲”思想在是时颇具代表性，故称为“酆斯云思想”。

胡耀邦了解到酆斯云及其他许多乡村干部有换班松劲思想后，非常重视，经过认真研究，决定在《川北日报》上辟出专栏，对酆斯云思想开展大讨论。发动全区广大乡村干部和县、区干部参加讨论，使大家认识到“换班松劲”思想的危害及克服“换班松劲”思想的有效方法。

1951年11月6日，《川北日报》刊登酆斯云擅自回家的消息，并加了编者按。同时发表了题为《进一步提高乡村干部政治觉悟，树立终身为人民服务的思想》的社论。社论指出：“要纠正少数干部的‘松劲与换班’思想，就不能用任何简单粗暴的方法，而应该耐心说服教育，提高他们的政治觉悟，使他们看到美丽的远景，树立终身为人民服务的思想；与此同时也要深入了解他们工作、生产、生活上的具体困难，适当地给予解决，使他们能够无顾虑地为人民办好事。”《川北日报》的消息、编者按和社论发表后，川北区掀起了对“酆斯云思想”讨论的热潮，各级干部、农民、工人、中小学校教师，联系实际，积极参加讨论。讨论方式从写文章、写信在报上讨论，发展到在各种农村会议上以及夜校、识字班上进行讨论。在讨论中大家列举了“换班松劲”思想的种种表现，披露了一些典型的人和事，用事实说明了“换班松劲”思想对工作的影响和危害。同时，分析了产生“换班松劲”思想的社会根源和实际问题。各级干部，尤其是县、区干部在讨论中联系自身的实际，从各自的工作作风上检查反省与自我批评。胡耀邦亲自找酆斯云谈心，严肃指出酆斯云的问题是看不到革命的前途，土地改革分到了胜利果实就认为革命成功了，不想革命了，是好了疮疤忘了痛的表现，勉励酆斯云要安心工作，当好人民的公仆。在胡耀邦的严肃批评、耐心教育下，酆斯云对自己的思想与行为有了较为深刻的认识，主动的检讨了错误，提出了继续工作的要求。中共南充县委重新安排了酆斯云的工作，1951年12月17日，调长乐乡任乡长。在工作中，酆斯云也参加了讨论，认识有了进一步提高，在中共南充县委召开的扩干会议上痛哭流涕地深刻检讨。他说：“希望参加扩干会议的全体干部不要像我原来那样，耗子（老鼠）眼睛看一寸远，翻身忘了本，好了疮疤忘了痛，只想过舒适的小家庭生活。如果我们不当干部，让国民党的乡保长来当，我们的幸福生活是保不住的，我保证从今以后听共产党和毛主席的话，永远跟着共产党走，干一辈子革命，不懂的就问，做不来的就学习，有了困难就克服。”此后，酆斯云工作积极，表现突出，南充县长乐乡被评为爱国增产模范乡，酆斯云被评为南充专区和省的劳动模范，并加入了中国共产党，先后担任斑竹乡和胜观乡的党委书记。

中共川北区委《川北日报》上开展的“酆斯云思想”讨论扩大到全国，历时3个月，出专栏64期。1952年2月6日，《人民日报》以“共产党教育农民的一大胜利”为题，结束了“酆斯云思想”在全国范围内的讨论。

川北区各界人民代表会议

1950年1月，中共川北临工委、川北行署根据中共中央及中共中央西南局的指示，开始筹备召开川北区首届各界人民代表会议。1950年6月23日至7月1日，召开川北区首届第一次各界人民代表会议。川北行署主任胡耀邦作了《川北区当前施政方针》的报告，川北行署副主任刘聚奎作了《川北半年来的政府工作报告》。会议在民主团结的气氛下，讨论通过了《〈川北区当前施政方针〉的决议》和《〈川北半年来的政府工作报告〉的决议》，审查修改提案740件，选举产生了川北区各界人民代表会议政治协商委员会委员和川北行署领导成员。1951年12月6日至14日，召开川北区首届第二次各界人民代表会议，川北行署主任胡耀邦向大会作《川北人民动员起来，向着争取反侵略斗争和建设我们伟大国家的胜利奋勇前进》的报告，川北行署副主任秦仲方、裴昌会与川北区政治协商委员会副主任赵林、卢子鹤作了相关工作的报告。会议讨论通过《关于川北区人民行政公署各项工作报告和今后工作任务的决议》《关于川北区协商委员会工作报告的决议》《关于提案审查报告的决议》《川北区各界人民代表联系办法》。会议补选川北区政治协商委员会委员7名、增选川北区政治协商委员会委员10名。川北区首届各界人民代表会议代行了人民代表大会的职权。1952年9月1日，川北区被撤销，川北区政治协商委员会随之终止。

【川北区首届各界人民代表会议】 1950年6月23日至7月1日，川北区召开首届第一次各界人民代表会议。会议讨论通过了《川北区当前施政方针》的工作报告，选举了川北区政治协商委员会委员。1951年12月6日至14日，川北区召开首届第二次各界人民代表会议。会议总结了首届第一次各代会以来川北区的各项工作，明确了下阶段的工作任务，着重讨论了“爱国增产节约”问题，讨论通过了《川北区首届各界人民代表联系办法》。

川北区首届第一次各界人民代表会议 1950年1月，中共川北临工委、川北行署，根据中共中央及中共中央西南局的指示，开始筹备召开川北区首届各界人民代表会议。4月22日，川北行署公布川北区首届各界人民代表会议筹备委员会名单，胡耀邦担任筹备委员会主任。4月25日，筹委会召开第一次全体会议，一致通过了筹委会常务委员名单及筹备组织条例；通过了施政方针起草委员会、代表资格审查委员会、提案整理委员会委员名单。5月7日，筹委会在《川北日报》上向代表发出公开信，要求代表召开座谈会，写出各界人民代表迫切需要解决的问题的各种提案。5月10日，筹委会召开第二次全体会议，确定增加常委名额和各界代表名额。5月22日，筹委会召开第三次全体会议，研究川北区首届各界人民代表会议文件的起草工作、会议规则、代表注意事项及会场布置等事宜。6月16日，筹委会召开第四次全体会议，决定代表报到时间为6月20日。6月22日上午，筹委会召开首席代表联席会议，决定午后举行预备会议。6月23日至7月1日，川北区首届第一次各界人民代表会议在南充市大北街天主教堂召开，应到代表432人，到会代表377人，列席33人，旁听6人，大会收到各界代表提案740件。会前举行了5分钟的预备会议，经全体代表一致通过，增加奚致和、卢子鹤、尹子勤为大会主席团成员。会上，川北行署主任胡耀邦作了《川北区当前施政方针》的报告。胡耀邦在报告中阐述了党的方针政策，分析了川北区面临的复杂形势，提出了在中国共产党的领导下彻底肃清匪特，建立巩固的革命秩序；实行减租减息，准备土地改革，恢复和发展生产；调整工商业政策，繁荣城市经济；严格执行财经纪律，努力完成财政任务；有步骤地改革与发展文化教育事业；巩固与扩大民主统一战线，建立巩固的各级人民政权等6大任务和完成6大任务的工作举措。同时指出，各界人民代表会议，是人民代表大会未召开之前，人民参加管理国家政权的主要形式，是人民政府联系与动员广大人民群众协助政府完成各项革命工作和建设工作的最好组织形式，强调各级人民政府务须按照《各界人民代表会议组织通则》按期召开和开好会议，开好会议的标准是真真实实发扬民主，的的确确解决问题。

各县的常务委员会必须建立定期的会议制度，并经常开展工作，不许使其流于形式。川北行署副主任刘聚奎作了《川北半年来的政府工作报告》。中共代表赵林，民革代表龙杰三，民盟代表贾子群，青年代表胡健，解放军代表郭林祥，工人代表武毅，农民代表王洪道、龙鸣，学生代表赵维清，文化界代表段可情、张永青，教育界代表郑方、杨达璋，科技界代表徐孝恢、李云谙，少数民族代表彦五级，自由职业代表张福成，妇女代表戴俊、谭琴舫，工业界代表苏先吉，商业界代表李海、奚致和，特邀代表尹子勤先后在大会上发了言。会议期间，出席川北区首届第一次各界人民代表会议的60余名农民代表，通过协商，成立了川北农民协会筹备委员会，民主选举筹委会委员27名。6月29日，举行全体会议，与会代表在民主团结的气氛下，讨论通过了《〈川北区当前施政方针〉的决议》和《〈川北半年来的政府工作报告〉的决议》，审查修改提案740件。6月30日全体会议选举产生了川北区首届政治协商委员会委员和川北行署委员会。

7月1日，川北区首届第一次各界人民代表会议举行闭幕式，川北行署主任胡耀邦作了《团结一心，站在庄严的公约下面——关于人民代表公约的报告》。《公约》内容是：我们是人民的公仆，只能站在人民之中，不能站在人民之上；我们是人民的代表，要密切联系群众，要坚持和敌人作斗争；我们是人民的代表，是人民政府各种政策法令的积极宣传者和组织者；我们是人民的代表，执行人民政府的政策法令要起带头作用和模范作用；随时倾听人民群众的意见和呼声，并及时向当地人民政府和川北协商委员会反映；发现各级人民政府工作人员中有缺点和错误时，应以负责任的态度，及时向当地人民政府和川北协商委员会报告；经常努力学习人民政府的政策法令；经常向川北区协商委员会作工作报告并随时提出建议；努力完成川北区政治协商委员会所分配的工作任务；不得违背《共同纲领》和国家利益。胡耀邦要求大家共同遵守，相互约束，相互勉励，更好地为人民服务，为建设新川北艰苦奋斗。

川北区首届第一次各界人民代表会议闭幕之后，南充市及川北区各县迅速宣传贯彻会议精神，宣传《川北区当前施政方针》，要求各界人民代表带头参加减租减息、征收公粮、清匪反霸等项工作，协助各地人民政府开展各项工作，维持社会治安秩序，在恢复和发展工农业生产、繁荣城市经济中起带头作用。

川北区首届第一次各界人民代表会议
政治协商委员会委员名录

共产党	赵　林	饶　兴	刘玉衡	胡亦仁	杨绍增
民　盟	贾子群	张雪岩	王文彝	杨西垣	
民　革	龙杰三	李树骅			
青年团	胡　健	郑红羽			
政　府	胡耀邦	秦仲方	刘聚奎	王叙五	
军　队	韦　杰	胡正平	赵世平		
工　人	武　毅	袁世锦			
农　民	龙　鸣	廖永志			
妇　女	谭琴舫	戴　俊	张明惠		
学　生	赵维清				
工商界	奚致和	苏先吉	李　鹏	李海渠	
文教界	张永青	王抒情	萧毅安	王棣之	

科 技 界　　李仙舟　夏昌槐
自由职业　　杜顺福
少数民族　　马腾九　杨　汝
特　　邀　　卢子鹤　颜德基　林维干　蹇幼樵

川北区首届各界人民代表会议到会人数统计表

（1950 年 6 月 21 日）

区别	县别 \ 界别	工人	农民	文化	教育	工商	商业	青年	妇女	宗教	自由职业	少数民族	特邀	合计
南充专区	南充市	8	1	6	4	3	1	7	11	—	3	—	3	47
	南　充	2	2	1	—		1	1	1	—	—	—	—	8
	西　充	1	1	—	1	—	—	—	1	—	—	—	2	6
	岳　池	2	1	1	2	—	2	2	1	—	—	—	2	13
	蓬　安	—	2	—	—	—	1	1	1	—	—	—	1	6
	营　山	—	2	—	2	—	1	—	1	—	—	—	1	7
	武　胜	2	—	—	1	1	—	1	1	—	1	—	1	8
	南　部	1	3	1	2	1	1	—	1	—	1	—	1	12
	仪　陇	—	2	—	—	—	—	—	1	—	1	—	2	6
合　计		16	14	9	12	5	7	12	19	—	6	—	13	113
达县专区	达　县	1	4	2	—	2	—	1	3	—	1	—	1	15
	开　江	—	1	1	1	—	1	1	1	—	—	—	1	7
	宣　汉	1	1	—	1	1	—	2	1	—	—	—	1	8
	平　昌	—	1	—	1	—	1	—	—	—	—	—	1	4
	万　源	1	2	—	1	1	—	1	1	—	—	—	—	7
	通　江	—	2	—	—	—	1	—	—	—	—	1	1	5
	巴　中	—	1	1	1	—	1	2	2	1	—	—	1	10
	南　江	1	2	—	—	1	—	—	—	—	—	—	1	5
合　计		4	14	4	5	5	4	7	8	1	1	1	7	61
剑阁专区	阆　中	2	2	1	1	2	—	1	1	1	—	1	2	14
	苍　溪	—	2	—	—	—	1	—	1	—	—	—	—	4
	旺　苍	—	1	—	1	—	—	—	—	—	—	—	1	3
	广　元	3	1	2	1	3	2	3	1	—	1	1	1	19
	昭　化	—	1	—	1	—	—	—	—	—	—	—	1	3
	剑　阁	1	1	1	1	—	1		1	—	—	—	1	7
	江　油	1	1	—	1	1	1	1	1	—	—	—	1	8
	青　川	—	1	—	—	—	—	—	—	—	—	—	—	1
	北　川	—	1	—	—	—	—	—	—	—	—	—	—	1
	平　武	1	1	—	—	—	—	1	—	—	—	2	—	5
合　计		8	12	4	6	6	5	6	5	1	1	4	7	65

续表

区别	县别（界别）	工人	农民	文化	教育	工商	商业	青年	妇女	宗教	自由职业	少数民族	特邀	合计
遂宁专区	遂宁	2	2	—	—	1	1	3	1	1	1	—	—	12
	潼南	—	4	—	1	—	1	—	1	—	—	—	1	8
	安岳	—	2	2	—	—	1	1	1	—	—	—	1	8
	乐至	1	1	1	—	—	—	—	—	—	—	—	—	3
	蓬溪	1	2	1	2	—	—	1	1	—	1	—	2	11
	射洪	1	2	1	1	—	1	—	1	—	1	—	2	10
	三台	1	2	—	2	1	1	2	1	—	—	—	—	10
	中江	2	2	2	2	1	1	2	1	—	—	—	1	14
	盐亭	1	1	1	1	—	1	2	1	—	—	—	—	8
合计		9	18	8	9	3	7	11	8	1	3	—	7	84
总计		37	68	25	32	19	23	36	39	3	11	5	34	332
党团及机关代表		中共	青委	民盟	民革	军队	技术	公办	政府	—	—	—	—	—
		18	8	12	3	36	9	5	18	—	—	—	—	109

川北区首届第二次各界人民代表会议　1951年12月6日至14日，川北区首届第二次各界人民代表会议在川北行署礼堂召开。应到代表1621人，实到1209人，缺席333人，请假14人，大会收到提案、意见1012件。会上，川北行署主任、川北区政治协商委员会主席胡耀邦向大会作了《川北人民动员起来，向着争取反侵略斗争和建设我们伟大国家的胜利奋勇前进》的工作报告。《工作报告》总结了一年多的工作，提出了大规模地开展爱国增产节约；完成川北区的土地改革；彻底肃清反革命残余势力；在文化战线和知识分子中广泛开展思想改造运动；有步骤地开展工矿企业与水上的民主改革；继续加强革命的民主团结等6项工作任务。胡耀邦要求各市、县的各代会应继续按期召开，每会必须做到有广泛的代表，有简明扼要的工作报告，有充分的民主议事作风，有切实可行的决议。

川北行署副主任秦仲方作了《为动员组织一千六百万人民开展大规模的爱国增产节约运动而斗争》的报告，行署副主任裴昌会作了《川北一年来的抗美援朝运动》的报告，川北区协商委员会副主席赵林作了《为全面完成和全部结束川北区土地改革而斗争》的报告，川北区协商委员会副主席卢子鹤作了《川北区协商委员会工作和中国人民政治协商会议第一届全国委员会第三次会议传达》的报告，公安厅厅长董弼忱作了《彻底肃清反革命残余而斗争》的报告；川北区人民法院院长张雪岩作了《一年来川北区司法工作》的报告，文教厅厅长贾子群作了《动员与组织全区文化界、教育界和各种知识分子加速思想改造而斗争》的报告。中共代表赵林、解放军代表韦杰、民盟代表贾子群等27人作了大会发言。会议期间，着重讨论了“爱国增产节约”问题，提出全区增产的奋斗目标，按工矿企业、农村、机关、私营工商业等方面分别落实，并选举出以胡耀邦为主任委员的川北区爱国增产节约委员会。同时，根据中共中央主席毛泽东对各种知识分子的改造是我国在各方面彻底实现民主改革和逐步实现工业化的重要条件之一的指示，重点讨论了对教师的思想改造问题。经过与会代表充分讨论，会议通过了《关于川北人民行政公署各项工作报告和今后工作任务的决议》《关于川北区协商委员会工作报告的决议》《关于提案审查报告的决议》《川北区各界人民代表联系办法》。会议要求各界人民代表经常向川北行署委员会报告工作，随时提出建议，坚持每月书面或口头向所在市、县各界人民代表常务委员会汇报一次工作；驻南充市的代表，直接与川北区协商委员会联系；各市、县各界人民会议代表常务委员会每月向川北区协商委员会汇报一次工作，并将有关意见及时向人民政府反映；各市、县各界人民代表会议常务委员会负责与各界代表联系并反映代表履行代表公约的情况。12月14日，会议增选林维干为川北区政治协商委员会副秘书长，增选董弼忱、王法海、陈玉山、张元德、徐四海、王宏实、谢瑞珍、袁毓明、孔震生、王约翰为川北区政治协商委员会委员。补选李文清、张宇、张默生、裴昌会、郝笑天、周海滨、梅吉俺为川北区政治协商委员会委员。会议闭幕后，各市、县相继召开了各界人民代表会议，迅速传达贯彻川北区首届第二次各界人民代表会议精神，宣传“爱国增产节约”运动，为川北区准备开展大规模的经济建设奠定了基础。

【川北区政治协商委员会】 1950年6月30日，出席川北区首届各代会第一次会议的代表在认真讨论的基础上，审议了川北区各代会筹委会提出的川北区政治协商委员会、川北行署委员会的候选人名单，会议选举出川北区首届政治协商委员会委员和川北行署委员会委员。7月1日，川北区首届第一次各界人民代表会议闭幕后，川北区政治协商委员会47名协商委员举行全体会议，民主选举川北区首届各界人民代表会议协商委员会主席、副主席及秘书长、副秘书长。中共川北区委第一书记、川北行署主任胡耀邦当选为主席，中共川北区委第二书记赵林和民主人士卢子鹤、张雪岩当选为副主席，刘玉衡当选为秘书长，王文彝当选为副秘书长。川北区政治协商委员会常驻委员19人，常驻会内委员4人。川北区政治协商委员会机关设秘书处，配备秘书2人、干事2人、通讯员1人。1951年12月14日，川北区首届第二次各界人民代表会议增选林维干为川北区政治协商委员会副秘书长，增选川北区政治协商委员会委员10名，川北区政治协商委员会共有协商委员57名。川北区政治协商委员会机关在原设秘书处的基础上，增设政法、财经、文教3个专门委员会。1952年9月1日，川北区被撤销，川北区政治协商委员会及各界人民代表会议结束历史使命。

【全体委员会议】 1950年7月1日，川北区各界人民代表会议政治协商委员会第一次全体委员会议召开。1950年11月8日至15日，川北区各界人民代表会议政治协商委员会第二次全体会议召开。

川北区政治协商委员会第一次全体委员会议　1950年7月1日，川北区协商委员会第一次全体委员会议召开。47名政治协商委员参加会议。会议民主选举产生了川北区各界人民代表会议政治协商委员会主席、副主席及秘书长、副秘书长。中共川北区委第一书记、川北行署主任胡耀邦当选为主席；中共川北区委第二书记赵林和民主人士卢子鹤、张雪岩当选为副主席；刘玉衡、王文彝分别被选为秘书长和副秘书长。

川北区政治协商委员会第二次全体委员会议　1950年11月8日至15日，川北区各界人民代表会议政治协商委员会第二次全体会议召开。到会委员27人，行署各厅、处领导，行署委员，监察委员，财经委员，大学教授，中小学校长，民盟、民革委员及工商联合会委员及工作人员95人列席会议。会议由川北区政治协商委员会副主席赵林主持。会议讨论通过了川北区政治协商委员会主席胡耀邦所作的《关于我们川北区的当前工作》的报告，川北区政治协商委员会副主席卢子鹤所作的《协商委员会三个来月的工作总结报告》，川北区政治协商委员会副主席张雪岩所作的《动员各民主阶层人民结成广泛的反封建统一战线，完成减租、退押、清匪、反恶霸任务的决定》和《关于若干代表的组织决议》。

【主要工作】 1950年7月至1952年9月，川北区政治协商委员会在中共川北区委的领导下，根据《共同纲领》的要求，正确把握区情，在剿匪肃特、镇压反革命、抗美援朝、土地改革、“三反”、“五反”等运动中，充分发挥政治协商，认真研究政府呈送的地方法规，协助政府开展各项运动、联系群众、反映实情，建言献策，巩固和扩大了人民民主统一战线。

政治协商 1950年2月20日，胡耀邦到达南充后，把召开市、县各界人民代表大会，选举产生政治协商委员会和人民政府的组成成员作为稳定时局、站稳脚跟的当务之急来抓。2月21日至28日，川北区各界人士代表会议筹备会议召开，与会153名党、政、军、工人、农民、民主人士、工商界的代表共商剿匪肃特、恢复生产、建设新川北大计。在南充市第一届各界人民代表大会会议期间，胡耀邦到会并讲话。会议结束后，中共川北区委致电各地委、县委，号召借鉴南充市的做法和成功经验，尽快召开各代会，把选举政治协商委员会和人民政府领导成员与县级人民政府的组建结合起来。6月23日至7月1日，川北区首届第一次各界人民代表会议召开，选举出川北区政治协商委员会和川北行署领导成员。至1952年9月1日，川北区召开各代会2次；全区1市35县召开10次各代会的有1个县，7次各代会的有1市7个县，6次各代会的有2个县，3次各代会的有23个县。

地方法规研究 1950年至1952年9月1日，川北区政治协商委员会对川北行署呈送的《川北区农业税施行办法》《川北区营业税条例及实施细则》《川北区减租退押实施办法》《川北区土地改革实施办法》《川北区土地改革实施细则》《严格执行禁绝烟毒实施办法》《川北区土地改革后管制地主办法》等地方法规，结合川北区的具体情况，逐条逐项研究，提出切实可行、易操作的合理化建议，得到川北行署采纳。同时，川北行署研究特别事件和发动抗美援朝、土地改革等大的运动时，注重倾听和吸收川北区政治协商委员会驻会委员的意见和见解。

协助政府开展各种运动 1950年至1952年8月底，川北区各级政治协商委员会协助政府动员人民群众参加剿匪肃特、减租退押、清匪反霸、抗美援朝、土地改革、镇压反革命、“三反”“五反”等运动，组织各级政治协商委员会委员和各级人民代表宣传人民政府的政策法令，发起推动各民主党派、人民团体、民主人士践行社会变革，巩固和扩大人民民主统一战线，为建设新川北做出了贡献。

在剿匪肃特运动中，川北区政治协商委员会号召民主党派和民主人士参加各级剿匪委员会，发动和组织一批党外人士下乡协助剿匪肃特工作，深入匪窝劝降、面对面现身说法，宣传党和政府的政策法令，配合军事打击。蹇幼樵（原江油、彰明、平武、北川、青川、松潘6县山防总队长）协助李文清到平武、青川、江油等县清剿匪特。李树骅（民革成员）协助川北军区司令员韦杰到通江、南江、巴中剿匪肃特。在安岳县劝降国民党溃败潜伏下来的蒋正南“第三游击纵队”匪特投诚自首，平息了匪乱。

在减租退押清匪反霸运动中，川北区政治协商委员会多次召开各级各代会及扩大协商会议，动员各方面的力量参加，组织各民主党派和工商界人士，分成6个工作组深入广元、三台等24县农村宣传政府的政策法令。部分协商委员、人民代表、民主人士以自我批评的方法，到群众面前公开承认过去的错误，现身说法，指明道路。同时，按照川北行署、川北区政治协商委员会联席会会议的决定，协助政府开展土地改革前期工作，动员民主党派和工商界人士组成2个综合性工作组赴南充、达县等32个县，宣传《中华人民共和国土地改革法》。工作组下乡召开各界人士座谈会500余次，参加座谈会人数达15万余人。在实施土地改革时，川北区政治协商委员会与川北行署号召各级政治协商委员会、人民政府开好各界人民代表会议，学习宣传土地改革的总方针、

《中华人民共和国土地改革法》《农民协会组织通则》《关于划分农村阶级成分的决定》等土地改革的政策法令，消除各界代表的思想顾虑，动员各界人士过好土地关；吸收同情支持土地改革的民主人士和开明士绅参加各级土地改革委员会；动员与团结各民主阶层人士支援农民土地改革的正义要求，分期分批组织民主人士和各界积极分子下乡参观或参加土地改革运动。据统计，全区民主党派及文教、工商界民主人士参观或直接参加一期南充市近郊及各县土地改革者565人，二期参观或直接参加各县土地改革者达3057人，三期参观或直接参加各县土地改革者达3000余人。

在支援抗美援朝运动中，川北区政治协商委员会组织川北各民主党派、各人民团体发出拥护《全国各民主党派支持全国人民抗美援朝保家卫国的正义要求的联合宣言》的通电，积极开展和平签名运动。广泛进行“爱国主义与国际主义宣传教育，克服恐美、崇美、媚美的思想，协同中共川北区委、川北行署发动全区人民慰劳中国人民志愿军与朝鲜人民军，与川北抗美援朝分会联合举行推进世界和平运动宣传周活动。同时，全力配合川北抗美援朝分会开展爱国捐献活动，指导各民主党派、各人民团体制定了支援抗美援朝捐献办法，动员各县协商常务委员会和各界人民代表参加“新川北战斗机大队”捐献运动。

在镇压反革命运动中，川北区各级政治协商委员会委员和各界人民代表，全力协助人民政府开展镇压反革命运动，成立由各民主党派、人民团体的民主人士及各界代表组成的党外处理反革命案件审查委员会，积极投入检举反革命分子和清理积案工作；对混入民主党派、人民团体的反革命分子，约集有关部门和民主人士讨论处理，并组织2个工作小组赴各县传达镇压反革命的政策，动员民主阶层划清敌我界限，配合人民政府打击特务、土匪、恶霸、反动党团首要分子、反动会道门头子等5种反革命分子，助推了全区镇压反革命运动顺利进行。

在“三反”“五反”运动中，川北区政治协商委员会和川北行署联合发出《关于开展反贪污、反浪费、反官僚主义斗争的决定》，协助中共川北区委、川北行署在全区36个县级以上城市和6个大镇，开展了反行贿、反偷税漏税、反盗骗国家财产、反偷工减料、反盗窃国家经济情报的“五反”运动，动员人民群众和工人阶级揭露了资产阶级向党和政府猖狂进攻的各种阴谋，团结和争取了工商界多数，形成了“五反”统一战线，清除了经济内奸和坐探分子，巩固了国营经济的领导地位。

学习改造思想　1950年至1952年8月，川北区政治协商委员会有计划地组织民主党派协商委员和各界人民代表中的民主阶层人士学习《共同纲领》、毛泽东的《新民主主义论》等著作。对少数学习进步不大和改造思想缓慢者，帮助其改进学习方法，弄清理论和实际的关系，开展自我批评，及时修正错误。

建立工作联系制度　1950年至1952年8月，川北区政治协商委员会制发了《人民代表公约》，与政治协商委员会委员和各界人民代表建立了联系制度，同各市、县各界人民代表会议常务委员会建立了联系和经常函电接受报告制度，发动文教界、工商界协商委员制定了常下乡工作制度，出台了《川北区各界人民代表联系办法》，畅通了人民代表向人民政府和政治协商委员会报告工作、提建议意见、反映问题的渠道。

民主党派

民国34年（1945年）12月，中国民主同盟（简称民盟）在川北南充、岳池等18个县建立了地方组织。1950年，中国国民党革命委员会（简称民革）在川北区各地建立地方组织。1952年，中国民主建国会（简称民建）在川北区各地建立地方组织。

【中国国民党革命委员会川北区分部】 1950年1月，中国国民党革命委员会川康临时工作委员会（简称民革川康临工委）指派民革党员龙杰三为党务联络员，筹建民革川北区及南充市的地方组织。6月23日至7月1日，川北区首届第一次各界人民代表会议在南充市召开，龙杰三、李树骅、蹇幼樵、尹子勤、萧端重5位民革党员出席会议。会议期间，5位民革党员会商了组建民革川北区临时工作小组事宜。7月5日，民革川北区临时工作小组正式宣布成立，龙杰三为召集人，萧端重为秘书，办公地址设在南充市大北街28号郭家大院内。1951年1月19日，民革中央电示民革川北临时工作小组由龙杰三、李树骅、蹇幼樵、尹子勤、萧端重5人组成，龙杰三主持临时工作小组工作，直属民革川康临工委。9月30日，奉民革川康临工委指示，民革川北临时工作小组结束工作。1952年1月20日，民革川北区分部兼民革南充市支部筹备委员会召开会议，应邀出席会议的各民主党派、机关团体的代表共70余人。大会主席裴昌会宣布，民革川北区分部兼南充市支部筹备委员会正式成立，筹备委员会由裴昌会、龙杰三、李炳英、伍非百、刘忠良、侯耀南、王宏实、蹇幼樵、夏昌怀9人组成，裴昌会为召集人，仍直属民革川康临工委。民革川北区地方组织建立后，在原国民党军政界以及川北行署、南充市政府、南充专署各机关、文化卫生界知名人士中发展党员，第一批发展党员35人，第二批发展党员55人，第三批发展党员8人。1952年8月，川北区共有民革党员107人。一些民革党员在政府部门担任要职，参与了征粮剿匪、减租退押、清匪反霸、肃特、抗美援朝、土地改革、“三反”、“五反”以及对农业、手工业、资本主义工商业的社会主义改造。1952年9月1日，民革川北区分部筹委会被撤销，民革南充市支部筹委会调整重组，李炳英为召集人，受新成立的民革四川省筹备委员会领导。

参政议政　1950年至1952年9月1日，川北解放前加入民革的龙杰三、李树骅、尹子勤、蹇幼樵、萧端重等5人，特邀出席了川北区首届第一次、第二次各界人民代表会议。裴昌会任川北行署副主任、龙杰三任川北行署委员会委员，李炳英任川北区土地改革委员会委员，李树骅任川北区政治协商委员会委员、禁烟委员会副主任，尹子勤任川北军区剿匪委员会委员、肖瑞重任寒衣劝募委员。

联谊工作　1950年至1952年9月1日，民革川北分部兼民革南充市支部筹备委员会将促进祖国统一作为工作重点，大力宣传祖国统一的方针，旗帜鲜明地反对分裂祖国的言行，为祖国统一大业做了许多促进工作。

【中国民主同盟川北支部】 民国34年（1945年）12月，民盟在川北南充、岳池、西充、仪陇、武胜、阆中、南部、营山、蓬溪、巴中、旺苍、剑阁、遂宁、射洪、三台、安岳、乐至等17县建立了分部和直属小组。民国35年（1945）春，中江县建立了分部。南充县分部推举贾子群和李嘉仲作正、副主任；张默生、张崇古、黄开富、杨达璋、范亚人、杜晴初为委员。民国36年（1947年）10月27日，国民政府宣布民盟为“非法团体”并勒令取缔，川北不少盟员被迫背井离乡，活动转入地下，直至川北解放。

1950年1月初，民盟四川支部派贾子群回南充整理川北盟务。4月底，民盟西南特派员楚图南电召贾子群赴重庆报告川北盟务情况。贾子群接电抵重庆复奉民盟总部电令，嘱即成立民盟川北支部兼南充市分部临时工作委员会（简称民盟临工委）。临工委按地区遴选，工作干部以南充县盟员为主，兼民盟临工委委员和工作部门负责人选名单，电商中共川北区委同意，呈民盟西南总支部报民盟总部批复。6月初，贾子群返回南充市，经与中共川北区委统战部商洽，借鲜英在南充市平城街的住所作民盟川北支部兼民盟临工委的办公地址，约集谭卫根、奚致和、王文彝、张默生、张崇古等盟员举行会议，传达民盟总部指示，商议组建民盟临工委及整顿民盟组织等事务，决定遵照民盟总部指示立即成立民盟临工委。以南充市、南充县为重点进行盟员登记，推动各县开展工作，为民盟临工委正式成立创造条件。7月20日，民盟川北支部兼南充市分部临时工作委员会成立大会在南充市召开，出席大会的有各县参加川北区首届第一次各界人民代表会议的盟员代表32人，南充市盟员100余人。会上，贾子群传达了民盟总部及西南总支部的指示，报告了民盟临工委筹备经过，宣布了民盟川北支部兼民盟临工委的委员由贾子群、奚致和、张雪岩、张崇古、谭卫根、张默生、王文彝、罗英武、武叔修、蔡燕乔、阳西恒等11人组成，贾子群任主委。下设秘书处、组织部及学习、联络、工商、妇女等4个委员会。武叔修任秘书处主任秘书(武叔修调离后由唐忠达兼任)，杨中慎任副主任秘书（杨中慎调离后由吴仲埒接任)；张默生任组织部部长，陈西虞任副部长；谭卫根任宣传部部长，张图南任副部长；王文彝任学习委员会主任委员，杨科德任副主任委员；张崇古任联络委员会主任委员，谭琴舫任副主任委员。是时，民盟川北支部兼民盟南充市分部临时工作委员会，实行两块牌子、一套班子，隶属民盟西南总支部领导，辖南充、遂宁、剑阁3个专区18个县的民盟组织，有盟员460人，成员多来自文教界、科技界。1952年9月1日，民盟川北支部被撤销后，民盟南充市分部临工委改由新成立的民盟四川省支部领导。

基层组织　民国34年（1945年）12月，民盟在川北18个县设有县分部或直属小组。民国36年(1947年）10月27日，国民政府宣布民盟为“非法团体”，民盟川北各县组织受挫。至川北解放时，仅有少数盟员散居在川北各地。

1950年7月20日，民盟川北支部兼南充市分部临时工作委员会成立后，随即对分布在南充、岳池、西充、仪陇、阆中、武胜、南部、营山、蓬溪、遂宁、射洪、三台、中江、安岳、乐至、巴中、旺苍、剑阁等18县的民盟盟员进行调查统计汇总，全区共有盟员460人，其中大部分是文教界、科技界的知识分子，有少数工商业者和工农群众。1951年3月，民盟川北支部兼南充市分部临工委遵照民盟总部有关指示，对川北解放前入盟的盟员进行清理整顿和登记，基本理清了当时川北区的盟员情况。5月，再次对解放前入盟的盟员进行登记和复查，由贾子群、张雪岩、张默生、张崇古、唐忠达、罗英武、谭卫根、吴仲埒、范道棻等9人组成审查委员会。全区16个市县参加登记的盟员共422人，被恢复盟籍的203人，确认1950年以后新入盟的57人，整顿后实有盟员260人。此后，为了适应形势发展需要，民盟川北支部兼南充市分部临工委先后在岳池、遂宁、三台县建立了县分部，在射洪、中江、蓬溪、西充县建立了区分部，在仪陇、武胜等县建立了直属小组。至1952年8月，川北区盟员发展到434人。是年9月1日，民盟川北支部被撤销，民盟川北区的基层组织由新成立的民盟四川省支部领导。

参政议政　1950年，民盟川北支部兼南充市分部临工委成立后，组织盟员参加了川北行署和各级人民政府的工作，不少盟员担任了要职。贾子群任川北行署文教厅长，奚致和任川北行署商业厅长，谭卫根任川北行署交通厅长，杨达璋任川北行署副秘书长，王燕荪任行署劳动局副局长，张雪岩任川北人民法院院长，林维干任川北行署委员、川北区政治协商委员会常委兼秘书长，王文彝任川北区政治协商委员会副秘书长、民德中学校长，张默生任川北行署监察委员会委员兼南充高中校长，段可情任川北大学校管会副主任，张静虚任川北大学教务长，张崇古任南充市城关区区长，魏荐鹗任南充市人民政府秘书、建设局长，罗松柏任南充市人民政府文教局长，

张恢先任警备团副团长、南充市政协副主席，张图南任南充县中学校长。同时，有32名盟员担任川北区和南充市政协和各界人民代表会议的委员和代表。他们积极参加川北区的政权建设和参与川北区施政方针建设的讨论，发表意见，建言献策；大力宣传国家的政策法令，协助政府推行政令，做好解放初期的粮食供销，推行折实公债，团结开明工商业者，努力恢复发展生产、活跃城乡经济贸易等工作。文教界的盟员，尽力为解放后的各级学校复课、整顿和发展文教事业，起到了带头作用。1951年2月，川北区土地改革开始后，94位盟员申请参加或参观川北区第一、二、三期土地改革，深入到各土地改革县的农村区、乡人民政府和村农会中，与当地农村基层干部一道参加土地改革工作，访贫问苦、调查研究，不少盟员获得了土地改革模范称号。

1951年，中共川北区委开展知识分子思想改造运动，川北区大、中、小学校的盟员参加了寒暑假教师集中学习班。民盟川北支部兼南充市分部临工委的主要负责人和部分学校民盟组织的基层干部，带头写文章检查思想，批判旧我，90%的盟员在学习中成为积极分子。是年，民盟川北支部兼南充市分部临工委在抗美援朝运动中，号召广大盟员积极投入到向入朝参战的中国人民志愿军写慰问信、订立爱国公约、和平签名等活动，积极报名申请参加志愿军。盟员为“民盟号”飞机捐款1500多元，人均捐2.5元。

1952年1月至9月1日，民盟川北支部兼南充市分部临工委及民盟南充、遂宁、剑阁3个专区基层组织的434名盟员参加属地“三反”“五反”运动。运动结束时，有31位盟员被评为积极分子，19位盟员被评为模范工作者。

【中国民主建国会川北分会】 川北解放时，中国民主建国会（简称民建）在川北区仅有会员3人。1952年初，川北建立民建临时小组，经中共川北区委统战部举荐，从民革成员中转入2人帮助做前期工作。6月，正式成立民建川北分会筹备处兼民建南充市支会筹备委员会。民建川北地方组织筹备期间，积极参加人民民主政权建设和人民政协工作，大力宣传中国共产党的方针和政策，团结带领会员和工商界人士配合中共川北区委、川北行署的中心工作开展工作。在川北区国民经济和社会事业的恢复与发展时期，积极参加抗美援朝、土地改革、镇压反革命、“三反”“五反”运动，为恢复和发展生产、平抑物价、保障供给、纳税护税、支援国家经济建设、繁荣经济发挥了积极作用。1952年9月1日，川北行署被撤销，民建川北分会筹备处改为民建南充市支会筹备处，直属民建西南办事处领导，推定费锡光为第一召集人，苏承业为第二召集人。

基层组织 在“三反”“五反”运动中，民建川北分会筹备处兼民建南充市支会筹备委员会在川北行署和南充市政府各机关及工商界知名人士中发展民建会员63人，基层组织由原来的1个会员小组发展到4个支部。1952年9月1日，民建川北分会筹备处改为民建南充市支会筹委会，管理民建基层组织，直属民建西南办事处领导。

参政议政 民建川北区地方组织与工商界代表人士30多人参加了川北区土地改革工作团，到营山、达县、开县、万源、宣汉、武胜、中江等地参加土地改革工作，叶代洲担任川北区土地改革工作团中江工作队副队长。在抗美援朝运动中，费锡光等人除带头捐款外，还发动工商界人士捐款14000元购买飞机大炮，陈啸吾先后送3个儿子参军。在“三反”“五反”运动中，民建会员积极参与评税、护税工作，遵纪守法，依法纳税。

群团组织

1950年至1952年8月，川北区总工会、新民主主义青年团川北区工作委员会、川北区民主妇女联合会、川北区农民协会、川北区文学艺术界联合会、川北区工商业联合会等群团组织，在中共川北区委的领导下，围绕建立和巩固新生的人民民主政权、恢复和发展川北区国民经济两个中心，结合各自的工作特点，发动工人、青年、妇女、农民、文艺工作者、工商业者积极参加征粮剿匪、抗美援朝、土地改革等社会变革。

【川北区总工会】 1950年4月，成立川北区总工会筹备委员会。1951年12月，正式成立川北区总工会。至1950年8月，川北区总工会围绕中共川北区委的中心工作，开展了建立全区工会组织，发动工商企业工人恢复和发展生产，对困难工人进行救助，评选劳动模范，实施劳动保护等工作。

组织建设 1950年4月，川北区总工会筹备委员会成立，武毅任主任、郝振杰任副主任。至1950年12月8日，先后成立了南充、遂宁、达县3个专区工会办事处、16个县总工会筹委会、351个基层工会，发展了41983名工会会员，占全区32万名工人的13%。部分地方对建立工会，发展工会会员存在“关门主义”，致使工会或工会筹委会建立迟缓。1951年7月5日，川北区总工会筹备委员会发出通知，要求川北区总工会筹备委员会派往各地的工作组必须在专区、县工会或筹备委员会的统一领导下进行工作，工作组干部的调配权属川北区总工会筹备委员会，各专区、县工会或筹备委员会不得在其工作任务完成后，未经川北区总工会筹备委员会同意任意留用或调动，凡未经川北区总工会筹备委员会批准留在各地的工作组干部应立即回川北区总工委筹备委员会工作，以加快建立川北区总工会。1951年12月2日至20日，川北区首届工会会员代表大会召开。大会选举产生了川北区总工会，李登瀛当选为工会主席，郝振杰当选为工会副主席。

1952年4月，在“三反”“五反”运动中，川北区总工会发出《关于整顿工会基层组织的指示》。至6月底，整顿了315个基层工会，清除了混入工会的异己分子791人，建立健全了各种工作制度。至1952年8月，川北区建立了5个专区级工会、35个县级工会和盐业、教育两个行业工会，1257个基层工会组织，共有会员113780人，占工人总数的60.2%，有工会干部444人。1952年9月5日至7日，川北区总工会召开会员代表大会，总结两年半的工会工作，正式宣布撤销川北区总工会。

救济工作 1950年3月21日，川北区总工会筹备委员会制定了《失业工人登记办法》，开始对失业工人进行救济。至4月11日，川北区失业工人有45477人，仅遂宁专区就有29324名工人失业。川北解放初，生产萎缩，财政枯竭，物价飞涨。救济失业工人的有效办法是动员工商企业恢复和发展生产，解决失业工人就业。川北行署及川北区总工会筹备委员会多次召开工商企业会议，宣传中国共产党的工商政策，消除资方的顾虑，支持资方复工生产。至4月，南充市大生、永顺等6家猪鬃企业复工，裘绍伯、杨兴林、杨信诚、杨本善、罗彦如、李海清等6家织绸企业开始复工。5月底，南充市的98家猪鬃企业全部开工，1770名失业工人就业，织绸业100家企业开工。到6月22日，川北区内最大的3家缫丝厂，即南充丝二厂、南充丝三厂、阆中丝四厂全部复工生产，解决了2000多名缫丝工人的生计。9月份，遂宁县有1504张织机复工织布。万源铁场经人民政府大力扶持有43家复工炼铁。全区其他各行业也都随之复工生产，开展商业经营，市场日趋繁荣。至10月5日，有18534名失业工人在原工商企业就业，17322名失业工人转项就业，其中遂宁专区转项就业的失业工人有15185人，转项就业主要是参加市政建设和参加修建成渝铁路。遂宁县参加市政建设的有3500人，参加修建成渝铁路的有1580人。川北区总工会筹备委员会对失业未就业的工人进行了救济，全区共发放救济款11923元、救济米24900公斤。

1952年6月21日至30日，川北区总工会召开了各专、县及100人以上工矿企业工会主席会议，会议针对救济工作的实际情况，提出了国营企业增加加工订货数量，吸收更多失业工人就业；动员失业工人参加市政建设，解决生活困难问题；对有培养前途的失业工人进行就业前培训，增加就业技能；动员部分失业工人到农村开荒生产，适当发给路费与补助费；组织部分失业工人搞生产自救；对少部分生活困难，暂时无法就业的人发放救济金等6种办法开展救济工作。至1952年8月，全区共救济与安置失业工人57107名。

劳动模范评选 1950年7月，中共川北区委决定在全区各行业开展评选劳动模范工作。到8月底，全区共评出103名劳动模范。9月5日，川北区总工会筹备委员会将王法海、刘纶碧等17名劳动模范的事迹印发各地，号召全区人民向劳动模范学习，掀起生产竞赛高潮。

1951年9月26日至30日，川北区劳动模范座谈会在南充市召开，参加会议的劳动模范向中共中央及毛泽东发了致敬电。

工人业余教育 1950年4月至5月，川北区各级工会组织围绕恢复和发展生产，利用大会报告、小组讨论等形式，对工人进行阶级教育，提高工人的思想觉悟，积极投入复工生产。南充市丝绸工人主动要求降低工资，使资方有利可图以开工生产，解决了丝绸行业部分失业工人的就业。6月至9月，川北区各级工会组织结合征粮剿匪、抗美援朝等运动，对工人进行努力生产、巩固新生的人民政权教育，进一步提高工人阶级觉悟。至9月底，射洪、蓬溪、三台、中江、广元、阆中、江油、南部、武胜、南充市等创办工人业余夜校53所，参加学习的工人达5000余人。全区广大工人通过业余教育后，进一步了解了政府面临的困难，生产积极性高涨，各个行业生产纪录不断刷新。10月至1952年8月，川北区工人教育实行文化、政治、技术教育相结合的方针。全区创办业余工人夜校116所，有兼职教员1321人，专职教员113人，参加学习的工人达35209人。经过近2年的业余工人夜校学习，50%以上的工人由初识字提高到初小文化程度。南充丝二厂有工人1750名，文盲、半文盲工人占工人总数的90%，南充丝二厂工会创办识字班，开办4所业余工人夜校推行速成识字法，进行业余扫盲教育和普及小学文化教育，参加学习的工人达1600人。南充丝二厂在组织工人开展文化知识学习的同时，又通过建立读报组的形式对工人进行政治思想教育，全厂建立了75个读报组，80%的工人坚持每天参加半个小时的读报活动，既学文化、又学习政治时事。其间，1951年11月至1952年8月，川北区在产业工人中进行了共产主义与共产党的政治教育，从全区抽调20名工人送中共川北区委党校学习，作为开展政治教育的骨干。扫盲工作推行速成识字法，在南充市、遂宁、阆中等县重点开办速成识字班，原识字班每期平均每人识字672个，速成识字班将其提高到2022个。1952年8月初又抽调各县文教干部与教员718人在南充市集训，培养推广速成识字法的骨干。全区广大工人经过文化、政治、技术教育，至8月底，进一步树立了新的劳动态度，自觉遵守劳动纪律，提出了许多合理化建议，攻克了不少生产技术难关，各厂都能按时或超额完成生产任务。

劳动保护 1950年10月30日，中央人民政府政务院颁布《中华人民共和国劳动保护条例》。川北区总工会筹委会立即将此条例转发各市县基层工会学习讨论宣传，全区开始开展劳动保护工作，解决工人的生、老、病、死、伤残待遇。12月初，川北区总工会筹备委员会正式成立劳保部，负责贯彻《中华人民共和国劳动保护条例》。至1950年年底，全区有11个厂矿实行了劳动保险，5709名工人享受劳保待遇。南充丝二厂、南充丝三厂、阆中丝四厂、川北人民印刷厂等5家企业到年底共支付病假工资、医药费46440多元，并建立了卫生所，配备了中西医医生，创办了托儿所、职工子弟校，修建了职工宿舍、澡堂，工人食堂等，享受劳保待遇的工人达4800多名。

1951年至1952年8月，川北区对各专区、各县贯彻《中华人民共和国劳动保护条例》组织了两次大检查，协助各地政府、各级工会解决在劳动保护方面存在的问题。其间，1951年，川北区开始对老弱病残工人实行退职退休制度。在实行退职退休工作中，男工人年满60岁，女干部年满55岁，女工人年满50岁，符合退休条件，由工人（干部）本人提出申请，厂领导审核后报专区、县劳动主管部门批准既可退休。同时，在女工为主的工厂开展女工保护工作，车间设置女工卫生间，解决女工的例假卫生。定期对女工进行妇科病检查，对患病的女工进行及时治疗，保障女工健康。对家庭负担过重或因供养亲属长期患病的工人，有时因入不敷出或因天灾人祸发生意外事故的进行适当的经济救助，帮助其渡过难关。对资方违犯《中华人民共和国劳动保护条例》的22起案件提起诉讼，各级人民法院进行判决，维护了工人的权益。

【新民主主义青年团川北区工作委员会】 1950年4月，新民主主义青年团川北区工作委员会正式成立。至1952年8月，新民主主义青年团川北区工作委员会结合团组织工作特点，围绕中共川北区委各个时期的中心工作，加强团的组织、团干部队伍、团员队伍的建设。大力开展青年工作，提高广大青年的政治思想觉悟，发动广大团员和青年积极投入新川北的创建工作。同时，密切配合川北行署相关工作机构，开展少年儿童工作，加强青少年教育。创办机关刊物《川北青年》，宣传党和人民政府的各项政策，指导川北区各级团组织有序开展工作。

组织建设 1950年3月，中共川北区委决定：以胡健、张宇、段涌泉、吕铭、吴国均、赵科进等人，组成中国新民主主义青年团川北区工作委员会（简称团川北区工委）。胡健任书记，张宇任副书记。内设组织部、宣传部等工作机构。

团川北区工委成立后，结合川北区具体情况，在城乡兼顾的原则下，继续加强和开展城市学校、机关的青工工作；结合减租退押，清匪反霸等中心工作，开展农村青年工作；重点建团，稳步前进。1951年2月，团川北区工委对南充、遂宁专区重点建团进行了检查。至1951年3月23日，川北区有团干部19人，团员11060余人，其中工人团员491人、学生团员1713人、机关团员3319人、农民团员5537人。至1951年5月，川北区在农村发展团员15000多人。在大力发展农村团组织和团员的同时，团川北区工委加强了对团员的教育，在各项运动中，注重发挥团组织和团员的作用。在此基础上，团川北区工委根据团中央分级轮训干部的指示，从1951年11月开始，采取举办讲习班的方式，对各级团干部进行轮训。共办两期讲习班，每期轮训200名团干部。1952年9月，新民主主义青年团川北区工作委员会撤销。

学校青年工作 1950年4月，团川北区工委在南充、遂宁、三台等城市开展了学校的青年工作。针对青年学生对革命新奇，迫切要求学习党和人民政府的各项政策的情况，对青年学生开展政治教育，主要是组织大报告，宣传党和政府的政策。经过政治教育，川北区有5000名青年学生报考军大等各种干部学校和参加革命工作。在政治学习时，有86所中学、14366名青年学生参加政治学习，学习《元旦献辞》《论人民民主专政》《共同纲领》等文献和人民政府的各项政策，提高了广大青年学生对共产党、人民政府、人民解放军的认识。

1950年上半年，团川北区工委围绕征收公粮、剿匪等中心工作对青年学生开展政治教育，启发青年学生自我思想改造。经过征粮、剿匪政策的学习，川北区有12所学校1200多名青年学生参加征粮剿匪。江油县中学两位学生在征粮中与匪特斗争，壮烈牺牲。在推销公债运动中，南充市的青年学生购买了3350份公债。

1950年秋季开学后，团川北区工委结合减租退押、抗美援朝等中心工作对青年学生开展政治教育，号召青年学生积极参加减租退押与抗美援朝运动。1951年，有570名青年学生参加了各种军干校，15000多名青年学生参加了革命工作。至1952年，先后有108所学校民主选举成立了学生会，制订了生活公约、学习制度。有2500名青年学生加入青年团。

农村青年工作　1950年10月前，川北区农村青年农民加入农会的很少，蓬安县蟠龙乡农会中没有一个青年农民。为此，川北区各级团组织普遍召开了100人至300人的青年农民代表会议，结合诉苦，进行阶级教育、政策教育，提高广大青年农民的政治觉悟。同时，各级团组织通过办夜校，组织青年农民学习《农民三字经》《川北农民报》教育广大青年农民参加农民协会，壮大农民协会武装自卫队。南充县青居乡8村农民协会由200人扩大到700人，农民协会武装自卫队由30人扩大到100多人。

1950年10月26日，川北区青年工作会议结束后，各地把在青年农民中建立团组织纳入议事日程。结合减租退押和土地改革，在农村中大力发展团组织，将农民协会中的青年积极分子发展为团员。

1950年11月14日，团川北区工委派出两个工作组分别到射洪、遂宁、南部、西充等地了解农村青年工作。在24天的调查摸底中，工作组发现射洪县团工委在参加征收1950年公粮中，事先对发展农村团组织作出计划，主动向征粮工作团领导作汇报争取支持，除派团干部掌握重点发展对象外，还经常检查各区、乡团组织建设和团员发展情况，团组织建设和团员发展稳步推进。两个工作组将检查情况向团川北区工委写出了专题报告，在肯定广大农村团的组织建设和加强农村青年工作取得的成绩后，同时，指出了存在的问题，提出了进一步做好农村青年工作的建议意见。团川北区工委对报告加批语后下发至各地执行，很快解决了农村青年工作中出现的问题。至1952年8月，川北区农村青年团组织健全，青年农民入团踊跃，团员和青年在创建新川北工作中带头发挥作用，成绩显著。

少年儿童工作　1950年，团川北区工委少年儿童部率先在南充市建立少年儿童先锋队，根据队章在各地开展少年儿童先锋队的工作。各地通过团地、县工委书记会或扩干会提出少年儿童先锋队工作，争取各地党政领导重视支持。通过小学教师代表会、暑期学习会，广泛宣传少年儿童先锋队的工作。团川北区工委少年儿童部和川北行署文教厅、川北区妇联等密切配合，争取社会力量支持，每年都开办暑期儿童乐园，召开“六一”儿童节庆祝大会等。

在抗美援朝中，川北区少年儿童普遍接受了爱国主义与国际主义教育，纷纷表示要学好本领，长大了参加国防建设。并订立爱国公约，保证学好功课。南充市西城完小少年儿童在一个半月内捐献了45元钱，寄往北京买“儿童号”战斗机。川北区各地少先队组织经常组织少年儿童开展慰问军烈属活动，帮助失学儿童学习，下乡访问农民，利用空闲帮农民扯草、捉虫，培养了少年儿童关心群众生活，热爱劳动的优秀品质。至1952年8月，川北区在39所初中、559所完小、24所中心初小建立了少先队组织。39所初中有少年队员3682人，559所完小有少先队员41852人，24所中心初少有少先队员10284人。少先队员占建队学校总人数的8.1%，建队学校共有少先队辅导员2145人。

《川北青年》　1950年9月，团川北区工委创办机关刊物半月刊《川北青年》。《川北青年》的宗旨是宣传党和人民政府的各项政策，教育川北区广大团员和青年，尤其是农村团员和青年，提高他们的政治思想觉悟和劳动生产热情与工作学习的积极性，帮助他们解决学习、生产、工作、生活上存在的问题。至1952年8月，共出刊44期，全区共建立43个通讯组，发展了295名通讯员。其间从20期起，共收到稿件1172份、来信235封。《川北青年》印发份数由50份增加到7000份。

【川北区民主妇女联合会】 1950年4月23日，川北区民主妇女联合会筹委会成立。1951年4月15日到22日，川北区首届妇女代表大会在南充市召开，正式成立川北区民主妇女联合会。至1952年8月，川北区民主妇女联合会发动全区广大妇女参加社会变革的各项运动，投入城市、农村的生产竞赛，宣传贯彻《婚姻法》，指导各地兴办保育院、托儿所、保健站，解除妇女的后顾之忧。

组织建设 1950年4月，川北区民主妇女联合会筹委会成立，戴俊任主任，肖更海任副主任。内设组织部、宣传部、妇工部、生产部等工作机构。

1951年4月15日，川北区首届妇女代表大会在南充市召开，723名代表出席会议。中共川北区委第二书记赵林在会上作土地改革专题报告，川北区民主妇女联合会筹委会主任戴俊作《一年来工作概况及今后工作主要任务的报告》。会议经过充分酝酿讨论，选出33名执行委员，4名后补执行委员，在执行委员中选出常委9人，戴俊当选为主任委员，肖更海、谭琴舫当选为副主任委员。至1951年9月，川北区有205个区建立了妇女代表委员会。至1952年8月，基层妇联组织全部建立。1952年9月，川北区民主妇女联合会被撤销。

参加政治运动 在土地改革运动中，川北区民主妇女联合会贯彻男女农民一齐发动的方针，有60%以上的妇女直接参加了土地改革，与地主进行面对面的斗争。特别是在反违法斗争中，妇女们深入调查地主违法的事实，与地主斗争。不少妇女组织战斗队，催收地主的赔罚款。射洪、中江等9个县的9个乡妇女积极斗争，收回罚款5934元、大洋6433元、黄金32两、金戒指9个、金项圈3个、银锭25个、衣物皮箱等数百件。随着土地改革运动的深入开展，锻炼了广大妇女，培养了农民协会中的妇女领导骨干。1951年6月，平武县妇女代表李芝兰组织了100多名女自卫队员，搜出反革命分子的两挺机枪，两支手枪，捉住土匪2人、烟贩2人，查出恶霸地主白洋2000元、黄金27两。在镇压反革命运动中，南充县妇女王雍南捉住了12名特务。剿匪模范张连珍捕获19名土匪。在抗美援朝运动中，川北区广大妇女赶制慰问品92446件，捐献慰问金11717元、金戒指29个、金首饰圈子32根、银元1393元、碎银2701斤，写慰问信28082封。共捐献购买飞机大炮资金8715元。在和平签名运动中，南充市、南充县、岳池县等13市、县有157万名妇女在保卫世界和平的爱国公约上签了名。南部县枣儿乡谢瑞贞送丈夫与侄儿参加中国人民志愿军。在她的带动影响下，该乡130多名青年男女参军。据南部、阆中、仪陇等13县统计，送夫参军的妇女有8766人，送子参军的妇女有5041人。南充丝三厂有500多名妇女送夫、送子参军，还有140多名女工报名参军。全区报名参军的青年妇女达4000多人。至1952年8月，川北区有7名女区长、6名女区农会主席、6678名女乡村农会主席，有3033名女区、乡、村妇女农协委员，255名女乡长，5273名女村长、299355名女武装自卫队员，她们与男人一样，拿起刀矛，捕捉土匪，管押地主，保卫胜利果实。

生产工作 在清匪反霸运动中，万源县妇女张云凤动员200多名妇女组织运粮队，完成了1万公斤公粮运送任务。在恢复发展生产中，南充丝三厂女工积极开展生产竞赛运动，生产量增加了1倍。1951年7月，立缫每车产量为0.770公斤，8月每车产量达1.065公斤，较7月提高36%。在抗美援朝生产竞赛中，女工喊出："变工厂为战场，变机器为武器，多缫一两丝，就是多打一个鬼子"的口号。各厂女工在开展生产竞赛中，涌现出了181名劳动模范。各县城市妇女在自愿的原则下，创办了11个生产合作社，南充市妇联组织了10个生产小组，开展缝制麻袋，整洗军衣、马鞍、打布壳、修河堤、修街道等工作。

各级妇联指导农村妇女组织代耕队和变工互助组，积极参加农业生产及副业生产。盐亭、通江、北川、开江等4县组织代耕队26920个，65332名妇女参加代耕队；变工互助组6824组，69696名妇女参加变工互助组。南部县妇女完成了13万亩棉花生产任务，并发动每家植果树50株、桑树30株、养鸡3只、养猪2头。

宣传贯彻《中华人民共和国婚姻法》 1950年5月1日，《中华人民共和国婚姻法》正式颁布实施。川北区各级妇联将宣传贯彻《中华人民共和国婚姻法》作为中心工作，在各种会议上宣传《中华人民共和国婚姻法》，做通干部特别是乡村干部的思想工作，帮助基层群众解决婚姻方面的问题，调解家庭纠纷。配合各级人民法院，根据中央人民政府政务院的指示，组织《中华人民共和国婚姻法》检查小组，深入各地进行调查了解。分别召开干部、妇女、青年等座谈会，开展《中华人民共和国婚姻法》宣传，批判封建残余意识，揭发封建婚姻制度的丑恶与毒害，纠正执行《中华人民共和国婚姻法》中出现的偏差，使各阶层人民群众、民主党派、各人民团体，支持妇女反对封建婚姻制度，使《中华人民共和国婚姻法》的宣传做到家喻户晓，老幼皆知。男女平等的新道德观念，在川北区群众中迅速建立。1951年12月，川北区妇联兴办妇女干部学校，培养了47名干部家属参加法院陪审工作。至1952年8月，陪审婚姻案件2544件。

妇女儿童工作 1951年，川北区妇联举办保育员训练班，各县妇联配合卫生部门举办初级接生员训练班。南充市和遂宁等20个县培训新法接生员1385人，培训助产士1320人。至1952年8月，川北区共建起12个妇幼保健站，10个县为2518名孕妇作了产前产后检查，3775名儿童得到免费健康检查，解决了部分妇女、儿童的疾苦问题。兴办了3个保育院、6个托儿所，有保育员98人。有342名幼儿入托入园，为部分女干部解决了孩子入托入园的问题。通江、巴中、三台等县妇联指导乡村开办了27个农忙托儿组。射洪县妇联指导文星乡在秋季生产中组织了92个托儿组，解决了637个孩子的入托问题，使685名妇女参加秋收秋种。

【川北区农民协会】 1950年6月23日至7月1日，川北区首届第一次各界人民代表会议期间，出席会议的60名农民代表经过座谈协商，成立了川北区农民协会筹备委员会，民主选举筹备委员会委员27人，赵林当选为川北区农民协会筹备委员会召集人。7月16日，川北区第一届农民代表会议在南充市召开，22日闭幕。会议讨论通过了《川北区农民协会组织章程》，研究了发展农会会员，建立各级农民协会组织机构的工作及方法，选举出川北区农民协会筹备委员会委员33人，候补委员5人，赵林当选为川北区农民协会筹备委员会主席，龙鸣为副主席。会后，南充市和南充、遂宁、达县、剑阁专区及35个县相继召开了农民代表会议，成立了各级农民协会或农民协会筹备委员会。至7月，川北区农民协会会员发展到50万人。9月12日，川北区农民协会筹备委员会向中共川北区委上报了《川北区目前如何组织农协整顿农协的报告》。中共川北区委研究后于1951年1月发出《关于目前发动农民组织农协要点》，指导川北区各地农民协会发展工作。1951年3月16日至22日，召开川北区第一届农民协会会员代表大会，选举出委员33人，候补委员4人，赵林当选为川北区农民协会主席，龙鸣、孙桂林当选为副主席。至1952年2月，川北区各专区、各县均成立了农民协会，会员发展到709万人，占全区农业人口的43.4%，其中女会员达150万人，培养出近20万人的农民积极分子。在发动农民群众，整顿农民协会的基础上，全区农民武装自卫队发展到867430人，占农业人口的5.3%。川北区各级农民协会依靠贫雇农，团结中农及农村中一切反封建的群众，遵照中央人民政府的法令，有准备有步骤地实行反封建的社会改革，保护农民的利益，发展农副业生产，保障川北区广大农民的政治权利，提高农民的政治水平和文化水平，参加农村基层人民民主政权建设。农民协会是减租退押、土地改革的合法执行机关，农民代表大会是农村的最高权力机关。在川北区各乡人民代表会议召开前，乡农民代表大会或乡农民大会执行乡人民代表会议的职权，农民协会代行农民基层政权的权力。1952年4月，川北区土地改革结束，农村基层政权机构建立，农民协会代政工作结束。1952年9月，川北区农民协会被撤销。

【川北区文学艺术界联合会】 1950年7月2日，成立川北区文学艺术界联合会筹委会。至1951年6月，先后成立文学协会、美术协会、音乐协会、戏剧协会、曲艺协会。1951年11月16日至25日，成立川北区文学艺术界联合会（简称川北区文联）。川北区文联成立后，组织各文艺团体，到城市街道和农村，配合中共川北区委、川北行署的各项中心工作，组织文艺工作者创作出一批反映建立人民民主政权、剿匪肃特、恢复和发展工农业生产中涌现出的英雄事迹的优秀文艺作品。

川北区文联机构 1950年上半年，川北区只有文学、美术两个协会。1950年7月2日，成立川北区文学艺术界联合会筹委会，段可情任主席。至1951年6月，川北区音乐协会、川北区戏剧协会、川北区曲艺协会相继成立，达县、万源等30个县成立了县文联。11月16日至25日，川北区第一届文学艺术工作者代表大会在南充市召开，到会代表242名，特邀代表35人。川北区文联筹委会主任段可情在开幕会上作了《在毛泽东光辉的文艺旗帜下前进》的工作报告。大会闭幕时，胡耀邦作了《加强思想改造，开展人民文艺创作》的重要讲话。大会选举34人为委员，4人为候补委员，正式成立了川北区文学艺术界联合会，段可情为川北区文学艺术界联合会主任委员，袁毓明为副主任委员。张泽厚、孙福田、康保仁、张静虚、凯宇、高杨、白航、罗松柏、李君伟、康工弟、文闻子、周海滨、唐芳、钱家齐、何路、蒋广父、洪吉丞为常务委员。高杨任秘书长兼联络部主任，白航任编辑部主任，凯宇、沈凡分别任研究部正、副主任，张泽厚任文学部主任，康保仁、康工弟分别任戏剧部正、副主任，文闻子、李君伟分别任美术部正、副主任，罗松柏任音乐部主任。1952年9月，川北区被撤销时，川北区文联随之撤销，王尔碑、白航、郭志成等一批作家调成都参与组建四川省文联，川北区文联大部分成员转入南充市文联。

文艺宣传 1950年上半年，川北文工团组织9个征粮剿匪宣传工作队和城市宣传组，深入农村、工厂协助政府宣传征粮、复工。1950年下半年，川北文工团组织3个减租退押、清匪反霸宣传队到川北各地农村，通过文艺演出等形式，开展减租退押、清匪反霸宣传，提高农民的思想觉悟。南充市2个文工团、3个川剧社和5个曲艺小组及各县的文艺宣传队纷纷下乡，分赴各个偏僻山村和少数民族地区进行宣传演出，巡回演出《白毛女》《血泪仇》《穷人恨》《买卖婚姻》《双喜临门》《保家卫国》等新剧，教育群众，鼓舞群众斗志。在第一、二期土地改革运动中，川北区大多数文艺工作者不仅下农村宣传演出土地改革的方针、路线、政策、法规，而且还亲身参加土地改革。在抗美援朝运动中，川北区文艺界成立了义演捐献委员会，开展了广泛的签名和示威游行。各文艺团体组织街头、乡场义演宣传小组，南充市曲艺界分5组下乡宣传义卖捐献，文学美术工作者纷纷捐出自己的稿费和文艺奖金。

文艺创作 1951年8月7日，胡耀邦就文学艺术界的创作方向问题，给中共川北区委宣传部副部长张永青等写了一封长信。胡耀邦信中写道："无论如何，我们不能漠视川北人民斗争的新情况，这就是：一年多来，我区千余万人民，在一个紧接着一个翻天覆地的翻身斗争中，必然会涌现并已经涌现出无数的英雄人物，必然会产生并已经产生了无数可歌可泣的英雄事迹。让我们随便举几个我们所知道的例子吧：如广元，有捉住匪首滚岩与匪首同归于尽的李登燕。如万源，有深入匪境，瓦解土匪一千余名的张云凤。如苍溪，有放火烧掉自己房子，帮助军队击毙匪首的陶老太婆。如南部，有在国民党统治下不惜倾家荡产，带了独子躲兵七次，解放后毅然亲自送子参加志愿军的张志汉。有每天跑十几里路，捡核桃卖钱来捐献飞机和大炮的一个才满十岁的某贫农儿子。如三台，有揽工四十几年，立场坚定，大公无私，刻苦工作的乡长张高大。如南充市，有增产一倍的丝厂女工刘瑞芳，有抗美援朝模范陈玉山家庭。如西充，有踊跃帮助其他缺少劳动力的军属代耕的军属张喜生。如仪陇，有新寺乡爱国增产捐献计划的严有明等。”“他们不愧为新川北的主人。”“表现他们，歌颂他们，刻画出他们的思想感情和性格，以他们的崇高品质做榜样，鼓舞人民群众的战斗意志，指明人民群众的斗争方向，并通过这些英雄的事迹反映出正确的政策思想，就不能不是我们一切文学工作者、戏剧工作者、音乐工作者、美术工作者、舞蹈工作者、曲艺工作者及新闻记者的基本任务。”“我们认为必须立即着手改变我们的文艺创作于现实斗争脱节的这种情况。我认为应采取如下的有效方法，这就是：讲明方向、组织力量，树立榜样和坚持下去。”川北文联筹委会根据胡耀邦的指示，积极准备，于1951年11月16日在南充召开了川北区第一届文学艺术工作者代表大会。会议围绕胡耀邦8月7日写给中共川北区委宣传部的信展开了热烈的讨论。会后，广大文艺工作者按照中共川北区委和胡耀邦的要求，积极创作反映群众斗争生活的作品。至1952年8月，创作诗歌《佃客朱老三》《太阳照山坡》《在中美合作所》《红契和家具》《土改歌》等；创作曲艺《英模进京》《解放海南岛》《翻身年月月乐》等；创作戏剧《双喜临门》《四战士订计划》等；创作小说《押金》等；创作歌曲《减租小调》《永远是战斗队》等；创作美术《试耕》《减租退押清算团》《大恶霸黄伯宜》《良心》等；创作通俗读物《减租退押读本》《农民三字经》《抗美援朝三字经》等。

文艺刊物　1951年至1952年8月，川北区文联共出版30期《川北文艺》。同时，编辑了《新说唱》《翻身唱》《文艺通讯》《抗美援朝歌集》《文艺工作者学习资料》《川北画报》《通俗文艺书刊》《文艺创作丛刊》《活页歌选》、春节宣传画等。

文艺作品评奖　1950年10月，在第二期《川北文艺》上，川北区文联筹委会公布了《颁发奖金条例草案》。川北区文联筹委会决定成立文艺创作评委会对创作作品进行评选，并拿出大米2.5万公斤进行奖励。1951年3月，川北行署文教厅决定对好的作品奖励600元。4月21日，川北区文联筹委会成立评委会，将评选作品送评期限延至4月底，参评作品的范围由减租退押、清匪反霸扩大到抗美援朝、土地改革、镇压反革命等内容，作品品种增加了通讯报告。4月26日，评委会初评出29篇（幅）作品。5月，西南文联来函表示协助，对评选作品的标准、目的均详加指示，并表明可予奖励。评委会通过川北美术、木刻、文学等会议广泛征求意见，于6月7日召开评委扩大会议，对初评出的作品进行复评，正式评选出20篇（幅）优秀作品。

【川北区工商业联合会】　1950年4月下旬，中共川北区委统战部召集川北区工商界人士林全九、奚致和、林织和、侯庆五、蒋恒一等座谈，共商恢复和发展工业、商业，筹建川北区工商业联合会。7月2日，参加川北区首届第一次各界人民代表会议的45名工商界代表，通过协商成立川北区工商业联合会筹备委员会。筹备委员会讨论通过了川北区工商业联合会组织章程，推选奚致和为川北区工商业联合会筹备委员会主任，刘成功、林全九为副主任。川北区工商业联合会筹备委员会成立后，积极推动南充市与各县工商业代表筹建市、县工商业联合会或工商业筹备委员会。至7月底，川北区有27个县成立了县工商业联合会筹备委员会。10月23日至11月6日，在南充市职业中学礼堂召开川北区第一次各市、县工商界代表暨工商科长联系会议，出席会议的工商界代表123人，工商干部56人。会议围绕调整工商业公私关系、工商业管理和工商业联合会组织章程进行了9天的充分讨论，通过了恢复和发展工业、商业，调整工商业公私关系等5个决议。胡耀邦到会认真听取工商界代表对党的工商业政策、恢复和发展工商业的措施的反映和意见后，作了题为《消除顾虑，增强信心，为恢复与发展川北工商业而奋斗》的报告，《报告》从9个方面，讲了27条政策性很强的意见，与会代表听取了《报告》后澄清了模糊观念，思想上受到极大鼓舞，坚定了带领川北区广大工商业生产者和经营者放胆放手发展生产、搞好经营的信心，加快了川北区各专、县成立工商业联合会的步伐。

1951年3月31日至4月10日，川北区工商业界代表会议召开，各市、县与74个大集镇、60个工业、商业行业的243名代表出席会议。会议听取了关于抗美援朝、土地改革和有关工商业的各项专题报告，对扶助小型工业，加强城乡物资交流，改善公私关系等问题达成一致意见。为进一步扩大土产销路，各地工商业界代表分别与川北土产公司订立了供销协议。为加强川北各地工商业界的联系，大会一致决议成立川北区工商业界联络委员会。委员会由41位委员组成。会议推选南充市工商联合会主任委员林全九为主任委员，人民银行川北分行行长何仲明为副主任委员。联络委员会成立后，负责进行筹备工作，定期召集会议正式成立。

1951年7月26日至8月13日，川北区工商业联合会筹备委员会全体会议召开，各市、县工商业联合会筹备委员会的委员与各市、县的工商干部出席会议，会议听取了中共川北区委统战部副部长刘玉衡作的《关于工商业联合会工作的报告》。正式成立了川北区工商业联合会，选举林全九为主任，何仲明为副主任。至10月底，川北区有24个县成立了工商业联合会，11个县成立了工商业联合会筹备委员会，60个区成立了工商业联合会分会，907个乡成立了工商业联合会支会。至1952年9月，川北区工商业联合会从筹建到终止工作期间，紧紧围绕恢复和发展工商业生产与经营开展工作。组织工商界学习党的工商业政策，恢复和发展生产，扩大经营，稳定物价，完成税收任务；积极动员和组织工商界人士认购公债，出资购买飞机支持中国人民志愿军抗美援朝；捐赠衣物，赈灾济民等。

军　事

1949年11月，中国人民解放军第二野战军主力、第四野战军一部、第一野战军十八兵团相继进入川北地区，解放川北地区各县。1950年1月17日，61军奉西南军区命令兼任川北军区，辖南充、遂宁、达县、剑阁4个军分区及35个县级人民武装部。1951年，61军扩充兵员参加抗美援朝。1952年9月，川北军区奉命撤销。在解放初期情况复杂、斗争艰苦的环境中，川北军区部队担负并胜利完成剿匪肃特、协助地方工作、改造旧武装、建设人民武装、扩充兵员等一系列艰巨任务，为川北区人民民主政权的建立和巩固做出了重要贡献。

【军事机构】 1950年1月，中国人民解放军61军奉命兼任川北军区，其所属181师兼任遂宁军分区，182师兼任剑阁军分区，183师兼任达县军分区，师领导班子兼任军分区领导班子，南充军分区由各单位抽调干部组成。入川时部队共25000余人，1950年12月达到87000余人，1952年增至160000余人。川北军区直辖南充市人民武装部、遂宁、剑阁、达县、南充四个军分区和35个县级人民武装部。

川北军区 1950年1月17日，中国人民解放军61军奉西南军区命令兼川北军区。2月4日，军机关由三台县移驻南充市。2月24日，川北军区正式宣告成立，韦杰任司令员，胡耀邦兼任政治委员，李文清任副司令员，郭林祥任副政治委员。设置司令部、政治部、后勤处（部）。辖南充、遂宁、达县、剑阁4个军分区和军区教导团、警卫营。1951年2月增设干部管理部，部队整编后，辖公安总队、南充、遂宁、剑阁、达县4个军分区和速成小学、干部学校。代管国防仓库、航空科及南充、达县、阆中、广元、遂宁5个航空站。4月，各县级武装科改为县级人民武装部，归军队建制。川北军区辖南充、遂宁\达县、剑阁4个军分区、南充市人民武装部及35个县级人民武装部。1952年9月川北军区被撤销。

川北军区主要领导名录

司　令　员：韦　杰
政 治 委 员：胡耀邦（兼）
副 司 令 员：李文清　黄定基　赵子立
副政治委员：郭林祥　王贵德
参　谋　长：胡正平
副 参 谋 长：张介民
政治部主任：王贵德（兼）　吴　西
干部部部长：牛　击
后 勤 部 长：游德顺　刘晓山
后勤部政委：杨大猷　赵安泰

南充军分区 1950年1月17日，61军转中共中央西南局、西南军区命令，组建中国人民解放军南充军分区。从61军直属队及所属三个师、晋绥警卫1团抽调干部战士组成，于20日在三台县成立。由军分区参谋长安怀率领进驻南充，隶属川北军区，受川北军区和南充地委双重领导，是地委军事工作部兼专员公署兵役机关。主要任务是负责民兵和兵役工作。辖3个团和南充、西充、南部、蓬安、营山、仪陇、岳池、武胜8个县大队（后为县警卫营）。1951年辖5个团、8个县人民武装部和县警卫营。1952年9月部队精简整编，川北军区机关撤销，四川军区成立，军分区于9月15日移驻南充市原川北军区司令部、政治部营房，改为四川南充军分区，辖公安18团、南充专区公安大队、8个县人民武装部和南充市人民武装部。

军分区成立的同时，由分区领导成员组成中国共产党南充军分区委员会，由司令员黄定基主持党委会工作，实行党委统一领导下的首长分工负责制。分区部队一切重要问题，除在紧急情况下由首长临机处置外，必须先由党委会讨论，做出明确决定，然后分别执行。军事工作由司令员负责组织实施，政治工作由政治委员负责组织实施。1951年1月召开首届党代表大会，听取审查党委会的工作报告，讨论、决定分区部队的工作方针、任务，选举党委会、纪委和出席上级党代表大会的代表。

南充军分区领导名录

司　令　员：黄定基（兼）（1950年1月至1951年9月）
　　　　　　雷展如（1951年9月至1952年8月）
政 治 委 员：孙先余（兼）（1950年1月至1952年8月）
副 司 令 员：周金明（1951年10月至1952年6月）
副政治委员：严尚林（1950年1月至1950年2月）
　　　　　　杜　灵（1950年10月至1951年3月）
　　　　　　梁景傑（1951年9月至1952年5月）
　　　　　　单启贤（1952年5月至1952年8月）
参　谋　长：安　怀（1950年1月至1951年3月）
　　　　　　何明先（1951年5月至1952年1月）
政治部主任：梁景傑（1950年2月至1951年9月）

遂宁军分区　1950年1月，成立中国人民解放军遂宁军分区，由61军181师（缺543团）兼遂宁军分区，隶属川北军区。辖遂宁、乐至、安岳、潼南、蓬溪、射洪、盐亭、三台、中江县9个县武装大队。师长王诚汉兼任司令员，第一政委由地委书记李林枝兼任，师政委张春森任政委。11月，181师编入60军参加抗美援朝，遂宁军分区正式单独成立，辖547团。设司令部、政治部、后勤部、教导队、警卫连、侦察连、工兵连、文工队、陆军医院、卫训队、招待所等11个直属单位。1951年7月组建川北军区基干第2团。1952年4月精简整编，司令部、政治部、后勤部合并，设参谋科、军训科、动员科、统计科、干部科和后勤科。直属队和2个团、9个县警卫营被撤销。6月，遂宁专区公安大队及直属中队成立，辖9个县公安队，受遂宁军分区和川北公安总队双重领导。1952年9月川北军区被撤销，遂宁军分区隶属四川军区。

遂宁军分区领导名录

司　令　员：王诚汉（1950年1月至1950年11月）
　　　　　　朱友德（1950年11月至1952年9月）
第一政治委员：李林枝（兼）（1950年1月至1952年9月）
政 治 委 员：张春森（1950年1月至1950年11月）
副 司 令 员：朱友德（1950年1月至1950年11月）
副政治委员：谷纪芳（1950年11月至1952年6月）
　　　　　　李啓唐（1952年3月至1952年9月）
参　谋　长：欧阳楚（1950年1月至1950年11月）
　　　　　　蔡生金（1951年3月至1952年6月）

政治部主任：吴立兴　　（1950年11月至1951年10月）
　　　　　　陈　杰　　（1951年10月至1952年4月）

达县军分区　1950年3月，奉西南军区命令，第61军183师兼中国人民解放军达县军分区。军分区领导和机关由183师领导和机关干部担任。军分区设司令部、政治部、后勤处、直属队（教导大队、炮兵营、辎重连、担架连、通信连、侦察连、警备连、电影队、修械所、招待所），下辖547、548、549团和达县、宣汉、开江、万源、通江、南江、巴中、平昌8个县警卫营、61个区警卫队。7月，撤销辎重连、担架连，侦察连与通信连合并为侦通连，增编航空分站、飞机场和干部休养所、供卫训练队。年底，第二干部休养所和飞机场机构上调川北军区，炮兵营参加修筑成渝铁路，步兵547团调遂宁军分区。1951年3月，达县军分区组建1个营参加抗美援朝。4月，炮兵营归建。增设干部训练部，新编川北军区基干四团。11月，军分区增编军邮支局，以第二干部休养所扩建成达县军分区陆军医院。1952年4月，军分区整编，撤销机关各部，编参谋科、政工科、组织动员科、调查统计科；撤销军分区警备连、侦通连、电影队、教导大队和川北军区基干四团、步兵549团及8个警卫营、61个区干队；炮兵营、知青大队、文工团上调，549团整编为汽车19团上调川北军区。以549团三营及团直警卫连、基干四团第八连整编公安营上调川东军区公安团，549团一、三、八、九连及三营机枪连整编为川北军区独立第三营，由达县军分区领导。军分区直属8个县警卫营、549团、川北军区基干四团部分指战员整编成达县专区公安大队部、直属公安中队、8个县公安中队，充实8个县人民武装部；军分区教导大队整编为军分区干部轮训队、航空站和3个气象站。1952年9月，川北军区被撤销，四川军区成立，达县军分区改属四川军区，更名为四川达县军分区,辖专区公安大队部、直属公安中队、8个县公安中队，8个县级人民武装部。

达县军分区领导名录

司　令　员：钟发生（1950年3月至1952年4月）
　　　　　　雷民儒（1952年4月至1952年9月）
政治委员：杨绍增（1950年3月至1952年9月）
副司令员：张介民（1950年3月至1951年3月）
　　　　　　王世跃（1951年3月至1952年9月）
副政治委员：赵绍明（1951年4月至1952年6月）
　　　　　　杨大尤（1952年6月至1961年8月）
参　谋　长：周金铭（1950年3月至1951年10月）
政治部主任：赵绍明（1950年3月至1951年4月）
　　　　　　杨大尤（1951年4月至1952年6月）
后勤部长：宋永珍（1946年12月至1950年3月）
　　　　　　杨汉生（1950年3月至1951年4月）
　　　　　　赖玉明（1951年4月至1952年7月）
　　　　　　崔自静（1952年7月至1952年9月）
后勤部政委：滕发玖（1950年3月至1952年9月）

剑阁军分区　1950年2月，61军182师进驻广元，奉令筹建剑阁军分区。3月，中国人民解放军剑阁军分区在广元县城成立，军分区机关设司令部、政治部、后勤部。182师师长王海东任司令员，地委书记胡亦仁兼任第一政治委员，182师政治委员黎光任军分区政治委员。辖544、545、546三个团及剑阁、广元、旺苍、昭化、青川、苍溪、江油、平武、北川、阆中县10个县大队、警卫营，隶属于川北军区。1951年4月，县武装科改为县人民武装部。剑阁军分区辖544、545、546团和10个县人民武装部及县警卫营。1952年9月，川北军区被撤销，各县警卫营相继被撤销，剑阁军分区隶属于四川军区。

剑阁军分区领导名录

司　令　员：	王海东	（1950年3月至1950年10月）
	吴立兴	（1951年10月至1952年9月）
第一政治委员：	胡亦仁（兼）	（1950年3月至1952年9月）
政 治 委 员：	黎　光	（1950年3月至1950年10月）
	崔殿臣	（1950年10月至1952年9月）
	裴　润	（1953年1月至1952年9月）
副 司 令 员：	青雄虎	（1950年3月至1950年10月）
副政治委员：	李　迅	（1950年3月至1950年10月）
	刘际庭	（1950年10月至1952年9月）
参　谋　长：	杜　灵	（1950年3月至1950年10月）
	赵如英	（1950年10月至1952年9月）
政治部主任：	李　迅（兼）	（1950年3月至1950年12月）
后勤部部长：	张　勤	（1950年3月至1950年10月）

南充市人民武装部　1950年3月，南充市成立武装科，由川北军区司令部直接管理。1952年7月，成立南充市人民武装部，首任部长王建华，政治委员由市委书记兼任。设军事组、政工组。辖城关、东南、西城、北城、舞凤、华凤、河东乡武装部。1952年9月，川北军区被撤销，南充市人民武装部改隶南充军分区。

【驻军】　川北解放后，川北区驻军大多是61军所属部队。1950年12月，61军赴朝作战，留驻在川北区的部队除各军分区和陆军第五十一医院外，其余驻军极少。

中国人民解放军第61军　川北解放后，中国人民解放军第61军驻川北军区辖区执行任务。1950年12月，两个师先后奉命调出，入朝作战，1个师建制被撤销。军直及各单位抽调干部战士组成西南军区公安司令部。川北军区建立后，在抽调部队干部战士为骨干组建属地方建制的各公安队的同时，组建了军分区基干团、县警卫营、区警卫队，担负地方内卫治安任务。1951年4月20日，在南充组建公安第18团，属公安第6师建制。经过整编，1952年5月，川北军区公安总队成立，辖公安第18团和1个直属大队及南充、遂宁、达县、剑阁等4个专属大队和县（市）公安中队。总队长王海东，政治委员由川北行署公安厅厅长董弼忱兼任。

南充警备司令部　1950年1月，川北军区司令部警备科兼中国人民解放军南充城防司令部，负责南充市城防及市区治安工作。1951年5月29日，西南军区命令川北军区司令部警备科兼管南充市警备司令部之任务移交给南充军分区公安18团担任。

遂宁警备司令部　1950年2月，遂宁军分区兼警备司令部成立，司令员王诚汉，第一政委李林枝，第二政委张春森，副司令员朱友德，副政委谷纪芳，参谋长欧阳楚。

50军39师50团　1949年12月9日，4野50军39师50团政治处主任刘玉堂率部解放广安，16日解放岳池，19日主力开赴前线，留部分人员筹组岳池县临时委员会，维持社会秩序。次年1月2日全部调离。

川北独立师　1949年12月25日，国民党驻阆中溃军（吴剑夫师、袁国卿团、省保安二团、南充保警总队）及民众自卫队约3万人，经中共阆中地下组织做工作宣布起义。中共阆中地下组织主要负责人魏文引（化名陈仁）将起义部队统一整编后，命名为"中国人民解放军川北独立师"，师长兼政委魏文引，副师长刘松柏、王春杰、廖禹，参谋长魏定侯。1950年1月，61军183师547团进入阆中后，精简收编了川北独立师。

61军183师547团　1950年1月2日，61军183师副师长张介民、547团团长刘文、段政委率部驻阆中县城。该团在阆中收编川北独立师后，于是月中旬开赴达县。

西南军大川北分校　该校前身系豫西支队教导团。1950年2月入川后，在蓬溪改编为川北军区教导团。1950年4月1日进驻四川省阆中县，扩建为西南军政大学川北分校，担负培训新入伍的青年学生和改造国民党军起义军官的任务。校长、政治委员由川北军区司令员韦杰兼任，副校长张介民，下辖6个支队，全校共6367人。1951年4月改称中国人民解放军第9步兵学校。韦杰仍兼任校长和政治委员，副校长张介民，副政治委员李迅。下辖4个大队，全校共2813人。10月，该校改编为川北军区教导团。1952年7月改称为川北军区干部学校。1952年9月与川西、川南、川东干校合并为四川军区军政干校。

陆军第51医院　陆军第51医院创建于红军时期，隶属于红一方面军。民国24年（1935年），到达陕北。民国26年（1937年），改为八路军总部野战医院，驻山西省洪洞县。民国29年（1940年），改为白求恩医院第一分院，驻山西左权县。民国34年（1945年），改为太行军区第四分区医院。民国36年（1947年）7月，改为晋冀鲁豫军区第五野战医院，驻河南济源县。民国37年（1948年）7月，改为华北军区第五机动医院。民国38年（1949年）5月，改为第18兵团第三野战医院。1950年5月进驻南充，改为川北军区医院。1951年，入朝作战。

61军181师543团　1949年12月中旬，61军181师543团在解放三台县太合镇和西充县后，进驻蓬安县。团长傅东山，政委向明阳，副团长支勇胜。1950年7月调离。

42军124师　1949年12月15日，4野42军124师副师长苏克之率部进驻达县境内，其372团驻开江县和宣汉县，371团驻达县，担负接管工作，维护社会秩序。1950年1月20日奉令调离。

50军32师　1949年12月11日凌晨，4野50军代号"镇江二支队"（即32师）先遣队进驻大竹县。12日，镇江二支队第47大队进驻渠县。第32师各部随即进驻大竹专区，下辖94、95、96团。分驻大竹、渠县、邻水、广安、梁平、垫江等县。1951年3月调离。

61军183师　1950年1月下旬，61军183师进驻达县区域，下辖547、548、549团分别驻辖区各县。1951年冬至1952年春陆续调离。

19军55师163团　1949年12月28日，19军55师163团团长牛玉川率部由陕西省镇巴县出发，以一天百余里的急行军，经鱼渡坝、官渡场于29日抵万源县城郊，接受旧军政机关人员的投诚，组建人民政权，维持社会秩序。1950年10月，163团撤离。

42军124师372团　1949年12月17日，中国解放军唐山1支队42军124师372团团长赵欣然、政委陈鹏率其第一营解放宣汉，部队进驻县城。1950年3月调离。

183师547团　1950年4月，183师547团团长翟培修、政治部主任单启贤率所属3营（一营长褚景华、二营长陈有福、三营长朱惠忠）指战员700人驻宣汉县南坝区清剿股匪。1951年春离县。

61军182师544团　1950年2月，61军182师544团奉命进驻剑阁。团长曾茄，政治委员储成明。

协助地方政府剿匪、征粮、宣传群众，建立基层人民政权，平息反革命武装暴乱，追捕匪首等。1951年调离。

西南军区后勤部驻广元办事处　1950年1月，西南军区后勤部由宝鸡进驻广元县城。辖两个汽车团，主要任务是运输武器、服装、粮食等军需物资，保障二野北线部队入川作战。1950年底，该部由绵阳经广元运送入朝作战部队出川。1951年初，移驻成都，再调至重庆。

62军184师550团　1949年12月19日，62军184师550团进驻青川，1950年1月中旬调离。

19军57师170团　1949年12月28日，19军57师170团侦察连进驻旺苍城郊南峰山、凤凰梁、张家湾等地。1950年3月，陈团长率第170团一部驻旺苍、嘉川、百丈、五峰等地，12月调离。

川北独立师第1团　1949年12月31日，中国人民解放军川北独立师第1团进驻苍溪，团长袁国卿。1950年春调离。

61军182师　1950年2月初，61军182师由南充进驻剑阁专区。师长王海东，政治委员黎光，副师长青雄虎，副政委李迅，参谋长杜灵，政治部主任李迅（兼），后勤部长张勤。辖544团、545团、546团、步兵营、炮兵营和教导队。师机关驻广元县城，司令部驻大华纱厂，政治部驻现广元军分区驻地，后勤部驻解放军56243部队驻地，师教导队驻阎家湾电厂，并修建一批营房。主要任务是清剿土匪，同时协助地方人民政府征粮、宣传群众、维护社会治安、建立基层人民政权等。第544团团长曾茄、政治委员储成明，团部驻昭化。第545团驻中坝。第546团团长阎起林，团部驻下西坝。3月，第182师抽调部分人员组建剑阁军分区和各县武装指挥部，并陆续抽调人员组建军分区基干团、各县县大队、县警卫营、区警卫队（区干队）等。同年下半年撤销县大队，并入县警卫营。1951年初，第182师将师机关及各县警卫营移交剑阁军分区，并在当地征兵补编整齐，即奉命赴朝作战。

11军33师　1949年12月8日，2野战军11军33师在师长童国贵、政委高治国指挥下，由潼南进军遂宁，当日遂宁解放。该师12月14日离开遂宁，乘车进军简阳，参加成都会战。遂宁设第33师后方留守处。

61军181师　1949年12月29日，61军181师进驻遂宁，军教导队进驻蓬溪县城。1950年11月，181师离开遂宁入朝作战。

巴山游击队第1支队、第2支队　1949年2月，中共川北工委派王子度秘密返回遂宁县建立武工队。3月18日，河沙武工队在河沙乡肖家沟罗汉坡成立，共8人，由王子度任指导员，雷金声任副指导员，曾涛任队长、雷云任副队长。7月，在遂宁学校支部选拔学生党员10余人加入河沙武工队，队员达35人，在河沙雷洞山召开扩大成立大会，王子度任政委，雷金声任指导员，曾涛任队长、朱必正（非党群众）任副队长，后朱被捕叛变，由段子杨任副队长。河沙武工队扩大后，以中共巴山游击队第1、2支队的名义，在河沙、高升、吉祥、吉星、鸣凤等乡开展“三抗”（抗丁、抗粮、抗税）斗争，以及策反乡保政权，征集经费、粮食、武器，为迎接解放，参加战斗打基础。1949年11月8日，中共川北工委在蓬溪、三台、中江三县边界的石板滩（大英县象山镇境）成立解放军川中游击队，由王枫（王子度化名）任司令兼政委。中共遂蓬工委根据川中游击队司令部指示，将河沙武工队改编为川中游击纵队第一支队（即遂宁游击队）。1950年1月，遂宁县人民政府成立，游击队奉命改编为遂宁公安队。

第9游击纵队第11支队、第13支队　1949年9月，中共地下组织三台、射洪临工委在太乙、文巨组建武工队。11月，武工队集中人员、枪支，建立第9游击纵队第11支队，王福星任支队长，李天仪任指导员。1949年12月5日，第13支队在射洪金家乡成立，梁兆祥任支队长，宋开慧任指导员，下辖3个分队，有队员200余人。第11、13支队成立后，先后解放了射洪的太乙、大明、文巨、金家、富丰等乡镇和县城金华镇。12月29日与中国解放军2野11军33师99团胜利会师。1950年1月，射洪县人民政府成立，第11支队、第13支队奉命改编为射洪县大队。

第6游击纵队　1949年，中共地下组织——川北临工委书记李青匀、副书记宋绂斋决定借防止匪患为名，联合蓬溪县第三区各乡（镇）成立第3区联防办事处，把区内13个乡镇掌握的一切武装夺过来为共产党领导的地下武装。7月底成立蓬溪县第3区联防办事处，由区长邓庶藩兼办事处主任，镇长尹体乾兼任副主任和联防队长。11月底，李青匀到遂宁下达“发动武装起义，迎接四川解放”的指示，成立中国人民解放军川北军区第6纵队，尹向阳（化名尹体乾）任司令，漆匡弱（化名漆晓光）任政治委员。下辖蓬莱、隆盛、天保、河边、吉祥等5个支队，共1600余人。

61军182师545团　1950年2月，61军182师545团驻江油，夏季调离。

61军181师541团　1950年1月28日，61军181师541团团部驻潼南县文星山。9月底，该团补充满编入朝作战。

61军182师547团　1950年3月，61军182师547团的3个连从达县调驻潼南县茶店乡，清剿古溪、太和等地土匪，6月份完成任务后调离。

61军181师542团　1949年12月29日，61军181师542团驻三台县，团部设县茧种场，团长武占魁，政委陈杰，辖3个营1600余人。1950年11月入朝作战。

61军183师549团　1950年4月，61军183师549团进驻巴中，团长李兆升，政委陶伦传。团部及1个营驻巴中县城，2营驻通江，3营驻南江。1951年5月部队缩编为5个连。12月部队全部撤回巴中，扩编为3个营，待命。1952年4月，该团在巴中解散。

【剿匪平叛】　1950年初，川北区内各类匪特与恶霸地主、伺机蠢动的乡保长及封建会道门头目相互勾结，发动武装暴乱，破坏征粮、民主建政等工作，危害新生的人民民主政权。剿匪成为川北区各级党政的当务之急。1950年2月至6月，经川北军区各部队、公安机关、农民武装自卫队清剿，10人以上的股匪基本肃清，全区歼匪4.95万人，政治瓦解2.48万人。

镇压营山县扇子匪　1950年初，营山县回龙、新民、封窦、茶盘、观音等乡的匪特、恶霸地主不甘心失败，趁着社会秩序尚未完全安定，利用封建迷信组织扇子会进行反革命暴乱，抢劫公粮和被人民政府关押的特务、匪首，妄图推翻新生的人民民主政权。

新民乡乡长李锡武、封窦乡乡长唐虞成、乡队附唐辉、保长唐光斗、茶盘乡乡长罗应民、观音乡乡长乐元清、悦中乡乡长文殿臣等利用袍哥组织、保甲长威逼群众参加扇子会，用金钱收买（每人给三至四块银元）地痞流氓等亡命之徒、诱惑无知群众充当扇子匪，拼凑成一支反革命武装。新民乡乡长李锡武（曾任国民党军队连长）充当军长，负责指挥。

1950年3月14日（农历正月二十六），匪特李青荣（系营山、蓬安、南部、仪陇、渠县5县联防组长）在回龙被抓获，供出特务总部驻南充有电台一部。故此于3月16日由公安队排长王忠臣率战士8人押送李犯到南充寻找，同时还押送了烟毒犯麦兴家。20日公安战士又将李、麦二犯由南充押回营山。当天上午下雨，路烂不好走，下午路过封窦铺，封窦乡乡长唐虞成伪装殷勤接待，坚请留宿，住在乡公所警卫班寝室里。当夜12时左右，封窦乡乡长唐虞成和“法师”李树生率匪徒约300余人包围了封窦场。这伙匪徒冲进乡公所，公安队排长王忠臣、战士王成德正在起床，被乱刀砍死，征粮工作人员李世伟和押解匪特的公安战士等9人被杀害，陈泽九、严举、刘兴玉等4人受重伤。次日拂晓，暴乱匪徒和胁从群众500余人，分三路围攻营山县城，新民、封窦、南溪两路分别攻南门、西门。守城部队61军181师543团8连和县大队进入阵地，立即向匪徒猛烈射击，南门之敌来势凶猛，首先抢占了制高点，守城部队则以一个班出击，夺取制高点。另一个班协同一致，互相支援，集中火力，先打匪队前面捞符念拳旗的人，该队指挥陈金言当即中弹丧命，顿时众匪徒混乱溃退。同时守城部队一个排从西门出击，匪首李锡武见势不妙，转身便跑，攻城匪徒被打得四散溃逃。北门一路匪徒由茶盘出发，距城3里许，听到激烈的枪声，即不进而窜，解放军当即展开猛追，追到马鞍山（离城约10里）地区，进行搜剿。前后战斗约两个小时，毙匪首、匪徒27人，俘匪“法师”李树生以下103人，缴获冲锋枪1支，手枪3支。反革命暴乱很快被镇压。

围剿苍溪县匪首李坤山　李坤山，苍溪县登高乡人，于民国30年（1941年）沦为土匪，盘踞九龙山一带，强民为匪，拉人入伙。曾在东河（宋江河）拦劫商船，并在漓江、土里、石灶、三川等要道路口抢劫行人与住户财物。民国38年（1949）6月，李坤山参加国民党特务组织‘西南长官部巴山中美技术合作所’，任大队长。解放后，李昼伏夜出，四处骚乱。1950年2月19日，李聚集土匪100多人，抢劫歧坪区人民政府，杀死民政委员吕洪元，劫走机枪1挺，手枪7支，步枪55支及子弹、手榴弹等，并焚烧档案，掠走财物，又暗杀区长王先政，绑架两名征粮工作人员。

1950年3月，县大队、公安队合力围剿，追至广元县境，在三道沟与匪激战7日，歼灭一部。匪首李坤山等逃脱，潜回老巢九龙山，联络部分匪特负隅顽抗。1951年1月16日夜，李坤山领匪觅食，窜入苍溪县新观乡白坪村陶老太婆家中。陶假意厚待，次日借口买盐出门报信。警卫营、公安队、农民自卫队一齐出动，将李等包围在屋内。警卫营班长杨福山潜近屋墙侦察，被困守在屋内的李匪击中牺牲。陶老太婆积极支持剿匪，请求剿匪部队烧掉自己的房屋歼匪。李坤山等从浓烟中窜出来被击毙。

围剿岳池县土匪　1950年初，岳池县有土匪73股，共2000多人，在县境内进行破坏活动。华蓥山惯匪韩春祥，聚匪800多人，在渠江东岸一带抢劫。“保国救民军第9纵队”和“反共人民军第7师”与惯匪唐奎纠集的200多人，在罗渡、普安一带活动。国民党南充警备司令部参谋长母昆荣带兵400多人，盘踞在县北黄龙寨、金城山一带负隅顽抗。1950年3月，为了肃清匪特，岳池县成立剿匪委员会。县大队配合中国人民解放军某团1营和南充军分区警卫团第1营对匪特进行全面清剿。首先将黄龙寨、金城山一带的母昆荣等股匪全部瓦解，击毙匪徒5人，生俘300多人。母昆荣逃窜至蓬安县被俘。继后，剿匪部队又对活动在普安、石垭一带的土匪进行清剿，匪首赵鉴衡在石垭乡韩家院被击毙，其余匪徒纷纷投降。1950年4月，中国人民解放军第2野战军32师94团奉命组成警卫队，会同农民自卫队，围歼高兴场匪首韩春祥、雷中悦。探知韩匪在高兴大寨上，即以两个连攻击，将匪部击溃，韩春祥逃到天池老龙洞。此次战斗歼匪80余人。7月24日上午，94团参谋长带一个侦察班，在天池老龙洞下的瓦店村万家洞内捕获了韩春祥及随身匪徒。历时五个多月，将县境渠江西岸一带的土匪基本肃清后，岳池、邻水两县联合组织武装力量，配合解放军某部，历时3个多月，清剿华蓥山土匪。匪首韩春祥，被依法处决。1950年3月至次年春，岳池全县歼灭土匪73股，缴获机枪1挺、步枪1445支、手枪174支、冲锋枪7支、手榴弹79枚、炮弹5枚、各种子弹5739发及电台、发报机等军用物资，俘获匪特骨干30名、匪徒800多名，击毙匪特骨干9名。

清剿武胜县土匪特务　武胜县有大、小土匪50多股，特务数百名，匪患严重，乡民有被劫掠之痛。1950年1月武胜县开展剿匪工作。2月9日，南充军分区警备团派遣张明相、吕子波等人，率2个连进县，专事剿匪和维持社会治安工作。后武胜警卫营成立，全县在各区公所设警卫队，共6个警卫队。警卫队有干部、战士148人、配手枪23支，步枪147支。整个剿匪工作，分准备、剿匪、清查残匪三个阶段进行。到3月，武胜剿匪工作基本完成，剿灭股匪52股，击毙匪首3人，登记土匪骨干分子582人（含特务16人），一般土匪3312人，缴获各种敌伪证件1426份、长短枪支1115支、子弹23973发、手榴弹58枚、土炮24门、刀矛146把，镇压匪首21人。随后，清查残匪，逮捕了国民党武胜县党部书记长冉逸殊，县参议长黎在文，三青团干事长祝显明，土匪卢伦全、段须之、周占云、周庆云、卢申甫，特务分子张幼群、刘森荣等人。后又逮捕中统特务杨子全，军统特务马式绪、王次藩、唐敬生和反革命舒成祖、唐鹏等6人，缴获步枪37支、手枪13支。破获“青年反共救国军”集团，捕获其匪首郑家修、邓培生等人。通过群众检举，查获王子益等20余名匪徒，缴获步枪10支、子弹590发。

平息蓬安县柳树乡暴动 1950年3月3日，蓬安县周口区柳树征粮工作队队长施小牛、副队长文遂忠率队员18人（解放军10人，中国革命大学川北分校学员8人），进驻柳树乡公所。每晚8时到凌晨5时，队员轮流站岗。

永兴乡扇子匪头目肖英、肖俊、肖泽民等，买通乡长郭经武、乡文书郑学林（二人系民国政府留用人员）里应外合，制造了柳树乡暴乱。

4月28日凌晨5时撤哨后，扇子匪小头目肖英等率匪徒300余人堵住乡公所大门，一匪首带着百余匪徒，冲进乡公所，截断电话线，搜杀工作队队员。队员钟树、杨裔平、唐兴焕、谢栋材4人被惊醒，由于无退路，只好回避。

解放军班长张德文闻讯后，进屋取枪，同床的赵老兵错拿了张的枪而打不响，几个匪徒冲进宿舍，举刀向赵、张乱砍，两人右臂受伤。这时，队长施小牛、副队长文遂忠枪响，匪徒惊慌。赵趁机躲在床下，张带伤退走。众匪徒紧追张德文到文彦光（工作队员）宿舍前，一匪徒拦腰一刀，张德文肠子流出，他搂住肠子抵抗，终于重伤不支，倒在文彦光床上，匪徒乱刀齐下，张德文壮烈牺牲。待驻河舒的剿匪部队赶来，匪已逃离。

6月破案，郭经武等匪首被镇压，凶手郑学林被处决，工作队进行了整顿。蓬安县人民政府在锦屏乡13村为张德文烈士修墓立碑，表彰英烈。

镇压南充县“五五”暴动 1950年初，反革命分子胡伯洲在南充县小佛乡一带活动，秘密组织“国民党救民义军”（又称反共保民军、义勇救民军），胡自任司令，董朴斋任副司令兼军长。胡伯洲拟好暴动计划后，从4月2日起，先后四次派人到龙门镇，委任王德平、李紫林、薛宗伦、杜直贤、蒲德（县大队参谋，被胡收买）、刘国栋等为团长。4月20日，胡伯洲等召集该部各野战团团长30余人，在凌云山开会。会上商定于5月5日，在龙门镇、芦溪区、二龙、老君、浸水等处同时暴动，还宣布暴动由22团团长李紫林负责全面指挥。

5月4日夜，匪第38团约400人，带长短枪70多支，轻机枪3挺，先割断由南充市通往东观的电话线后，在老君、二龙、东兴乡一带暴乱，抢劫民财及粮库，并杀害征粮工作队员2名。5日，方显成率领多人，包围驻浸水乡县大队的1个班，杀害工作队员1人。同日上午，王德平、李紫林及匪第26团3营营长牛朋交等率领100多人，攻打南充县人民政府驻地龙门镇。匪第27团团长杜直贤在后山寨子口、河嘴街一带堵守；匪14团团长王德平负责龙门镇猫儿岭一带；参军李紫林负责袭击梓橦庙，匪第20团团长蒲德负责杀害县大队长，作为内应。得手后，再分兵两路攻打县人民政府、县委和公安局，然后集中攻打河东乡，再进击南充市。县长孙桂林组织县大队和机关干部投入战斗，县公安局干警和县大队干部战士赶上山时，众匪徒纷纷逃窜。战斗结束后，陆续捕获参加龙门镇武装暴动的师长邓克成、杜怀略，团长王德平、李紫林、薛宗伦、杜直贤、蒲德、刘国栋、姜大兴及营长6名，连长以下14名，自新匪徒55名。

同日拂晓，匪首董朴斋率领的100多人，袭击芦溪区人民政府，杀害工作队员3名，伤2人。匪徒冲进区署内，欲纵火烧房，县委书记刘天相在芦溪区检查工作，当即组织10余人反击，当场打死匪团长唐俭和1名匪徒，伤2名匪徒，余匪溃退。事后活捉匪首董朴斋。

县大队配合解放军围攻“国民党救民军”凌云山老巢，活捉匪司令胡伯洲。在镇压五·五暴动的整个战斗中，先后击毙匪首20名、匪徒15名，击伤匪首130名、匪徒598名，俘获匪徒1993名。33名匪首、1220名匪徒投降，缴获步枪421支、手枪32支、马枪40支。

围剿巴中县匪首张应侯　1950年8月14日，中国人民解放军61军183师549团在巴中县复兴场作出围剿匪首张应侯的战斗部署。17日，拂晓战斗开始，经过一天搜剿，共捕获土匪及部分被裹胁群众800余人，查出土匪及通匪者34人。19日开始展开强大政治攻势。20日晚，张应侯带残匪一部分逃窜，恰逢侦察排分5路搜剿，当即将张应侯之妻及小孩查获，余匪四散，张应侯带1人1枪逃回垭溪沟深山隐蔽。剿匪部队利用当地开明人士王一俊前往争取张应侯投降。张获此情后，窜过大河，逃往董家坝东南之洞子沟内山庄。25日，第3连派1个排控制朱公垭、复兴场一线，防敌逃跑。26日上午10时左右，由侦察排班长朱保富等4人，于洞子沟小山庄将匪首张应侯捕获。此次战斗，共捕获匪首张应侯等骨干分子及匪徒97人，自新55人，缴获步马枪49支、轻机枪4挺、手枪6支、冲锋枪1支、小炮1门、步枪弹898发、手枪弹108发、冲锋枪弹6发、炸弹1枚，肃清了正直坝、朱公垭、三汇溪一带土匪。

剿灭蓬溪县蓬南“农民自救团”股匪　蓬南场距蓬溪县城69公里，与潼南、合川、武胜、南充四县交界。民国时期，何致远在此收罗散兵、地痞流氓相聚为匪。1949年，国民党军统特务、西南特区中校专员蒋述法潜回蓬南，纠集何致远、特务梁虞桐、蒋林、曾笃等组织110余人的“联防队”，两次到重庆特务头子徐远举、廖忠泽处获一批武器。12月，蒋述法带队阻击由潼南经蓬南场向南充进军的解放军部队。被击溃后，蒋述法潜逃，“联防队”人枪交何致远管理。

1950年1月，蓬溪县人民政府成立，派出宣传队员6人进驻蓬南。春节后宣传队改为征粮工作队，成员增至25人。2月初，又增加解放军20余人，武装征粮工作队共50余人，征粮进展顺利。

3月上旬，蓬南土匪从潜伏转入公开活动，在第一保征粮时，发现一伙人身藏短枪，起哄制造混乱，在第五保莲花寨开会时，土匪向寨内开枪肇事。3月14日，何北高在天坪寨召集匪首骨干50余人的紧急联合会议，成立“农民自救团”，联合蓬南场附近各匪棚，何北高带头饮血为盟，焚香发誓，策划暴乱。

3月15日，潼南县古溪区张区长被土匪围困于慧光寨（距蓬南场10公里）。蓬南征粮工作队奉命随任隆区工作队当夜出发，前往解困。16日晨，何致远、何北高乘隙突然抢占蓬南场，土匪突击组李友三带匪徒夺占哨位，攻占乡公所，掠走枪支，切断电话线，砸毁用具，焚烧文件。在川主庙抓和尚，搜查解放军伤员，宋汝勋隐藏于寺庙楼上，在与李友三搏斗中被俘，后被枪杀于庙子脚下。土匪进场后，令乡民每人交10元大洋的保命费，无钱或钱不够者，以粮食、衣物、牲口相抵。将蓬南场洗劫一空，还胁迫一批青壮年入匪。是日，任隆区区长何长荣令从蓬南工作队返回，苏文带队进至九龙岗（距蓬南场一里）时发现土匪。工作队由姬言忠带10余人正面进攻，苏文带9人由东向后寨迂回攻击，该组进至后寨第二个山头时，与土匪遭遇，连续三次进攻受阻，逼迫朝任隆方向且战且退。撤至两河口时，土匪尚未逼近，队员到附近农民家喝水，正准备烧饭时土匪追来，队员急向马槽沟方向前进，翻越山岩时，被土匪阻截于一个山坳里，苏文令队员分散隐蔽，3人藏于农民家中，1人藏于废粪坑中弹牺牲，1人藏于垮岩洞受重伤被俘，苏文带3人上曾家柴楼，被何北高带领的匪徒包围，肉搏中被俘杀害，仅有3名队员辗转返回任隆区。姬言忠小组10余人经集凤回到任隆。蓬溪县政府接蓬南土匪暴乱消息后，县大队90余人前往平暴，17日下午到达蓬南场边，驻扎高庙子山。18日，土匪红灯教教主尹祥民带18名教徒和不明真相群众，在蓬南场附近山上高喊“打不进！杀不进!”，掩护埋伏于距蓬南场1.5公里的武装匪徒包围高庙子山。县大队郭奎用望远镜观察到土匪在地主邓海清寨子里活动情况，使用六〇炮轰击，炸塌寨子一角，寨内土匪惊恐逃散。同日，驻潼南第541团第1营副营长率两个连解慧光寨之围后，协同蓬溪县大队行动，奔赴樊家坪，打垮围寨土匪，转而会剿蓬南场土匪，土匪溃散，解放军和工作队进驻蓬南场。

当晚，何北高带领匪徒到何致远处，对“农民自救团”进行整编，何致远化名震宇并任团长，何北高任副团长，张义煊任参谋长，何盘铭任后勤部长，共140余人编为4个纵队。

19日晨，匪徒各喝下“神水”，身系稻草，由20名道徒持短刀开路，其余匪徒在匪首带领下从六个方向围攻蓬南场，开火后相持约10分钟，土匪四散逃离，解放军追击，何北高身中数弹毙命于水田里，还击毙匪参谋长张义煊等人，余匪溃散。

经解放军清剿和政治瓦解，何致远于4月15日向人民政府投降，其余匪首被捉拿归案，对20人依法进行了处决，其余按政策惩处或宽大处理，镇压反革命和土地改革中又清出漏网土匪，根除了蓬南匪患。

剿灭遂宁县西眉匪首袁秉衡　西眉区位于遂宁城南，辖西眉、老池、磨溪、马家、大安、大坡、三家、太平、玉峰九乡，为遂宁主要产粮区，与蓬溪、潼南、安岳县交界。涪江水道过境，公路纵横贯穿。1950年，活动于西眉的土匪主要匪首为袁秉衡。袁曾任国民党军政部兵役署上校视察，遂武师管区基干团上校团长，遂宁县自卫总队总队长。曾参加四川省保安司令部第四期“反共游击干部训练班”训练，并留任第五期教训职务。1950年2月17日，袁从重庆返回遂宁向公安局假自首。18日潜入龙凤乡秘密串联。26日派内侄吴容光、亲信王荣华在米市街核桃湾建立情报站。28日亲赴蓬南场、米心溪、老池乡等地联络遂宁、蓬溪、潼南三县边界匪首。袁以盟主身份，准备结盟暴乱。

1950年2月25日，中共遂宁地委、遂宁军分区联合发出《关于对付匪特突然袭击的指示》，遂宁县委增派姚作中（西眉区长）、郭建军等29名干部到西眉工作，遂宁军分区“涪江支队”队长孟自新率1个连驻防西眉，对区、乡政府驻地加强武装防卫，构筑工事，设置障碍，备足物资。

3月4日（正月十六日）晚，大安乡土匪勾结匪首傅云谷（潼南县旧政权自卫大队长），贯匪尹克明等纠集崇龛、花岩及安岳县姚市土匪100余人潜伏大安场镇。5日晨，混入赶场农民，包围了乡公所，进入征粮工作组正在开会的各保保长会议会场，对正在讲话的工作组组长邢炳林（遂宁军分区某连指导员）射击，邢当场牺牲，区干队赵队长和炊事员出来被土匪打死。队员张如林、朱怀玉突围后10时许回到西眉区报告情况，区中队立即出动40余人急行军20公里赶到大安场时，股匪已撤离。

袁秉衡乘机加紧暴乱准备，所联络的匪首在西眉、三家、老池、磨溪场连续召开会议。夜间，土匪四处骚乱，抢掠农民财物。

3月19日，袁秉衡潜入磨溪，约集匪首议定了攻占磨溪，切断南北运输干线，控制西眉产粮区后攻占遂宁城的暴乱计划。当晚，袁秉衡率蒋直等130名匪徒，田毓亨、薛兆康率90余名匪徒，集结于宋家沟与卢巨川率何学之等60余名匪徒会合，计300余人。

3月23日，袁秉衡宣布成立“反共游击军第九路军”，自任总指挥。

24日夜，袁秉衡分三路从磨溪上场口、下场口和场中小桥河埝进场，分割包围乡征粮工作队。拂晓，各路持枪匪徒冲向工作队驻地。匪内应刘航州高喊“帽子转向，举手投降！”整编不足一个月的20余名区干队员，不战被俘。解放军战士和工作队用机枪、步枪对门外匪徒射击，打死打伤10余人。从后门冲进的匪徒，利用墙壁掩护接近，以马刀砍伤机枪手邵世文，匪徒再次发起冲击，一名战士接过机枪和其他队员一起，边打边掩护伤员向后山突围，工作队员彭治安和解放军通信员被土匪抓走。突围后，接通电话请求增援，第541团派兵乘车赶到现场，土匪已挟持被俘人员向安家湾方向逃窜，解放军追到江边，土匪已将工作队员和解放军战士杀害，释放了区干队员后东渡涪江。

25日袁秉衡率匪徒300余人驻东升寨后，放匪在米心乡一带抢掠财物。27日，第541团突袭东升寨，土匪分散躲藏民房，为避免夜间误伤群众，部队撤回。28日晨，袁秉衡收拢散匪于米心乡，当夜西渡涪江，盘踞老池乡樊哙山。

29日，农民罗春祥向老池乡报告，土匪昨夜由庙基子过河，登上樊哙山，乡长夏怀安上报西眉区姚区长，当晚驻区解放军奔赴樊哙山。30日拂晓，张排长以尖峰山为制高点，用两挺机枪封锁东寨门，亲自带一个班沿尖峰山麓进攻。因地势险要，无法攻入，对峙至下午5时，攻寨战士撤回。夜12时，县大队派一个连并携带火炮前来增援，尚未进攻，袁匪已于夜间弃寨，分散逃离。

4月1日，袁秉衡船运匪首蒋直、陈模、谢海泉及部分匪徒到曹家坝集结，派人到三家联络卢巨川及各路散匪。

4月4日，各路匪徒在磨溪石家坝聚会，袁请来国民党潜伏特务翟文焕，会上宣布改“反共游击军第九路军”为“西北区反共救国自卫军第一纵队”，袁自任司令，林雍（胡宗南部军官）任参谋长，袁诚任军需主任，下设4个支队，卢巨川、田毓、尹克明分别任第一、二、三支队长，蒋直任直属警卫支队长。翟文焕居幕后。匪队改编后移驻石角子、黑白寺。

4月20日，驻磨溪剿匪分队派出的4名侦察员，在石家坝沟口与匪岗哨遭遇，1名侦察员被俘杀害于黑白寺，其余奔回报告，磨溪驻军出动两个排急往黑白寺，占领制高点，向寺庙匪徒射击，土匪高喊：“水涨了！快登龙背！”300多名匪徒四散奔逃。袁秉衡指挥大部匪徒向潼南花岩方逃去，剿匪分队立即通报潼南驻军，待袁匪残部到花岩，即遭第541团某营迎头痛击，尹克明部被打散，警卫支队长蒋直被击毙，匪徒裹尸逃往米心溪。袁秉衡、卢巨川盲目逃奔三家、西眉、玉丰交界的姜家笼，找到田毓亨，求田接济，田见袁秉衡已无势力，当面与袁翻脸。4月下旬，卢巨川、田毓亨也化整为零，埋藏枪支各自逃散。袁秉衡带袁诚等十余名匪徒逃回过军坝散伙。

经过清剿和政治瓦解，匪首匪徒相继向人民政府缴械投降。到五月初，西眉匪乱基本平息，先后打死打伤土匪27人，活捉土匪149人，分化瓦解198人，缴获各种枪支179支、子弹761发。匪首卢巨川、田毓亨、何学之等先后在安岳、中坝、绵阳等地落网。袁秉衡逃窜于潼南、合川、重庆，后混入成渝铁路资阳段工程队。1952年2月18日，袁在自贡被捕归案，4月19日在船山公园依法枪决。

平息遂宁县拦江镇土匪暴乱　拦江镇是遂宁县四大集镇之一，与安岳、乐至、蓬溪三县交界，离县城较远，交通闭塞。民国时期，拦江镇划分为拦江、广福、崇胜三个乡，分别为刘、罗、王三大宗族中恶霸把持，是土匪出没藏匿之所。

1950年1月，拦江镇属东禅区管理。镇征粮工作组开始仅有组长罗年春（中共地下党员）、副组长李栓堂（遂宁军分区某连指导员）和1名战士。2月份工作组扩大到20余人，同时接管整编了原镇自卫队，队长廖国凡加入征粮工作组，前两个月工作顺利，社会秩序暂时稳定。

3月中旬以后，谣言、抢劫、骚扰、破坏活动日渐复活，后以罗静轩为首组织暴乱，连续两次攻占拦江镇。

4月4日，罗静轩、王伯达、王切山、刘青云、罗旭初等匪首秘密聚会，成立“九路军”，罗静轩为首领，王伯达、罗旭初分管粮食供应和运输。并派许五敦联络河边、蓬溪、白马、步云土匪，谭果维到乐至联络匪首雷一鸣。

4月6日，谭果维从乐至返回，称雷一鸣将于4月8日带人来配合，罗静轩即定于8日行动。8日上午，在广福寺集结70余人，除雷一鸣外，河边、蓬溪、白马、步云等乡土匪先后赶到。罗静轩带领30余人经罗家寨进入文庙坡埋伏。许敦五带20余人到小桥坡隐蔽。王切山带20余人进场镇暗藏，傍晚以枪声为号，围攻工作队驻地碧云宫。

当日是拦江镇的场期，逢镇上唱戏，农民交公粮，工作队按例召集乡、保长汇报情况。傍晚工作队员报告，发现场口小桥坡一带有携带枪支人员，驻镇副区长许伯瑞立即将情况上报贺枝贵区长，并指定队员值守电话，加强门卫后亲自带人侦察，行至场口过桥时，正遇惯匪肖宗洪等三人进场，许发现肖带枪，示意队员陈德搜查，陈德立即缴了肖的枪，三名匪徒掉头逃跑，许伯瑞开枪射击，埋伏在场外土匪误为行动信号各处接火，许等回撤至半边街转角处遭埋伏茶馆和场外土匪合击，左臂中弹，返回到碧云宫。许伯瑞指挥自卫队队员退守碧云宫后寨子坡。自卫队系三个乡的乡丁刚改编过来，经一阵对射和土匪喊话后，有些溜走，有些投匪，减员60多人，仅剩10余人，由廖队长带至寨子坡南面的盐警队碉堡内固守。当晚，贺区长带区干部和县大队第3连星夜增援拦江。

4月9日拂晓，土匪探知工作队撤离，即冲进碧云宫，烧毁文件，捣毁器物，枪杀拦江乡干事谭云光，吊打工作队员唐明武，早饭后开始抢掠财物。此时贺区长带领增援分队抵达，与匪哨接火后，一部攻进场口，另一部从玉泉寺方向进攻，土匪慌乱奔向寨子坡，占领制高点，经增援队攻击，土匪向三合寨方向逃窜，解放军追至，土匪已分散隐蔽。经在场内搜剿，捕获匪首夏中浮和几名匪徒，救出受伤的唐明武。驱逐土匪后，增援分队撤回东禅，许伯瑞、罗年春带队员和战士露宿镇外山头，防土匪卷土重来。县人民政府鉴于拦江兵力不足，令守镇人员撤至分水休整。

10日，罗静轩得悉工作队撤出拦江镇，传令隐蔽在骑龙店、肖家湾一带的各路匪徒重占拦江，再次洗劫财物，又枪杀两人。

4月12日，县大队第3连第1排和工作队员20余人，从分水出发，拂晓到达距拦江2.5公里的普家堰口，成左、中、右三路的围剿部署。许伯瑞带中路到场边，匪哨鸣枪报警，土匪慌乱向碧云宫后寨子上跑。许用机枪火力掩护进场。左路李排长用两挺机枪压制龟缩寨子沟土匪。右路进至小桥坡后与左路形成合围，阻击向三合寨逃跑的土匪。战斗打响后，县大队第3连连长姜忠信带两个排及时加入战斗，经激烈的围剿，残匪溃散，拦江镇恢复正常的社会秩序。

罗静轩残匪隐藏山中，联络附近匪首。17日，乐至匪首雷一鸣带近百匪徒窜到真武山，中江匪首蒋昌明带匪徒60多人赶到。18日，罗静轩、雷一鸣率近400名匪徒迁往地势险要的千佛岩，当晚匪首聚会，雷一鸣宣布队伍番号改为“西南反共救国军川北第一总队第三纵队”，雷任纵队司令，罗静轩任副司令。辖两个支队和一个直属特务中队，第一支队长谭果维，第二支队长蒋昌明，直属特务中队长罗云成。

土匪集中于真武山时，贺枝贵、李栓堂前往乐至请求驻军第541团3营协同歼灭真武山股匪。4月19日，第541团参谋长率步兵连、机枪连200余人，进驻拦江镇，夜间分两路向洛阳桥、千佛岩一带进发，一路从绮龙店直插千佛岩下大院匪驻地。另一路经新生乡顺河而上，直扑千佛岩大庙匪首巢穴。20日拂晓，小炮和轻机枪一齐射击，半小时结束战斗，打死打伤匪徒114名（其中匪首5人），活捉130余人。匪首雷一鸣、罗静轩、罗旭初逃脱。

拦江镇临时法庭公审处决三名匪首，其余送回原籍治罪，胁从者经教育后释放。逃脱的罗静轩、罗旭初、雷一鸣也先后捉拿归案，根除了拦江匪患。

剿灭射洪县柳树区土匪　柳树区属射洪县第三区，辖柳树、太乙、大明、文聚、青坦、青堤、洋溪、金山等乡。区长宋貊英兼征粮工作队长，驻柳树；副区长宋全福兼征粮工作队副队长，带2个班分驻太乙和大明。

柳树、太乙是李乡农、王武德匪首活动的据点，李乡农系当地恶霸地主，国民党县参议员。

1949年12月，射洪解放前夕隐藏枪弹。1950年2月，李乡农约林光潘（国民党军队中校参谋）、何炳文（国民党县参议员）、惯匪毋云魁、陈秀忠等密谋暴动。暗中勾结尹相奇（柳树乡乡长、国民党射洪第六区分部书记）、尹送“可尔特”手枪一支，出30万元经费，商定成立“反共救国军”组织，李乡农为总指挥，毋云魁、李政治、马履中分别任第一、二、三组组长。

4月上旬，遂宁匪首袁秉衡在西眉暴乱失败后，与李乡农匪棚接上关系，窜来李乡农家为10余匪首演讲，以“中国反共救国军西北区纵队”司令身份，将射洪编为第5总队，当即任命李乡农为司令，林光潘为副司令，何炳文为参谋长。

5月3日，李乡农派联络员送密信给钟道五，全县统一于5月10日暴动，钟道五带“大刀队”攻县城，李乡农带“第5总队”攻柳树区人民政府和征粮工作队。

5月10日，匪首邬兆周、杨茂林带匪徒在大明乡暴动，杀害区干班战士7人，抢走全部枪支弹药。从柳树返回的工作组长谢其光和一名队员行至青岗山（距大明1公里）时被土匪杀害。

同时，匪首王武德、税锦涛率100余匪徒袭击太乙两处哨所，打死战士，包围乡公所，杀害驻乡公所的6名工作队员。

11日晨，土匪在观音阁后山，用机枪向太乙街射击。副区长宋全福带4名战士、9名工作队员，经磨盘山大寨门向观音阁出击，经两个多小时战斗，寡不敌众，土匪一部冲进太乙，宋带队向李家湾撤退，并指挥战士阻击土匪。撤退中青岗垭方向有几十名土匪包抄过来，宋全福等全部被俘遇害。

在文聚乡征粮的县教育科副科长汪天阶，得知土匪袭击太乙，带工作队员向柳树撤退，行至太乙、文聚两乡交界处，被王武德预先埋伏的土匪抓住，天黑后被枪杀于白鹤庙。

同日拂晓，李乡农在柳树义匡山集中土匪200多人，向柳树进发，计划于午后分两路围攻区政府，由杨剑钊领100余人正面进攻，李乡农亲带100余人从侧面迂回包围。

当日上午，柳树区区长主持召开干部会议，通报太和、太乙、大明等地匪徒暴乱情况，决定暂停征粮，全力剿匪。午饭后宋区长带人到街上观察，发现外坝一群匪徒向街上踊来，立即回区政府集合队伍，派征粮队的解放军韩连长带战士在柳树场口堵住要道，其余人员守区政府，同时向县委、地委报告情况请求支援。土匪靠近时，韩连长举枪射击，3发致匪二死一伤，迫其不敢硬攻，土匪不断射击、呐喊，解放军战士和工作队员依托工事还击，固守待援。黄昏时分，县大队第2、3中队从太和镇分乘汽车赶来，土匪发现增援部队到来，逃窜至二龙寨。遂宁军分区（步兵第542团）一部于夜间赶到，包围二龙寨。次日拂晓，用迫击炮轰击，土匪缴械投降，俘获匪首4人，匪徒55人，缴获步枪98支，手枪6支，子弹295发，手榴弹14枚。

射洪县剿匪共清剿匪徒1039人，其中击毙9名，打伤11名，俘虏569名，李乡农、王武德等62名匪首被抓捕处决，依法判处有期徒刑12名。缴获轻重机枪17挺，60炮2门，步枪2393支，手枪133支，卡宾枪7支，土枪127支，刀具100余把，炮弹30多发，步机枪弹3万多发，手榴弹2900枚，收音机8部，收发报机各1部，望远镜3部，照相机2部。解放军和工作队员共牺牲20余人。

围剿旺苍县顽匪陈廷辉 1949年10月，旺苍顽匪陈廷辉任“民众联防反共义勇军”大队长，率原旺苍民众自卫总队第3中队驻鹰嘴岩，纠集国民党地方反动武装和烟匪、惯匪、恶霸豪绅等武装，拥有人枪数百，凭山据险抗拒解放。旺苍解放后，中国人民解放军和县政府通过其子陈崇贵劝其缴械投诚，陈拒不缴械。1950年3月，中国人民解放军61军182师参谋长兼剑阁军分区参谋长杜灵到旺苍县主持会议，部署剿匪任务。182师546团团长阎起林率部队从国华、英萃、大河进山，实行军事围剿，驻陕南解放军第57师170团和广元、南江剿匪部队同时向川陕边山区进发。此时，国民党特务杨敬业、曹天奎等潜至陈家共商对策。陈等集机枪5挺、步枪300余支，准备偷袭第546团1营营部。因陈廷炎匪部未按时到达，阴谋未得逞。陈见解放军大军压境，便率匪部及家小，窜据红莲庵、东岳庙、核桃口等地，继续纠集黄德益、陈三锐等对抗解放军。

4月28日，第546团1个侦察班在魏家沟、中子园一线执行任务。中午，隐蔽在密林中的陈三锐、安怀林二匪开枪打死侦察班战士李金生，打伤王汉成，后王被陈匪杀害。次日凌晨，陈匪又在核桃口、魏家沟一带布疑阵。拂晓，第546团1营3连连长沈江率战事侦察敌情，中午11时至核桃口，遭陈匪伏击。沈连长率部强攻陈匪阵地，遭匪左右夹击，被迫撤退。1连连长王居安率1排绕道立石子从侧翼攻击匪部左面阵地，匪徒陈廷焯、刘德礼、吴立聪等用两挺机枪和4支加拿大冲锋枪疯狂扫射。激战两小时，1排除2人重伤外，其余全部牺牲。战斗结束时，身负重伤倒在尸体中间的解放军战士击毙陈廷焯，击伤匪徒刘德礼。匪首陈廷辉闻讯丧胆，命令全线撤退。退逃中，先后有300余名匪徒脱离匪部，携枪向解放军投诚自首。

5月1日，县人民政府组织各界人士（大部分为陈匪故旧亲友）劝说陈匪投诚，遭陈拒绝。解放军第182师政委兼中共剑阁地委副书记黎光派剑阁专区剿匪委员会委员余子云亲自到陈匪家劝其缴械投诚，亦遭拒绝。解放军第546团遂加紧部署追剿。陈匪在水磨坝碓窝坪将匪众分散，令匪首黄德益、陈三锐率部到三道河马蹄坝、王家坪一带活动，黄国忠率部回贺家院一带活动，国民党特务杨敬业、曹天奎、高道远等分散活动，匪首陈廷辉带领其弟陈廷煌、陈廷煊及家眷、亲信匪徒20余人昼伏夜行，藏匿深山。6月，陈匪之弟陈廷煌、陈廷炎经五权乡乡长何敏章动员说服，向驻军缴械投诚。匪首黄德益在文家坪被解放军击毙。另一匪首陈三锐在三道河石岩被部属安定邦杀死，匪众散逃，黄国忠等匪亦被歼灭。

1951年2月3日，陈匪窜至水磨坝玉天溪，第546团3连沈连长追踪，在萝卜塘活捉陈廷煊、赵兴华、文炳成、夏法远、刘中树等匪徒和陈廷煌之妻、妾，缴枪10支，子弹数十发。2月11日，陈匪复窜长石村龙池子，第546团闻讯派部追剿，遭匪伏击，侦察排长张子明和英萃乡自卫队分队长李深昌中弹牺牲。4月26日，英萃区人民政府、县公安局组织干警、区乡干部、地方武装和缴械投诚有立功表现者共29人，组成侦察剿匪工作队，分5路搜捕清剿。5月1日，公安侦察员柯秀昌率队员在大岩边发现陈匪踪迹，用火力控制封锁，派人飞报驻戴公河警卫营。陈匪被封锁压制在岩穴中，侦察工作组向岩穴投掷手榴弹，炸死数人，陈匪不支，沿蒲家沟、梁家坪、黄梁嘴、沙石坡奔向万山河。侦察组紧追不舍，击毙吴立德等3名匪徒。是时，旺苍县警卫营和水磨、英萃等乡自卫队相继赶到，将陈匪四面包围，连续进攻。陈匪朝杀人滩狂奔，逃至阎王碥，匪首陈廷辉被丁良元（曾任陈匪警卫班班长）击毙，陈廷煌被俘，余匪全歼。至此，顽抗1年零5个月的巨匪陈廷辉被彻底剿灭，共缴获长短枪数十支，子弹1万余发和银元、大烟等物品。

清剿广元昭化残匪　1950年年初，中国人民解放军61军182师546团等部遵照中共川北军区党委“对国民党反动派的残余力量及封建势力，采取有步骤有策略地逐步消灭”的指示，开始清剿广元、昭化地区残匪。5月，“川陕甘反共忠义救国军”司令姜东一网罗千余名土匪流窜于广元、昭化、旺苍交界处的两河、临溪、李家、大滩、王家、白水等边远山区，利用封建会道门等组织，造谣惑众，杀人、放火、抢劫，破坏生产，扰乱社会治安，并企图抢劫广元等县城，进行反革命暴乱。中共广元、昭化县委、县政府，人民武装自卫队，县大队及乡村农民自卫队紧密配合解放军剿匪部队和剑阁军分区所属部队，宣传党的“坦白从宽、抗拒从严、首恶必办、胁从不问、立功受奖”政策，利用各种力量，形成强大的政治攻势，昭化县匪首杨某等百余人在白水缴械投诚，广元县“反共忠义救国军”第1大队队长于某在临溪缴械投诚。至6月底,共击毙土匪3人，俘获匪首李成义、牟桂林等20余人，缴获长短枪1100余支、迫击炮1门、手榴弹8箱、电台1部，昭化县境10余股土匪基本肃清。6月至7月，解放军第546团主力配合驻陕南解放军第170团，对大巴山一带土匪进行汇剿，活捉匪首姜东一等主要头目，余匪大部自新或被歼，少数残匪由集中转为分散潜匿，进行破坏。11月，广元县和昭化县组织工作团到区乡发动群众，开展“清匪反霸”运动，清理残余分子，建立健全乡村政权和农会、人民武装自卫队等组织。12月中旬，解放军546团在昭化县三道河一带捕获了匪首“反共同盟军”政治组组长王某，先后歼匪747人，匪徒自首1000余人，缴获各类枪支1283支，子弹2033发，炸弹和炮弹289枚，战刀212把，电话机8部。

围剿青川县顽匪贾应坤　青川解放后，大石坝地方武装头目贾应坤等表面向人民政府投降，承认筹粮支前，交出武器。1950年元月，政府派员与贾谈判，贾避而不见，让乡长杨瑞升应付，交出破枪104支存放在乡公所。2月，贾又派人将枪偷回，并宴请大石坝乡邻，散布谣言，恐吓群众。后贾率匪部及眷属潜匿于新顺老家，伺机叛乱。此时，江油中坝、平武南坝及北川等地连续发生暴乱事件，贾以为时机已到，集结500余人枪，于6月30日凌晨围攻大石坝，又裹胁群众数百人于周山敲锣击鼓呐喊助威。大石坝剿匪部队占据龙头寺高地沉着应战。下午3时，贾匪以为解放军兵力薄弱，遂发起猛攻，当接近前沿阵地时，解放军猛烈开火，击毙匪徒10余人。匪众进攻受挫，欲再次组织冲锋时，解放军增援部队分三路赶到，贾匪闻讯溃逃，后化整为零，出没无常。

“6·30”大石坝暴乱后，剿匪部队和地方政府采取“跟踪追击，合围歼敌”战术，增派1个连驻关庄，形成东西夹击之势，继续进行搜剿。贾应坤率60余名匪徒，昼伏夜行于深山老林之中与解放军周旋。7月下旬，解放军1个侦察班遭遇贾匪伏击，发生激战，营长张怀德闻讯率部增援，将土匪击退，解放军牺牲近1个班。

8月下旬，剑阁军分区召开江油、平武、北川、青川4县清匪会议，中国人民解放军61军182师545团奉命清剿贾应坤顽匪。团长支永胜、参谋长王立岗率部集结于平武水观音，命两个直属连向南合围，青川警卫营由东西北3个方向进剿。历时月余，经数十战，匪众瓦解，部分就擒，贾应坤漏网脱逃，带少数亲信藏匿。

1951年1月3日，贾应坤率妻、妾、子女及匪徒20余人潜入陶龙大茅咀王寿元家中，中共关庄区委书记冯英和区队队长李长友率区干队30余人前往捕捉。经激战，全歼该匪。匪首贾应坤被擒，2月9日在大石坝被处决。

平息平武县“6·26”反革命叛乱　1950年6月12日，叛乱总指挥张质均的亲信沈兴孝和原国民党省保安司令部第三队队长文德三带领匪徒60余名包围平武县桂溪镇公所，杀害干部18人，抢走枪支5支及大批物资。6月23日，文德三、余志君、冼光廷、甯久兴、雍德光、雍兴疆等，率国民党溃军和匪徒100余人，从桂溪到达豆叩。是日，叛乱总指挥张质均发出了叛乱命令。6月26日，几路叛匪同时发难。匪首文德三、冼光廷、余志君率匪徒300余人，袭击了豆叩区公所；陈甲山（原国民党政府大印镇长）率200余人血洗锁江桥并占领锁江；曹友仁（原国民党政府响煸乡长）、马永清（江油“盖天党”党徒）率大刀队匪徒200人攻打南坝乡公所；贾文斌、贾文铸率匪徒数十人攻占了双龙（今坝子）乡公所。6月26日发生在平武县的反革命叛乱，波及14个乡镇，持续20天，参与叛乱的武装匪徒800余人，加上被裹胁的群众共1200余人。叛乱中，叛匪共杀害区、乡工作人员17人，小学教员3人，征粮工作队员20人，农民、居民及小商贩16人，抢走各种枪支80支，粮食5万余公斤。遇害和在清剿中牺牲的解放军指战员16人。

叛乱发生后，中国人民解放军61军182师545团即派出4个连火速从江油开往平武，平武县大队、北川县大队各派1个连配合。6月28日，545团政治处副主任任景平率一部到达豆叩、锁江，一营营长杨全贵率一部到达南坝、双龙。7月16日，叛乱头目张质均经宋北海劝说向豆叩剿匪指挥部投诚。21日，雍仲光到豆叩投诚。除几个拒不投诚的顽匪被剿匪部队和自卫队击毙外，其余匪首、匪众陆续到豆叩、锁江等地设立的自新登记站交出武器、登记自新。至8月底，叛乱基本肃清。平叛中，共打死打伤叛匪20余人，俘虏173人，投诚自新904人，缴获机枪1挺，长短枪12支，子弹591发。

剿灭江油县王惠云匪部　1950年2月20日，匪首雍子固纠集恶霸、烟匪，勾结起义部队中的特务、反动军官，拼凑“川西北反共救国义勇军”，发动中坝叛乱。

1950年3月4日，王惠云率先在通口叛乱。凌晨5时左右，300多名大刀队匪徒持长短枪和刀矛等武器分三路攻打区政府，以做内应。枪杀解放军指导员薛在裕及7名战士、2名区干部。与此同时，叛匪分别在朱家坝、界池坝、元坪子等地捕杀解放军战士和征粮工作队干部。在朱家坝，叛匪将征粮干部刘必显用刺藤捆绑抬至乱石坡杀害，并割下头来投于附近漩坑之内。又赶至朱雀寺，把正在开会的征粮干部张启东、唐荣光乱棒打死，抢走汉阳步枪2支和子弹28发，并于晚上将2人尸体抛入喇嘛河中。在界池坝，叛匪将住在农民家中的征粮干部罗朝清、钟明远杀害，抢走中正式步枪2支、子弹25发。在元坪子，叛匪将征粮干部陈可行等3人捉住，枪杀1人，勒死1人，抢走步枪2支、子弹26发。

中国人民解放军61军182师545团奉命执行江油、平武、北川、青川等县治安剿匪任务，防止起义部队中的反动分子策动叛乱。川西军区又调派解放军534团进驻彰明县青莲场剿匪。得知通口叛乱消息，中共江油县委与驻军分别作了紧急部署，通知各部队到达战斗位置，组织县大队和地方干部武装自卫，开始清剿叛匪和土匪。

3月4日晚，通口叛匪进入江油县境，在让水乡草堂寺集结整编，共纠集800多人，红灯教头目魏太福任总队长，少将特务王惠和任总指挥，匪首邓从善任副总指挥。次日凌晨6时，叛匪300余人窜到让水乡龙潭子，杀害未及撤离的征粮干部10人，抢走步枪10支，子弹100多发。午后，叛匪8人又窜到敬家槽杀害2名征粮干部及1名解放军战士，抢走步枪3支，子弹23发，手榴弹3枚。入夜，匪众全部集结于马弱水，由匪首王惠和发布攻打中坝城区的命令。

3月6日凌晨，叛匪分三路袭击中坝城。起义部队140师某营官兵仍像往日一样在公园广场上操练。攻打小西门的匪首黄正富率匪徒蜂拥而上，抢夺官兵们的枪支。正在操练的官兵误以为是老百姓闹事，一时不知所措，待被抢走机枪2挺，步枪10支，并有一位排长被打死，才开始开枪还击。叛匪顿时溃不成军，勉强退至昌明河西岸堰沟内顽抗。部队用枪榴弹射击，顷刻间便击毙匪徒十余人，其余作鸟兽散。匪首高玉兴率队冲进中坝北门向140师师部发起进攻，师部卫兵立即还击，打死叛匪2人。匪众见势不妙，即夺路而逃。蓄谋已久的中坝叛乱仅半个小时便被彻底击溃。140师牺牲排长1人，击毙匪徒18人、击伤26人，活捉2人。溃散的匪众在匪首王惠和、魏太福的召集下陆续逃至响石坝集结，纠集残匪300余人又于3月8日在柏垭一带制造叛乱，解放军545团闻讯立即前往围剿，匪首王惠和被击毙，其余匪众四散逃命，一部分顽固分子则前往蓥华山投靠雍子固。

剿灭江油县雍子固匪部　中坝叛乱被粉碎后，雍子固又炮制了更大的暴乱阴谋。6月7日，雍召集各匪首于蓥华山盘踞地集会，策划攻打江油、彰明、平武、北川、青川等县的计划，决定兵分六路，任命匪首张守华为第一路指挥官，恶霸罗济川、匪首文俊为第二路指挥官，恶霸张燕铭为第三路指挥官，匪首雍缉光、贾应坤及恶霸徐元堂为第四路指挥官，恶霸张质君为第五路指挥官，匪首周云翘为第六路指挥官，各率100余人分别攻打江油（武都）、彰明、中坝、青川（乔庄）、平武、北川（治城）。六路匪兵计约600余人，定于6月18日同时行动。

中坝叛乱平息后，驻江油61军182师545团密切注视匪情。获悉雍子固等人的行踪后，于6月

14日星夜布置战斗，将雍盘踞的蓥华山重重包围。次日凌晨即紧缩包围，全面进攻。雍子固企图突围潜逃，被击毙于土地岩，副指挥张燕铭被俘，余匪逃往平武豆叩投靠匪首张质君，于6月26日再次发动暴乱，很快被全歼。

剿灭乐至县“九路军” 1949年12月14日，乐至解放，国民党溃退时潜伏特务，网罗地痞、流氓，勾结土匪、散兵流勇和恶霸地主，组织“西南民军第三纵队”“川东北游击军第三纵队”、“川康反共救国军”（叛乱时统称“九路军”）等政治土匪，形成大小股匪32股，匪众5000余人。

1950年4月2日，石佛乡“九路军”匪首王永杰、王捷三、萧玉兴、杨华等率匪100余人围攻乡政府，破坏征粮工作。4日，回澜乡匪支队长吴大生、龙溪乡匪支队长吕佐昌、匪大队长蒋铁夫、吕鸣周等勾结安岳鸳大乡匪支队长李再林在龙溪乡暴乱，杀害征粮委员杨均衡。次日，率土匪数百人攻打回澜乡，抢劫民财、公物，杀害征粮区长刘孝忠和区公所人员数名。7日晚，乐至、安岳、遂宁三县股匪围攻县属蟠龙乡，抢粮400余公斤，解放军死伤10余人。是月，遂宁军分区派541团第三营、542团第二营先后到乐至县。8日，541团三营赴回澜乡进剿，匪首邓伯禽等率匪300余人占领姑嫂坎一带对抗，匪特务长朱化率匪数百人进攻解放军，激战一天，匪被击溃。19日，侦知城关、宝林、宝石、永和、童家、高寺、永胜、龙门等乡匪首各率土匪在乐阳桥策划暴乱。542团二营声东击西，将匪击溃。28日，回澜、蟠龙两乡溃匪与安岳、遂宁股匪“九路军”聚集飞凤山一带，负隅顽抗。541团三营击毙匪副司令杨修禄，缴枪75支，余匪溃散。经过1月追歼围剿，散匪转入隐蔽，继续破坏。5月4日，县成立剿匪生产委员会，区、乡设剿匪机构，发动群众，对土匪开展政治攻势，采取以匪攻匪的办法，召开土匪家属会议，宣传“坦白从宽，抗拒从严，将功赎罪”的政策，动员劝说自新。5月底，有68名土匪自新，主动提供匪情，给剿匪部队带路。8月暴乱平息。共缴获各种枪支3298支，子弹16647发。俘获“九路军”死硬骨干分子，送交人民法院依法判处，对胁从及自新人员均宽大免究，各自回家劳动生产。9月，部队配合公安部门开展抓净匪首、清净散匪、查净反动会道门道首的“三净运动”，全县社会治安得以安定。

中江县仓山平叛 1950年4月，原中江县警察中队队长李子渊，仓山民众自卫队队长（遂宁反共救国军第三团团长）李文光，仓山镇镇长白席儒等暗中勾结，网罗土匪400余人，于5月16日凌晨偷袭仓山镇。副县长郑培、副区长罗敏与驻军狠击叛乱匪徒。县大队一中队长马华斋、副中队长周裕涛各带一排战士分别占领镇外的走马岭和小学后山高地，猛击外圈叛匪。指导员徐佑其率领三排战士追击镇内匪徒，匪徒从区公署败出并被赶出镇外。中午，驻万福乡的县大队一个班闻讯赶来增援，被土匪偷袭，牺牲5人。下午4时，周裕涛率二排战士迂回至走马岭与一排会合。增援的冯店武工队亦赶到，合力追击盘踞在火焰山的顽匪。5时，河边场（蓬溪地界）的解放军巡逻小分队闻讯赶来增援。叛匪纷纷向万福、普兴、石龙等方向逃窜。此日战斗，牺牲指战员12人，击溃叛匪400余人。

17日凌晨4时，驻三台的中国人民解放军61军181师542团参谋长张轩率一个营星夜赶到仓山，副县长郑培、副区长罗敏汇报叛匪叛乱情况后，立即组织临时剿匪指挥部，张轩、郑培任正、副指挥长。随即派干部和解放军深入仓山、万福、普兴、石龙等地农村，广泛宣传“坦白从宽，抗拒从严，首恶必办，胁从不问，立功受奖”政策，土匪纷纷投案自首。

经过7天的清剿，缴获长短枪500余支，机枪20余挺和一大批弹药。查获李子渊家藏的枪支，依法处决白席儒、黄丕丞等，对潜逃的匪首李大茂、李文光均先后捉拿法办。

剿灭安岳县匪首周用昭 1950年1月，安岳境内有以周礼乡周用昭为首，纠集资中、内江、安岳3县13场镇匪首，组成“中华民国光复救国军第6纵队”，聚匪1000余人，持长短枪1000余支、迫击炮1门、机枪11挺，活动于3县边界地带；有以刘海东为首的“中国救民军”，聚匪100人，活动于安岳南薰、内江交界一带；有以陈宏模的“中国青年反共义勇救国军”，聚匪2000余人，活动于内江、安岳交界一带；有以八庙乡吴纪刚、杨修聿、周文明等勾结乐至蟠龙、倒流镇等地匪首吴大化、文德厚、吴大生等，在飞凤山组成的“西南盟军第10路军第9纵队”，聚匪1000余人，活动于来凤、倒流镇一带；有以陈亚中为首组成的“川康反共救国军”，聚匪1000余人，活动于华严、驯龙、乐至县通旅一带；有以蒋正南为首纠集内江、大足、荣昌、安岳4县的部分匪首和国民党溃军4个连及内二警20余人，在李家乡中沟组成的“川、滇、黔游击纵队第九军”，聚4县土匪2000余人，活动于李家、高屋、忠义、合义、努力、圆坝、护建、和平、协和、复兴等乡镇；有以李岳军的“农民自卫纵队”聚匪180人，活动于石羊东南各乡；有以刘书堂的“中国民主自由军第3大队”，聚匪200余人，活动于龙台、鼎新一带；有以周克明为首的“国防部直属游击纵队”，聚匪500余人，活动于李家区圆坝场；有以陈占奎、陈名扬为首的“川、滇、黔游击第九军”，聚匪460人，活动于永清、兴隆、鱼龙山一带；有以李海洲为首的“安岳县人民自卫纵队”，聚匪100余人，活动于龙台场一带；有以匡子荣为首的股匪150人，活动于陈家场一带。此外，还有无番号、有组织的股匪、散匪数千人。他们明火执仗地行凶抢劫、枪杀征粮队员和解放军战士，破坏人民正常的生活秩序，企图扼杀新生的人民民主政权。1月24日，“川东北游击指挥部特别支队”杨燮匪部大批武装土匪于城郊牌坊坡、白沙坡、陈家沟等地抢劫。2月，蒋正南部先后洗劫李家、圆坝，焚烧忠义场，扰劫协和、兴隆、观音、合义、鱼龙、永清等乡。3月6日，蒋正南部李树云、王仲达、王伯达率匪部1000余人，袭击龙台区公署，烧毁街房170间，抢劫梓潼观粮库公粮26万公斤。接着，石羊三元桥粮库被劫。3月29日，周用昭纠集罗广文部溃军3个连、土匪2000余人，围攻镇子区公署，抢走步枪50支、公粮（黄谷）40余万公斤、米0.6万公斤。各路土匪大举袭击区、乡人民政府，枪杀侦察员谢光德、刘金定和无辜群众53人；奸淫妇女，胁民为匪，大肆叫嚣“不打本地人，只打五角星（解放军）”“打倒共产党，三年不交粮”……人民无法生活，政府被迫停止征粮转入剿匪。

4月18日，成立由军政领导及各界人士组成的安岳县剿匪委员会，县委书记任主任，军队首长任副主任，下设战术指挥、政治研究、财粮经济3组。区、乡、村分别建立剿匪委员会分会，落实专人负责剿匪工作。根据匪患区域、破坏程度和土匪集散等情况，分片清剿。县大队负责清剿乐至县倒流镇、县城四周和龙台、白水乡以北一线股匪；解放军61军181师541团2营负责清剿东南部龙台、永清、兴隆、李家、石羊、天林等区的土匪；61军181师541团3营负责清剿西南部驯龙、镇子、周礼、清流等地土匪。采取“政治瓦解、军事歼灭、首恶必办、裹胁自新者不问”的方针，广泛发动群众，建立农协和农民武装，构筑工事，建立据点，侦察匪情，为解放军清剿创造条件。是月，经干田坳（李家）、红庙子（城北）、飞凤山（来凤）等地的围歼，匪元气大伤。全县共歼土匪6361人，其中匪纵队司令、分队长以上的匪首495名。5月，开展“红五月”剿匪竞赛。军民密切配合，匪势急剧减弱，由群众怕土匪变为土匪怕群众。经李家湾、清流场、万家坪、夜花坪等地战斗，共歼土匪5070人。其中俘虏1344人，击毙126人，瓦解3600人。缴获各种枪支2079支、机枪10挺、六〇炮2门、枪弹3726发、炮弹7发，手榴弹11枚、马5匹。经四、五月围剿，安岳境内大股土匪被歼或击散，仅剩杨燮、王仲达、陈亚中、罗银洲、刘海东等残部500人。6月，经双龙桥、岩家坝等10余次战斗，击毙川、滇、黔游击第九军二十三师师长王仲达、团长陈占奎等27名，活捉雷一鸣，歼灭土匪352人，缴获各种武器1397件，迫使杨燮、李海洲等匪首和土匪投降自新。7月，进入挖根净化阶段。开展以班排为单位驻剿与追歼、武装便衣与农会骨干相结合的办法，歼灭零星散匪。先后将漏网匪首陈亚中、罗银东逮捕归案，其余土匪纷纷自新。至此，历时半年余的匪患彻底消除，人民安居乐业。

剿灭潼南县235师起义部队中的叛匪和李龙光匪部　解放初期，国民党235师起义部队中的叛匪与县境土匪纠合，匪风甚炽。中国人民解放军61军181师541团和547团部分兵力，配合地方武装进行清剿。541团与县大队的1中队负责护守县城和剿灭塘坝、城关等地的股匪，547团和县大队的另外兵力负责剿灭古溪、太和等地的股匪。1950年2月1日，541团以一营兵力奔袭别口沱，袭击国民党235师474团残匪和土匪李龙光部，俘匪25名，缴获步枪4支，手榴弹2枚。2月5日，又以一营兵力奔袭崇龛镇，剿灭盘踞在该镇的国民党235师残匪，俘匪徒17人，缴获卡宾枪7支，手榴弹12枚。3月1日，该部又奔袭围攻塘坝区政府的何克强部的1300余名匪徒，俘匪40余名。3月15日至4月1日，在王家、田家等乡击溃何克强匪部及国民党703团残匪，俘匪100余人，缴获枪支30余支。4月，在新建、王家等地击溃傅云谷、李龙光等匪部，俘获大批土匪和武器弹药。与此同时，惠光匪首杨烈、杨汇川、李有之纠集合川、蓬溪、遂宁等地土匪数千人，将古溪区征粮工作队队长魏洪英、区长张兴伟等9人围困于惠光寨上，工作队召开寨上群众大会，动员农民与工作队联防剿匪，及时组织21人的剿匪小分队，坚守三天两夜，打退土匪数十次强攻，剿匪部队541团3个连与县大队赶到增援，经两小时激战，数千土匪土崩瓦解。活捉匪首杨烈、杨汇川，打死打伤土匪15人，缴获步枪28支，子弹475发，俘匪92人。接着541团与547团配合，跟踪追剿玉溪、米心、古溪等各股土匪。4月14日至25日，多次奔袭别口沱和接龙等地，击溃李龙光匪部和国民党235师残匪，俘匪39名，缴获各种枪支20余支。4月底，肃清全县土匪。据统计，3个月剿匪中，在20多个乡镇进行过50余次较大的战斗，共击毙匪首30余人，匪徒116人，击伤匪徒26人，俘获匪徒1220余人（其中投诚379人），缴获各种枪支2160支，炮弹373发，手榴弹1162枚，各种子弹38655发。经过清剿，全县人民得以安居乐业。

【兵役】　1950年1月后，川北区兵役工作主要围绕剿匪、抗美援朝工作开展。1951年春夏两次扩军，冬季第三次扩军，川北区共组织调动3个师另两个连，干部战士62155人开赴前线支援抗美援朝。据不完全统计，至1952年9月，全区共征集兵员128992人。

兵役机构　1950年1月，川北军区司令部军务处、各军分区司令部军务科，直辖南充市、各县成立的扩军委员会、征集委员会及办公室，负责领导和办理兵员征集工作。1950年2月，根据川北军区指示，直辖南充市、各县相继成立武装科，属地方行政编制，负责办理兵员征集、军属优待和复员军人安置工作。1951年4月，根据中央军委《关于各级人民武装部的组织和编制问题的决定》，川北区直辖南充市、各县武装科改为市、县人民武装部，属军队建制。至1952年8月底，直辖南充市、各县人民武装部负责领导、组织、协调和实施辖区内的兵役登记、兵员征集，自卫队教育训练、战时兵员动员，协助民政部门搞好军属优待和复员军人安置。

兵役制度　1950年至1952年9月，川北区实行志愿兵役制。通过政治教育和动员，激发工农群众、革命知识分子、起义士兵和其他爱国分子的政治热情，为民族解放和人民利益自愿参加军队。不分民族、社会出身，只要政治纯洁，身体健康，经体检、政审合格，即可参军。年龄在18岁至28岁,不分男女，除独子外均可参加。士兵服现役年限一般为3年至5年，少数骨干因军队需要和本人自愿可适当延长，期满复员或转业。

兵员征集　1950年，主要补充县大队、警卫营。朝鲜战争爆发后，川北人民响应中共中央“抗美援朝，保家卫国”号召，适龄青年踊跃报名参军。到1951年5月，全区扩充新兵4万余人，武装自卫队员参军人数占新兵总数的68%。是年冬季，再次进行扩军，全区共征集兵员128992人。

川北区各专区征兵人数统计表

（1950年至1951年）

单位＼时间	1950年	1951年	合计
南充专区	11210	10800	22010
遂宁专区	14241	30597	44838
达县专区	18981	15594	32575
剑阁专区	不详	不详	25847
南充市	2451	1273	3724

【农民武装自卫队】 1950年，川北区在成立乡、村农民协会的基础上，建立农民武装自卫队。1952年9月后，政务院颁发《中华人民共和国民兵组织暂行条例》，规定农民武装自卫队统称“民兵”，是中国共产党领导的不脱离生产的群众武装组织，是中国“三结合”武装力量的重要组成部分，是中国人民解放军的助手和后备力量。

领导体制　农民武装自卫队实行军事系统和地方党委双重领导体制，坚持“党管武装”原则，保持党对军队和农民武装自卫队的绝对领导。川北区农民武装自卫队由川北军区、各军分区、各市县人民武装部和乡武装部构成的军事系统垂直领导。川北区各级党委书记兼任同级军事机关第一政治委员。

队伍建设　1950年，在镇压反革命、土地改革、抗美援朝三大运动中，采取自愿申请、民主审查相结合的办法，有计划吸收运动积极分子，组建了川北区农民武装自卫队。1950年3月，全区有农民武装自卫队员599042名，占总人口的2.9%，其中南充专区195855人，遂宁专区203000人，达县专区109961人，剑阁专区90226人。广元县大胆发动群众，共有自卫队员7946名（其中雇农213名，约占总人口的3%；贫农5307人，占29%；中农2219人，占29%；其他189人，占2%）。1950年底，有队员100946名。经过1951年土地改革运动的发展与整顿，清洗不纯分子，使自卫队更加巩固与壮大，队员发展到223059名，占总人口的4.6%。

1951年年底，川北区共有农民武装自卫队队员822236人，占全区总人数的4.6%，其中男队员573937人、女队员248299人，有2013个中队、14414个分队、28278个小队。

军事训练　1951年2月16日至18日，全区农民武装自卫队进行大检阅，以县为单位，集中在县城进行。同时，举行爱国抗美援朝游行示威。南充县农民武装自卫队武器装备数量不多，以刀矛为主，干部和队员训练以政治教育为主，军事训练为辅。政治教育占65%，军事训练占35%。其间，1951年2月17日，南充专区举行农民武装自卫队大检阅，以县为单位，集中全县队员于县城举行检阅大会，党、政、军负责同志及模范自卫队员讲演，奖励模范单位及个人，宣读“三大任务”（保卫农民翻身、防匪防特自卫、协助军队清剿），“八项纪律”（服从农协领导、听从上级指挥、执行政府法令、遵守群众纪律、积极参加清匪、决不徇情受贿、努力生产劳动、爱护武器弹药），会后举行游行示威。全区参加检阅的队员达10余万人。1951年，自卫队员从12月份开始普训，每月训练5天，至1952年8月，每个队员经过20天的训练，通过政治、时事、业务、阶级、前途、爱国主义等教育，克服了和平麻痹、换班松劲、不安心人民武装工作等错误思想，军事上学会了步枪、手榴弹的使用与保管，懂得了武器性能、各种武器名称以及站岗、放哨、防匪防特、保仓护粮的普通常识。遂宁农民武装自卫队遵循“不违农时，不误生产，节约国家财力”的原则，制定了《农民武装自卫队训练计划》，对人民武装自卫队的训练实行劳武结合，以政治教育为主，军事训练为辅，进行队列基本动作和步枪、手榴弹的使用与保管、执勤常识等训练。达县军分区根据政治斗争和军事斗争形势需要，利用清匪战斗、防空袭空投、防特务破坏执勤间隙期间，组织武装队员、联防队员学习射击、投弹、单兵战术等战斗动作以及设卡盘查、伏击、侦察、搜捕、防空监视等业务常识。3年内共训练31.56万名农民武装自卫队员。剑阁军分区所属农民武装自卫队干部训练，中队长和分队长由县集中训练10天左右。内容是了解武器的基本常识，四护（护粮、护仓、护桥、护线）的军事基础知识和执勤训练。自卫队员的训练以村为单位进行，训练时间为7天。主要学会步枪、手榴弹、机枪的使用与保养，单个战斗动作，侦察警戒，防空常识。1951年上半年，剑阁各县均举办三期农民武装自卫队训练班，其中旺苍县培训476人，青川县培训380人，广元、旺苍等县举行了农民武装自卫队检阅，参加队员均达数千人以上。据统计，是年，剑阁专区各县共训练自卫队长以上干部1442人，自卫队员21411人，其中女自卫队员4725人。

政治教育　1950年，川北区农民武装自卫队成立后，组织自卫队员学习马列主义、毛泽东思想和党的路线、方针、政策，进行国内外形势教育，自卫队基本知识和革命传统教育，艰苦奋斗、爱国主义、革命英雄主义和政策法规教育。

南充专区在1950年10月结合“抗美援朝、保家卫国”及“扩军”运动，对自卫队员进行以战备形势为主要内容的爱国主义和革命英雄主义教育，激发自卫队员积极报名参加中国人民志愿军的爱国热情。南充有5444名农民武装自卫队员参军，占扩军总数的50.4%。

遂宁专区各县对自卫队员的政治教育一般集中开会或在军训期间安排70%的时间进行，主要以控诉旧社会的黑暗，地主、恶霸、匪首的罪行，共产党代表人民利益，人民政权为人民撑腰做主等内容，启发教育自卫队员提高阶级觉悟，树立牢固掌握“刀把子、印把子”的思想，为捍卫新生的人民民主政权做贡献。

达县专区各县围绕清剿土匪、农村减租退押、土地改革、抗美援朝、镇压反革命等政治运动，对自卫队员进行国内国际形势教育，使其认清反动势力不会自动退出历史舞台，不甘心失败。在自卫队员中开展“万户千组一百乡增产创模运动”，自卫队员带头采用新品种，推广良种和耕作新技术。达县专区1000余名武装队员被评为“增产模范”或模范互助组长。

剑阁专区在1950年10月结合“抗美援朝、保家卫国”及“扩军”运动，对自卫队员进行以战备形势为主要内容的爱国主义和革命英雄主义教育，激发自卫队员积极报名参加中国人民志愿军的爱国热情。这一时期，自卫队员冬训中的政治教育以爱国主义、阶级教育和自卫队性质、维护社会治安、保卫新生政权、完成剿匪作战任务等为主要内容。教育时间：1951年为58小时，1952年为46小时，占训练总时间的72.3%。教育形式主要采取以乡、村为单位集中对自卫队员进行短期集训，分批轮训，或与青年团、农训班联合办班。

干部队伍建设　1950年，川北区农民武装自卫队成立后，武装自卫队干部从优秀的共产党员、青年团员、工人、农民和其他革命分子以及复员、转业、退伍军人中选拔，受同级党委和上级民兵指挥机关的双重领导，由地方党委统一管理，人民武装部门掌握数量、质量和政治思想情况，进行培养教育。武装自卫队干部调动工作时，办理移交手续，并做到随缺随补。

1951年冬训，全区各县、区武装干部经过1个月至2个月的轮训，以政治业务为主，军事为辅，分队干部经过12天至15天的教育训练。

1952年8月，中共川北区委下发人民武装工作指示，中共川北区委与川北军区联合发出《关于人民武装目前几个具体问题的决定》，明确军分区、县、区领导机构的组织，县、区两级武装部的具体编制，县、区人民武装部长与县组长的任免、升迁、调动统一由川北军区负责；县、区参谋干事由分区任免、升迁、调动后向川北军区备案，各级党委如未经川北军区批准不得随便调动；另决定每县武装部设通讯员1名，在川北军区机动数内调剂；县、区武装干部系全国军队干部数内之一部分，其生活待遇与政治待遇以及干部福利等，一律与军队干部一致，一切供给由川北军区后勤系统报领，并于4月1日开始施行。

武器装备管理 1951年，南充专区农民武装自卫队共有枪支4147支，大刀9458把，长矛14178把。剑阁军分区武装自卫队武器来源于收缴国民党乡、保长的武器、剿匪中缴获的武器和没收恶霸地主的武器，主要用于执勤、巡逻、站岗、放哨、看押和监视不法地主、恶霸、匪首、特务分子。1951年至1952年，配发到农民武装自卫队的武器，由县人民武装部逐件登记、统计，并加盖印章，由持枪者保管。

农民武装自卫队主要活动 1950年至1952年，川北区农民武装自卫队充分发挥工作队、生产队、战斗队作用，配合部队剿匪肃特、维护当地社会治安、帮助群众抢险救灾、支援地方经济建设。

剿匪肃特。1950年，川北区农民武装自卫队共捉土匪10440名，查捕潜伏地主恶霸9756名，检举匪特分子2392名，逮捕造谣分子470名、烟毒犯4261名，缴获轻机枪13挺、长短枪25424支、土枪7779支、刀矛170000余件、手榴弹3106枚、各种子弹236024发。1951年，人民武装自卫队共捕捉匪首及匪徒17572人，缴获迫击炮2门，轻机枪41挺，长短枪及刀矛255867支，各种子弹45421发，手榴弹7910枚，盘查出地主29841人，检举出特务3300人，捕获造谣分子714人。1952年9月，广元县曾家乡自卫队长蒋万才因剿匪成绩显著，出席全国民兵英雄代表大会，参加了天安门观礼。

维护社会治安。1950年，剑阁军分区各县组织武装自卫队守护重要目标，执行维护社会治安勤务。共投入自卫队队员13487人次守护铁路、公路、桥梁、隧道、涵洞、电线、仓库、塘堰，禁止宰杀耕牛，保护名胜古迹等。1951年，全区缴获各种枪支11064支，八二迫击炮2门，刀矛101377把，各种子弹793178发，手榴弹964枚，看守粮仓6033座。仪陇县中统特务、县长刘玉清，解放前曾杀害革命志士和爱国人士，解放后组织“暗杀团”“反共青年军”“扇子队”，勾结“蓝天党”在该县永安区张花寺举行暴乱，杀害区干部2人，后化名畏罪潜逃成都。农民武装自卫队员谭云德等4人获知刘的去向，立即前往抓捕，历时20余天，往返跋涉1000余里，将其捉回归案。1952年，南充专区武装自卫队队员守护公路172公里，桥梁11座，涵洞10个，仓库2674座，电话线路833.5公里，渡口1处，城门7座，森林76平方公里。

抢险救灾。1951年，川北地区遭遇干旱，仪陇县遭受特大旱灾，该县日兴乡丰南村280多亩稻田普遍干裂，禾苗枯萎，200亩棉花焦叶满地。全村221名农民武装自卫队员寻找水源，车水灌田，挑水浇地，夺得粮棉双丰收。1952年5月9日，开江县暴雨成灾，造成7人死亡，9人受伤，刚组建的县人民武装部动员万余名武装自卫队员投入抗洪抢险第一线，救出被困群众100余名，帮助灾民重建家园，恢复生产。

【川北军区部队建设】 川北军区部队建设包括党的建设、政治工作、军事工作、部队管理和后勤保障。在各种情况复杂、任务繁重、斗争艰苦的环境下，担负并胜利完成剿匪肃特、协助地方工作、改造旧武装、几度整编复员转业、建设人民武装、扩军、组织部队出动、整风整纪、民主运动、“三反”运动、文化学习、大量培养提拔与上调干部，结合各项中心工作进行建党建团等一系列艰巨任务。

党的建设 川北军区部队始终将自己置身于中国共产党的绝对领导之下，坚持党对军队的绝对领导，做到一切行动听从党的指挥。川北军区部队注重党委（支部）建设，不断提高党委班子

的核心领导能力和发挥党支部的战斗堡垒作用以及党员的先锋模范作用。1950年7月，有中共川北军区党委1个，中共南充、遂宁、达县、剑阁军分区党委4个，直属及机关中共党委23个，团中共党委9个，营中共党委68个，党支部350个；有中共川北军区纪委1个，南充、达县、剑阁、遂宁军分区纪委4个，团纪委9个。部队整编后，有中共川北军区党委、纪委各1个，中共南充、达县、剑阁、遂宁军分区党委、纪委各4个，团级党委、纪委各2个（公安18团、教导团），相当于团机关学校党委3个（军直、后勤、速小）、纪委2个（军直、后勤），营党委12个，支部137个。7月15日，川北军区政治部下发关于执行《中央发展和巩固党的组织》的指示，要求所属部队继续提高与加强党委（支部）领导，加强党内教育。9月13日至20日，川北军区召开首届党代会，郭祥林代表军区党委作了《1950年上半年几个主要工作基本总结与下半年工作方针的报告》。报告对前8个月剿匪、改造起义部队和组建南充军分区、部队整编、协助组建农会、搭建三台、中江、盐亭县政权架子进行了总结，强调下半年肃清匪特、干部整风、复员与整编、文化教育、普遍建团和加强党委领导等工作重点。11月20日，川北军区对入川以来党委工作进行了总结，要求各级党委认真贯彻党章规定，定期召开各级党代表会议。加强集体领导，明确分工负责，严密组织并及时整顿党委组织。健全制度，贯彻集体讨论分工负责。要有及时恰当的工作计划，活跃的政治生活。做好书记工作；准备外调部队的各级党委，要注意调整组织，配备干部和带领新干部做好补给工作，加强时事学习，贯彻国际主义和爱国主义教育，树立永远是战斗队思想；地方武装党委要解决一元化领导问题。保证按期完成扩大地方武装任务，加强对扩兵机构的领导与检查，并建议地方做好优待军人家属工作。加强党的组织领导与思想领导，普训党员。加强党委对青年团工作的领导，大力建团，为地方武装中党的建设打下基础。

1950年10月3日，遂宁军分区召开第一次党代会，出席代表139名，列席44名，旁听6名，选举产生了中共遂宁军分区党委会，谷纪芳当选为书记，朱友德、李啓唐当选为副书记。10月10日至25日，达县军分区召开第一次党代会，出席代表193名，选举产生了中共达县军分区第一届党委会，杨绍增当选为书记，钟发生当选为副书记。11月27日至29日，军区直属队党委召开首届党代会，检查与总结入川以来10个月直属党委工作，布置今后工作，改选直属党委。12月，剑阁军分区召开党代会，传达川北军区党代表大会会议精神，选举党委会成员。1951年1月14日至18日，南充军分区召开第一次党代会，审查通过《分区党委全年工作报告》《目前形势与今后任务的报告》《地方工作报告》，选举产生了党委会和出席上级党代表大会的代表。2月27日，川北军区后勤部召开首届党代会，总结1950年后勤工作情况，部署1951年后勤工作任务，找出了存在的问题。8月20日至27日，川北军区召开第二次党代会，审议通过《关于军事训练的报告》《关于整党准备工作的报告》《关于干部问题的报告》。12月18日至20日，川北军区召开第三次党代会，听取和讨论西南军区党代会关于精简节约、反对铺张浪费、贪污腐化、实行部队整编与胡耀邦的总结，明确1952年后要抓好的五项工作（三反、整编、民兵建设、整党整风、实行部队教育训练计划），成立了军区整编委员会，负责部队的整编和转业工作。全区部队通过整编，从43574人精简到20574人。12月30日，川北军区直属队召开第二次全体党员大会，对“三反”教育、部队整编提出了要求。

1952年6月23日至30日，川北军区召开第四次党代会，听取《关于三反总结报告》《关于下半年政治工作报告》、胡耀邦讲话、赵林讲话、李文清的发言，补选川北军区党委委员。全区党代表223人、列席103人、旁听215人，共541人参加会议。

中共川北军区委员会组成人员名单

书　　记：胡耀邦
副 书 记：韦　杰　郭林祥
第一副书记：王贵德
第二副书记：李文清
党务委员：胡正平　吴　西　赵安泰　牛　击

党员构成　1950年1月，部队党（团）员主要是原61军所属部队的党（团）员。1950，川北军区共有干部战士43008人，有共产党员6728名，占15.6%；排以上干部8383人，有党员4962人，占57.8%；班级干部10723人，有党员1458人，占13.5%；战士中有党员308人，占战士的1.3%弱。“三反”与整编后，川北军区有党员4743人，占总人数25133人的18%；排以上干部4145名，占干部的60%；班级党员457名，占13%；战士党员141名，占0.95%。出现机关、学校党员多，连队少的状态。到1952年9月，川北军区各部队共发展党员2720人，发展团员7772人。

1952年1月初，在全区部队中进行“三反”运动，涉及党员1231人，占党员总数的18.3%，其中排以干部324名，班级党员778名，战士129名，上调和转业地方党员576名（排以上干部359名、班183名、战士25名）。“三反”运动中，清除出党178名，其中排以上干部134名，班长40名，战士13名，占党员总数2.77%。候补党员444名。经过“三反”运动和一系列教育，候补党员中一批历史清白、政治觉悟高、工作积极、思想意识好、经得起考验、完全具备正式党员条件的，经小组讨论，支部通过，上级党委批准转正177人。

政治工作　1950年，川北军区的政治工作由政治部负责组织实施。1952年，部队精简整编，政治部缩编为政治工作科负责政治工作。

政治教育。川北军区部队任务繁重，政治教育主要结合作战、剿匪、警卫、执勤等任务进行。1951年1月9日至10日，南充军分区召开首届庆功大会，到会代表580人，表彰特等功臣3名，一等功臣6名，二等功臣19名，三等功臣110名，集体功2个排、7个班。5月至9月，南充军分区开展民主运动，重点进行阶级教育，提高政治觉悟，增强战斗力。在举办政治轮训时，利用2个月至3个月时间，对军分区干部进行轮训，主要学习“政治常识”“社会发展史”“中国革命问题”“列宁主义基础”“党的建设”“毛泽东选集”“联共党史”“政治经济学”“思想方法论”等。达县军分区政治部根据上级指示和部署，在部队官兵（征集的新兵和起义投诚人员）中开展诉苦运动，诉广大工农劳动人民受封建统治阶级剥削与压迫的痛苦，揭露侵略者残杀中国同胞的罪行，激励广大官兵反侵略、反封建残余势力活动的战斗意志，自觉维护新生的人民政权，投入剿匪肃特和抗美援朝运动，保卫革命胜利果实。剑阁军分区干部政治教育按职务和理论基础分别编入初级、中级、高级班。初级班学“政治常识”，然后升入中级班。中级班按“社会发展史”“中国革命问题”“列宁主义基础”“党的建设”的顺序依次进行学习。要求用3年至5年时间学完上述内容。分散剿匪和执勤部队干部，由剑阁军分区举办政治轮训队，每期2个月至3个月，学1门课程。

干部队伍建设。1951年，川北军区机关共提拔干部156名，其中班级76名、排级33名、连级40名、营级6名、团级1名。全年教导团、分校、步校共训政工干部306名、军事干部905名，调训六步校一个大队500人，青年学生一个队355人，时间半年至一年，共毕业311人。8月份接收一批青年学生，共培训政工干部279名，军事干部350名，知识分子99名，总共728名。8月份又抽调各单位在职干部与学员组成战术、刺杀、爆破三个队进行培训教育，时间两周，241名学员参加培训。至1952年9月，川北军区共提拔干部7382人，其中军事干部3762人，政工干部1448人，后勤干部472人，卫生干部211人，一般干部168人，转业地方干部1436人，军医学校训练医生110名，供给学校训练供给干部207名，各军分区及陆军医院共培养出供给初级人员549名。共抽调干部1493人，老战士2500多人，青年学生战士100余人转入地方工作。

政治案犯审讯。1950年12月28日，川北军区针对入川以后，部队增加大批新成分，不少匪特以被俘投诚等方式混入部队内部，煽动落后分子组织叛乱活动逃亡，匪特采取各种方式利用内部思想动摇分子搞破坏活动等情况，在部队中开展反奸教育。川北军区一年内共审理政治案犯158人，其中部队案犯78人，地方案犯80人。通过审讯，部队中送军法处判处极刑7人，徒刑或苦役28人，问题一时不清或回原部队继续考察8人，送学校学习管训23人，资遣6人，送地方政府5人，病亡1人；地方犯中转交地方公安机关58人，问题不大，教育后释放17人，送上级机关审讯3人。

军事工作　1950年，军事工作由川北军区司令部负责。1952年精简整编，撤销司令部，成立参谋科、民兵训练科，军事工作由参谋科和民兵训练科负责。

战备教育。川北军区部队针对剿匪作战进行战备教育，强调提高警惕，克服和平麻痹思想，随时准备战斗。针对朝鲜战争，进行“抗美援朝、保家卫国”的爱国主义、国际主义教育，消除“亲美、崇美、恐美”思想影响，树立必胜信念，随时准备入朝参战，保家卫国。

军事训练。1950年1月后，川北军区部队因忙于剿匪，军事训练仅在作战间隙时零星开展。步兵连队主要以分队独立活动为主，学习奔袭、包围、合击、追捕、清剿、村落山林地搜索、警戒等战术手段和战斗动作。在战术上以超越水田、小路、爬山、射击为主。机炮连队以山地、稻田、河川等特殊地形运动与射击为主。侦察、工兵、辎重、担架分队，则进行配合步兵分队执行剿匪任务的专业训练。干部主要靠实战进行锻炼。

1950年10月，中共中央作出“抗美援朝、保家卫国”决定后，川北军区部队开展以美军为主要作战对象的军事训练。战术训练以志愿军在朝作战经验为教材，在注重联合兵种作战训练的同时，强调发扬我军固有的战斗作风，进行近战夜战、包围迂回、穿插分割、深入敌后切断道路桥梁和防空袭、防炮击、防坦克训练。技术训练，步兵分队以射击、投弹、爆破、土工作业为主；炮兵分队进行射击指挥和操作训练；工兵分队进行排雷、架桥、筑路、筑城、爆破、阻绝等训练；通信兵分队进行电话、电台、架线、防空、传递文件、通信掩蔽部构筑等训练；侦察兵分队进行识图、用图、调制要图和捕俘动作等训练和简明的英语喊话。训练期间，各军分区部队参加了川北军区组织的军事竞赛，主要有步枪、冲锋枪、轻重机枪、60炮等武器实弹射击，手榴弹投掷、刺杀、土工作业、夜间紧急集合、武装越野赛跑、通过障碍、器械体操等，还举行了阅兵式。干部除进行军事训练外，主要熟悉美军编制、装备及其作战特点。

1951年，川北军区执行西南军区指示，组成并出动1个国防师（181师3个团），1个援朝团、两个补训师（10个基干团、两个补训团、1个汽车驾驶队、1个警卫连）共计3个师另两个连，干部战士62155人开赴朝鲜前线。在已土地改革区适当紧缩县区武装，组成了4个基干团、扩充1个公安团（公安18团）。奉令组成2个国防医院及8个分院、通讯和报务训练大队，顺利完成年度精简复员工作。动员大批勤杂人员充实到战斗部队，同时精简复员，至7月，1432名复员军人光荣返回故乡。

通信保障。1950年,全区共有电话员350人，川北军区完成了修复南充至岳池全线长75公里的长途线路，并架设了川北军区以及党、政机关的市内电话线30多公里，保证了全区指挥机关通信畅通。军分区和各团协助电管所修复了各所在县城、乡村地方线路约850公里以上和军队短距离的被复线架设，全区各地电话线经军区电话人员补修，全部恢复通信。对外区、内部以及剿匪中的通信大多使用无线电台和报话机，军直4部电台，各军分区及团各设电台3部，报话机2部。全区共有电台17部，报务员47人，报话机8部，报话员17名。川北军区直属队4部电台，其中有2部专门与四个军分区联络，1部与西南军区联络，1部专门收发新开。任务主要是对上及友邻部队联络，并指挥外出剿匪部队。

1951年8月，长途线路更换成铁线。10月，在电信局电杆上挂线。是月，新建全长110公里南遂线路。至1952年8月，全区电台共收电报1891份，合587131字，发电报13907份。

部队管理　1951年，川北军区部队及所属武装部贯彻总参谋部颁发的中国人民解放军《内务条令（草案)》《纪律条令（草案)》《队列条令（草案)》（简称三大条令，亦称共同条令），着重强调“令行禁止，整齐划一”和克服“游击习气”，把服从命令，落实制度，严守纪律，遵守时间，注重礼节和军人仪表等作为正规化管理教育的主要内容。

后勤保障　1950年1月，川北军区后勤保障由61军（川北军区）后勤部、遂宁军分区后勤处（181师）及休养所、剑阁军分区后勤处（182师）及休养所、达县军分区后勤处（183师）及休养所、南充军分区后勤处及休养所、防疫队、卫生科、川北分校、卫生学校和军区医院后勤部（处）负责。部长游德顺，政委杨大献，副部长赵安泰。1952年，部队精简整编，撤销后勤部（处)，后勤保障由后勤科负责。

后勤干部训练。1951年，川北军区后勤部开办会计、军械、防疫、医务、药工、护训、供应队等培训班，培训会计62人，军械220人，防疫16人，医务14人，药工103人，护士1588人，供应队456人，合计培训2459人。

财务保障。1950年，川北军区各部队按照西南军区后勤部要求，建立统一财务管理体制，按照“统一管理、按级负责，合理分配，实行监督，厉行节约、反对浪费”的原则，实施经费管理和监督。1951年，健全了预决算制度，按时会审，健全了各级评委会，执行现金管理制度，当年节余77200余元。部队实行供给制，干部战士发放津贴费，无固定标准，根据当时经济的实际情况，一般干部每月发1元，战士发5角至1元，粮食、副食品、日用品均供应实物。1952年3月，开始实行按级别发津贴，师级36元至52元，团级20元至28元，营级12.6元至15.6元，连级7.6元至9.6元，排级5.6元至6.6元，班长4.6元，副班长、战士4.1元。1952年7月以后，改按“工资分”计算津贴标准，仍属供给制性质。

被装给养保障。1950年，部队开始配发全军统一的“五〇式”服装，标准为：棉单衣裤、棉被、床单、布鞋、布袜、胶鞋、雨披、水壶。1951年，川北军区成立供应站，军分区成立分站，每月粮秣支拨根据各单位的预算数据拨付，军粮一律经川北粮食局统一划拨，粮票由军区统一掌握，按30%的范围内发给流动部队机关与学校。伙食来源大部由上海、重庆采购，同时开荒种菜、养鸭、养猪，自磨豆腐。其中遂宁军分区种地1595亩，收粮14952公斤，养鸡360只，养猪549头，养鸭1242只。剑阁军分区种地80亩，收粮1280公斤，收菜15150公斤，养鸡89只，养猪500头，养鸭25只，补贴生活。抗美援朝中，全年装备和供给外调部队61329人，均由军区供给一个月经费和军粮以及被服装备。1952年，公安部队统一着解放军服装，左袖佩蓝底盾形带“公安”字样臂章，地方公安部队佩“人民公安部队××公安队”臂章。

医疗卫生。1950年，川北军区在部队中贯彻“预防为主，治疗为辅”的方针，保证部队训练和各项工作任务的完成。1951年全年医疗总人数552102人，发病初诊191271次，送休养室1334人，送医院2037人，死亡65人。各级医院收容5167人，治愈归队4818人，残废13人，退伍165人，死亡94人，转院30人，其他83人。全军区建立88个营以上防疫委员会。

【拥政爱民】 川北军区成立后，高度重视拥政爱民工作，教育战士爱护老百姓的东西，损坏照价赔偿。1952年春节前，各单位进行一次群众性纪律大检查，在归还借物时，损坏与遗失的赔偿。同时，召集乡长、治安组长、村长、军属广泛征求群众意见，帮助解决困难，军民关系日益融洽。

重要目标的安全保卫 1950年初，川北区匪特活动猖獗，社会秩序混乱，部队担负警卫首脑机关和守护重点目标，维护社会秩序，看守监狱监所等勤务。据1952年驻南充部队执勤统计：部队警卫中共川北区委、川北行署、川北人民广播电台、汽油库、被服库等首脑机关和重要目标27处。其中，守护公路172公里，桥梁11座，涵洞10个，仓库2674座，电话线路8335公里，渡口1处，城门7座，森林76平方公里，看守监狱监所及看押犯罪人员分散从事工、农业生产劳动改造40处。随着社会秩序的稳定，警卫勤务逐渐减少。

协助征粮、减租退押 1950年2至4月，川北军区直属队抽调干部、战士300人（干部占三分之二），南充军分区直属队抽调干部、战士150人，543团、警卫团抽调40至50人，所属各营抽调10至30人，参加南充专区征粮工作队，协助专区按时完成了征粮任务。11月，川北军区、南充军分区，按干部、战士各半的比例，共抽调政策纪律观念强，联系群众的干部、战士730人，参加南充专区减租退押运动。遂宁军分区分别派出人员参加征粮工作队，各部队组成小分队，同征粮工作队一道，分赴乡村宣传党的政策，边剿匪边征粮。1950年4月，遂宁专区9个县大队、35个区基干队，以连、排为单位，分驻各县和边沿区、乡，担负剿匪任务。经3个多月剿匪，遂宁平息了大安、磨溪、拦江等土匪暴乱，共歼匪2100余名。继后完成了以武装保障清匪、反霸、减租、退押运动的任务。1951年2月至9月，军分区所属部队共抽调200多名干部参加土地改革运动。

支援农业 1950年后，驻川北区各部队发扬红军的光荣传统，每逢农忙季节，帮助驻地群众抢收、抢种。5月，川北军区后勤部送马匹100匹，解决贫苦农民烈属畜力困难。7月，驻仪陇县新寺乡某连，一面剿匪，一面帮助群众抗旱保苗，连续5天，为群众挑水2218担。8月1日该乡300多农民，敲着锣鼓，扭着秧歌，送给连队一面“除暴安民”的锦旗。1951年，川北军区所属10个单位，为农民割麦22.27公顷，插秧11.3公顷，播种19.7公顷。

支援群众度荒 1950年4月，川北军区司令部、政治部号召团以上机关，每人每天节约一两米，救济川北春荒受灾人民。南充军分区掀起了群众性的捐献活动，除响应军区号召外，全分区捐献人民币1608余元，大米828公斤，银元56枚，帮助灾区人民度过暂时困难。至4月8日，川北军区共节约米137751公斤。10月，为支援皖北、苏北、河南、河北地区受灾同胞，川北军区号召团以上机关“捐助寒衣救灾”，所属部队积极响应号召，采取捐助现金和节约食米两种方式捐助寒衣，川北军区捐献的现金、食米总计3.18万余元，银元20枚。1952年3月，仪陇、三台等27个县130多天未下透雨，出现严重旱灾。18日，南部等18个县又遭暴风冰雹袭击，小春损失严重，21个县发生不同程度的农民缺粮断炊现象，川北军区部队官兵节衣缩食，

支援群众度荒。

抗旱救灾　1951年7月，川北80%以上的县遭受旱灾。川北军区号召所属部队紧急动员起来，帮助驻地农民群众抗旱救灾。各部队在紧张的练兵中，积极响应号召，挤时间帮助农民群众担水灌田169挑，浇地3092挑，补种256挑。南充县青居乡七村农民为感谢子弟兵的支援，赠送驻军锦旗一面。1952年3月，仪陇、三台、南部等27个县出现严重旱灾。南充军分区出动1.9万余人次投入抗旱保苗。

完成急难险重任务　1950年7月，川北军区直属队、遂宁、南充军分区共抽调干部、战士3000人，组成川北铁路修建支队，参加修筑成（都）渝（重庆）铁路，开挖永川、荣昌、隆昌三县境内路基，历时3个月，于1951年11月提前超额完成任务，撤回归建。

公　安

1950年至1952年8月，川北行署公安厅与川北人民法院、川北人民检察署分工协作、紧密配合，履行《共同纲领》赋予的国内安全保卫、治安行政管理、户政管理、刑事侦查、经济安全保卫、公安法制、看守改造、出入境管理、交通安全管理等职责。有力打击了敌人，惩治了罪犯，巩固了新生的人民民主政权。

【公安机构】 1950年2月，川北行署公安处成立，董弼忱任处长，王世耀任副处长。处机关初驻南充市黉墙街，不久迁至川北行署大院。7月，更名为川北人民行政公署公安厅，内设秘书、政保、社会、治安、经保、执行、劳改等处和公安学校、公安大队、监狱，编制员额132人。董弼忱任厅长，王世耀、施群任副厅长。领导南充、遂宁、达县、剑阁4个专区公安处和南充市及35县公安局。1952年9月1日，川北行署被撤销，川北行署公安厅随之被撤销，南充、遂宁、达县、剑阁4个专区公安处和南充市及35县公安局在业务上受四川省公安厅领导。

【安全保卫工作】 1950年1月至1952年8月，川北区安全保卫工作围绕剿匪肃特、清匪反霸、减租退押、土地改革、镇压反革命等中心任务进行。

剿匪安境 1950年1月21日，中国人民解放军61军兼川北军区召开党委扩大会，传达贯彻中共中央、中央军委关于开展剿匪斗争的战略部署，决定以剿匪为中心工作，并确定军政结合、剿抚兼施，力求先打最反动最猖獗的大股匪特的方针。1月底，一部分部队进入匪特破坏严重地区。2月初，各级公安部门积极配合解放军剿匪，对境内残存的国民党余部、特务、土匪及其他反动武装展开协同清剿。3月上旬，各级公安部门及人民群众积极配合解放军开始大规模进剿土匪。3月底，先后平息遂宁专区潼南县南坝国民党起义部队2个营7个连和中江县大桑镇国民党起义部队2个营4个连叛变事件，粉碎南充专区营山县丰窭乡李树生、陈子光匪首组织“扇子队”600余人攻打该县县城企图和“白莲教”2000余人在遂宁专区盐亭县城附近暴乱，击溃达县、剑阁两专区各县多股土匪和放毒队。4月20日，川北区剿匪委员会成立，各专区及县、区、乡、保相继成立剿匪肃特委员会。南充市公安局、南充专区公安处、南充县公安局联合对“中国国民党四川省反共救民义军”案进行侦察，派出侦察员打入土匪组织内部，迅速掌握该组织机构暴乱计划和部门首要分子名单，为南充军分区剿匪部队5月3日军事围剿搜捕土匪提供了可靠情报，抓获土匪骨干分子105人，及时平息了土匪在南充东观、二龙、老君、浸水、芦溪、龙门等乡镇的暴乱活动，击毙18人（团以上匪首5人），击伤40人，抓获匪首胡伯洲等505人，缴获大批枪支弹药，粉碎了土匪“五五”暴动。各地分别在城市和匪患猖獗的区域设立登记站，办理土匪自首登记工作。至6月底，全区10人以上的股匪全部肃清，主要交通干线畅通。8月，全区各级剿匪委员会更名为清匪委员会，各专区专员和各县县长任专区、县清匪委员会主任，各专区公安处长和各县公安局长、警卫营长分别任专、县清匪委员会副主任，进一步发动群众检举残存散匪，审查混入基层组织的匪徒，追捕外逃匪首和惯匪。至10月底，经过持续进剿，全区共歼灭股匪73000余人，粉碎了匪特企图在营山、江油、盐亭、射洪、蓬安等地发动暴动的阴谋，保证了征粮工作顺利完成。同时，南充市和南充、遂宁、达县、剑阁4个专区及35县人民政府在剿匪斗争中组成公安、法院为主体的人民法庭，依照“首恶必办”的政策公审了匪首和惯匪，一些不杀不足以平民愤的惯匪被处决。南充、遂宁、达县、剑阁4个专区和南充市及35个县公审处决了一批匪首和顽匪，全区剿匪斗争胜利结束。至1952年9月1日，全区各级公安机关加强了俘匪管训，深挖匪根，追捕了残存在社会上的散匪。

肃清匪特 1950年2月初，川北区各级人民政府和公安部门积极配合各地驻军部队开展肃清匪特工作。3月中旬，川北行署公安处按照西南军政委员会公安部部署，宣布国民党内政部调查局（中国国民党党员通讯局、中国国民党调查局）、国民政府国防部保密局（军事委员会调查局）及其所属组织和其他性质相同的一切组织，均属残害人民的法西斯特务组织，一律解散、查封，没收其所有公产、档案。令其一切人员立即停止活动，向人民政府悔过自新，立功赎罪。南充市和南充、遂宁、达县、剑阁4个专区及35县公布了《国民党特务人员申请悔过登记实施办法》，规定一切特务人员自《办法》公布之日起到公安机关申请悔过登记，呈缴一切证件、档案、武器、通讯器材等。3月下旬，南充专区公安处根据群众检举揭发，将军统特务专员蒋述法、中统南充分处主任周世明和中统南充分处前主任吴光普等控制在住所，令其交代悔过，立功赎罪。蒋述法交代了解放前夕他在蓬溪、潼南等地组织4000余人反共救国军第1师拖上华蓥山一带打游击，被人民解放军击溃后，化整为零，携200余人潜伏南充一带活动的罪行。至4月底，南充专区申请悔过的特务分子达1272人，其中军统特务434人、中统特务250人、杂特588人。遂宁专区公安处深入各县发动和依靠群众清查特务藏纳场所，促使敌特人员投案自首，仅遂宁县登记自新匪特达814人。南充市公安局和人民法院适时联合召开公判会处决罪大恶极匪特，触动匪特自新登记142人。达县、剑阁两个专区公安处和各县公安局采取群众检举和查对户口的方式，登记了一批自新匪特人员。5月20日，川北行署公安处按照西南军政委员会公安部《关于敌特人员登记后处理办法》，对拒不登记和登记后继续从事反革命活动或准备逃跑，罪大恶极，为群众深恶痛绝的特务作出逮捕决定，并通过审理判处死刑、执行枪决。10月底，全区通过群众检举、政治瓦解和公安侦察，破获在川北区内活动的“陕鄂党”“暗杀团”“生死同盟会”“红兵解仇大团”“支前委员会”等反动组织，利用重要匪特交代材料破获重要匪特案件56件，逮捕匪特分子13285名，处理匪特分子10121名，羁押匪特分子1937名；搜捕散匪、散特1250人；登记反动匪特4790名、反动党团分子10776名，肃清匪特工作胜利结束。

镇压反革命 1950年3月至7月底，川北区贯彻执行中共中央《严厉镇压反革命分子的指示》和中央人民政府政务院、最高人民法院《关于镇压反革命运动的指示》，将镇压反革命与抗美援朝、土地改革同步推进。8月7日，依照西南军政委员会颁布取缔反动会道门组织的命令，川北军区政治部、川北行署公安厅剿匪委员会、川北区宣传委员会联合发出《关于10月全区各城镇举行反特运动宣传周的联合指示》，要求各城镇成立反特运动宣传指导委员会，结合当地匪特破坏罪行，教育群众，揭穿谣言，宣传中国人民的伟大力量。提高群众觉悟，使群众认识匪特对自己利益的危害，发动群众人人防特，彻底扫清匪特活动，达到全体人民保卫祖国、保卫人民利益的目的。组织自新分子在群众大会上坦白其罪过，宣传首恶必办、胁从不问、立功受奖的宽大与镇压相结合的政策，号召残余、隐蔽的匪特自新；建立密告箱，开展追谣与检举匪特运动。10月中旬，中共川北区委按照中共中央《关于镇压反革命的指示》及中共中央西南局的指示精神，向全区发出镇压反革命运动指示，强调各级党委、政府和公安部门必须将镇压反革命运动列为中心任务，动员党、政、军和人民群众紧急行动起来，全面贯彻镇压与宽大相结合的政策，对现行反革命活动予以坚决镇压，并以此拉开镇压反革命大幕。10月下旬，川北行署公安厅、各专区公安处、市县公安局贯彻第二次全国公安工作会议精神，紧密结合减租退押、清匪反霸斗争，组织发动群众清匪反霸，集中打击土匪、特务、恶霸和反动党团骨干、反动会道门头子等5个方面的反革命分子。11月13日，中共川北区委发出《关于镇压反革命的补充意见》，要求各地务必开展群众性的宣传教育，公开大胆揭露匪特的阴谋诡计，堵塞反革命活动空隙，对一切反革命罪犯给予坚决及时镇压。11月20日，胡耀邦发布指令，要求各地对聚众叛乱，放火放毒，以反革命为目的而杀害我公职人员和人民，破坏仓库、交通、电讯之罪犯，坚决就地公审处决。全区各级公安机

关主动出击，普遍采取镇压、斗争、分化相结合的策略，以反霸轰开局面，对有严重破坏活动的反革命分子，由人民法庭公审制裁。至1951年2月上旬减租退押基本结束时，全区共处决恶霸地主、匪特等现行反革命分子642人，给第二期镇压反革命运动顺利推进奠定了基础。2月下旬，中共川北区委、川北行署按照《中华人民共和国惩治反革命条例》精神，对镇压反革命运动向纵深发展作了具体部署，明确农村打击的重点主要是有破坏活动的散匪、散特、恶霸、不法地主及反动会道门头目，城市则是混入干部职工队伍内部的匪特分子。各地放手发动群众，抓紧镇压反革命，震慑敌人，实行政治上揭盖子的方法，将反地主违法斗争与镇压反革命结合进行。川北区各级公安部门和法院依据《中华人民共和国惩治反革命条例》，对血债累累、民愤极大、对国家利益的危害达到最严重程度、不杀不足以平民愤的，依法判处死刑立即执行；对罪该处死，但无血债、民愤不大、危害国家利益未达到最严重程度者，则判处死刑缓期两年执行，强迫劳动，以观后效；其余则依其罪恶大小，分别判处徒刑、管制、取保开释。至5月初，全区逮捕并处决了一批反革命分子，为第三期镇压反革命运动正常开展提供了保障。5月30日至6月1日，中共川北区委召开公安厅、处、局长和各地委及南充市委负责人参加的扩大会议，传达贯彻第三次全国公安工作会议精神，决定将镇压反革命运动加以收缩，除对现行反革命凶犯必须逮捕法办以外，暂停捕人，将捕人批准权由县一级上收地委、专署批准；死刑判决处决权，由地委、专署收到区党委、行署，并由行署主任批准。同时，从区党委到地（市）、县各级党委分别成立清理积案委员会，吸收军队、法院、土改工作团等部门的负责人为委员，下设办公室。胡耀邦任中共川北区委清理积案委员会主任委员，川北行署公安厅长董弼忱任副主任委员。县以下的区成立分会或清案小组，负责清理积案工作。全区共抽调800余名干部与土改工作团的18600名干部配合公安部门投入清理积案工作。各地在做好组织领导和宣传工作的基础上，对在押人犯采取内部审讯、发动坦白、整理材料研究处理与外部广泛调查、审查讨论、公审与控诉相结合的方法，有重点地分片、分批突击清理积案，严格区分杀、缓、判、管政策界限，保障土地改革运动顺利进行。8月底，川北区清理在押人犯20341人，对1.5万余名已判刑的人犯，由各级公安机关分别举办劳改营，进行劳动改造。9月初，中共川北区委召开第三次清理积案扩大会议，强调该处决而尚未处决的反革命坚决镇压，并规定了具体办法，明确继续镇压反革命仍为各级党委政府和公安部门的首要任务。9月底，全区清理积案工作全部结束。10月7日至8日，中共川北区委召开有遂宁、南充地委书记、专员、公安处长和4个县委主要负责人及公安局长参加的扩大会议，传达第四次全国公安工作会议精神，对彻底肃清反革命问题作了专门讨论和研究，要求各级党委、政府和公安部门及时制定第四期镇压反革命分子的具体计划，抽调干部组成镇反办公室和清案办公室，严格按照政务院《惩治反革命条例》和公安部《划分五种反革命分子界限》《量刑参考材料》实施第四期镇压反革命工作。将镇压反革命运动重点放在不彻底的地区和不彻底方面，采取得力措施清理混入中层（指工商界、宗教界、文教界的知名人士）和内层（指党政军、人民团体、民主党派的区级以上机关干部）的反革命分子。12月，全区各级党委结合审干、民主改革、整风运动和“三反”运动，从党政军机关、社会团体、企事业单位清查混入中内层的特务分子、反动党团骨干分子、反动会道门骨干、恶霸、土匪，并逮捕了清理出的五类反革分子。是年寒暑假期间，结合队伍教师思想改造和组织清理，清理出混入教师队伍中的反革命分子，分别进行了依法公审处理。同时，嘉陵江、渠江、涪江沿线的广元、阆中、达县、江油、三台等16县结合民主改革进行清理，查出水上运输业各种反革命分子900余人，亦按政策及时进行了处理。至1952年6月，全区共镇压、处理各种反革命分子86012人，大规模的镇压反革命运动基本结束。

【治安行政管理】 1950年初至1952年8月，川北区先后建立各级治安保卫委员会、联防协作组织，协助公安部门搞好社会治安行政管理及重大保卫工作。全区各级公安机关结合党委、政府中心工作，加强治安联防管理、公共秩序管理、“五禁”（即：禁赌、禁毒、禁娼、禁售淫秽物品、禁止封建迷信活动）管理、特种行业管理、枪支弹药管理、危险物品管理、水上治安管理、森林治安管理，查处社会治安案件，消除了民国时期遗留下来的社会丑恶现象。

治安联防 1950年，川北区各地在开展剿匪肃特、清匪反霸、清查整顿户口和治安防范中，以城市街道居民段为单位，组织贫民、店员、工人民主选举治安联防小组，接受管段民警领导，开展社会治安管理工作。1951年，全区各级公安机关在农村乡、村两级和城市街道（治安段）、工厂、企业、机关、学校建立治安保卫委员会，确保防奸、清理积案、土地改革、镇压反革命和抗美援朝运动顺利进行。1952年1月至8月，全区机关团体和企事业单位普遍建立治安保卫委员会及治安保卫小组，结合单位生产工作进行日常防特、防盗、防火、防灾害事故教育；配合基层党组织监督改造留在内部继续使用的地主分子、富农分子、反革命分子和坏分子；在夜间和节假日开展安全检查、巡逻守护，预防灾害事故和犯罪分子的破坏。

公共秩序管理 1950年，川北区各级公安部门和民政部门结合剿匪肃特、清匪反霸、镇压反革命运动，在城镇对游民、乞丐进行收容审查，净化公共场所社会秩序。1951年，川北区各级公安机关对公共娱艺场所按特种行业注册登记，建章立制，进行日常检查管理。1952年1月至8月底，全区各级公安机关统一在各公共娱艺单位建立治保组，依靠治保组做好日常治安防范工作，重大节日由属地公安局派出民警维持秩序。

禁赌 1950年初至1952年8月底，川北区按照公安部颁发的《农村治安条例（草案）》《农村治安暂行办法（草案）》中有关禁赌条款，结合减租退押、土地改革，大力宣传禁赌意义，取缔赌场，查禁一切赌博活动。要求各级干部以身作则，带头禁赌。川北行署公安厅、各专区公安处、各市县公安局对屡教不改者，绳之以法。其间，仅南充县就查处赌博案27起63人，没收赌具120付，遏制了赌博恶习。

禁毒 1950年，川北区贯彻执行政务院《于严禁鸦片烟毒的通令》和西南军政委员会《关于禁绝鸦片烟毒的实施办法》，成立禁烟禁毒委员会，向全区发出《严格执行禁绝烟毒实施办法的指示》，要求南充市和南充、遂宁、达县、剑阁4个专区及35县分别成立禁毒委员会，并在区、乡（镇）、村层层建立禁烟禁毒分支机构，号召群众检举、揭发烟毒贩子，动员烟民向当地公安机关登记自首，对瘾民采取劝其自动戒、限期戒、强迫戒，处罚和依法惩办相结合的办法进行。同时，没收烟土、烟具，令烟馆限期改从他业，对种烟区发动群众自觉禁种。1951年年初至1952年8月，全区破获烟毒案件2728件，判处烟贩1051人，处决45人，帮助4632名烟贩、烟民另谋职业或就业，收缴大烟55466两、吗啡459两、烟具5600套，集中戒瘾者16742人，脱瘾者16500人，基本禁绝了烟毒。

禁娼 1950年初至1952年8月，川北区各级人民政府和川北行署公安厅、各专区公安处、各市县公安局对民国时期遗留下来的卖淫嫖娼丑行明令取缔，对妓女进行教育，为其治病、安置就业、婚配成家。对容留、组织妇女卖淫者从严惩治，迅速禁绝了卖淫嫖娼丑行。

禁售淫秽物品 1950年，川北行署公安厅明令禁售《马屁事件》《野草花》《秽情小说色生活》《牛鬼蛇神之情场》《姨太太之秘密》等27种淫秽小说。1950年1月至1952年8月，全区各级公安机关禁绝了淫秽物品流传。

禁止封建迷信活动 1950年起，川北区各级人民政府结合减租退押、土地改革，进行破除迷

信的宣传教育。对“高峰道”“一贯道”“清风道”“精一道”“皇极道”“瑶池道”“同善社”“刀儿教”“皇巾教”“化一宗教”“母性宗教”“大本团”等会道门的罪恶进行揭露，对个别民愤极大的会道门进行打击，瓦解其组织。西充县公安局在1950年7月破获会道门“一贯道”案中，查明“一贯道”头目张尽卿等人先后在该县设坛192处，以行医经商为掩护，大肆从事反革命破坏活动。破案后，立即发出布告，明令取缔“一贯道”组织。至1952年8月，全区共逮捕“一贯道”道首816人，逮捕“同善社”“高峰道”等会道门头子518人。

特种行业管理　1950年春夏，川北区各地将旅栈、公共娱乐场所、电料行、旧货、刻铸印刷、危险物品、澡堂及运输等8类列入特种行业管理，令其经营者到属地公安机关登记，办理特种行业许可证，接受检查督促。是年底，南充专区登记的特种行业经营企业及个体经营户有407户，其中旅店业335户、刻印业40户、印刷业25户、无线电行业2户、酒精业1户、硝厂4户。1951年1月至1952年8月，川北区各级公安机关加强特种行业管理，严格办理特种行业许可证，定期不定期检查，特种行业管理基本步入规范管理轨道。

枪支弹药管理　1950年，川北区除中国人民解放军川北军区及所属军分区部队和驻军部队外，其余枪支弹药均由各级公安机关统一管理，按规定使用。是年，全区在剿匪肃特斗争中，缴获各种枪支5.1万余支、弹药200多万发，亦由公安机关统一存放。1951年1月至1952年8月，全区严格持枪资格审查和枪支使用制度，对散存在民间的枪支弹药进行清理和收缴，对土地改革工作队持枪人亦严加审核管理，对公安机关执勤所用枪支设置专库、专人管理。

危险物品管理　1950年，川北区将易燃易爆等危险物品列入公安机关管理范围。1951年，全区对清匪反霸中收缴的易燃易爆物品进行了全面清理和销毁。1952年1月至8月，全区各级公安机关在建立爆炸物品生产、储存、运输、使用等制度的同时，加强了危险物品生产、销售环节管理，责令生产、销售部门按规定呈报销售数量备查。

水上治安管理　1950年1月至9月，川北境内嘉陵江、渠江、涪江干流及14条有通行能力江河沿线的达县、阆中、广元、江油、三台等16县公安局分别成立水上派出所，下设若干检查站，对水上运输、渡口船只进行安全检查，加强水上治安管理。1951年9月，嘉、渠、涪三江沿线16县公安局及水上派出所施行《西南区船舶管理暂行办法（草案）》和《西南区码头管理办法（草案）》，对码头、船只、船工、船民进行重新登记、编号、检定载重量，发给牌照和“船工证”、“船民证”。全区224个码头登记船只13885艘、船工33887名、船民23367名。制定出水上运输安全规定：起航、停靠报告；不准隐藏、包庇坏人；不准走私贩运违禁物品；不准大风、大雾、大水冒险行船；不准窝娼、聚赌等。10月，川北行署公安厅首次召开水上治安工作会议，将镇压反革命列为水上民主改革的重要内容，对水上和治安管理工作作出了安排部署。11月和12月，川北行署公安厅派出多名干部赴嘉、渠、涪三江沿线16县公安局，组织水上派出所清查漏网反革命分子，及时查处了南部县城燕子窝渡船驾长郭发坤超载翻船死17人和南充县罗家场渡口渡船沉没死8人两起水上重大事故，并将处理结果通报全区，要求各县公安局和水上派出所严格渡口船只管理，经常检查船身及用具，严禁超载，避免类似事故发生。1952年初，根据中共川北区委水上工作委员会《关于开展水上民主改革工作的指示》，行署公安厅从公安系统抽调部分干部帮助嘉、渠、涪三江沿线16县集中实施水上民主改革，建立起水上治保组织。至8月底，全区水上治安环境有了较大改观。

森林治安管理　1950年，川北区所属南充市和南充、遂宁、达县、剑阁4个专区及35县农民私有林木自行采伐，国家和县以下区、乡公有林木实行逐级审批制度，由林业主管部门签证砍伐，对乱砍滥伐林木破坏分子依法惩处。1951年1月至1952年8月底，全区林业管护、采伐由各级人民政府有关部门负责。乱砍滥伐林木和乱捕滥猎野生动物等林业案件由政府有关部门处理，构成犯罪的交公安机关依法处理，森林治安得到有效管控。

治安案件查处　1950年初夏，川北行署公安厅颁布《治安违警罚则》，要求各级公安机关着手建立户政、城市交通、水上航运、禁烟禁毒、枪支弹药、特种行业、公共场所等治安管理新秩序，保障人民群众生活安全。是年6月至1952年8月底，全区各级公安机关按照《治安违警罚则》查处各类治安案件，维护了社会稳定。

【户政管理】　1950年年初至1952年8月，川北区的户政管理以各市县公安局为主体，派出所为纽带，基层政权为基础，层层准确统计报送上一级机关。

户口登记管理　1950年，川北区各级公安机关根据时有户口资料和实际情况实施户口登记管理工作。在城市由派出所按街道划分户籍段、组，建立户口登记制度；在农村依靠区、乡农会对常住人口户口进行登记管理。1951年1月至1952年8月底，全区除城镇派出所掌握使用的街道分户登记的户口簿册外，凡住城镇的常住居民一律实行一户一簿册，由居民自己掌管，用以证明身份。

人口户簿册管理　1950年8月，按照公安部规定，川北区城镇户口管理实行一簿册（户口簿册）一卡（人口卡片）制。通过户口普查登记，由派出所建立户口登记簿册，农村由乡、村建立簿册管理。至1952年8月底，全区落实了专人专责管理人口户簿册资料，设置了人口簿册变更登记服务窗口，方便了人口户主常态化登记变更和社会各界查询。

公民身份管理　1950年至1952年8月底，川北区在民主建政和民主改革中，废除民国良民证，区内所有公民外出，凭单位或各级政府部门及其基层组织开具的证明登记住宿，或购买车船票，保证公民居住和出行权利。

【刑事侦查】　1950年，川北区各级公安机关培训充实刑侦力量，开展刑事侦查工作，对刑事犯罪嫌疑分子进行调查登记，为侦破大要案提供证据。大要案由各级公安机关下设的治安处、科、股负责，一般案件由派出所和区、乡（镇）公安助理员依靠群众查破。在重点侦破镇反案件的同时，对严重危害社会治安的抢劫、杀人、制贩烟毒以及破坏国家经济建设等专项案件进行逐项侦破和打击。至1952年8月，全区各级公安机关侦破刑事案件4万余件，保证了剿匪肃特、清匪反霸、土地改革、抗美援朝、“三反”“五反”等中心工作顺利进行。

【经济安全保卫】　1950年至1952年8月底，川北区各级公安机关按照社会变革需要组建经济民警队伍，尽职尽责指导企事业单位建立各项安全防范管理制度。积极开展“四防”（防特、防盗、防火、防灾害事故）工作及经济“创安”活动。全面追查破坏经济事件，有力打击经济犯罪活动，为全区恢复和发展经济创造了有利条件。

经济民警队伍　1950年，川北行署公安厅和财经委在川北人民银行、南充丝二厂、南充丝三厂等单位建立经济保卫武装。1951年1月至1952年8月，川北区经济保卫武装相继改为中国人民经济警察，由建警单位申报公安机关批准后，自建自管自用，着统一的经济民警服装，受组建单位和保卫部门双重领导。警卫业务和军事训练受公安机关指导，担负组建单位重要目标和重要物资、产品守卫押运，维护内部。

经济安全防范　1950年至1952年8月底，川北区各级公安机关强化经济安全防范意识，会同内保单位陆续建立起门卫、值班、会客、留宿制度；机密文件、图纸、资料保密制度；重要设备、精密仪器安全操作和维修保养制度；枪支弹药与易燃易爆危险物品存放管理制度；物资仓库、现金、票证安全管理制度；要害部位、重要设施参观、守护制度。在实施中逐步修订、补充和完善。

经济“创安”检查　1950年，川北区各级政府成立安全领导小组及安全办公室，负责指导、协调“四防”安全检查。公安机关和消防、交警、内保、治安等部门深入企事业单位开展安全检查，形成人人讲安全、个个参与防范的良好氛围。1951年1月至1952年8月底，全区各级安全办公室和公安机关，全力帮助邮电、供电、金融、工业、商业等系统建立三级安全检查体系，抽查工厂、商业、行社等单位的月查及车间、班组、商店日检查制度执行情况，有效杜绝了各类案件、事故的发生。

打击经济犯罪　1950年至1952年8月底，川北区各级公安机关在剿匪肃特、清匪反霸、土地改革、“三反”、“五反”等运动中，与法院、检察署共同查处贪污渎职案件3920件、破坏国家经济建设案件3548件，打击处理经济犯罪分子5154人，追缴赃款242万元，收缴违法款192万元。

【公安法治】　1950年，川北区各级公安机关忠实履行《共同纲领》赋予的任务，建立健全公安法治制约体系和运行机制，保证国家政策法令的正确实施。1951年至1952年8月底，全区公安法治建设、收容审查互为联动，良性循环。

公安法治建设　1950年，川北区各级公安机关以宣传贯彻《共同纲领》《中华人民共和国婚姻法》《中华人民共和国土地改革法》为重点，对敌情、社情、民情进行广泛调查研究，为党委、政府决策提供依据。1951年1月至1952年8月底，全区各级公安机关围绕公安执法职能，加强法治宣传调研，理顺内外执法关系，严格执法程序，公安法治建设严谨有序。

收容审查　1950年，川北区各级公安机关对轻微违法犯罪人员及流窜作案嫌疑分子采取收容审查和强制劳动措施，稳定了社会秩序。1951年1月至1952年8月底，全区有劳动能力的游民由各地相对集中从事劳动生产，残老病游民移送各专区指定的教养院教养，并由各专区财政拨款供养，15岁以下儿童送入中、小学读书。

【看守改造】　1950年至1952年8月底，川北区各级公安机关设置预审、监狱、看守所、戒毒所等机构，依法预审案件、羁押人犯、改造犯人。

案件预审　1950年1月至8月底，川北区各级公安机关预审机构在剿匪肃特斗争中，贯彻执行“实事求是，重证据、重调查研究，严禁逼供”的预审方针，采取号召坦白检举、以毒攻毒、分化瓦解的办法，预审了一批反革命案件和刑事案件，及时提交县以上人民政府组成的公安、法院、部队为主体的人民法庭，处决了一批恶霸和匪特。10月至1951年5月，全区公安机关对清匪反霸、减租退押、土地改革和镇压反革命运动收押逮捕的土匪、恶霸、特务、反动党团骨干分子、反动会道门头子、刑事犯逐一预审结案，并移送法院依法判处。6月底，全区公安机关加强积案清理和处理反革命工作，务求不错杀、错捕。8月底，清理预审了在押犯送交法院处理。1952年1月至8月底，全区公安机关进一步完善与检察署、法院分工协作的司法工作机制，全区积案结案率提高到83%以上。

监所羁押　1950年至1951年，川北行署公安厅、公安大队、监狱和各专区公安处、公安队及南充市与35县公安局看守所相继成立，由川北区公安大队和各专区公安队及市、县看守所押禁人犯。1952年9月1日川北行署被撤销时，川北行署公安厅和公安大队一同被撤销，川北行署公安厅监狱移交南充市公安局管理，继续收押重刑犯。

犯人改造　1950年，川北区各级公安机关废除民国时期监管犯人的方式，对犯人实行“处罚管制与思想教育相结合，劳动生产与教育相结合”的方针。1951年，全区各监狱和看守所对犯人进行形势政策教育、前途教育、道德教育、文化补习教育、劳动技能教育，在犯人中开展“认罪赎罪，评功查过”活动，使一些犯人有了不同程度的悔悟。至1952年8月底，全区通过改造减刑或提前释放回家的人员较多，仅南充专区各监所减刑或提前释放回家人员达4064人。

【出入境管理】 1950年至1952年8月底，川北区各级公安机关履行对境外人员出入境、常住、临时住宿与公民出国出境管理及涉外案件查处等职能。

境外人员入境出境管理 1950年，川北区无境外人员入境出境。1951年1月至1952年2月，川北行署公安厅组织南充、遂宁、达县、剑阁4个专区公安处和南充市及35县公安局对外国人进行清理登记。据统计，仅南充专区清理登记的外国人有55名，按国家入境出境管理规定补办了签证。1952年3月至8月底，全区各级公安机关依据国家境外人员入境出境管理政策法令管理外国人，增进了与外国人的友谊。

境外人员常住管理 1951年1月至1952年2月，川北区各级公安机关在清理登记外国人的过程中，视其情况准予外国人居住或常住。南充专区公安处对符合条件的11名外国人给予了居住权；达县专区对有犯罪行为的4名居境达县“三善堂”的冯虔敬（比利时人）、全善乐（法国人）、何秀清（加拿大人）、林淑君（德国人）等外国人，予以驱逐出境；遂宁、剑阁两个专区公安处和南充市公安局为符合条件的外国人给予了居住权。1952年3月至8月底，全区各级公安机关按国家境外人员常住管理政策为申请常住的外国人办理了相关签证。

【交通安全管理】 1950年，川北区境内交通安全管理以公安机关为主，相关部门配合。1951年至1952年8月底，全区交通安全主管部门和配合部门各司其职、各尽其责，形成了上下齐心协力严管交通安全和全民遵守交通安全法规的良好局面。

交通秩序管理 1950年7月，南充市和遂宁县城开始整顿交通秩序。南充市划平城街、果山街为摊贩集中地，以行业摊贩多寡分段编成小组、自选组长1人负责领导学习，解决遍街摆摊的混乱现象；在城区主要街道十字路口修筑交通岗亭，公布交通管理制度，为车辆通行创造有利条件。遂宁县亦在县城规划设置摊贩集中经营街区，修建城区主要十字路口交通岗台，指挥管理车辆通行。三台、射洪、江油、广元、达县、巴中等6县二类城市引导摊贩在城区小街小巷经营，保障主要街道车辆通行畅通。南充、西充、南部、仪陇、营山、蓬安、岳池、安岳、盐亭、乐至、潼南、中江、蓬溪、平昌、开江、宣汉、南江、万源、阆中、剑阁、通江、苍溪等22县三类城市集中整治主要街道车辆通行环境，方便车辆顺利通行。青川、北川、平武、武胜、旺苍、昭化等6县四类城市重点整治车辆过往县城进出口通道，保证车辆通行无阻。1951年至1952年8月底，全区县以上的城市公安派出所会同工商部门、居委会一道在城区划出一定的街道摆摊设点，规定人力车、畜力车行车路线和停车场地；机动车过往城区鸣笛慢行，停放在安全地带；自行车靠右直线行驶，不准并行和搭人；禁止在公路上摆摊设点、堆放障碍物、敞放牲畜等，初步规范了城市交通秩序。

城市交通指挥信号管理 1950年至1952年8月底，南充市和各专区、县治所县城均设城市交通警察执行任务。南充市和遂宁县两个一类城市在主要街区干道十字路口修筑岗亭台10处，白天由交通警察用手势指挥车辆，夜间用红绿马灯光源显示车辆通行信号。其余二类、三类、四类城市则在主要街道十字路口用手势或指挥棒指挥机动车辆通行。日常公路巡查均用红、绿二旗指挥机动车辆通行。

机动车管理 1950年至1952年8月底，川北区相继修建从南充经蓬安到营山、阆中到苍溪、巴中到南江的沙河寺3条公路168公里；新修南充经武胜到合川的公路，打通南充经重庆出川的通道。翻修和新修公路达1600公里，各种车辆通行往返大增。公安部门主要负责路面管理与交通指挥，维护城市交通秩序。公路交通监理部门负责车辆和驾驶员管理及事故处理。财税部门负责税费收缴。

驾驶员管理　1950年至1952年8月底，川北区内允许年龄在20岁以上、55岁以下及粗通文字者报考驾驶员，报考小型车者，须身高在145厘米以上，体重45公斤以上；报考驾驶大型车者，须身高在155厘米以上，体重50公斤以上，具有6个月以上学习驾驶员经验。考试科目为体格检查、驾驶技术、交通规则、汽车修理保养。驾驶员的考验分初验、复验、审验三种，保证了驾驶员管理有章可循。

非机动车管理　1950年至1952年8月底，川北区各级党政机关自行车一律公用，私人自行车甚少，人力黄包车载客营运基本停止。自行车管理和人畜力车办证分别由属地县交通科和税务所负责。

交通安全宣传　1950年初，由中国人民解放军南充城防司令部负责南充市城防及市区治安与交通安全宣传。5月，中国人民解放军南充城防司令部改为中国人民解放军南充市警备司令部。8月，中国人民解放军南充市警备司令部发布《城市交通管理十则》，要求市民自觉遵行，违者依法制裁。是年末至1952年8月底，全区各级公安机关和交通管理部门采用宣传车、标语、板报、口头广播等形式宣传城市交通知识，深入国、省（区）道沿线乡镇宣传交通法规，用石灰浆在公路沿线岸壁墙上涂写“行人靠边走”“车辆靠右行”“严禁吊爬汽车”等宣传标语，请学校领导、老师对学生进行交通安全教育，在县境公路岔口和急弯、陡坡处设置木质、石质、水泥质指示标志，强化交通警示。

交通事故处理　1950年至1952年8月底，川北区境内发生轻伤1人至2人或直接经济损失在50元以上的交通事故，由各地交通车辆管理部门委托事发地县级政府安办、公安、交通局派人处理现场，做好记录、安排伤者治疗，然后再由各地交通部门监理人员参加善后处理。据不完全统计，至1952年8月，全区处理交通事故800余起。

检　察

1950年7月，中共川北区委、川北行署着手筹建川北区各级人民检察署。至1952年8月，先后建立了三级人民检察署，形成了检察、公安、法院分工协作紧密配合的工作机制，忠实履行了保卫人民民主政权、保护人民利益的检察职责。

【检察机构】 1951年4月，川北人民检察署开始组建。1951年6月18日，川北人民检察署正式成立，署机关驻川北行署内。设办公室、一处、二处、三处，编制25人（含工勤人员3人）。董弼忱任检察长，薛滨任副检察长。之后，陆续建立川北人民检察署南充、遂宁、达县、剑阁4个专区分署和南充市及南充、南部、岳池、三台、安岳、遂宁、中江、剑阁、广元、江油、达县、阆中、巴中、通江、万源等36市、县人民检察署。1952年9月1日，川北行署被撤销时，川北人民检察署随之被撤销。南充、遂宁、达县、剑阁4个专区检察分署和36市、县人民检察署改隶四川省人民检察署。

【刑事侦查监督】 川北区解放初期，刑事侦查、监督由各级公安机关行使。1951年6月至1952年8月，川北区各级人民检察署依据《共同纲领》原则和人民民主专政的司法制度，积极配合公安机关侦查刑事案件，正确区分罪与非罪的界限，重点检察刑事案件，有效监督了侦查活动的各个环节。

审查批准逮捕　1950年初至1951年5月，川北区内罪犯审查批准逮捕，由各级公安机关自行决定，分别呈报中共川北区委、南充市委、南充地委、遂宁地委、达县地委、剑阁地委及35县县委批准。1951年6月起，川北区各级人民检察署与公安机关联合行使审查批准逮捕，抽调干部配合公安、法院审查逮捕人犯的案卷材料，呈报县以上各级党委批准执行。至1952年8月，全区各级人民检察署遵循《共同纲领》及征粮剿匪、清匪反霸、抗美援朝、土地改革、镇压反革命、禁绝鸦片烟毒、“三反”、“五反”运动的政策法令，审查批准逮捕了土匪、恶霸、特务、反动党团骨干、反动会道门头子等五个方面的反革命分子和刑事犯罪分子，安定了社会秩序。

决定逮捕　1950年至1951年5月，川北区境内决定逮捕人犯工作由各级公安机关行使。1951年6月以后，川北区各级人民检察署全权履行决定逮捕工作职责。至1952年8月底，全区各级人民检察署正确把握逮捕条件，对公安机关要求逮捕的人犯一律按《共同纲领》和国家政策法令规定的程序决定逮捕，做到了防错捕、漏捕。

补充侦查　1950年至1951年5月，川北区在侦办土匪、恶霸、特务、反动党团骨干、反动会道门头子等五个方面的反革命分子和刑事犯罪分子案件中，授权各级公安机关直接起诉，不施行补充侦查程序。1951年6月起，川北区各级人民检察署协同公安机关试行刑事案件补充侦查程序，严办各类刑事案件。至1952年8月底，全区各级人民检察署依据《共同纲领》和土地改革、镇压反革命、“三反”“五反”的政策法令，审办公安机关呈送的各类刑事案件。对主要犯罪事实不清、证据不足、影响定罪量刑的案件退回公安机关补充侦查；对退回公安机关补充侦查后基本犯罪事实和情节仍未查清的案件，尽可能地派员配合公安机关补充侦查；对案情复杂、牵涉面广、分歧较大的疑难案件，积极协同公安机关补充侦查，将刑事案件补充侦查工作落到实处。

【公诉和刑事审判监督】 1950年至1951年5月，川北区内公诉和刑事审判监督，由公安机关承担。1951年6月至1952年8月底，川北区各级人民检察署按照《共同纲领》和国家政策法令审查公诉各类刑事案件。对免予起诉、不起诉刑事案件和刑事审判活动、刑事判决裁定进行全面监督，确保了公诉和刑事审判监督同步推进。

审查提起公诉　1950年至1951年5月，川北区内刑事案件审查提起公诉属公安机关之责。从1951年6月开始，川北区各级人民检察署在镇压反革命、“三反”、“五反”、“清理积案”等中心工作中，派出干部深入到问题较多的地区和单位，配合公安机关对罪恶极大的反革命案件和案件复杂、危害严重的刑事案件实行专人负责、个别审查、两人办案、交叉阅卷、集体研究、领导决定的办案制度。严格把握罪犯犯罪的真实性、证据材料的可靠性、法律引证的准确性的原则。对公安机关移送的起诉案件事实、适用法律、政策法令进行逐项审查，并将审查提起公诉与公安机关预审活动和法院预备庭相结合，在详细讯问被告和走访证人、肯定被告人的全部罪行后，制作起诉书，提起公诉，为法院对起诉案件准确判罪量刑提供了法律支撑。截至1952年8月，全区各级人民检察署对本系统自行侦查终结的刑事案件需要免予起诉和不起诉案件依法进行了审查。

出庭支持公诉　1950年至1951年5月，川北区各级公安机关在剿匪肃特、清匪反霸、镇压反革命、禁绝鸦片烟毒等一系列社会变革运动中，严办各类刑事案件，不施行出庭支持公诉。1951年6月至1952年8月底，川北区各级人民检察署围绕镇压反革命、土地改革、保卫国家经济建设中心任务，选择剑阁专区江油县第一伐木厂1万元以上贪污分子和南充市一部分应受刑事处分的贪污盗窃等典型案件，由检察长和检察员代表国家提起公诉、出庭支持公诉。

不起诉　1950年至1951年5月，川北区各级公安机关负责审查不起诉案件。1951年6月至1952年8月底，川北区各级人民检察署行使审查不起诉案件职权。对公安机关移送的“三反”运动6432件不起诉案件、“五反”运动497件不起诉案件进行了全面审查，及时作出不向人民法院起诉决定，防止了一批错误起诉案件。

免予起诉　1950年至1951年5月，川北区各级公安机关依据刑事案件情节轻重承办免予起诉案件。1951年6月至1952年8月，川北区各级人民检察署负责免予起诉案件工作。按照《共同纲领》和“三反”、“五反”运动政策法令审查免予起诉案件。对不需要追究刑事责任的贪污、贿赂犯罪分子及时免予起诉，公开宣布不追究刑事责任的免予起诉决定，发表免诉词，震慑了700余名贪污、贿赂犯罪嫌疑人向人民检察署投案自首。有力打击了国家公职人员中的蜕化变质分子和工商界的不法资本家，为实现对资本主义工商业的社会主义改造创造了条件。

刑事审判活动监督　1950年至1951年5月，川北区各级公安机关开始对刑事审判活动进行监督。1951年6月至1952年8月底，川北区各级人民检察署将刑事审判活动监督作为检察工作的重要任务，按法律法令规定的程序正确行使刑事审判活动监督。重点检查了法院在镇压反革命、“三反”、“五反”运动中一些应判不判、重罪轻判或错判的案件，并在出庭支持公诉发现违法行为时，立即在当庭和闭庭期间向法庭提出纠正意见予以纠正。

刑事判决裁定监督　1950年至1951年5月，川北区各级公安机关试行刑事判决裁定监督，对判决不当案件，会商法院予以纠正。1951年6月起，川北区各级人民检察署全权负责刑事判决裁定监督工作。至1952年8月，全区各级人民检察署审查法院判决裁定案件3044件，对发现的8件该判不判、90件重罪轻判、10件轻罪重判案件，及时按法定程序提出抗诉25件，并责成当事法院逐件作出了改判，171件经与涉及法院商议，由涉及法院作出了纠正。

【渎职侵权检察】　1950年至1951年5月，川北区内渎职侵权检察为各级公安机关代行。1951年6月至1952年8月底，川北区各级人民检察署畅通渎职侵权案件受理渠道。在土地改革等运动中，深入农村巡回了解情况，对农村、机关团体内的乱打、乱吊、乱押、逼供、侵犯人权的违法乱纪问题，通过工作队及时纠正，对涉及刑事犯罪的一律立案侦办。

渎职侵权案件受理　1950年至1951年5月，川北区各级公安机关直接受理渎职侵权案件。1951年6月以后，改由各级人民检察署行使受理渎职侵权案件职能。重点受理因官僚主义、玩忽职守而造成的渎职侵权案件和严重损失案件。至1952年8月底，全区各级人民检察署调动人民群众检举揭发渎职侵权案件的积极性，受理渎职侵权案件420件。

渎职侵权案件侦查　1950年至1951年5月，川北区各级公安机关承办渎职侵权案件侦查业务。1951年6月，川北区各级人民检察署接管实施渎职侵权案件侦查工作。重点侦查国家工作人员因官僚主义、玩忽职守而造成的严重损失案件。至1952年8月底，川北人民检察署南充、遂宁、达县、剑阁分署各立案侦办100余件渎职侵权案件，南充市人民检察署立案侦办渎职侵权案件20余件。其中具有代表性的案件为，川北人民检察署南充专区分署1951年8月立案侦查时任南充县永安乡土改工作队队长杜某与他人勾结陷害一青年村民致死案。经该分署检察长王如勃指派1名分署干部会同专署监察处的干部赴案发地调查取证1月结案，及时向法院起诉，杜某被判处有期徒刑10年。

【专项司法检察】　1950年至1951年5月，川北区内专项司法检察由各级公安、法院和监察机关协同行使。1951年6月至1952年8月底，川北区各级人民检署与公安、法院和监察机关分工协作，对巴中县镇压反革命、区内清监清案工作及江油县贯彻执行婚姻法进行了检察。

巴中县镇压反革命检察　1951年6月，川北人民检察署组织工作组赴各地会商组建专区、县人民检察署的同时，对巴中县镇压反革命工作情况进行了专项检察，并于12月12日形成关于检察巴中县镇压反革命综合报告呈报中共川北区委、川北行署。报告认为巴中县在解放以来的两年间围绕剿匪肃特、土地改革、抗美援朝等中心任务开展镇压反革命运动，给反革命分子以沉重打击，群众对党和政府的信任大大提高，涌现出不少的模范积极分子，抗美援朝捐献从原分配数15万元上升到18.6万元，缴纳爱国公粮如期完成，土匪基本肃清，群众所痛恨的匪患已成为过去，社会治安焕然一新，全县镇压反革命达到了预期的目的。报告明确指出该县渔溪、天洞等乡在清匪反霸、土地改革、镇压反革命等运动中存在的宣传政策不到位，登记案件材料不实，工作粗糙等问题。提出了加强基层干部教育管理和改进工作作风的具体要求。报告为中共川北区委、川北行署正确领导全区镇压反革命运动起到了一定的作用。至1952年8月，全区各级人民检察署围绕土地改革、“三反”、“五反”、保卫国家经济建设中心任务开展专项司法检察。

清监清案检察　1951年7月23日，川北人民检察署按照中央和最高人民检察院的指示精神，会商川北行署公安厅、川北人民法院发出关于清监清案的联合指示，要求各级人民检察署积极协同公安、法院清监清案，从速清理判处的案件。是月底，川北人民检察署派出6名干部与川北行署公安厅、川北人民法院组成工作组赴三台、巴中、剑阁等地展开清监清案检察工作。参加清监清案的分署和县署亦参加了各县的清监清案检察。川北人民检察署、川北行署公安厅、川北人民法院派出工作组赴巴中、通江等地，检查执行中共中央第三次全国公安工作会议决议精神和镇压反革命情况。在检察中发现巴中、通江等县执行土地改革、镇压反革命政策上存在简单粗糙的现象。巴中县的鱼溪、三汇两乡登记的土地改革、镇压反革命案件材料仅131份，经审查有12份材料是假的，20份材料有出入。在监所措施上，一般的是管理不严，存在严重麻痹思想。如南部县、北川县人犯在监所自由溜达。部分县少数公安干警敌我不分，违法乱纪，不注意犯人的生活环境导致犯人死亡的现象。工作组对存在的各种现象和问题立即向上级和当地反映，交换意见，及时作出纠正。8月底，全区清理在押人犯23041人，15000余名已判刑的人犯由全区各级公安机关分别举办改造营，进行劳动改造。9月至1952年8月，全区各级人民检察署与公安、法院协同清理了土地改革、镇压反革命、“三反”、“五反”等运动中产生的新积案，维护了社会稳定。

江油县执行婚姻法检察　1952年8月，川北人民检察署与川北人民法院和川北行署监察委员会组成联合工作组，检查江油县执行婚姻法的情况。发现该县1月至7月因婚姻纠纷死亡达47人，公婆丈夫虐待媳妇妻子的案件有67件，通奸和强奸事件仅云集乡一个乡的统计就有100对以上。乡村干部干涉婚姻自由现象相当严重，动辄要离婚者向对方提出10余个条件才准予离婚。如该县东兴乡一贯受丈夫虐待的徐桂英提出离婚，干部叫她起码要提出13个条件才能离婚，徐说不出来，就开大会斗争，叫徐跪瓦渣子坦白。对此类侵犯人权和违反婚姻法的严重现象，联合工作组与该县领导一起研究处理对策，责成该县政府运用各种会议、简报、墙报、黑板报、漫画幻灯和结合处理典型案件等形式深入宣传婚姻法，提高干部和人民群众对婚姻法的认识，自觉同干涉婚姻自由的恶劣现象作坚决的斗争，使婚姻法在全县得到全面贯彻和执行。

【反贪污贿赂检察】 1951年6月至1952年8月，川北区各级人民检察署重点打击不法商人，惩办国家工作人员贪污受贿等腐败行为。打击妨碍经济管理秩序，危害工业建设，危害农业、手工业合作化的经济犯罪。提起公诉的经济犯罪案件，法院均作了有罪判决，确保了全区社会经济健康发展。

反贪污贿赂案件受理 1951年6月至1952年8月底，川北区各级人民检察署受理“三反”“五反”运动检举揭发出来的贪污、贿赂、偷税、漏税、盗骗国家财产等各类经济案件7747件。严格按照中央“宽大与严肃相结合”、“改造与惩办相结合”的政策，“过去从宽、今后从严、多数从宽、少数从严、坦白从宽、抗拒从严”的方针，将“胁从从宽、主谋从严；偶犯从宽、屡犯从严；退赃从宽、赖脏从严”的法令作为办案、定案的标准。依法办结贪污100元至1000元以下贪污贿赂案件5154件，违法奸商行贿、偷税、漏税、盗骗国家财产案件515件。

反贪污贿赂案件侦查 1951年6月至1952年8月底，川北区各级人民检察署按照《共同纲领》原则和中央《关于“三反”斗争必须大张旗鼓进行的电报》、《关于在城市中限期展开大规模的坚决彻底的“五反”斗争的指示》，有力开展反贪污贿赂案件侦查工作。立案侦查贪污贿赂案件5669件，为国家挽回经济损失434万元。

【监所检察】 1951年6月至1952年8月，川北区各级人民检察署认真贯彻执行《共同纲领》和国家政策法令，积极配合劳动改造机关，按照《中华人民共和国劳动改造条例》对区内各监所和劳动改造场所分期分批实行法律监督检察，打击各种违法犯罪行为。

执行刑事判决裁定检察 1951年6月至1952年8月底，川北区各级人民检察署对人民法庭公审判决的刑事犯人送监所羁押服刑进行法律监督检察。主动会同公安、法院对全区37个监所和劳动改造场所作定期、不定期检察。对量刑不准的案件按法律程序逐一纠正。对监所环境差和管理混乱现象责令限期整改。对敌我不分和严重违法乱纪的干警依法作出严肃处理。确保了监所对犯人惩罚管制与教育改造同步推进。

羁押和释放人犯检察 1951年6月至1952年8月底，川北区各级人民检察署依据《共同纲领》和国家政策法令检察已决犯人。对刑期已满、刑期快满、有立功表现的犯人，将功折罪，予以提前释放。判处3年以下有期徒刑，已执行三分之二以上，表现较好的犯人准予取保假释。判处5年以下徒刑之老年犯人（60岁以上）经群众同意，保释管制。判处3年以下徒刑之少年犯人（18岁以下）有家长者，征得群众同意后，取保释放或释放管制。判处3年以下的女犯人，除特务外，其情节较轻，民愤不大者，经群众同意，取保释放，交群众严加管制监督劳动生产。判处15年以下的有期徒刑，生理上已失掉反革命作用者（真正严重精神病、严重瘫痪的残疾病及已不能行动严重慢性病），除特务外可取保释放。在检察处决未决犯人方面采取下列6项措施：对案情业已搞清，经查对登记者，从速结案，分别处理；对土改或土改复查中遗留下来的一些问题不大不须判刑的人犯，令其向群众低头认罪后释放或释放管制；对材料有误错捕的，或罪恶不大，已彻底坦

白悔过不须判刑者，均作为积案，予以释放或管制；对可捕不可捕而已捕者，不得轻易释放或造成群众不满，尽一切力量弄清案情，该判的立即判刑，该放的予以释放，按情节轻重加以管制或不管制；对案情简单，并已掌握一部分确切材料者，加紧审讯发动坦白和配合调查弄清问题分别结案处理；应杀、应关的案犯，以杀、缓、关、管、放相结合，兑现政策法令。在监所日常管理方面，纠正了南充专区营山县将11名54岁以下被判处死缓、无期、长期徒刑的人犯准备按老年犯处理的问题。检查了遂宁、达县、剑阁3个专区所属监所管理措施和羁押犯人的环境。严格了刑满释放、减刑、假释、提前释放及加刑、记过等批准手续制度。

监管改造场所执法监督　1951年6月至1952年8月底，川北各区各级人民检察署严格执行人民民主专政的司法制度，依法对区内各监管改造场所进行执法监督。与区内各级公安、法院、监察机关建立了对监管场所执法监督检察联席会议制度。理清了一批错漏案件，纠正了释放罪犯工作中的违法乱纪问题。

【控告申诉检察】　1951年6月至1952年8月底，川北区各级人民检察署认真贯彻执行《共同纲领》和剿匪肃特、土地改革、镇压反革命、“三反”、“五反”政策法令，将刑事控告申诉检察作为重要任务。设置人民检举接待室，配备专职干部，分别在南充市和各县县城主要街道设人民检举控告意见箱。建立登记、编号、自办、转办、催办制度。积极开展人民来信来访工作，支持人民群众与犯罪分子做斗争。受理公民控告申诉来信2464件，接待来访者488人次，查办基层干部违法乱纪案件508件，转有关部门处理信件1468件。

【检察机关法律调查研究工作】　川北人民检察署成立后，积极开展法律调查研究工作，增强检察机关业务工作的前瞻性。1951年12月初赴巴中县进行镇压反革命政策法律调研，形成《巴中镇反的综合报告》《巴中天洞乡镇反检察报告》《巴中鱼溪、三汇两乡镇压反革命检察报告》，并呈报中共川北区委、川北行署，为领导决策全区第四期镇压反革命运动提供了第一手材料。至1952年8月，全区各级人民检察署围绕土地改革、镇压反革命、“三反”“五反”运动和保卫国家经济建设等中心任务，深入开展法律调查研究工作，形成书面报告呈送各级党委、政府。

审　判

1950年年初至1952年8月，川北区各级人民法院在审理刑事、民事案件时，以《共同纲领》、《中华人民共和国婚姻法》、《中华人民共和国土地改革法》和剿匪肃特、清匪反霸、土地改革、镇压反革命、禁绝鸦片烟毒、“三反”、“五反”等政策法令及最高人民法院的司法解释作为依据。在审级上实行三级二审制，采用公开审判、就地审判、巡回审判、人民陪审、群众公诉、辩护、上诉等审判制度。在裁决上以事实为依据、法律法规为准绳，由法庭庭长和审判员、陪审员合议判决。

【审判机构】 1950年1月，中国人民解放军南充县、遂宁县军事管制委员会和其他各县军事接管委员会接管四川省高等法院四川省高等法院第四分院、第七分院、第十一分院和各县地方法院或司法处。4月，成立川北人民法院。内设刑事审判庭、民事审判庭、秘书处（司法行政处），编制80人。张雪岩任院长，吴奇任副院长。管辖南充市和南充、遂宁、达县、剑阁4个专区及35县诉讼案件与司法行政。5月起，川北人民法院南充、遂宁、达县、剑阁分院和南充市人民法院先后成立。各分院和南充市人民法院均设刑事审判组、民事审判组、秘书室。35县人民法院按特、甲、乙、丙、丁5个类型组建，均设秘书室和刑事、民事审判员，县长兼任院长。其中三台、中江、安岳、南充、南部、达县6个特等县法院各编制12人。遂宁、射洪、蓬溪、岳池、营山、宣汉6个甲等县法院各编制11人。乐至、潼南、盐亭、蓬安、武胜、仪陇、开江、通江、平昌、苍溪、江油、阆中、剑阁13个乙等县法院各编制10人。万源、南江、广元、旺苍4个丙等县法院各编制9人。昭化、青川、北川、平武4个丁等县法院各编制8人。至1951年6月1日，全区共组建三级二审法院40个。1952年9月1日，川北行署被撤销，川北人民法院随之被撤销，南充、遂宁、达县、剑阁4个专区分院和南充市及35县人民法院受四川省高级人民法院领导。

审判委员会　1950年4月，川北人民法院成立，在院内组建审判委员会，行使刑事、民事审判监督。院长张雪岩任主任委员，委员和秘书从法院刑事审判庭、民事审判庭、秘书处（司法行政处）产生。审判委员会会议由院长主持，川北人民检察署检察长和案件主办审判员列席会议。审判委员会对已开庭审理并经合议庭合议认为难以作出裁定的疑难、复杂、重大上诉刑事、民事案件进行集体讨论，决定终审或驳回一、二审法院重审；总结审判工作经验，议决审判工作中的重大事项。5月起，川北人民法院南充、遂宁、达县、剑阁分院和南充市及35县人民法院陆续建立审判委员会，亦由院长与刑事、民事、秘书组室主要负责人分别担任主任委员和委员。对各级法院已审理的疑难、复杂、重大刑事、民事案件判决进行集体讨论裁定，确保刑事、民事案件不错判、冤判。1952年9月1日，川北行署被撤销，川北人民法院及审判委员会随之被撤销。

人民法庭　1950年7月20日，《中华人民共和国土地改革法》公布施行后，川北行署在保障革命秩序与人民政府的土地改革政策法令实施的同时，命令批准辖区各市、县成立人民法庭和县辖区分庭。授权市、县人民法庭和县辖区分庭运用司法程序，惩治危害人民与国家利益、阴谋暴乱、破坏社会治安的恶霸、土匪、特务、反革命分子及违抗土地改革法令的罪犯，巩固人民民主政权，确保全区土地改革顺利完成。8月25日，川北人民法院选择遂宁分院在蓬溪县试行成立首个县人民法庭，并在全区推广。9月中旬，南充市及其他35县陆续成立人民法庭。县人民法庭依据实际需要在其辖区设分庭，县人民法庭和县辖区分庭组成人员从公安局、法院抽调或从民选干部中产生。县人民法庭正、副审判长由正、副县长或公安局长兼任。县辖区分庭正、副审判长由区长和土地改革工作团团长兼任。实行陪审员审判制度，采用公开审判方式审判罪犯，由人民群众诉苦控诉，经群众斗争大会和预审召开审判委员会作出初步决定，送请专员公署或县人民政府批准后，再行定期公审判决执行。至1952年8月底，全区共建立南充市及35县人民法庭36个、县辖区分庭145个，有专职法庭干部230余人，受理土地改革、减租退押、清匪反霸、镇压反革命、“三反”“五反”运动中发生的刑事、民事案件47000余件，审结44650件，结案率达95%。

合议庭　1950年至1952年8月底，川北区各级人民法院视案件性质，实行人民陪审员制度，重大或疑难案件由3人以上组成合议庭。合议庭由院长或庭长指定审判员1人担任审判长，院长或庭长参加审判案件时担任案件审判长。合议庭的一切审判活动由审判长主持。合议庭评议案件实行少数服从多数原则，经合议庭组成人员过半数通过作出裁决，少数人的意见记入笔录备查。合议庭成员对案件负责，并对重大或疑难案件报请院长提交审判委员会讨论决定。

【刑事民事案件审判程序】　1950年至1952年8月底，川北区刑事、民事案件审判实行三级二审制，刑事和民事案件均设置一、二审程序。

刑事案件审判程序　刑事案件一审程序为：审判机关收到公诉和自诉的刑事案件后，首先审查案件是否构成犯罪、事实是否清楚、证据是否充分。经审查确认公诉案件主要事不清、证据不足的，责成公诉机关补充调查；自行起诉的案件则由人民法院派员就地调查，核实并收集新的证据材料。讯问被告核实案件事实并将犯罪材料交给人民群众讨论，提出初步处理意见，由人民法院审判员与人民陪审员组成合议庭或由审判员直接公开审判；重大刑事案件由上级人民政府审核委任的审判长、副审判长、审判员组成人民法庭及其分庭公开审判。拟判2年以下（含2年）徒刑由各县法院判决后即予执行。5年以上徒刑、死刑经川北行署主任或川北人民法院复核后执行。刑事案件二审程序为：原告和被告当事人对县人民法庭及其分庭的一审判决不服，须要求县人民政府指令人民法庭复审，复审判决后仍不服时准予上诉。人民法庭及其分庭对匪特反革命分子之死刑判决，不得上诉。二审法院收审上诉刑事案件为终审，特殊情况下准予上诉川北人民法院三审或维持一审终审。

民事案件审判程序　民事案件一审程序为：民事纠纷案件由当事人直接向人民法院起诉，不交费用。人民法院收到民事纠纷案件后，采取携卷下乡或在民事纠纷发案多的区、乡设立收案点，就地收案、就地调解，由审判员和人民陪审员组成合议庭或审判员直接审判。民事案件二审程序为：二审审判机关收到上诉民事案件后，指定审判人员通过阅卷审查全案，不受上诉范围的限制。对原判事实清楚，证据充分，适用法律、政策明确的，驳回上诉，维持原判；对原判事实清楚，证据充分，适用法律错误的依法予以改判。对原审法院违反法律程序，可能影响公正判决，或原审认定事实不清、证据不足的案件撤销原判，发回重审。对案情重大复杂，不宜发回重新审判的案件，则由二审人民法院直接调查审理判决。

【刑事审判】　1950年后，川北区发生的刑事案件主要有反革命案件、破坏国家经济建设案件、妨害公共秩序案件、妨害公务案件、贪污渎职案件、奸淫案件、杀人案件、妨害个人身体及名誉案件、危害个人财产案件等。川北区各级人民法院依据人民民主专政的司法制度，开展刑事审判工作，打击各类刑事犯罪分子。至1952年8月，全区共受理审结各类刑事案件4万余件。

反革命案件审判　1950年3月起，川北区各级人民法院为有力地打击反革命分子的嚣张气焰，确保征粮剿匪、清匪反霸、减租退押、抗美援朝、土地改革、镇压反革命等运动顺利进行，坚决贯彻执行《共同纲领》《中华人民共和国惩治反革命条例》和中共中央、政务院、最高人民法院关于镇压反革命的政策法令，集中力量审办反革命案件。至1952年8月，全区各级人民法院共受理反革命案件5933件，审结反革命案件5363件。

杀人案件审判　川北解放初期，城乡阶级斗争十分尖锐，不甘失败的土匪、恶霸、地主和潜伏的敌特分子以投毒、暗杀等残忍手段故意杀人，向人民群众报复。川北区各级人民法院按照《共同纲领》和人民民主专政的政策法令，严办一切杀人案件。1950年初至1952年8月，受理杀人案件2027件，审结1626件。

破坏国家经济建设案件审判　1950年年初，川北区面临的重要任务是控制物价上涨，稳定经济，恢复发展生产，使新生的人民政权在经济上、政治上站稳脚跟。川北区各级人民法院直面区情，按照中央人民政府政务院、西南军政委员会、中共川北区委、川北行署关于国民经济和社会事业恢复与发展的政策法令，审办破坏国家经济建设的案件。至1952年8月，全区受理破坏国家经济建设案件4076件，审结3548件。

妨害公共秩序案件审判　1950年春起，川北区各级人民法院履行司法行政职责，速办妨害公共秩序案件。至1952年8月，全区受理妨害公共秩序案件4965件，审结4270件。

妨害公务案件审判　1950年年初到1952年8月，川北区各级人民法院全面贯彻执行《共同纲领》，依法受理妨害公务案件957件，审结837件。

贪污渎职案件审判　1950年年初至1952年8月，川北区大张旗鼓地开展“三反”“五反”运动，发动人民群众揭发出一批贪污渎职机关工作人员和贪污盗窃分子。川北区各级人民法院受理贪污渎职案件3920件，审结3036件。在南充市、遂宁县、达县、广元县等地分别召开了重大贪污渎职案件公审大会，公审判处了一批重大贪污渎职首恶分子死刑，并执行枪决。

妨害个人身体及自由名誉案件审判　1950年，川北区各级人民法院力办妨害个人身体及自由名誉案件。至1952年8月底，全区受理妨害个人身体及自由名誉案件9357件，审结8861件。

危害个人财产案件审判　1950年1月15日，中共川北临工委在《川北区初期工作纲要》中明确提出群众复业生产。川北行署亦在6月18日的《川北区当前施政方针》中将国民经济和社会事业的恢复与发展列为施政要务。川北区各级人民法院紧紧围绕《川北区初期工作纲要》和《川北区当前施政方针》办理危害个人财产案件。至1952年8月，全区受理危害个人财产案件8320件，审结7392件。

奸淫案件审判　1950年5月1日，《中华人民共和国婚姻法》正式颁布后，川北区各级人民法院有力打击违背妇女意志，强奸妇女、奸淫幼女的一切淫秽邪恶分子。至1952年8月，依法受理强奸妇女、奸淫幼女案件3418件，审结3040件。在南充市、遂宁县、达县、广元县等地分别召开万人大会公判有关罪犯，依法分别判处有关罪犯死刑、剥夺政治权利终身，执行枪决。

烟毒案件审判　1950年年初至1952年8月，川北区各级人民法院审判烟毒案件2728件，审结2684件，判处烟犯1051人，处决45人。

其他刑事案件审判　1950年至1952年8月底，川北区各级人民法院依据《共同纲领》《中华人民共和国婚姻法》《中华人民共和国土地改革法》和国家政策法令受理其他刑事案件759件，审结711件。

刑事上诉案件审判　1950年，川北区内司法行政实行三级二审制。经一、二审法院判决不服的上诉案件，由川北人民法院直接审理。至1952年8月，川北区人民法院受理南充、遂宁、达县、剑阁分院和南充市人民法院刑事上诉案件808件，审结750件。

减刑　1950年年初至1952年8月，依据《共同纲领》和人民民主专政的司法制度，川北区内凡判无期徒刑的罪犯在服刑中接受改造、劳动、遵守监规的可减为有期徒刑，经各监所逐级呈报川北行署公安厅、川北人民法院核准，由川北行署公安厅、川北人民法院通知当事监所执行。

假释　1950年至1952年8月底，川北区37个监所关押的已判决犯人假释，须由各监所逐级呈报川北人民法院审核裁定，并由川北人民法院通知当事监所执行。

【民事审判】　1950年后，川北区民事纠纷案件较突出的有婚姻、继承、劳资、工商、债务、损害等案件。至1952年8月，川北区各级人民法院依据《共同纲领》《中华人民共和国婚姻法》《中华人民共和国土地改革法》和国家相关政策法令，受理审结各类民事案件6万余件，有效保护了公民的合法权益。

婚姻纠纷案件审判　川北解放初，各地早婚、童养媳、纳妾、包办、买卖婚姻、虐待、打骂妇女等现象比较普遍，其恶劣的社会风气严重影响人民群众正常生活秩序和社会稳定。1950年5月1日，《中华人民共和国婚姻法》正式颁布。川北区各级人民法院在反对封建婚姻制度和贯彻执行新婚姻法运动中，及时开展婚姻纠纷案件审判工作。是年受理婚姻纠纷案件3366件，审结3085件，开启为受害妇女申冤壮胆大门。1951年1月至1952年8月，全区受理婚姻纠纷案件15683件，审结15135件。

继承纠纷案件审判　1950年起，川北区各级人民法院按照《共同纲领》和国家规定的继承涉讼程序办理继承诉讼案件。至1952年8月，全区受理继承纠纷案件2019件，审结1950件。

劳资纠纷案件审判　1950年初夏，川北区各级人民法院将“劳资两利”作为处理劳资纠纷案件的依据，并在是年受理劳资纠纷案件452件，审结417件。1951年1月至1952年8月，全区受理劳资纠纷案件790件，审结698件。

土地纠纷案件审判　1950年7月20日，《中华人民共和国土地改革法》公布后，川北区各级人民法院成立人民法庭，运用司法程序展开土地纠纷案件审判工作。是年，受理土地纠纷案件6486件，审结6273件。1951年1月至1952年8月，全区受理土地纠纷案件10820件，审结10460件。

房屋纠纷案件审判　1950年春，川北区各级人民法院在受理审判城市房屋纠纷案时，采取保养房屋、安定居住、发展生产的“主客两利”原则进行处置。房主若要收回自住，以往的租金要偿付。修缮、出卖须在3个月前通知客方。是年，受理房屋纠纷案件1096件，审结962件。1951年1月至1952年8月底，全区各级人民法院受理房屋纠纷案件1820件，审结1621件。

工商业纠纷案件审判　1950年，川北区各级人民法院按照《共同纲领》保护私营工商业的合法经营和适当发展的规定及中共七届二中全会关于全国工作重点向经济建设转移的精神与国家政策法令要求，受理工商业纠纷案件415件，审结374件。1951年1月至1952年8月底，全区受理工商业纠纷案件681件，审结622件。

债务纠纷案件审判　川北解放后，对解放前农民所欠地主的债务一律废除，所欠富农的债务，利倍于本者，停利还本；利二倍于本者，本利停付；付利不足本之一倍者，承认债务有效；付利已达一倍以上，不足两倍者，付利满两倍后，解除债务关系；付利已达两倍以上者，其超过部分，亦不再退回。凡在中途改换契约的债务关系，在另立新契约时，将欠付利息累计本金之内者，其累计之数无效，仍按债权人原借之本金清理之。凡货物买卖及工商往来欠账（包括地主、富农兼营的工商业在内）仍依双方原约定处理。其1950年前农民欠农民的债务及其他一般借贷关系，均有效。解放后，川北区内发生的一切借贷关系，包括地主借出在内，其由双方议定的契约均继续有效。农村中的债务纠纷，均由当地区、乡人民政府会同农协会按照《新区农民债务纠纷处理办法》规定处理，区、乡不能解决时，由司法机关裁定处理。至1952年8月底，川北区各级人民法院受理债务纠纷案件21468件，审结20020件。

损害纠纷案件审判　1950年年初起，川北区内公民之间发生的故意或过失、不法侵害他人权利的，均由侵害人负责损害赔偿责任。被损害人和侵害人达不成赔偿事项或产生纠纷时，由司法机关裁定处理。至1952年8月底，全区各级人民法院受理损害纠纷案件1574件，审结1410件。

其他民事纠纷案件审判　1950年至1952年8月底，川北区各级人民法院在处理抚养、赡养、扶养案件过程中，贯彻执行国家政策法规和“三养”（即抚养、赡养、扶养）费标准，注重保护妇女、儿童、老人的合法权益。依法受理“三养”纠纷及其他民事纠纷案件385件，审结383件。

民事上诉案件审判　1950年，川北区内司法实行三级二审制，当事人不服一、二审民事判决的可以上诉。是年至1952年8月底，川北区人民法院受理南充市和南充、遂宁、达县、剑阁4个专区民事上诉案件386件，审结366件。

【刑事民事执行】　1950年年初至1952年8月，川北区各级人民法院根据法律规定，依照法定程序，按诉讼性质的不同，严格进行刑事、民事执行。

刑事执行　1950年年初至1952年8月，川北区各级人民法院在刑事执行方面，有徒刑、拘役、管制、缓刑、死刑、死缓6大类。

徒刑执行包括有期徒刑和无期徒刑两种。有期徒刑的执行分为：判处2年以下徒刑的，各县人民法院判决后即可执行；2年以上5年以下徒刑，须经各专署复核后执行；5年以上的徒刑须经川北行署复核后执行。1952年9月1日川北行署撤销以前，川北人民法院南充、遂宁、达县、剑阁分院和南充市人民法院判2年以上有期徒刑的案件，判决确定后，被告不上诉的（反革命除外）或过上诉期的案件，须报川北人民法院复核后，方予宣判交付执行。短期徒刑案件，由原审法院交公安机关看守所执行。长期徒刑的人犯交川北行署公安厅监狱执行。在清匪反霸、土地改革、镇压反革命、“三反”“五反”运动中，南充、遂宁、达县、剑阁专区和南充市对罪犯严重的依法判处无期徒刑。无期徒刑判决确定后，报川北人民法院核准后执行。在执行中，罪犯接受改造、劳动好、遵守监规的可减为有期徒刑。至1952年8月，川北区羁押拘役刑罚适用界限混染，仅有部分犯罪分子被执行拘役；判处拘役、有期徒刑适用缓刑的较多。以清理积案为例，川北区对19870名在押人犯进行了清理结案，占在押人犯总数的81.79%；处理11314名，占清理总数的56.94%，仅有2784名人犯需继续弄清问题；在清匪反霸、土地改革、镇压反革命、“三反”“五反”等运动中，对判处的各类反革命罪犯、重大贪污渎职罪犯由川北行署主任（或行署主任指定的专员）批准的命令执行。审判机关接到死刑命令后，立即在当地召开公审大会，由审判长宣告判决及执行死刑命令，将罪犯押赴刑场，经审判人员验明正身，执行枪决，并布告城乡；判处死刑缓期2年执行的罪犯死缓刑罚，交付劳改机关执行。

民事执行　1950年年初至1952年8月，川北区内民事执行实行审执合一的体制。川北区各级人民法院审结的民事案件在判决生效后，经过审判人员的督促，绝大部分义务人均自觉履行了义务。拒不执行判决的仅为少数，在人民法院向其当事人进行司法教育和做思想工作后，一般都能履行义务。

【审判监督】　1950年年初至1952年8月，川北区各级人民法院实行审判监督的案件主要有：当事人、被害人的申诉；机关团体和企事业单位发现人民法院已经发生法律效力的判决裁定认为确有错误，将其意见向人民法院或人民检察署提出的；人民群众来信来访反映认为确有错误，请求审查纠正的；各级各界人民代表会议代表提出的有关错案的议案；司法机关自己已发现的错案。对上列5种刑、民事案件，经审查后，报川北区各级人民法院审判委员会讨论决定，如认为理由正确，原判决裁定确有错误的，则依审判监督程序，另行组织合议庭进行再审。合议庭再审程序分为：如原来是第一审案件，应按一审程序进行审判，所作的判决或裁定可以上诉或抗诉；如原来是第二审案件，或是上级法院提审的案件，应按第二审程序进行审判，所作的判决或裁定是终审的判决和裁定，当事人不能上诉。

刑事民事案件复查　1950年年初至1952年8月，川北区各级人民法院贯彻执行中共中央第三次全国公安工作会议精神，集中清理复查刑事、民事积案。武胜、岳池等16县清理复查刑事、民事积案10800件，达县专区通江、南江、巴中3县清理复查刑事积案1902件。全区共清理复查刑事积案13607件，清理复查民事积案11390件。对复查出来的错捕、错押、错判案件均按国家法律及审判监督程序予以分别改判纠正。南充专区在清理复查刑事、民事案件中，及时平反改判56件，为全区清理复查刑事、民事案件起到了带动作用。

刑事民事申诉案件处理　1950年至1952年8月底，川北区各级人民法院设问事代书室兼申诉案件受理，逐级呈送审判委员会责成刑、民审判庭处理申诉案件。川北人民法院南充、遂宁、达县、剑阁分院和南充市及35县人民法院共处理刑事申诉案件612件、民事申诉案件65件。

刑民事案件审判监督　1950年年初至1952年8月，川北区内申诉申请再审刑事、民事案件，由川北区各级人民法院秘书处、组、室（司法行政处、组、室）审查，报审判委员讨论决定后，进入再审程序。

【人民群众来信来访处理】　1950年12月，川北人民法院始设问事代书室和意见箱，指定专人负责处理人民群众来信来访，听取搜集人民群众的意见和建议。至1951年年底，川北人民法院南充、遂宁、达县、剑阁分院和南充市及35县人民法院相继设立问事代书室，开展问事代书业务。1952年1月至6月，川北人民法院接收人民群众来信142件，搜集检举坏分子信件18件、建议书6件，接见人民群众问事896件（次），承办人民群众请求代书事项91件。对川北行署办公厅及其机关转来的信件和建议书，凡涉及区有关部门者立即转请研究处理。一般询问政策法规法令者，均由院秘书处（司法行政处）第二科、第三科负责及时解答。来信地址不详或匿名来信者，则由黑板报通知到院面谈，或将解答刊登黑板报告知。量刑不准或疑难婚姻问题，则分别责成刑事、民事审判庭研究答复。接见人民群众工作主要由院问事代书室主任施行，审判员、见习审判员负责问事，书记员代书，轮流值日，逐个解说问题，耐心调解民事及轻微刑事案件。至8月，川北人民法院南充、遂宁、达县、剑阁分院和南充市及35县人民法院问事代书室，落实专兼职干部管理人民群众来信来访工作。

【法治宣传教育】　1950年4月，川北区各级人民法院成立后，采取多种形式宣传《共同纲领》《中华人民共和国婚姻法》《中华人民共和国土地改革法》和国家政策法令，教育司法干部从思想深处认识废除民国时期司法制度的重要意义，明确人民民主专政司法制度的本质和内涵，严格要求广大司法干部在剿匪肃特、减租退押、清匪反霸等一系列社会变革运动中，正确把握刑事、民事审判政策，忠实履行司法干部的使命。1951年1月起，川北人民法院以人民法院为人民服务为宗旨，大张旗鼓地宣传党的司法政策和国家法规法令，最大限度争取人民群众对人民政府政策法令的了解和认知，根除民国时期的法规残留和影响，培养新民主主义的道德观念与法制精神。12月初，在川北区首届第二次各界人民代表会议召开期间，举办全区司法宣传展览9天。宣传展览内容分为：镇压反革命项、破坏国家经济建设项、烟毒毒害项、妨害家庭个人自由项、婚姻纠纷项、监所工作项、其他项（包括房屋、债务、人民法院与民国法院的区别以及人民法院的宣教工作等）。分别展出判决裁定书104件，连环画660幅，照片416张及一批犯人劳动改造成品。参观展览群众达102429人（机关、学校、团体17000余人，川北区各代会代表1300余人，其余为居民集体参观）。南充市80%左右的居民受到了直观法制教育，全区1300余名各界人民代表了解了人民司法工作，将司法成果展览内容带到各县去提供了最佳机会。1952年1月至8月，川北人民法院围绕镇压反革命、土地改革、“三反”“五反”，保卫国家经济建设中心任务，大力宣传《中华人民共和国人民法院暂行组织条例》，分别派出工作组到南充、遂宁、达县、剑阁分院和南充市及35县人民法院指导贯彻执行《条例》，深化法制宣传教育，完善人民法院基本职能、组织制度和审判宣教工作。

国民经济

1950年年初，中共川北区委、川北行署按照中共中央关于恢复国民经济和开展各项建设的指示精神，实行金融货币管理，消灭了金银黑市，调整金融，支持了工农业生产；保证了群众粮食供应和食盐供应，国营公司收购农村土特产品，组织城市工业品下乡，消除了物价波动，活跃了市场；召开了工商代表会及土产交流会，沟通了城乡关系，带动了私营商业的恢复和发展；大力发展合作社，发挥了国营经济的助手作用；先后恢复、扩建、新建工业企业，在厂矿进行民主改革，提高了工人阶级生产积极性；抢修了被破坏的公路，修建桥梁，开始了边远山区与老根据地交通建设，架修了电话线。至1952年8月，川北区在旧的废墟上恢复并发展了经济，初步改善了人民生活，为川北的发展奠定了良好的基础。

【农业】 川北区大部地处嘉陵江、渠江、涪江三江上游，山区多于丘陵。全区耕地面积3240万亩，只占土地总面积的25.3%。十年九旱。解放前农业生产水平长期低下，农民缺吃少穿。解放后，川北区各级人民政府十分重视农业生产。1950年，中共川北区委、川北行署把恢复农业生产、保持和逐步提高农业生产水平，作为施政方针。发布奖励生产办法，教育农民把减租退押得到的胜利果实全部投入生产，努力增产。同时从良种、贷款等方面给予扶持，使农村经济迅速得以恢复，1950年农业总产值达到41334万元。1951年，在全区大部分地区完成土地改革后，川北行署提出大力发展棉麻、大力提高粮食生产、大规模植树造林、大量发展牲畜的口号，层层召开劳动模范大会，动员群众掀起生产热潮，实现粮棉增产，猪牛增加。全区农业总产值增加到53035万元。1952年，普遍开展爱国丰产竞赛运动。同时，奋力抗旱救灾。至8月1日底，预计全年农业总产值达到58876万元，分别比1950、1951年提高42.44%和11.01%。

粮食生产　1950年6月，川北行署制定的《川北区当前施政方针》指出：农村工作的一切步骤，均须与农民生产密切结合。各级人民政府必须经常系统地了解农村生产情况，关心农民生产中的困难与呼声，以便保持原有农业生产水平并逐步提高；必须坚持执行因劳动耕作，善于经营而增产者，不增加负担，怠于耕作而减产者，亦不减少负担的政策；允许雇佣劳动力与自由借贷，以促进农业生产。为进一步调动和保护农民的生产积极性，川北行署相继颁发了《恢复农业生产，保持1949年原有生产水平》的布告及《农业生产奖励暂行办法》。《办法》规定：凡因勤劳耕作、加工修整，使其收藏量超过常年一般产量者，超过部分免征公粮；开垦熟荒地，免征公粮一年，开垦生荒地，免征公粮三年；凡农民中，对于粮食生产（如选择良种，防治病虫，改善栽培，改良水利等）有特殊贡献，而群众普遍应用，确有增产成效者，除呈请政府另予奖励外，其产地的收入，按常年产量的九成计征公粮；农民新修渠堰、水坑与修复旧渠堰，变旱地为水田者，三年内仍按原来旱地产量计征公粮。川北行署农林厅先后组织调查组分赴7个乡调查农村缺种、缺肥情况，及时引进良种、发放贷粮、组织防治农作物病虫害等。1950年上半年，先后3次从川西农改所引进水稻、红苕、玉米、高粱、小麦等7个良种，其中晚稻“浙场3号”450公斤，小麦良种“中大2419”“矮力多”“川福”等5000公斤。在各专县及南充市试种繁殖。在区内，拨出公粮21582公斤、大米2848公斤，收购南瑞苕种5735公斤，小麦中农28、2419、合场5号等4432公斤。先后3次发放农贷大米19150市石，标粮150万公斤，解决贫雇农度荒口粮和生产用种用肥。7月至8月，川北行署农林厅又派人到蓬溪、遂宁、射洪、三台四县组织农民防治水稻螟虫59.2公顷，红苕金花虫1364.27公顷。9月，全面发动各县防治麦病，编印发放《农业病虫害防治法初集》资料3000册，指导农民科学防治病虫害。为了增加生产用肥，还在武胜县真静、华封两个乡发动群众进行堆肥试点，共积造5280堆、500多万公斤，于10月20日召开全区会议进行推广，推动群众性积肥造肥。同时，农民在耕种好原有耕地的基础上，积极开垦荒地。全区有

17个县全年垦荒0.87万公顷。1951年1月至3月，全区各级先后召开劳动模范会议，交流生产经验。川北区劳模大会，参加会议1000人，到会劳模800人。会后，通过各界人士会议，层层传达贯彻，发出宣传资料10万份，广泛动员，掀起生产热潮。春耕时节，正值第一期土地改革高潮，为了不误农时，3月20日，川北行署发出《大力领导春耕生产的十项命令》，要求：春耕一到，一切工作都必须围绕春耕生产进行；正实行土地改革的6县1市4区，务于春耕前把土地分配完毕，将可以推后解决的问题留在春耕后去解决，保证农民新分得的土地和财产不受侵犯；所有暂不实行土地改革地区，应巩固减租退押成果，保证佃权，保证不荒一寸土地，着重宣传谁种谁收政策；允许富农经济发展，严格保护中农，允许雇工、请短工；对某些缺少劳力的烈军属，应有组织地做好代耕工作；督促地主、游民、懒汉参加生产；普遍宣传中央奖励生产的负担政策；提倡农村借贷自由，有借有还，政府不加限制，并依法予以保障；发生灾荒地区，应本着自救方针，抢种早熟作物渡过灾荒；县、区、乡三级应迅速组织农业生产委员会，统一领导耕种事宜。《命令》颁布后，全区从县到乡迅速成立起农业生产委员会、生产救灾会，农户普遍订立爱国公约、生产计划，掀起春耕生产热潮。1951年春夏之间，全区大部分县发生旱灾。7月7日，川北行署召开紧急行政会议，会议决定：一切灾区，无论是已土地改革区、正土地改革区或未土地改革区，都要以发动和领导群众抗灾为中心任务。土改因此不能完成的，可以推迟。8月24日，胡耀邦在川北行署召开的财经委员会上作了《有计划有预见地领导农业生产的发展》的讲话，进一步明确指出："农业占全区生产总值的85%，因此我们的主要方向、主要精力应该放在农业上。"强调："为着不落后，为着向人民尽忠，就要继续发挥我们那种固有的毛泽东式的无比勇敢、顽强和毅力，为发展我区的生产而积极奋斗。"再次理顺了各级干部领导农业生产的思路，增添了发展生产措施。全年增加农业贷款363.4万元。贷出大米4653.11万公斤，解决农民生产、生活急需。新开垦荒地3.77万公顷。全区粮食播种面积扩大8.55%，粮食产量增加5.02%。从1951年年底开始，全国掀起爱国增产节约运动。在增产节约运动中，农户间的互助合作组织逐渐兴起。川北农民历来有互助习惯，农忙时，一家一户忙不过来，同宗、同院、同组的人互相"换活路"，抢天时，一工还一工。有的以耕牛换工，一般1个半或2个人工换1个牛工，或合伙买牛，轮流喂养，轮流使用。互助合作以自愿互利为原则，逐步形成一批季节性、常年性的互助合作组织。涌现出了一批先进互助组，主要有南充县郑国友互助组，南充市郊杜春雨互助组，南部县蒲元喜互助组，安岳县王成良互助组和田金山互助组等。这些互助组被选为各县市的特等模范，政府奖给耕牛、生猪、农具等。5月底，已完成一、二期土地改革的25个县共有生产互助组7.25万个，参加农民120多万人。其中临时性互助占75.2%，季节性互助占26.2%，常年性互助占0.6%。至8月中旬止，全区组织互助组达到18.5万多个，参加人数占农业人口的25%.

1952年1月至4月未下透雨，全区36个市县除宣汉外，均遇严重干旱。小春收成仅45%，高磅田干旱80%，冬水田干旱30%。春荒缺粮断炊60万户、100万人，占总人口6.5%。5月至7月，29个县干旱50余日，普发旱、雹、病虫灾害，塘堰无水，大部稻田干裂不能插秧，苞谷晒死三分之一，棉苗晒死20%。夏荒缺粮298.25万人，占总人口20%。面对灾害，行署召开紧急会议布置抗灾。胡耀邦严肃地指出"绝不准饿死一个人"。随即下拨救济粮500万公斤、贷种2210万公斤；下拨救济款109.64万元，贷款386.3万元，发放到户。救济面达7%~9%，贷放面20%~30%/。同时，川北行署和四个专署成立生产防灾办公室，组建抗旱督导团，分赴各县督导检查。各级干部带头抗旱。经过奋力抗灾保苗，抢种南瓜等瓜菜，间作玉米等早熟作物，减少了灾害损失。1952年，全区粮食生产仍比1951年增产一成以上，总产量达到28.5亿公斤。

川北区粮食作物面积产量表

年份 / 作物名称	1950 年 粮食播种面积（万亩）	1951 年 粮食播种面积（万亩）	1950 年 粮食产量（万公斤）	1951 年 粮食产量（万公斤）
稻谷	880	886	132000	177200
小麦	565.1	520.26	28255	18625
小米	10	—	450	—
高粱	150	—	11250	—
玉米	294.5	470.95	16935	20015
大豆	157.2	—	11810	—
薯类	410	534.2	18450	18697
其他	1175.8	—	48240	—
稻谷、小麦合计	1630.3	1542.62	76875	46275
总计	3642.6	3954.05	267390	280819

棉花生产　民国时期，川北农村经济作物以棉花为主。1950年2月，川北行署成立后，即在涪江流域的遂宁、射洪、蓬溪三个主产棉区，划定良种管理区，指导棉农精耕细作，去劣选优，提高原棉品质。为了推广良种，办理贷种5.8万公斤，分发射洪、三台、遂宁、宣汉等地种植，配合发出棉贷大米4000石。6月起，集中防治棉花病虫害。在涪江流域产棉区，划定三台、遂宁、蓬溪、射洪四个重点防治区，调用川北大学和遂宁高级农业学校、象山高级农业学校等学校学生及棉场人员74人，从6月10日至8月31日，用砒酸铅碱性硫酸铜、鱼藤粉、鱼藤糟、DDT药剂，分两段防治棉蚜、棉花卷叶虫、红铃虫、红蜘蛛、跳叶虫、角斑病、黑果病等。48个主产棉乡镇共防治棉田20.71万公顷，减少皮棉损失近15万公斤。

为了推广先进植棉技术，促进增产。组织了川北植棉模范刘悦连、贺松连二人，以一个月时间赴各县巡回指导。虽如此，由于棉农口粮普遍缺乏，棉粮比价低落，棉田多间作杂粮，或减少棉田换种粮食，以致种棉面积、产量均比1949年减少。

1951年，川北行署把增产棉花列为副业生产的首要任务。为解除农民植棉顾虑。1月29日制定种棉奖励办法十二条。规定：凡新种棉区、种棉户，经努力耕作，其收入不及同等土地种植一般作物产量者，秋后按当地一般粮食产量赔偿其损失，必要时酌情加一成至二成；全面发放棉花肥料贷粮1000万公斤；凡棉田内不间作其他作物者，按其贷款需要可先贷或多贷；优先享受病虫药械防治及技术指导；棉产区种棉面积，以乡为单位，超过耕地面积50%者，政府保证调剂供给棉农食粮，一般棉区每公斤棉花至少换米4.5公斤~6公斤；凡种棉土地应负担的农业税，仍按种植普通粮食作物评定常年产量征收。产棉县均成立棉花增产会。三台、南部、阆中、安岳等县开办棉业讲习会，普及种植知识。全区训练专门技术人员及植棉模范104人，分赴棉区指导。普遍禁止将棉种榨油作肥。从区内外收购棉种208.37万公斤，加上中共中央西南局拨配鸡脚德字棉0.5万公斤，均在播种前贷发到户。为保证棉花用肥，除发动群众积肥沤青外，政府收购骨粉6万公斤，油饼300.35万公斤，棉农自备油饼350万公斤。同时指导棉农改撒播为点播，撒播面积下降到5%；减少棉田间作粮食，间作面积减到8%。是年全区实种棉12.34万公顷，比1950年增加30.88%，其中美棉55.14万亩，中棉129.95万亩。产皮棉2100万公斤，比1950年增加97.5%，为西南区棉花产量的62%。为解除棉农后顾之忧，决定棉花预购和收购由川北花纱布公司负责。全年预购皮棉375万公斤，超额完成150万公斤。实产皮棉做到了及时收购。

1952年的棉花种植，已于上年秋季起提早准备良种，安排种植计划。共收购德字棉321万公斤，籽棉200万公斤。实种棉田保持了上年面积，虽旱灾严重，产量未降。仍比1951年增产，产皮棉达到2350万公斤。

川北区棉田面积产量表

（1950年至1952年）

年度	面积（公顷）	皮棉产量（万公斤）	比上年增长（±%）
1950	8.89	1063.22	—
1951	12.34	2100	97.5
1952	12.34	2350	11.9

农田水利建设 川北多山，地势倾斜，大部地区农业生产靠凿井挖塘、筑坝蓄水提灌。小型水利至关重要。1950年年初，川北行署即以恢复旧有塘、堰、渠，发展小型水利为重点。整修经济价值较高的中型水利与机械提水灌溉工程。接收了民国时期川北已有的水利工程测绘仪器及图表资料，安置了原四川省水利局散布于川北各附属机构的技术人员，分配至重点水利工程地区。同时，调用干部24人，从南充高级职业学校水利科毕业学员中选用7人，查勘了全区22处堰、堰、防洪堤坝工程，编拟了续修、整修计划。为保证春耕春播用水，从3月起，对江油、三台、遂宁、中江等地的旧堰组织整修，灌溉面积达到0.93万公顷。抢修川北解放前未完工程南充青居街水电隧道工程、中江笋子沟一期工程、江油大成堰坍塌渡槽工程和遂宁水毁工程。

1951年年初，在川北行署水利局内已设行政、设计、工务科外，增设水政科，行政编制人员达到50人。先后成立3个测量队、2个查勘队、1个小型水利督导队、1个管理养护队，事业编制人员达到209人。在江油、射洪、南部三县的水文站组设立报汛站，及时转报汛情。5月，召开川北区第一届水利专业会议，交流三台、西充、南充等地养护塘堰和挖旱河经验。参加会议的劳模回去后，带领群众掀起兴修水利的热潮。南充县河东乡挖旱河时，老少上阵，互相挑战，边挖边唱，歌谣四起："三根柏树一样青，我们农民一家人，生产建设要加劲，支援前线打敌军"；"三根柏树一样大，往年淘河心害怕，今年分了田和地，旱河看你怕不怕?!"武胜县石门场二村，动员120位农民，在20天内挖成一条10里长的大堰沟，引导山水入塘，增灌26.67公顷，第一次栽上了秧。群众高兴地说：毛主席来了借钱给我们修塘，千年旱地变水田，我们永远忘不了这份恩情。

1951年的小型水利工程，中央确定以西南区为重点，安排川北区1.67万公顷，贷款39万元，全年实际完成灌溉面积62.39万亩。同年，中央确定遂宁四联堰（后更名南北堰）为川北水利工程重点。该堰于民国30年（1941）开办，10年未建成。人民政府于1950年12月6日续修后，至1951年5月2日全部建成。其间，新修暗洞2座590立方米，开挖新渠3200米，挖土石方1.8万立方米，新修渡槽三座、人行桥八座、倒虹管一座长57米。建成后可灌农田2.7万亩。

1951年正值全区分批进行土地改革，为保证水利工程用地，川北行署发布了《土地改革中举办水利工程留用土地办法》。规定：各河流之堤防占地及距堤外点（临水面）20米至50米与距堤内点（背水面）15米至20米以内之土地，一律收归国有，作为护堤及工程用地。如堤外无地，则根据实际需要将堤内留用的土地加展10米至20米。如尚有余地亦归国有，不在土地分配之列，免得因耕种而影响到水土保持。除堤脚内外各20米禁止耕种外，其余之土地由当地人民政府管理。

在不影响堤外或治河工程之原则下，经主管水利机关批准后，可暂分给贫苦农民使用，若有需要，仍即收回。各大河流中之沙滩土地，不论其已否垦种，全部收归国有。所有一切自然湖泊，根据《中华人民共和国土地改革法》第十八条规定，不论其中有否已垦田地，一律收归国有。河流上游干支流，有关治本工程、水土保持及植林所需土地，一律收归国有。上述规定实施后，各地水利工程得以正常开展。

1951年冬和1952年春，继续发动群众兴修水利，川北行署水利局组成四个督导队，分赴四个专区指导。各专县相继召开水利专业会议落实任务。全区安排农田水利贷款42.18万元，出动抢修塘埝劳动力520多万人，开挖新塘3.99万口，整修旧塘3.57万口，灌溉面积达到8.07万公顷。

1952年，春旱时候，全区动员了约500万人参加挖塘修埝、车水淋苗、打井挑水灌田的抗旱斗争，在无雨情况下得以插秧播种。夏季洪水发生之前，又拟订防洪计划和实施办法，通知沿江各县提早准备。5月，组织涪江、嘉陵江防洪检查组分赴各地检查新旧堤岸、埝坝。6月山洪暴发，江水猛涨，造成洪灾，尤以渠江流域为重。经过上下结合，广泛动员，顽强搏斗，减少了灾害损失。

1952年上半年，加强对重点水利工程加强勘测、设计。先后勘测了阆中石龙沟水土保持工程、南充市嘉陵江防洪护岸工程、三台惠泽埝整修工程、三台乾江坝提水灌溉工程、射洪苏家埝堵水坝整修工程、梓江河谷灌溉航道工程、达县明月江灌溉航道水利工程、岳姚寺龙台堵水坝灌溉工程、蓬溪芝溪河航道灌溉工程等十一项工程，历时7个月完成勘测任务。完成规划设计的有：遂宁罗家埝整修工程、南充嘉陵江防洪护岸工程、广元惠南埝整修、南充潆溪河水利工程、川北水利事业五年计划、解放式水车试验及推广、武胜沿口水力发电厂工程、川北老根据地水利建设设计、安岳堵水坝灌溉工程、万源县城防洪护岸工程、潼南大岩洞滩航道整理工程等。其中，对革命老区仪陇、旺苍、巴中、通江、南江、苍溪、万源、平昌及广元、阆中、昭化、南部、达县、宣汉、营山、蓬安等16个县的缺水情况、航道通航情况作了详尽调查，编列了5年水利建设计划。因撤区并省，未能实施。

群众性的兴修农田水利热潮，声势浩大，成效显著。惟条件艰苦，工具简单，主要靠人工开挖，肩挑背扛，体力拼搏，缺少安全维护。伤亡事故时有发生，1951年冬至1952年6月，全区共伤亡20人。

川北区水利工程灌溉面积表

（1950年上半年）

单位：公顷

专区＼灌面	大型工程灌面	筑坝堵水灌面	挖塘灌面	小计
南充	—	3858.73	299.95	4158.68
遂宁	6733.67	291.15	4203.94	11228.76
达县	—	—	79.94	79.94
剑阁	880.04	86.07	323.62	1289.73
合计	7613.71	4235.95	4907.45	16757.11

川北区兴修水利工程统计表

（1951年）

种类/时间	挖塘（口）	堵水坝（座）	修埝渠（道）	受益面积（公顷）
	新挖	整修	新修	
上半年	8332	23500	2157	185.2
下半年	13533	4970	206	47.54
合　计	21865	28470	2363	232.74

川北小型水利工程统计表

（1952年上半年）

种类/专区	挖塘（口）	打井（眼）	堵水坝（座）	修埝渠（道）	受益面积（公顷）
	新挖	整修	新打	整修	
南充	8491	4997	54081	8379	86.34
遂宁	7827	5570	30388	11704	31.67
达县	6231	7230	7669	4003	1.13
剑阁	3959	11058	15216	953	49.00
合计	26505	88855	107350	25039	168.14

养牛养猪　养猪养牛为川北农村家庭主要副业。民国时期，川北畜牧兽医事业基础甚差，只有少数游医阉匠。加之解放前夕，人心惶惶，乱宰滥杀牲畜，饲养量锐减。1950年5月调查南充、达县、西充三县814户，只养有耕牛324头，比1949年减少5%；有生猪547头，比1949年减少了一半。牲畜疫病听其自然流行，市场交易冷清，交易价格锐降。据营山县的小桥、黄渡与南充县的长乐等传统牛市调查，过去每头牛平均价在500公斤米以上，降落到不足150公斤米。10月统计，全区实有牛74.41万头、猪184.79万头、家禽256.4万羽，分别比1949年下降6.5%、41%和50%。

针对耕牛饲养量下降情况，川北行署先后三次发布严禁宰杀耕牛的通令，规定凡有屠场之县市，设专人检查，一般乡村则由农协会评议处理。接着川北行署农林厅派人赴南充、仪陇、三台、潼南、昭化、江油、达县、万源等八县进行深入调查，宣传发展家禽家畜，安定人心。随着减租退押进行，秋后农民购买猪牛增多。同时健全畜牧工作机构，接收了原四川农改所三台畜牧分场，成立川北种猪改良工作站、川北兽疫防治工作站，着手淘汰劣种牲畜，注重防治疫病。针对农村缺种猪的情况，种猪改良工作站将大部事业费购回荣昌、内江优良仔猪160头，贷给或寄予盐亭、遂宁、射洪、三台四县重点乡的贫雇农饲养。

11月10日，川北行署根据西南军政委员会重申严禁宰杀耕牛的训令，拟具禁宰条例。《条例》规定：屠场方面，宰牛只限于老弱残疾失掉疫用能力与饲养价值的牛。宰牛必须经过检查，各城镇乡场须设专人检查屠场，凡不符合规定的牛一律不准宰杀，并附带检查牛的来源。劝导并鼓励宰牛商转业。牛市方面，牛成交后由税务机关在税票上注明运往地点及用途，以杜绝屠牛商套购耕牛的机会。乡村方面，发动各乡中小学校，利用假日宣传保护耕牛的重要，解说政府严禁宰杀耕牛的法规。各乡现有耕牛一律由农协会负责确实登记。凡出卖或宰杀耕牛必须说明原因，交由农协会评议，经许可后始能出售或宰杀。对无力购买耕牛的贫农给予贷款。对猪牛疫病，组织技术人员上门防治。是年，共防治猪病5911头，治牛瘟4397头，饲养户十分满意。

1951年春，全区牛疫蔓延到19个县，耕牛死亡1万多头。为适应防疫工作，川北兽防站扩大为兽疫防治所，并在遂宁、达县两专区成立兽疫防治队。原有种猪改良工作站亦扩大为种猪试验场，并在巴中成立耕牛试验场。对疫区立即封锁，组织中药兽医防治，共治牛疫69970头，治猪病72580头，经过31天基本扑灭疫病。随即发放耕牛贷款2000元，组织群众买牛。同时贷出生猪贷款，购买良种仔猪，发动群众饲养。至年底，全区耕牛发展到1197893头，比上年10月增加453471头，上升60.9%；生猪发展到2580118头，比上年10月增加732198头，上升39.6%。

1952年，进一步加强兽防工作，在15个重点县成立了兽防站，新设剑阁、南充两个专区的兽疫防治队，并在平武县藏区白马部落开办牧场。除防治猪牛疫病外，普遍在农村组织爱畜小组，指导农民科学饲养。至8月止，畜牧生产稳定发展。

林业　解放初期，川北部分地方森林滥伐严重。三台景福、安居二乡1000余人聚众砍伐树木后逃跑，一地主盗伐6万余株。川北行署农林处成立后，随即实行重点地区封山，先后在阆中、三台、南充、通江、南江五地封禁林地2024.43公顷。对盗伐严重地区动用武装力量制止。成立三台、南充林场和阆中、盐亭苗圃、金城山油桐示范站等机构。广泛发动群众植树造林。1950年计划育树苗4公顷、100万株，实际完成5.87公顷，141万株；计划造林83.34公顷，25万株，完成307.08公顷、92.12万株；计划封山2666.8公顷，完成3557.84公顷。为解决建筑用材不致影响林木发展，12月成立国营川北伐木公司，并在苍溪元坝设立伐木办事处，在西充、南充东观设立临时办事处。在嘉陵江、渠江、涪江流域的元坝、两河、江油分建了三个伐木厂，实行有管理控制的木材采伐加工。

1951年1月26日，川北行署颁发《大森林收归国有具体执行办法令》，明令各县境内符合大森林实施办法的收归国有。“在未收归国有前由各该县农协会保护，严防匪特及不法地主破坏。”是年，遂宁、达县两专区共收归国有森林1196.39公顷。4月，随着川北行署林业局成立，管理人员增加，下设森林管理处7处，川北行署林业局与所辖的13家林场（林管站）计有干部167名、工人92名，执行以林养林政策，征收管理费，处罚乱伐者。并将阆中苗圃改为林场，接收通江福垦殖社、苍溪元坝的果园，改为林场，接收岳池地主的桐林改为南充分场，接收中江私人果园改为中江苍山工作站，林业工作得以加强。随即广泛开展封山护林、育苗造林。全区成立护林会235个、护林小组2790个，封山扩大为2.08万公顷。春季育苗14.47公顷，出苗197万株。在群众中评选护林积极分子、造林育苗劳模，掀起造林热潮，共造林3442.79万株，平均每人二株。森林地区通过封山和统一采伐后，管理有序，生态好转。上半年伐木149283株，计44354立方米，既适应了公私建筑需要，又促进了林木发展。

1952年，继续加强森林管理、采种育苗、植树造林工作。全区充实林业干部40人，不脱产林业人员3000名。群众树植达到人均6株以上。秋季采集树种70万公斤，创办合作育苗66.67公顷，动员群众团体育苗600公顷。7月25日召开全区林业场、站职工代表会，交流推广经验，推进了林业工作发展。

川北伐区森林面积统计表

（1951 年）

单位：公顷

单位	森林面积	伐木厂区域	森林面积
元坝伐木厂	22.28	1.13	0.05
两河伐木厂	20	0.87	0.33
江油伐木厂	21.67	1.33	0.5
西充办事处	2.5	0.02	0.01
东观办事处	4	0.07	0.03
合计	70.45	3.42	0.92

川北区林业概况表

（1950 年至 1952 年 8 月）

年度	护林					造林（公顷）					伐木利用(立方米)	收归国有林(公顷)
	会(个)	小组(个)	封山(公顷)	采种(公斤)	育苗(公顷)	国营	合营	民营	群众植树	合计		
1950	—	—	2024.43	16779	4.64	188.74	—	18.93	—	207.67	—	—
1951	458	2850	24754.04	154921.5	157.39	1645.62	2468.39	4114.00	8228.08	16456.09	72252	1196.39
1952	188	—	11467.64	11058	73.48	120.54	7647.72	380.55	41941.50	50090.31	13543	17298.73
合计	646	2850	38246.11	182758.8	235.51	1954.9	10116.11	4513.48	50142.58	66727.07	85795	18495.12

川北区林垦事业费统计表

（1951 年至 1952 年 8 月）

单位：万元

年度	实拨	支出	结余
1951	4.42	3.96	0.46
1952 年 1 月至 8 月	7.52	6.54	0.98

农村土特产品　1950年至1952年9月，川北区经济主要是农业。种植业主产粮棉油，畜牧业主要是养猪、养羊、养牛。农村土特产丰富，有千余种。主要有：黑木耳、银耳、广柑、桐油、白蜡、青麻、棕丝、猪鬃、竹子、篾席、土布和半夏、贝母、枳壳、天冬、五倍子等中药材。许多土特产独具地域特色和品质优势。在达县专区和剑阁专区的通江、南江、青川等县山区盛产黑木耳、银耳；南充专区素有“果城”之称，盛产广柑，所产广柑适于窖储，窖藏数月的广柑其味更甜；南充专区的岳池县农家历来就有栽种竹子、加工编制篾席的传统。川北各地所产贝母是著名中药材“川贝”，为中药配方首选。川北各地历来就有种桐熬油的习惯，自种、自采、自炼，除满足家庭照明用油外，还销往各地作工业原料。

爱国丰产运动　1951年11月25日，中共川北区委作出《关于执行〈西南局第七次会议决议〉的决定》，要求各地广泛发动群众，进行宣传动员，造成增产节约的浓厚空气；结合各项中心工作，检查和修订爱国公约，把增产节约的口号变成广大群众有组织的实际行动；县级以上机关成立精简节约委员会，吸收党外人士参加，进行督促检查，把增产节约工作落到实处；各级领导机关必须带头示范，抓住重点，全面展开，注意反对官僚主义作风和不严肃、不认真的态度。《决定》强调，开展爱国丰产运动，应立即成为农村中压倒一切的中心工作，必须用大力或全力来组织和领导，任何忽视和迟缓都是错误的。1951年12月19日，川北区爱国增产节约委员会成立，胡耀邦任主任。

1952年2月13日，中共川北区委发出《关于春耕工作的指示》，要求各级党委发动农民群众订立增产节约计划，有重点地发动挑战竞赛，有领导、有组织地掀起群众性的爱国增产节约运动。川北区各级党委逐级召开干部会议，动员干部深入乡村在农民中开展爱国主义教育、前途教育和组织起来走互助合作道路的教育，帮助解决农民群众缺种子、农具、耕牛、肥料等实际困难，订出每乡、每村、每户的春耕生产计划和爱国增产公约，实行生产互助。为鼓励农民群众增产增收，3月22日，川北行署发布了八项农业生产政策。即：（一）农业税（公粮）一律按常年产量计征。已发土地证按土地证所填产量计征。凡因勤劳耕作而增产者，不加征。凡因懒惰怠耕而减产者，不减征。（二）凡私人节约所得，一律保证归私人所有，自行支配。（三）土地改革后，凡属自己劳动或增产所得者，一律归其本人所有，自行支配，任何人不得侵犯。（四）凡租种公田的收益，计算农业税时，单独计征，不与该户其他收益合并累计。（五）允许农民在棉田中间种植玉米等其他作物，征收农业税时，仍只按棉田产量计征，间植作物的产量不计征农业税。（六）农业生产上的互组合作组织（如互助组）必须按照自愿互利、民主管理的原则办事，不得有任何强迫命令和损害他人利益的行为。（七）允许自由借贷，双方自行议定利息，保障有借有还，禁止强迫借贷和只借不还的行为。（八）所有公共塘堰，必须妥为养护，实行民主管理，合理使用水源，严禁强占和破坏。是时，川北区春旱严重，中共川北区委、川北行署，发动500多万群众投入抗旱，抢救30%的缺水田、5%的干田。4月中旬，中共川北区委召开各地委、县委办公室主任、研究室负责人会议，赵林作了《在抗旱高潮的基础上，响应全国丰产竞赛运动》的报告。会后，各地普遍进行传达贯彻，统一步调，爱国丰产运动在川北区全面召开。

4月29日，川北行署发出《开展爱国增产竞赛运动指示》，公布了爱国增产竞赛运动和创模运动的条件和具体标准。即：一律从1952年的大春算起，由下列单位、个人响应全国丰产模范的应战，并作为川北区增产竞赛运动的挑战者。国营农场丰产作物较上半年增产二分之一到两倍，起示范作用，由国营阆中县农场、遂宁棉作试验场发起；互助组全面增产一成，由南充郑国有、遂宁刘耀光、安岳王正良、岳池蒋秀清联合发起；稻谷亩产500公斤，由潼南李千钟、南充蒋道永、中江张天泉、三台李福荣联合发起；棉花亩产270公斤，由射洪覃世成，蓬溪唐春廷联合发起；红苕亩产3000公斤，由蓬安郑申之、三台魏东茂、西充杨裕中联合发起；玉米亩产300公斤，由剑阁、达县专区选拔发起。上述标准为川北区竞赛最高标准，各地应战，根据具体情况，提出具体的任务和口号，开展群众性的检查评比。

5月11日，胡耀邦通过川北人民广播电台发表《在爱国增产竞赛运动中，开展“万户千组一百乡创模活动”》的号召。提出：为了使我们的爱国增产竞赛开展得更好，为了使我们的各级干部为人民立下更大的功绩，决定在全区开展“万户千组一百乡”的农业增产创模运动。爱国增产模范的条件如下：（一）爱国增产模范个人，一般要有1亩以上的土地，够上全区提出的增产标准，谷子每亩产500公斤，棉花每亩产270公斤，红苕每亩产3000公斤，玉米每亩产300公斤，或个人全部作物年增产一成。（二）爱国增产模范互助组的条件是，全组全部作物年增产一成，或有2亩地主要作物的产量够上全区所订的标准，而其他作物不低于该村的一般产量。（三）爱国增产居民小组的条件是，全组有1个爱国增产模范互助组，或者有3个爱国增产模范个人。（四）爱国增产模范村的条件是，全村有3个增产模范互助组，或者全村有三分之一的增产模范居民小组，或者全村总产量年增加8%以上。（五）爱国增产模范乡的条件是，全乡有三分之一的增产模范村，或全乡总产量年增加半成以上。（六）爱国增产模范区的条件是，全区有四分之一的增产模范乡，或全区总产量年增加半成以上。（七）爱国增产模范县的条件是，全县有五分之一的增产模范乡，或全县总产量年增加半成以上。今年秋收以后要普遍地由下而上地进行评比。

全区各地（市）、县委立即召开紧急会议，进行布置，号召县、区、乡、村、互助组、劳动模范积极响应，掀起增产竞赛、创模热潮。各地切实贯彻“党委领导，党团员、劳模带头，以互助组为基础，普遍发动群众”的工作方针，领导深入基层，实行层层包干、轮流值日、田坎办公等制度，发动群众千方百计保证农业增产。到5月底，全区投入“万户千组一百乡”增产创模运动的有461个乡、1832个村、9120个组、17200多农户、700万人。为使增产创模运动健康发展，中共川北区委组织巡视团进行检查、指导，适时开展检查评比，交流经验。并为秋后全面评比制定了六项评比内容。即：一比青苗好坏，二比施肥是否适当和积肥多少，三比除草是否及时除尽，中耕是否搞好，四比捉虫是否捕尽，五比防旱、防涝工作做得好坏，六比团结互助和带动群众的好坏，接受新的耕作技术如何。1952年，川北区稻谷产量比上年增产一成以上。

【工业】 川北解放之时，工业基础薄弱，全区85%以上的工业系私营手工业。除四川丝业公司第二、第三、第四制丝厂，广元大华纱厂等4家企业略具规模，采用机器缫丝纺纱以外，其他工业企业都系手工作坊，分散生产、规模很小，时续时停。骨干行业只蚕丝、盐业两个行业。1951年2月至1952年8月，中共川北区委根据中共中央及中共中央西南局对川北区发展工业的指示精神，制定了工业建设方针，先后建立了川北行署工商厅、川北行署工业厅等工业管理机构。接管了民国时期原川北各行政督察区内的12家工业企业。从解决川北区人民生产生活息息相关的工业入手，采取产品加工订货、统购统销、统购代销等形式恢复和发展生产。扩建了6家工业企业，新建了39家工业企业。把41家工业企业纳入社会主义改造轨道，将其改造为国营工业企业或公私合营工业企业。领导各工业企业开展民主改革运动，废除封建的、官僚资本主义的企业管理制度，建立工人当家作主的企业管理体制，调动了全区广大工人的生产积极性。至1952年，全区工业发展到23个行业，实现工业总产值38100万元。但工业基础仍薄弱，工业总产值只占工农业总产值的15.48%。工业总产值中轻工业总产值占98.4%，重工业总产值只占1.6%；国营工业总产值占工业总产值的2.2%，公私合营、私营工业总产值占工业总产值的97.8%。

管理机构　1950年2月，成立川北行署工商处，管理川北区的工业、商业，内设办公室、工业处、商业处等机构。1950年7月，改为川北行署工商厅，奚致和任厅长，李海渠、李鹏、刘石安任副厅长。是时，川北区工矿企业数量少，规模小，只有4家重点企业，而商业企业数量多，经营范围广，系地方财政收入的主要来源，川北行署工商厅的主要精力放在管理商业上。进入10月后，随着川北区国民经济的逐步恢复，川北行署投资新建了一批国营工矿企业。1951年4月，川北行署将川北行署工商厅管理工业的职能划出，成立川北行署工业厅，管理川北区的工业，内设办公室、工业处、基本建设处等处室。1951年4月至1952年3月，由川北行署副主任裴昌会兼任厅长。1952年3月至8月，刘石安任厅长，李海渠、韩培义、杨伯华任副厅长。盐业、丝绸业是川北区工业的骨干行业，川北行署设置专业主管机构，专司盐业、丝绸业管理。

接管企业　1950年2月，川北行署工商处成立后，按照中共中央及中共中央西南局关于接管工作的指示精神，开始接管工业企业。到4月底，先后接管了南充火柴厂、南充蜀新面粉厂、南充电灯公司、广元煤矿、遂宁水电厂、中江水电厂、达县水电厂、达县渠江公司、川北机器修造厂、广元机器修造厂、达县机器修造厂、川北建筑公司等12家企业。其他散布在南充、遂宁、达县、剑阁专区的工业企业，分别由南充、遂宁军事管制委员会，达县、剑阁专署接管委员会接管。

工业建设方针　1950年，中共川北区委根据中共中央及中共中央西南局对川北区发展工业的指示精神，结合川北区工业的实际状况，制定了川北区工业建设方针。即：面向农村，就地取材，轻而易举，吹糠见米，有利可图。1951年，工业建设方针改为，有计划地发展有前途的工业，调整和改造无发展前途的工业，恢复和发展与人民群众生产生活息息相关的小型地方工业及农副产品加工工业，注重发展与西南军政委员会发展重工业必需的配套原料工业，加强对私营工业、手工业、小型作坊工业的指导，在劳资双方完全自愿的原则下组织联营生产经营，改善工业经济结构成分。

新建企业　1950年至1951年，西南军政委员会财政经济委员会批准由川北区地方拨款260万元，扩建广元煤矿、达县渠江公司、遂宁水电厂、南充水电厂、中江水电厂、南充嘉陵火柴厂等6家工业企业。投资新建川北南充骨粉厂、达县骨粉厂、遂宁骨粉厂、南充酒精厂、遂宁食盐副产厂、旺苍铁厂、川北机器厂、南充自来水厂、仪陇电厂、剑阁下铁寺铁厂、昭化铁厂等11家国营工业企业。其中，遂宁骨粉厂、南充市骨粉厂、南充电厂3家工业企业1951年竣工投产，其他8户工业企业转入1952年续建。1952年，川北区立项新建万源铁厂、遂宁榨油厂、旺苍钢铁厂、华蓥山煤矿等28家工业企业，除三台骨粉厂在8月底竣工投产外，其他的27家工业企业仍在建设之中。至1952年8月，川北区工业已有23个行业。

造纸业　民国时期，川北造纸作坊遍及城乡，多以麦草、棉花秆、竹子做原料，用手工土法生产土纸（即火纸）、金裱纸、水白纸，用于焚化敬神、书写、印刷书籍。川北解放后，焚化敬神的土纸销路锐减，造纸厂（坊）转向生产文化用纸。1950年，川北区种植棉花7.56万公顷，可供造纸的棉花秆达340多万公斤。是年，川北区较大的公营造纸厂有4户，工人290人；公私合营纸厂8户，工人380人；私营土纸作坊185户，工人1053人。造纸11250吨。1951年，造纸12661吨。1952年1月至8月，造纸20253吨。

印刷业　1950年，川北区规模较大的印刷厂有川北人民印刷厂、三台人民印刷厂、中江人民印刷厂、遂宁工农印刷厂4户，工人623人。印刷设备有对开机23部、四开机10部、圆盘机40部、胶印机15部、石印机11部。至1952年8月，《川北日报》由川北人民印刷厂印制。其他3户印刷厂主要印制各专区机关报、教科书籍、宣传用品及其他产品。

粮食加工　1950年1月至10月，粮食加工全靠私人加工房和机关、部队自有加工机器进行。11月起，川北粮食公司开始自办加工厂，从重庆购回打米机、发电机各10台，配发南充、遂宁、达县、广元、射洪、阆中等地分公司。由于有的地区电力不足，后又购买木炭发电机备用。至年底，除广元各级公司存米较多，未开展加工外，南充、遂宁、达县3个专区的公司，共加工稻谷原粮531.35万公斤，收回大米313.2万公斤，待收米14.17万公斤；加工小麦70.9万公斤，收回面粉14.23万公斤，待收面粉28.46万公斤。从1951年开始，全区粮食加工企业快速发展。到1952年6月，各级粮食公司共有自营加工厂13处，拥有打米机14台、电机38部。各级机关自有加工米厂23处，已交公司使用管理。还有私营米厂13处。机关和私营米厂共有米机52台，电动马达机46部。分布城乡的私营手工碾房，仅南充市就有90家，也从事稻米加工业务。一年半时间，全区共加工大米17449.5万公斤，碛米4046万公斤；加工面粉45.91万袋，计2295.5万公斤。

制糖业　1950年，川北区制糖业除达县新新糖厂系公私合营制糖厂外，其余制糖厂全系私营，糖坊小而分散，制糖设备简陋，生产能力低下。1949年至1950年榨季，遂宁县19户糖坊生产红糖586万公斤，巴中县51户糖坊仅生产红糖27万公斤，仪陇县35家糖坊生产红糖5万公斤，达县专区生产红糖33.1万公斤。全区只有巴中县、达县生产少量白糖。制糖沿用旧式土法生产，用石磙榨取蔗汁流入黄缸内，经短时间的自然澄清即舀入过盆中，不经过滤即放入熬糖锅内熬煮成糖。1950年至1951年榨季全区生产红糖136万公斤，1951年至1952年榨季全区生产红糖58.25万公斤。

川北区红糖生产统计表

（1950年至1952年）

榨季 县名	1950年至1951年榨季 （万公斤）	1951年至1952年榨季 （万公斤）
南　充	11.50	4.50
武　胜	13.00	8.00
仪　陇	10.00	1.50
南　部	6.50	2.50
蓬　溪	4.00	1.25
遂　宁	35.00	15.00
江　油	1.00	1.00
巴　中	27.00	7.00
阆　中	5.00	1.50
宣　汉	15.00	10.00
达　县	11.00	6.00
合　计	136.00	58.25

油脂业　1950年，川北区仍用土法榨油，机制榨油仅公私合营遂宁榨油厂1家。土榨榨油，生产效率低，产品成本高，油品质差异大。川北区有榨油作坊301户，榨油工人13657人。遂宁、武胜、南充、达县、阆中等县菜油、香油（芝麻油）、棉籽油产量大，三台县、中江县香油产量大，驰名川北。蓬溪县、万源县、通江县桐子油产量大。1950年，川北区生产各种油脂13423吨，产油饼45186吨。1951年，生产各种油脂12961吨，产油饼40202吨。1952年，生产各种油脂12061吨，产油饼39002吨。

制茶业　1949年，川北茶叶生产县有万源县、平武县、旺苍县、岳池县。其中，万源县、平武县为茶叶主产县。是年，产茶叶21550担。1950年至1951年，4县茶叶产量稳步增长，所生产的茶叶除销川北区外，还销川东及陕西、甘肃、青海等省。

川北区茶叶生产统计表

（1949年至1951年）

产量 县名	1949年产茶量 （担）	1950年产茶量 （担）	1951年产茶量 （担）
万　源	7000	4310	6200
平　武	14000	6000	5390
旺　苍	400	210	410
岳　池	150	100	100
合　计	21550	10620	12100

制烟业　1950年，川北区有机制卷烟生产合作社17户，工人2061人。其中南充市群利烟草生产合作社、南充市烟草生产合作社、中江县荣隆烟草生产合作社、江油县凯江烟草生产合作社生产的机制烟较畅销。烟叶由川北土产公司、中江、江油的百货公司供应。制烟企业有烟叶则生产，无烟叶就停工。1950年，全区生产机制烟11530箱（每箱250条）。1951年，生产机制烟15272箱。是年8月，南充市烟草生产合作社转产。1952年1月至6月，全区生产机制烟12441箱。

棉纺织业　川北区涪江流域两岸为西南地区最大的产棉区，嘉陵江流域次之。川北土纱、土布产量位居西南地区之首。遂宁、三台、射洪、中江、蓬溪、潼南、安县、达县、开江、广元、中江、南充、武胜、岳池、营山、南部、阆中17个县均纺纱织布，棉纺织业成为农村主要副业。遂宁、三台、射洪3县为棉纺织业的主产区，中江县、营山县次之。遂宁县又是全川纺纱织布最盛的三县之一，年产棉纱10万担至12万担，全县农户种棉同时又纺纱者占45%左右。成都、重庆棉纺织厂家喜购遂宁、三台、射洪3县的棉纱。民国37年（1948年），通货膨胀加剧，川北各棉纺织县的纺织企业入不敷出，每况愈下，绝大多数纺织企业在困境中度日，无法维持生产，农村纺织户生产停止。1950年，遂宁、南充、达县、剑阁专署，采取国营川北花纱布公司收购棉纱、棉布，人民银行川北分行贷款等方式恢复棉纺织业生产。是年，川北区有32605家（包括农村纺织户）棉纺织企业恢复生产，生产棉纱860余万件。有21744台宽布织机、91500台窄布织机恢复织布。1951年，生产宽布418500匹、窄布235400匹。1952年，生产宽布589000匹、窄布280000匹。棉纱、棉布除销川北各县外，还销西康、云南、贵州等省。

广元大华纱厂是川北唯一的新式机器纺纱织布厂。1949年，生产能力达到1.28万纱锭、1021名工人，年产棉纱5400万件。1949年11月广元解放前夕，原料、资金短缺停产。1950年，军代表接管广元大华纱厂后，组织工人恢复生产。1951年11月11日，武汉市人民政府，对私营资本“裕烨纺织股份有限公司”实行公私合营，总公司决定将广元大华纱厂改为公私合营裕烨纺织股份有限公司广元厂。1951年，生产20支棉纱57977件。1952年，生产20支棉纱83514件。

火柴业　川北区火柴生产企业仅有川北火柴厂1家。川北火柴厂系民国29年（1940年）广安县商人陈锡光在南充县城三公街（今南充市顺庆区三公街）创办。是时，厂名为南充嘉陵火柴厂，有职工200余人。木材、化工原料由厂主在市场上购买。采取夏停，春、秋、冬三季用手工生产黄磷火柴。日产火柴50余件（每件1000盒，每盒80根），销川北各县。1950年4月2日，川北行署工商厅接管南充嘉陵火柴厂，更名为川北火柴厂，改产硫化磷火柴，生产方法与黄磷火柴相同，唯药头改由氯化钾、硫化磷、氯化锌、皮胶、玻璃粉配制。木材和化工原料由川北行署工商厅调拨供应。1951年，生产硫化磷火柴4869件，销售4254件。每件生产成本10.7元，销售价格11.4元。1952年，川北火柴厂进行扩建改造，添置了排梗、理梗、油药机等设备，改制红旗牌火柴。至6月30日，生产红旗牌火柴5960件，每件生产成本10.5元，销售价格13元。

制皂业　1950年，川北区有6家私营肥皂厂，工人251人，分布于南充市城区和达县县城。1951年，6家私营肥皂厂生产肥皂2160箱（每箱100块）。1952年1月至8月，生产肥皂3000箱。生产的肥皂销川北各地。

骨粉业　1951年11月，川北行署工业厅投资2500元，在南充市大西街兴办国营川北南充市骨粉厂。用简陋设备生产含油骨粉331吨，填补了川北区无骨粉制造业的空白。1952年，国营川北南充市骨粉厂生产骨粉417吨。是年，川北行署工业厅投资在三台县兴建骨粉厂，8月后建成投产。

硝磺业　1950年，川北区硝磺生产业分布在达县、岳池、武胜、南部、潼南等县。有制硝磺生产作坊35户，生产硝磺100吨。1951年，生产硝磺235吨。1952年1月至8月，生产硝磺200吨。

硫磺业 1950年，川北区硫磺生产作坊分布在广元、剑阁、昭化、达县、万源、岳池等7县，生产硫磺25吨。1951年，生产硫磺328吨。1952年1月至8月，生产硫磺300吨。

制鬃业 川北制鬃业主产地在南充县城。民国30年（1941年）12月，四川省农业改进所主编的《四川畜产》记载：是年，南充县城制鬃资本占全省同行业的18.6%，年产熟鬃量居全省第2位。1949年，南充境内制鬃厂（坊）达83家，是年，生产熟鬃4500关担（一关担=60.479公斤）。各厂（坊）加工的熟鬃交大生、和源等厂装箱运重庆，转销美国、英国、日本、澳大利亚等国家。1950年，川北区有制鬃企业14家，工人1263人，生产熟鬃4000关担。1951年至1952年8月，生产熟鬃8400关担，销苏联等欧洲国家。

机器制造业 1950年，川北区机械制造业有川北机器修造厂、华蓥农具制造厂、广元人民机械制造厂、达县新建机器厂、遂宁工农机修厂、三台人民机器厂6家企业，工人465人。无固定产品生产，主要是加工机器零部件，加工产品较少，实行有生产任务就开工生产，无生产任务则停工歇业。1951年，制造纺织机1117台、印刷机7台、食品加工机器14台、农业机械257台（套）、其他机器、零部件100件（套）。1952年1月至8月，制造纺织机571台、印刷机14台、食品加工机器47台、农业机械1100台（套），其他机器的零部件250件（套）。

煤炭业 1950年，川北区有大小煤矿307家，分布在广元、北川、达县等14县，除广元煤矿、渠江煤炭公司用机器采煤外，其他煤矿均用手工采煤。1951，广元、达县等13家煤矿企业，产煤54078吨，1952年1月至8月产煤206147吨。

炼铁业 1950年，川北区有炼铁企业6家，炼铁炉92座，炼铁10050吨。1951年，炼铁企业增至11家，炼铁炉增至123座，炼铁14000吨。1952年8月，炼铁企业增至15家，炼铁炉增至150座，炼铁30000吨。

建材业 1950年，川北区有制砖、制瓦、石灰窑115家。其中机器制砖厂仅南充机制砖厂1家，工人129人，是年生产砖60万匹。1951年，生产砖2627万匹、瓦23478万匹、石灰3349吨。1952年1月至8月，生产砖13133万匹、瓦18479万匹、石灰1674吨。

建筑业 1950年12月，川北行署工业厅筹备成立川北建筑公司，1951年5月投入建筑施工。至1952年8月，完成川北大旅社、川北人民俱乐部、南充电厂、川北供销合作社、人民银行川北分行等项目的修建。

【商业】 川北解放前夕，货币贬值，物价飞涨，人心惶惶，商业萧条。1950年1月，川北行署建立国营商业机构，开展购销业务，实行牌价销售，团结和组织私营商业恢复经营，调剂供求，稳定物价，安定人心。1951年，针对经营粗放的问题，普遍实行计划指导和“量销定购，以购定产”的经营方针，采取多种办法，积极收购推销区内土特产品及手工业产品，促进生产发展。全年商业购销额比1950年成倍增长。1952年，在拓展业务的同时，加强经营管理，控制劳动定额，提高经济效益，经营状况好于1951年。

国营商业 1950年1月，川北区建立国营川北贸易公司。首先恢复贸易市场，以有限的人力、财力组织商品，调剂供求，稳定物价，解决群众急需。遂宁专区开展以棉换纱，以纱换布，以布换盐业务。随着油脂、土特产等5家专业公司成立，逐步拓展业务，面向农村组织收购农副土特产品，解决地方工业原料，并向区外推销。1950年上半年，全区完成收购300万元，回笼货币180万元。手工业加工原料增加，全区棉织业开工户由174户增加到317户，丝织业由71户增加到381户。油桐收购，由南充一处增加到遂宁、阆中、中坝、巴中5处。11月，执行西南财委指示，国营商业加强物资供应，严格管理市场，调整收购价格，防止游资突击套购，对各公司下达计划，促其积极购销。全年实现经营额878.58万元，按经营人员1672人计算，人均5255元。

1951年2月，传达贯彻西南军政委员会第三次贸易会议精神，加强计划工作，对各公司安排落实购销任务。4月上旬和7月下旬，两次召开全区土特产品展览会，集中展出土特产品及手工业品3361种。区内积极调剂商品余缺，将达县专区产的钢、铁、饭锅，调供南充、遂宁；将南充、遂宁的土布调供达县；将南部食盐调供旺苍、苍溪。国营商业与私营商业还联合组织参观团、试销团，到重庆、中南、华东等地参加交流会，拓宽销路。在西南区交流会上，签订合同总值58.68万元，在华东签订合同总值10.28万元。国营土产公司与区外签订土产、药材销售合同45万公斤，销往川西半夏、天冬等药材121.37万公斤，销往昆明、贵阳土布8000疋、丝棉450公斤、生丝750公斤、棉纱20吨。通过推销，区内土特产品由滞转畅。黑木耳，川北解放前夕销价低至1公斤只值1公斤大米，打开销路后价值28公斤大米。青麻，解放前1公斤值1.75公斤大米，1951年升值到3.75公斤大米。南充、岳池的篾席，原来滞销，生产者纷纷停业。1951年，土产公司试销西北，首批4000张很快销完，促进了生产。南充广柑在区内滞销，运到省外成市场珍品，全年购销60多万公斤。花纱布公司组织人员跑行栈、访部队、到机关、送货下乡，销售白布6999疋。百货公司实行“推销员制”，派人带上样品和价目表，到基层驻点推销，到机关学校上门服务，全年销售1063.59万元，职工人均达到12842元，完成计划108.59%；工业、手工业产品采购达到989.8万元，完成计划111.09%；经营效益提高，费用水平为18.33%，商品周转平均2.7次，资金周转平均2.61次，上缴利润4.07万元，公司获纯利11.19万元。全年，全区国营商业系统实现经营总额6971.62万元，为1950年的193%，职工人平16669元。

1952年，调整裁减管理机构，控制劳动定额，减人充实业务经营第一线。全区国营商业经营单位减为145个，5840人，年经营计划14013万元，人均工作量24011元。在职工集中参加“三反”“五反”运动的情况下，购销额仍然上升。上半年商品购进完成计划101.33%，比1951年同期增加160.88%；销售完成计划99.02%，比1951年同期增加114.36%。

川北区各专业公司购销存统计表

（1950年）

公司		收购	销售	结存
百货公司（万元）		325.83	177.63	61.05
猪鬃公司	生鬃（公斤）	73300	73300	—
	熟鬃（公斤）	115550	113800	17885
	牛皮（公斤）	40900	37550	3350
	羊皮（公斤）	13700	13700	—
油脂公司	桐油（万公斤）	203.85	198.55	5.30
	菜油（公斤）	141800	49150	92650
	花油（公斤）	2046.5	848	1198.5
	麻油（公斤）	10193	—	10193
土产公司	生丝（关担）	864101	244741	61936
	茧（公斤）	40850	12837	14513
	青麻（公斤）	227250	103691.5	108558.5
	白蜡（公斤）	59800	46247	13553
	棓子（公斤）	55400	38009	17391
	黑木耳（公斤）	115950	34655	81295
	药材（公斤）	221435	338561	72702

续表

公司		收购	销售	结存
粮食公司	大米（百公斤）	518879	168225.5	350653.5
	小麦（百公斤）	118405.5	74599.5	43815.5
	杂粮（百公斤）	14043	9348.5	4703.5
花纱布公司	细绒棉（公斤）	2049350	1447850	651500
	粗绒棉（公斤）	590650	306200	284450
	棉纱（件）	4840	2827	2013
	白布（疋）	134439	62455	71984
	土布（疋）	132307	45971	86336

私营商业　解放前，川北商业多系家庭商户，量小力弱，经营困难。1950年调查，全区36个县市，只有148205户商户，且摊贩约占53%，坐商占35%，行商占12%，资金在1000元以下的约占96%。一些人对共产党的政策不了解，疑虑重重，担心财产被没收，怕戴“资本家”帽子，采取隐匿转移财产、大户化小户、小户变摊贩、坐商变行商或关门停业坐观动静的办法，致使市场萧条。为了消除顾虑，人民政府大力宣传保护工商业政策，注意吸收工商界中的进步人士参加各级政权，通过他们影响和带动同业者恢复经营，使市场情况迅速好转。

1950年2月至5月，国营贸易公司，掌控市场的经验不足，一度执行只卖不买的方针，银行贷款只收不放，普遍出现重币轻货的思想，人们持币待跌，引发市场冷清，工厂停工，商店歇业。为扭转局面，国营川北区贸易公司改变经营方针，有计划地收购产成品，委托私商加工。银行则发放贷款，扶持私营业主，使市场恢复活跃，业主纷纷开业。5月份南充开业户数由3月份的3170家增加到4102家。

从6月起，贯彻中共中央七届三中全会关于统筹兼顾的方针，全区对工商业进行调整，改善公私关系和劳资关系，使国营和私营商业各得其所。一方面积极发展国营商业，扩展商业网点；一方面划分公私经营范围，让私商有利可图。同时开展城乡物资交流，引导私商组织工业品下乡，收购农副土特产品，把分散的、无组织的、盲目的私营商业纳入集体的、有组织的、有计划的交流。并逐步建立起农村集市，拓展私营商业的经营活动空间。

为帮助私营商业消除疑虑，明确经营方向，全区先后四次召开工商业界代表会议，深入贯彻党的工商政策，鼓励其在发展生产、促进经济、稳定物价、完成税收等方面发挥重要作用。1950年10月23日至11月6日，召开川北区第一次各县市工商界代表会暨工商科长联席会议时，胡耀邦针对私营工商业者的反映，作了题为《消除顾虑，加强信心，提高警惕，为恢复和发展川北工商业而奋斗》的报告。明确提出：必须具备“三个不怕”（不要怕共产，工商业是不会被没收和共产的，不要怕战争，不要怕国营，国营发展有益于私营）；要具备“三相信”（相信政府对工商业坚决保护的政策，相信政府公平合理的税收政策，相信工商业前途是光明的）；要有“三个打算”（要有从事正当的有计划地发展工商业的长期打算，要有守法的打算，要有立功的打算）；要“三提倡”（提倡商业下乡服务农民，提倡商业联营，提倡发展工业）；要有“三个小心”（小心特务破坏，不被利用，小心谣言，坚定相信人民政府，小心敌人破坏，提高警惕）；要“三个不做”（不做投机买卖，不偷税漏税，不做违法的事）；要“三个团结”（团结工人、店员，团结同业朋友，搞好与工商联的团结）。政府向工商界提出“三个保证”（在劳资两利前提下保证工人不罢工，只要正当经营保证不反对资本家，保证不分资方的资产）；对工商界表示“三个欢迎”（欢迎检举政府工作人员的违法行为，欢迎向政府提出好的意见，欢迎工商业人士反映真实困难）。《报告》共9个方面27条意见，政策性、针对性强，使私营商业受到极大鼓舞，坚定了放胆经营的信心。

至1951年年底止，全区私营商业发展到196529户，比1950年初增加32.6%，从业人员达到729962人。1952年统计，全区私营商业经营总额达到38524万元，比1951年增长34.77%，比1950年增长114.89%。

川北区各种所有制商业经营比重表

年度	社会商品流转额（万元）	国营（万元）	占比（%）	合作（万元）	占比（%）	私营（万元）	占比（%）
1950	15356.1	2135.5	13.9	—	—	13220	86.1
1951	35485.2	5791.83	19.1	106.41	0.32	28584.96	80.56
1952	55131	13646.79	24.5	2960.4	5.3	38524.1	69.88

工商行政管理　1950年1月，川北贸易公司成立时，即设工商科，负责川北区工商行政管理工作。至1951年4月，全区各专县全部建起工商科、股。工商行政管理范围包括：组建工商业联合会和各行业同业公会，企业登记，重新评估财产，市场管理，度量衡管理，商标注册等。

1950年，从接管旧商会入手，经过颁布《川北区县市工商联合会组织暂行办法（草案）》、组建筹委会等工作，各县市全部成立起工商业联合会及各行业同业公会。工商联由统战部领导。县工商联以下设有区分会、乡支会，将城乡私营商业全部吸收入会。工商联成立后，在协助政府贯彻政策法令，指导工商业合法经营，发动爱国捐献，支援抗美援朝等方面，起了积极作用。但由于组建工作过急，一度出现部分工商联组织不健全，有的领导成员不纯，有的名不符实等问题。1952年“三反”“五反”后，大部分县工商联进行了调整或改选，组织得以健全。

针对解放初期私营工商业中存在的工商业混淆、主副业不分、经营范围不明确等问题，全区开展行业调整工作。首先在南充市试点，确定按以下原则进行调整：中等以上工商业，依经营性质明确划分为工业或商业，使其向专业化发展；经营业务相近者，合并为一个行业；工商业户以不兼营为原则，因特别情况必须兼营者，兼营副业应有利于主业；工业兼营从严，商业兼营从宽；较大坐商或厂坊应不兼营或少兼营；兼营者视其资金使用比重决定其为工业或商业。试点取得经验后全区推开。针对私营工商业怕露富，隐避资产的情况，贯彻政务院颁布的“重估财产”决定，在全区开展重估工商业财产的工作。各县市根据川北区工商登记办法及实施细则，完成工商企业登记工作。“三反”“五反”后工商业有所变动，1952年上半年又进行普查登记。

工商行政管理部门还拟定了各县市摊贩管理暂行办法、行商登记暂行办法，规定原则上限制摊贩发展。对于土地改革后地主为了逃避劳动改造，进城摆摊，应予取缔。对于缺乏劳动力的贫苦市民经营摊贩，给予照顾。摊贩应选择适当地址集中管理，成立摊贩公会，受工商联领导。因摊贩数量多，1952年上半年继续加强登记管理。

根据中央指示，川北行署推行划一度量衡，颁发了度量衡管理通令，及检定费征收标准。规定：在新度量衡制度尚未颁布前，本区所属各县市度量衡器具之使用，暂以国家通用的“市用制”为标准制，世界通用之“公用制”为辅制。由于检定技术人员缺少，检定仪器逐步配备，到1952年上半年，只一般交易市场做到使用市用制度量衡器，公用制尚未推开。

工商行政部门加强商标注册法令宣传。至1952年上半年，广元三户企业申请办理商标注册。

1951年7月10日，川北行署颁布各县（市）公共市场管理费征收办法（草案）。办法规定：公共市场管理费（简称公管费），由各地市场管理委员会指定各应征公管费市场征收，应征交易税物品不另征公管费；公管费征收率，按交易额3‰征收，由卖方负担，起征点为3元；公管费作市场管理开支及建修费用，所有收支账目按月公布。据此，普遍建立了市场管理委员会，如遂宁等十二县建立区乡市管会113个。由市管会统一领导和管理市场交易员。交易员不得兼营业务，除征收公管费外，主动协调购销关系。如遇畅销物资发生抢购、争购时，指导其统一联购，以国营专业公司牌价为标准，进行收购，统一分配。严禁场外黑市交易。市场管理的商品，重点是与人民生活密切相关的米、油、燃料、花纱布、青蔴、木耳等。其余物资着重集中交易，市场价格由买卖双方自由协商决定。同时，及时处理投机、操纵市场的不法行为。至1952年8月止，市场管理进一步加强，交易秩序好转。

【桑蚕丝绸】 1949年年底，川北产蚕丝仅2713关担（其中厂丝1128关担），桑蚕丝绸濒于毁灭。1950年3月，中共川北区委、川北行署正式把恢复发展桑蚕、丝绸生产作为恢复发展工业经济的骨干产业来抓，制定了“蚕丝业由维持、恢复、走向发展”的方针，建立了桑蚕、丝绸生产的管理机构，采取鼓励农民栽桑养蚕、提高蚕茧收购价格、贷款给缫丝企业恢复发展生产、统购统销蚕丝、丝绸产品，改造缫丝业经济结构成分等措施，恢复和发展桑蚕、丝绸生产。至1952年8月，完成了恢复发展桑蚕、丝绸生产的任务，形成了国营、公私合营和私营3种蚕丝业经济结构，改造了川北区蚕丝业的经济结构成分。

桑蚕管理机构 1950年至1952年8月，川北区桑蚕、蚕丝管理机构分设。1950年至1952年2月，由川北行署农林厅管理桑蚕生产。1952年3月，成立西南蚕丝事业管理局川北分局，由西南蚕丝事业管理局川北分局管理蚕桑生产，局内设推广、监管、试验3科，南充专署副专员朱光璧兼任局长，辖西充、三台、盐亭、阆中、南部、苍溪、剑阁7个蚕业指导所，146个蚕桑技术指导站。局址设南充市仪凤街（今南充市顺庆区仪凤街省蚕桑研究所），隶属西南蚕丝事业管理局。6月1日，更名为西南军政委员会财经委员会蚕丝事业管理局川北分局，10月终止工作。

蚕丝管理机构 1950年1月，西南军政委员会贸易部没收四川丝业公司官僚资本股权转作公股，将四川丝业公司改造为公私合营公司，负责川北区的丝绸工业生产和经营管理。西南军政委员会财经委员会副主任刘岱峰兼任董事长，西南军政委员会贸易部副部长刘作甫任总经理，成治平任公方监理员。1952年4月25日，四川丝业公司更名为西南蚕丝公司，负责西南地区的蚕种制作、蚕茧收烘、丝绸生产与经营管理，隶属西南蚕丝事业管理局。西南蚕丝公司将原在川北区的分支机构改建为西南蚕丝公司南充分公司、西南蚕丝公司阆中支公司、西南蚕丝公司三台支公司。10月，西南蚕丝公司终止工作。

栽桑 1950年3月，川北行署召开首届蚕丝工作会议，行署副主任秦仲芳到会作重要讲话。会议制定了“蚕丝业由维持、恢复、走向发展”的方针和目标。会后，川北行署农林厅、四川丝业公司密切配合，编制发展桑蚕、蚕丝的宣传提纲，采取多种形式宣传中共川北区委、川北行署关于发展桑蚕、蚕丝生产的方针、政策。川北行署农林厅派出桑蚕技术推广员分赴南充、西充、阆中、盐亭、遂宁、三台、剑阁等县推广良桑、改良蚕种，指导农民育苗栽桑和防治病虫害，调动了川北主要桑蚕区农民栽桑养蚕的积极性。川北行署农林厅积极组织育植桑树苗。1950年，川北区桑苗苗圃面积达1333亩，培育一年生实生桑树苗289519株。1951年，兴办桑苗苗圃3374亩，培育一年生实生桑树苗1027100株，全区栽植桑树729206株，嫁接桑树222760株。1952年，培育一年生实生桑树苗1833210株，培育二年生实生桑树苗5000000株。对一年生实生桑树苗全部进行了移栽。是年，川北区22个养蚕县桑叶产量达到12553万公斤，其中，南充专区桑叶产量达到6403万公斤，占川北区桑叶总产量的51%。

川北区22个县桑叶产量统计表

（1952年）

县名	产量（万公斤）	县名	产量（万公斤）
南充	1435	盐亭	2275
西充	2870	剑阁	200
蓬安	100	广元	200
营山	40	昭化	80
仪陇	100	江油	100
岳池	60	苍溪	700
武胜	48	阆中	1750
南部	1750	达县	80
潼南	460	通江	20
蓬溪	80	巴中	40
三台	1050	南江	20

制种　1949年，川北有蚕种场15家，所制蚕种售给农民饲养，每张蚕种平均产茧量只有7公斤。1950年，各蚕种场按照先质后量的原则进行制种，提高了蚕种品质。是年，春秋两季共制蚕种357809张，比1949年增加51.7%，超计划16.24%。1951年，春秋两季共制蚕种398767张，比1950年增加11.4%。1951年11月，四川丝业公司组织蚕丝技术人员，对川北区14户蚕种场秋季制作的每张蚕种平均产茧量进行抽样调查。南充蚕种场、西充仁和蚕种场、三台蚕种场、阆中蚕种场，每张蚕种平均产茧在10公斤以上。川北南充蚕丝试验场、西充人民蚕种场、盐亭人民蚕种场系公私合营的蚕种场，每张蚕种平均产茧亦在10公斤以上。蜀远、义励等7家私营蚕种场中，蜀远、西里2家蚕种场，每张蚕种平均产茧在9公斤以上。其他5家蚕种场，每张蚕种平均产茧在8公斤。为保证蚕种品质，提高每张蚕种产茧产量，四川丝业公司对每张蚕种平均产茧量在9公斤以上，又为蚕农信任的蚕种场仍许其制作蚕种，并加强技术指导和监管，进一步提高蚕种质量，为蚕农养蚕提供优质蚕种，增加产茧量实现增收。对每张蚕种平均产茧量在8公斤以下，技术力量薄弱，设施简陋，在1952年春季制种前无力改善制种条件的蚕种场，取缔制蚕种，转向他业。

1952年，春秋两季共制蚕种400000张，平均每张蚕种产茧量达16.6公斤。

川北区22个县发种统计表

(1952年)

县名	发放量（张）	县名	发放量（张）
南充	229865	三台	15154
蓬安	19105	盐亭	48418
营山	203	剑阁	14599
岳池	1429	阆中	282495
武胜	5995	巴中	1300
南部	352435	苍溪	17969
潼南	1120	中江	149
射洪	103275	西充	55215

养蚕　1950年3月，川北行署召开首届蚕丝工作会议后，川北行署农林厅派出桑蚕技术人员分赴南充、西充、阆中、三台等主要桑蚕区，配合征粮剿匪干部，利用各种机会，采取各种形式，广泛宣传人民政府的桑蚕、蚕丝政策。同时，由人民政府贷放桑蚕生产贷款5万元，大米1713.5公斤，改良蚕种42894张，并在《川北日报》《川北农民》报上宣传3公斤大米换黄茧1公斤，4.5公斤大米换白茧1公斤的蚕茧收购价格后，提高了农民的养蚕积极性。南充、西充、盐亭、射洪等10个桑蚕主要产区，是年春季农民饲养改良蚕种62331张，生产改良蚕茧13400关担；饲养土蚕种244500张，生产土茧35159关担。7月11日，川北行署发出《关于发动蚕农迅速购蚕种的指示》。《指示》确定了是年秋季蚕种实行由蚕农从蚕种场现钱购买，蚕种场自行出售的发放方针。对贫困无钱购买蚕种的蚕农，作出了由乡保民主评定，向县、区政府申请在此次贷粮中抽贷一部分，由蚕农自行变款购买蚕种和适当调整有无，避免蚕种过剩及不足等问题发生。秋季，蚕农购买改良蚕种227850张，生产改良蚕茧35159关担。因土种蚕的蚕体虚弱，不易饲养，蚕农不购买土蚕种，川北区未饲养土种蚕。11月，川北行署召开第二届蚕丝工作会议，总结1950年的桑蚕茧丝工作，部署1951年的桑蚕蚕丝的生产。胡耀邦到会强调1951年川北区的桑蚕、蚕丝、丝织生产要做到产量增加质量提高。

1951年春季，蚕农购买改良蚕种15192张，生产改良蚕茧35388关担。秋季，蚕农购买改良蚕种259589张，生产改良蚕茧29629关担。春秋两年共生产改良蚕茧65017关担，超额完成了川北行署安排的蚕茧生产任务。

1951年9月，四川丝业公司规定，1952年春季蚕种实行分期订种。1951年秋茧期内，在茧庄卖茧时订购1952年春季蚕种的蚕农，种价8.5折优惠。1952年2月15日到3月15日订购春季蚕种的蚕农，种价9.5折优惠；3月15日后发蚕种时止，种价全付。是年，春秋两季蚕农购买蚕种1390000张，生产蚕茧107045关担。

缫丝　1949年，川北只有南充、阆中、潼南等9县缫丝，生产蚕丝2713关担。其中四川丝业公司第二、第三、第四缫丝厂生产蚕丝1128关担。2月9日，南充军事管制委员会军代表分别接管了四川丝业公司第二、第三制丝厂。阆中县人民政府接管了四川丝业公司第四制丝厂。没收了3家制丝厂中的官僚资本。将其改造为公私合营缫丝厂。川北行署采取发放短期无息贷款，收购库存积压蚕丝等措施，支持3家公私合营缫丝厂和缫丝车房开工恢复生产。四川丝业公司第三制丝厂由军代表赵克林接管5天后就复工生产，是川北区3家缫丝骨干企业中最先恢复生产的厂家。

在恢复缫丝生产中，为处理好私营缫丝企业内部的劳资关系，南充市建立了劳资协调会，组建了南充市丝绸业同业公会。劳资双方共同协商制定了《工厂规则》，签订了《劳资集体合同》，制定了缫丝生产计划，逐步将私营缫丝厂、缫丝车房的生产经营活动置于国家计划的管理之下，争取和团结了川北区一批缫丝界的民族工商业者恢复缫丝生产。阆中县5户私营丝厂在恢复生产后因资金和原料短缺，开工不久又停产，860多名工人失业。5家私营丝厂的劳资双方都派出代表到南充，请求川北行署帮助解决资金和蚕茧原料，胡耀邦亲自接见劳资双方代表，倾听他们对恢复和发展缫丝生产的想法和意见，指示人民银行川北分行发放贷款解决流动资金。四川丝业公司南充办事处调拨蚕茧后，5户私营缫丝厂又恢复了生产。在恢复缫丝生产后，川北行署采取有效措施，鼓励南充、阆中、三台等地的私营缫丝厂、缫丝车房实行联合生产经营。南充市的部分私营缫丝厂、缫丝车房联合组建成“聚和源”“宝光”“合力”3家联营缫丝厂。阆中县组建成“利群”联营缫丝厂。西充县、蓬安县先后组建成“益群”“通惠”2家联营缫丝厂。6家联营缫丝厂有缫丝车681台、工人1577人，为四川丝业公司代缫蚕丝。人民银行川北分行贷给6家联营缫丝厂10多万元周转资金收购蚕茧。1950年6月，春茧收购期间，四川丝业公司南充分公司、阆中支公司、三台支公司组织各公私合营缫丝厂、私营缫丝厂进行联合收购蚕茧，避免了川北区内各缫丝厂抬价抢购蚕茧。

为消除川北区各联营缫丝厂对蚕丝销售的顾虑，川北区各国营公司均与各厂厂主签订了蚕丝产销合同。国营川北贸易公司收购聚合源联营丝厂的蚕丝。是时，市场蚕丝价是每关担丝400元，国营川北贸易公司按每关担550元收购。此后，缫丝成本提高，国营川北贸易公司又将收购价提高到620元。1950年底，川北区各公私合营缫丝厂，各联营缫丝厂复工后缫丝工人达5000多人，缫制蚕丝6101关担，比1949年增长1.25倍。人民银行川北分行共计贷给南充丝二厂、南充丝三厂等3家公私合营骨干缫丝厂和各联营缫丝厂贷款2127万元，相当于其原有资金的46.5%。

从1951年起，川北区各公私合营缫丝厂、各联营缫丝厂全部为四川丝业公司代缫加工，各厂与四川丝业公司签订代缫加工合同，由四川丝业公司付给代缫加工费，解决了各厂原料、资金、销路等问题。蓬安县周口丝厂周炳煊等45名工人给胡耀邦写信，陈述蓬安县蚕茧原料优势和缫丝技术，请求川北行署批准新建蓬安县利群缫丝厂。胡耀邦接信后批示：“请赵书记办理”（即中共川北区委第二书记赵林）。蓬安县利群缫丝厂5月建成投产。是年，川北区春秋茧产量较1950年显著增加，但各公私合营丝厂、私营丝厂生产设备，技术条件等已超过原料供应能力。为避免盲目发展，引起工人失业与厂停关等问题发生，川北行署工业厅8月31日作出了避免缫丝规模盲目发展的3条规定，即：现已设立并开业的公私合营、私营丝厂，如技术能力够，生产设备完善，且与四川丝业公司订有加工代缫合同者，准许继续经营，但应在现有基础上充实资金，力求自力更生，去掉单纯依赖加工代缫或贷款等问题；现已设立并开业的公私合营、私营丝厂，如技术条件差，生产设备欠完善，资金薄弱并未与四川丝业公司订立加工代缫合同者，应劝其转入其他生产行业或与设备、技术能力够的厂合并，在未转项或合并前暂准继续经营；正在或筹备设立及尚未开业的缫丝厂，应先具备优良的技术条件，完善的生产设备，充足的资金，足够维持生产不致停工的原料，在资金不依赖人民政府的加工订货或代缫，保证不向人民银行贷款等条件下，经县人民政府慎重审核提出意见，报厅审核批准后，再按规定向当地主管业务机关申请核准经营，并向当地县人民政府申请登记后始得开业，以防止盲目发展缫丝规模。川北行署工业厅作出避免缫丝规模盲目发展的规定后，部分正在筹备办丝厂的单位或私营业主，在权衡生产设备、生产技术后达不到办丝厂条件的转项新办其他工业行业。是年底，川北区共缫制蚕丝7519关担，比1950年增长23%。1952年1月至8月，川北区共缫制蚕丝5142关担。

织绸　1949年，川北区除南充县城乡有少数织绸厂、织绸机房在断断续续织绸外，其他县的织绸厂、织绸机房均歇业，生产绸缎仅1万匹。

1950年2月，南充县城乡率先恢复织绸，有111户织绸厂、织绸机房复工生产。以后因资金、蚕丝紧缺又逐月减少。3月11日，经川北行署批准，划南充县城关区、东南镇、北城镇、舞凤乡、华凤乡、文峰乡、河东乡设置南充市。四川丝业公司第二制丝厂、四川丝业公司第三制丝厂，原南充县城内的缫丝车房、织绸机房均划入南充市内。至6月底，南充市内织绸厂、织绸机房只有29家在生产，上1000名织绸工人失业。为使川北区的织绸业恢复生产，川北区总工会筹备委员会和国营川北贸易公司，主持召开南充市织绸厂、织绸机房主座谈会，对他们提出的问题，分轻重缓急进行研究解决，促使其尽快复工生产。对丝绸产品销售价格适当调升，以平价大米折合人民币，按市场价每匹丝绸产品提高4元，由南充市百货公司收购。在贷款方面赊欠无息大米，待丝绸产品销售后按日常平价大米偿还。同时，在劳资双方协商后工人也愿意降低部分工资，给织绸厂、织绸机房主恢复生产创造条件。至6月底，南充市百货公司共收购各织绸厂、织绸机房库存花素绸3908匹。通过上述工商政策调整，织绸厂、织绸机房主每组织生产1匹丝绸产品能获得“九二”大米6公斤价值的利润。至8月底，南充县、西充县、阆中县、遂宁县100户织绸机房也加大生产。

1951年，织绸厂、织绸机房主联营并厂并机房，改变单干分散和落后的生产方式。南充市率先由黄世本联合16家织绸小机房，集资21800元，组建成群力绸厂，有工人96名，开机29台。继后由尹佐泉等人联合100户织绸机房，分别组建成同力绸厂、永存祥绸厂等7户联营绸厂，有工人176名。李复先联合48户小织绸机房，组成联营生产组，下设9个织绸生产小组，开动200台织绸机织绸。各丝绸联营厂、联营组，实行“联合经营，团结合作，原料统购、产品统销、分工生产、以销定产”，开始有计划地组织生产。南充市各丝绸联营厂、联营组1951年6月至1952年4月，为南充市百货公司加工绸缎。1952年5月至8月，改为给西南蚕丝公司代织绸缎。至8月底，共代织绸缎27.5万匹。

爱国增产创模运动　1952年4月29日，川北行署发出《开展爱国增产竞赛运动指示》，号召全区人民投入增产创模运动。川北区桑蚕丝绸行业从增育桑苗、增制优质蚕种、增产蚕丝等5个方面开展爱国增产创模运动。是年，收购桑籽28915公斤，育种桑苗482.89公顷，培育一年实生桑苗1833100株，较上年增育763万株，株均价0.03元，一年生实生桑苗增收228900元。培育二年生移植619万株，株均价0.07元，二年生移植桑苗增收433300元。春季蚕种较上年增制203747张，每张蚕种均价1元，春季蚕种增收20.38万元。秋季蚕种增制12088张，每张蚕种均价1元，秋季蚕种增收12088元。春季改良茧增产2710关担，每公斤春茧均价9元，春季改良茧增收1584万元。秋季改良茧较上年增产5804关担，秋季改良茧增收3159万元。蚕沙肥料较上年增产53400公斤，增收217362元。四川丝业公司第二、第三、第四厂，开展爱国增产创模运动后，用白4级茧缫出E级丝，白3级茧缫出口级丝，1级、2级蚕茧缫出C级丝，提高了蚕丝品质。座缫缫1级、2级茧，每车产量达0.84公斤，超过定额11%；缫3级茧，每车产量达0.76公斤，超过定额17%；缫4级茧，每车产量达0.56公斤，超过定额8%。立缫缫1级、2级茧，每车产量达8.8公斤，超过定额3%；缫3级茧，每车产量达7.8公斤，超过定额4%。白茧缫折降低2.3%，黄茧缫折降低12.8%。座缫缫丝提高效率2.5%、立缫缫丝提高效率6%，绞丝、成柄工序提高工效10%。据不完全统计，1952年，川北区增产的蚕丝价值340万元，降低缫丝成本248万元。

重点厂场 1950年至1952年，西南蚕丝公司第二、第三、第四制丝厂、川北南充蚕丝试验场为川北区桑蚕丝绸行业的重点厂场。

西南蚕丝公司第二制丝厂。1949年12月10日，南充县城解放。1950年1月9日，南充军事管制委员会接管南充丝二厂。1952年4月25日，四川丝业公司更名为西南蚕丝公司，南充丝二厂随之更名为西南蚕丝公司第二制丝厂。是时，南充丝二厂已完成民主改革，成为川北区丝绸业中最大的全民所有制企业。是年，南充丝二厂完成工业产值425万元（1952年价），缫制蚕丝5478关担，5445关担出口换汇。

西南蚕丝公司第三制丝厂。1950年1月9日，南充军事管制委员会接管南充丝三厂。1952年4月25日，四川丝业公司更名为西南蚕丝公司，南充丝三厂随之更名为西南蚕丝公司第三制丝厂。

西南蚕丝公司第四制丝厂。1950年1月，阆中县人民政府接管四川丝业公司第四制丝厂。1952年4月25日，四川丝业公司更名为西南蚕丝公司，第四制丝厂随之更名为西南蚕丝公司第四制丝厂。是年，第四制丝厂用原有生产设备，缫制生丝1640关担，超过建厂11年生丝产量总数。

川北南充蚕丝试验场。1950年1月9日，南充军事管制委员会接管四川省蚕丝改良场。11月，更名为西南军政委员会农业部蚕丝改良场。1952年4月1日，更名为川北南充蚕丝试验场，隶属川北行署农林厅。至1952年8月，试验场开展雌性育种、土种改良、柘叶养蚕等52项蚕桑试验，均取得成效。

【供销合作社】 1951年，随着川北区土地改革的深入，广大农民分得了土地等胜利果实，生产热情高涨。在国营商业尚未深入农村的情况下为解决农业生产资料需求旺盛，农副产品要求销售出去的问题，中共川北区委、川北行署积极开始在农村建立供销合作社。1951年上半年，除在南充市试办消费合作社11处外，全区初步建立供销合作社15个。7月，根据中共中央西南局指示，中共川北区委作出《关于建立发展合作社的决定》，确定了“积极准备，创造条件，以便大量发展”的建社方针，提出了年底前完成“建立机构，培养干部，普遍宣传，重点建社”的任务。8月21日至27日，召开川北区首届合作工作会议，确定“广泛宣传，重点建社，训练干部，建立机构，积极准备1952年大发展条件”的方针，要求县以下的每个区建立一个农村供销合作社，并规定了建社的基本原则。按照上述要求，各专县广泛宣传，积极推进，至11月底全区发展基层社（县以下的供销合作社）166个，仍不能适应农民要求入社的迫切愿望。12月召开业务会议，确定“放手大力发展”的方针，要求每个集镇建立一个供销合作社。为支持基层社发展，中共川北区委组织部、川北行署人事厅协助区联社训练县、市联社会计、统计与业务员；各县、乡财政借拨粮款作为县联社周转资金；国家银行、国营企业也密切配合，在贷款、价格、供货、税收等方面给予大力支持。至1952年4月止，全区基层社发展到532个。由于发展过快，出现了部分供销合作社组织成分不纯、民主管理流于形式、账目不清、手续混乱等问题。中共川北区委发出《关于积极整顿合作社的指示》，并于1952年4月16日召开全区第二次合作工作会议，确定“巩固健全与积极发展”的方针。通过整顿，使基层社端正了为生产服务的思想，健全了组织，密切了合作社与社员群众的关系，得到健康发展。至1952年8月，全区基层社发展到764个，一半以上的乡镇建起了供销合作社。

建社原则 1951年8月，川北区首届合作工作会议，确定建立合作社必须坚持三个基本原则。即入社自愿、民主管理、做好业务。根据上述原则，各地广泛宣传发动，让广大农民明白参加合

作社的好处，从而自觉要求参加，报名登记，交纳入社股金。普遍做到了入社自愿。

社员 1951年年初建社时，全区供销合作社吸收会员8530人。1952年8月止，社员总数达到125万余人。

股金 合作社社章规定，凡入社社员均需交纳股金。每人至少一股，每股股金最少2元。可用现金入股，亦可用实物（如粮食等）入股。股金一次交清，贫困社员无力一次交足者，经理事会审核许可，可分期交纳，但期限不超过一年。交纳股金后即取得社员资格，发给社员证。社员的选举权、民主管理权一律平等，不以股金多少决定权利大小。1951年初建社时，全区供销合作社共有股金2万余元。至1952年8月止，股金总额达到225万元。所有入股股金专册登记，用于业务周转。供销合作社因成立时间不长，且社员享受优价商品供应，至1952年8月止，未实行股金分红。

经营业务 1951年7月14日，中共中央西南局《关于在农村中建立合作社问题的指示》中明确指出："供销合作社的主要业务是从刺激与发展农民生产出发，首先积极推销农民的生产品，然后供给农民一部分日用必需品。"川北行署《关于成立供销社各项决定的通知》中，规定供销社的经营方针是：扩大本区的土产和手工业品的流通范围，结合救灾，调剂本区农副产品及手工业产品的供求，扶助手工业产品与合作事业的发展，配合巩固物价稳定及人民币下乡，促进城乡物资交流。据此，各级供销社积极收购农民的土特产品，向农民提供棉织品、食盐、粮食等生活用品，并将购销业务逐步拓展至区外。1951年，川北区合作联社成立后，随即建起贸易货栈，从重庆等地购回卢雁布、肥皂、香烟、草鞋等商品。同川北土产公司建立委托代购废铜关系，一月多收购废铜10.42万公斤，获手续费3.89万元。还向银行借款2万元，从隆昌、荣昌购回罗纹帐料500疋、折扇2500把，在区内收购土布加工染色1000余疋，分别供应给南部、南充、阆中等8个县联社、11个消费合作社、10个基层社和65803个社员。是年共购进23.88万元，销售14.93万元，实现毛利2.41万元，纯收益1.07万元。

供销社坚持上级社为下级社服务，基层社为社员服务的原则。县联社积极帮助基层社拓展业务经营。遂宁、三台、南部等县联社，建立驻区指导员制度，由县联社派干部负责指导基层社。遂宁还建立了区的中心供销社，统一领导各基层社开展业务。川北区各基层社在县联社帮助下，从1951年起，逐步经营日用百货、副食品、化肥、农药、棉花等业务，并给国营商业代销商品，供应农村。南部、潼南、仪陇、三台、蓬溪、江油七县统计，半年时间购销总额达到25万元以上。大部分基层社的商品售价低于市场价的5%~10%。

民主管理 社员代表大会是供销社的最高权力机构，由其选举产生理事会，并决定人事、业务等重大问题，由理事会执行。未单独建立监事会。不少县联社由县委书记、县长分别兼任理监事会主任或负责监事工作，确保党的方针政策的贯彻执行。供销社从成立至1952年8月止，民主管理制度未变。

【酒类专卖】 1950年，川北区的酒类生产和购销全系私营。1951年3月，川北行署根据西南军政委员会财政部颁布的《西南区酒类专卖实施暂行办法》。制定了"统一领导、分区经营、多样方式、全面专利、严格管理、保证税利"的酒类专卖经营方针及《川北区酒类产制厂商暂行管理办法》《查实没收私酿酒办法》，成立了川北行署专卖事业局，由川北行署税务局局长兼任局长，主管全区酒类生产和购销工作。从4月份开始，全区施行酒类专卖。川北区酒类专卖采取培持重点酒类专卖县，先行试点，见成效后全区推开，先城市、后农村、城市紧，农村松，由点到面，从小到大，稳步前进。至1952年8月，川北区酒类产销全部纳入计划管理，实行专卖。

酒类生产　1951年4月，川北行署专卖事业局组织人员对全区酿酒私营厂（坊）和经销商进行全面清理、整顿、登记，摸清了全区酿酒和销酒情况。5月，选择南充、遂宁、达县3个县进行酒类专卖生产试点。试点中首先以销定产，按销售计划组织酿酒生产，用规范酒桶标准，规格划一各允许酿制酒的私营酒厂（坊）酒桶的办法，取缔小酿酒作坊，初见成效后在全区推广。酒类专卖机构对允许酿制的私营酒厂（坊），发给酿酒生产许可证，通过制定酒的质量标准、出酒率、燃料耗用、加工费用、酿制酒收购等方式，实行酿酒原料（主要是高粱）控制。三级酒类专卖机构（川北行署、各专区、各县（市）酒类专卖机构）有序组织酒类生产，与各允许酿酒的私营酒厂（坊）签订生产合同或委托加工协议，克服盲目酿酒，杜绝全区酒类生产过剩和购销脱节现象发生。对各允许酿酒的私营酒厂（坊）酿制的酒，各级酒类专卖公司统一组织收购。在组织允许酿酒的私营酒厂（坊）酒类生产的同时，川北区三级酒类专卖机构新办了16家国营酒厂，增大酒类专卖机构调节酒类市场的能力。到1951年年底，全区新办的16家国营酒厂有酒桶237个，且家家盈利。其中，岳池县酒厂是全区较大的酒厂，不仅酿酒盈利，而且利用酒糟养猪也获利1000元。三台县国营实验酒厂盈利2659元，阆中县国营酒厂盈利2278元。

1952年一季度，川北行署粮食局调拨给川北行署专卖事业局高粱600万公斤。川北行署专卖事业局针对进入夏季后高粱易生虫的实际，采取召开酒类生产会议，动员允许酿酒的私营酒厂（坊）抓紧生产，用算账的办法核定加工费用，鼓励私营酒厂（坊）加班生产多获利，并将高粱按生产合同分发给各私营酒厂（坊）保管；提高酒出厂价等措施，促进各私营酒厂（坊）保质超产，收到好的成效。7月底，库存高粱降至110公斤，产酒50公斤（60度）的加工费降到4.5元左右。在发挥允许酿酒的私营酒厂（坊）酿酒积极性的同时，三级酒类专卖机构又新办了5家国营酒厂。至8月底，全区国营酒厂增至21家。

酒类购销　1951年4月，川北区实行酒类专卖后，由三级酒类专卖机构统一收购按计划生产的酒类产品，取缔私营的酒类批发业务，由三级专卖公司经营批发业务。零售业务由领有营业执照，并向专卖机关办理了承销手续的零售商经营，按固定渠道购酒，严格执行国家定价和规定的酒度标准，酒类购销调存全部纳入计划管理。禁止私酿私销，走私偷税，掺水降度，乱定酒价和无证经营。川北行署专卖事业局查获到私酿私销，掺水降度，掺杂等不法行为，均按专卖条例进行处罚，罚款全部上交各地财政。至1951年年底，全区查获私酿酒案件48件，私运和私销案件23件，没收白酒2614件，罚没变价款1465元。

1952年，三级专卖机构针对全区酿酒量增加，库存酒增大，资金占用多的实际，酒类购销重点放在促销和查缉工作上，鼓励国营专卖机构、经销商、零销商多销酒。至7月底，全区共计销酒871万公斤。其中，达县专区销酒最多，共263万公斤，遂宁专区销售酒250.5万公斤，南充专区销售酒242万公斤，剑阁专区因人口少只销售酒116万公斤。在酒类促销上发展了一批零售商，其中90%集中在各县城与乡场上。南充县的500余个零售商大多集中在乡场上，阆中县仅设了4个酒类分销处，分销处购酒要到30公里以外的批发部去买。酒类专卖机构在加大酒的促销同时，抓紧了查缉工作。至8月底，查获私酿酒2169公斤。

川北区从开始酒类专卖至1952年8月底止，设置三级专卖机构41个，配备专卖干部264名，新建了21家国营酒厂，设立了145个酒类专卖分销处，发展了6997个酒类专卖经销商，酒类专卖上缴入库专利294万元。其间，1951年上缴入库专利66万元，1952年1月至8月上缴入库专利228万元。

川北区酒类专卖情况一览表

（1951年4月至1952年9月）

区别	县别＼项目	实施专卖日期	分销商（户）	零销商（户）
南充专区	南充市	1952年4月1日	—	132
	南　充	1952年4月1日	10	581
	岳　池	1951年5月14日	9	272
	蓬　安	1951年11月1日	6	203
	营　山	1952年3月2日	3	165
	南　部	1951年11月16日	8	674
	武　胜	1951年4月14日	6	272
	西　充	—	—	—
	仪　陇	1952年6月1日	8	224
	专区处	—	—	—
遂宁专区	遂　宁	1952年4月1日	9	354
	安　岳	1951年11月1日	8	234
	中　江	1951年6月1日	8	489
	三　台	1951年5月14日	3	523
	潼　南	1952年6月2日	5	220
	蓬　溪	1952年4月14日	8	310
	乐　至	1952年3月1日	5	246
	射　洪	1951年11月1日	6	146
	盐　亭	1952年3月1日	5	439
	专区处	—		
达县专区	达　县	1951年4月1日	6	686
	巴　中	—	—	—
	开　江	1951年11月1日	4	126
	宣　汉	1952年9月1日	6	439
	万　源	1952年9月1日	—	—
	通　江	—	—	—
	南　江	—	—	—
	平　昌	—	—	—
	专区处	—	—	—
剑阁专区	剑　阁	—	—	—
	苍　溪	1952年9月1日	5	135
	广　元	—	—	—
	江　油	1951年12月1日	4	152
	阆　中	1951年11月1日	5	390
	昭　化	—	—	—
	北　川	—	—	—
	平　武	—	—	—
	青　川	—	—	—
	旺　苍	—	—	—
	专区处	—	—	—
合　计		—	145	6997

【盐业】 1949年，川北区辖境有现汲盐活井68615口，盐灶7640多座，散布于阆中、南部、蓬安、南充、西充、蓬溪、遂宁、安岳、乐至、盐亭、射洪、三台、中江、绵阳14县。每井日汲卤水大多为100公斤~150公斤，其咸度普遍为波美50~60，且多为竹筒小井，依靠人力汲卤，每灶月产盐500公斤以下者占41.59%，月产盐500公斤以上1000公斤以下者占28.31%，产盐1000公斤以上者占30.10%。70%以上的制盐户都是工商业兼地主或地主兼工商业者，全是小井小灶，随产随销，解决了川北及川东、川西部分县和陕西、甘肃部分地方近3000万民众的吃盐。产盐区有盐工10万人以上，贫苦小灶及盐工常受高利贷剥削。其间，1949年10月至11月，国民党军队溃败，到处拉兵抓伕，填埋盐井，捣毁盐灶，川北一片盐荒。

1950年至1952年8月，中共川北区委、川北行署贯彻中央人民政府政务院“发展盐业生产，保障食盐供给”的盐业生产方针，采取以盐折实交公粮、川北区贸易公司收购食盐、中国人民银行川北分行贷款扶持盐业生产等措施，迅速恢复和发展了盐业生产，解决了川北区一度出现的盐荒，保证了川北区及陕西、甘肃邻近县的军需民用，增加了地方财政收入。

管理机构 1950年1月1日，中国人民解放军第一野战军十八兵团派军代表温怀亮、吕生润对民国四川省政府设置的川北盐务管理局进行军事接管。3月，完成清理整顿，在三台县建立川北盐务管理局。温怀亮、吕生润先后任局长，范惠、孙宪维任副局长。内设秘书室、业务科、会计科、警务科。局机关有干部职工134人，下辖4个武装盐警区部队和1个盐警大队、有干警1995人，管理南阆、西充、三台、蓬溪、射洪、乐至、河边、盐亭、绵阳、简阳10个盐场及南阆河东分场，137个盐务所、146个查验卡。南充市和35个县的盐业支公司，以及合川盐务办事处与3个食盐转运站，共有盐业职工979人，隶属西南军政委员会盐务局。5月12日，成立川北盐业分公司。川北盐务管理局和川北盐业分公司一门两牌，统一管理川北盐业生产、运输、销售、盐价、盐税、盐业缉私等。1952年1月，川北盐务管理局从三台县迁入川北行署后院，增设盐务运输管理处，与业务科合署办公。主要职责是保障食盐供应，稳定区、乡食盐零售价格，管理私营盐商、查缉处理私盐，组织购、销、调、存食盐。1952年9月1日，川北盐务管理局撤销。成立四川省盐务管理局南充分局。

制盐生产 1950年1月，中国人民解放军接管川北盐务管理局后，着力恢复制盐生产。发动贫苦灶户和盐工修淘盐井，修复盐灶，复工制盐。多次组织工商业兼地主或地主兼工商业的灶户学习中国共产党保护民族工商业的方针政策，消除思想顾虑，动员他们组织盐工恢复生产，解除川北人民和邻近省区人民的淡食之苦。为解决制盐生产中的资金、设备、燃料等实际困难，全区先后共成立了41家制盐物料供应社。各制盐物料供应社经营各类制盐物料器材，直接向产地采购或就地向国营公司进货，平价分配，按需供应，解除了商人的中间剥削，对制盐灶降低成本，增加盈利，起到了吹糠见米作用。制盐物料中最大的物料是燃料，用的数量多，占用资金大，各产盐县政府、中国人民银行川北分行及产盐县各支行，适时发放盐业贷款扶持制盐生产，确保超额完成国家计划。

在恢复制盐生产中，川北盐务管理局推行组织联营社实行集中生产。选择井灶集中，条件较好，有发展前途的重点盐场的若干灶，兴办集中灶或联营灶。生产采取租佃、合伙投资收卤、聚卤并煎等办法。将私营井灶组建成集中灶，撤销原有灶籍，实行集中生产。至7月底，在盐区组织了7座联营灶进行集中生产。在组织联营灶时，从川北盐务管理局到各盐业支公司、各盐场，广泛宣传政务院发展制盐生产的方针政策和集中生产的好处，解除各盐井灶户的思想顾虑，在自愿互利的基础上组织联营灶、实行集中生产，不搞“拉郎配”，并制定相应的生产经营管理章程。

组织联营灶集中生产后，各个盐灶间互相取长补短，推动了盐产量的提高。南阆城关盐务所祥华盐场联营后产量由原来每月3600公斤提高到4450公斤，提高13.36%。联营灶实行集中生产出现设备、技术、资金等困难时，川北盐务管理局均设法帮助。8月，中国人民银行川北分行贷款2万元，扶持7座联营灶实行集中生产。1950年，中国人民银行川北分行共为联营灶发放8万元贷款，帮助联营灶购买燃料，修淘病井漏井，添置生产设备。凡联营灶修建塔炉、改进生产技术、添置生产设备，中国人民银行川北分行都优先扶持。至年底，南充专区用银行专款修复病井1291口，月增产盐36580公斤。三台、乐至、河边、绵阳、射洪等盐场，货款50580元，购买制盐锅和煤炭，月增产盐1045公斤以上。川北区生产盐71031.06公斤，超额计划2%，上缴盐税703593元，超额计划35%。

1951年，因各盐场盐价核定不够合理，制盐生产贷款保本折实计划两种折合方法不一致，影响灶户和盐工的生产积极性，且制盐燃料缺乏，盐的需求量又增加，从5月份起各盐场生产普遍减产，少数井灶停工。7月，供需矛盾加剧，川北区出现食盐产不敷销。盐价上涨18%~30%，南充、通江、南江、巴中、平昌等县，出现排队抢购食盐现象。为解决川北区少数地方食盐供需脱节问题，8月20日，中共川北区委发出了《关于处理盐业问题的指示》，川北盐务管理局采取加快调运食盐救急和加紧处理制盐生产上的突出问题，尽快加大生产食盐两条措施，解决了川北区部分地方的盐荒。在加大食盐生产上，中共川北区委以县为单位，召开灶户井户代表座谈会，广泛听取意见。采取限时解决盐场价格，统一制盐生产货款保本折实折合方法；纠正土地改革中对民族工商业者过激的处置办法，制定劳、资两利的政策；教育引导盐工爱护盐井，适时召开工农代表联席会议进行工农联盟教育；认真处理工商业兼地主或地主兼工商业灶户既欠盐工工资又欠土地改革中对农民的赔款等问题，10月份制盐生产止跌回升。至年底，制盐产量超额计划25.22%，上缴盐税超额计划105%。其中，射洪、南阆、三台、乐至、河边、蓬溪、绵阳、西充、盐亭9家盐场全年共计产盐92532万公斤。

1952年，川北盐务管理局根据全区土地改革后农村生产发展，农民购买力增加，食盐需求量大增，制盐生产跟不上食盐销售的实际，除紧急调运川南盐接济外，进一步发动井户、灶户组织联营灶实行集中生产，开发盐卤资源，推动了制盐生产持续稳定上升。鼓励上年停产的井户灶户恢复生产，发动产盐区的群众采割山草，修剪死枯树枝，解决制盐燃料。1月至6月，制盐251万公斤。

食盐销售　川北解放后，食盐销售实行自由运销。1950年初，川北区有销售食盐招牌、能经常销售食盐的商人，除三台、射洪两盐场有运销商外，其他各盐场均没有。三台、射洪的食盐运销商，可销售川北区盐产量的20%。灶户兼运销商可销售川北区盐产量的10%左右，其余70%的食盐产量全靠肩挑商贩销售。川北解放初期，食盐运销商经常遭受土匪侵扰、国民党败军抢劫，损失较大。加之，保护民族工商业的方针政策未能及时与灶户、运销商见面，造成盐库存盐增多，市场上缺食盐卖的现象。5月，川北行署为稳定食盐价格，保障城乡市场有食盐供应，成立了川北盐业分公司，统一收购各盐场生产的食盐，又在各销区成立了6个销售支公司、14个分销处、9个盐场支公司。对原来分散无组织的散销商、肩挑商贩重新进行登记，加强对盐店商和运销商的管理，合理安排城乡食盐销售网点，并要求盐店商和运销局，按照川北盐业分公司核定盐价销售食盐。为尽快扭转食盐销路不畅局面，川北行署发布了《对川北盐业检查报告及各项问题处理意见》，结合征粮、清匪反霸，严厉打击散在土匪、国民党败军抢劫盐业运销商，保障食盐运输路线畅通。鼓励联营灶户或大的灶户组织食盐运输队伍，自行运销食盐。实行减税与贷款扶持，帮助盐业运销商解决运销工作中的实际困难，使守法运销商有利可图。6月1日，对川北区盐业运销商实行减税后，全区盐业销售开始好转。为配合缉私护盐，川北区从井户、灶户开始，开展“人人吃税盐”运动，号召井户、灶户带头吃税盐。采用算账方式，向灶户、盐工宣传吃税盐的好处。川北盐务管理局、川北税务局先后召开了135次会议，对13770名灶户、盐工，广大人民群众进行吃税盐光荣的宣传。至10月底，吃税盐的宣传做到了家喻户晓，川北人民群众自发性购食税盐。至年底，盐业税收任务完成计划的135.9%。是年，食盐销售废除引票分岸行销制度，改为全部就场放销，统一配销办法，初步改变了盐业自由运销方式，实行公私兼运兼销方针，调节供需，保证军用，稳定盐价。川北区盐业从产区到销区，从城市到农村，均实行计划运销，形成公营、公私合营、私营、合作经营4种销盐方式。川北盐务管理局制定《川北区盐业产销管理细则及代销店管理办法》。川北盐业分公司加强联系军队、学校、大的工矿企业等食盐大用户，保证按月定量供应。以后随着食盐产销量的不断发展，为贯彻保障供给的方针，对军队供应不再另行规定。1951年，川北区销售食盐9078万公斤。

1952年，川北盐业分公司完成了销区的食盐销售机构建设，盐的产、销、价、税由盐务机关统一管理。在销区国营公司领导下，将城乡食盐销售纳入计划管理，实行就地批发与就地安排销售，对盐商售价以维持其重置成本并有适当利润的原则。如有投机抬价，盐务主管机关、工商行政机关随时查处取缔。盐商不准夹售私盐及掺杂掺假，如有违反，依法论处。同时，对农村合作经济组织，随时供应食盐。至1952年8月，川北区销售的食用盐主要是花盐、巴盐。

私盐查缉　1950年1月，川北全境解放。但制盐盐场、销岸、私煎走私仍存在，少数地方食盐走私较为严重。食盐走私方式达12种之多。有的井灶户不将所制之盐按照规定全数进仓，暗自售给私贩，或自己偷运出去售卖，少数私贩夜间暗中偷窃灶户未进仓的盐出售；有的商贩把已税盐运出验卡后，重新用此税票回盐场再运私盐出卡，一票二运；有的私盐贩伪造棕印盖在食盐上蒙混出卡；有的灶户租佃别人的井灶煎制食盐，用盐支付租金，有的灶户将盐折实付盐工资和运盐力资，盐工得盐后就转售出去；有的灶户用所制之盐进仓后所剩的仓脚盐或借故多留的垫锅盐拿去私卖。因各盐场的单位（如吨）制盐成本高低不一，运途远近不同，实行等差盐税制划区销售后，有的盐商将低税区的盐暗中运往高税区销售，偷漏部分盐税；有的运盐车船户，运用运盐方便，暗中收买私盐装在车船上，混充已税盐，蒙混过关，带往销区出卖；有的车船户暗中将所运之盐盗窃一部分在途中洒卖，不运往指定销岸交易；有的盐票不符，有盐无票，或盐量超过票照所载数量，销盐店的存盐与购售盐账实不符；有的重用已经过期的盐税票护送私盐，有的灶户未经盐务机关许可私自开井收卤制盐；或用井灶户附近的卤灶或海脚子暗中窃取化水制盐或扫灰淋卤制盐；或用盐出入仓的捆装称吊或转运抬卸时抛撒盐粒，溶化后私自熬成盐；用装盐篾包垫仓柴草，堆放盐泥土化成卤水，熬制转火盐私自出售。川北盐务管理局按照政务院《私盐查缉处理办法》，禁止食盐走私，偷逃盐税，采取群众查缉私盐和盐业缉私部队查缉私盐相结合的办法进行查缉。

中国人民解放军接管川北盐务管理局后，对盐警机构的1个查缉大队部、4个区部、41个查缉队，共计1589名干警同时进行接管。在三台、射洪等县集训地集中进行了3次整编，川北军区调入158名干部参加盐警缉私部队。整编后3个大队的大队长、副大队长、教导员以及政治工作干部，均由川北盐务管理局整编委员会调派任命。整编完成后第一大队派驻河边、乐至、绵阳及三台的一部分产盐地，第二大队派驻射洪、蓬溪及三台的另一部分产盐地，第三大队派驻南阆、西充、盐亭3家盐场。川北区设93个盐业防务据点，查缉135个盐业税收单位，7645家灶户。警力分布在川北区14个盐业主产县，驻守9户重点盐场，担负全区查缉私盐、守护盐仓、保护盐税、保障盐业运销道路畅通。开展查缉私盐、保护盐税后，川北区灶户生产的食盐进仓数量大幅度提高，食盐走私方式由公开走向秘密，由成批走私变为零星走私，走私盐数量由多变少。5月底前，共查获私盐走私案121件，每案平均走贩私盐120.5公斤，6月至9月，查获私盐走私案115件，每案平均走贩私盐只有25公斤。1951年，川北区盐务管理局加强食盐营销管理，制定《川北区商盐店管理暂行办法》，采取有效措施进一步解决盐产地吃税盐的工作。结合镇压反革命运动，加大处理食盐走私案件力度，全区仅有零星少量的贩卖私盐活动。对私盐案件的处理，贯彻教育为主，处罚为辅的方针，遵照西南军政委员会《西南区私盐查缉处理办法》的规定，及时结案和奖励。在处理时尽量向群众缉私组织、缉私部队或个人了解案情，深入实地，正确判断。对少数走私要犯，累教不改情节严重的，报请人民法院依法治罪。在处理教育私贩时以盐场管理部门为主，缉私部门为辅，严格纠正越级越章处罚，拖延不决，及不加强教育，随意扣押打骂的违反政策行为。执行《西南区私盐查缉处理办法》后，对走私盐贩着重进行教育，罚款从轻，私盐未满100公斤者，按盐税额处1倍至2倍的罚金。对私盐案件的当事人，限各级盐务机关24小时内作出适当处理，不许逾限羁留，情节严重者立即送人民法院处理。自此，各级盐务机关无权对走私盐贩直接科以刑律。人民政府鼓励群众查缉食盐走私，对举报人举报查获后奖该次查获走私盐盐税总额的30%。对人民群众及个人缉获者奖励该次走私盐税总额的70%，其余作为缉私费用。1952年3月，3个盐警大队撤销，查缉走私盐采取盐务机关与群众缉私相结合的办法进行。至8月底，川北盐务管理局不设盐庭审判，对触犯刑律的食盐走私案件，交各地人民法院审理。

盐业民主改革　1950年年初，川北盐务管理局接管南阆、西充、射洪、三台、乐至、蓬溪、河边、盐亭、绵阳9户大盐场后，随即召开川北区盐业工作会议，传达政务院《关于全国盐务工作的决定》和“公私兼顾，按销定产，提高质量，减低成本”的盐业生产方针，动员全区盐工团结起来，消除顾虑，斗争把头，清除匪特，恢复制盐生产，开展民主改革。8月，川北行署发出成立盐场生产管理委员会的指示，在川北区总工会、川北盐务管理局民主改革工作组的指导和帮助下，川北盐区建立盐工小组2024个、场商小组644个、盐工缉私小组245个。各小组组长由盐工积极分子担任。各个盐场建立生产管理委员会，各盐务所建立生产管理中心组。生产委员会、生产管理中心组成员均在盐灶中选举具有一定生产经验和制盐技能，拥护人民政府，遵守和执行国家各项政策法令，恢复生产积极的盐工担任。9月，各盐场成立劳资协调商会，由盐场劳资双方选举同等人数的代表组成，明确灶户和盐工双方的权利义务。凡有关灶户和盐工双方的劳资纠纷，都通过劳资双方协商解决，从根本上废除了资方和把头虐待、打骂、侮辱、随意开除盐工的行为，保障了盐工的政治地位和劳动权利。同时也争取和团结了一批民族工商业井户、灶户积极准备恢复制盐生产。在民主改革中，取缔了制盐行业的陈规陋习。1949年及以前，灶户生产的盐入仓，售给商贩时，须通过“经纪人”从中拉价，这种“经纪人”多系当地无业游民，买卖双方都不轻易拒绝议价，即使有时灶户和商贩直接议好价格，也要通过这种“经纪人”才能过秤扯票，并照例付给手续费，否则便会发生交易麻烦。1951年，川北盐区全部按牌价进行交易，取缔了这种不劳而获欺行霸市的中间剥削。

川北区的盐场（灶户）1949年及以前有“烧包火者”，这种人既不是井户，也不是灶户，而是出燃料（柴、山草）专门替人烧盐，又名为“包火者”。包火者有两种规定，即出柴代烧，议定出盐1担（50公斤），收取燃料费若干和议定烧出盐若干斤，收取烧火费若干。如有超出议定的盐产量由“包火者”自得，短少议定的盐产量由“包火者”补给。这两种规定，都得先由“包火者”看盐卤水的咸度成分而定。这两种规定弊病都很大，特别是私漏难以防范。1951年，取缔了“烧包火者”。

川北盐区盐井灶户分布在川北腹地14县，一家制盐灶户统盐井数十口。以前陋规，凡盐井井口或灶户占了别人的地盘，每月要支付“地脉盐”或“进口盐”，一般的盐井每月要交盐5公斤至10公斤，如盐井的盐卤水浓度高或盐卤水多，则每月要交盐25公斤。1952年，川北行署明令公布取缔“地脉盐”或“井口盐”陈规。同时取缔“封建钱”“蜡烛钱”“开班钱”“六腊钱”“倒灶面、酒、肉钱”“烧柴钱”“挖灶钱”等陋规。上述多种陋规，是历朝历代遗留下来的。这些陋规，大致是：做井下轴之初，灶户用红纸封好钱币，送给修井工人，然后才正式开工修井，如无此表示，修井或凿井便会有麻烦，此谓“封建钱”，又名礼封。凡盐井修（凿）好或新炉开始制盐都要点蜡烛敬神，这时要给盐工发“蜡烛钱”。凡每年正月开始制盐，灶户要给每个盐工送一份小礼，名谓“开班钱”。每年的农历六月、腊月，灶户要备酒、肉、面条和给盐工拿点下灶钱，表示“倒灶了”，正月又要来。凡下灶后如需挖灶，灶户要另给挖灶工和帮工“挖灶钱”。虽有这诸多陋规，但灶户给的钱极少，只是表示而已。这些陋规，1952年8月底前全部取缔。

在取缔陈规陋习的同时，1952年8月底前，川北区总工会、川北盐务管理局联合整顿了川北区盐业同业公会。将盐业同业公会中有政治问题和贪污行为的人清洗出去，选举拥护中国共产党，拥护人民政府，积极肯干，能为工人说话办事的人担任盐业同业公会成员。各级盐业同业公会，配合盐场党、政领导，积极开展劳动保护工作，解决盐工的后顾之忧。

【粮食】 川北解放初期，粮食关系到新生的人民民主政权的巩固。1950年3月，成立川北行署粮食局，5月成立川北区粮食公司。川北行署粮食局主要负责公粮征收管理。川北粮食公司主要负责粮食收购业务，安排区内军需民食，并按计划调供区外。1950年上半年为平抑粮价，开始少量收购市场粮食。1950年下半年，贯彻全国和西南军政委员会粮食专业会议精神后，普遍展开粮食收购，并着手新建粮库。1951年，进一步扩建仓容，加强收购，扩大销售，吞吐调节，稳定市场。同时加强粮食调运的计划管理和经营管理，减少损失，提高效益。1952年川北春荒严重，川北行署粮食局围绕抗旱救灾及时贷放救灾粮，解决农民生产生活急需，并支持供销社和私营粮商积极经营粮食，满足市场需要。至1952年8月止，粮食购销调运正常进行。

粮食收购 1950年3月，南充县城由于缺粮，市场中米价格由原每公斤0.078元猛涨到0.45元。川北贸易公司在南充、西充、南部等县的部分场镇设点收购粮食240.5万公斤，调往南充应急，平抑粮价。同时，与川北军区后勤部交换食米15万公斤，接收政府拨给的大米100万公斤，在重点市场抛售。4月份粮价保持在每公斤0.2元左右。川北粮食公司成立后，即在南充、南部、仪陇等县设直属收购点12个，私营代购点936个，公私联合收购点42个，积极收购、供应，市场粮价再度下降。秋收后，各地粮食普遍丰收，粮价剧降。南充专区下降41%，遂宁专区下降33.2%，达县专区下降53.5%，剑阁专区下降44.5%。为避免谷贱伤农，川北粮食公司大量收购粮食，并鼓励私商贩运。是年，全区以高于市价10%~20%的价格，购进黄谷2806.95万公斤。

1951年，除粮食公司设收购组外，依靠各级政府、农协会、合作社和部分私商，设立代购组102处，进一步扩大收购。收购对象，以农民在市场上出售之粮及捐献粮为主，粮食以新谷、大米为主。根据川北行署财经委员会和川北行署商业厅指示，各收购点一次挂足牌价，放手收购，群众普遍满意。第三季度，共收购大米1887.5万公斤，完成季度计划的539.29%。10月以后，收购对象扩大到地方粮、事业粮、机关部队节余粮、农贷粮、公用粮等。品种包括稻谷、大米、小麦及各种杂粮。11月止，全区代购组增加到300个。还与土地改革工作团配合，动员群众售粮。联系银行解决收购资金。与土产、百货公司等企业配合，通过农民卖粮购买百货、土布及农具、肥料。第四季度，全区收购大米5101.5万公斤，超过下半年计划额17.12%。但全区小麦、杂粮减产，仅完成年收购计划的42.25%。

1952年继续加强收购，川北粮食公司除自设购销点71处外，还委托供销社、私商设购销点166个。1月至8月共购进粮食7504.5万公斤，代销粮食1592.5万公斤。

从1950年至1952年上半年，川北区共购进大米2.725亿公斤（包括财政拨粮），小麦0.72亿公斤，杂粮0.404亿公斤。

川北粮食公司粮食收购表

（1951年）

单位：万公斤

地区	品类	计划数	实际数	完成（%）
南充专区	小计	2816.5	2349.27	83.41
	小麦	375	90.16	24.04
	大米	1590	2064.17	129.69
	杂粮	851.5	196.94	23.12
遂宁专区	小计	2476.5	2286.5	92.32
	小麦	750	204.87	27.31
	大米	1302.5	2012.47	154.50
	杂粮	424	69.19	16.31
达县专区	小计	1579.5	2888.39	180.80
	小麦	205	225.72	110.10
	大米	1075	2096.75	195.04
	杂粮	317.5	565.93	178.24
剑阁专区	小计	2763	2522.75	96.53
	小麦	420	220.12	52.40
	大米	782.5	810.02	103.57
	杂粮	1410.5	492.62	34.92
合计	合计	9503.5	9054.48	95.27
	小麦	1750	739.37	42.25
	大米	4750	6980.43	146.47
	杂粮	3003.5	1334.67	44.43

粮食销售　川北区粮食销售包括军粮供应、城镇居民口粮供应、工矿区和经济作物集中区食粮销售、市场粮食销售等。从1950年开始，军粮凭西南军政委员会、西南军区统一印制的粮秣票供应。居民口粮，从国营粮食门市和私营粮店自行购买。单位用粮由单位按人造具计划，经粮食部门核定供应。供应标准为：机关、团体、学校、厂矿、企事业单位每人每天0.5公斤至0.75公斤。经济作物区和农村缺粮区所需粮食，由国营粮食公司根据市场粮食余缺情况，设点销售。川北粮食公司成立时，即设推销组28个。在7月至8月份市场食米紧缺时，推销组增加到58个，遍布各地。特别是对广元的大华纱厂，三台、蓬溪、盐亭、射洪等产盐区，南充、西充丝绸区，遂宁、太镇等产棉区，增设专点，保证供应，支持生产。同时，委托私营粮商代为推销，仅南充市

代销店就有14家。9月以后新谷上市，国营公司开始经营批发业务，与粮商订立合同供给粮食，有计划地掌控市场。私营代销店除少数地方外，随之取消。为解决有的农民上交公粮的困难，川北粮食公司还采取以粮易茧的办法，将政府拨给的财政粮（公粮），同交粮农民换回蚕茧，再将蚕茧卖给四川丝业公司，川北粮食公司既推销了粮食，又有利于农民和四川丝业公司，三者满意。1950年，全区共销售各种粮食2952万公斤。

1951年，川北粮食公司改进粮食经营办法，不断增加粮源，灵活掌握供应。粮食充足时大吞大吐，活跃和稳定市场，粮源紧缺时重点供应，细水长流。在销售办法上，除零星个人购买外，普遍实行就仓、就船、就车出售，平均每100公斤粮食节省运杂费0.06元。同时，充分发挥供销合作社和私营粮商的经营力量，开展销售，繁荣市场。川北粮食公司调整批零差率，以优待价供货，让其自销，或公司付给手续费，让其代销。是年，合作社共销售大米211.23万公斤，占公司大米总销量的1.76%。对于私商，让其缩小批发，扩大零售。批零差率由全区统一5%，分地区调整为：南充市、遂宁等中等城市8%~9%，其余小城市4%~6%，鼓励其扩大经营。是年，据南充市、达县、遂宁、广元11个县市统计，私营粮商发展到621家。全区私营粮商批发加零售在市场的经营比重达到55.88%，其中零售比重为36.43%。1951年，川北粮食公司共销售各种粮食14061万公斤，比1950年增长376.32%。

1952年春荒季节，川北粮食公司积极贷发杂粮，解决灾民生活，并组织灾民参加运粮和粮食加工，劳动自救。上半年，继续扶持合作社和私营粮商销售粮食。合作社的零售经营比重增加到13.94%；私营粮商的零售经营比重增加到58.46%。从1952年7月起，军用粮票停用，由国营粮食部门按规定供应大米和马料。是年，全区销售各种粮食16276万公斤，又比上年增长15.75%。

川北粮食公司销售各种粮食表

（1950 年至 1952 年 6 月）

单位：万公斤

年份	销售各种粮食	其中（三年合计）		
		大米	小麦	杂粮
1950	2952	25610	5327	2852
1951	14061			
1952	16776			

川北区各种所有制商业零售粮食比重表

（1950 年至 1952 年 6 月）

单位：%

年份	国营粮食公司	合作社	私营粮商
1950	80	—	20
1951	61.81	1.76	36.43
1952	27.10	13.94	58.96

南充市大米最高购销牌价表

（1950年至1952年6月）

单位：元/公斤

年份	收购牌价	销售牌价
1950	0.12	0.146
1951	0.122	0.142
1952	0.134	0.154

粮食仓储　川北解放初期，各级粮食局接收民国时期旧有仓容1亿公斤左右，许多旧仓已经破损，来不及整修就用于公粮入库。征收1949年度公粮时间集中，虽采取随征随支办法，仍不敷使用。不少地方散堆于祠堂、庙宇、学校或委托乡保农协会代收代管，频发鼠耗、雀损、生虫、霉变。阆中河溪库、南部盘龙库等少数地方，虫蛀损耗粮达10%。1950年公粮入库时，正值雨患，不少湿谷入库，以致库存粮食发烧生霉。巴中县入库新谷发烧达100余万公斤，霉变损失10余万公斤。岳池县农协会代收代管的稻谷，干湿不匀占55%。7月粮食专业会议后，层层加强粮食仓储管理。一方面建立健全制度，组建护仓委员会或护仓小组，确保粮食安全，防止破坏。一方面川北行署和各专署先后开办保管员培训班，学习粮食保管知识技术，改进保管办法，普遍组织翻晒。各粮库固定专人查仓，至少三天一查、七天一汇报。是年四季度，正值农村减租退押斗争高潮，民兵与护仓武装密切配合，形成群众性保护粮仓，减少了隐患。11月14日，23名化装匪徒，身藏火药硫磺，企图袭击乐至县宝林粮库，纵火烧仓，被护仓小组及时发觉，全部捕获，避免了损失。

1950年，全区各级粮食局完成新建和整修仓容3.21亿公斤。加上原有公仓及租借民仓，共有仓容4.37亿公斤。在采取预拨三个月军公食粮办法后，基本上保证了1950年度公粮入库需要。

川北粮食公司成立后，主要靠租用粮食局的仓库，或由农协会和加工户代保管。从1950年四季度起，开始新建粮仓。截至1951年，先后建成永久仓29栋，仓容1880万公斤，简易仓容1839万公斤。简易仓多用旧房和庙宇改建。永久仓和简易仓容基本满足了上半年的平均存量3000余万公斤。但下半年接收财政拨粮和大量收购后，存量达1亿公斤左右。不足仓容仍依靠各级政府发动农协会代保管，全区代保管谷米共4000多万公斤。1952年继续扩建粮仓，至6月止，全区粮食公司共有仓容4400万公斤。

川北粮食公司每季度均派员赴各专县检查粮仓，督促落实“七防”（防火、防特、防盗、防鼠、防雀、防虫、防霉），坚持春、秋两次全面翻仓晒粮，减少霉变。但由于缺少防虫药物和药械，保管人员缺乏科学保管知识，仓储损失时有发生。仅南充、昭化、安岳、中江、西充、平昌等地统计，仓储粮虫蚀鼠耗损失就达2865公斤。委托加工户代保管粮食还发生私自挪用的问题。据达县、岳池、遂宁、南充、南部、广元六地统计，代保管加工户挪用各种粮食6万公斤。

粮食调运　川北粮食调运实行计划管理，粮食局或粮食公司按照计划和地区间粮食余缺情况，分别安排调出区外、调入区内和区内调剂调运。川北区粮食调运流向一般是：由达县、遂宁、南充等地调运稻米、小麦供应重庆，由川西调入粮食供应遂宁棉区，由广元、苍溪、巴中、岳池等地调粮供应南充市。

1950年3月，中央人民政府政务院决定从川北区调出大米支援华东、上海等地，要求4月至6月调出2050万公斤，川北行署当即成立运粮委员会，各县设粮食转运站，粮食局具体负责组织调运。至6月止调运2818.54万公斤大米，超任务37.49%。4月至12月，组织调供重庆碛米1530.06万公斤、黄豆818.98万公斤、小麦1911.07万公斤，超额完成计划分配数的37.5%。同时组织调供区内各地贸易粮大米2610.05万公斤、小麦682.89万公斤、玉米51.85万公斤、胡豆3.25万公斤、豌豆1.4万公斤。

1951年，川北行署粮食局与川北粮食公司均组织粮食调运工作。其中，川北行署粮食局外运财政粮和财拨贸易粮，共调出大米（包括稻谷折米）4064.25万公斤、小麦1250.36万公斤。调供南充市供应机关、部队稻谷428.14万公斤、小麦121.24万公斤。粮食公司外调各种粮食1650.77万公斤，其中大米636.82万公斤、稻谷271.54万公斤、糙米438.88万公斤、小麦295.83万公斤、面粉7.52万公斤；区内调剂调运各种粮食3470.36万公斤，其中大米327.02万公斤、稻谷1921.68万公斤、碛米352.25万公斤、小麦862.91万公斤、杂粮6.52万公斤。

1952年，川北区加强粮食调运管理，进一步健全了押运员责任制度、进出验收制度，水陆运费包干制等。为了节省运费，采取粮食收购、调运时，一次入船、入仓、入加工厂，尽量减少短途集运费用。对水运外调粮食，除借用私人木船外，并自造船支。1951年年底至1952年6月，先后在通江、中坝、剑阁、南江、阆中、平昌、巴中等地新造大船285支，增加运力。为了确保水运安全，专门绘制了嘉陵江、渠江、涪江流域险滩位置图，在南充、岳池、射洪等县四处河道险滩成立四个滩站，指定熟悉滩情、能安全放滩的滩师负责粮船放滩工作。还在南充、遂宁设立转运站，负责接转外运的粮食。在重庆设立临时监交处，负责监交。全区粮食调出县先后动员民工11万多人，动用车辆643辆、木船1100支。1951年至1952年6月，全区粮食部门共调出各种粮食10560万公斤，调入各种粮食13695.5万公斤。

【交通】 1950年，川北区共有公路1633公里，内河航道2000多公里，公路工程标准低，修筑草率，且被国民党溃军破坏，通行困难。航道处于原始状态，运量甚微。1950年至1952年8月，全区对原有公路进行了翻修，新修公路236公里，修建桥梁41座，疏浚了嘉陵江、涪江、渠江三江航道，并组织动员大量人力、物力参加修筑成渝铁路。在加强交通基础设施建设的同时，大力发展公路运输和内河航运，推动了国民经济的恢复和发展，改善了全区人民群众的生产生活条件。

公路修筑　设立川北区时，境内共有公路1633公里，其中汉渝路192公里、川陕路210公里为国道，川鄂路、绵（竹）璧（山）路、成（都）巴（中）路、南（充）阆（中）路等路共长1231公里，为省道。这些公路不仅标准质量低下，且多遭国民党溃军破坏，晴通雨阻。1950年，成立川北行署筑路委员会，胡耀邦兼任主任委员。1950年2月起，开始筹备抢修遭国民党溃军破坏的川鄂、绵璧两路大桥6座及遂宁、蓬溪附近各一段已坏路，6月底前先后提前完成。1950年秋进行水灾抢修，修复桥梁12座、方沟2道、塌方一处，冬季修筑桥梁15座、涵沟25道、保坎一座，修复渡船5只。川北行署筑路委员会利用农闲时间，动员沿线及13县民工，依靠地方政府及广大群众翻修补修川鄂、绵璧、南阆线的877公里，整修南蓬营路86公里，含桥梁17座、涵沟84道。公路工程大规模展开，没有任何机械化设备，全凭人工挖土填方，急需大量的钢钎，铁锤。而其时南充只有几盘打锄头、钉子的红炉，根本满足不了需要。胡耀邦请川北大学教授刘益一起研究，决定利用南充大佛寺庙宇大院，组建川北铁工厂，并任命刘益为川北铁工厂厂长。经过短时筹备，铁工厂购置了近百盘红炉，日夜加班，打造出钢钎、二锤，及时供应到筑路工地上。

1951年，完成川陕路改善工程，改线2公里，修建桥梁3座、涵沟78道，购置汽车轮渡一艘。改善整修阆苍路路基路面25公里、桥梁11座、涵沟77道，购置渡船1只。改善整修巴沙路路基路面48公里、桥梁28座、涵沟208道、保坎2000立方米。整修宣开梁路路基路面77公里、桥梁20座、涵沟126道。整修绵璧路桥梁11座、涵沟34道、保坎2座、过水路面2道。整修川鄂路桥梁7座、涵沟22道、购置渡船1只、轮渡1只。整修成巴路桥梁5座，涵沟126道，保坎2座，路面5公里。是年，川北行署交通厅主持勘测，按国家老五级公路设计南（充）武（胜）合（川）公路。1952年4月14日，组成南武合公路工程处，动员民工2.644万人，6月11日全面动工，1953年3月竣工。路长68公里，路基宽8.5米，路面宽5.5米，泥结碎石路面。建钢筋混凝土桥80延米/2座，中型拱桥60延米/2座，小桥66延米/10座，涵洞17道。

1952年，还开工修筑广苍路136公里，宣开梁路（宣汉境）、巴中至南江及沙河子延长至南江二线。

公路养护 1949年12月，川北公路由原四川省公路局所属的遂宁、南充、三台、乐至4个工务段的道班进行养护。1950年9月20日，川北行署公路局正式成立。沿所辖公路分设南充、遂宁、乐至、潼南、三台、南部、盐亭、仪陇等8个工务段，另设道班19个、渡口10个。国省道养护采取专业养护、道群共养和岁修等群众养护相结合的形式进行。其时，养护工人无道工房，生产工具只有锄头、十字镐、水桶、扫把、筛子等，人工捶碎石，拉石磙碾压路面。生产到哪里，就在哪里的农户家借住。

1951年，川北行署制定《川北区公路义务岁修办法》，并决定从1951年11月起至1952年2月底止，利用冬季农闲开展公路岁修。县、区先后成立岁修公路指挥部，主管交通的副县长、副区长任指挥长。公路沿线各乡镇也相应组建了机构，组织岁修。一些线路由县政府建设科负责，以乡为单位，组织农户建立养护小组，管养本乡地段。南充养路工区在同兴段设道班1个，负责川鄂路辖区养护工作，后又增加道班2个，共有养路工13人。是年修建了南部定水、何家坪两座道班房，养路工开始有了自己的住房。

公路运输 1950年，川北区共有运输汽车118辆，其中商业运输车80辆。因国民党溃军破坏，以及雨季公路抢修困难，公路运输几乎停顿。是年冬，动员组织10万余民工进行全面抢修，路面为之一新。1951年，川北区大力组织发展公路运输事业。取缔一批残余空头运输商行，以国营运输公司11辆汽车为基本，民营汽车为辅助，完成3526名复员军人的运送任务及各种军事运输和客货运输。并于冬季前后在射洪、蓬溪、南部、西充、岳池、三台、潼南7县筹设了客货运输站，解决了短途旅客搭车困难。全年全区完成客运量24974人次，旅客周转量7849219万人公里，完成货运量3196吨，货物周转量592134万吨公里。是年，全区二期土地改革结束，农副产品交流频繁，汽车运输供不应求，交通管理机构在各级政府支持下，在全区沿公路的14县中，组成26家联营社，5家运输合作社，计有人兽力车3174辆，总运力12775吨，担负起了部分粮、棉、盐等运输任务和短途客运。

航道疏浚 川北区境内嘉陵江航道725公里，涪江640公里，渠江航道457公里，其支流东河、白河、安昌河、梓江、凯江、州河、巴河亦能通航，构成沟通川北26个县、川西2个县、川东4个县的航运交通网。唯航道滩险水浅，严重碍航，海损事故时有发生。川北行署交通厅制定了《川北区内河淘漕工程实施方案》，沿江各县市成立了淘漕委员会。航道部门对三江滩险进行了普查勘测，从1951年11月开始，对三江滩险进行重点疏浚。计嘉陵江滩险120个，应疏浚31553立方米，第一期疏浚17025立方米，第二期疏浚14528立方米；涪江滩险163个，应疏浚34624立方米，第一期疏浚12423立方米，第二期疏浚17201立方米。通过淘漕疏浚，改善了通航条件，提高了通航能力。

木船运输 1950年，川北区内嘉陵江有木船2152只，完成货运量102900吨，涪江木船1621只，渠江木船1062只。经过恢复发展，1951年年初，登记检丈船只，嘉陵江有木船3358只，载重

45714吨；涪江有木船2352只，载重28172吨；渠江有木船2691只，载重27108吨。从是年3月开始，嘉陵江、涪江、渠江开展水上民主改革运动，结合整顿工会组织，建立船民协会，组织联营社，木船实行定港定线，编组编队。是年，嘉陵江进口运量55962吨，出口运量101847吨；涪江进口运量25701吨，出口运量74944吨；渠江进口运量11958吨，出口运量69484吨。运输物资以粮食、煤炭、桐油、生丝、棉花、食盐、建材等为大宗。

川北区木船联营社表

（1951年）

地区	社数（个）	木船（只）	吨位（吨）
合川	11	840	16208
南充	4	581	11663
阆中	6	579	6793
广元	2	246	3403
遂宁	5	706	7908
射洪	7	889	11298
绵阳	2	84	630
三汇	4	418	4446
达县	4	448	2793
沿口	1	101	1500
合计	45	4892	66642

参加修筑成渝铁路　1950年上半年，中央人民政府和西南军政委员会决定修筑成渝铁路。6月12日，西南铁路工程局成立。6月15日，成渝铁路开工典礼在成都举行。1950年12月，西南铁路天成线川北区民工筑路指挥部在川南资中成立，担负成渝线资中资阳成都站场土石方及桥涵备料安砌任务。川北区动员数万人参加成渝铁路修筑，至1952年3月，任务完成。3月中旬，指挥部奉命转移江油中坝，承修天成路南段便道。1952年7月1日，成渝铁路全线通车，全长505公里。

【邮电】　1950年，川北行署陆续接管了川北区内邮政与电信局，维修整治了因战争、匪乱遭受破坏的邮电设施，恢复了通信。是年10月，邮政、电信合并，设立邮电局。至1952年8月，邮电部门整顿机构，清产核资拓展业务，加强管理，电信线路的质量和复用指数得到提高，保证了川北区人民政权建设、土地改革和国民经济恢复的通信需要。

邮电部川北邮电中心局　1950年1月，在重庆成立邮政总局西南局分局（后改称邮电部西南邮政总分局），领导东川、西川、云南、贵州邮政管理局。是月，东川邮政管理局与当地邮政储汇分局合并。改组后的东川邮政管理局管辖川东、川北行政区的邮政机构。5月，重庆电信局改设为电信管理局，管辖川东、川北行政区的电信机构。9月，西南邮政总分局与西南区电信管理局合并，成立邮电部西南邮电管理局。12月1日，东川邮政管理局与重庆电信管理局合并，成立川东邮电管理局，管辖川东、川北的邮电机构。在南充设立邮电部川北邮电中心局，隶属川东邮电管理局管理，同时，受川北行署的指导。局内设秘书室、人事股、邮政股、总务股。至1952年8月，程文定任局长。其职责除办理住地业务外，并代表川东邮电管理局对南充专区、达县专区、遂宁专区、剑阁专区属县的邮政、电信局及其分支机构的业务工作进行督导检查。

邮电业务 1950年至1952年8月川北区邮电业务主要有函件、包裹、汇兑、储蓄、报刊发行、有线电报、短波无线通信、有线电话（包括长途电话、市内电话、县内电话）等。

函件。服务项目有平常函件、挂号函件、平快函件、商务传单、存证信函、报值挂号（信中不准装寄现钞）等。1950年2月，实行军队平信免费邮寄。3月，开始收寄保价信函。因报值信函与保价信函性质重复，7月起，停办报值信函。8月，开始收寄国内航空邮件。9月起，为用户查寻亲友开办征询信函业务。1951年4月起，开办装现钞保价信函业务，每件保价金额最高以500元为限。9月起，免费收寄革命军人阵亡（或在职亡故）遗物邮件。1952年，南充专区收寄出口函件233.2万件。

国内函件基本资费（普通资费）。1950年间曾经过5次调整。1950年1月10日起，函件类基本邮资定为平信每重20克及不足20克之零数（计重标准下同），收邮资0.05元；明信片每张收邮资0.025元；印刷品每重125克及其零数收0.009元，每重1000克收0.015元。2月1日起，平信邮资调为0.08元，其他函件邮资照比例调整。3月11日起，平信邮资调为0.10元；明信片单页每张收0.06元，双页每张收0.12元；印刷品改按两个等级计算邮资：起重50克及零数者，邮资为0.012元，起重100克及续加零数，邮资为0.024元；瞽者文件每重500克及零数收邮资0.06元。5月11日起，平信邮资降回到0.08元；明信片单页每张收0.04元，双页每张收0.08元，印刷品统一以100克计算，每重100克及零数收邮资0.024元（限重500克）；瞽者文件邮资不变。7月1日起，国内邮资改分本埠投递和国内互寄（即外埠）两类，资费标准定为：本埠平信收邮资0.04元，外埠收0.08元；明信片单页每张本埠收0.02元，外埠收0.04元，双页加一倍计收邮资；印刷品每重100克及其零数，本埠收0.012元，外埠收0.024元；瞽者文件每重500克及零数，本埠收0.03元，外埠收0.06元。用户使用挂号、快递、航空等函件特种业务，除纳付基本邮资外，须另纳付特种资费。其中，挂号费、回执费、平快信及挂号快递费，均按件计收特种资费；航空费计重单位开初按20克计，1952年5月1日起，改按10克计重，其航空费由0.30元相应调整为0.15元。

国内函件特种资费调整情况表

（1950年）

单位：元

实行日期	挂号费	回执费	平快费	挂号快递费
1950.1.10	0.15	0.15	0.05	0.20
1950.0.11	0.30	0.30	0.10	0.40
1950.5.11	0.24	0.24	0.08	0.32
1950.7.1	0.12	0.12	0.08	0.16

包裹。1950年1月，川北区各邮政机构开始收寄普通包裹、小件包裹和图书小包。2月底，将包裹起重计费单位由500克改为1000克。6月起，增办保价包裹和代收货价包裹业务。7月16日起，图书小包改按印刷品收寄。8月中旬，又将每件包裹的最大重量改为15千克，超过限量的分开交寄，如整件超过15千克而又无法拆开的，则由公路或铁路运输部门按货物发运。11月，开办最大限重1000克的快递小包业务。1950年，南充局收寄出口包裹6100余件。1951年，川北邮电中心局收寄出口包裹9500余件。

包件资费计算。川北区执行1950年2月邮电部颁发的《包件资例表》，在确定包件基本资费的同时，包裹及小包每件收起码费0.40元，图书小包每件0.30元。

汇兑。1949年10月，川北邮政的汇兑业务基本处于停止状态。1950年2月，川北邮政复开汇兑业务，以办理个人和小额汇款为主。9月7日，开办高额汇款，每张汇票限额为5000元。1951年3月1日，邮政汇兑改为代理银行业务。11月起，开办邮汇电汇业务。凡当地设有银行而办理高额汇款业务的邮局，互汇汇款由银行规定限额，其汇费按银行规定的汇率最低收取2‰，最高为3‰。当地未设银行的局，互汇汇款以300元为限，汇往四等局的以50元为限。其汇费按汇款金额的5‰收取。邮政代办所相互间的汇款（包括收汇、兑付有一方为代办机构的）以20元为限；汇费汇率为10‰。定额汇票及稿费兑换券汇费按汇额10‰收取，最低汇费定为0.05元。邮政汇兑属代理业务，所收汇费全部交给银行，银行按成本费以每张汇票0.25元给予补贴。1952年，南充专区出口汇票达110126张，汇费收入10531元。

储蓄。1950年2月1日起，川北区内邮政局陆续开始办理存簿和定期储蓄业务。1951年5月，开始办理代售保本保值有奖储蓄券及保本保值定期存款业务，直至1952年8月底。

报刊发行。1950年，川北邮政实行“邮发合一”（即报社的发行部门与邮局合一），邮局办报刊发行业务。4月，《川北日报》交邮局发行。南充邮局设发行组，各县邮局设发行员，发行的报刊有《人民日报》《川北日报》《新华日报》《川西日报》《工人日报》《新民报》《川北大众》《学习杂志》《川北农民报》等。收订的报刊由各邮局直接向出版地的邮局要数。9月1日起，按川东邮政管理局通知，订西南区（川东、川南、川西、川北、云南、贵州）以外各地的报刊，改由川东邮政管理局发行科统一要数，但为使传递迅速，各邮局所订的报刊仍由报刊所在地发行局直封发订销局。11月，川北邮电中心局成立，局内设报刊发行股，配发行人员11人收订全国发行的报刊，并兼办南充市、南充专区各县的报刊发行。1951年，为方便用户，扩大报刊发行，分别在城市和乡镇建立报刊发行站（员）。1952年年底，邮电部与出版总署联合决定将原由各书店发行的杂志全部移交邮局办理。

有线电报。川北行署期间，根据邮电部长途电信总局颁发的《国内电报营业暂行通则》，电报种类分为：政军电报、局务电报、私务电报、公益电报（含防空情报、航空安全电报、气象电报、水位电报）、特种电报（含邮转电报、国内船舶无线电报、新闻电报）5类。1950年，试办特快电报业务和书信电报业务。9月，增列土改电报，规定专员公署与县区及以下各级行政主管土改工作的负责人往来的电报列作土改电报处理。11月，根据邮电部的规定将政军电报使用范围扩大到县级行政单位及团级军事机关和部队。同时，取消全价政务电报，增加企业电报，除中央部、行署外，公营企业机关因公发电报均列作企业电报处理。同月，停办特快电报业务。

1950年年初，因物价不稳，电报资费以电信资费计价单位作为基本计费单位，计价标准为：寻常私务华文明语电报，发往本省的每字按0.8计价单位计费，出省的按1.2计价单位计费，洋文加倍。政军电报不分明密，照私务电报的三分之一计费。新闻、报汛、气象等电报照私务电报的六分之一计费。各类电报使用加急业务的，照寻常电报加倍收费。最初，每一个电信资费计价单位按1斤小米实价折合人民币计算，小米价格变动，电信资费随之涨落。是年2月，按省订国内电报价目表颁行。3月1日，邮电部确定：以人民胜利折实公债的0.07分作为一个电信资费计价单位；如公债牌价涨落达20%~25%时，则按旬或按月调整资费。9月，邮电部规定增列的土改电报不收费。随物价逐步平稳，11月11日，每一个电信资费计价单位固定为人民币0.15元，不再按旬或按月调整。同时，调整国内电报资费计算标准：寻常私务华文明语电报本省每字降为0.6计价单位，出省降为0.9计价单位。1952年1月，邮电部将新闻、报汛、气象等3种电报价目，从原相当于私务电报价目的六分之一调整为四分之一。5月，鉴于国内财政经济状况根本好转，币值稳定，废止使用电信资费计价单位计收各项电信资费，直接改用人民币标价和计算。

短波无线通信。川北解放后，人民政府相继颁布命令，对无线电台实行统一管制，同时接管整顿电信部门，加强无线电通信的调整和建设。在有线电路迭遭破坏，区内外通信大部阻断的情况下，由电信部门启用无线通信设备以应急需，为川北的经济恢复发挥了重要作用。1950年5月，依据中央人民政府军事委员会颁布的《关于充分利用各地国营电信局发电办法》和西南军政委员会颁布的《西南区专用无线电台处理暂行办法》，地方电信系统所属的无线电台全部移交国营电信系统。1951年至1952年期间，遵循国家关于电信通信以有线为主、无线为辅的方针，对无线通信网实行有限度的发展，建设了南充川北邮电中心局无线中型台，配备400瓦发信机、外差式收信机、25瓦汽油引擎发电机、终端机各一部，开通报话业务。1954年，南充中型台撤销。

长途电话。川北解放初，受匪特破坏，长途通信线路大部阻断。人民政府接管电信后，立即组织力量抢修线路。1950年，开通南充至合川、遂宁长话实线电路各一条，并开通南充至重庆无线话路以应急需。至年底，长途电话线路大体恢复正常。1951年至1952年，为适应土地改革等中心工作的需要，相继新架设南充经西充、南部、阆中至苍溪达广元，南充经蓬安至营山，南充经岳池、武胜至合川，南充至蓬溪达成都等省内长途通信干线10000多公里。开办普通、新闻等7种长途电话业务。

城市电话。重庆电信管理局成立后，从1950年6月起，对城市内电话机线设备进行调整、整修。1951年至1952年，根据邮电部确定的以恢复为主，适当发展的方针，川北重点建设南充行政中心的城市电话，扩建和整治遂宁、达县、广元等专署所在地及部分县的城市电话。1951年1月，南充装10门磁石交换机1部，安装川北行署机关电话4部。3月，增装50门磁石交换机1部。年底，电话用户89户。城市电话资费，1950年至1951年4月，南充市内电话按第一级（100门以内）人工电话的甲种用户资费标准收费。从1951年5月起，按邮电部颁布的《市内电话营业暂行通则》资费项目和西南区的市话月租费标准价目执行。1952年1月起，按管理局规定，城市电话装、移机费改为新设线路不分营业区域内外，均按实需材料费的三分之二计收贴料费，免收工时费。装设市内电话按600个计价单位（小交换机每5门1200个计价单位）收取保证金。5月起停止使用电信资费计价单位，所有资费改按人民币计算。

乡村电话。1950年年初，川北各县人民政府接管乡村电话后，为方便农村基层指挥生产，加强中心工作的领导，地方财政克服困难，尽力拨款修复原设立的杆线，并新架一些未通电话的区乡线路，增设交换点。1952年，川北各地乡村电话移交邮电局时，交换点比1949年增加65.6%。

【金融】 1950年1月，川北区在接收接管民国时期的金融机构之后，随即建立人民银行川北分行等金融机构。国家实行严格的金融纪律和政策，逐步开展查禁银元、兑换货币、发行公债、组织储蓄、发放贷款等工作，支持抗旱救灾，支持经济发展。同时，加强货币管理，推行银行结算，组织货币回笼，稳定金融秩序，稳定市场物价，促进经济迅速恢复和发展。至1952年8月止，川北区的金融工作持续健康发展。

金融机构　1950年2月，成立中国人民银行川北分行，行长何仲明，副行长吕孟莛。各专区及32个县分别建立起支行，县以下设分理处4个、营业所7个。全系统共有干部职工712人。至1951年，全区已建支行36个、分理处5个。其中，南充市支行为城市行；遂宁、三台、射洪、广元、阆中、江油、达县等七个支行为半城市行；其余28个支行为农村行。支行以下，重点地区设立营业所，普遍设立半流动性的金融工作组。南充、遂宁、三台、达县、阆中五个支行为典型示范区，普遍设立营业所，每个营业所配备干部4至7人。川北区共有营业所87个，金融工作组172

个。从分行到金融工作组，全系统共有干部职工5679人。是年，三台、南充、阆中、达县四个支行，试办农村信用合作组，每个乡设金融委员会，在银行与群众之间发挥桥梁作用。其间，1950年11月16日，从人民银行中分离出保险业务和部分人员，成立中国人民保险公司川北分公司，下辖4个支公司、31个代理处，专事保险业务。至1952年6月，保险公司有干部22人。上述金融机构，至1952年8月底未变。

货币兑换　1950年1月21日，南充军事管制委员会发出布告，宣布民国时期的金圆券、银圆券、银元、铜元、镍币为非法货币，不准参与流通买卖。指定人民币为唯一合法货币，城乡一律使用和推行人民币。由于解放前多年特别是解放前夕物价飞涨，货币大幅贬值，民间多使用银元交易或物物交易。解放初，群众不愿接受人民币，一些土豪劣绅趁机私藏银元，从事黑市交易，对抗人民币。中国人民银行川北分行成立后，根据总行指示，在主要城镇查禁银元黑市交易活动，禁止旧币流通，开展货币兑换工作，促其使用人民币。并把“加强货币斗争，开展货币兑换、组织人民币下乡”作为1950年金融工作的三大中心任务。1950年8月起，有计划地组织人民币下乡，动员各方面力量宣传人民政府的金融政策、查禁银元办法和货币兑换办法。同时通过办理汇兑放款、收购土特产品等方式，推进人民币流通。同年9月，川北行署重申禁银命令，停止征粮折收金银。至1950年底，人民币已在各个县城城郊、交通要道、主要乡镇及大部分农村占领阵地。全区除苍溪县因土匪多、大烟多、银元多以及平武、北川县少数民族区域外，已全部实现禁银。1951年后，人民币在全区城乡流通。

货币管理　中国人民银行川北分行成立后，加强现金管理，稳定金融秩序，控制货币流通。对机关管至区一级，对部队管至连队，对企业管至购销组，对社会团体管至基层工会，对学校管至完小。至1950年9月，全区有2329个单位实行了现金管理。管理办法，分别实行了核定库存现金限额，编制用现计划、货币收支计划、现金出纳计划、集中信用，银行结算，以及争取开户、洽定合同等。

核定库存现金限额。1950年初，中国人民银行川北分行为便于推行，本着限额标准适当放宽的原则核定，先由单位申报，银行按照申报项目和数额逐一审核。申报限额过大者，协商修减。对粮食企业的营业费、党政干部的差旅费、军区后勤部和公安厅的特别费等，按先松后紧的精神多予照顾。经核定后，各单位库存现金必须按限额保留，不得超过。

编制现金使用计划。中国人民银行川北分行针对解放初期多数单位会计制度不够健全的情况，川北区先在南充、遂宁、广元、达县、三台、岳池等地试行。选择会计制度比较健全、收支数额较大、具有初步经营计划及预算制度的重点单位，试编现金收支计划，对经常支出及容易掌握的预算数进行编制。对不确定的临时费用暂不编入。1950年6月止，全区已编制收支计划的单位占开户单位的23%，年底达到56%。31个支行均编制了综合收支计划。1950年下年，按照人民银行总行要求，开始编制现金出纳计划，由上而下划定现金差额，进一步控制流通中的现金数量。

集中信用工作。1950年上半年起，中国人民银行川北分行开展了商业信用调查，将国营企业间、私营经济间、个人之间的赊账交易向银行集中，通过银行结算。以银行代收代付取代单位间直接收付。根据同城结算和异地结算的不同情况，川北银行推行了26种结算方式。遂宁、广元、达县等地，由银行与单位订立信用合同，定期代单位扣款。遂宁银行组织公私转账。达县、巴中、射洪等银行，采用连环转账办法。宣汉银行实行四角转账。广元银行改用委托付款通知代替收支凭证。银行结算的推行，为企业提高经营效益创造了条件。川北医药公司原对公营医院往来常有赊欠债压资金现象，通过银行转账后，做到了及时收款，加速了资金周转。

结算工作。中国人民银行川北分行成立后，要求各级银行加强结算监督，经常检查各单位现金往来情况，发现问题及时纠正。遂宁银行检查发现盐业公司销售收入中私人占96%，便组成转账小组上门服务，使盐业公司对私转账收入达到45%。射洪银行结合食盐统销，约定盐业公司、制盐公会为盐商三角之间的现金往来，必须转账。使银行结算工作得以顺利开展。

与此同时，川北区各级人民银行为便于货币管理，积极争取单位开列银行账户。通过调查摸底、广泛宣传、召开座谈会、上门办理开户手续等办法，扩大开户面。至1950年10月，全区除旺苍、北川、平武、通江、南江、开江等县因银行设立较晚，开户面小以外，大部分地区基本实现了全面开户。是年底，全区开户单位达到594个，未开户单位仅22个。1951年后，所有单位全部开户。在开户工作中，根据总行要求重点掌握的精神，对收支款数额较大的企业单位、军政机关，实行洽定合同，由银行直接进行货币管理。据此，对川北盐业公司、四川丝业公司、川北军区后勤部、新华书店、财政厅等均建立了合同关系。全区订立合同单位达到59个。至1952年8月，上述货币管理办法，在全区机关、单位、团体、企业全面推行。

公债发行　1950年2月，川北行署决定在全区发行胜利公债和胜利折实公债，以筹集建设资金。川北行署向各专区、县下达发行计划，分配年度预算数，财政厅纳入年度预算。由人民银行组织发行。公债以实物为计算标准，单位为“分”，每旬由人民银行公布分值。全区胜利公债发行任务为35万分，至6月，完成20.86万分，折人民币50.6万元，占任务的59.31%。胜利折实公债发行任务为349993分，至7月底，完成233131分，折人民币561305元，占任务的66.61%。

川北区胜利公债发行表

（1950年）

单位：份

地区	任务数	完成数	完成（%）
南充市	40000	40206	100.05
南充专区	65000	18502	28.46
遂宁专区	130000	79079	60.83
达县专区	60000	30291	56.50
剑阁专区	55000	40113	72.93
合计	350000	208606	59.31

注：至1950年6月30日止。

川北区胜利折实公债发行表

（1950年6月至7月）

单位：份

地区	发行任务数	7月止完成数	完成（%）
南充市	—	40205	100.5
南充专区	—	23320	35.85
遂宁专区	—	90831	69.82
达县专区	—	32821	54.2
剑阁专区	—	45954	83.53
合计	349993	233131	66.61

注：实发行233131份，折人民币561305元。

爱国储蓄运动　1950年，川北人民银行成立后即开办少量储蓄业务。1951年结合土地改革、抗美援朝、镇压反革命三大运动，在全区发起爱国储蓄运动。提出“功在国家，利在自己”的口号，通过爱国主义教育，动员群众积极参加储蓄，吸收货币回笼。在城市，普遍组织储蓄互助小组，深入各个行业和机关、学校，宣传储蓄爱国，办理各种代理业务。银行通过代理单位发薪、代学校收学费、代办储蓄存款等办法，进行收储。对贷款户，动员开立存款户头，扩大存款业务。在农村，根据全国农村金融会议精神，大力开展农民储蓄。先后开办了定额储蓄、双保储蓄、单一折实储蓄、有奖储蓄等种类。广泛动员农民将土地改革中分得的胜利果实，存入银行，以便集中投向生产，避免盲目投向市场。通过与土改工作团配合，采取土改果实与生产计划结合、存贷结合、农民向区外或国营公司购买物品通过银行汇兑或转账划拨等办法，全区土改果实收储率达到63%。同时，结合农产品收购，在乡村动员揽储。在当地党委领导下组织购销储蓄委会和小组，开展储蓄。1951年11月止，全区城乡储蓄存款余额达到956.47万元。其中，城市储蓄比1950年增长10倍，农村储蓄比1950年增长25倍。

放款业务　川北银行成立后即开办放款业务。初始阶段主要是向上级行争取资金，试办生产贷款。1950年5月起，贯彻西南区行会议决定，通过吸收存款放贷。确定南充、遂宁、三台、广元、阆中、达县等地区集中发放，以加工运销为放款重点。在资金调度上，存款占用68%，解缴总区行20%作提存准备，只有12%留作放款准备，致使放款面和放款额俱小。6月起根据西南区行指示，扩大贷款，以出口土产运输、加工及工业、手工业、食盐运销业为主要贷款对象。当月贷款计划额度60万元，以后逐月上升，11月份达到270万元。8月，中国人民银行川北分行召开支行行长会议，确定继续适当扩大信贷。主要贷款对象为：国营贸易、供销合作社、正当私营贸易，及有利于国计民生有发展前途的工业、手工业，乡镇运输贸易及农村生产副业、手工业。国营贸易及地方企业贷款，由分行统一掌握。同时强调贷款制度，坚持调查、审查、检查“三查”办法。一般为短期周转贷款，并要求有抵押品，有可靠的还款保证。

川北区放款数额表

（1950 年 4 月至 10 月）

单位：百元

月份	放出数额	月底余额	备注
4	1226	933	—
5	2193	1613	—
6	2712	2500	—
7	5008	4671	—
8	8219	7106	—
9	17165	15473	—
10	9798	14164	—
合计	46401	—	依和放款占 61.66% 抵押放款占 38.34%

银行办理贷款的步骤和做法是：首先经过支行调查提出计划，然后经分行批准与当地财委通过。贷款计划要确定放贷对象，以推动当地生产影响较大的行业为重点，结合工商科与工商联合会召开行业座谈会，分析研究该行业经营情况，确定贷款数额。企业申请贷款时，需送交财务计

划和生产计划，经银行审查合格后办理贷款手续。贷款户一般要开立存款户头，将贷款及营业收入随时存入银行，以控制资金流向。为了保障信用和贷款用途，贸易或收购原料贷款均要验其发票或税证。由于川北工商业规模小，抵押贷款较少，60%属信用贷款。

川北区放款对象表

单位：元

放款对象	10月底放款余额	占余额（%）
公营	284400	20.8
公私合营	138200	9.76
合作	26700	1.89
私营	669200	47.24
个体	297900	21.03
合计	1416400	100

注：1950年4月至10月放款情况。

发放贷款原则是：在城乡关系上，以城市贷款为主，兼顾城镇、乡镇贷款。在行业划分上，以支持工商业、运输销售业为主，试办肥料、植桐、植桑农贷。在贷款性质上，除对公营文卫事业贷款外，着重于私营企业贷款。

贷款利率　根据西南区行规定，放息按存息加倍计算，公贷9折，押放再减2厘。农贷3月者，贷息1.5分，6月者1.8分。

贷款种类。以农业贷款居多。包括棉种、蚕种、农药贷款，农副产品收购贷款，耕牛贷款、救济性农贷、水利贷款以及桐籽贷款，私营企业贷款等。农业贷款期限大多为6个月，蚕种贷款3个月，糖业贷款1个月，棉种贷款期最长为9个月。1951年南充、三台县发放耕牛贷款34.85万元。盐亭县为了解决当地缺盐，还办理食盐运销贷款。

桐籽贷款。由分行统一掌握。因桐油为川北主要特产之一，1951年8月，中国人民银行川北分行制定了桐籽贷款办法。规定：放款对象以产桐籽的贫农、中农为限。放款用途为解决桐农困难，用于扶持桐籽生产。放款办法，实行银行与当地政府财委协商，以产桐油量大、困难较多地区为主，经各支行调查核准后由农协会收集桐农借据，经过区政府介绍到银行领款，各支行派员会同监放。同时实行担保制，保证贷款用途正当和还款落实。桐农申请贷款，实行自报公议方式，民主评审桐农的桐油产量与贷款数量，由各乡造具清册，送区政府审查。桐农还需保证桐籽成熟后方能采摘，以提高产量。桐籽贷款发放标准，一般按桐农产桐量30%计发，个别产桐较少的达到80%。1951年，全区桐籽贷款计划60万元，实际贷出30.72万元，占51.2%。

中国人民银行川北分行桐籽贷款表

(1951年)

区别	行处名称	分配贷额(万元)	贷出数额(万元)	备注
南充专区	南部支行	5	24.67	—
	西充支行	2	2.01	—
	营山支行	2	1.28	—
遂宁专区	遂宁办事处	4	—	产量少，未放贷
	盐亭支行	2	1.98	—
	潼南支行	4	2.7	—
达县专区	达县办事处	12	6.8	—
	宣汉支行	4	4	—
	巴中支行	3	1.2	—
	开江支行	1	1	—
剑阁专区	广元办事处	4.5	0.96	含机动3.5万元
	阆中支行	6	5.9	—
	剑阁支行	3	1.66	—
	苍溪支行	3.5	—	—
	中坝支行	2	2.7	—
	旺苍支行	1	—	—
	昭化支行	1	0.86	—
	合　计	60	30.72	—

小型水利贷款。结合抗旱救灾，整修塘堰，兴修水利，银行给予贷款支持。贷款原则，限于办理小型水利，专款专用，确保经济效益。由使用单位提出使用贷款的办法和工程实施计划，银行审查发放。1951年底统计，全区小型水利贷款共申报53.03万元，除西南区行原核定39.25万元外，尚差17.82万元，转请西南财委核拨。

私营企业贷款。在贷款总额中比重最大。1951年，川北银行拟定私营企业放款方案，有重点地扶持有市场前途的私企。1952年“三反”“五反”运动期间，一些私营业主心怀顾虑，不积极经营，加之较大工商业违法户退赔罚款，致使经营资金剧减。据统计，南充市私营工商业实有流动资金由上年底的100余万元减为50余万元。其中绸布业资金由8万元降到1.7万元，五金业由2.8万元降到1.4万元。加之，中国人民银行川北分行一些业务干部不愿与商人往来，不敢放手放款，直接影响到市场物资交流和群众生产生活。针对实际情况，银行适时对私营工商业适当放宽贷款。确定以销售企业为主，以重点城市为主，先大行业后小行业，分批放款。至6月止，完成贷款计划220万元，迅速启动了市场。为避免盲目放款，对于不同贷款对象实行区别对待。对能迅速活跃市场且有发展前途的，作为主要贷款对象，按其活动资金70%至100%贷给。对“五反”运动中的违法户，只要问题得到解决，不属淘汰对象，且对恢复市场有积极作用，有很大发展前途的，经店员工会证明及当地政府或财委批准，可恰当贷款，并强调专款专用，不得用于退赔罚款。为便于银行监督控制，贷款户必须造具所贷资金使用计划，银行有权检查购销清单，如发现转移贷款用途，立即追回贷款本息。为保证放款安全，对抵押放款及担保有困难者，采取行业公会担保或店员工会监督。如信用好，必要时可不找担保人，但押品必须存入银行指定仓库。对信用放款，一般采用一户一保，如系国营企业加工订货有合同，其资金活动全部通过银行，并有把握到期归还贷款者，也可予以免保。贷款期限，一般以两月为限，最多不超过三个月，个别特殊需要在商定必要控制条件下专案办理。为了落实上述规定和要求，川北分行派出2个工作组16人，深入达县、广元专区的重点行、处指导帮助。同时，通过召开各行业座谈会同正当经营的商人座谈，宣传放贷政策，了解市场情况，确定放款重点，做到准确有效放款。

保险业务 川北解放前，无保险业务基础。1950年11月，成立川北保险公司，以公营企业为主要对象，逐步开办了财产自愿保险、财产强制保险、农业保险等业务。

财产自愿保险。针对川北交通以河道为主的情况，财产保险业务以运输险为主，其保费收入约占财险收入的80%以上。1951年1月至4月主要承办了盐业公司的盐运保险合同。对私营工商业的保险，逐步在遂宁、达县、广元、射洪、中江等城市推行。截至6月，遂宁保险业务达到400余笔。

财产强制保险。经川北区财委及人民银行同意，1951年6月16日川北保险公司发出公告，在南充、遂宁、达县、广元、射洪五地同时开办代理处，以工业厅、商业厅所属企业为主要对象，办理财产强制保险业务。至6月底，完成应投保单位的90%，其余县留待第二步开办。

农业保险。主要有耕牛保险、猪仔险、棉花收获险等。耕牛是川北农业生产的主要畜力，1950年，全区约有耕牛120万头，由于各种原因死亡4.8万头。1950年11月，首先在南充市舞凤乡、新建乡试办耕牛保险。至1951年6月止，有6个县开办了耕牛险1383头，收保费530元。此后，逐步推行到遂宁、南充、三台等19县，承保耕牛6000头。1951年年底止，全区35个县和南充市全面推开耕牛保险，承保耕牛6万头。1952年上半年承保耕牛数达到9万余头，占全区耕牛总数的4%。承办耕牛保险业务后，分别组织了检查小组或召开养牛模范会，指导农民安全饲养，尽量减少死亡损失。猪仔险，仅在南充县城关区试办，该区9个村承保猪仔险412头，占猪仔总数的25%，投保金额995元，收保费349元。棉花收获险，只在遂宁刺子坝建宁镇、射洪于家坝、柳树沱及三台灵丰寺、蓬溪蓬莱镇等地试办。由于保险范围不与政府奖励补偿植棉办法重复，不保秋雨及病虫害，加之自然灾害频发，棉农对保险无兴趣，此险未推开。

上述保险业务开办后，属于应该理赔的项目，均按保险条约进行了理赔。截至1951年年底，耕牛险赔偿21800元，棉花收获险赔偿籽棉1725公斤。运输险损失木船78支，按规定作了理赔。

川北区耕牛保险表

（1951 年）

单位：耕牛（头）、金额（元）

地区	死亡头数	应赔金额	变卖牛肉收入	实际赔偿金额
南充专区	728	13055	2782	10273
遂宁专区	335	10196	2868	7328
达县专区	26	368	113	255
剑阁专区	195	4730	786	3944
合计	1284	28349	6549	21800

川北区棉险理赔表

（1951 年）

地区 \ 项目	承保面积（公顷）	保额（籽棉公斤）	赔偿额（籽棉公斤）	备注
三台灵丰寺	94.00	472	50	—
射洪于家坝	1461.54	1212	378	—
射洪柳树沱	1736.29	13378	380	—
遂宁刺子坝	23.33	120	12	—
蓬溪蓬莱镇	1865.89	11446	905	—
合计	5181.05	26628	1725	—

川北区实际承保棉花亩数保额费表

（1951 年）

地区 \ 项目	承保面积（公顷）	保额（籽棉公斤）	保费（籽棉公斤）	备注
三台灵丰寺	47.34	22664	1072	4.7%
射洪于家坝	129.07	87440	4138	4.7%
射洪柳树沱	40.87	27269	1293	4.7%
遂宁刺子坝	98.20	47344	2361	4.9%
蓬溪蓬莱镇	217.81	130406	6024	4.6%
合计	533.29	315123	14888	4.7%

【城市建设】 1950年3月，中共川北区委、川北行署提出“建设新南充，推动建设新川北”的城市建设构想，并在南充市重点进行城市建设。各专、县亦按照规划开展城市建设。至1952年9月1日撤区建省，川北城市建设取得长足进步。

城建机构 1950年9月9日，南充市人民政府在川北行署礼堂召开南充市建设委员会成立大会。会议邀请教授、专家、工程师、工商界代表和热心城市建设的社会名流70余人参加，会议选举川北行署秘书长刘玉衡为南充市建设委员会主任委员，吴致忠、袁观、林维干为副主任委员。郑春香为秘书长。会议决定南充市建设科并入南充市建设委员会，并从川北大学等单位选调土建工程技术人员。会议要求各专、县设置城市建设科，专司城市规划建设管理工作。10月1日，成立南充市河堤修建委员会、南充市园林管理处。林维干兼任河堤修建委员会、园林管理处主任。1952年4月，增补孙桂林为南充市建设委员会副主任。1952年9月1日撤区建省，南充市建设委员被撤销，保留南充市人民政府建设科，继续负责南充市的城市规划建设管理工作。

城市建设规划 1950年3月，南充县和南充市分置时，南充市旧城仅1.6平方公里，人口5万人，城区只有60余条街30余巷。主要街道由3条纵线3条横线相互交织呈网络状分布。街道狭窄，房屋低矮，城区道路坎坷不平。无正规排水体系，晴天灰尘飞扬，雨天污水横流，行人步履艰难。1950年7月1日，胡耀邦在川北区政治协商会议第一次全体会议上，指示南充市尽快制订出南充城市建设规划图，并要求各专、县对治所城市作出未来5年、10年的城市建设规划。

南充市建设委员会成立后，按照胡耀邦对南充市城市建设的思路，提出“依托旧城，向城北城西紧凑发展，使旧城区和新城区浑然一体”的总体构想，组织南充市育才职业中学的老师，于1951年春完成南充市旧城区和四周郊区地形地貌测量。川北行署邀请川北大学土木系教授夏昌槐、鲁承宗、王毓泰等参与南充市的城市建设规划。南充市建设委员会规划小组原拟南充市按30万人口规划设计，胡耀邦听取汇报后提出了“三个五”的规划构想。即：南充市人口规模规划为50万以上，城市建筑物设计风格应保持50年不落后，城市中心花园直径不能小于50米。根据胡耀邦的指示，对南充市的城市建设规划构想，南充市城市建设规划组的专家和技术人员迅速调整规划思路，将南充市定位为川北区的大城市（省会城市）。提出以街区道路为骨架，以街心花园为接点，在旧城区西北连接处向北、向西、向南放射外延的新规划思路。布局新旧城区用地面积8.2平方公里，其中，新城区6.6平方公里、旧城区1.6平方公里，新旧城区东西纵向干道6条、南北横向干道10条，新旧城区干道宽分别为32米、28米、24米、18米、15米等5个层次，新旧城区干道改扩建总长度9600米。新旧城区以嘉陵路东段为界，北为新城区，南为旧城区；以巴山路南段为界，西为新城区，东为旧城区。详细规划时，以城市西北角的莲池为参照物，环绕莲池四周进行布局，以莲池正北面岸边，布置拟建中共川北区委办公大院；以莲池正东北侧200米处的小山岳地带，布置拟建川北行署大院；以莲池正东方向，布置拟建中共南充市委、南充市人民政府办公区；以莲池西北岸边，布置拟建中共川北区委党校、西南革命大学川北分校；以莲池南岸1000米处的旧城区西北边缘和新城区的结合处布置拟建直径53米的街心花园——五星花园。南充市城市中心沿五星花园从西至东面依次修建川北大旅社、川北人民银行、川北电影院、川北食品大楼、川北百货公司等5幢中西合璧的3层至5层建筑物，形成5条大街。同时沿涪江路以南西门坝布置拟建商业区；嘉陵路东段（今果城路）以北布置拟建工业区；莲池路之南和商业区之北布置拟建南充火车站；金鱼岭布置拟建川北军区；南门坝布置拟建城市蔬菜及副食品生产农业区。新城区面积为旧城区面积的4.05倍。规划人员绘制的“南充市城市规划图”和“南充市道路规划图”，经1951年12月6日川北区首届第二次各界人民代表会议审议通过施行，奠定了南充市城市布局和街道骨架的基础。之后，在修建中共川北区委办公大楼、川北行署办公大楼期间，修编规划了人民广场、人民文化宫等公益活动场所。至1952年9月1日撤区建省时，南充市的城市规划未作调整。

南充市城市建设　1950年5月，南充市开始城市建设，分改建、扩建、兴建三个阶段进行，每个阶段首尾相衔。在施行改建的同时，同步准备扩建和兴建，依次动工，全面推进。至1952年9月1日，撤区建省时，南充市旧城区烂街烂路翻修整治结束，新城区道路骨架和建筑物全面形成，新旧城区供排水、道路照明、公共厕所、城市园林等公益设施配套。初步彰显城市风采。

烂街烂路修补。1950年5月1日，驻南充市的中共川北区委、川北行署机关干部，中共川北区委党校、川北革大和川北文学院的教职员工和学生，主动投入翻修整治南充市旧城烂街烂路的劳动。胡耀邦、赵林亦在繁忙的工作中抽出时间参加翻修整治旧城烂街烂路的义务劳动。至7月上旬，铺修了禹王街、果山街、二府街、奎星街的石灰三合土路面。整修翻新了学院街、金泉街、文峰街、西河街和公园街的黄泥灌浆碎石路面。1951年年初，南充市决定重新翻修模范街，胡耀邦亲赴现场察看，要求“不能只翻修，要修建下水通道，从根本上解决排水不畅的问题”。南充市建设委员会及时组织技术人员和专业队伍，以模范街为主线，开挖建设南充市城市地下排水管网，并于4月上旬建成4000余米城市下水道管线，根治了旧城街道污水横流、四处泥泞的问题。之后，南充市建设委员会将大北街、青年街、三公庙街修建成泥结路面；西藏路、嘉陵路改建成黄泥灌浆碎石路面。截至1951年年底，南充旧城区烂街烂路翻修整治改建完毕。1952年1月至8月底，南充市建设委员会组织施工力量对旧城部分破损街道路面进行了维修养护。

下水道修建。南充市从翻修模范街道路起步修建城市下水道。至1952年8月底，先后修建了大北街、青年街、小西街、史家堰、大西街经三圣街流入西河的西城下水道；茧市街经三公庙、人民广场（体育场）通达莲池的下水道；大北街经模范上街五星花园至城壕横沟的下水道；仪凤街、吉庆巷经火神庙口进入嘉陵江的下水道和居民区新生街的下水道，总长3662米，初步解决了城区排水不畅的问题。

供水设施修建。南充市于1951年3月投资7.04万元，选址城北金鱼岭开工修建自来水厂。从龙王街嘉陵江码头取水，供水管道分两条延伸至城区，全长2.87公里，制水能力3600吨/日。1952年7月26日竣工试运行，8月底前全面达产，结束了南充市城区无公益供水设施的历史。

防洪堤修建。南充市自1950年冬起，组织治河专家对城区防洪问题进行论证，特邀各阶层人士组成河堤修建委员会，负责整治和维修嘉陵江河堤，防止城市低洼地带被江水冲毁。1951年1月3日，一期河堤工程在南充市城区大南门外开工，采用以工代赈办法，发动失业工人和城市贫民修建河堤，6月竣工。1952年3月，第二期河堤工程仍在城区小南门外开工，仍采用以工代赈办法招雇失业工人，乘枯水季节快速修筑加固河堤，5月16日竣工。9月1日撤区建省时，南充市未完成的中渡口河堤工程、小南门河堤加固工程和大东门鱼翅修复工程由南充市建设科负责续建。

河道疏浚。1950年3月11日，南充市人民政府接管南充县桥渡会船只，并由市建设科负责整顿改进城市河道公渡通行秩序。1951年12月，南充市建设科组织专家技术人员对马家滩、石龙过江、双女石等急流险滩进行测量，调集人力疏滩淘漕，南充城市沿线的嘉陵江河道及支流河道迅速达到了公渡通行能力。到1952年8月底，公渡通行良好。

新城区道路建设。1951年9月，启动新城区道路建设基础工作，组织市育才职业中学师生对市区地形地貌进行测量，经3个月集中测量和测量数据汇总，在1951年年底分别完成了1：1000、1：5000、1：10000地形测绘图。1952年1月中旬，邀请寒假返南充的川大同学，专项复核测量南充城区地形地貌，绘制出南充市新城区道路建设图。2月初，开始建设新城区道路。至1952年8月底，共辟建出宽32米至36米的人民南路、人民中路、人民北路、和平东路、和平西路、西藏路等纵横主次干道8条，初步形成南充新城区道路骨架。

新城区构建物修建。1950年9月起，南充市陆续开工建设中共川北区委办公楼、川北行署办公楼、川北行署大礼堂、川北军区大礼堂、川北人民银行、川北大旅社、川北电影院等建筑物。胡耀邦在繁忙的工作中抽出时间到重点工程现场查看，问候建设者，要求施工人员做到“百年大计、质量第一”，建设出川北第一流的建筑物。至1951年年底，新城区的中共川北区委、川北行署、中共南充市委、南充市政府办公大楼相继落成。同时，位于五星花园的川北人民银行、川北大旅社、川北百货公司、川北食品大楼、川北电影院等5幢造型各异、风格雅典、分布合理、错落得体的新型建筑群，成为川北区城市建设中的风景线。到1952年8月底，南充市建成区面积达到3平方公里，人口增加至5万余人。

公共活动场所修建。1950年12月，南充市建设委员会着手拟建南充市人民广场（南充市体育场）地形地貌测绘和征购土地准备工作，并在1951年5月完成图纸设计和土地征购。1951年6月，南充市人民广场正式开工建设，川北区党政机关、南充驻军和学校师生、市民一起参加义务劳动，将莲池东侧的低洼地填土夯实，修建成长288米、宽166米、占地3.2万平方米、可容纳5万人的人民广场。同时，在南充市人民政府正对面开工修建了南充市第一人民市场，集百货、布匹、食品、水果等13个专业市场于一体，方便了市民生活，活跃了城区集市贸易。

住宅修建。1950年2月，南充县和南充市分置时，南充市区人平住宅面积仅为4平方米至5平方米，无房户极多，市民迫切要求党和政府帮助改善居住条件。从3月起，按照中共川北区委、川北行署“建设新南充，推动建设新川北”的工作部署，南充开始拆除大西门、小西门及部分城墙，填平城壕，帮助住在城墙、城壕边上的贫民就地建设新居。到1952年8月底，共在小西门、大西门、茧市街、人民广场、和平西路及城北丝绸村修建住宅33.38万平方米，城区住宅面积由解放初期的31.01万平方米增加到64.84万平方米，人均居住面积增加到6.39平方米。

道路照明。1950年初，南充市根据川北行署接管南充县电灯股份有限公司和3月中旬下放给南充市经营保障机关用电和市区道路照明事项之要求，立项申请川北行署拨款在市铁佛寺兴修建南充火电厂。1952年3月12日，南充火电厂开始安装发电机组，装机容量250千瓦，5月19日安装调试完毕，投入运营。之后，南充火电厂装机容量逐步扩大到3500千瓦，在城区主要街道增设安装路灯49盏、城区4个警察岗亭安装指挥灯16盏、水运码头安装照明灯3盏。至1952年8月底，南充城区道路和公共场所路灯增加至88盏。

园林绿化。1950年3月，南充市人民政府陆续接管南充县管理的果山公园、莲池。6月，以挖掘扩宽莲池拉开园林绿化建设帷幕。胡耀邦率领各委、办、厅、局的机关干部和川北“革大”师生600余人，对莲池进行全面挖掘和清淤。川北区领导带头脱鞋扎裤，站在淤泥里，用塘泥堆成池中3个岛屿。挖掘清淤后的莲池，池面范围扩大，池水变清，池的四周栽植树木。是年冬，南充市园林管理处成立，林维干兼任主任，负责城市育苗和绿化工作。1951年年初，南充市园林管理处接管南充县原甘露寺、西云台和小西门3个苗圃2公顷，改名为园艺场，专育苗木花卉，供城市绿化之用。至1952年8月底，分别在新建的人民南路、人民中路、人民北路、和平东路、和平西路、文化路、滨江路北段旁预留的绿化地带栽种了桉树和樟树。全市街道、机关、学校、庭院绿树成荫。

环卫设施。1950年春，南充市开始对市区街道分段设置砖砌垃圾存放池、木质垃圾箱、公用痰盂和果皮箱。购置扫帚、撮箕、箩筐、鸡公车、木制粪桶等环卫工具，清扫市区街道和清运垃圾粪便。改、扩建市区公共厕所，在市郊修建“毁污炉”处理污物。截至1952年8月，南充市城区环卫设施适应城市发展需求。

专、县城市建设 1950年春夏，各专、县城建部门开始组织施工队伍拆旧城墙、填沟壕、整治城区烂街烂路，建新生街，修翻生路。南部县分期分批将县城土路街道铺筑成石板路面。遂宁县利用县城城河旧址建新城河街、城河边街、西门右街、磨房湾街等，填补油房上街和下码头的空隙地段，形成油房中街。广元县翻修了县城东街、南街、大西街、磨房弯街、上河街、下河街等。达县拆除县城小东门至永久仓库城墙，填平城壕，新建街房，形成新生街道。1951年起，川北区各专、县加大城市烂街烂路翻修整治力度，因陋就简修建自来水厂和供水管道，疏通建设下水道，购买发电机，架设通电线路，保障机关及城区道路照明路灯用电。陆续开工修建各地委、专署及县委、县人委办公大楼与机关办公用房和公共活动场所、公共厕所、城市园林等公益设施建设同步推进。是年春，广元、万源、射洪等16县启动护城防洪堤建设。至1952年8月底，川北区各个专区所在地和各个县城市街道大部分进行了翻修整治和改扩新建，县级城市和县城的用电、供排水得到解决，嘉陵江、渠江、涪江沿线16个县城护城防洪河堤全面竣工，35个县城面貌得到较大改观。

场镇建设 1950年至1952年8月底，全区以南充县东观、射洪县金华、剑阁县武连，达县麻柳为代表的小城镇及南部县大河、潼南县田家、广元县新农、万源县白沙等3000个区辖乡治所场

镇，普遍利用没收房屋建起了供销社、粮站、信用社、广播站、邮电所、医院（卫生院）、防疫站等服务机构和经济组织。整治翻修了烂街烂路，配套发展了铁木、缝纫、粮油加工、修配、餐饮等服务行业。扩大了农副产品、手工业制品交易范围，繁荣了城镇（场镇）集市贸易。

城市管理　1950年至1952年8月，川北区各级城建机构，在建设城市的同时，加强了城区人民饮用水管理、城市环境卫生管理、城市交通管理。沿嘉陵江、渠江、涪江各县修建小型简易自来水厂，规定取水头部100米水域内禁止从事污染水源的作业，并由主管机关会同公安、卫生等部门按生活饮用水卫生标准，划定取水头部上游1000米、下游100米的水源卫生防护带范围。各自来水厂定期和不定期对防护地带进行巡检，发现污染源时，立即报告有关部门调查处理。城建、卫生防疫部门对自来水厂生产的水质定期取样检验，对城市水井设置消毒人员，按时投放漂白粉消毒，保证饮用水安全。南充市和南充、遂宁、达县、剑阁专署驻地，动员群众用木料或烧结黏土砖制作垃圾桶、果皮箱和痰盂，分别放置于城区主要街道和街巷，由卫生防疫部门与街道居委会共同检查，督促机关、企事业单位和居民小组维护或更换责任区内的环卫设施。南充市和各专、县治所城市按照统一领导、行政负责、群众参与、条块结合的原则管理环境卫生。组织开展群众性的爱国卫生运动，填平城内臭水塘，修建城市下水道，设置公共环境卫生设施，实行街道、单位、居民划片，分段负责清扫，固定清洁工将日产垃圾收集运往城外垃圾场。南充市建设科与市公安局在市区建起4个警察岗台，安装交通指挥灯16盏，实行城市交通信号控制管理。

社会事业

从1950年1月开始，川北行署对全区境内的中等学校、民众教育馆等单位进行接管，对中、小学教职员以及文化艺人进行有计划的思想教育、审查改造。建立新的管理机构，把知识分子和文化艺术工作者重新组织起来，调动他们的积极性，让他们为人民民主政权的建设和中心工作服务。通过各级人民政府努力，至1952年8月，普通工农群众逐步扫除文盲，劳动群众的子女就学率大大提高，普通高校从无到有，文化、体育活动得到普及和发展，川北广播电台、新华书店川北分店的建立以及《川北日报》创刊发行，新闻收听和书报阅读逐渐成为人们生活的重要内容。全区人民精神面貌发生了巨大变化。

【文化】 1950年初，川北区各地开始接管当地民众教育馆（后改为文化馆）。2月，川北行署文教处成立，下设文化科，管理全区教育、文化工作。1951年11月16日至25日，全区文艺工作者代表会召开，川北区文联成立。川北区文联成立后，组织各文艺团体围绕党和政府各个时期的中心工作，开展文艺创作和文艺宣传，表演展现新时代的新作品，讴歌新时代、新人物、新事件、新面貌。同时，将科学文化知识普及到劳动群众和边远山区。至1952年8月，全区有31个县成立文联，发展文艺小组300个，有戏曲改进会14个，文工团3个，电影院4座，职业剧团32个，发表文学创作作品500余篇，改编和写作剧本109部，文艺工作者达3万余人。

农村文化工作队　1950年，川北行署文教厅组织两个农村文化服务队。1951年上半年又增加1个队。1952年5月，川北区工委文艺工作团和川北行署文工团整合时，抽调60人组建两个川北农村文化科学普及宣传队，每个队还配备两名医生。至1952年8月，共组建了5个队。5个队先后深入老革命根据地的通江、南江、巴中、广元、阆中以及平武等10余个县41个乡，行程2140公里。每个队有戏剧组、幻灯图片组、文运组、宣教组和医疗组。活动形式达23种。戏剧演出85场，图片展出21次，宣传活动89次，为群众治病3670人，惠及农民29.65万人。

文工团　1950年，川北区先后成立了中共川北区委文工团、川北青年文工团、中国人民解放军川北军区文工团。1951年，川北革大文工队改为川北革大文工团（1952年初改为川北行署文工团）。

中共川北区委文工团原系中国人民解放军1野第18兵团政治部文工团。改建为中国人民解放军川北军区文工团后，组织了9个征粮剿匪工作队，协助政府完成征粮剿匪任务。在减租退押、清匪反霸运动中，组织了3个减租宣传队下乡，并派出文艺工作者配合行署5个文化服务队，分赴川北偏僻山村和少数民族地区宣传党的政策。1950年年底，文工团第三队下乡，到南充、遂宁两个专区10个县，巡回演出3个月，演出74场，观众达30万人。

川北青年文工团有演职员40余人。下设歌舞队、军乐队、乐队、京剧队、电影队等。1952年，川北革大文工团改为川北行署文工团，下设两个队，一队演歌剧，二队演京剧。

1952年5月，中共川北区委文工团、川北青年文工团、川北行署文工团一队合并，组成川北文艺工作团（简称川北文工团）。川北行署文工团二队改为川北大众剧社。

文化馆　1950年1月，中国人民解放军先后接管川北各地民众教育馆。3月，成立南充市民众教育馆，馆址果山公园内。7月，改为南充市人民文化馆。各地文化馆人员设置不等，一般设主任1人，馆员编制若干人。到1952年8月，川北36个县、市全部成立文化馆，做到了一县一馆。共有特等馆2所，甲等馆6所，乙等馆3所，丙等馆5所，馆长和职工271人。南充市文化馆和遂宁县文化馆为特等馆，人员编制10人到12人。在农村建立文化站11所，筹建51所。

1950年至1951年，南充市人民文化馆与川北军区文工团、军区摄影组等单位合作，举办图片展览，组织宣传队上街，在街头设宣传站，搭宣传台、宣传棚，表演曲艺说唱、歌舞、活报剧等文艺节目。在乡村，办起街头文化站。1952年5月，川北行署文教厅组织4个组分别到南充、遂宁、三台、阆中等县文化馆进行重点调查。6月，派干部到遂宁县拦江乡、蓬安县、营山县了解文化站工作。6月下旬，召开南充、遂宁、岳池、西充、蓬溪5县、市文化馆馆长座谈会。7月，召开川北区文化馆工作会议。出席会议的有各县文化馆长和专县文教科文化工作干部，共67人。其时，全区文化馆工作发展不平衡，全区36个县、市文化馆中，南充县文化馆的工作内容最丰富。为使各县文化馆顺利开展工作，川北行署文化厅拨给事业补助费6128.08元，拨付文化站补助经费710元。分别配给各县市文化馆收音机14架、唱机3部，配给通俗读物1.56万册，平均每馆434册。编印《文化馆工作手册》3集。

文化馆普遍开展了识字教育、时事宣传、科学普及和社会服务、群众文化娱乐活动。识字教育工作是主要任务。各地为配合中心工作，利用黑板报、广播、展览、讲演、戏曲、壁报、阅览室、图书站、漫画、宣传队等形式开展时事宣传。1952年8月，全区有黑板报1.67万块，一般3天更新；有壁报4459张；举办通俗讲座615次、街头宣传7820次、展览983次；组成宣传队下乡5108次；收音广播36处，土广播2.30万处。南充市文化馆先后绘制宣传地图400多幅，举办座谈会173次，讲座34次，组成10个音乐站，10个宣传队经常下乡。遂宁的黑板报宣传农业科学知识，吸引20里外的农民结队观看。三台文化馆组织7个机动宣传队，宣传员560人，每队分读报、黑板报、广播、漫画、墙报戏曲等小组，经常在城乡活动。各地文化馆通过幻灯、展览会、讲座等进行科学知识普及工作。至1952年8月，全区放映幻灯1948次，观众182.64万人，科普展览426次（包括图片展览），观众20.01万人，通俗讲座615次，听众8.28万人。南充市举办的一次妇婴卫生展览观众达9.38万人，很多妇女懂得了新法接生知识。文化馆还设有代笔问事处，为群众代笔问事5.3万件。南充市、遂宁、中江、安岳、三台、岳池等十余县承办拾物招领1707件，社会调查66次，介绍职业373人。

戏剧　川北区流行川剧、京剧。部分学校、团体还有话剧表演团体。

川剧。1950年春，南充联胜剧院、平化剧社演职员组建新联剧社。后先后更名为革新川剧社、解放剧艺班。下辖歌剧、川剧两个队，有职员93人。11月，与川剧改进会合并，成立南充市实验剧团。是年底，川北区在南充、遂宁、射洪、江油、达县进行川剧改革，取得经验后向全区推开。南充市实验剧团经过民主改革后，逐渐以票房收入培修剧场和解决艺人的福利。全区创作新剧本有《嘉陵江之歌》等68个，经审核上演的有23个。南充市实验剧团演出新剧占三分之二，其中6个新剧共演出355场，观众达31.32万人，最多的如《皇帝与妓女》演出157场，观众达10.43万人。1952年，演出新川北戏剧23种。南充市、达县、岳池、武胜等11县有戏剧团体126个，（包括曲艺团体9个），人数达9000人以上。川北各处的茶馆、会堂都可见川剧玩友的活动，座唱、演出遍布城乡。南充丝二厂业余川剧团服装道具新，行当齐，与专区川剧团结为对子，拜师学艺。

京剧。1950年至1952年，川北区表演京剧的场地主要有南充市的大众剧场和“人民大舞台”剧团。上演的新剧有《河伯娶妇》《闯王进京》等。同时上演京剧的还有前进剧社。川北军区政治部文艺工作团京剧队先后演出《三打祝家庄》《大破东平府》《北京40天》《红娘子》《新美人计》等新编历史剧。川北行署文工团京剧队每周演出2场京剧。

川北民间艺术　巴渝舞、傩戏、川北大木偶、川北灯戏、川北皮影、川北剪纸等是植根民间，流传川北地区的主要艺术门类。

巴渝舞是古时巴族賨人在同猛兽、部族斗争中发展起来的一种集体武舞。武王伐纣时的“牧野之战”，就是由巴人执着挺仗，前歌后舞，“凌殷人倒戈”而取得胜利。刘邦伐三秦建大汉时，募賨人为汉军前锋，他们那种“巴师勇锐，歌舞以凌”的气势和战斗力，赢得汉高祖刘邦喜爱，将賨人的战争武舞取名为“巴渝舞”，引进宫廷。巴渝舞的基本形式是“执杖（兵器）而舞”，伴奏则是击鼓。汉代为巴渝舞配了《矛渝本歌曲》《弩渝本歌曲》《安召本歌曲》《行辞本歌曲》4篇舞曲（简称矛渝、弩渝、安召、行辞）。

傩戏也称傩舞、端公戏，是在民间祭祀仪式基础上吸取民间戏曲而形成的一种戏曲形式。川北傩戏兼容了川剧、川北灯戏、巴渝舞等艺术的表演特点，演出形式很特别，表演者戴面具（脸壳壳），演出中还穿插着不少巫术表演，演出分为开坛、开洞、闭坛三个阶段，一般只用鼓、锣、钹等打击乐器伴奏，偶尔也用唢呐吹奏。演唱用本地方言，唱腔为本地群众熟悉的戏曲腔调。

川北灯戏源于傩戏，有灯、有戏、有歌舞，即所谓“无跳不成灯”“灯有戏文戏有灯”。演出一般都在晚上，演出场地高悬异常耀眼的一盏主灯，四角有画着鸟、走兽、人物的鲜艳夺目的彩灯。演员们提灯、舞灯、跳灯，戏中出现的龙灯、狮灯、牛灯或蚌壳灯，不仅是道具，也是剧中的角色。其剧目一般以笑戏、闹戏、喜戏为主。表演诙谐滑稽，风格自然，雅俗兼备，“无丑不成戏”，令人捧腹。语言通俗诙谐，朴实健康。唱腔高亢悠扬，粗犷奔放。形式短小精悍，载歌载舞。

川北大木偶为杖头木偶。大木偶一般身高1.5米，与真人相似，人物造型以写实为主，眼、眉、口、头、耳、鼻、手、腰以及指关节均可活动，表演时能取物握物，穿衣解带、戴帽脱帽、吹火点蜡、拂袖掸尘、变脸下腰、吐火喷烛，同时翎子功、扇子功、水袖功等能与真人媲美。

川北皮影戏又称灯影戏，是一种用灯光照射兽皮或纸板做成的人物剪影，由艺人在白纱幕布后操纵剪影，通过演唱、配乐以表演故事的民间戏剧。川北皮影雕工精细，造型生动、滑稽，服饰、道具颜色鲜艳透明。人物造型与戏剧一样，生、旦、净、末、丑角色齐全。表演者（俗称提手）用竹棍操纵皮影人，一边操纵一边演唱，并配以音乐，音乐唱腔大都以具有川北地方特色的川剧高腔为主。各种人物角色、各类人物思想感情均通过屏幕表现出来，常玩得观众眼花缭乱。屏幕上布置的景物、龙楼凤阁、雕栏玉砌、绿树红花、奇峰异壑，是真非真，是幻非幻。

川北剪纸是用剪刀将纸剪成各种各样图案的一种民间传统装饰艺术。明末清初，北方剪纸传到川北。川北民间剪纸艺人融北方剪纸粗犷豪放、简洁大方与川北剪纸细腻生动、玲珑剔透于一体，形成了具有浓郁的川北乡土气息的川北剪纸。川北剪纸题材广泛，从生产劳动、饮食起居、娱乐休闲、吉祥喜庆到飞禽走兽、五谷六畜等均可为题，尤以花卉刻剪为擅长。其花样可分为吉祥如意图，翎毛花卉图，古今人物图，现实生活图等大类。其技法和制作方法可分为阴阳套刻法、黑白贴刻法、暗刺排剪法、折叠剪纸法、双手撕法和火烧烫绘法六种。

文艺创作　1950年至1952年，中共川北区委要求全区文艺工作者努力改造思想，深入到斗争和生活中去，大量创作表现新社会、新人物、新面貌的作品。全区广大文艺工作者按照中共川北区委要求，积极创作反映群众斗争生活的作品，诗歌有《佃客朱老三》《太阳照山坡》《在中美合作所》《红契和家具》《土改歌》等；全区创作新剧本有《双喜临门》《四战士订计划》《嘉陵江之歌》等68个，经审核上演的有23个。曲艺创作有《英模进京》《解放海南岛》《翻身年月月乐》《互助组八大好》等47段。小说有《押金》等；歌曲有《减租小调》《永远是战斗队》等；美术有《试耕》《减租退押清算团》《大恶霸黄伯宣》《良心》等；通俗读物有《减租退押读本》《农民三字经》《抗美援朝三字经》等。到1952年8月，《川北日报》《川北文艺》《川北农民》报发表文学创作500余篇，还编辑出版了《川北文艺创作选》。全区有14个县成立戏曲改进委员会，改编和新创剧本109个。南充市创作的有《双喜临门》《买卖婚姻》《鸭绿江畔》《柳荫儿女》等，修改的有《皇帝与妓女》《红杜鹃》《白毛女》等；曲艺400余首，南充市音乐刊物《川北歌声》出版3期；曲艺刊物《说唱》出版11期；《川北大众》出版28期，川北文工团集体创作歌剧有《陈玉厚》《嘉陵江之歌》等。川北剪纸《爱白鸽》《春播》《丰收》《放牛》等剪纸作品赴北京展出。绘制的宣传土地改革、抗美援朝、发展生产、贯彻新婚姻法等作品在群众中进行广泛宣传，创作的一批国画作品参加各类展览。创办的《川北画报》为作者提供习作园地。街头宣传画、图片展览成为中心工作的有力助手。南充市、广元、宣汉、射洪、遂宁等县市制作的街头宣传画达2000幅以上。川北美术社创作了连环画《一年到头》《良心》《互助状元郑国友》等。是年国庆，南充市美术工作者合作创作出巨幅油画《毛主席》，油画高3丈，宽2丈。川北军区文工团、川北行署文工团、青年文工团创作演出《腰鼓舞》《军鞋舞》《小马车舞》以及大型歌舞《川北歌舞》。川北区流行曲艺有清音、车灯、连箫、盘子、评书、故事、方言、相声、谐剧、双簧、口技、对口词、三句半、快板、金钱板、荷叶、莲花落、花鼓、洋琴等20多种。艺术水平较高的是金钱板、评书。

川北人民图书馆　川北人民图书馆位于南充市大北街138号。1951年，对图书馆进行了改建。1952年1月13日，在科普协会开辟阅览室，陈列通俗读物及报章杂志。4月2日，接收南充市大北街房舍。5月27日，书库培修完成，图书馆迁入新址。1952年8月1日开馆，馆舍面积5000多平方米。建馆之初，设采编、阅览部。阅览部中设通俗读物、儿童读物、文艺、报纸杂志和研究等5个阅览室。开馆时有新书9058种，计1.33万册。报纸20种，杂志77种。有旧书2.96万册。接收南充市文化馆图书731部8496册，接受川北博物馆1271部1.21万册。接受私人捐赠图书，计有：卢子鹤捐赠186部共1563册，王恩阳捐赠龟山书院藏书77部2288册，石体元捐赠1500册，伍非百捐赠书约3000册。1952年8月1日开馆到月底，阅览人数达1.15万人，平均每天450人，其中学生占75%。同时，南充两所大学、10多户企业和数十所中学设有图书馆、室。

电影　1950年年初，川北区只有南充育群电影院和遂宁人民电影院两所电影院，都是私人合股经营。是年12月，西南军政委员会文教部组建西南文教系统巡回电影总队川北大队，下设两个放映小队，在农村巡回放映。在24县放映179场，观众达87.07万人。1952年8月，川北区电影院增加到4个。其中南充有人民影剧场和川北人民大礼堂。人民影剧场放映中华人民共和国成立前后的国产故事片、新闻纪录片和译制的苏联影片。川北人民大礼堂是南充专区首家国办影院。影院内有木制长条座椅500多把，堂座1700多个，楼座700多个。巡回电影总队川北大队放映小队从2个增至4个。1952年1月到8月，4个队在南充、达县、剑阁、遂宁4个专区21个县176个乡放电影349场，所有巡回放映均免费。观众达212.17万人，其中农民150多万人。

【新闻出版】　1950年10月，成立川北行署新闻出版处，负责管理川北区的新闻出版工作，各专区和县市的新闻出版工作由同级的宣传部和同级文教科管理。是月，南充市设立川北区第一个无线电收音站，成立新华书店川北分店，《川北日报》创刊发行。10月，成立川北人民出版社。1952年5月1日，建立川北广播电台。至1952年8月，全区先后建立收音站40个。川北区及各专区、县还办小报30余种。出版抗美援朝、时事通俗读物、有关婚姻法、文教图书等共计184种，新华书店发行各类书、刊2472.8万册。

有线广播　1950年3月，胡耀邦指示：川北是革命老根据地，要尽快建立川北人民广播电台，更迅速地传达党和人民政府的法令。1951年年初，川北行署拨出筹建专款，并从新闻机关、文化部门和转业干部中调集编播、技术和行政人员20多人，筹建川北人民广播电台。9月，在莲花池畔川北行署机关院内选定台址，并着手兴建编播大楼和发射房，1952年初竣工。编播大楼有大、中、小播音室、增音室及办公室等，面积共700平方米。发射机房约200米，建在中共川北区委机关内，面积80平方米。2月，向西南广播器材厂订购1kW中波发射机1台，收音机2台，10W增音机2台，同时架设30米高的T型发射天线，装修大演播室和中小播音室。2月21日开始试机播音。试播全部采用唱片，时播时断，时间不定。5月1日，川北广播电台正式建立。全台有工作人员35人。其中编播人员18人，技术和行政人员17人。

川北人民广播电台每天从20：15到22：50播音，计2小时35分。以《歌唱祖国》为开始曲，使用波长240米，频率1250千赫。主要节目有新闻、评论、通讯、报纸摘要、黑板报材料、记录新闻和两次文艺节目等。此外，还转播中央人民广播电台和西南人民广播电台的新闻联播节目。当时开展的增产节约、互助合作等运动，成为广播宣传的突出任务。1952年5月，川北区开展“万户千组一百乡的农业增产创模运动”。5月11日，胡耀邦以此为题的讲话在川北人民广播电台播出。射洪县收音站的收音员把干电池收音机背至县邮电局，通过农村电话线将胡耀邦的广播讲话传至区乡，让各地干部用电话收听。之后，川北人民广播电台连续报道了全区生产旗帜之一的刘耀光互助组，胡文全互助组，宣传获得全国和西南区丰产模范称号的谭椿萱、李千钟、陈茂森等人的先进事迹。对走在互助合作前列的梁经元互助组，推行联组互助的开江县永兴区农民，解决剩余劳力出路的达县蒲银洲互助组等作了重要报道。1952年“八一”建军节播送了川北行署副主任刘聚奎慰问烈军属、革命荣誉军人等的讲话。报道了朱德总司令故乡——仪陇县马鞍乡人民庆祝建军节的活动。宣传了革命老根据地人民组织生产、发展经济等成绩。南充专区和遂宁、达县、剑阁的部分县区收听情况良好的约占60%，一般边远收听情况较差的约占30%，偏僻大山区收听不清或听不到的约占10%。川北人民广播电台建立后，除自办节目外，还负责全区收音站的管理。川北人民广播电台联络组每星期一办有《各县收音站联络节目》。1952年9月，川北人民广播电台停播。

无线广播　1950年3月中旬，中共川北区委宣传部发给南充市苏制九灯收音机、100瓦扩大机、750瓦发电机、电唱机各一部，25瓦高音喇叭4只、话筒2个，建立了川北区第一个收音站。中共南充市委抽调宣传部干事任专职收音员，在市内主要街道安装4只高音喇叭，播放收音机收到的消息。从3月下旬开始，每天早、中、晚三次向群众收转中央和西南人民广播电台的节目，晚上11点以后收抄中央人民广播电台的记录新闻，为市区各宣传站、驻市各单位办黑板报提供资料。1950年9月5日，西南军政委员会发布关于建立西南区广播收音网的指示。10月，三台县接管民众教育馆4台收音机建立收音网络。

1951年3月初，中共南充地委宣传部建立南充专区收音站。4月，川北行署决定各县建立收音站，由川北行署文教厅领导管理。其时，南充专区各县已全部建立收音站，分别归各县宣传部领导。各专县有的收音机由川北行署文教厅配发，有的则是接管本地民众教育馆的收音机。7月，收音站工作划交川北行署新闻出版处领导管理。川北区新闻出版处在业务上主要通过每月的工作总结进行指导，在《川北日报》以“小报巡礼”的方式选载一些稿件。到1951年8月，全区有收音机93架，其中收音站6架，各机关、团体、学校27架。从分布情况看，南充专区32架，遂宁专区35架，达县专区12架，剑阁专区16架。但收音机大都因年龄老化，部分零件损坏而不能用，故在遂宁、达县建有两个收音设备维修站。至1952年8月，全区先后建立收音站40个，有收音员66人。全区收音站还自办《收音消息》《广播新闻》《新闻简报》等油印小报12种，拥有读者47万多人。主要登载当天收音内容稿文，经费由各县委负责。小报最多发行500多份，最少发行100多份。有29个收音站自办或配合文化馆，为其黑板报供给稿子6042块。有19个收音站采用话筒办了屋顶广播2463处。

《川北日报》 1950年初，胡耀邦在赴川北前，就已着手《川北日报》的筹办。他从第十八兵团商调新华社驻兵团分社社长袁毓明负责筹办，又在兵团政治部办新闻训练班，培养了30多名学员作为采编骨干，还调拨印刷机，随他一同来到川北。

《川北日报》是中共川北区委员会机关报。1950年3月22日创刊。由中共川北区委宣传部副部长张永青兼任社长。报社设编辑部和经理部。初为对开单面两版，后改为对开4版。办报宗旨是宣传党的路线、方针、政策，介绍国内外大事。编辑部有30多人，分时事、农村、财经等小组。《川北日报》除刊登新闻消息、专题讨论外，专门开辟《编读园地》，每期选定一个中心，配合“小言论”指导，组织各种批评和自我批评稿件。还在一、二版展开较大事件的批评和自我批评。同时，还办有川北青年、川北土产、川北文艺、川北工人、文化简讯、新说唱、文教通讯等专栏和副刊。初期发行量为6000余份，后逐步上升到2.9万余份，最多时达4.5万份。

胡耀邦要求报纸密切配合各个时期的中心工作，全面、准确地宣传报道群众的首创精神和英雄事迹。胡耀邦经常为报纸出社论题目，自己也动手撰写社论。胡耀邦审阅大样时看得极细，从政策提法到文字差错，从不放过。甚至连报纸印刷质量方面的问题要求也很严格。1950年10月，胡耀邦专门给报社写了一封信，具体详尽地指出了存在的问题：

——我们的错字、倒字、歪字往往比别的报纸多，往往还排得零乱；

——我们的拼版，很少端正过，线条往往是歪的，特别是这两天的报，歪得不像样了；

——我们有些新添的字体很难看；

——我们的油墨常常没有调好，多半太浓，有时则是漆黑一块；

——我们的报，常常是把字印得凹进报纸里去，常常有些字又没有印出来；

——我们的报纸十张总有好几张没有弄平而印重叠了的。

在列举了这些问题之后，胡耀邦接着写道：我这样提出问题来，根本不是想批评你们，而是想和你们大家一起商讨，能否把报纸（书籍、刊物也一样）印得更好？要如何才能印得更好？还有一些什么问题，有些什么具体困难要解决？这些，我都希望你们一件一件地告诉我，我愿意和你们一道来解决这些问题。

1952年10月2日，《川北日报》终刊。

《川北农民》报 1950年10月1日创刊，8开4版，3日刊。行政管理和经济开支由川北日报社统一办理。主要栏目有天下大事、政策法令讲话、农村消息、农民呼声、老解放区介绍、问题解答、工作经验、科学常识等。坚持小报小办，文章短小精悍，每稿不超过500字，内容符合农村实际，通俗易懂。初期发行量13.7万份，最高达27万份。1952年9月30日，《川北农民》报终刊。

《川北工人报》 1951年5月1日创刊，川北区总工会机关报。初为4开4版，周刊，后为3日刊，8开4版。初期发行3000份，1952年发行量达到1万余份。1952年9月终刊。

其他报刊 川北区除以上3个大报以外，1950年10月川北行署文教厅办起《川北文教》，川北行署新闻出版处、川北大学、川北美术协会等又创办数种期刊。各专区及县、市自办各种报纸20余种：

《川北文教》。川北行署文教厅主办。1950年10月1日创刊，16开本。主要栏目有“文艺创作”“教育调查报告”“文教通讯”“文教批评”“教材教学研究”“外国经验介绍”“新文化教育”等。每期发行2000份。共出版5期，1952年2月停刊。

《川北大众》。川北行署新闻出版处主办。1951年5月1日创刊，32开本，初为月刊，从第3期起改为半月刊。7月，将川北文联筹委会主编的《新说唱》半月刊并入。共出版32期，辟有“人民评论”“工农兵写作”“常识”“川北英雄传”“好人介绍”“连环画”“新课堂”“劳动模范榜”“批评表扬”“小辞典”“大众游戏”“问题解答”等栏目。发行量初期约5000份，从十七期增加到4万份。1952年9月迁成都，更名《四川大众》。

《川北画报》。川北美术协会主办。1951年4月1日创刊，4开2版，不定期。1951年5月，改由川北区美术工作者协会主办，为月刊。1952年10月停刊。共计发行3000份。

《宣传手册》。中共川北区委编印。从1951年1月开始出版，半月刊。到12月底出版发行24期，每期发行1.3万份，后发展到2万册。

《文艺战线》。川北大学主办。只出了创刊号，随即停刊。

《南充专区报》。中共南充地委机关报。1952年1月1日创刊，8开2版，3日刊。1952年9月终刊。

《抗美援朝小报》。1951年8月4日创刊。4日刊，6开1单张。中共西充县委宣传部及抗美援朝分会主办。每期发行700份。

《抗美援朝小报》。1951年7月创刊，中共南部县委宣传部主办。发行数量1100份。

《岳池小报》。1951年10月15创刊，中共岳池县委主办。3日刊。每期800份。

《新闻简报》。1951年5月30日创刊，蓬安县文化馆主办。3日刊。纪念日另出专刊。8开1版。发行量480份。

《蓬安小报》。1951年8月19日创刊，中共蓬安县委宣传部主办。3日刊。纪念日另出专刊。8开2版。发行量1120份。

《社教小刊》。1951年6月15日创刊，仪陇县文化馆主办。3日刊。8开1版。发行量100份。

《剑门报》。中共剑阁地委机关报，最初定名为《广剑报》。1951年10月，以内部刊物《群运》发行油印小报，每3日出刊。共出35期。1952年4月试刊，5月11日创刊，先为4开4版5日刊，后改为8开4版3日刊。初期每月发行2.31万份，到1952年8月，每月发行4.98万份。

《广元快报》。1951年11月创刊，不定期刊。发行数量360至400张。

《阆中工作》。1950年10月1日创刊。中共阆中县委宣传部主办。四开，每期发行2000份。

《土地快报》。1951年6月1日创刊，蓬溪县土地改革委员会主办。2日刊6开油印。每期发行700份。

《射洪通讯》。1950年9月创刊，中共射洪县委宣传部主办。2日刊，发行量530份。

《盐亭工作》。1950年12月1日创刊，内部刊物，盐亭县农民协会工作团主编出版。每期发行500份。

《大众报》。中共绵阳地委宣传部主办。1951年5月4日创刊，8开2版，石印、周刊，以后改为5日刊、3日刊。1952年6月终刊。开始发行4000余份，后来增至1.5万份，发行至全专区各个乡村。

《平武工作报》。月3刊。

《旺苍通讯》。不定期发刊。

《平昌小报》。1950年12月创刊，不定期刊。

《平昌通讯》。1951年6月创刊，5日刊。

《通江小报》。1951年2月1日创刊。共发34期。发行400份。

《通川报》。中共达县地委机关报。1951年创刊。每期发行1.1万份。

《广播报》。青年团宣汉县委主办，1951年6月27日创刊。

川北人民出版社 1951年10月成立。川北行署新闻出版处处长袁毓明兼任社长。至1952年8月，川北人民出版社出版文艺书籍145种，63.9万册，出版领袖像1.68万张。刻印通俗读物、唱本等23种计34.93万册，《农民三字经》发行27万册；《抗美援朝时事通俗读物》45种。出版土地改革有关图书22种，有关婚姻法图书17种，文教图书10种，生产建设图书17种，其他50种，共计184种，印行185.9万册。1952年10月，并入四川人民出版社。

新华书店川北分店　1950年1月中旬，中共川北区委决定筹建新华书店川北分店。3月8日，新华书店川北分店正式成立。受中共川北区委宣传部、川北行署新闻出版处和新华书店西南总分店领导。川北分店建立之初，只调进2名干部和接收10名学生，后增加到156人（含支店70人）。1952年8月，全区4个专区35个县共建立7个支店，28个县建立人民书店，公私同业89家。其中南充市建立20多个代销处，业余发行员110多人。

新华书店川北分店正式成立后，在南充市模范街设立门市部，面积100平方米。零售发行图书、报刊兼对同业批发。其他各县书店多是改建和利用旧房经营图书。农村图书发行则由群众投资入股组建人民书店，在乡镇发展代销店、个体书摊，大的乡镇所在地建立固定发行点。川北分店在城市和农村建立书店门市部和代销点的同时，还组建流动服务队，书店人员轮流参加流动售书。对集体、个体书摊、书贩、邮局、公私合营的合作社等进行图书批发业务。流动队负责到机关、团体联系，将需要购的书进行登记，送书上门。是年，批发图书占零售图书的三分之一。三台县报纸书刊发行委员会在14个区供销社试办书刊推销站，南部县联社在少数基层社试办图书发行。各地供销社成立后，在农村销售图书，地、县书店负责图书二级批发业务，农村供销社成了图书批发的重点。

新华书店川北分店统一发行人民教育出版社重编和修订的中、小学课本。在大学设有书亭，负责图书征订和供应，以高等教育出版社的教材为主。至1952年8月，新华书店川北分店发行各类书刊2472.8万册，收入327.1万元。其中普通书刊40.61万册，工人课本56.89万册，农民课本183.34万册，大中小学教科书385.49万册，抗美援朝书刊36.82万册。1952年9月，新华书店川北分店被撤销。

木刻书业　1950年，川北区有经营木刻印书业的书铺、书局、书店、书坊、书社或斋、堂43家，从业人员200多人。川北新闻出版处成立以后，对木刻印书业进行登记，发证，组织联营，保障合法经营。1951年，木刻印书业共出版发行新书30多种，170万册。在当时国营出版印刷业尚未建立之时，木刻印书业发挥了很重要的作用。以《农民三字经》为例，川北人民出版社只出版了27万册，而木刻版达80余万册。

川北较出名的木刻店坊有海清木刻书坊、青云楼五福堂书坊、博古斋等。

海清木刻书坊。1950年，雇刻印工数名，刻印《百家姓》《三字经》《千字文》《声律启蒙》《四书》《五经》《史记》《唐诗》《宋词》《黄帝内经》、字帖星相、皇历等书籍近110种，刻字工整，印刷清楚，深受读者欢迎，行销阆中、仪陇、苍溪、通江、南江、甘肃兰州等地。1951年并入图书联营社。

青云楼五福堂书坊。1950年，书坊有铺房十余间，师徒23人，除刻印《四书》《五经》《史记》《汉书》《资治通鉴》《本草纲目》《黄帝内经》等书外，还刻印国文课本和女子学校课本，内、外、儿、妇等各科医药书籍。刻印的《十二书法真迹帖》很受欢迎。1951年，营山县把《农民三字经》《农民认字课本》交青云楼刻印、销，配合农村扫盲。后木刻书销售渐减，书坊改行，徒弟组建文印社。

博古斋。1950年，有铺面一间，自己印刷、销售。刻印《三字经》《女儿经》《百家姓》《增广贤文》《历书》《春牛图书》等。后来请有1至2名刻字工和7至8名临时工，自刻、自印、自销医学书、民间故事、戏曲唱本、幼儿启蒙书、认字课本等，还与蓬溪、西充、南部、阆中、苍溪、仪陇、蓬安、巴中等地同行、书商建立了购销关系。1951年，与人组成联营社，继续印销木刻书，印销过《农民认字课本》《农民三字经》《婚姻法通俗解本》和宣传婚姻法唱本。

民营书店　1950年，南充有49家民营书店，经营木刻、石印和铅印图书。有的与新华书店建立关系，代销图书、年画。

川北主要民营书店有肇新书局、鸿印阁、友善书局、行知书店、嘉陵文化书店等。

肇新书局。1949年10月后，改为大众文化商店。1950年8月后，与阆中新华书店保持图书代销关系。1952年停业。

鸿印阁。1950年后，既卖书，又木刻兼印刷，同时出售字帖、字词典、医学书等，更名为集文书店，开始出售中、小学课本。随着业务扩大，成为南部县最大的一家书店。1951年，停办印刷业务，敬集之夫妇继续经营图书。

友善书局。南充大书店之一，川北解放后，继续经营图书、文具，并与新华书店建立批销关系。

行知书店。1950年3月，社会青年杨道乙、李永燕等在阆中县城东门口新市场开办行知书店，并在楼上设置行知书报阅览室。由店内同仁各献出家中所藏部分图书，并在出售的新书中提出1至2本充实阅览室，让买不到书和无钱买书的读者阅览，室内经常座无虚席。所售《新民主主义论》《改造我们的学习》《社会发展简史》《中国四大家族》等书籍很受欢迎。8月，与阆中新华书店建立批销关系，并代销中、小学教科书和大量发行《农民认字课本》等农村扫盲教材。杨、李参加工作后，书店由田恩钦经营，改名为新知书店，继续与新华书店保持批销关系并经营文化用品。

嘉陵文化书店。1949年12月，书店大量发行《中国人民解放军布告》《共同纲领》《义勇军进行曲》等，并从新华书店批进新书销售。1952年停业。

【教育】　川北解放前，教育事业十分落后。解放初期，中共川北区委、川北行署对各地人民政府对学校进行接管接收，在进行征粮剿匪、减租退押、清匪反霸、土地改革、“三反”“五反”、恢复和发展国民经济的同时，对教育事业也十分关心，制定了恢复和发展川北教育事业的方针。川北行署文教厅对各类学校分别进行清理、整顿、改造，中等学校教师全部留用，恢复各城镇的民众教育馆，发展幼儿教育，大批劳动人民子女入学读书。同时，川北行署十分重视民族地区教育的建设和发展，川北行署文教厅专门印发了《关于初步发展本区少数民族基层教育的意见》。

1950年4月，川北区首届学生代表会召开，会议号召全区学生努力学习，树立革命的人生观，使自己成为建设新中国的有用人才。会议通过《川北学生运动的当前任务》。会后，各学校先后建立了学生会，成立了川北区学生联合会。6月，在川北区首届第一次各界人民代表大会上，通过了《川北区当前施政方针》，其中对文教事业提出了“组织起来，学习文化”的口号，制订了发展教育事业的方针。会后，中共川北区委制定了《川北区1950年8月至1951年4月社会教育实施计划》。胡耀邦要求中共川北区委宣传部与川北行署文教厅密切配合，抓好教育工作。要求团川北区工委与川北行署文教厅互通情报，解决实际工作中的问题。7月，私立川北大学（校址三台县）与私立川北文学院（校址南充市）合并，组建了川北区唯一的一所大学——公立川北大学，学校从三台搬迁到南充，开始招收由各地政府推荐并证明具有高中或同等学历的工农青年。9月，全区各地热烈响应中共川北区委关于建立正规的机关干部业余文化补习学校的号召，各行各业成立了业余文化补习学校。1951年2月23日至3月2日，川北区首届工农教育会议召开，会议制订了川北区工农教育方针。在各级政府配合下，川北区城乡业余教育蓬勃兴起，全区各地建起了夜校、识字班、读报组等。是月，川北行署第十五次文教会议召开，成立川北区职工业余教育委员会，领导川北区职工业余教育工作。

1952年，中共川北区委利用寒暑假，对大中小学教师采取分期分批集中学习的办法，进行思想改造，批判教师队伍中存在的封建主义、官僚资产阶级和小资产阶级思想，树立为人民教育事业服务的思想。为了提高教师的专业水平，各地还举办培训班，组织经验交流会，探讨新的教学方法，提高教师的业务水平。

至1952年8月，川北区教育事业得到迅速恢复和发展。小学发展到l7845所，其中民族小学22所，小学总数比1950年增长2.25倍；教师3.73万人，增长2.66倍；学生148万多人，其中少数民族学生1326人，学生总人数增长3.58倍。中等学校达到76所、师范学校l0所、技校6所。普通高校从无到有，开办大学l所。群众文化教育迅速发展，全区办有夜校3.76万个班，识字站8923处，2.53万个识字组，5.23万个读报小组，有教师10.92万人，学生372.89万人。

幼儿教育　1950年，川北区共有幼稚园10所，主要分布在南充市，入园幼儿919人。是年，中共川北区委组织部、川北区妇联、川北行署财政厅、川北行署民政厅联合在南充市吉庆巷开办川北实验保育院，主要招收干部子女。至1952年8月，川北区有幼稚园13所，连同完小附设幼儿班共计252个班，入学幼儿2136人，教养员319人；设有试验初小幼稚园1所，幼儿220人，教养员11人。全区幼儿教育执行《川北幼稚园教育暂行实施规定（草案)》，幼稚园大班课程有卫生检查，韵律活动，数数、跳舞、看图识字、常识、手工、图画、故事、唱歌、游戏、体操、写字等，每周总计教学时间为810分钟；小班的课目有卫生检查、表情唱歌、游戏、故事、儿歌、韵律活动、学讲话或识物等。

初等教育　1950年1月，川北区有小学7924所。教员1.43万人，学生41.35万人。1950年底，小学增加到7805所，教员1.67万人，学生49.44万人。

中共川北区委、川北行署十分重视民族地区小学的建设和发展。1950年，川北行署文教厅印发的《关于初步发展本区少数民族基层教育的意见》提出：当地学龄儿童不分族别一律有平等上学的机会，少数民族学生得享受优先权；民族学校不分完小、初小一律公办，优先享受各项待遇；应大力帮助有条件的民族小学的发展；民族聚居区的民族小学，如藏区诸校及盐亭双牌第八村小学，虽为当地唯一小学，其校长人选仍以少数民族充任，不另设副职等9条意见。

1950年8月，川北行署文教厅按照《西南区小学教育暂行实施办法》规定，初小设国语、算术、珠算、常识、体育、唱歌、图画、手工8科。高小增加历史、地理、政治常识，并改常识为自然、卫生两科，共设12科。低年级每周授课22课时，中年级每周25课时，高年级每周31课时。学制上，小学仍沿用六年“四二制”（初小四年高小二年)。1951年，南充市在少数小学试行五年一贯制。

1951年下半年，土地改革基本完成，对私塾学校进行逐步改造，小学发展到1.69万所，教员3.12万人，学生128.86万人。1952年5月，民办初小一律收归公办，全区小学发展到1.78万所，其中完小955所，中心初小629所，村小16224所，教员3.54万人，学生154.99万人。至l952年8月，小学发展到l7823所，教师3.73万人，学生148万多人。与1950年相比，学校增长2.25倍，教师增长2.66倍，学生增长3.58倍。学龄儿童入学率为36.48%。全区有阆中清真完小、广元伊斯兰完小、南充民族完小、武胜清真完小4所，民族初小12所，少数民族学生1326人。

中等教育　1949年12月，川北区有中等教育学校145所，其中，私立普通高中119所，师范学校18所，私立职业技校8所，教职员工2312人，学生3.2万人。其中南充县城有中学7所（其中公办

3所），职业中学2所（私立1所）。

川北解放后，各级人民政府对中等教育学校进行接管接收。1950年1月21日，四川省南充高级中学由南充军管会接管，接管后与私立建华中学合并，改校名为“川北公立南充高级中学校”，校址从莲池畔迁至三圣街建华中学校址。2月，省立南充思凡学校改名川北公立南充高级师范学校。同年，省立南充高级蚕丝职业学校与私立育才高级职业学校合并，成立川北公立南充高级职业学校。经过调整合并，1950年上半年减少为108所，有教职员工1777人，学生1.85万人，教职员工减少约四分之一，学生数减少了43%。下半年，减为94所，有教职员1838人，学生2.85万人。1951年上半年，川北区有中等教育学校91所。其中公立69所，私立22所。91所中等教育学校中，中等技术学校6所，占学校总数的6.6%，共计50个班，分土木、水利、蚕桑、制丝、纺织，畜牧，兽医、森林、农艺、园艺、护士等，教职员2019人，学生2.49万人。1951年下半年，阆中私立德启高级护士职业学校和遂宁博济医院助产班合并，成立西南区川北医士学校，迁入南充市，开设有护士科、助产科。

1952年8月，川北区中等教育学校有92所，其中公立普通中学54所，师范中专10所，技校6所，私立普通中学22所，共计806个班，有教职员2487人，学生3.07万人。在课程设置上，中学开设政治、常识、国语、数学、历史、地理、物理、化学、生物、体育、音乐、美术工艺、外国语（初中为习字）等课。学制为初、高中各3年。

普通高等教育　1950年2月，胡耀邦到川北不久，就指示：“一定要在川北区办一所全国一流大学。”7月15日，川北行署文教厅厅长贾子群在两个学校召开师生员工大会上，宣布私立川北大学（校址三台县）与川北文学院（校址南充市）合并，组建公立川北大学。会上，贾子群传达了胡耀邦关于两校合并的三点要求：一、亲密地、紧紧地团结起来；二、不看牌子看货色；三、对川北大学及文学院师生同等看待，学生一律参加甄别考试。8月，学校从三台县搬迁到南充市，校址设南充市小西街。开始招收由各地政府推荐并证明具有高中或同等学历的工农青年。9月24日，川北大学开学。学校设中国文学、哲学历史、企业管理、农艺、农业经济、水利工程、土木工程、化学工程、数学物理9个系，各系成立教学小组。每周授课不超过17个小时。为了加强和充实川北大学的领导，在当时干部力量十分缺乏的情况下，在中共川北区委和川北行署机关中抽调了一批得力干部担任学校各级领导。在学校行政领导和教师中，有川北行署委员会委员5人，川北区政治协商委员会委员5人。1952年9月，全国高等学校院系调整，川北大学撤销，成立四川师范学院。四川师范学院设置中文、历史、数学、物理4个四年制本科；中文、史地、物理、数学、化学5个两年制专科以及理化、数学两个一年制专业点。

成人教育　1950年年初，川北工农教育逐步发展。各地先后恢复城镇民众教育馆（后改为文化馆），乡村办文化站，工厂办工人夜校，街道办市民夜校和识字班（组）。

1950年9月21日，中共川北区委机关成立干部业余文化补习学校。23日，粮食、土产、百货3个部门分别举办在职干部补习学校。川北行署机关、川北行署商业厅、中国人民银行川北分行、川北行署税务局、川北行署卫生厅、川北行署财政厅、川北行署粮食局先后开办干部业余文化补习学校、工农干部补习学校、卫生干部训练班、财经干部训练班等。川北行署公安厅开办公安学校。10月12日，区内中等专业学校和普通中学开办工人业余文化学习班，学生共1100多人。与此同时，各地农民也掀起学习文化热潮。1951年2月23日至3月2日，川北行署文教厅和川北区总工会、川北区农民协会、川北区财委会等6个单位联合召开川北区首届工农教育会议，300多名代表、183名模范教师、64名学习模范参加会议，会议主要研究了工农群众文化教育工作。南充市舞凤乡燕儿窝初小，对群众进行阶级教育与家庭访问，开座谈会，成立劝学组等方式，动员群众入学。安岳县永清乡完小与农民协会密切联系，依靠农民协会扩大宣传，动员农民参加文化学习。乐至县中天乡采用形音互助对照识字法、岩头识字牌、小先生卡片等形式，开展识字教学。中江县采用土幻灯教学。达县、巴中采用彩色识字牌、填红识字等办法教学。

1952年，川北区制发《关于开展工农业余教育暂行实施办法》《川北区各县职工业余教育委员会组织条例》《川北区工农业余教育奖模暂行实施办法》等文件。各县成立工农业余教育委员会。7月，全区建起识字班、工农业余夜校1.8万多所，有学员134万人。9月4日，川北行署召开第15次文教会议，决定由川北行署文教厅、川北行署工业厅、川北行署劳动局和团川北区工委、川北区总工会、川北区民主妇联、川北区文联等7个单位联合成立川北区职工业余教育委员会，领导川北区职工业余文化教育工作。

1952年，川北区推广《速成识字法》，参加成人小学学习者61.8万人。办工人业余学校28896所，学员240多万人，办农民夜校74799所，学员360多万人。8月，川北行署文教厅、川北区总工会联合开办川北区速成识字班基干教员训练班，参加人员366人（各专区和各县文教干部33人、文化馆干部156人、职工教员25人、农民教师72人、工会干部80人）。学习时间12天。训练班上，川北行署文教厅提出“充分发动群众，热烈展开文化大翻身运动，大力推行速成识字班，坚决完成各县扫盲计划”的口号。速成识字班基干教员训练班结束后，全区办有夜校3.76万个班、识字站8923处、识字组25340个、读报小组5.23万个。有教师10.92万人，学生372.89万人。其中，南充市文化馆办有夜校91所，258个班，教师798人，学生1.28万人；遂宁办有夜校51所，159个班，教师457人，学生9263人。

川北人民革命大学　1950年1月，川北人民革命大学成立，胡耀邦兼任校长。2月25日，川北人民革命大学开学。4月，川北人民革命大学更名为西南人民革命大学川北分校。5月，招收新生1000人。至1952年9月，共办7期培训班，培训学员1万人。

招生　1950年后，初级小学招生，由教师调查登记，学龄儿童都可入学。高小入学要进行招生考试，考试科目为语文、算术两科。普通中学招生由川北行署文教厅统一下达计划，各县市统一组织招生考试。初中招生考试的科目为语文、算术两科，有的加试自然常识。高中招生考试的科目为政治、语文、数学、理化、史地，有时加试外语。初中升高中比例为20%~30%。1952年，高校招生考试科目为政治常识、语文、外语、史地、数学、物理、化学、生物。报考体育、音乐、美术等专业的考生，还要加试专业科目。

教师　1950年初，川北各地人民政府对各类学校分别进行清理、整顿、改造，教师由教育行政部门统一分配。各类学校复课后，中小学课外活动过多。团川北区工委针对这一情况，给川北行署写了一份调查报告。胡耀邦看后，立即作出批示：“这是一份非常生动、非常深刻的报告，值得用好纸、大字印出来，发给中共各级宣传部长、政府各级文教科长、青年团负责人、文联学联各级负责人和中学校长细读，并展开讨论。”根据胡耀邦的指示精神，川北行署文教厅规定，小学一律不进行“三反”。教师政治学习每周讨论会不得超过两次，每次不得超过两小时；星期日为老师休息时间，均不得召开会议。

针对部分中小学教师任免频繁，不利于教师队伍稳定的问题，川北行署规定：教员的任免，必须依照人事制度，事前经过县长批准，报专署、行署备案，临时调用必须经县、市文教科批准，防止产生混乱现象。针对一些地方干部轻视、侮辱教师的问题，川北行署指示：各级人民政府应关心教师的进步，照顾他们的实际困难。区、乡人民政府的某些会议，可吸收优秀教师参加。严禁一切轻视、侮辱教师的事件发生。

1951年年初，川北区教育工会成立，川北各中学亦相继建立教育工会。教师被列入国家干部编制。1951年9月10日，川北行署文教厅印发了《川北区各公私立中等学校人员设置标准表（修正草案）》，对中学、师范人员配备作出规定，初中12班及以下设专任教员，平均每班1人，职员、工友每班平均0.5人。12班至24班规模，专任教员任课周18节至20节。高中人员配备大致与初中同，专任教师每班1.3人，专任教师任课周平均16节至18节。

1952年2月至3月，中共川北区委在寒假中集中全区大、中学教职员进行思想改造与清理组织。中共川北区委领导在集中学习动员报告中着重阐明了共产党对知识分子的政策，知识分子进行思想改造的极端重要性和目的、方法、工作步骤。要求全区大、中学教职员在思想改造中要分清敌我，批判帝国主义、封建主义、官僚资产阶级的思想。勉励一切有民族思想、爱国思想的知识分子，要进一步站到人民的立场上来，进一步站到无产阶级的立场上来。参加集中学习的教职员广泛发扬民主，开展批判与自我批判，认真进行个人思想检查。在组织清理工作中，中共川北区委采取依靠群众，调查研究，思想瓦解，领导劝说的方式，进行组织清理，开展忠诚老实运动。同时，全区各小学利用暑假、寒假，由各地委负责，分两期对教师进行集训，每期一个半月时间。7月22日，中共川北区委发出《关于各地集训小学教师必须反复交待政策的几点意见》，要求各地在暑假小学教师集训中应以提高思想的方法，解决小学教师中存在的问题。坚持“启发自觉，不追不逼”的原则。南充、遂宁、达县、剑阁4个专区集中川北区完小教师12008人，在各专区驻地城市分别进行集训。集训工作结束前，各县建立了小学教师联合会，有的完小在小学校中建立起中共基层组织。至1952年8月，川北区各级党政负责人经常到学校指导教师学习马列主义和毛泽东思想，提高教师的政治水平。同时，各地还举办培训班，组织教学经验交流会，提高教师的专业水平。南充、遂宁、达县、剑阁等专区的800多名中学教师参加了川北区中等教师研究班，探讨新的教学方法。此外，川北行署文教厅还委托南充师范学校开办文科班，吸收从师范毕业的学生和社会上失业的中小学教师参加学习，解决各地师资不足的困难。

教育经费　1950年后，教育部门办学由国家财政拨款，同时，地方财政筹集部分。厂矿和其他部门办学，经费由办学单位解决。民办学校经费除自筹外，政府适当补助。各类学校教育经费实行三级管理。中小学和幼稚园按规定征收学杂费，师范学校免收。家庭经济困难的学生可减免学杂费，减免金额为应收总额的15%至20%，人数为学生总人数的20%至25%。普通教育事业经费支出分为人员经费和公用经费两大部类，支出以人民币计算。

教学设备　图书　1950年后，教学仪器由川北行署文教厅统一分配，不足部分由学校根据实际需要自行购买，在设备费内开支。图书购置费列有专款，各校陆续购买。1952年，全区小学有图书3万册，人均图书0.28册。中学有图书86.4万册，人均图书2.28册。中等师范学校有图书12.70万册，人均图书31.82册。多数区、乡中学图书数量少，且无专门图书室。一般中学仅有4000册至5000册，小学校则更少。

教育管理　1950年2月，成立川北行署文教处。7月，在川北行署文教处基础上，成立川北行署文教厅。厅内设秘书室、行政科、中教科、初教科、文化科、视导室。各专署设教育科，科下设若干股。10月，各专署教育科改为文教科。

川北区县（市）所办幼稚园，由县（市）教育行政部门决定。群众所办幼稚园，分别由区、乡、村、街道决定，报请县（市）教育行政部门备案。机关、团体、学校、公营企业所办的幼稚园，由各该设立者报请上级核准，并报所在县（市）教育行政部门备案。幼稚园设院长1人，每班设教养员2人，保育员、医务员、清洁工人、厨师等若干人。

完小、初小一律由县市人民政府统一领导。县立高级小学设校长、教导主任、事务主任各1人。初级小学只设主任教师，4个班以上设校长。学校实行校务委员会制，以校长为首，由全体职工或代表参加校务委员会，统一领导全校工作。小学实行校长制。设校长1人，负责领导全校工作。班数在5个班以上，设教导主任1人。学籍管理基本沿用旧制。

中学统一归各专署领导。重点中学由区、地、县共同领导管理。各中学及师范、技校，设校长1人，管理教务并担任教学，其时间不少于专任教师时间最低限度的二分之一。设有教导主任、总务主任及教职员代表及学生代表组成教务委员会，校长任主任委员，实行民主集中管理的领导体制。1951年8月，川北行署发出《川北区中等学校行政领导关系的决定》，规定川北行署文教厅是全区中等学校行政业务的统一领导机关。

【体育】 川北区的体育运动从解放军驻军部队发起。社会体育活动从南充市逐渐向其他专区发展。在发展与推广群众性体育运动中，各级团委、文教科、工会起到主导作用。中国新民主主义青年团川北区工委设立军事体育部，配有专职体育干部，各专区及市、县团工委配备兼职人员，负责体育工作。1950年7月，成立川北区体育工作者协会，将以学校体育教师为主的各界体育人才组织起来，并在学校施行体育教学改革。1951年4月，在南充市举行川北军区首届运动会，参加的运动员有1800多名，比赛项目数十个。5月，颜昌硕参加西南军区“五一”运动会，以1.74米破民国33年（1944年）重庆全国运动会男子跳高纪录。

社会体育 川北解放初期，体育活动开始逐步兴起。“抗美援朝”时，许多青年踊跃报名参军，因身体不合格而落选。中共川北区委、川北行署、川北军区以此为契机，联合发文，要求各地各部门积极开展群众性体育活动。

1950年上半年，川北军区号召各军分区举行体育运动会，并在各连队中制备运动器具，如篮球、排球，木马，单、双杠等，要求战士们经常参加体育活动。1951年4月中旬，在南充市举行川北军区首届运动会。川北军区所辖南充、遂宁、达县、剑阁4个军分区和川北军区直属机关共1800多名男、女运动员参赛。比赛项目有政治测验，军事科目，体育项目，文娱项目等。在短期内修建了较大的运动场，带动了社会各界体育活动的开展。

群众性职工体育运动从南充市开始，逐渐在全区其他城市展开。各级团委、文教科、工会把职工体育工作作为自己的长期性任务，学校、机关、工厂和企事业单位成立了体育领导小组，以职工俱乐部为阵地，按照“业余、自愿、小型、多样”“因时、因地、因人制宜”的原则，组织领导职工开展各项体育活动。

1951年11月，在南充市文化馆成立南充市武术研究班，王化任主任，李义成任副主任，喻俊卿任教务。1952年5月，免费招收第一期学员253人，在果山公园内教授六合拳、健身拳。定期在群众中进行国术表演。遂宁、广元、达县三专区以及三台和南充市在1952年8月以前都举行了两次综合运动会，一至两次选拔赛。遂宁、广元、三台、南充、达县、阆中、射洪、通江、巴中、平昌、开江、剑阁、青川、旺苍、武胜、营山、昭化等17县举行了运动会选拔赛。

1951年12月，川北体育协会发出关于在川北区推行广播体操的通知。并实施《劳卫制》锻炼。同时，把积极参加各种体育锻炼订入爱国公约。全区各机关、学校、企事业单位，每天在规定的课间、工间播放广播体操乐曲，集体做广播体操。南充丝二厂提出“锻炼身体，提高操作效率，完成增产节约任务”的口号，干部亲自平修运动场，团支部号召青年团员带头参加，工厂成立体育文娱委员会，400多人参加球队，早上60%的工人坚持参加广播体操。为响应中共川北区委、川北行署、川北军区的号召，大多数工厂，开辟操场，自制篮、排球架，开展篮、排球活动，因地制宜开展拔河、跳绳、扭秧歌等文娱、体育活动。部分机关干部、企业职工、商人在下班后，也逐渐加入到各种体育活动当中，参与各式各样的运动和比赛。1952年“六一”，达县组织2000人以上的体育晚会，三台举行1000多人的广播体操表演。“八一”还表演了垫上运动和器械操。至1952年8月，全区学校、工厂、市民及少数农民，共有球队580支，运动员4640人，其中南充市有100支运动队，运动员1300人。全区参加各种体育活动的职工达60%以上，机关工作人员每天坚持做广播操人数达90%以上。

学校体育　1950年3月，组建南充市大、中小学体育联合教研组，川北体育会副主任冯九皋为召集人，聘川北大学体育教师郑昭和为专职干事。以改善学生健康为目的，改进体育教学。以学习苏联的“四段教学法”为主要内容，开展体育教学改革与科研活动。各大中小学体育教学，每周进行一次教研活动，课程设置，每周两节课。1951年8月，全区各中小学按部颁教学计划组织体育教学。

各学校坚持每周两次课外体育活动，县城中、小学及区乡完小开展较好。坚持开展早操、课间操、眼保健操、体育课余训练、课余竞赛、课外体育活动。学校组织锻炼小组，各级课外活动人数平均达90%以上。县城中、小学不定期举行校内小型运动会，比赛项目以田径、广播体操、篮球、排球、足球、乒乓球为多。专区、县两级教育、体育部门也常开展中、小学生单项体育比赛。条件较好的南充县、阆中县、南充市坚持每年举行一次以田径为主的全县（市）性中小学生运动会、选拔赛和对外组织表演赛、友谊赛。l952年4月10曰，南充市举办第一届人民篮、排球运动会，南充市学生联队分获女篮、女排冠军。

竞技体育　川北区篮球运动开展较为普遍。川北军区前进篮球队、南充军分区的战工篮球队、公安系统前卫篮球队、西南军区第八速成中学男子篮球队是南充篮坛的劲旅。l951年，遂宁专区举办首届职工篮球运动会。1952年3月，西南区男、女篮球队、排球队到南充市进行表演赛，3天内观众逾万人次。此后各单位纷纷组建男、女篮球队。专区各机关、学校、厂矿相继修建篮球场、成立篮球队。每逢星期六、星期天、节假日，各县城篮球比赛活跃。排球在学校学生中十分活跃。1952年4月，川北区首届运动会，南充市代表南充专区参赛，男、女排球队均获第1名。南充市机关、学校、工厂建起20支业余足球队，相互开展比赛。

乒乓球运动成为群众体育锻炼的主要项目之一。各县城中、小学开展乒乓球教学，乒乓球运动普及到军人和机关工作人员。羽毛球运动逐渐在全区各学校、工厂、企事业单位开展。

川北区各学校体育教学以田径为主，占体育课程的三分之二以上。综合性运动会上，田径列为主要比赛项目。拔河比赛普及到各机关、学校、厂矿、农村，成为社会体育的重要内容之一。举重运动在南充市的一些学校开展。南充各中学均设游泳课。游泳成为竞技体育的重点训练项目。南充市体委在西桥河、明家河、嘉陵江东岸开辟3个天然游泳场。川北区棋类项目主要有中国象棋和围棋。南充、阆中、营山等地每年开展数次比赛。

体育设备　1949年年底，南充县有各种体育场地19个。南充县城有土门寺大操场，营山、仪陇、阆中、蓬安、南部县均有公共体育场。1950年后，体育场地不断增多。1951年11月，辟莲花池东侧坟坪荒坡建人民广场，人民广场既是南充市民众晨练的体育场，也是重大公众集会的场所。

川北区除少数学校有部分篮球架，排球架、网以外，几乎没有其他体育设施和器材。为响应中共川北区委发出的开展群众体育活动的精神，各学校自制器材，因地制宜开展障碍竞走、搬运物资、负重赛跑等活动。

运动会　1951年10月至1952年8月，川北区先后举办5次大型运动会。1951年4月9日至16日，川北军区首届运动会在南充市举行。川北军区所辖南充、遂宁、达县、剑阁4个军分区和川北军区直属机关6个代表队，共1800多名男、女运动员参赛。进行着装、刺杀、投弹、射击、超越障碍、器械、体操、乒乓球、男、女篮、排球、足球、田径等竞赛。5月，川北军区直属机关颜昌硕参加西南军区"五一"运动会，以1.74米破民国33年（1944年）重庆全国运动会上1.55米的男子跳高纪录，获男子跳高冠军。

1952年3月16日，西南区男女篮排球队到川北协助开展活动，到南充市和遂宁县等重点城市举行表演赛。1952年4月10日，川北区第一届人民篮排球运动大会在南充市举办。

1952年5月15日，川北区首届运动会在南充召开。设篮、排球比赛项目。川北区所辖南充、达县、剑阁、遂宁4个专区和川北区直属机关组团共600名运动员参赛。其中包括青年工人，各机关干部，各级学校学生。南充专区男、女排球双双夺冠。

1952年8月，川北体育会在西河举办川北区首届游泳选拔赛，川北区区级机关及南充市、遂宁、达县、广元、三台、阆中、南部等县118名运动员参赛，设自由泳、仰泳、蝶泳、混合接力和跳水项目。

体育管理　中国新民主主义青年团川北区工委设立军事体育部，配有专职体育干部。其他专区及市团工委也设立了军事体育部，配备1名至2名兼职人员管理体育工作。

川北行署对体育工作的管理从学校开始。1951年6月，川北行署委派川北体育会副主任冯九皋和川北大学体育教师郑昭和参观出席全国篮排球比赛暨西南体育会成立大会。会上，西南体育会发出各地成立体育会的指示。8月17日至19日，川北行署在南充高级师范礼堂召开川北区体育代表会议，青年团川北区工委、农会、工会、妇联、行署办公厅、文教厅、民政厅、卫生厅、民族事务科、川北区文联、学联、青联、川北军区政治部、国术界、各专区代表、南充市文教科、南充市小学教师、南充市体育工作者等16个单位66人参会。其中，正式代表25人，列席代表41人。会议传达了全国体育运动会和西南体育代表会议精神，并确立了川北区今后9个月开展体育运动工作规划。决定首先在学校、工厂、机关有组织地开展。讨论并通过了川北区体育会章程，协商和通过了川北区体育会委员名单，选举产生了常委和主任委员。

1951年12月29日，成立中华全国体育总会南充市分会。至1952年8月，全区建立42个体育会，各机关成立了体育俱乐部，企事业单位建立文体委员会。

【卫生】　1949年12月，川北卫生基础薄弱，35个县只有29个县有县级卫生院（县医院），县级卫生院人员多者7人至8人，少者2人至3人。医疗设施极差，有的县卫生院连一把可用的镊子都没有。民众患病主要靠中医中药诊治。

中共川北区委、川北行署成立后，迅速组建全区卫生行政机构和医药机构，接收接管民国时期川北各地的卫生医疗机构和教会卫生机构，进行整顿、改组、充实，使之为人民群众的健康服务。采取先普及后提高的办法，发展医学教育，培养卫生干部和医务人员1364人，培训新法接生员7590人。组建各级卫生工作者协会，把中西医卫生人员组织起来，协助各级政府完成各项卫生工作。加强医疗卫生基本建设，拨款28.9万元人民币和拨出7750万公斤粮食，用于卫生机构添置医疗器械，购置药品。采用卫生工作与群众运动相结合的办法，开展爱国卫生运动，粉碎美国对朝鲜和对中国东北地区的细菌战，防治传染病。开展少数民族卫生工作，新建青川、平武、北川3个少数民族县卫生院，派出巡回医疗队到3个少数民族县开展防病治病工作。至1952年8月，川北区新建7个县级卫生院，医疗卫生人员由川北解放时的不到200人增至1756人，城市医院病床床位由42张增至815张，区级医院病床床位由186张增至705张。全区县以上卫生院诊治门诊病人148.49万人，收治住院病人13464人，肆虐川北人民的传染病和地方病得到有效控制。

卫生机构　1950年6月26日，川北行署建立川北行署卫生处，处址设南充县栖凤街原县卫生院内，以十八兵团后勤部第三后方医院为基础组成。处长由川北军区后勤部政委赵安泰兼任，副处长由十八兵团第三后方医院院长廖文香担任。7月，川北行署卫生处更名为川北行署卫生厅，赵安泰兼任厅长，杨正泉任副厅长。管理南充市和南充、遂宁、达县、剑阁4个专区所辖35个县的卫生行政工作。厅内设秘书科、医政科、药政科、公共卫生科、医学教育科，共有工作人员45人。川北卫生行政管理机构对民国四川省地方政府在川北建立的卫生医疗机构和外资津贴卫生医疗机构进行了接收接管，并投资新建了一批卫生医药机构和基层医疗卫生机构。至1952年8月，川北区一级的医药卫生机构有川北区卫生防疫队，川北第一、二、三人民医院、川北区妇幼保健院，川北区慢性病疗养所，川北区卫生实验所，川北区卫生学校（1952年1月，西南区川北医士学校更名为川北区卫生学校），川北区钩虫病防治所和川北医药公司，共有职工2505人。

接收接管卫生医疗机构　1950年2月，川北行署卫生处成立后接管了民国时期的四川省立南充医院、遂宁医院。接管后省立南充医院更名为川北医院，四川省立遂宁医院更名为遂宁中心卫生院。1951年2月至8月，接收了仁济医院、博济医院、福音医院、仁慈医院、若瑟医院等5家外资津贴医院和德启护士学校。接管接收各卫生医疗机构时非医药技术人员充斥，违法渎职现象普遍，加之川北解放前夕国民党溃军的严重破坏，药材器械所剩无几，各卫生医疗机构均处于瘫痪状况。接管接收之后，川北行署卫生厅根据中央人民政府卫生部关于整顿现有卫生医院组织、编制和思想作风的指示，先后对接管接收的卫生医疗机构进行了整顿和建设。

川北区接收外资津贴卫生医疗机构一览表

原名	津贴国名	所在地	接收时间	接收后名称	接收时病床数量（张）	接收时人数
仁济医院	美国	阆中县	1951 年 2 月	川北第二医院	80	42
博济医院	英国	遂宁县	1951 年 3 月	川北第三医院	50	31
福音医院	德国	南充市	1951 年 3 月	南充妇幼保健院	10	9
仁慈医院	英国	三台县	1951 年 4 月	合并入三台县卫生院	60	18
若瑟医院	法国	达县	1951 年 7 月	与达县中心卫生院合并	80	17
德启护士学校	美国	阆中县	1951 年 8 月	并入川北卫生学校	—	—

爱国卫生运动　1950年，川北行署成立卫生委员会，负责动员组织全区人民群众参加清洁卫生运动，消灭蚊蝇老鼠等，减少和防止传染病疫情发生。在抗美援朝运动中，为反对美国的细菌战，加强了卫生防疫工作。1952年4月，川北行署卫生委员会更名为川北行署卫生防疫委员会，川北行署卫生厅、民政厅、公安厅、妇联等机构负责人为成员，设秘书、预防、检疫、环境卫生、宣传、反细菌战等办事机构。川北区爱国卫生运动主要开展了清洁城镇大扫除，反对细菌战等工作。其间，从1950年年秋季起，川北区各县城及各乡镇开始开展清洁大扫除。南充市发动2万多人，疏通下水道及沟渠近2000米，取缔不卫生的粪缸，消灭蝇蛆，清除垃圾3000余吨。据不完全统计，1951年，川北区在开展清洁城镇大扫除中共计清除垃圾49777吨。1952年1月下旬，美国对朝鲜和中国东北地区施行细菌战，川北行署向全区人民发出了反对细菌战的指示，南充市和

35个县结合开展爱国主义教育，进一步发动城镇人民群众开展卫生大扫除活动，每周大搞一次清洁卫生，清除公共场所多年积存的垃圾瓦砾，清除嘉陵江、涪江两岸抛置的垃圾，保护两江水源，挖泥运土，填埋污水凼、臭水沟，消灭传染病传染源。仅4月至8月不完全统计，全区共计清除垃圾41990吨。营山县发动11200人次，清除垃圾1500余吨。南充专区卫生科抽调10名至30名卫生人员组成卫生防疫常备队和卫生防疫预备队3个。各县各机关、各部门建立反对细菌战责任制和灭虫、疫情报告制，设专人监视，发现飞机投下昆虫，立即进行报告和扑灭消毒。6月，南充市防疫委员会规定，每周星期六为“人民卫生日”。在这一天，全市人民都投入打扫室内外环境卫生的活动。南部县组织农村小学教师在区、乡场镇的墙壁上，绘制“灭虫、防病、讲卫生”的图画3750幅，书写卫生标语280条，动员全县人民参加反细菌战。西充县组织4130名干部、教师下乡，发动人民群众开展“厨房锅碗净、衣服被褥净、住房厕所净、饮水饮食净”的四净比赛活动和捕灭老鼠、蚊子、苍蝇、跳蚤、虱子的五灭卫生防疫活动，全县各种传染病发病率锐减。蓬安县组织33个卫生宣传组，下到各乡，培训了1050名教师和防疫员。据南充专署卫生科统计，全区灭鼠671万只；灭蝇、蛆2871公斤；疏通沟渠1万米，改建厕所2566座，改良水井2270口。

1952年年初，川北区开展大规模的卫生防疫运动，各县城镇增设清洁工人，负责打扫主要街道，小街小巷发动住地群众，参加义务劳动，打扫环境卫生，对居民饮用水进行消毒，清除病菌。各县建立环境保洁责任制，不定期动员机关干部、工矿企业工人、学校师生进行大扫除，保持城镇清洁卫生。川北区清除垃圾41860吨。南充市、南部县、遂宁县等1市5县疏通阴沟253304米。南充市新建下水道3507米。南充市、中江县等1市9县改造公私厕所37处，封闭不符合饮水卫生的水井66口，改造74个饮用水取水码头，嘉陵江、涪江沿江县城兴建自来水厂12家。进入4月后，按照《西南区城市夏令生冷食物管理暂行规则》，开展食品卫生整顿，制定食品卫生公约，除川北行署卫生厅加强食品卫生的检查监督外，还发动群众开展食品卫生监督，禁止用手抓食品。动员全区群众灭蝇捕鼠，消灭细菌传染源，食品橱柜增添防蝇罩，禁止陈腐食品和霉烂水果上市销售。全区未发生食物中毒事件。

医学教育　1949年，川北35个县西医卫生人员不到200人，其中医药院校毕业的西医医生只有10余名，绝大多数县没有1个医药院校毕业的西医医生。川北行署卫生处采取先普及后提高的方法，开展医学教育，培养医药卫生人员，解决川北区缺医少药问题。1950年9月，川北行署卫生厅举办了川北公共卫生干部训练班（简称公卫班），办班地址设在南充市西桥河畔原四川省立医院院址。1950年11月在《川北日报》上连续刊登招收学员简章，第一期招收92名学员。川北行署卫生厅厅长赵安泰兼任班主任，副厅长杨正泉兼任副班主任，在川北医院、仁济医院聘请老师，对学员进行一些基础卫生知识及简单的医疗操作技术培训。公卫班学员于1951年2月28日全部结业，分配到川北各县基层医疗卫生机构。

1950年4月，川北行署召开川北区卫生工作会议。根据川北区缺医少药极为严重，急需培养医疗卫生技术人才的实际状况，与会者一致认为，创办川北区中等医药学校势在必行，并对创办中等医药学校进行了论证。是月，川北行署奉西南军政委员会卫生部指示，成立西南区川北医士学校筹备委员会（简称筹委会），筹备兴办西南区川北医士学校。筹委会成立后即研究决定：公卫班改为医士学校附设的卫生干部短训班（简称卫干班）；接收英国人马德启在阆中县仁济医院附设的阆中私立德启护士学校，更名为医士学校护士科；接收遂宁博济医院附设的助产科，更名为医士学校助产科；本校新设医士科。因当时校园太窄，人力、物力、财力不济，筹委会又决定：护士科1951年招收的47名学生，仍留在阆中学习，戚荣光任科主任；助产科1951年招收的54

名学生，暂在遂宁学习，川北第三医院院长杜顺福兼任科主任。第二期卫干班招收了169员学生，其中调训42人，报考、报送67人，4月16日上课，6月22日结业。7月2日，第三期卫干班开学，仍以调训、报考和保送3种形式招收新生96人。

1951年8月，经西南军政委员会核准，正式成立西南区川北医士学校。学校以中级医学教育为重点，主要培养医士，隶属川北行署卫生厅领导，校址选定在南充市西山甘露寺。川北卫生厅厅长赵安泰兼任校长，副厅长杨正泉兼任副校长。内设教务科、总务科、图书室。秋季开始招生，医士科招收学生153名，卫干班第四期招收药剂、中医师资、行政、会统4个班225名学生。

1951年9月1日，西南区川北医士学校举行开学典礼，胡耀邦出席并发表讲话。

1952年1月，西南区川北医士学校更名为川北区卫生学校，隶属关系不变。阆中护士科，遂宁助产科学生相继进入校本部。1952年上学期，川北区卫生学校先后建立了以杨正泉为主任委员的校务管理委员会和以教务主任宋廷模为主任委员的教学研究委员会，并在此基础上成立了普通学科委员会、基础学科委员会、临床学科委员会、政语体学科委员会等6个学科委员会，学科委员会下设教学小组，教学工作有组织有计划地进行。至1952年8月，为川北区培养了1364名医药卫生干部和医疗人员，川北区医药卫生人员由解放之时不足200人增至1756人。

团结中医　1949年12月，川北35县有中医药卫生人员近3万人，但所有的中医药卫生人员几乎都是老师授徒，中医药学校毕业的中医中药人员很少。

1950年，全国第一届卫生工作会议把“面向工农兵，预防为主，团结中西医”作为发展国家卫生工作的指导方针，号召中西医取长补短，团结互助，互相学习。川北行署卫生厅按照中央人民政府制定的保护和发展中医中药的政策，指导南充市、南充、遂宁、达县、剑阁4个专区和各县，开展组建卫生工作者协会工作，用卫生工作者协会的组织形式把28961名中西医卫生人员组织起来，协助各级政府完成了普种牛痘、防治回归热等工作。南充、遂宁、达县、剑阁专区，先后开办中医进修班，对133名中医进行了培训。西南区川北医士学校附设中医师资班，各县保送了60名中医参加为期5个月，以预防为主要内容的培训，为各县开办中医进修班培养了师资力量。同时，选送5名中医到西南中医学校深造。南充专区有1258名中医参加中医进修班培训。各地支持中医开办诊所和中医师带徒弟。1951年，南充市、达县两地开办了17家联合诊所。在各级政府的帮助下，到1952年8月止。全区开办了220家联合诊所。中央人民政府卫生部《医师中医师暂行条例》颁布后，川北行署卫生厅抽调卫生干部，对全区中医师进行登记，开展资格审查，到1952年8月，全区完成了中医师的资格审查和上报请批手续。

厂矿卫生　1951年，为贯彻中央人民政府“面向工农兵”的卫生工作方针，保障工人的生命安全和身体健康，超额完成政府下达的工业生产计划，川北行署卫生厅配合川北行署工业厅、川北行署劳动局，在南充市及各县厂矿进行卫生工作宣传，组织卫生防疫人员对各厂矿开展安全卫生检查，针对存在的问题，提出整改意见，改善厂矿安全卫生设施。南充丝二厂、南充丝三厂在接受川北行署卫生厅的安全卫生检查后，被选作川北区的安全卫生试点厂，两厂均成立安全卫生委员会，举办卫生宣传周活动，培训108名厂安全卫生委员会成员和工作人员，分别设置40张病床和20张病床及1所疗养室，添置部分医疗设备，对2436名工人进行身体检查。对检查出有病的工人进行门诊治疗或住院治疗，患慢性病又符合疗养条件的工人收入疗养院进行疗养。

广元大华纱厂、阆中丝四厂除建立厂安全卫生委员会外，还建立了医务所医生、护理人员工作责任制。两厂共培训了25名车间急救员，充实急救设施和急救药品，互相开展爱国卫生红旗厂际竞赛，提高工人的卫生防疫意识和身体素质。

土地改革干部卫生工作 1951年2月下旬，川北区开展第一期土地改革。参加一期土地改革的广大干部，生活艰苦，工作紧张，几乎没有休息的机会，不少干部带病工作。二期土地改革开始后正值夏季，天气炎热，蚊蝇较多，参加土地改革的干部传染病病号增多。1951年6月23日，川北行署发出《关于注意干部身体健康的指示》，要求各地土地改革工作团必须改进工作方法，合理支配时间，加强工作的计划性、预见性、事先做好充分准备，避免过度疲劳损害土地改革干部的身体健康。各土改工作团，农民积极分子，凡享受半供给制者（即每人每月110斤大米），从6月到9月，每人每月增发大米10斤（不包括未参加土地改革工作的人员）。迅速加强预防疾病，积极开展疾病治疗。按照川北行署的指示，川北行署卫生厅立即组织土改卫生工作队，携带医疗设备和药品，奔赴二期土地改革的潼南、广元、仪陇、西充、营山、南部、巴中、达县、武胜、中江、射洪、蓬溪、蓬安、安岳、江油等县，开展预防和治疗疾病。因医务人员缺乏，每个县只派了1名医务人员。派往各县为土地改革工作干部治病的医务人员，会同各县卫生院，发挥各地卫协组织作用，督促和检查每个土改干部买防蚊蝇用品情况，共计为7807名土改干部治疗了疾病，协助种牛痘217576人，预防注射传染病免疫药剂135329人。三期土地改革开始后，川北行署卫生厅组织46名医务人员于11月奔赴宣汉、平昌、开江、万源、通江、南江、剑阁、苍溪、旺苍、昭化、青川、平武、北川、盐亭、乐至等土地改革县，开展卫生工作。劝导患病的土地改革干部听从医嘱、配合治疗，把病员降到了最低人数，保证了三期土地改革工作有序有计划推进。

少数民族卫生工作 川北区青川、平武、北川等少数民族地区，地域偏僻，卫生人员和医药奇缺。3个县没有1个县有县级卫生院。老百姓通常采用求神问卦、许愿、求活佛、杀羊、跳神、打老牛等迷信办法驱除疾病。1950年12月至1951年，建立了青川、平武、北川县县级卫生院，在医疗卫生工作很困难的条件下，川北行署卫生厅优先拨给医疗设备和卫生设施。1951年至1952年6月，川北行署卫生厅3次组织巡回医疗队到3个少数民族县开展巡回医疗，治疗病人3139人，种牛痘1484人，对2名难产孕妇采用新法接生，母子平安。选调6名少数民族卫生人员到西南区川北公共卫生干部训练班培训，学习基础卫生知识及防病治病的简单医疗操作技术，结业后分配到3个县的卫生院。接收7名民族学生到西南区川北医士学校学习。至1952年8月，川北行署卫生厅在青川、平武、北川3个少数民族县开展一系列民族卫生工作后，3县少数民族人民对医药卫生工作有了新的认识，患疾病后能求医诊治。

妇幼保健 1949年前，川北各县未开展妇幼保健工作，危害妇女健康和致儿童高死亡的疾病发病率高。只有阆中仁济医院、遂宁博济医院、南充福音医院等开展新法接生。各县城中的一些孕妇到医院生育，广大农村孕妇分娩普遍由家属、邻居或产婆用旧法接生，致滞产、难产、产后大出血、会阴撕伤、产后感染及新生儿破伤风等严重发生，母婴死亡惊人。据达县、广元两县城1951年1月对旧法接生造成病残及死亡的调查，1951年两县城出生的1964名新生儿中死亡达1125名，占新生儿出生数的57.48%。其中，499名新生儿患破伤风死亡，占新生儿出生数的42.2%。

1951年，川北行署遵照中央人民政府关于保护妇女和儿童健康的规定，将妇幼保健列入川北区卫生工作的主要任务之一。从建立妇幼保健机构入手，以推广新法接生为重点，开展妇幼保健工作。1951年3月，川北行署建立妇幼保健委员会，制定妇幼保健委员会组织条例，指导全区开展妇幼保健保健工作。在川北行署卫生厅内设妇幼保健处，负责全区的妇幼保健工作。5月，川北行署卫生厅率先在南充市建立川北区妇幼保健院，设置病床60张，收治妇孺疾患，处置难产孕妇。“六一”儿童节，南充市、南充县、遂宁县、达县、剑阁县等12市县，首次免费为3061名儿童进行了身体健康检查。是月，又在南充、遂宁、达县、剑阁专区建立4个专区级的妇幼保健站，指导所辖各县开展妇幼保健工作。7月，川北行署卫生厅开始举办新法接生培训班，到年底，培训了7590名新法接生员。入秋，为解除妇女的牵挂拖累，增加秋收秋种劳动力，保护儿童安全，培养儿童良好的生活、卫生习惯，川北行署卫生厅、川北区总工会联合下发《关于创办农村托儿所的通知》，要求从秋季起，各专区、各县要选择部分条件好的乡或村创办托儿所。

1952年6月前，全区培训了4000名新法接生员，完成了对每个村培训1名新法接生员的任务。巴中县9区新法接生员黄立荣，2个月接生21次，万源县板凳乡新法接生员李大莲，2个月接生42次，两名新法接生员均使母子平安。1952年“六一”儿童节，有26个市、县免费为25508名儿童进行了身体健康检查。检查结果以砂眼、蛔虫感染、皮肤病、营养不良者居多。对检查出有疾病和缺陷的儿童进行了治疗与矫正。至6月底，川北区采取新法接生8292名新生儿中，孕妇和婴儿死亡率由推广新法接生前的57.48%降至1.3%。其中，新生儿破伤风由推广新法接生前的42.2%降至15%。至1952年8月，川北区22个县创办了2536个托儿所，接收了17085名儿童入托，增加了15704个劳动力参加农业生产。

麻醉药品管制　1950年初，中央人民政府卫生部颁布《管理麻醉药品暂行条例》和《管理麻醉药品暂行条例实施细则》。1950年5月，川北行署卫生处根据川北区麻醉药品使用情况，制定了川北区《麻醉药品管理实施细则》，并明确规定川北医药公司为川北区唯一合法经营麻醉药品的机构，负责供应川北区各级公立医院、公立卫生院（所）的麻醉药品。川北行署卫生处组织力量对各卫生医疗单位的麻醉药品进行了清理、登记、封存，由川北医药公司统一收购，集中保管。6月，南充、遂宁、达县、剑阁4个专署和南充市分别成立由公安局、卫协会、卫生科等部门参加的专级麻醉药品管制组，全面清理和登记所属各卫生医疗单位、中西药铺麻醉药品的使用与贮存状况，实行全数集中，专人加锁管理。规定公立医疗机构医生需购麻醉药品，应写出申请、填备印鉴卡片、用途报告表、限度及订购单，由主管院长、医师、药剂人员同时签字盖章后再报专级卫生行政领导机构审核同意批准，向川北医药公司购买。每次购用麻醉药品所使用的印鉴卡与留存印鉴卡要相符合。同时，凡经批准使用麻醉药品的卫生医疗单位，每月要向县（市）以上卫生行政机构报告使用麻醉药品的品种及用量。对麻醉药品进行管制后，全区未发现私藏和走私麻醉药品的行为。

剧毒药品管制　1951年3月，川北区发生反革命分子投毒事件。5月，川北行署卫生厅、南充市卫生科、公安局、卫协会及中药界人士共21人，组成南充市剧毒药品临时管理委员会，庞泽孚任主任委员，制定了28种西药、48种中草药剧毒药品的具体管制办法，在南充市试行剧毒药品管制试点。初见成效后，川北行署卫生厅下达了《关于在川北区建立剧毒药品临时管理委员会的通知》。南充、遂宁、达县、剑阁专区剧毒药品临时管理委员会成立后，对各自区域内的中西药品逐一进行清理登记，对28种剧毒西药和48种剧毒中草药实行管制。登记的剧毒药品未经公安部门许可不准销售。确属用于治疗疾病的零售配方，须持医生处方一式两份，附购买者住地治安保卫小组或单位证明方可售给，超出配方剂量及批量购用者，由当地公安局出具证明，剧毒药品临时管理委员会批准，方可出售。配方使用剧毒药品者，药商必须将购买者的姓名、职业、住址详细登记，以备公安机关抽查。已登记的剧毒药品其消耗与增加，每月必须清点1次，按月如实上报剧毒药品临时管理委员会备查。凡剧毒药品购进和售出必须经过剧毒药品临时管理委员会批准，并须将增减数量按旬呈报。对剧毒药品实行管制后，至1952年8月，剧毒药品中毒事件少有发生。

贵重药品管制　1950年7月，川北行署卫生厅成立贵重药品管理委员会，各专区、各县级医院成立贵重药品管理小组，规定了使用贵重药品的适应症，加强对贵重药品的管制。1952年1月，川北区开展“三反”运动后，各专、县级医院印制了贵重药品使用的特种处方，完善管理制度。至1952年8月，收到良好效果。

传染病防治 1950年6月至1952年6月，川北行署卫生厅对传染病发病疫情进行不完全统计，全区共有105978人患急性传染病，死亡3869人，死亡率3.58%。其中，疟疾发病率占第一位，有48202人患疟疾；麻疹发病率占第二位，有28142人出麻疹；痢疾发病率占第三位；天花发病率占第四位，有2843人出天花；死亡率最高的为流行性脑膜炎。川北行署卫生厅组织医务人员，对危害性最大的几种传染病进行了防治。

疟疾防治。川北解放后，疟疾发病地区各县都有，以蓬溪县发病者为多。疟疾防治工作，主要采取“以消灭传染源为主”的综合性防治措施，重点治疗患病病人。治疗用药多采用盐酸阿的平、白乐君、重硫酸喹啉等制剂。1952年7月，川北行署卫生厅派疟疾防治队到蓬溪县开展疟疾防治工作。

麻疹防治。1950年，川北区麻疹防治施行全血注射。1951年，南充市、蓬溪、营山、平昌等10县（市），共对6818名儿童进行了全血注射。1952年1月至8月，达县、中江、遂宁、射洪、武胜5县，共对506名儿童进行了全血注射。限于条件，不能对全区儿童进行全血注射。

痢疾防治。1950年，南充市及南充、遂宁、达县、剑阁4个专区痢疾发病率占川北区急性传染病的第三位。是年秋季，川北行署卫生厅、川北卫生防疫站、川北区防疫委员会采取加强饮食卫生管理、饮水消毒、城市饮用自来水、坚持饭前洗手、开展痢疾带菌检查、给带菌者服药治疗等措施防治痢疾。至1952年夏季，痢疾发病率显著下降。

天花防治。1950年，中央人民政府政务院发布《关于发动秋季种痘运动的指示》，中央人民政府卫生部颁发《种痘暂行办法》。1950年至1951年冬春两季，南充专区天花流行，8个县均普遍发病。其间，1950年发病1671人，死亡238人；1951年发病3999人，死亡611人。二年内以仪陇县发病最为严重，1950年发病1086人，死亡137人；1951年1月至6月，发病1012人，死亡125人。为防治天花流行，至1952年春季，川北区培训种痘员33823名，为14059336人种了痘，占川北区人口总数的90%，种痘后天花发病率和死亡率大幅降低。

钩虫病防治。川北区钩虫病流行严重。1951年西南军政委员会卫生部委派寄生虫学专家王正仪教授为技术指导，到西充县蹲点实地调查钩虫病发病率。西充县受检查11924人，感染率74.5%，其中有下肢和全身浮肿等严重症状者达46.3%，加上在阆中县、营山县进一步调查，预测川北区有1000万人患钩虫病，其中失去生产能力者达100万人。是年，川北行署卫生厅召开第二届川北卫生工作会议，制定了《川北钩虫病防治工作实施办法》。8月，川北行署卫生厅会同西南防治队及17个县的卫生人员，组成131人的钩虫病防治队伍，到钩虫病感染率高的县、区、乡开展钩虫病防治工作。1952年2月，在西充县开展重点防治试点工作，并在该县组建川北区钩虫病防治所。川北区钩虫病防治所成立后在营山、阆中、广元等22个县选择33个区成立了钩虫病防治组。至8月，川北区改造农村粪池13239口，检查44434人，治疗227098名钩虫病患者。

回归热防治。1952年3月，川北区先在遂宁劳改所发生4例回归热患者，后在蓬安劳改队、营山劳改队、南充市教养所，仪陇县监所共计发生37例回归热患者。疫情发生后，川北区卫生防疫、卫生医疗、公安部门密切配合，治疗患者，对患者衣物棉被等7604件套进行消毒，迅速控制了疫情。

白喉防治。1952年，南充市、遂宁、蓬溪、三台、中江、蓬安、南部、乐至、射洪、旺苍、平昌11县（市）先后发生白喉流行。对2688名患者进行治疗，对白喉患者接触者施以白喉类毒素预防注射，迅速控制了疫情，未再向其他县蔓延。

霍乱防治。1950年，川北行署卫生厅为防止霍乱发生与蔓延，在广元、万源等进出川要道县建立卫生防疫委员会，广泛开展卫生宣传，监测疫情，管理霍乱病患者。对水陆交通要道及人烟稠密的地方进行霍乱、伤寒、副伤寒“三联”疫苗注射。是年，对76572人注射了“三联”疫苗。1951年，对864228人注射了“三联”疫苗。1952年，对266277人注射了“三联”疫苗。同时，发动群众开展防蝇、灭蝇为重点的清扫活动，加强饮食卫生管理。至1952年8月，川北区只有散发性霍乱病例发生。

药政管理　1950年，为保证人民群众患病后安全用药，加强对药品采购、销售、使用的管理，川北行署卫生厅内设药政科，负责全区药政管理工作。其主要职责是监督、检查药政法规的贯彻执行；管理麻醉药品、剧毒药品、精神药品和放射性药品；监督、检查药品生产、经营、使用单位的药品质量，以及卫生医疗单位的药剂工作；取缔假药、不合格的伪劣药品；负责药品的宣传管理；调查处理药品质量，中毒事故；对违反药政法规的行为追究责任并进行处罚，对需要追究刑事责任的向人民法院控告；对制药企业、药品销售企业分别核准发给“药品生产企业许可证”和“药品经营企业许可证”及“制剂许可证”。

1951年4月5日，川北区第一家国营医药专营企业——中国医药公司川北分公司（简称川北医药公司）在南充市成立，批发零售兼营，经营西药700余种，医疗器件、玻璃仪器400多种，批发供应南充、遂宁、达县、剑阁4个专区35个县和南充市。是时，川北区各县和南充市，西药由县（市）百货公司、花纱布公司或日杂公司兼营，中药由县（市）土产公司或土产经理部经营。川北医药公司设立药品加工部，生产红汞、碘酒、大黄酊、陈皮酊、桂皮酊等酊水合剂及少量中、西药片剂和药棉、纱布等。是年，生产产值12万元。川北医院、遂宁中心卫生院等专级医院设立制剂室，配制利尿合剂、硫酸镁合剂、颠茄合剂、三溴合剂等口服制剂。南充、遂宁、达县、剑阁专区和南充市城乡各中药店铺，仍沿袭前店后坊的习惯自行加工中成药丸和中药饮片。川北行署卫生厅加强药政管理，对公私营制药企业进行清理登记，不定期检查公私营制药企业的药品质量，对不符合规格的药品，禁止出厂销售，对医药市场上的药品进行普查登记，发现假冒伪劣药品，按情况轻重分别进行处理，建立有序的药品生产和销售市场。重点加强了麻醉药品、剧毒药品、贵重药品的管制。

宗　教

川北区有佛教、道教、伊斯兰教及天主教、基督教五大宗教。佛教、道教在境内传播历史悠久。佛教寺庙、道教宫观遍布，以县域计，多则数百处，少则数十处。重大佛道教节日期间，一些寺庙、宫观吸引参加宗教活动者达数万人。伊斯兰教主要为境内回族为主的群众信仰，人数较少，清真寺分布在南充、盐亭、阆中、广元等个别县。天主教和基督教于近现代传入境内，受到美国、法国等国家天主教、基督教组织的影响或控制，国外神父、修女、牧师、传道士等在境内传教活动频繁，在本地培养了一些神父、修女、牧师、传道士等，以办学、办医及开展慈善活动为手段，大量购置教产，广泛传播天主教、基督教信仰，传教范围几乎涵盖川北所有县，城乡信教群众约有数万人。

1950年至1952年8月，宗教信仰活动受时局影响很大。辖区天主教、基督教革新运动在全国影响深远，一度成为国内外关注焦点。

【佛教】 佛教在汉代传入川北，南充、遂宁是最早的传入地。据民国18年（1949年）《新修南充县志》记载，南充城东70里的弥陀寺建于东汉明帝时期（58年~75年）。魏晋南北朝时期逐渐传播，隋唐时期开始兴盛。遂宁于汉代即建有佛教寺庙，永乐里石佛寺即为遗址。唐代，佛教较为兴盛，当时平均每县有寺庙100所左右。元明清时，佛教屡有兴废。民国时期，防区驻军以内政部颁发“存正庙，废邪祠”为名，强卖寺庙以充军饷。解放初期，大部分寺院改作他用，僧尼还俗，只有个别寺院留有僧尼耕种自养，宗教活动逐渐停止。

川北区解放后，区内一些地方对佛教进行了革新引导。据《遂宁县志》载：1951年3月，全国举行保卫世界和平签名活动，遂宁县佛教徒（包括居士）参加者共251人（男32人，女219人）。7月，成立遂宁县佛教革新促进会，共有会员129人。

广德寺 坐落在遂宁城西卧龙山麓，占地面积55527平方米，建筑面积27727平方米，其中明代建筑尚存8000余平方米。始建于唐代（618年前后），初名石佛寺，后几经易名，至明正德八年（1513年），敕寺名为“广德禅寺”。1950年1月，遂宁县劳改队入驻广德寺，大部分佛像被毁。1951年土地改革，广德寺庙产田土被收，少数寺僧还俗参加工作，大多数寺僧分得土地，从事农业生产。

灵泉寺 坐落在遂宁城东仁里的灵泉山间，观音菩萨道场。寺庙始建于隋开皇初期（581年~600年），全寺由下庙区、梅山书屋区和上庙区三部分组成，庙区占地面积上庙17330平方米，下庙18670平方米，建筑面积11397平方米。1949年12月，遂宁游击队进驻寺内。1951年土地改革，寺属田土、房屋、山场被征收，留寺僧8人，分得土地，从事农业生产。殿堂大多被学校和粮库等占用。

报国寺 原名王董毚报国院，位于乐至县城北18公里的龙门乡。占地40000平方米，建筑面积5623平方米。清代版《四川通志》载：“寺始建于隋开皇九年（589年）。”清康熙五十四年（1715年）重修。清道光中期（1830年~1840年），复加装饰。民国10年（1921年）后，僧侣或没或散，寺为地方占用。民国21年（1932年），禅师离欲来寺卓锡，募捐修葺，新建藏经楼，修复观音殿、方丈室、楼廊及寮房等20余间，花园一所。远近朝山者众，香火旺盛。20世纪30年代中期，寺庙规模初具，住持离欲禅师他去。解放后，报国寺原有僧侣离走他乡。1951年，离欲禅师重返寺内，守寺护林，自耕自食，严谨苦行。1952年，千佛崖被国务院列入《全国文物简目》，四川省列入重点文物保护单位。

云岩寺 古号云岩观，始建于唐乾符年间（874年~879年），位于江油窦圌山中部山脊之上，坐北朝南，背依三座顶峰，面对江油古城，东傍悬崖绝壁，西临群峰密林，临崖负山，视野开阔，气势宏伟,历经唐、宋、元、明、清的毁葺交替，佛道相争，其建筑基本上是佛教禅宗的庙宇布局，但是佛道二教在文化与建筑上融为一体，东为禅院，西为道观。云岩寺主要建筑均沿中轴线作纵深布置，自外而内，高低错落,主次分明。云岩寺建于山脊上，又是中轴线对称布局的古寺建筑群，全国罕见。

德化寺　坐落在达县城南32公里的福善乡境内的真佛山上。真佛山原名高平寨，海拔770米，面积2.7平方公里，青山环抱，松柏蔽日。高平寨上有一关帝庙，系清嘉庆十五年（1810年）所建。道光五年（1825年），蒋德化在此设坛传教，收徒80余人，自称佛教“青云派”，并将关帝庙更名为德化寺。

蒋德化原名蒋成寿，生于清乾隆五十年（1785年）。成寿幼嗜孝善，曾五次“割股疗亲”，人称“蒋善人”、“蒋孝子”。后父丧，成寿葬父后，便虔心悟道，采药行医。因屡行善事，救济贫苦，兼之医术高超，众人传为神异，遂上山朝拜，并捐资建庙，为其塑像，称为“活佛”。时绥定知府孙益廷因妻久不孕，前往求子，次年果得一男，大喜，即令扩建庙宇，并亲题“真佛山”三字，嵌刻于德化寺前山门正中，由此德化寺声名大振，进香还愿、捐钞赠物者颇众。经过10年大兴土木，扩建成一座占地400多亩、建筑面积达15000余平方米的宏伟寺庙。

同治四年（1865年）遭火灾，复重建。民国27年（1938年）遭匪劫，后经僧众多次募化修复。从1951年起，当家和尚孝敬主持庙内一切事务，在保护庙宇和庙属山林中起到很大作用。

清泉寺　位于南充市城区北五里店嘉陵江畔的清泉山上。始建于唐贞观年间（约630年），宋真宗大中祥符二年（1009年），敕封为清泉院。民国初，军阀割据时迫令清泉寺交出田产，寺僧逃散他寺，成为空庙。民国16年（1927年），扩建寺庙，并在山麓双女石绝壁上镌刻“鲁班遗迹”四字。民国末，庙毁，仅存正殿。

【道教】　东汉顺帝永和元年（136年），张道陵率弟子入蜀传道。在巴蜀地区设二十四道治(一说在全国设二十八治所)，阆中云台山为第十七治，成为张道陵在巴地传道的中心和基地。原巴地有张修巫鬼道融入张道陵的天师道（或称正一道），又称五斗米道。川北境内大部是五斗米道的主要活动区域，巴地賨人是五斗米道的主要教民。东汉中平元年（184年），张修率教民号“五斗米师”响应黄巾起义，乘机发展五斗米道，占领汉中。次年张陵之孙张鲁成为五斗米道的首领，依靠賨人教民在汉中建立了中国历史上第一个政教合一的割据政权，并“雄踞巴蜀垂三十年”（《三国志·张鲁传》）。东汉建安二十年（215年），张鲁降曹操，官拜镇南将军，封阆中侯。张鲁率大批五斗米道教民随曹操军北迁进入中原，将天师道传播全国。此后，道教在川北区境内屡有兴废，并演变为正一道和全真道。民国时期，各县均有道教存在，道教宫观多者达数百座，少者亦有数十处不等，还有部分县成立了道教协会。1950年土地改革时，宫观分给农民或改作乡村学校，绝大多数道士、道姑还俗，只有个别道观留有道士、道姑耕种自养，道教活动停止。

云台山观　位于阆中与苍溪交界的云台山顶，是张道陵建立二十四道治的第十七治，为下八治之首治。东汉永寿元年（155年）秋天，张道陵率弟子1000余人进驻云台治，炼丹修道，传道治病，发展五斗米道。该山有炼炉、丹心、池、灶膛、九转亭、浸药泉等遗址，有麻姑、芙蓉、平仙、峻仙四洞等名胜。唐著名画家顾恺之，曾以张道陵在云台山七试赵升的故事为内容，作画并写有《画云台山记》。

高峰山观　位于蓬溪县文井镇北高峰山顶。高峰山原名高凤山，海拔547米，离蓬溪县城25公里。高峰山观始建于唐，宋代续建，屡废屡兴，全观建筑多为清末民国初年所建，木结构阁楼式群体，建筑面积5200余平方米。主体按《周易》八卦设计，内有正门、侧门、实门、虚门、活门、死门、暗道机关门等400多道，世称“迷宫”。1950年，川北行署主任胡耀邦颁发公告：“高峰山庙宇，系名山古迹……凡我军民人等，理应妥为爱护，勿使破坏，如胆敢故违，定予查办，切切此布。”

金华山观　位于射洪县金华镇北涪江西岸金华间。清康熙《射洪县志》载：“汉黄初平，学道飞升。”篆刻“初平遗迹”尚存。唐代诗人陈子昂曾读书山中。民国29年（1940年）后，金华山观为该县道教中心。金华山观住有道士15人。1950年，部分道士还俗成家，大部分房屋改为他用。

【伊斯兰教】　明成化年间（1465年~1487年），伊斯兰教传入南充，是伊斯兰教传入川北境内的最早记载。信奉伊斯兰教的教民在川北区主要为因经商、躲避战乱等迁移而来的回族群众。至川北解放时，伊斯兰教主要分布于南充、广元、盐亭、阆中、青川、北川、平武等地。此外，遂宁、达县、巴中、江油、旺苍、射洪等地有零星分布。

南充清真寺　明嘉靖年间，南充城西史家院建清真寺一座，礼拜大殿可容纳近千人。清初，清真寺倒塌。清雍正三年（1725年），南充知府集资重建，以清真寺大门、照壁、班克楼、礼拜大殿、南北经堂等建筑组成一个开放型的四合院，共有建筑面积5200多平方米。至1952年8月，清真寺保存完好。

阆中城关清真寺　清康熙八年（1669年），保天佑和阆中回族各姓氏先辈筹资，在县城盘龙路南段修建清真寺，历时三年而成。清真寺占地2380平方米，大殿面积628平方米，造型雄伟古朴，肃穆和谐。至1952年8月，阆中城关清真寺保存完好。

阆中巴巴寺　坐落于阆中城北的蟠龙山南麓，是伊斯兰教“嘎德林耶”派传道人华哲尔阿卜董喇希的墓地。华哲尔阿卜董喇希传教16年，教徒甚多，主要分布在甘肃、宁夏。清康熙二十五年（1686年），华哲尔阿卜董喇希随俗家弟子马子云（川北镇总兵）到阆中传教，受到阆中穆斯林的崇敬和爱戴。清康熙二十八年（1689年）完成了他全授全归的“尔埋里”（善功）。农历三月二十五日“归真”于铁塔寺静地，享年一百一十岁。华哲尔阿卜董喇希归真后，门下祁静一、马子云遵其遗愿，在蟠龙山之南麓排水填池为其修建墓地（拱北），名巴巴寺。巴巴寺由甘肃、宁夏大拱北派出守墓人，数年轮换，一直沿袭。

广元清真寺　广元清真寺初建于清康熙十三年（1674年），建筑面积约1100平方米。清宣统元年（1909年），清真寺开办了清真小学。后来由于学生增加，校舍不够，在民国29年（1940年）迁移至城壕清真新寺隔壁，名称为广元县伊斯兰小学，校长余子云，学生回汉兼收。广元解放后改为民族小学。

【天主教】　明万历十年（1582），耶稣会会士利玛窦来华传教。明崇祯十四年（1641年），法国神父到阆中传教，在县城学道街购置地产修建教堂。此外，天主教在川北以安岳、广元、南充传入早，至川北行署时期已传十一、二代。据《圣教入安岳记》载：“法国传教士白日升于康熙四十六年（1707年）开始到安岳传教。以后，法国传教士费隐、潘如、艾若望、吴斯德望也相继来安岳传教。”早期的天主教徒有清初“湖广填四川”由贵州移民到安岳永清场黄家沟的黄才伦等。同时，从陕西迁入广元大滩的任姓教徒和从湖北麻城迁入广元元坝、荣山、砖灰一带务农的李姓教徒，在当地串联传教，至雍正八年（1730年）发展教徒达60余人。乾隆元年（1736年）天主教开始传入南充，由外籍神父李安德在溪头乡传教，而后在城内发展了邓、何两家人信教，信徒逐渐增多、并先后在上渡街、吉庆巷建教堂传教。光绪元年（1875年）至光绪十四年（1888年）教堂两次被捣毁，清政府赔银数万两。光绪十五年（1889年），法籍神父李若瑟在大北街重建教堂。其他各县多在清末民初逐渐开始传播天主教。

天主教实行教区管理制度，几经变化。1950年至1952年8月，川北天主教教务分属南充国籍教区、成都教区、万县国籍教区及重庆教区管辖。

南充国籍教区　南充天主教最初归成都教区管辖。民国18年（1929年）成立顺庆代牧区，在大北街天主堂设主教府。民国19年（1930年）由罗马教廷任命中国籍王文成为第一任主教。民国35年（1946年），顺庆代牧区改名为南充国籍教区，管辖区内南充、西充、蓬安、蓬溪、乐至、遂宁、安岳、潼南、营山、岳池、射洪十一县及川东邻水、广安二县共13县教务。教区初立时，从成都教区分得田产225.61公顷（其中在温江66.67公顷），每年收租谷2500石，并直接受梵蒂冈接济（每年银元约10000元）。民国19年（1930年）成立南充临江修院（小修院），培植川北传教人员。民国22年（1933年）修建南充教堂，在各县陆续修建房屋70余处。川北区成立时，南充国籍教区教徒达20000余人。教区内有神父26人，均系川北人，毕业于成都、彭县神哲学院，年龄在30岁到70岁之间，分住在13个县。教区开办有南充民德中学（高初中）及遂宁仁爱中学（初中），大部分经费由政府补助。在潼南、安岳开办小学各一所，由政府接管。在南充、遂宁开办孤儿院各一所，收养孤儿多被遣散，有10人左右由教区修女和神甫组织纺纱以维持生活。在安岳、广安（川东）开办孤老院各一所，土地改革后分得土地，留守孤老依靠劳动生活。

成都教区管辖川北区内天主教概况　区内广元、江油、巴中、昭化、剑阁、三台、南部、阆中、旺苍、仪陇、平武、青川、北川、盐亭、中江、通江、南江、平昌18个县天主教教务归成都教区管辖，系法国巴黎外方传教会系统。1950年至1952年8月，共有教徒约3400人。田产共26.67公顷，还有一些房产。成都教区在川北区辖区有神父9人，其中法国传教士杜朋、安朗如2人住广元。广元天主教神父王良佐于1951年11月底率500多名教徒发起天主教自立革新运动，开全国天主教自立革新运动先河。

万县国籍教区管辖川北区内天主教概况　达县、开江两县天主教教务隶属万县国籍教区管辖，时有教徒3400人左右，由神父王吉松、白健寒负责管理，无外籍传教士。教会有田产共200石，附设达县崇德小学一所，校产60石。1951年，天主教达县革新会改组了崇德小学董事会。

重庆教区管辖川北区内天主教概况　万源、宣汉、武胜三县天主教教务隶属重庆教区管辖，其时教徒数量很少，无专职神父。此外，达县天主教“三善堂”亦直属重庆天主教仁爱堂，内设孤儿院、养老院及若瑟医院。“三善堂”原有职工62人，其中外籍修女7人。1951年7月，经群众揭发，达县人民政府组织调查，确认“三善堂”外籍修女残害孤儿，是为“三善堂”事件。随后，由达县各界代表组成接管委员会，正式接管“三善堂”。同时在达县大操场召开斗争大会，斗争外籍修女残害孤儿的罪恶行为，并将比利时人冯虔敬、何秀清，法国人全善乐，德国人林淑君等四名修女驱逐出国境。

川北天主教自立革新运动　1950年11月底，广元有500多名天主教徒在王良佐神父等人的倡导下，签名发表“清除帝国主义影响和与罗马断绝一切关系”的《广元天主教自立革新运动宣言》，在全国天主教革新运动中开了第一炮。

1951年1月20日，《广元天主教自立革新运动宣言》在《人民日报》第一版全文刊载，随后《川北日报》予以转载，全国天主教徒响应，各地教堂及教徒纷纷来信表示赞许并询问自立革新情况。1月23日《人民日报》刊载《关于天主教革新运动诸问题——川北广元天主教堂答复教友询问》文章，公开发表部分来函和简要答复。中共剑阁地委、广元县委统战部对天主教自立革新运动给予大力支持。此后不久，广元天主教内法国神父安朗如、杜朋借传教为名，破坏“三自革新运动”，广元县人民政府依法将安、杜二人驱逐出境。

1951年3月，广元天主教革新促进会筹委会成立，王良佐等14人为委员。筹委会在党政部门支持下，组织开展教务活动，兴办喜光烛皂工业厂、广元协康奶牛房等企业，扶持自养，安排神职人员生活。11月，成立广元天主教教务委员会，王良佐任主任，尚锡祝任副主任，孙克强等九人为委员。

《广元天主教自立革新运动宣言》发表后，南部、营山天主教神甫董怀安、何隐及教徒等相继发表宣言，拥护革新。南充市由统战部派人一面发动教徒中的积极分子，一面与天主教南充教区主教王文成谈判。王文成在“要减租、要退押”的交换条件下，承认愿“与帝国主义断绝一切关系”，率南充教区13个县的神父、教徒代表333人发表了“自立革新宣言”，号召教区2万多名教友行动起来，开展爱国革新运动。王文成成为全国第一个发表革新宣言的天主教教区主教。1951年1月8日，《人民日报》发表题为《欢迎天主教人士的爱国运动》社论，充分肯定了王文成、王良佐的爱国行为。从此，各县天主教全面开展了革新运动。至1951年2月，川北区十余县教徒1.3万余人进行了签名。同时，大多数县教会成立了三自革新教务委员会或革新运动促进会。

阆中天主堂 明崇祯十四年（1641年），法国神父到阆中传教，在县城学道街购置地产修建教堂。清光绪十一年（1885年），回民聚众捣毁教堂，清政府赔白银数千两，在城郊购地300亩出租，以地租作为教会经济收入。后又买旧状元府新建教堂，可容纳300人参加弥撒，成为阆中、苍溪、南部3县教会的中心。

南充市天主堂 南充市天主堂位于市内大北街。清乾隆年间法国神父李安德到南充传教，在溪头乡建教堂，后在南充县城上渡街建教堂，随后迁入猪行巷、仪凤街常家院子等地建教堂。清光绪二十年（1894年）迁至大北街谢家祠堂修建教堂。民国18年（1929年），成立顺庆代牧区。民国22年（1933年），王文成主教赴梵蒂冈朝见教皇庇约十一世回国后，亲自设计施工，将原教堂改建成四面通风、小巧玲珑、庄严美观的主教座堂，可容纳近千人参加弥撒。

西山本笃院 位于南充西山的本笃院，是本笃会比利时圣安德肋总修院在中国设立的第一座修院。民国16年（1927年）5月佘同仁、高克谷二位神父受命比利时圣安德肋总修院教命，前往中国，筹建天主教本笃院。翌年5月才抵达四川成都。长途旅行，加上自然条件恶劣，高克谷神父身染病毒，极度虚弱，只得暂居成都修养。6月初，又另由赖劳西神父引带佘同仁神父前往南充顺庆选址，最终选定在西山边翁家沟筹建天主教本笃院。民国17年（1928年）年底动工，至民国20年（1931年）1月，西山本笃院先期工程落成。整个工程由天主教南充教区首任主教王文成督办完成，并亲自主持举行了祝圣典礼。佘同仁神父为本笃院第一任院长。其后几年，又进行了扩建。所有建设费用均为比利时圣安德肋总修院赞助。

西山本笃院历经三任外籍院长，曾住过12个外籍神父和修士，培养过众多的中国籍神职人员。抗日战争初期，曾在西山本笃院学习的印尼华裔神父杨安然与宋美龄相识并成为好友。杨安然向宋美龄推荐了法文老师魏德明，对宋学习法文帮助很大。民国32年（1943年），西山本笃院因经费问题难以维系，次年大多外籍传教士撤走，只留有几个神父和修士。余房闲置，由伍非百租赁办学，创办西山书院。民国35年（1946年），西山本笃院院长文嘉礼用修士杨安然从美国募来的捐款，在成都市羊市街修建楼房，并挂出“中西文化研究所”招牌，将西山本笃院的图书、资料及资产搬往成都。民国37年（1948年），西山本笃院迁往成都。

民德小学 民国28年（1939年）8月，经王文成主教、范荫槐神父等人研究，兴办面向社会招生的民德小学。教材与公办学校相同，经费由教会筹集，吸收社会名流组成校董事会，以王文成为董事长。扩建成中学后，聘请张克谦为首任校长。将天主堂隔壁的街房和圣心修道院院址改建成教室和办公室，定名为民德学校。当年9月先行开学，招收小学升初中5个修正班，约150人，

12月由县府转报四川省教育厅核准备案。民国29年（1940年）扩建为12个班，招生600多人。1950年停办。

民德中学　民国30年（1941年）在民德小学毕业班中招收女生设立初中班，创办南充民德女子中学。民国36年（1947年），开始招收男生初中班。民国37年（1948年）下半年增设男生高中部，男女合校，经省教育厅核准备案，将私立南充民德女子中学校更名为私立南充民德中学校。1951年，王文成主教和南充教区13县司铎和300多名教友发表“三自”革新宣言，宣布不再接受梵蒂冈援助，民德中学经费由南充市人民政府补助。1952年下半年，私立南充民德中学由南充市人民政府接收改为公办，更名为四川省南充第一中学。

南充慈幼院　民国32年（1943年），天主教南充教区在吉庆巷办慈幼院1所。1952年，收养儿童207人。1952年6月3日，慈幼院被人民政府接收。

【基督教】　清光绪十一年（1885年），英国基督教牧师到南充传教，修建教堂。民国元年（1912年）后，四川教区划为东西两个教区，东川教区办事处设在阆中。阆中曾一度成为川东北基督教活动的中心。阆中人古鹤龄曾担任东川教区副会督。至1949年12月，先后有美国、英国等8个国家的54名传教士在川北传教。基督教派别众多，在区内传播的有中华圣公会、卫理公会、公谊会、安息日会、真耶稣教、福音会等六个派别。基督教在川北的传教士通过行医治病、办学和收养孤儿等公益事业吸引群众，扩大影响，发展较为迅速。

1950年9月，《中国基督教在新中国建设中努力的途径》的革新宣言发表后，川北各地基督教教会积极响应，先后成立基督教三自革新运动委员会。此后两年，外国传教士陆续回国或被驱逐遣返，教会兴办的学校、医院、孤儿院等或收归国有，或解散，教会活动受到抑制，影响趋于萎缩。

基督教中华圣公会川东教区　清光绪十三年（1887年）英国内地会（差会）牧师盖士利由汉中传入阆中，推行至川北，川东，川西各地成立四川教区。民国14年（1925年），盖死，遂分立川西及川东（川北、川东之部分）两教区。

英人莫如德、侯礼敦、贝盖芬及阆中古鹤龄相继任会督，管辖川北南充、阆中、仪陇、广元、巴中、营山、岳池、达县、南部、剑阁、蓬安、西充、武胜、苍溪、昭化15县之中华圣公会及川东13县。川北教徒约3400人，以城市贫民、小商、小手工业者为主，妇女尤多。教会原设立福音中小学多处，都在川北区时期停办。在阆中开办50年之久的仁济医院（川北区时为川北第二医院），设备较川北各医院齐全，内有X光室、手术室、化验室等，年收支2万余元，有职工44人，英德籍传教士医生12人（小孩2人），均系英内地会会员，负责人为英国人马德启。经费开支除由上海内地会接济外，药品由红十字会供给部分。此外，各地中外籍传教士借传教开设诊所，规模小的医院均在川北行署时期停办，较大的如南充等处由政府接办。仪陇大仪山有孤儿院1处，时收养孤儿20余人，原由澳大利亚人贾美玉负责，川北行署时期回国。大仪山孤儿院在土改期间分得土地维持生活。

中华圣公会即为英内地会控制的传教系统，至解放时统计，教区有外籍传教士内地会会员31人（德5人、澳1人、新西兰1人、英24人），解放后纷纷申请返国。川北行署时期留下7人，如阆中马德启、奚慕泽（英）在川北第二医院工作。

基督教卫理公会川北传教概况　以遂宁、安岳、潼南、乐至（安岳、乐至人数极少）4县为一教区，直属成都教会领导。教徒人数不足200人，以社会中上层人士较多。民国时期，美国传教士岳太太在遂宁县开办了涪江女中，精一中学，经费由美国卫理公会男女布道会接济。川北区时期，两校合并，被政府接办。有田地2.67公顷，校产房7座，年开支1000余元。住遂宁县的美籍教士克依德、苏荣贞借传教从事间谍活动，被驱逐出境。

基督教公谊会概况　辖射洪、三台、盐亭、遂宁，成立月会，直属成都年会领导，教徒人数约300人左右。开办有遂宁博济医院、三台仁济医院，经费由英国公谊会接济。川北行署时期，均被政府接办。英国传教士戴培德住三台，教区负责人赵光辉。

基督教安息日会概况　教徒不足百人，分布南充、营山、遂宁、阆中、蓬安、南部各县，均隶属重庆，总会设上海。川北行署时期，各地传教士均已设法谋职，从事自养，教区之内，无外籍传教士，无附属事业。南充传教士朱受恩、营山传教士吴余生，参加了教书、医务工作。

真耶稣教川北办事处　真耶稣教在西充设有川北办事处，负责人王雅各，来往于南充、西充、南部之间传教，并宣传本教派属“纯粹中国教”。在川北区时期，积极争取合法登记，未果。

福音会川北传教概况　外籍传教士魏约翰、包自立等6人召集华北农学院等处学生传教士14人，在昭化偏僻深山闭关传教，教徒很少，仅数人。实行三自革新后，魏约翰、包自立拿出300元，供传教人员从事生产活动。

阆中福音堂　原名圣约翰堂。盖士利于清光绪二十八年（1902年），聘请澳大利亚建筑工程师设计修建。有附属平房及墓地，占地面积2.67公顷。时为西南地区最大教堂，全国亦属少见。教堂呈东西向十字架结构，筒瓦屋顶，造型别致，精巧玲珑。殿堂前两房镶嵌有“主祷文”“十条诫”“使徒信经”碣石碑。内堂宽敞，明亮、无回声，可容纳2000多人。

人 物

人物传

【胡耀邦】 胡耀邦（1915—1989），字国光，湖南省浏阳县人。久经考验的忠诚的共产主义战士，伟大的无产阶级革命家、政治家，中国人民解放军杰出的政治工作者，长期担任中共重要领导职务的卓越领导人。

民国4年（1915年）11月20日（农历乙卯年十月十四日），胡耀邦出生于湖南省浏阳县中和乡一个贫苦的农耕之家。民国9年（1920年），胡耀邦被父亲胡祖伦送入“种桃书屋”（胡耀邦曾祖父胡名钟倡立）学习四书五经，民国11年（1922年）到兴文小学读初小，民国15年（1926年）到文家市里仁学堂读高小。里仁学堂按新式教育的要求，开设了国文、算术、历史、地理、体育、音乐等课程，为胡耀邦打开了新的天地。已加入中国共产党的教师甘思藻对年纪尚小的胡耀邦着意培养，介绍他读《中国青年》上的一些文章，对他讲什么是帝国主义、封建主义、农民如何受剥削等。这些，在少年胡耀邦心灵里播撒了阶级意识的种子，唤醒了对革命的朦胧追求。不久，胡耀邦担任了里仁学堂的少年先锋队队长兼宣传组组长。

民国18年（1929年）夏，胡耀邦高小毕业考上了浏阳县立初级中学。是年12月，放寒假回家的胡耀邦，秘密加入了少年共产党（即共青团）。民国19年（1930年）4月，浏阳中学因学生四处避难无法上课，胡耀邦和部分学生到长沙妙高峰中学上学，是年7月学校又停课，上了不到一年中学的胡耀邦不得不中止学业。

从此，胡耀邦结束了正规的学校生活，踏上了革命工作的道路。

胡耀邦中止学业回到家乡后，不久就当上了乡少年先锋队队长兼儿童团团长，后又做了团支部书记、团区委委员。民国19年（1930年）10月，胡耀邦被调到第十八区区委做宣传工作，是年11月去江西、湖南交界处的湘赣革命根据地工作。民国20年（1931年）2月，任少共湘东南特委技术书记，10月任湘赣省儿童局书记。民国22年（1933年）1月，胡耀邦到中央苏区反帝拥苏总同盟青年部工作，8月任青年部部长，后又兼任宣传部部长。

民国22年（1933年）9月，胡耀邦由青年团员转为共产党员。

民国23年（1934年）初春，胡耀邦任少共中央局（即共产主义青年团中央局）秘书长。是年10月，胡耀邦随中央纵队从瑞金出发参加长征。长征初期，胡耀邦主要从事思想政治工作和宣传鼓动工作。民国24年（1935年）1月，胡耀邦从“中央工作团”编进了红3军团，担任了13团的党总支书记。从此，他参加了作战部队的行动。是年10月19日，中央红军主力到达陕北根据地吴起镇（今吴旗），标志着红一方面军正式结束了长征。

胡耀邦随中央机关到达陕北后，仍担任少共中央局秘书长。民国25年（1936年）1月，在准备红军东征时，胡耀邦被调到地方工作团下辖的石楼县工作队任队长。是年5月，红军东征结束回到瓦窑堡后，胡耀邦又重新走上了共青团工作岗位，任共青团中央组织部副部长、组织部部长、宣传部部长。胡耀邦按照中央的部署，积极投入到改造共青团的工作。共青团改造之后，胡耀邦继续从事青年工作。西安事变和平解决后，胡耀邦围绕宣传统一战线新形势，动员青年积极参加抗日武装斗争。

民国26年（1937年）3月，胡耀邦被选派到中国人民抗日军事政治大学（简称抗大）第二期学习。是年秋，胡耀邦从抗大高级研究班毕业后留校工作，任抗大政治部副主任，正式进入抗大领导层，筹备并创办了抗大校刊《思想战线》。民国27年（1938年）4月，任抗大第4期1队政委。民国28年（1939年）3月，任中央军委总政治部组织部副部长（当时组织部长方强在华北工作，胡耀邦代行部长职务）、部长，负责军队领导干部的考察、任免和调动事项。

民国30年（1941年）11月，胡耀邦同延安中国女子大学毕业生、21岁的李昭（原名李淑秀）结婚。他们携手并进，互敬互爱，相濡以沫，相伴终生。

民国34年（1945年）4月23日至6月11日，中国共产党在延安举行第七次全国代表大会，胡耀邦作为全国121万党员的547名正式代表之一，参加了中共七大。这是胡耀邦生平第一次直接地、集中地聆听中共最高领导人纵论建党大计、建国大计、建军大计。

民国34年（1945年）8月15日，日本宣布无条件投降，中国人民的抗日战争取得了最后胜利。是年11月，胡耀邦请求到前方开辟工作。民国35年（1946年），胡耀邦任冀热辽军区政治部主任。是年7月，胡耀邦任晋察冀军区下辖的晋察冀野战军第四纵队政治委员，参加了9月的保卫张家口战役。是年11月至民国36年（1947年）1月，参加指挥了各野战队连续发起的易（县）涞（水）、满城、保（定）南战役。之后，胡耀邦参加指挥了著名的三战三捷的正太、青（县）沧（县）、保（定）北战役。正太战役后，晋察冀部队再次进行了整编，胡耀邦调任第三纵队政治委员，成为领导3万大军的政治委员。胡耀邦参加指挥了清风店战役、解放石家庄战役、庄疃战役、平谷扭击战等战役，使他的战略战术和政治工作得到了全面锻炼。

民国37年（1948年）5月，原晋冀鲁豫军区野战军改为第1兵团，胡耀邦升任第1兵团政治部主任。民国38年（1949年）2月，第1兵团改编为中国人民解放军第18兵团，胡耀邦任政治部主任，参加领导了晋中战役、解放太原等战役。是年5月下旬，第18兵团奉命挺进大西北。他参加领导了咸阳阻击战、扶郿战役、宝鸡战役。

胡耀邦在这一时期，一直从事军队政治工作。他既围绕各次战役深入进行政治动员，开展政策、纪律教育，组织对敌政治攻势，又以极大精力，加强部队经常性的政治工作建设。他领导政治工作的思路总是富有创造性，方式、方法总是生动活泼，因此他所在的部队总是保持蓬勃朝气。

民国38年（1949年）7月，胡耀邦离开宝鸡前往北平，他作为新民主主义青年团的代表出席了中国人民政治协商会议第一届全体会议。

1949年10月1日，胡耀邦登上天安门城楼参加了开国大典。

胡耀邦出席政协第一届全体会议和参加开国大典后，与司令员贺龙到晋南重镇临汾，与晋绥分局领导会商了大批干部南下四川的配合问题。10月30日，南下干部誓师，胡耀邦代表第18兵团作了讲话。其后，胡耀邦回到秦岭前线。

四川是西南的重心，拿下四川，就动摇了国民党在整个大西南的根底。进军大西南，首先要攻克四川，中央将由陕入川的任务交给了第18兵团。从12月4日开始，第18兵团翻过300多公里的秦岭，跨越200多公里的大巴山，攻克剑门关，沿奇险的蜀道直扑而下。12月15日，胡耀邦率左路第61军穿越大巴山占领南江县后，急速涉过嘉陵江、涪江，一路扫荡残敌，几乎每天攻克一座县城，直抵三台、中江。

12月中旬，胡耀邦在率军入川的途中，中共中央西南局即电告川西北军政委员会“同意组织川北党的临时工委，以胡耀邦同志为书记，赵林同志为副书记。川北政权组织可直接以行署名义出现，不必用军政委员会过渡。奉西南军政委员会刘（伯承）电令，发表行署正副主任，先行到职，随即报中央政府”。

12月下旬，第18兵团同2野第5兵团、第3兵团和4野第50军密切配合，发起了成都战役。12月27

日，成都解放。12月30日，贺龙率第18兵团举行盛大的入城仪式，贺龙、周士第、李井泉、胡耀邦、陈漫远等分乘吉普车，在万众欢呼、喧天锣鼓声中，进入成都市。至此，第18兵团入川的主要战斗任务基本结束。胡耀邦多年的戎马生涯也随之结束，即将承担主政川北地方工作的重担。

1950年2月18日，胡耀邦辞别兵团首长和战友们，从成都出发奔向南充。2月20日傍晚，胡耀邦到达了南充城区。当天晚上，召开了临时工委会议，听取赵林等人就川北情况和近期工作的汇报。2月21日至24日，在县以上干部会上，宣布中共川北区委员会、川北行政公署、人民解放军川北军区成立，胡耀邦任区党委第一书记、行署主任、军区政委。

1952年下半年，在完成中华人民共和国成立初期的民主改革和建设任务后，川北、川南、川西、川东4个省级建制区重新合并为四川省。6月，中央电令川北区党委“调胡耀邦来中央工作，务于七月底抵京”。7月下旬，在静悄悄的黎明，胡耀邦轻车启程，悄然离开川北。

胡耀邦主政川北区的两年多时间里，他创造性地执行中央和西南局的方针、政策，领导川北人民开展剿匪“镇反”、肃清匪特斗争，建立各级人民代表会议制度，扩大人民民主统一战线，造就一大批干部队伍，建立和巩固了新生的各级人民民主政权；领导川北人民进行土地改革、减租退押，恢复与发展农业生产；领导川北人民开展“三反”“五反”运动，严格执行财经统一政策，保护工商业发展，迅速恢复和发展了川北经济；领导川北人民开展爱国增产、互助合作运动，改善了人民生活。他充分尊重知识分子，促进了川北文教与文艺事业的发展；他充分重视市政建设和交通建设，特别是对城市发展作出了第一次规划，为城市后来的发展奠定了基本骨架；他号召川北人民以极大的热忱，以巨大的人力、物力和财力支援了抗美援朝、保家卫国战争。

1952年8月，胡耀邦当选为中国新民主主义青年团中央委员会书记处书记。

1956年9月，胡耀邦当选为中共八大中央委员。

1957年5月，中国新民主主义青年团第三次全国代表大会决定将青年团名称改为“共产主义青年团”。在共青团三届一中全会上，胡耀邦当选为共青团中央第一书记。

胡耀邦在主持共青团中央工作期间，创造性地执行中共中央的指示，开辟了中华人民共和国成立以来青年工作最为活跃并且积累了重要经验的时期。他围绕中共的中心工作，按照青年的特点组织开展了全国青年突击队、青年垦荒队、青年植树造林、共产主义道德教育等富有青年特色的丰富多彩的活动，注重在实践中用共产主义思想教育团员青年，在全团倡导“朝气蓬勃，实事求是”的作风，团结带领团员青年积极参加社会主义建设，使团的工作和青少年事业得到巨大的发展，充分发挥了共青团作为党的助手和后备军的重要作用。

1962年5月，胡耀邦主动请缨带职下放，中央批准并任命他为中共湖南省委书记处书记，兼湘潭地委书记，工作重点在湘潭。他在参加中央工作会议和八届十中全会后，于11月10日前往湖南上任，11月16日到达湘潭。胡耀邦团结和带领湘潭地委一班人，创造性地贯彻党中央方针政策，善于抓住典型，充分调动群众的积极性，在全地区开展了鼓干劲、搞好生产的热潮，扭转了在困难面前消极悲观的局面，使全地区粮食年总产量达到了新中国成立后的最高水平。

1964年7月，在共青团九届一中全会上，胡耀邦仍当选为共青团中央第一书记。

1964年11月，中共中央任命胡耀邦任中共中央西北局第三书记兼陕西省委代理第一书记，同时保留共青团中央第一书记。1964年12月，继续当选为第三届全国人民代表大会常务委员会委员。1965年6月25日西北局通知：中共中央同意胡耀邦任中共陕西省委第一书记、西北局第二书记。他深入实际，调查研究，实事求是，反对浮夸，关心群众，扎实工作，推进了当地经济建设和各项事业的发展。

1966年8月，共青团中央改组，胡耀邦和共青团中央其他书记被停职。

“文化大革命”中，胡耀邦受到严重迫害。

1975年7月，胡耀邦任中国科学院党组织领导，认真贯彻邓小平提出的全面整顿方针，领导起草了《关于科技工作的几个问题》的汇报提纲，实事求是地反映科技战线的实际情况，努力消除“文化大革命”给科技工作造成的不良影响。

1977年3月，胡耀邦任中共中央党校副校长，8月在中共十一大上当选为十一届中央委员，12月任中共中央组织部部长。

1978年12月，胡耀邦在中共十一届三中全会上当选为中央政治局委员、中央纪律检查委员会第三书记，并任中共中央宣传部部长、中共中央秘书长等职。

胡耀邦在这一时期，组织和推动了关于真理标准的讨论，为冲破“两个凡是”的严重束缚、重新确立党的马克思主义思想路线作了理论准备；组织和领导了平反冤假错案、落实干部政策的大量工作，使一大批遭受冤屈和迫害的老一辈革命家、干部、知识分子和人民群众得以平反昭雪、恢复名誉。

1980年2月，胡耀邦在中共十一届五中全会上当选为中央政治局常委、中央委员会总书记。

1981年6月，胡耀邦在中共十一届六中全会上当选为中央委员会主席。

1982年9月，胡耀邦在中共十二届一中全会上当选为中央政治局委员、中央政治局常委、中央委员会总书记（按照中共十二大通过的《党章》规定不再设中央委员会主席职务）。

胡耀邦担任中共主要领导职务期间，积极参与制定和贯彻以邓小平为核心的第二代中央领导集体的重大决策和战略部署，为坚持党的十一届三中全会以来的路线方针政策，为推动改革开放和社会主义现代化建设，为推进中国特色社会主义事业，做出了重大贡献。

胡耀邦在党的十二大代表中央所作的《全面开创社会主义现代化建设的新局面》报告，鲜明地提出了党在新时期的重大历史任务；他主持和参与主持制定了《中共中央关于经济体制改革的决定》等一系列关于农村改革、城市改革、对外开放的重要文件，努力探索党和国家领导体制的改革，为推进改革开放进程倾注了大量心血；他主持制定了《中共中央关于教育体制改革的决定》和《中共中央关于社会主义精神文明建设指导方针的决议》，推动科技、教育、文艺、新闻工作出现了蓬勃发展的局面。他十分关心欠发达地区的建设事业，经常深入老少边穷地区，同当地干部群众共商脱贫致富大计；他坚持贯彻党的统一战线工作的方针政策，着眼于调动各方面的积极因素，积极推进党的统一战线工作和民族工作、宗教工作；他为坚持和完善中国共产党领导的多党合作和政治协商制度、加强中国共产党同各民主党派和无党派人士的合作，做了大量富有成效的工作；他坚持推动新形势下党的建设，在纪念马克思逝世100周年大会上作了《马克思主义伟大真理的光芒照耀我们前进》的报告，充分表达了我们党在新的历史条件下坚持和发展马克思主义的坚定信念；他参与主持制定了《关于党内政治生活的若干准则》，强调发扬党的优良传统和作风，维护党的民主集中制，严明党的纪律，发展党内民主，为加强和改善党的领导做了大量工作；他坚持党的干部队伍“四化”方针，大力推进各级领导班子建设和干部人事制度改革，满腔热情地关怀和培养优秀年轻干部；他坚定不移地与不正之风和腐败现象做斗争，号召各级领导干部和中央机关在端正党风方面发挥表率作用；他坚持党的外交方针政策，明确提出处理党际关系的四项原则，开创了新时期我国对外交往工作新局面。

1987年1月，胡耀邦在中共中央政治局扩大会议上辞去中央委员会总书记职务。是年11月，在中共十三届一中全会上当选为中央政治局委员。

1989年4月8日，胡耀邦在出席中央政治局会议时，突发大面积心肌梗塞，经全力治疗，未能挽救，于1989年4月15日晨7时53分在北京逝世，享年73岁。

【李　琳】　李琳（1923—1950），河南省修武县人。民国27年（1938年）参加游击队，从事抗日活动。抗战胜利后，加入中国人民解放军，先后担任副连长、连长、副营长、营长，参加了攻克临汾、太原、西安等大小数十次战斗，作战勇敢顽强，指挥灵活果断，成长为优秀指挥员。

1949年12月，中国人民解放军第18兵团南下解放四川。李琳任61军182师545团3营营长，1950年2月4日进驻北川。3月初，北川境内相继发生反共武装暴乱。3月6日，县城被暴乱武装围困。李琳同地方党政负责人紧密配合，沉着应变。一面组织军民在城周设防，固守县城；一面展开政治攻势，向敌阵喊话，宣传中国共产党的政策，争取被胁迫的群众，分化敌阵。相持3天。3月9日起，李琳派出部队主动出击，分股围歼暴乱武装。至13日，在基本未伤害受蒙蔽的群众的情况下平息了暴乱。4月19日清晨，秘密集结于县城周围的以国民党溃军为骨干的反共武装数百人发动了第二次围攻县城的暴乱。时值3营官兵大部外出执行任务，城内仅有武装人员100余人。听到城外枪声，李琳迅速派兵抢占奎星山、魏家坪等制高点，加强北关和南门外索桥头等处的防御力量。上午10时许，李琳登上奎星山，用望远镜观察敌情，被潜伏在对岸索桥头上方碉堡内的暴乱武装发现，以机枪疯狂射击，李琳不幸中弹牺牲，时年27岁。

【刘坤文】　刘坤文（1934—1950），中江县人，民国36年（1947年）在仓山中学读书时，经教师杨贯之（中共地下党员）教育培养，阅读大量进步书刊，常在校刊和墙报上撰写文章揭露国民党的黑暗统治。1949年12月，经杨贯之老师介绍，参加杨忠明（又名杨志远）领导的游击队，担任宣传工作，常在仓山镇张贴标语传单，并指定专人搜集县警察中队活动情况。他和队员们一起，利用仓山镇赶场天，到镇内观音堂、龙王庙、城隆庙人流汇集处，散发传单，机警地避开县警察的追捕。

12月下旬，杨贯之将刘坤文介绍给川中游击纵队司令员王子度。后由王子度推荐参加遂宁地干班学习，期满调射洪工作。1950年，刘坤文任射洪县总工会青年委员会干事。5月，随征粮工作队到太乙乡征粮。11日傍晚，到柳树区，途经大乙乡和文聚乡交界处的白庙子，被匪徒枪杀牺牲，年仅16岁。

【苏　文】　苏文（1912—1950），又名允清，蓬溪县人。民国16年（1927年）春，考入县中读书，民国18年（1929年）秋，加入中国共产主义青年团。民国19年（1930年），加入中国共产党，任中共蓬溪县中学地下组织支部组织委员。民国20年（1931年），在成都《大声周刊》社工作。民国21年（1932年）在回马中心国民小学任教。民国25年（1936年），到金桥乡谢氏祠任教。民国33年至34年（1944年—1945年），供职蓬溪县中、蓬溪简易师范学校。民国35年（1946年），任简师代理校长。民国37年（1948年），在县中任教时，县盐警队无理扣捕学生，苏文组织百余名学生抗议，迫使盐警释放扣捕学生，因此以异党嫌疑被扣捕，送重庆渣滓洞监禁，经人保释回蓬溪。

1949年12月，蓬溪解放，苏文在县解放委员会负责宣传工作，1950年2月，调任蓬南征粮剿匪工作队长。3月14日，原蓬南乡乡长何北高在太平寨组织九路军策动暴乱，苏文奉令围歼，被土匪包围三天两夜，在寡不敌众、弹尽粮绝、援军未到之际被俘，牺牲于蓬南乡马槽沟辉煌庙，年仅39岁。1950年6月21日，蓬溪县人民政府追认苏文为革命烈士。

【赵应成】 赵应成（1916—1950），号俊杰，青川县人。赵应成曾任私塾和小学教员，后为青川县房石乡户籍助理干事。民国38年（1949年）春，任青川县房石乡副乡长。1950年，代行乡长职务。5月18日，驻青川解放军召开群众大会，任命赵应成为大石乡乡长兼清匪队长。赵应成上任后，积极工作，宣传政策，安抚群众，征粮收枪，瓦解敌人，奔忙于新顺、马公、石坝等地，经常向县人民政府和驻军报告匪情。5月25日，赵应成到石坝督征公粮，途经新顺老瓦槽，遭遇土匪伏击，赵应成沉着应战脱险。赵不怕危难，仍坚持工作，深入敌巢，分化瓦解土匪，先后收降贾匪队长李应发、王开金二人，得枪10余支。6月27日，赵应成到新顺，与土匪队长贾国模谈判交枪归降，夜宿焦家湾，次日途经鱼洞坝，被土匪40余人伏击，战斗约4小时，因寡不敌众，赵应成牺牲。6月29日，赵应成遗体运回大石坝。剿匪部队召开追悼会，解放军和群众数百人参加，青川县人民政府追认赵应成为剿匪阵亡烈士。

【袁　观】 袁观（1910—1950），原名登阙，号伯轩，南充县（今高坪区）人。民国27年（1938年）3月，加入中国共产党。并与沈迪群、贾子群、陈尧良等人集资在县城大北街开办新川北书店，推销《新华日报》《论持久战》等抗日救亡书刊。民国29年（1940年）春，任城北小学事务主任，与党员于洪烈（中心县委组织干事）、教师韩学志成立党小组，他任组长。4月，于洪烈被捕。中心县委迁驻广安。袁观不顾个人安危，留在南充坚持工作。9月3日，日机轰炸南充，于洪烈乘机出狱，袁观将其送到乡下隐蔽，又为其筹足路费，转移到重庆。皖南事变后，他自购油印机和纸墨，连夜赶印揭露皖南事变真相的传单，揭露国民党假抗战、真反共的行径。民国33年（1944年）夏，他到成都找党。民国34年（1945年）夏，在蓉接上了组织关系。民国36年（1947年）6月，党组织派他回南充开展工作。民国37年（1948年）4月，成立中共遂（宁）南（充）中心县委，袁观任副书记。11月14日，袁儒杰被捕叛变，出卖了袁观，袁观化装成力夫到成都。是月底，他又化名王恒升到广安。民国38年（1949年）4月，南充、岳池的党组织合并成立中共南岳工委，袁观任书记。8月，成立川北特别支队，该队有500人，袁观任政委，胡豫侯任支队长。

1950年1月8日，袁观任中共南充县委副书记兼城关区委书记。3月，南充市成立，袁观任市长。1950年9月袁观逝世。

【王泽溥】 王泽溥（1919—1950），蓬安县人。初中毕业后，曾经教过小学，做过烟酒生意。民国36年（1947年），到彰明县（今属江油市）田赋粮食管理处当雇员。1949年11月返回蓬安。1950年3月，被蓬安县人民政府财粮科正源征收处吸收参加征粮工作。

1950年，秋粮入库期间，正源粮食分库石佛寺征收组组长苏洪文（曾任国民政府时期永新征收处副主任）趁机在秤砣上加铁片、塞泥巴，浮收稻谷近万斤，企图盗卖贪污，被交粮群众告发后，县公粮分库派王泽溥去石佛仓库担任仓库保管员。苏洪文见王泽溥工作极端负责，办事廉洁奉公，使他既无法开空头码单，又无法直接出仓，便拉拢王泽溥伙同贪污。王泽溥严词说："我坚决不干对不起共产党的事。"苏被拒绝后，怕自己的罪行暴露，便蓄意杀害王泽溥。苏以1万余斤仓余粮食为诱饵，勾结民国时期的乡保人员吴祥云（乡队副）、张尧阶（乡民政干事）、张俊民（保长）等人，密谋策划，用白银雇请凶手，伺机杀害王泽溥。1950年12月14日傍晚，王泽溥送报表到县城中央公粮分库返回途中，在正源下中坝黄连桥垭口处，被暗藏在路旁的张俊民、张佐廷、吕友乾拖至上中坝河边，用尖刀刺死，绑上石头，沉尸江中。王泽溥牺牲后，川北行署授予王泽溥"革命烈士"称号。

【邓仕钧】 邓仕钧（(1916—1951)，又名世军，苍溪县人。民国22年（1933年）5月，邓世钧参加中国工农红军，被编入31军93师274团。同年加入中国共产党，参加二万五千里长征。先后在红军、八路军、解放军中任勤务员、通讯员、卫生员及排长、连长、营长、团长职务。多次获模范共产党员和生产、工作模范称号，在历次战斗中英勇顽强，12次负伤。民国32年（1943年）在反击日军"扫荡"中，邓世钧率领部队冲出三层包围，毙敌20多名。在磨河滩北冶沟战斗中，率一个连占领制高点，掩护主力军转移，激战一日，击退日军7次冲锋。邓世钧一人投掷手榴弹40多颗。手榴弹投完后又投地雷。杀伤敌人70余名，粉碎敌军分进合击企图，使主力部队安全转移。邓世钧荣膺"晋察冀边区子弟兵战斗英雄"称号，获得一级英雄奖章。1950年，邓世钧参加中国人民志愿军赴朝抗美，任志愿军187师559团团长，1951年5月28日，在洪川江南岸战斗中牺牲。

【黄定基】 黄定基（1915—1951），福建省长汀县（今上杭县）人。出生于贫苦农民家庭，11岁时到竹器铺当学徒。民国18年（1929年）参加红军，民国22年（1933年）任少共国际师连长时，以少胜多，荣获"特等杀敌英雄"称号，当年由共青团员转为中共党员。20余年战争生涯，他历任班长、排长、连长、营长、旅长、师长。民国31年（1942年）白庄伏击战中，他指挥一个团与友邻部队配合，击毙日寇36师团高木联队第11、12两个中队及日寇"白晋观光团"少佐。战后，新华社头版头条刊登了《白庄模范伏击战》的消息。民国37年（1948年）临汾战役中，他指挥的23旅为解放临汾起了决定性的作用，中央军委授予"临汾旅"的光荣称号。民国38年（1949年）2月，黄定基任中国人民解放军第18兵团60军179师师长。1949年10月1日，黄定基以全军战斗英雄和"光荣的临汾旅"指战员代表的身份参加中华人民共和国开国大典，登上天安门观礼台。

1949年12月，黄定基率179师进军川西北地区。12月31日，黄定基奉兵团命令，任川北军区南充军分区司令员、党委书记，后任川北军区副司令员。1951年9月20日黄定基逝世。

【黄继光】 黄继光（1931—1952），中江县人。1949年12月，中江解放，黄继光积极参加农民协会，减租退押时，因工作积极，两次评为模范。1951年3月，黄继光响应"抗美援朝，保家卫国"号召，积极报名参军。1952年7月，黄继光荣立三等功，并光荣加入中国新民主主义青年团。19日，黄继光所在的志愿军某部奉命夺取上甘岭零号高地。下午5点30分，某部六连发起多次冲锋。零号高地两侧全是陡坡，只有约10米宽一道山梁，敌人中心火力点的地堡筑在高地石岩上，地势隐蔽，两侧又有七八个地堡构成环形防御工事，严密封锁部队前进道路。某部6连连长万福来把战士编成几个小组，分头爆破，连续几声巨响，火力点周围的几个地堡飞上了天。这时100多名敌人在中心火力点的掩护下猛烈还击，某部6连爆破战士除两名重伤外，全部壮烈牺牲。连长急得满头大汗，提起一个手雷翻身跳出工事。在这紧急关头，黄继光大声喊道："首长不能去，把任务交给我！"6连通讯员萧登良、吴三扬也喊了起来："把任务交给我们！"这时，营参谋长张广生命令黄继光代理6班班长，率领吴三扬、萧登良完成爆破任务。黄继光立即和吴、萧利用照明弹的明暗间歇，向敌人阵地冲去。离敌人中心火力点约30多米处，指挥吴三扬正面掩护，吸引敌人火力，他和萧登良一左一右，迅速前进，同时甩出手雷，把敌人中心火力点下残存的两个地堡炸毁。激战中，吴三扬英勇牺牲，萧登良负伤倒地，黄继光从山坡后侧向中心火力点爬去。敌人向他疯狂扫射，他一跃爬上陡坡，离敌人只有八九米时，举起手雷，向敌人火力点砸去……在这瞬间，敌人的机枪、火箭筒一齐射来，团团火花把他围住，他身体晃了几晃，栽倒在地。不久，他拖着沉重的身体，艰难地爬行，越来越接近火力点时，刷地一下挺起身来，甩出手雷，一声巨响，敌人火力点被浓烟吞没，机枪哑了，我军跃起冲锋，不料敌堡另一个机枪孔又发出狂啸，战士被阻在山坡。20日晨，天色渐亮，他艰难地向前蠕动，头贴着地面，左腿在身后拖着，靠近中心火力点时，他一跃而起，张开双臂，扑向敌人正在喷火的机枪口……霎时火舌熄灭。战友们高喊：“为黄继光报仇！”怒潮般地冲上零号高地，全歼守敌，夺取了上甘岭零号高地。指导员冯玉庆把他从地堡的机枪口上抱起来，黄继光身负七处重伤，壮烈牺牲。

1953年1月14日，中江县各界3万余人，在县城公园广场隆重举行黄继光烈士追悼大会。3月3日，沈阳各界2万余人，隆重追悼黄继光烈士，灵柩安葬在沈阳市志愿军烈士陵园。3月30日，志愿军某部党委根据黄继光生前的请求，追认他为中国共产党党员，并授予他“模范团员”光荣称号。4月8日，中国人民志愿军总政治部为黄继光追记特等功，并授予“特级英雄”称号。6月25日，朝鲜最高人民会议常任委员会授予黄继光“朝鲜民主主义人民共和国英雄”称号，同时授予“金星奖章”和“一级国旗勋章”。是年，四川省人民政府将黄继光生前所在的乡命名为“继光乡”。1962年10月20日，黄继光纪念馆开馆。1977年，继光乡附近修建的中型水库被命名为“继光水库”，1984年，中江县人大常委会决定在县城魁山西麓新建“黄继光纪念馆”，以志缅怀。

【伍先华】 伍先华（1927—1952），遂宁县人。15岁时被国民党军队拉壮丁入伍。1949年12月起义，参加中国人民解放军。次年，加入新民主主义青年团。1951年3月，响应“保家卫国，抗美援朝”的号召，参加中国人民志愿军，入朝作战。1951年4月至6月，在第五次战役中，伍先华冒着敌人疯狂的扫射和轰炸，把受伤的班长背下阵地，又急返战场狠击敌人，打退了三次反冲击，荣立三等功。8月，加入中国共产党。不久，任2连1排3班班长。伍先华所在部队接到修筑防御工事任务，挖交通壕时，他采用先掏空底层再砸上层的办法，提高工效两倍半；修坑道时，他找窍门使爆破进度由30公分提高到50公分；修工事、劈木柴的斧头不够用，他让战士休息，自己顶风冒雪彻夜干；收工后，他让战士休息，自己则下山挑水；晚上，等大家睡觉后，还给战士刮掉鞋上的冰块，烤干湿鞋；战士脚冻，他把得奖的袜子送给战士穿，而自己却用破布包脚；班里少灯油，他以青稞去皮压碎烤干代灯的办法，解了燃眉之急。伍先华带领战士出色完成了修筑工事任务，荣获三等功。

金城官岱里反击战前夕，伍先华班进行了一系列战前准备。根据上级部署，这次战斗关键是爆破。不炸掉山腰敌人主阵地和指挥所，志愿军从哪里也别想打上去，这个艰巨的爆破任务交给了伍先华班。1952年9月29日下午5时，官岱里反击战开始。伍先华领着班里党员战士宣誓：“在党需要的时候，愿献出自己的生命！”伍先华指挥全班分两个爆破组冲向目标，连续炸毁了几个地堡。但正面攻击部队还是被敌人坑道里的机枪压住不能前进，爆破组也有很大伤亡。在紧急关头，伍先华抱起一捆10公斤的炸药包冲向火海。中途他中弹倒地，但还是尽力爬近敌人火力点，拉燃导火线冒着密集的弹雨，冲进坑道，炸死敌人40余人，扫除了部队前进的障碍，为官岱里反击战的胜利创造了条件。在战斗中，伍先华壮烈牺牲。1952年11月2日，中国人民志愿军总政治部给伍先华追记特等功，追授“一级爆破英雄”称号。1953年6月25日，朝鲜最高人民会议常任委员会追授他“朝鲜民主主义人民共和国英雄”称号和金星奖章、一级国旗勋章。他的家乡遂宁，建有烈士陵园和他的塑像。

【李明富】 李明富（1932—1952），又名李明福，蓬安县人。1951年3月，李明富报名参加中国人民志愿军，入朝作战。9月，在武圣山阻击战中，作战勇猛，荣立三等功一次。1952年2月，李明富夜入敌军阵地侦察，打死打伤敌官兵4人，缴获手枪2支，荣立二等功一次。是年10月14日下午，李明富所在部队参加上甘岭战役。20日拂晓，敌人一个团在飞机大炮掩护下，向李所在部队阵地猛扑，战斗异常惨烈，多次冲杀后，他所在连只剩下负伤的副连长、通讯员、卫生员和他共4人，他被指定为代理排长。他紧抱机枪，猛烈扫射，子弹打完后，又猛掷手榴弹、手雷，消灭敌人。当剩下最后一颗手雷时，敌人一窝蜂似地拥上。他奋不顾身，跃出战壕，冲入敌阵，拉响手雷，与敌人同归于尽，为增援部队击溃敌人赢得了时间。战斗结束后，李明富所在部队根据他的遗愿和表现，追认他为中国共产党正式党员，授予特等功臣、烈士称号。

【陈治国】 陈治国（1928—1952），安岳县人。1950年12月加入中国人民志愿军，赴朝鲜抗击美国侵略军。第二年加入中国新民主主义青年团。陈治国在部队担任机枪手。1952年10月，敌军向陈治国所在部队负责守卫的上甘岭“537.7”高地发起猛烈进攻，用飞机、大炮轰炸、扫射阵地，工事被毁，交通中断。在危急关头，陈治国所在部队坚守阵地，多次反击敌人。是月14日，敌军集中100余门大炮、70多辆坦克和两个营的兵力向高地进攻，敌军1个营的兵力涌上阵地，这时，陈治国头部已经负伤，仍握着机枪射击，一气射出3000多发子弹，打死敌人150多名。当我志愿军预备部队发起反击时，突然山顶附近出现敌人火力点，阻止志愿军反击部队前进。陈治国握住机枪，向敌人的火力点猛烈射击。由于敌军火力过猛，机枪阵地被摧毁，机枪放不平，射击不准确，陈治国就将机枪放在肩上，让副队长射击，很快消灭200多敌人，反击取得胜利。陈治国终因伤势过重医治无效牺牲，时年25岁。中国人民志愿军总政治部追认他为特等功臣，授予二级英雄称号。

【赖发均】 赖发均（1931—1952），中江县人。1949年12月中江解放，赖发均参加农会，并在村里站岗放哨。1950年，在减租退押中评为积极分子。1951年3月，报名参加中国人民志愿军。1952年4月，志愿军某师为加强防御，星夜构筑坑道工事。他奋力苦干，每天超额完成任务，受到连队表扬。7月17日凌晨，美军一个加强排趁下雨时偷袭，赖发均所在八连奉命诱敌深入，以便歼敌于“259.1”高地或斗浦洞地区。9时40分，敌军占领“259.1”高地后，见我军一枪未发，犹豫不前，八连当即提前行动，赖发均与战友在指导员带领下直奔“259.1”高地，连长李保成率3排及师部侦察连一个班在斗浦洞阻击南逃敌人。战斗开始，我方以火力急袭，并以重炮压制“351.3”高地东北的敌人的火力。当8连距敌100米时，敌人用轻重机枪扫射我军。赖担负火力掩护，和战友们奋力还击，使7班顺利冲入敌人阵地，毙敌50余名，俘2名，缴获自动步枪5支，机枪1挺，战斗胜利结束后，8连受到志愿军司令部和军部表扬，赖发均立功受奖，并光荣加入中国新民主主义青年团。10月14日，美军突然向上甘岭阵地发起猛攻。18日午夜，赖发均随部队秘密进入“597.9”高地一号坑道准备反击。19日17时30分，他掩护1班反击3号阵地敌人，机枪班班长刚跃出洞口便身负重伤，赖发均挺身而出，高喊“听我指挥！”全班及时占领有利地形，掩护1班攻上3号阵地，全歼敌军。不久，敌人又向3号阵地反扑，机枪班战士大部伤亡，赖发均的子弹打完，机枪打坏，马上又拿起伤员王光明的冲锋枪、手雷和手榴弹，追上步兵班参加战斗，打退敌人3次反扑。接着又向战斗最激烈的8号阵地进攻，边打边喊：“我们要为班长报仇”“为8连争光！”这时，2号阵地暗堡的敌人用机枪封锁我军前进道路，赖发均奋不顾身地向敌人暗堡靠近，在前进中中弹负伤。他忍着剧痛，迅速爬近敌堡投掷手雷。残余敌人用机枪疯狂扫射，他身负重伤，昏倒过去。赖发均苏醒后，支起身子，目睹战友仍被敌人火力封锁，立即拉掉最后一颗手雷的保险针，纵身跃起，扑向敌人的火力点。随着一声巨响，敌堡飞上了天，8连战士立刻冲上敌人阵地，全歼守敌，赖发均光荣牺牲。1953年4月，中国人民志愿军总政治部为赖发均追记特等功，并授予“二级英雄”称号。

【王永维】 王永维（1931—1952），南部县人。12岁就读于南部县城私立民宜初级中学，1949年毕业，随老师入南充军政大学学习，后编入中国人民解放军四野50军107师。1950年春，抗美援朝战争爆发。王永维参加中国人民志愿军，编入775部队。10月25日，首批随军赴安东，跨过鸭绿江与朝鲜人民军并肩作战。部队抢渡大同江时，遇敌机阻击轰炸，王永维所在卫生队的一批重要医药物资坠落江中。时天寒地冻，王永维纵身跃入江中抢救，在波涛中几经翻滚沉浮，物资终被救起。但王永维身肢僵硬，知觉全失，经战友们全力抢救始得醒转。1951年3月，王永维加入中国共产主义青年团。1952年4月，王永维随部队自前线回（朝鲜）后方宣川整休。11月20日晚，王永维值班巡逻，敌机低飞偷袭，突临卫生所上空，顿时枪声与爆炸物声响成一片，卫生所起火。王永维毫不犹豫，向火海冲去，先背出一名朝鲜人民军伤员，后又冲进民房抢出4包粮食。忽然，他发现病房还有一位73岁的朝鲜老大娘没救出，他再次冲进火海，奋力背起老大娘向院门冲去，不幸被俯冲敌机机枪子弹击中，两人一起身亡。经中央军委批准授予王永维抗美援朝二级模范一等功臣的光荣称号。王永维牺牲后，老大娘在宣川郡人民委员会机要科工作的孙子宋根玉与郡人委及当地人民深感其义，以厚礼葬之，并修建陵园，遍植花木，名其山为王永维山，名其公园为王永维公园。

【杨　汝】　杨汝（1908—1953），藏族，平武县白马乡人。自幼随母学习汉语，到汉族居住区场镇进行易货交易。民国15年（1926年），因常年在山林中狩猎，枪法娴热，猛勇刚强，被推举为狩猎队“头人”。民国19年（1930年），杨汝上门与已故二番官之妻格让早结婚，承袭了番官职位，人称“杨二番官”。其后，主持修通白马路各寨之间的桥梁道路，奖励畜牧，提倡生产药材，改革藏族生活旧俗。

民国24年（1935年）4月，国民党军胡宗南部尾追红军进犯县境，骚扰白马路。杨汝组织藏民100余人武装抵抗10余日后，弹尽被俘。后乘夜逃脱，藏身山林，直到胡部撤走才得以返回寨子。以后杨汝加入袍哥组织任大爷，在白马路一带威信很高，藏民称为“关火”人物。

1949年12月临近解放时，杨汝因受国民党宣传影响，组织藏民武装守卡，企图抗拒解放。后了解了中共政治主张，乃听从土司王蜀屏命令，率藏民武装60余人，自备粮米参加山防大队起义迎接解放，并率部参与守卫县城。1950年1月19日，杨汝与土司王蜀屏联名致信松潘县藏族各部落，宣传中共政治主张和民族政策，争取上层人士拥护中国共产党和人民政府，组织群众迎接解放。

平武解放后，杨汝心存顾虑，不敢靠近人民政府。1950年6月，川北区首届第一次各界人民代表会议召开。杨汝作为代表，却称病请假，派头人段加、陈则修代表他前去开会。段加、陈则修参会回来后说：胡耀邦要他打消顾虑，以后来开会时，大烟尚未戒掉可以带上。1950年7月，川北行署任命杨汝为平武县藏族自治委员会副主任委员，后又兼任白马路番官区番官。是年9月，平武县藏族自治委员会改称平武县藏族自治区，杨汝出任副区长。1951年6月，杨汝到南充出席川北区首届第二次各界人民代表会议，在会上发言说：“我今天来参加会议，我不是过去骑在人民头上的杨汝，现在我是为人民说话的杨汝……”他的讲话受到与会代表的热烈欢迎，胡耀邦称赞说：“杨汝，你讲得好！”1952年2月，杨汝被选为平武县各界人民代表会议副主席。在此期间，杨汝在发展白马藏族生产、响应解放西藏、函电藏族各部落参加抗美援朝及和平签名运动、协助人民政府剿匪肃特、巩固人民政权等方面做了大量工作。1952年9月，杨汝任四川省民族委员会委员，同时作为西南各民族国庆观礼代表团成员到北京参加国庆盛典。10月8日受到毛泽东、朱德、周恩来等党和国家领导人的接见。10月下旬前往天津、上海、南京等地参观。回县后，思想转变很大，主动交出鸦片400多两，并动员其他番官、头人缴出鸦片。1953年8月杨汝逝世。

【刘悦廷】　刘悦廷（1893—1954），射洪县人。民国25年（1936年），省棉作试验场定射洪县为“脱籽棉”“德籽棉”新品种推广区，刘悦廷在坝区积极参与，在棉农中享有声望。民国35年（1946年），迁居广兴乡何家沟，继续在山区种植优良品种，组织棉花治虫协会，集资建立运销合作分社，开辟产品流通渠道，使优质棉直销重庆纺织厂，让棉农获得优价实惠。民国34年（1945年）特大水灾后，涪江沿岸良种棉损毁严重，新棉极缺种子，刘悦廷动员未遭水患的周围山地棉农，细心选留良种，严格分轧分藏，除自用外，全部售给灾区。1950年，中央人民政府在首都北京召开全国首次群英大会。受省棉作试验场射洪新棉推广组举荐，刘悦廷被评为西南区劳动模范，出席盛会，受到毛泽东、周恩来等党和国家领导人接见，荣获奖状、奖品。1954年刘悦廷逝世。

【陈洁清】 陈洁清（1868—1954），射洪县人。出生在中医世家。其父陈克斋，精通四大经典医著，对《伤寒论》尤有研究，著有《伤寒如镜论》传世。处方用药，简而不繁，外号“陈八味”。陈洁清青少年时身体虚弱，常卧床不起。其父教之学医，治病救人。在其父指导下，遍读家藏医书，上至内经、难经、伤寒、金匮，下及百家学说，无所不窥。自己病愈后，随父临床实践，虚心探索领悟，深得其父真传，加之演绎发挥，数十年后，医术竟超过其父，自成一家。先在射洪县官升乡行医，后迁居万福乡香台寺，不慎火焚其宅，再迁蓬溪，建一寺院，命名曰：“定香寺”，皈依空门，但不诵佛经，为人治病。凡重危病人，经他诊治即转危为安，求诊者络绎不绝。

陈洁清不仅善用伤寒方治外感热病，亦常用其方治疗内、妇、儿、外科等疾病。他说：“伤寒方虽不能治百病，但《伤寒论》为辨证立法之祖，若能掌握其辨证论治之法则，百病之治，皆在其中。”他虽推崇《伤寒论》，但亦不排斥温病学，常用伤寒方或化裁后治疗温病。他还提出“它脏有病，常及脾胃；脾胃有病，可及他脏。故治疗它脏病变，必须兼顾脾胃，治脾胃可调五脏。”的主张，受到医林重视。陈洁清一生勤奋好学，造诣精深，医术精湛，医德高尚，呕心沥血，培育杏林，广为人们颂扬。1954年陈洁清逝世。

【奚致和】 奚致和（1885—1955），字箴，蓬溪县（今重庆市潼南县）人。清末监生。民国3年（1914年）春，支持盛克勤等人创建“果山蚕业社”。民国9年（1920年）冬，支持张澜成立“南充地方自治筹备处”。次年，任南充县商会会长，带头资助修模范街、果一街。民国14年（1925年），支持张澜创办嘉陵织绸厂。民国15年（1926年），经张澜举荐，被聘为四川善后督办公署财政处长兼21军军需处长。后因不满军阀互相攻伐，辞职归家。民国25年（1936年），奚致和与张澜、鲜英等向民国四川省政府争取将四川省蚕丝改良场建在南充。民国26年（1937年）春，奚致和等支持张澜创办《新南充报》，宣传民主和抗战。10月，被国民党勒令该报停办。民国27年（1938年），省教育厅拨款不及时，以致筹建中的四川省南充民众教育馆无法发放薪资。馆方筹建负责人陈成达向当时担任南充县征收局局长的奚致和求援，奚慨然应允捐赠1500元，以救急难。民国28年（1939年）冬，奚致和任建华中学董事会副董事长（鲜英为董事长）。张澜任校长。次年，日本飞机轰炸南充，奚致和免费供给难民茶水和食物，出资掩埋死难者，救济死难者家属。为便于防空疏散，奚致和倡议并出资八成，修建明家河石桥。民国30年（1941年），奚致和加入“中国民主同盟”，负责筹集活动经费。民国32年至民国33年（1943年—1944年），奚致和先后创办南充利国纺织印染公司，南充利民运输行，为民盟筹建活动经费。

抗日战争胜利后，奚致和响应张澜等民盟领导人的号召，参与呼吁和平，反对内战的民主运动。还将他在潼南的田产变卖，资助民盟开展活动。民国34年（1945年），国民政府搞假民主选举，奚致和与南充各界民主人士，要求实行真正的“民选”。

1950年2月，奚致和任川北人民行政公署委员、财委委员、商业厅长，川北政协委员、川北工商联络委员会主任委员。1952年9月，川北区被撤销，奚致和调任四川省人民政府委员、省商业厅厅长。1955年奚致和逝世。

【龙杰三】 龙杰三（1889—1956），名渊，三台县人。四川陆军小学堂毕业后入保定速成军官学堂学习。后在北京陆军大学学习毕业。在保定参加同盟会。辛亥革命时在上海任学生军队长。“护国讨袁’时在陕西第2混成旅任营长。民国10年（1921年）龙杰三返川，任川东边防军参谋长，后任邓锡侯“清乡”督办署参谋长。民国15年（1926年），龙杰三邀约友人集资在家乡置田产，经营农耕。民国17年（1928年），任成都军事政治学校教育长，后出任29军成都行营参谋长。民国24年（1935年），29军改编为41军，龙杰三任军部中将参议，兼善后督办署参议。民国26年(1937年)，龙杰三任成茂师管区司令，加入国民党。两年多时间征集新兵约10万人，训练新兵22个补充团，送抗日前线。

民国33年（1944年）春，应友人邀请回县兴建地方水利。次年，当选为三台县参议会议长。民国35年（1946年）秋，与谭卫根等人筹办川北农工学院（后改为川北大学），任常务董事。民国36年（1947年），选为国大代表，赴南京开会，因提出停止内战的和平方案被国民党斥为违反国策言论，愤而赴沪。经郭春涛介绍参加民革。后任民革川康临时工委执委，负责秘密策反工作。

1949年12月29日，三台解放，龙杰三任支前委员会副主任，积极筹措粮秣，支援解放军。1950年1月，龙杰三受民革川康临时工作委员会（简称民革川康临工委）指派任党务联络员，筹建民革川北区地方组织。4月23日，川北区首届各界人民代表会议筹委会成立，龙杰三任筹委会委员。6月，龙杰三参加川北区首届第一次各界人民代表会议。会议期间，与参会的其他4位民革党员会商了组建民革川北区临时工作小组事宜。7月5日，民革川北区临时工作小组正式宣布成立，龙杰三为召集人。1951年1月19日，民革中央电示民革川北临时工作小组，由龙杰三主持临时工作小组工作。1952年1月，民革川北区分部兼南充市支部筹备委员会正式成立，龙杰三为筹委会组成人员之一。1952年9月，川北区被撤销后，龙杰三任四川省人民政府参事室参事、省政协委员、民革成都市委委员。1956年龙杰三逝世。

【李炳英】 李炳英（1889—1957），原名李江灵，字蔚芬，中江县人。清光绪三十年（1904年）考入上海中国公学。清光绪三十四年（1908年），东渡日本，考入东京宏文学院。次年又考取了官费生，进入东京高等工业学院学习化工。留日期间，李炳英在章太炎先生门下听讲《庄子》《说文》《楚辞》等书，打下了坚实的国学基础，同时接受了孙中山民主革命思想。清宣统三年（1911年），到天津，任《民意报》主笔。民国元年（1912年），经章太炎、钟正懋介绍，李炳英加入同盟会。《民意报》停刊后，李炳英南下，担任国立武昌高等师范学校学监部主任。民国3年（1914年），到万县，担任省立师范学校教员。民国7年（1918年）3月，孙中山任命李炳英的好友熊克武为四川督军，熊即邀李任督军府秘书。此间，李炳英与刘伯承（时任督军府参谋）、吴玉章多有交往，关系甚笃。民国8年（1919年），被选为省参议员。民国10年（1921年），李炳英出任南充县知事。民国14年（1925年），蒋介石夺去熊克武兵权，囚熊于虎门。李炳英得悉此事后异常激愤，决心脱离政界，走教育救国之路。

民国15年（1926年），李炳英先后执教成都公学、石室中学、成都县中。民国21年（1932年），李炳英应邀参加了四川大学改组并受聘为川大中文系教授。民国24年（1935年），李炳英兼任省教育厅主任秘书。民国26年（1937年），李炳英任川大中文系主任。民国27年（1938年）12月，教育部长陈立夫为贯彻蒋介石“党化教育”方针，任命国民党CC系重要成员程天放为川大校长，激起了川大师生和社会各界的强烈反对。李炳英与朱光潜等60余名川大教授联名致电教育部，要求收回成命，同时宣布罢教。后经川康绥靖主任邓锡侯、省府主席王瓒绪等出面调停，方复教。民国30年（1941年），李炳英不满程天放对川大的法西斯统治，愤然辞去系主任职务。民国33年（1944年），又进而拒绝续聘离开了川大，担任华西大学教授和成华大学文学院院长。

1950年8月，李炳英受聘担任川北大学教授兼中文系主任，举家迁往南充。李炳英被任命为川北区土改委员会委员、川北区暨南充市三反联合人民法庭审判员，还先后当选为南充市人大代表、市人民委员会委员、省人大代表、市政协副主席、省政协委员、民革南充市委主任委员、民革省委委员、民革中央团结委员会委员等。1954年被省政府任命为省文史馆副馆长。1957年6月李炳英逝世。

李炳英一生著述颇丰，主要有《史记讲义》《庄子补注》，译著《大代数》（英）、《诸子概说》（日）、《史记正义佚文纂录》（日）。他选注的《孟子文选》1957年10月由人民文学出版社出版后，列入《中国古典文学课本丛书》重印多次，香港一出版社在港出版发行。2003年，教育部又将其作为指定书目，列入普通高中《语文新课标必读丛书》再次印行。

【廖静秋】 廖静秋（1926—1958），川剧名旦，艺名“桂蕊”，科班辈名廖秀英，重庆市潼南县人。民国23年（1934），廖静秋在双江演出，长相不错，经乡人求情，入科社学艺。跟师学戏不到一年，随戏班到仁寿县，正式登台演出，开始了她的戏剧生涯。民国26年（1937年），廖静秋到成都“三益公”大戏院搭班，拜阳友鹤（艺名筱桐凤）为师，她眼界大开，技艺猛进。民国30年(1941年)，廖静秋在成都三益公大戏院演出亮台戏《桂花亭》，博得观众喝彩。艺名“桂蕊”，由此得名。民国31年（1942年），她参加“亦乐班”与“律一班”，常在川西一带演出，颇负盛名。民国36年（1947年），廖静秋以演唱“新戏”出名。她善于博采众长。在唱腔上，刚柔相济，旧曲翻新，特别是一曲《清水令》，唱得腔圆字正。韵味深长，优美流畅，不温不火，别具一格，有“廖清水”之美誉。成都《海棠》杂志社仿上海选举越剧皇后办法，在涨秋茶馆筹选“川剧皇后”，广大观众一致推选陈书舫、桂蕊（廖静秋）、飞琼（许倩云）、苹苹等为“川剧皇后”。

1950年，成都市人民政府接管三益公大戏院，并更名为成都市试验剧院。廖静秋积极演现代戏。她曾先后参加川西区文代会和西南文艺会演，获得好评。1952年，廖静秋随省川剧代表团赴京参加全国戏曲观摩会演。演出《梁红玉》和《归州投江》等优秀传统戏。受到好评。1954年，在全省第一届川剧会演上，廖静秋发现南充地区代表队的帮腔孙厉辉是棵好苗子，便热情地向剧团负责人推荐，使孙厉辉后来改学旦角，并很快成为名演员。1956年至1957年，为了把她精彩的艺术表演保留下来，中央新闻电影厂把她主演的《杜十娘》拍制成彩色戏曲艺术片。她与该片艺术顾问阳友鹤老师共同切磋，仔细研究剧中人物，改良唱腔，着重“唱人、唱情”，顺利完成彩色舞台艺术片《杜十娘》的拍制任务。成功地塑造了心地坦荡纯洁，忠于爱情的古代妇女形象。1958年廖静秋逝世。

【蒲伯高】 蒲伯高（1910—1959），南充县（今嘉陵区）人。1950年，蒲伯高任村农会主席，响应中共川北区委“爱国增产”号召，大力养猪。他家修了6个猪圈，每个圈可喂4头肥猪，一批可养24头猪，全年出槽肥猪66头。1951年，蒲伯高为抗美援朝捐献1头重100公斤的肥猪。1952年2月，蒲伯高被评为南充县养猪模范，出席川北区劳模大会。是年，南充县开展爱畜运动，蟠龙乡一村成立爱畜小组，蒲伯高任组长，订出了爱畜公约，他带头执行公约，夏天给猪洗澡，冬天给老牛喂鸡蛋、胡豆，蒲伯高被评为爱畜模范。专、县领导多次来蒲家视察，前往参观学习者络绎不绝。1953年，蒲伯高被评为四川省养猪模范。1956年，南充县兽医站印制《蒲伯高养猪经验》上万册发至全县各农业社。1959年蒲伯高逝世。

【王子度】 王子度（1921—1960），名崇仪，遂宁县人。王子度小学结业后，常住成都其兄王子先家中。当时，中共地下党员王叙五在王子先部作文书，被王子先聘为王子度的老师。王子度诚心受教，在其影响下，走上革命道路。民国27年（1938年），王子度到国民党军队的装甲兵团当兵。该部虽开赴江西但无抗日行动，他大失所望离开。次年，考入成都蜀华中学读高中，冬，王叙五调任中共川康特委秘书长，王子度要求参加革命活动，王叙五便常叫他做些掩护人员和保管文件的工作。经过严格审查，王子度加入了中国共产党。民国31年（1942年），王子度考入重庆国立药材专科学校。民国34年（1945年）6月，他随王叙五到遂宁开展工作。王子度回到遂宁后，遵照党组织指示，暂不公开活动。他扮成“灰色人物”进行社交，利用其父的关系参加袍哥，与各阶层人士结识，隐蔽地团结进步人士，开展革命工作。不久，王子度应聘到蓬溪任隆中学任教。

民国35年（1946年）3月，中共遂（宁）蓬（溪）潼（南）工委成立，王子度任委员。6月，遂宁建立中共学校中心支部，在王子度领导下开展学运活动。民国36年（1947年）下半年，国民党对基层政权实行“民选”，中共党组织为趁势掌握地方政权，以利于开展革命工作，决定让王子度利用他各种有利条件参加竞选，他以最多票当选为河沙乡乡长。王子度便利用自己的地位，逐步把地下党员和党的积极分子安排在乡公所和各保担任乡队副、保长和保队副等职，掌握了乡、保的武装。河沙乡的23个保逐渐都为中共地下党组织控制。11月，中共遂蓬工委成立，王子度任书记。民国37年（1948年）5月，中共遂南中心县委成立，领导遂（宁）蓬（溪）南（充）岳（池）、渠（县）广（安）等县工委，王子度任书记。11月14日，袁如杰（遂南中心县委委员）被捕叛变。民国38年（1949年）1月29日，川北工委决定川北以武装斗争为中心，广泛组织小型武工队，并决定由王子度在遂宁、蓬溪进行试点，以武装保护党的组织和群众，以此为基础进一步开展游击战，迎接解放。3月18日，武工队在河沙乡罗汉坡正式成立，王子度任指导员，活跃于河沙、大石、鸣凤、吉星、高升、任隆一带，开展了以抗丁、抗粮、抗租为中心的革命斗争。5月，川北工委决定进一步开展武工队斗争，并增选王子度为川北工委委员。中共遂南中心县委扩大为遂南地委，王子度任书记。他一面扩大武工队，举办训练班，培养骨干；一面以“巴山游击队先遣队”名义，组织群众开展“三抗”斗争，策反乡保政权人员，征集经费、粮食、武器，使这一带成为开展游击战的根据地。9月下旬，王子度按川北工委指示，将武工队扩大为游击队，配合解放军入川作战。10月，又将遂宁、蓬溪、射洪、三台、中江等县工委所组织的游击队，实行统一指挥，建立川中纵队司令部。11月8日，川中游击纵队司令部在象山乡正式成立，王子度（化名王枫）任司令员兼政委。

1950年1月12日，遂宁军事管制委员会成立，王子度任军管会企业接管处处长。1月13日，中共遂宁地委成立，王子度任组织部副部长，后转任统战部部长。王子度以极大的热情投入工作。在征粮剿匪、减租退押、土地改革等运动中，王子度保持深入实际的工作作风，深入农村调查研究，启发群众觉悟，推进运动健康正常发展，为发展和巩固新生人民政权做出了贡献。1951年8月，王子度任中共剑阁地委宣传部部长。1953年，任中共绵阳地委宣传部部长。1958年，任中共绵阳地委副书记。是年，又调任中共四川省委机关理论刊物《上游》常务编辑、农业组副组长。1958年，王子度对“大跃进”和办“公共食堂”实事求是地提出了一些不同看法和意见，被说成是“反对三面红旗”。1959年“反右倾”中，被送中央党校理论班学习。王子度多次都因检查“右倾”思想“不彻底”而未获通过。他精神压抑，心情痛苦，无以自解，遂以自杀来表示自己并不反党的心迹。1960年2月15日，王子度吞服大量安眠药不幸离世。中共十一届三中全会后，纠正了对王子度的错误处理。

【王理丞】 王理丞 (1879—1960)，字殿璋，南充县（今顺庆区）人。清光绪三十四年(1908年)，四川警官传习所生班毕业，任南充警务长。清宣统元年（1909年)，他参加省考，中选优贡，次年赴京中进士，派至云南警务公所任职。宣统三年（1911年)，蔡锷与李根源响应辛亥革命，建立军政府后，资遣外籍职官，王理丞回成都。

民国2年（1913年)，王理丞任川西道尹署秘书。民国4年（1915年)，任川北讨袁军总司令部秘书，民国12年（1923年)，任重庆铜元局局长兼理中外诉讼事务。民国13年（1924年)，南充驻军师长何光烈委他为代理南部知县，并要他限期收缴高级烟捐税，以支付南部驻军李炜如旅的军饷。经查，南部农民在民国13年（1924年)，就已预缴了民国14年（1925年)、民国15年（1926年）的粮税，再征烟捐，烟农实难承担。便借骨折、称病辞职回家，民国23年至民国25年（1934年—1936年)，在简阳任职两年多，深得民心，终因“修碉堡不力”，被撤职返籍。离任时，百姓沿路两旁摆设“供桌”1000余张，上铺红布或红纸，烧一束清香，摆一盆清水，放一面镜子（象征清廉之意)，燃鞭炮挥泪送行。民国26年（1937年)，再任南部县长，时逢灾情严重，他到任后，组织百姓淘沙金，以工代赈，又广泛发动募捐，筹款总额为全省之冠，均用于赈灾。还以淘金余款，修建南门大桥1座。民国27年（1938年)，他愤而弃政从教，先后担任南充县建华、省中和川北文学院教员10余年，直至解放。

川北解放后，王理丞被选为南充县临时治安委员会副主任。1951年参加土地改革，带头交出多余的土地，获“川北开明人士”称号。被选为川北行署人民监察委员会主任委员。1960年5月王理丞逝世。

【尹佐泉】 尹佐泉 (1898—1960)，南充县（今顺庆区）人。其父尹吉武，于清同治年间(1862年—1874年）在南充县城二府街创办南充最早的“裕泰祥”织绸机房。尹佐泉早年曾就读于顺庆府联合中学。民国6年（1917年)，接任“裕泰祥”机房经理。他改进生产工艺，经过反复试验，先后仿制出杭州暗花线春，开创出本地线春，质地优良，价格较杭州线春低70%左右，迅速占领全川丝织品市场。“裕泰祥”机房在川内外有了名气。他又不断推进技术改革。织造设备的改进使产品质量提高，成本下降。他建立月报表制，准确掌握产、供、销、成本、原料消耗情况。还坚持半月一次的职员汇报会。民国13年（1924年)，张澜先生倡办的县立中学实习织绸厂生产不景气，尹佐泉向张澜提出公商合办、招募商股等5项建议，为张澜采纳。于是张澜遂集股组建嘉陵织绸厂，委聘尹佐泉为副厂长。同年，尹佐泉将“裕泰祥”机房扩大为织绸厂，并在重庆开设“裕泰祥”绸缎批发店。此后尹佐泉先后担任南充县商会副会长、商会监事会主席等职务。抗日战争时期，他帮助筹办五福、惠通两家绸厂，出资扶持由上海内迁南充的利国炼染厂。民国36年（1947年)，他在南充开办精炼厂、织袜厂，在重庆开办肥皂厂。

南充解放后，“裕泰祥”绸厂改为同力联营绸厂。尹佐泉先后担任同力联营绸厂经理、南充市同业工会主席、税务评议会副主任委员、丝织业业务委员、川北区各界人民代表大会代表等职。1956年，社会主义改造中，同力织绸厂实行公私合营，后并入南充织绸厂。1960年尹佐泉逝世。

【杨达璋】 杨达璋 (1892—1961)，名特，字达璋，西充县人。8岁时，在晋城从罗纶读四书五经。14岁，到顺庆府中学堂读书。因聪慧好学，成绩优异，甚得监督张澜喜爱，张澜以爱女相许。后因张女未成年病逝，然张对杨仍以翁婿相待。民国5年（1916年)，从上海同济大学毕业后去德国留学。民国9年（1920年）返回南充。民国10年（1921年）修建南充模范街时，被聘为工程师。民国15年至民国20年（1926年—1931年)，任成都大学训导长时，积极支持进步学生革命活动。民国22年（1933年）春，随张澜到中南、西南各省，说服党政军人物联合反对蒋介石。民国24年（1935），任四川省第十一行政督察专员公署教育科长时，在组织中小学教师、民教馆长训练时，暗中支持地下党组织活动。中共地下党员冯荃善、黄天鹏被捕入狱时，多方设法营救。对于江震、杨正南等进行的地下活动也加以掩护。民国27年（1938年），任省立南充中学校长。他聘请名流任教，并让师生民主管理伙食，按月公布账目，受到师生欢迎。民国28年（1939年），任四川省督学兼四川省第十一行政督察区师训班主任。他招收川北各县贫苦知识分子入班进修，为南充地区培养了一批中小学教师。民国29年（1940年），任四川省教育厅督学。民国31年（1942年）任南充育才高级职业学校校长。学校设土木、水利、商业会计各科，聘请省内外著名学者专家任科主任与教师，培养了一批优秀专业人才。民国35年（1946年），加入中国民主同盟，与张澜、鲜英、梁漱溟、奚致和联系密切。

1949年12月23日，杨达璋任西充县人民自治委员会副主任。他组织学生为安定西充教学秩序和社会秩序奔走呼号。1950年1月，杨达璋任川北行署委员会委员、川北行署副秘书长。1952年9月，任四川省人民政府副秘书长。他还被选为四川省人民代表、省政协常委、省民盟常委。1961年10月杨达璋逝世。

【王文成】 王文成（1888—1961），字彦聪、圣名保禄，安岳县人。早年在成都修院神哲学院学习。清宣统二年（1910年）晋铎。民国18年（1929年）8月2日，教廷宣布，从成都代牧区分设顺庆府代牧区，王文成出任代牧。民国19年（1930年），由刚恒毅祝圣为主教。民国22年（1933年），王文成赴梵蒂冈觐见教皇庇约十一世，受教皇委托，王文成赴比利时本笃修院圣陆徵祥为神父。曾经轰动一时。抗日战争爆发后，力主教徒当兵抗日、为国效力，并捐献钱物支援抗战。抗战胜利时作“大礼弥撒”庆祝，被誉为“爱国的主教”。1951年初，积极推动天主教革新运动，成为全国第一个发表天主教革新宣言的主教，宣布“与帝国主义断绝一切关系”。此后，曾担任全国天主教爱国会筹备委员会主席。从1958年起相继任中国天主教爱国会副主席，四川省天主教爱国会副主席，全国政协第二、三届委员。1961年1月王文成逝世。

【蒲湘澄】 蒲湘澄（1900—1961），射洪县人。生于孺医之家。青年时，遍访陕、甘、云、贵、湘、鄂等省，拜师学艺，博采众家之长，形成自己独特的医技，擅长内科，尤精针灸。民国20年（1931年），鸦片烟毒泛滥，成为社会公害。蒲湘澄在镇南白流寺成立川北戒烟总社，自任社长，倡导戒烟，先后接纳戒烟者六七百人，使许多难于自拔的瘾民脱离了苦海。民国22年（1933年），通（江）南（江）巴（中）川陕革命根据地在国民党军队及地方军阀围剿封锁下，缺医少药，疫病流行。蒲湘澄和他的父亲自发联络医生19人组成救济队，随带药材48担，长途跋涉前往免费治病。安县农村霍乱流行，他又组织人力物力协助扑灭。民国24年（1935年），蒲湘澄到成都参加国医考试，名列全省第一，被西南国医研究所聘为顾问，并先后担任成都华安中西医院院长、四川省第十四行政督察区戒烟医院院长。民国31年（1942年），蒲湘澄回家乡协助父亲成立慈善医社，研制膏丹丸散，向贫苦大众施医施药，并巡回川北各县传授针灸医术。

中华人民共和国成立后，蒲湘澄在家乡潜心研习并教授医术。1956年，应聘到四川省中医进修学校任教，后任成都中医学院针灸系主任、中国科学院四川分院特约研究员、全国聋哑人协会委员，先后被选为四川省第一、二届人民代表大会代表。1959年，出席全国群英会。1961年蒲湘澄逝世。著述有《中医实验谈》（8卷）《经方述义》《验方集锦》《青囊句解》及《针灸讲义》等书稿多种。

【刘寿川】 刘寿川（1877—1962），字培禄、号天，仪陇县人。19岁中秀才，在成都市中西学堂、四川高等学堂毕业后，于清光绪三十年（1904年）公费留学日本。清光绪三十二年（1906）夏，在日本宏文学院毕业，加入同盟会。回国后，曾任顺庆府中学堂教习和监督、第一届省议会议员、朱德旅部参谋、杨森军部秘书长、成都市造币厂厂长、南溪、忠县、通江3县知事和仪陇县教育局长、财务委员会委员长、县参议会副议长等职务。

民国16年（1927年），刘寿川在家从事劝学劝农工作。约乡邻在凌云山下董家沟建农村小学1所，捐地数亩，作为农业试验场。首倡建仪陇中学和县立女子小学。他十分注重发展桑、棉、林木，从成都购回大量桑苗，在农村推广。

1950年，刘寿川任川北行署委员会委员，兼任川北区禁烟禁毒委员会副主任、政法委员会委员。1952年5月，参加民革。9月，川北行署撤销后，任四川省人民委员会参事、四川省监察委员会委员，同时被选为四川省人民代表大会代表。刘寿川在《川北日报》和《四川日报》上发表不少文章，如《对于川北农业生产之我见》、《加紧镇压反革命的工作》、《大规模开展爱国增产节约运动》、《对我省发展生猪的十点建议》等。1962年7月刘寿川逝世。

【赵济刚】 赵济刚（1890—1962），巴中县人。民国时期，赵济刚任巴中县参议长、县自卫总队副队长。在中共地下组织影响下，他创办的学校从抗战初期就接纳附近各县中共地下党员到校任教。当地的中共地下组织以该校为基地开展活动达十年之久，没有受到过损失，被誉为川北奇迹。中国人民解放军进军大西南后，他派人与解放军联系，把巴中县的武器装备全部上缴给解放军先头部队。1950年清匪反霸运动中，当地群众强烈要求惩办赵济刚，中共巴中县委意见不一致，电报请示中共川北区委。胡耀邦唯恐中共巴中县委举措失当，造成无法挽回的错误，当即通知中共达县地委与中共巴中县委对赵济刚加以保护，并邀请20多名各界代表到川北行署参加座谈会，由川北行署副主任秦仲方向代表介绍赵济刚对革命所做的有益工作，并传达胡耀邦指示：共产党从来不干过河拆桥，卸磨杀驴的事。赵济刚确实有过剥削欺压农民的一面，但他也有对革命有功的一面，群众不了解，要做工作嘛！参加座谈的代表了解情况后，表示拥护中共川北区委保护赵济刚的做法，回县后广泛做群众说服工作，当地群众不再要求政府惩办赵济刚。同时，中共川北区委把赵济刚安排到川北行署工作，家也搬到了南充。此事收到了极好效果，影响很大。1962年赵济刚逝世。

【卢子鹤】 卢子鹤（？—1963），又名廷栋，湖北省房县人。家贫，幼年父母早逝，由亲戚收养抚育。清光绪八年（1882年）入仕，任蓬溪县典史。清光绪二十三年（1897年）投师李青芝馆下启蒙，读书刻苦，成绩优异，精通文史和四书五经。清末中秀才，在顺庆联中任国文教师。张澜出任嘉陵道尹后，聘卢子鹤担任道尹公署秘书长。民国3年（1914年）张澜任四川省长，卢子鹤随张到成都，未上任遇袁世凯派陈宧率兵来川主政，卢避难陕西，为陕西省长当家庭塾师，后到北京教书。民国24年（1935年）川政统一，卢子鹤任省政府县政人员资格甄审委员会主任委员，继又主办县政人员训练班，招收大学和专科毕业的青年，培养县长、处长、科局长等人才，委派到川内各县任职。

抗日战争期间，国民政府迁都重庆，甄审委员会合并考试院诠叙部，卢子鹤调任四川省政府高级顾问。民国36年（1947年），国民党推行宪政，蓬溪县选举立法委员，县人邀卢子鹤回县竞选。他表示全力支持，并回信说："县人需要我出来为群众服务，我愿竭尽全力，如约回县竞选，阻塞贤路实非所愿。"1949年底川北解放，卢子鹤在川北区首届第一次各界人民代表会议上，当选为川北区政治协商委员会副主席。1952年9月，川北区被撤销，卢子鹤调四川省政协，任副主任委员。1963年卢子鹤逝世。

【王恩洋】 王恩洋（1897—1964），字化中，南充县（今嘉陵区）人，佛学家，居士。幼年受传统教育，在私塾读书。民国2年（1913年），考入南充中学堂，课余喜读宋明理学书籍。中学毕业后，民国8年（1919年）到北京，在北京大学哲学系旁听。是年底，王恩洋参与讲演，被捕入狱。民国9年（1920年）4月，王恩洋出狱后，参加了陈独秀、李大钊倡办的工读互助团。仅仅一年多，工读互助运动无声无息地消亡。经此波折，王恩洋对于接受外来思想进行社会改革产生了怀疑，转向探讨佛学，希望从东方文化中寻找出一条解决社会以至人生问题的途径。遂在北京大学旁听梁漱溟讲授的印度哲学、唯识哲学和东方文化等课程。民国10年（1921年）4月，经梁漱溟介绍，王恩洋前往南京支那内学院结识了佛学大师欧阳竟无，执弟子礼留内学院受业。民国14年(1925年)，内学院得梁启超、陈铭枢诸人赞助，创办法相大学，王恩洋任大学部主任，编写了《佛学概论》，经内学院刊行后，深为佛教界所赞赏。民国16年（1927年），北伐军兴，法相大学驻入部队。王恩洋返回南充。民国18年（1929年），在家乡集凤场创设“龟山书房”授徒讲学。民国31年（1942年）龟山书房结束，王恩洋赴内江主办东方佛教院。9月，东方佛教院改为东方文教研究院（以下简称文教院）。是年，他应邀到武汉大学（内迁乐山）讲授佛学概论、儒学概论，历时3个月。

1951年秋，文教院由川西行署接收后，王恩洋回南充任川北区政治协商委员会顾问。1952年9月，川北区撤销，王恩洋任四川省人民政府参事室参事、省政协委员。1957年至1960年，中国佛教协会聘请他担任中国佛学院教授，讲授“佛学概论”等课程。1961年，王恩洋因病返回成都。1964年2月王恩洋逝世。

王恩洋生平著述甚多，大都由上海佛学书局出版，重要著述有《摄大乘论疏》《二十唯识论疏》《阿毗达摩杂集论疏》《唯识通论》《八识规矩颂释》《大乘佛说辨》《佛教概论》《佛学通论》《佛法真义》《解脱道论》《心经通释》《大菩提论》《佛教解行论》《佛说无垢称经释》《世间论》《人生学》《儒学大义》《论语疏义》《孟子新疏》《老子学案》《新理学评论》《大足石刻》《王国维先生之美学思想》等。

【周海滨】 周海滨（1893—1964），名元复，又名元福，南充县（今顺庆区）人。15岁时进南充祥泰科班，拜著名艺人杨金山为师，学唱生角。结业后留科班教艺。曾执教“昆玉”、“三益”、“瑞字”等科班。民国14年（1925年），参加新民讲演团，任演员兼教习，后任该团主任。民国26年（1937年），任成都“新又新”科社教师兼演员。民国30年（1941年）回南充，先后在“永庆乐”班社、“平化”剧社当演员。1949年12月，任平化剧社（后改名为革新剧社，解放剧艺社）主任。1951年11月，任南充市实验剧团团长。1952年10月6日至11月14日，任第一届全国戏曲观摩演出四川省代表团艺术指导。1953年11月，任南充川剧团团长。是中国剧协会员，四川省剧协理事，四川省剧目鉴定组成员，南充市一至四届人民代表。

周海滨表演生角戏自成一派，刻画人物、细腻生动，精于做工和道白，尤以袍带戏见长。扮演《闹都堂》中的童文正、《龙凤剑》中的比干、《铁冠图》中的崇祯帝等，形象丰满，个性鲜明，观众誉之为“周摆扎”。

周海滨是川剧时装戏的先驱者之一。导演并主演的时装戏主要有《雷雨》《安南血》《太太的枪》《黑夜枪声》《武昌起义》《是谁害了她》《哑妇与娇妻》《糟糠之妻》等10余出。解放后，导演并主演了《小二黑结婚》《穷人恨》《血泪仇》《柯山红日》《年青一代》等现代戏。

周海滨的川剧导演艺术高超，善于把歌、舞、剧与杂技有机结合，大胆利用戏曲手法塑造人物形象。

南充解放后，周海滨倡办南充川剧训练班（含演员、导演等专业）共11期，培训250多人。1958年10月，在他的促成下，南充艺术学校成立，他任副校长。他还多次受邀到四川省戏剧学校和重庆演员训练班讲学，传授生角表演技艺。1964年周海滨逝世。

【伍非白】 伍非白（1890—1965），初名伍程骥，蓬安县人。13岁中秀才。旋科举停，乃走读于合川实业学堂。他见闻日广，接触新思想渐多，遂加入孙中山领导的同盟会，为推翻清朝统治、建立民国而奔走。民国2年（1913年），伍非白被选为第一届四川省议会议员。8月4日，熊克武、杨庶堪等人在重庆宣布独立，举兵讨袁伐胡。伍非白积极参加讨袁之役。熊、杨失败后，胡景伊大肆逮捕国民党人。伍非白先潜上海，后回蜀中。不久，川中军阀混战，伍非白报国无门。在家中埋头读书，刻苦钻研先秦诸子之学，尤其潜心攻读名学名篇。他全面整理《墨子经上下、经说上下》，数易其稿，阅七年而成《墨辩解故》（初名《墨子辩经解》），民国11年（1922年），在北京中国大学晨光社出版。在墨学研究中，他富有创见，受到当时学术界的赞赏。梁启超在所著《中国近三百年学术史》中曾评价说："伍非白著《墨辩解故》，从哲学科学上树一新观察点，将全部墨经为有系统的组织。"伍非白并不以此为满足，于民国13年（1924年）收回版权，重加修订。并研究撰写《墨辩校勘记》1卷，附于《墨辩解故》之后，以备阅读者检寻核查。同时，伍非白进一步钻研墨子、尹文子、庄子、荀子等有关名学的篇章，研究范围日益扩展。

民国15年（1926年），张澜任国立成都大学校长，聘请伍非白担任教授，主讲墨子等课程。民国20年（1931年），伍非白回到南充，任嘉陵高中校长。民国22年（1933年），伍非白受聘任南京中央大学教授。他多次至苏州谒见章太炎，研讨墨经与先秦诸子之学。先后著有《墨子大小取章句》《尹文子略注》《庄子齐物论新议》《荀子正名解》《行名杂篇》《邓析子辨伪》，成为著名的名学学者和墨学专家。

民国30年（1941年），伍非白在南充创办西山书院，聘请名流，相与研讨讲习于其间。他在讲学之余，对其著作再次校勘修订。民国37年（1948年），他将书稿在南充自费刊印100部，分送国内大专院校及著名学者，此书得以全面问世。

川北解放后，伍非白任川北行署委员会委员。1950年，川北文学院与川北农工学院（原在三台）合并，成立川北大学，伍非白任校务委员会副主任委员。1952年9月，川北区撤销后，伍非白任四川省人民政府委员，并担任四川省图书馆馆长。同时，他还任四川省政协委员、省人大代表。1965年3月伍非白逝世。

【李树骅】 李树骅（1893—1966），遂宁县人。民国2年（1913年）中学毕业后，考入四川陆军小学堂。民国6年（1917年），任川北靖国军总司令部参谋长兼2团团长。民国19年（1930年）后，李树骅曾任川军第10师参谋长、28军混成旅旅长、45军步兵旅旅长、95军直属旅旅长。抗日战争爆发后，李树骅主张抗日，对进步人士亦加以保护。

民国27年（1938年），李树骅女儿李隆蔚到延安，周恩来对她说："你父亲虽是国民党高级将领，他在政治上还是抗战派，私人财产也不多，当了中将还没有私人汽车，可以争取做些川军策反工作。"民国34年（1945年）春，李隆蔚奉派回川，她向父亲转达了周恩来的指示，李树骅同意进行川军策反工作。

抗日战争胜利后，李树骅调任95军126师副师长，不久退职。他回到遂宁后，当袍哥总舵把子。民国36年（1947年），李树骅参加竞选"国大代表"，因遂宁袍哥支持，得票多而当选。他去南京参加"国大"代表联谊会时，加入了中国国民党革命委员会（简称"民革"）。1949年，李树骅介绍中共川北工委书记王叙五、进步青年王涵到谢德堪师部去开展活动。中共川北工委委员、遂南地委书记王子度在河沙乡被敌追捕脱险后，缺乏经费，亦得到李树骅资助。是年12月9日，李树骅参加了彭县起义，并在《反对蒋介石通电》上签了名，为迎接解放做了积极工作。

1950年后，李树骅在川北行署工作，曾任川北剿匪副总指挥、民革川北区负责人。1952年10月，在民革成都市委工作。1966年3月李树骅逝世。

【李元兴】 李元兴（1930—1967），营山县人。民国38年（1949年）7月，被抓送至胡宗南部当兵，1949年12月，成都解放，随即参加中国人民解放军。1950年，赴朝作战。李元兴所在连队，坚守朝鲜上甘岭右前方的华里峰。华里峰前沿是一平坦地带，距敌人391阵地仅1000米左右。敌人的坦克常出没其间，炸药、给养运不上来，给志愿军威胁很大。李元兴灵机一动，冒着生命危险，把敌机扔下的定时炸弹，一个一个地拆出引信和炸药作爆破材料，在24天内，挖成8条长40余米宽的坑道。1952年10月11日深夜，排长率领全排战士疾步行军，接近敌人391阵地，在一条茅草茂密的山沟中隐蔽下来。李元兴奉命去营部报告。营长立即命令：隐蔽就是任务，不准暴露，等待信号，发起总攻。李元兴连夜摸过敌人三道封锁线，返回阵地，传达了营长的命令。12日上午10时许，敌人盲目地向茅草丛中打了一排炮弹。李元兴和他班里的战士邱少云负了伤，他们忍着疼痛，一动也不动。中午时候，敌人又打来燃烧弹。李元兴隐蔽在水坑里，他很想跳过去，救出战友，但是这样做就会暴露目标，甚至身后的潜伏部队都会受到重大损失。只得含着泪花，眼睁睁地看着燃烧的茅草吞没了邱少云。黄昏时候，天空升起总攻的信号弹，李元兴一跃而起，扑向敌人阵地。离此不远是敌人的一个连部，两挺重机枪封锁了李元兴前进的道路，班长负了重伤。李元兴身边只有两名战士，他们奋不顾身向敌人冲去，距敌人火点只有10多米了，两名战士也负了伤。李元兴冷静下来，观察了周围地形，突然一个匍匐急进，冲到敌人机枪的死角下面，再一跃而上，便到了敌人地堡跟前，把手榴弹扔了进去，接着又扔进一个炸药包，地堡炸塌了。敌人另一地堡里的机枪又扫射过来，李元兴急忙伏下来，扔出一个药炸包，随着浓烟，一个急滚翻，冲到地堡跟前。他毫不犹豫地将爆破筒扎在一起，塞进地堡孔里，就地一滚，接着一声巨响，地堡被炸掉了，李元兴被震昏过去。大部队乘机冲上去，仅用20分钟的时间，占领了敌人的391阵地，全歼敌人一个加强连。战斗胜利后，中国人民志愿军3兵团授予李元兴“特等功臣、二级爆破英雄”称号。以后被提升为副排长、排长。1958年8月，李元兴转业回到营山，历任老林、城守粮站党支部书记、站长和县民政科副科长。“文化大革命”期间的1967年，在平昌县被杀害。

【白玉琼】 白玉琼（1902—1968），原名吴道印，字仪成。白玉琼为艺名。乐至县人。幼读私塾，爱好川剧。17岁时，从名艺人浣花仙学胡琴、弹戏，随往乐山、泸州演出。两年后，博采民间扬琴、竹琴、清音等艺术，并以名艺人阚瑞林为师，经过几年努力，便能与李德才、贾树三等曲艺名流合唱。随后去上海，先向梅兰芳虚心求教，再游苏、杭、闽、鄂等地，向秦腔、评弹、汉剧、楚剧吸取和借鉴。历时3年，把各剧种的艺术精华溶入川剧，形成独特风格。能将剧中人的不同身份、思想感情，在唱做上分别润色加工，根据剧情、人物进行艺术处理。观众把白玉琼与周慕莲、陈碧秀、琼莲芳称为“四大名旦”。

民国23年（1934年），白玉琼应邀去上海灌制唱片，名鼓师陈敬忠说：“有人说上海人不看川剧，这次白玉琼演出《双官诰》，轰动了上海。”两年后，白玉琼组织“成渝川剧促进社”，在上海开设四川大舞台，连演80余场、100余剧目，《申报》称白玉琼为“花衫泰斗”。民国8年（1939年）回成都，随后到绵阳、江油、三台、中江等地演出。《川剧人物小识》《蜀伶杂志》

载有白玉琼的事迹和艺术。

1951年，白玉琼从绵阳回乐至任县川剧团团长，进行戏曲改革，废除演条纲戏的陋习，建立上演制度，在剧团培养戏剧新苗。1953年，白玉琼出席四川省首届文代会，会后调任四川剧校专业教师。从此以身示范，不仅要求学生掌握技巧，并要求理解在什么时间、场合灵活运用。教唱腔时，不仅要求学员会唱，而且要求学员领会声腔的结构特点。讲授戏剧时，不仅让学员学会运用程式，还启发学员对戏剧内容、人物性格要有深刻理解，从钻研主题、掌握剧情去塑造角色，由形似进入神似。1968年6月白玉琼逝世。

白玉琼著有《川剧旦角的练唱及创腔》收入《川剧艺术研究》第一辑。胡琴戏《泾河牧羊》《天仙送子》《三祭江》，弹戏《乔子口》《审苏三》，皆记录成谱。除《三祭江》印有单行本外，其余收入《川剧胡琴、弹戏唱腔集》，四川剧校作为教材。上海胜利、百代唱片公司灌制的唱片，尚有流传。

【林维干】 林维干（1884—1969），号茀丛，南充县（今嘉陵区）人。少年勤奋好学，中秀才。清光绪三十二年（1906年）毕业于四川游（留）学预备学堂。宣统三年（1911年）参加保路同志会。民国元年至民国25年（1912年—1936年），先后任川北宣慰使秘书、南充县立中学校长、川北护国军司令部秘书，广元、岳池、广汉等7县县长，21军军部顾问和四川省民政厅科长。民国26年（1937年），任剑阁专区专员，在任期间，察吏安民，政声卓著，修川陕公路，质优费省。南充师范校和省职校爱国青年途经剑阁去延安，他除派夫人率警卫护送到车站外，并赠送大洋、鸡蛋等，使其顺利到达延安。

民国33年（1944年），林维干任绵阳专区专员兼广汉机场民工管理处副处长，亲率民众抢修广汉机场，以利盟军空军对日作战。绵阳专区所属各县组成10万民工，由各县县长带队，3月动工，6月竣工。机场跑道能承受美国64吨的B-29型飞机的压力，受到美援华技术军官勒森中校、马歇尔少校的称赞，美国授予勋章一枚，刺绣锦旗一面，上书“尊敬的林维干博士”。6月15日，美援华第20轰炸航空队出动64架B-29型轰炸机，从广汉、新津两机场起飞，首次轰炸日本本州和九州八幔钢铁厂。10月10日，复出动100架，向冲绳岛及相邻岛屿的日本空军基地进行轰炸，打击了日本侵略军的嚣张气焰。民国35年（1946年），林维干因反对内战，离职回家。民国38年（1949年）9月，林维干任南充私立惠南中学校长，并加入中国民主同盟。他常与地方进步人士来往，共议为南充和平解放多做工作。1949年12月10日，南充县城解放，人民政权尚未建立，他与起义的县自卫总队副总队长张恢先等在中共南充县地方组织和军管会军代表的支持下，主动出面维持社会治安，并被推举为南充临时治安委员会主任委员。

1950年2月，林维干先后任川北行署委员、川北区政治协商委员会副秘书长。1952年9月，川北区被撤销，林维干先后任四川省政府委员兼省政协副秘书长、南充专区副专员等职。他在南充专区工作期间，分管文化、教育、卫生等工作。他支持文化部门办川剧短训班和艺术学校，并带头改编、整理、创作川剧剧本，先后整理传统川剧折子戏《三击掌》《审苏三》等10余出；改编灯戏《驼子回门》为《拜新年》《裁缝偷布》为《裁衣》；改编话剧《棠棣之花》、《孔雀胆》等为川剧；创作历史剧《桃花扇》，现代戏《春到川中》。林维干在书法上很有造诣，先后题有“剑门关”、“李白纪念馆”等。1969年10月林维干逝世。

【蒋殿梅】 蒋殿梅（1887—1969），岳池县人。清光绪三十四年（1908年）开始习医。5年后，行医乡里。民国35年（1946）任县参议员。川北解放后，在岳池县人民医院任中医师，后调南充专区人民医院任中医师，1960年任南充专区中医院住院部主任，1961年任南充专区人民医院副院长兼中医科主任。“文化大革命”中，蒋殿梅虽已80高龄仍未能幸免，挨批斗，受屈辱，1969年12月蒋殿梅逝世。1978年2月，平反昭雪，恢复名誉。

蒋殿梅长期刻苦钻研中医学，深得《内经》《伤寒》《金匮》《本草》要旨。对金元四大家，明清温病学家所论治法均有心得。他说：“学医不习《内经》，则阴阳五行不明，生克制化不清；不读《伤寒论》，则辨证不准；不看《金匮要略》，则杂病不懂；不习《温病条辨》，则寒热难分。”民国23年（1934年），又赴蓉、渝、京、沪等地寻师拜门，学识大进，医术日精。1952年，岳池县大石、石椏等乡流感流行，患者2000余人。蒋殿梅赴疫区指导各乡中医用麻杏意甘汤治外感夹湿症，用银翘散治外感发热症，用三仁汤治湿热症，收到良好效果。1954年至1960年，撰写教材，分别在岳池县中医训练班、南充专区西医离职学习中医班、正骨与痔漏训练班、南充医士学校中医班授中医课。有《伤寒论》《金匮要略》注释稿。撰有《麻疹症治疗经验》和《白喉症治疗经验》。

【古鹤龄】 古鹤龄（1876—1970），又名古寿芝，阆中县（今阆中市）人。回族。早年入基督教教会学校学习。清光绪二十六年（1900年）后，开始从事基督教传教活动，清光绪三十二年（1906年）由英籍会督盖世利提为牧师。后历任中华圣公会四川教区会吏、吏总、副会督，东北教区副会督。解放后，历任川北区各界人民代表会议代表，阆中县基督教爱国会主任，阆中县政协副主席，四川省基督教三自爱国会主席，中华圣公会东、西川教区联合办事处主席，四川省文史研究馆研究员，第一、二、三届四川省政协委员。1970年古鹤龄逝世。

【刘光友】 刘光友（1893—1971），女，仪陇县人。幼年丧母，父亲无力抚养，送与张家当童养媳。张家也很穷，丈夫被迫流落巴中恩阳河，给地主担煤，因劳累过度，病死。民国4年（1915年）11月，她二嫂生下张思德后，不到7个月就病死了，她承担起抚养张思德的责任。民国15年（1926年），刘光友租种地主十几挑薄田瘦土，既要忙地里农活，又要负担家务，割草、拣柴，换米面度日。民国22年（1933年），红军解放仪陇后，成立六合乡苏维埃政府。她支持张思德参加少先队，10月，送张思德到立山场参加红军。不久，张思德随红军转移。

川北解放后，当她知道张思德已牺牲，还受到毛泽东的表彰时，她为自己失去儿子而悲伤，也为自己能有这样的好儿子而骄傲。她积极带领群众参加生产劳动，勤俭节约，扶危济困。多次被评为县、省、全国的“烈属模范”“劳动模范”“勤俭节约模范”，干部、群众亲切称她为“张妈妈”。1966年到北京出席全国烈属模范大会。10月1日在天安门城楼参加国庆观礼，朱德委员长亲切接见她。次日派人把她接到家里畅谈，用家乡饭菜款待。刘光友晚年仍坚持劳动。1971年10月，在地坡种豌豆时不慎失足跌伤，医治无效去世。临终前，将自己节省下来的4000元钱，全部捐献修建思德水库。

【张明慧】 张明慧（1902—1972），女，南充县（今顺庆区）人。基督教徒。民国21年（1932）毕业于广州夏葛医科大学，留校任教。民国25年（1936年）在河南卫辉县慧明医院任外科医师。抗战爆发后，在汉口协和医院任外科医师。民国27年（1938年）受聘于重庆仁济医院，任妇产科主任。民国32年（1943年），致力于家乡的妇幼卫生事业，回南充开办“张明慧诊所”，竭力推广新法接生。民国37年（1948年），独资兴办妇孺医院。南充解放后，继任该院院长。1950年，她主办义诊日，对无钱治病的患者，不收药费和挂号费。遇有疾病患者，则随到随医。《川北日报》载文赞誉张明慧是好医生，举办义诊“难能可贵”。1951年，当选为川北区民主妇女联合会福利部部长，获川北模范工作者称号。当选为南充市一至五届和四川省一至三届人民代表。1956年加入中国民主同盟。1972年6月30日晚，为抢救一窒息婴儿，工作通宵达旦，终因劳累过度，突发脑溢血经抢救无效而逝世。张明慧从事临床工作40余年，经验丰富，撰有《产惊的疗效》、《避孕的重大意义》、《妇女早产》等论文。

【傅子东】 傅子东（1893—1972），又名傅振烈，江油县（今江油市）人。幼年就读于江西会馆私塾。15岁，赴京考入财政学堂中学班，翌年加入同盟会。民国元年（1912年），财政学堂并入北京大学。傅考入经济系就读。民国7年（1918）毕业后，赴美国加利福尼亚大学研究院专攻经济学，获博士学位。早年曾参加孙中山领导的“同盟会”。民国11年（1922年）之后曾任成都高等师范学堂（今四川大学）教授、校长，武汉大学教授，中山大学教授，国民革命军总政治部编审委员会委员、秘书等。民国36年（1947年）10月，回到故乡江油，协助中共地下组织做统战工作，为川西北的和平解放及维护地方治安，保护档案、公产等做出了一定的贡献。川北解放后，傅子东任川北行署教育厅副厅长。1952年9月，川北区被撤销后，调北京任中国文字改革委员会研究员。1953年后，先后任陕西师范大学教授、陕西省文史馆馆员、陕西省政协第二、三届委员会委员。1972年傅子东逝世。

傅子东的语法自成一家，广为语法学界所瞩目，主要著作有：《傅氏文典》、《语法理论》、《古代汉语语法大纲》、《现代汉语语法大纲》及多篇论文。傅子东认为汉语语法研究中有四大问题，即词的构成、词的种类、词的职务和词的位次，并以此为出发点逐步建立和发展了他自己的汉语语法体系和语法理论。

【谭卫根】 谭卫根（1896—1973），蓬溪县（今大英县）人。民国11年（1922年），在北京大学读书，民国13年（1924年），加入中国共产党，因参加“五卅运动”，遭北洋军阀镇压右膝受伤。民国16年（1927年），大革命失败后，他化名赵让成，到哈尔滨一所中学任教，不久，被人怀疑，返回老家。被省立三台中学校长龙杰三聘为该校教导主任兼教公民课。民国20年（1931），应聘为省立南充嘉陵高中教务主任，深受校长张澜器重，后加入中国民主同盟，是张澜的得力助手。抗日战争爆发后，谭卫根到省立重庆联立高中任教，他结合教材，讲授帝国主义侵华史，培养学生热爱祖国，抗日救亡，受排斥辞职回县，与北京大学学生谭襄臣（共产党员）、黄埔军校学生杨蕴朴（中共党员）、北京朝阳大学学生蒋瑞麒（民盟盟员）等筹建三台、蓬溪、中江三县联办私立农业职业初中，任董事长兼教导主任。谭卫根为办学四处奔走求助，多次呈文向潼、蓬、中3县政府、遂宁专署、省政府教育厅请准补助经费。民国29年（1940），农职校发展为完全中学。抗日战争胜利后，学校迁三台原东北大学校址。谭卫根与龙杰三等人利用东北大学的校址向川北各县倡议创办川北农工学院，报请省政府教育厅批准成立，谭卫根任史地系教授。

川北解放初，谭卫根先后任三台县人民政府文教科科长和遂宁专署文教科科长。1951年，任川北行署交通厅厅长。1952年9月川北区被撤销后，任四川省交通厅厅长。1961年，任四川省人民政府参事。1973年6月谭卫根逝世。

【刘全贵】 刘全贵（1917—1973），别名刘经武，蓬安县人。1951年土地改革时，在周口乡一村分得房屋、田土、耕牛、农具。1951年10月，刘全贵积极响应“组织起来，走共同富裕的道路”的号召，他走院串户宣传政策，成立了全县第一个换工队。该队1952年小春亩产225余公斤，较个体农民小春亩产170公斤多55公斤。当年4月，换工队中八户农民成立了全县第一个农业互助组，并向全县农民发起力争水稻丰产的竞赛。互助组的35亩水稻，亩产平均达到750斤。县委、县府用生产简报介绍了他们的经验。是年，刘全贵被评选为县、专区和川北区劳动模范。他参加专、县两级劳模会议，按照毛泽东“积极热心，根据需要和可能发展农业生产合作社和办好农业社，带动互助组大发展”指示，他同7户互助组成员成立了蓬安第一个初级农业生产合作社。

1955年3月，周口乡互助村五个初级农业社和三个农业互助联组转为高级农业生产合作社，即红旗高级农业生产合作社，刘全贵任副社长，主管农副业生产和财务工作。当年，全社粮食在原初级社的基础上增产25%，集体副业较初级社增加20%；社员人均现金收入近100元。1973年刘全贵逝世。

【郑申之】 郑申之（1908—1973），蓬安县人。1950年冬，郑申之引进抗倒伏、分蘖力强、穗大粒多的“中大2419”小麦良种，在0.08公顷的土地上作小麦丰产试验。他精心管理，次年收割，经验收过秤，亩产小麦600斤，较全县大面积亩产350斤多250斤。1951年，他又引进黄皮红心块大的南瑞苕良种，在两亩土地上作红苕高产试验，经验收组单收过秤，亩产红苕6000斤，较全县大面积亩产2500斤多3500斤。中共蓬安县委总结了他的增产经验，在全县推广。1951年10月，郑申之被评选为全县甲级模范。是年12月，又被评选为川北区特级劳模，出席川北区劳模大会，荣获铜质奖章一枚、新式步犁一架。继后又受到西南军政委员会表彰，获铜质奖章一枚。1973年郑申之逝世。

【杨永德】 杨永德（1918—1975），营山县人。11岁给地主养猪放牛。成人后，与弟弟合租地主田地，用劳力抵押金，白天种地主的田晚上干自己的活。

1951年土地改革时，杨永德当选村农会主席，组织群众分得了土地、房屋、农具、耕牛。1952年2月，周兴仁、杨永德动员17户农民，组织周兴仁互助组。1952年春，互助组响应川北行署“万户千组一百乡爱国增产创模运动”的号召，杨永德精耕细作，选用良种，合理施肥，获得高产，被评为劳动模范，出席了川北行署召开的劳动模范大会，获水车、步犁、水牛等奖品。1954年1月15日，营山县第一批建立的沿码乡先锋初级农业生产合作社诞生，杨永德当选为社长。建社第一年，全社粮食亩产超过800斤，劳动日值1.14元，杨永德去成都出席了省劳动模范大会。1956年2月，杨永德任黄渡乡分管农业的副乡长兼农业技术员。他克服不识字的困难，钻研水稻、红苕、棉花技术，取得了好的收成。1957年，精简下放干部，杨永德积极响应，回家当了该村村长（后为大队长）。1961年他组织大队种植棉花12.67公顷，平均亩产皮棉150斤。杨永德再次出席了省劳模大会。1975年2月杨永德逝世。

【李海渠】 李海渠（1901—1975），原名胜淮，达县人，民国6年（1917年），李海渠毕业于达县县立中学。次年，在河市乡小学教书。民国9年（1920），经商，常往来上海、汉口、重庆、万县等地，在商界影响日增。民国11年（1922年）后，先后任达县商会米帮帮董、盐帮帮董、公断处处长、达县商会执行委员。民国24年（1935年），被选为达县商会主席。民国28年（1939年），李海渠与商人袁博怀等人成立绥川盐号。总公司设重庆，李海渠任达县分公司经理。同时，他还独资开办了餐霞商店。当时，日寇大举侵华，国难民忧，李海渠同各界爱国人士一起，奔走呼号，在县里开展捐献物资支援前线抗日将士的活动。民国30年（1941年），与人倡议并集资创办私立萃华中学和《达县日报》。李海渠任萃华中学董事长。他对国民党消极杭日、积极反共、实行白色恐怖不满。

1949年12月10日，开江解放，达县国民党军政要员纷纷遁逃。12日，李海渠与洪秀笙等成立达县临时治安委员会。洪秀笙任主任委员，李海渠任委员。15日，李海渠等迎接解放军进城。23日，洪秀笙病逝，李海渠继任达县临时治安委员会主任委员，他积极宣传“首恶必办，胁从不问，立功赎罪，立大功受奖”的政策。并敦促尚在怀疑观望的国民党军政人员“认清形势，回头是岸，不要一误再误”。1950年元旦，李海渠在北门大操场主持召开万人参加的军民团结大会。是年初，他积极从事筹集粮秣、柴草、维持社会治安等工作。7月，任川北行署委员会委员兼川北行署工商厅副厅长。次年1月后，任工业厅副厅长。1952年9月后，任达县专署副专员，1953年1月，在成都加入中国民主建国会。1956年，被选为四川省人民代表。他曾多次被选为工商界的积极分子，并代表达县工商界人士赴京出席会议，受到毛泽东、周恩来等中央领导的接见。1959年6月，担任四川省政协委员。1975年李海渠逝世。

【刘成基】 刘成基（1905—1976），字三荣，艺名“当头棒”。遂宁县人。11岁时，西充“三益科社”到横山乡唱戏，姑母送他去学艺。民国24年（1935年）上半年，在重庆搭上“翠屏班”。民国29年（1940年），刘成基正式拜川剧名丑傅三乾为师，潜心钻研，继承宗法师父的表演技艺，兼学他人之长，逐渐形成了自己独特的艺术风格，所演《醉隶》《拾黄金》《夜误判奸》等剧，名播剧坛。之后，刘成基到了成都，在“三庆会”搭班演出。他在名家指点下，精益求精，所演剧目深受观众赞赏，驰誉全川，成为川剧名丑。民国35年（1946年），刘成基应聘偕夫人成雪如（艺名容玉）回家乡遂宁在顺南街联合大戏院演出。他艺德好，艺技高，给家乡观众留下良好印象，所演《跪门吃草》、《议剑献剑》、《请长年》、《问病通宫》等戏，深受观众赞赏。之后.仍去成都演出。

1950年新春佳节，成都市军管会领导人贺龙在各界人民代表茶话会上，向川剧艺人祝贺。并向刘成基亲切地说，“当头捧，祝你们演员翻身了!”刘成基听了“翻身了”的话后，眼泪夺眶而出。从此，刘成基深入街头、茶馆、农村演出，宣传党的政策。不久，刘成基调德阳县组建川剧团，任团长。1952年，刘成基任西南川剧院三团团长，参加了全国第一届戏曲观摩大会，他参与改编、导演的传统戏《柳荫记》获剧本奖。在全国戏曲会演中，他所演的《议剑》获二等奖。1953年，刘成基任西南川剧院副院长。冬，参加中国人民赴朝慰问团，任东海分团负责人。他冒着敌人大炮、飞机的狂轰滥炸，不辞辛劳，坚持到前沿坑道里为志愿军慰问演出。次年回国后，任省川剧学校校长。1959年，赴京参加中华人民共和国成立10周年献礼演出，受到党和国家领导人朱德、陈毅、罗瑞卿、郭沫若等亲切接见并合影。是年8月，加入中国共产党。1960年，在中国戏曲研究所举办的讲习班授课，曾与京剧大师梅兰芳一起，把精湛的戏曲表演艺术绝招传给青年演员。

1962年，刘成基大力扶持川剧现代戏，任《丁佑君》的导演，在《红岩》中饰演毛人凤，受到高度评价。1963年年初，进京演出期间，陈毅在中南海紫光阁与刘成基、周企何、杨淑英、司徒慧聪等川剧表演艺术家品茶谈心并合影。是年，刘成基参与整理及演出的川剧传统戏《鸳鸯谱》由峨眉电形制片厂拍为戏曲片，他任艺术顾问，井饰演乔太守、受到广大观众好评。1976年刘成基逝世。

【刘存文】 刘存文（1903—1977），营山县人。幼时念书4年即随父学习挂面。后又跟岳父去南部、甘肃、武都、陕西汉中一带经商。1951年，刘存文担任村农会主席、村长。为响应“抗美援朝，保家卫国”的号召，他带头捐献黄谷300斤和首饰多件，被选为出席南充专区首届农民代表会议的代表。土地改革后，他积极响应“组织起来，走共同富裕的道路”的号召，把缺乏劳力、农具的10户农民组成换工互助组。1952年，刘存文互助组经过两次发展，成为30多户农民的常年性互助组。在川北行署开展的“万户千组一百乡爱国增产创模运动”中，刘存文选择月亮田0.07公顷，参加水稻高产竞赛。他精耕细作，培育壮苗，合理施肥，取得亩产870斤的好收成。下半年，他又利用大干田搞小麦高产，亩产650斤，被评为劳动模范，出席川北区劳动模范代表大会。1953年，在发展供销合作社时，刘存文将积攒起来为女儿陪嫁的42块银元，带头入股，被选为回龙供销社理事、主任。国家对粮食实行统购统销，刘存文带头卖余粮2300斤，推动了粮食统购统销工作的顺利进行。1954年，刘存文互助组第一批转为农业生产合作社，他被选为社主任。当年粮食产量比互助组时期增加18.7%，全社卖给国家余粮3万多斤，1956年社员扩大到86户，又转为高级农业生产合作社。1958年人民公社化后，刘存文担任大队党支部书记。先后被选为一、二、三、四届县人民代表大会代表，连年被评为农业劳动模范。1977年8月刘存文逝世。

【张兴贵】 张兴贵（1909—1977），南充县（今高坪区）人。1950年冬，张兴贵参加减租退押工作，被选为农会保管员。1951年土地改革后，他响应毛主席“组织起来，发展生产”的号召，办起了7户人的生产互助组，是南充县较早的互助组之一，次年，互助组超额完成爱国增产计划，张兴贵出席了川北区“万户千组一百乡”创模大会。接着又试办合作社，中途，有几家农户因土地分红问题退了社，张兴贵一面苦口婆心地做退社户的工作，一面团结社内成员继续办社。1953年夏，大旱，村里的单干户田里无水，连秧门都未开，而合作社从嘉陵江抽水灌田，全部水田都栽上了水稻。群众看到合作社集体力量大，便纷纷要求入社，退社的又申请回社。合作社发展到4个组60户，取名为新民社，张兴贵任社长。是年合作社苞谷亩产300多公斤，增产20%，水稻亩产328公斤，增产15%，粮食人均分配达200公斤以上。1954年6月，张兴贵加入中国共产党。1957年成立联社，张兴贵任中共新民联社分支书记。1959年，张兴贵被评为省劳动模范，出席四川省农业劳模会议。1977年张兴贵逝世。

【张安钦】 张安钦（1885—1978），又名兴涛、书绅，重庆市璧山县人。清光绪三十三年（1907年），毕业于重庆府中学堂师范班，先后在璧山、江津、重庆任私塾及小学教员12年。于任教之余自习中医，深研中医四大经典、金元四大家学说、湿病、本草、方剂，学习西医基础知识。民国8年（1919年）夏，重庆霍乱流行，其时，张安钦在重庆依仁学校任教。他认为“霍乱病菌从口入胃，繁殖甚速，胃受菌毒，急泌大量水分。以资稀释……上吐下泻，以致液脱丧命”，主张使用“辛烈药物，一鼓作气歼灭细菌，兴奋神经，使病菌灭，胃不泌水而吐泻止，霍乱愈”。乃创制“一鼓散”，防治霍乱，全校师生普遍服用，效果特佳。慈善堂用此方制药，印刷告示沿街张贴，任人索取。民国9年（1920年）2月，张安钦考入上海大同医学校。民国12年（1923年）8月，受张澜之聘，与南充县名中医庞鉴舟、马丙乾在南充中学医学班执教。民国21年（1932年）2月，在城内五显庙、药王庙集资创办私立成达公学。民国24年（1935年），改为南充县私立成达初级中学，自任校长。民国29年（1940年）6月，辞去校长职务。专事教学和医务工作。民国31年（1942年）8月，成达中学开设国医专修班，亲自授课，并邀请毕业于华西协合大学的杜明义讲授解剖生理、病理学和药物学。在南充首先采用“中西医结合”方式培养中医人才。民国34年（1945年）初，在学校附近的大北街开设了“安钦药房”（附设诊断室），供学生毕业实习。

1950年后，张安钦先后当选为南充市第一、二、三届各代会代表，川北区首届各代会代表，省政协第一届委员会委员。1956年3月，张安钦被接收进专区医院工作。6月，调成都中医进修学校（现成都中医学院）任教。1957年5月，任成都中医学院附属医院副院长，当选为省政协第二届常委。1978年8月张安钦逝世。

张安钦先后撰有《人类声韵标准图表》《声韵探源》等专著，编有《伤寒卒病论集读本》《医药评论》《国药主攻录》《阴阳法》《五行法》等专著和部分医案。

【肖昌佐】 肖昌佐（1913—1978），岳池县人。川北解放后，积极投入“清匪反霸”和“土地改革”运动，被选为村农会主席、村长。1952年，他率先组织互助组，帮助组员解决种子、劳力、肥料及用水等问题，使其做到精耕细作、不误农时，粮食亩产达372.5公斤，比一般个体农户增产34%，被选为川北区劳模。1955年，在互助组的基础上，又率先建成农业生产合作社。1956

年冬，自生乡一村成立“七一高级农业生产合作社”，肖调去任主任，全家亦迁往居住。1958年10月，花园公社成立，肖任公社社长、党委副书记，兼任东方红大队党支部书记。1962年专任大队党支部书记，发动社员生产自救，战胜灾荒。帮助解决生产、生活中的具体问题，从而调动干部、群众的生产积极性，使当年粮食获得丰收，出席四川省劳模大会。1966年，粮食亩产超过500公斤，到北京参加国庆观礼，受到毛泽东、周恩来等中央领导人的接见。1967年后，带领群众种植绿肥紫云英，利用人多地少劳力足、水源好的条件，改种双季稻，培育推广良种，单产不断提高，1973年亩产达到814.5公斤。他所在的大队平均每年向国家交售商品粮10多万公斤。1978年肖昌佐逝世。

【桂前三】 桂前三（1913—1980），本名会鼎，宣汉县人。民国21年（1932年），参加川东游击军，从事锄恶、惩霸活动。民国22年（1933年）10月，桂前三编入红4军10师29团任战士。他性情爽直，战斗勇敢，吃苦耐劳，两月后加入中国共产党。在万源保卫战中任班长，旋调30团任排长。民国24年（1935年）春，任指导员，参加长征。5月，在北川、安县交界的千佛山进行的反堵截战斗中负伤，愈后继续长征，历尽艰辛，胜利到达延安。民国26年（1937年）8月，桂前三调385旅770团任指导员，负责庆阳城防。民国28年（1939年）冬，任营副教导员，驻镇源孟坝。民国29年（1940年），入延安留守兵团军政研究班学习，结业后任旅政治部干事、组织科副科长。民国34年（1945年），任延安办事处训练班主任，训练准备派回四川工作的川籍干部。民国36年（1947年），桂前三化名符乾三，以卖布为掩护，回川在农村开展活动。1949年12月17日，解放军进入县城。桂前三向中共宣汉县委出示了组织关系，被安排主持县公安局工作。1950年3月起，他先后任县公安局副局长、局长，经常带领干警深入区乡发动群众，调查匪特、恶霸情况，配合解放军部队平息反革命暴乱，惩治各种反革命分子。1952年9月，代理中共宣汉县委书记，次年2月，调任达县专区公安处政治处主任。1954年1月，任达县专区检察署检察长。1956年2月，到中共中央第七中级党校学习，结业后任达县专署副专员。1963年，任专署副专员兼公安处长。“文化大革命”中，屡遭“造反派”迫害。1972年离休，1980年桂前三逝世。

【马先根】 马先根（1912~1981），字涤尘，长寿县人。民国17年（1928年），考入重庆警士学校。民国20年（1931年）被选送北平警官学校。曾作为学联代表向张学良递交请愿书，敦请出兵抗日。为支援抗日前线，他不顾日机轰炸，把募集的衣物药品等送往天津、张家口慰劳抗日将士。民国22年（1933年），日军进犯华北，他辍学返渝，任重庆市公安局参议。民国23年至民国29年(1934年—1940年)，先后在成、渝两地出任警察局分局长、川江航务管理处主任等职。民国30年（1941），任蒙藏委员会驻藏办事处一科科长。民国34年（1945年），赴印度加尔各答办事处，办理川丝交易事务。是年冬返渝，先后任四川丝业公司总务科长兼北碚蚕种场场长，南充区办事处经理、重庆进出口贸易会总干事等职。

川北解放后，马先根留任南充办事处经理，并担任南充工商业调整委员会委员、川北丝绸指导委员会委员、川北蚕茧收购委员会副主任委员等职。1950年3月，马先根在川北区丝业公司业务会上，提出人平栽桑1株和提高茧价的建议及拟订的“五等九级”蚕茧收购计价标准，得到采用。1953年，抗战时内迁乐山的美亚绸厂拟迁回华东，马建议迁南充。经纺织工业部批准美亚绸厂、重庆华源绸厂一并迁南充组建南充织绸厂。次年3月，他出任南充专区蚕丝办事处主任。1957年2月，马先根调任南充丝二厂副厂长。1962年，受省轻工业厅委托，马先根主持编写《茧站工作册》。1965年，马先根到蓬安县会龙公社蹲点指导蚕桑发展，经过几年努力，成为全川蚕桑发展的典型。1981年9月马先根逝世。

【张雪岩】 张雪岩（1892—1981），营山县人。民国8年（1919年）考入北京大学。在“五四”运动中，张雪岩受到新文化、新思想的熏陶，参加了李大钊发起的马克思学说研究会。是时，张澜赴京交卸四川省长之职，极力鼓动四川学生赴法勤工俭学。张雪岩遂入北京法文专修馆学习法语，受父阻挠，未能赴法而转学太原山西大学。民国18年（1929年）张雪岩返川，任四川松理茂懋汶屯垦督办署秘书长兼茂县县长。民国26年（1937年），张雪岩随邓锡侯出川抗日，担任二十二集团军总司令秘书，转战陕西、山西、河南等省。民国27年（1938年）年初，张雪岩随邓锡侯回川，担任川康绥靖公署主任秘书。民国34年（1945年），张雪岩加入中国民主同盟。民国38年（1949年）秋，张雪岩受到国民党特务监视，潜回营山，与县城地下党组织取得联系。

1949年12月，营山解放，张雪岩担任营山县人民解放委员会秘书长。1950年，在成都受聘为成都市首届各界人民代表大会特邀代表。6月，川北行署电邀张雪岩作为民盟代表出席川北区首届各界人民代表大会。7月，中央任命张雪岩为川北行署委员会委员及川北人民法院院长。1952年9月，川北区被撤销后，张雪岩任四川省司法厅副厅长。1981年张雪岩逝世。

【刘聚奎】 刘聚奎（1910—1984），河南省博爱县人。民国20年（1931年），在北平师范大学加入中国共产主义青年团，任团支部书记。民国22年（1933年）7月，加入中国共产党。民国25年（1936年）年底，回到家乡进行革命活动。次年9月，任中共豫北工委组织委员。民国27年（1938年）2月，日军侵占博爱县城后，刘聚奎建立了河北民军太行南区游击队第六支队，开展抗日武装斗争。5月，6支队与1、4支队合并，成立道清游击支队，刘聚奎任游击支队政治部副主任。11月，道清支队改编为晋冀豫军区晋东南独立游击支队2大队，刘聚奎任2大队政治处主任。12月，随部队撤往山西根据地。后转战于晋、冀、豫地区，多次参加反扫荡和对日伪军作战。民国29年(1940年）4月，东南独立游击支队改编为八路军新3旅，刘聚奎调9团任政委。民国32年(1943年）3月，刘聚奎调任太岳区第三地委书记兼太岳军区第三军分区政委。

民国33年（1944年）11月，太岳区党委和太岳军区抽调18团和59团2000余人，组成豫西抗日军第2支队，刘聚奎任司令员兼政委。11月14日，渡过黄河，进入豫西，并迅速以渑池、新安、陕县、洛宁等地为中心，开展抗日游击战争。民国34年（1945年）2月，豫西二地委、二分区、二专署成立，刘聚奎任地委书记兼军分区政委。解放战争中，刘聚奎任中国人民解放军第18兵团178师政委，先后参加了解放晋南、晋中、太原等战役。中华人民共和国成立后，任川北行政公署副主任。1952年9月，川北区被撤销后，任西康省政府副主席。1956年后，任西安东方机械厂党委书记兼厂长。1979年10月后，任陕西省第四届、第五届政协副主席。1984年刘聚奎逝世。

【王叙五】 王叙五（1906—1985），蓬溪县人。少时读私塾数年，以优异成绩被选送遂宁高小肄业。民国14年（1925年），考入蓬溪县中。民国17年（1928年），进入成都大学预科读书。民国20年（1931年），考入四川大学生物系。民国21年（1932年）冬，红四方面军进入通、南、巴。王叙五毅然回乡参加革命。民国22年（1933）夏，他在集凤小学任教时，加入中国共产党。先后任特支委员和区委委员。10月，中共蓬溪地下组织突遭破坏，王叙五与党组织失去联系，只身流落遂、蓬乡间。民国27年（1938年）1月，中共四川省工委成立后，经漆鲁鱼介绍，他到成都与党组织接头。4月，恢复党籍。5月，他带着省工委和川北工委交给的任务，到遂、蓬、潼等地开展工作。次年2月，川康特委决定在遂宁建立中心县委，王叙五任书记。10月调川康特委任秘书长。

民国29年（1940年）3月，王叙五调到阆中工作。民国30年（1941年），川北工委调他到巴中工作。民国33年（1944年）初，南方局调他到三台任中心县委书记。年底他到南方局汇报工作，被留下参加迎接抗战胜利后的任务的学习，结束时留在南方局工作。民国35年（1946年）初，建立川北第二工委，王叙五任书记。在遂（宁）、蓬（溪）、潼（南）等地区建立县工委。民国36年(1947年)，南方局被迫撤回延安。王叙五与中央失去联系，仍积极执行南方局的指示，在江油和通、南、巴建立两个中心县工委，领导群众开展抗丁、抗粮及城镇手工业工人增加工资和夺取地方乡、保政权的斗争。是年底又增设中江、三台、射洪3个县工委。民国37年（1948年）春，积极准备武装起义和继续在农村开展抗丁、抗粮斗争。9月中旬，王叙五调香港学习。民国38年(1949年）1月，王叙五回川。5月，他在蓬溪召开总结武工队斗争经验会议，要求川北各地普遍把武工队建立起来。11月，中国人民解放军大举入川，王叙五任川中游击纵队9支队总指挥，与中国人民解放军密切配合，为四川解放做出了重大贡献。

川北区成立后，王叙五任中共川北区委委员、中共川北区委组织部副部长，川北行署民政厅长，遂宁军管会副主任和西南土地改革委员会委员等职务。1952年9月，王叙五任四川省委组织部副部长。1958年，任南充师范学院副院长。1964年任院长。“文化大革命”中，被开除党籍，粉碎江青反革命集团后冤屈得以洗雪，任四川省政协常委、省顾问委员会委员、省党史工委顾问。1985年12月王叙五逝世。

【王精益】 王精益（1916—1986)，遂宁县人。少年时随父种棉。民国35年（1946年)，迁居蓬溪县河边场（今属大英县）佃种土地，他凭自己植棉经验，精耕细作，亩产比一般棉农高出二至三倍，名扬一方。

川北解放后，王精益积极响应号召走互助合作的道路，动员18户农民组建全乡第一个互助组。同时，响应川北区党委号召，决心在棉花生产上干一番事业。王精益亲手种棉0.07公顷，产皮棉42.5公斤，被评为西南区植棉模范，其互助组被评为模范互助组。从农业合作社到人民公社，他领导的社队所种植的棉花69.33公顷，大面积首次突破百斤大关，平均亩产皮棉56.15公斤，试验地亩产则达103.35公斤，1958年，被评为全国劳模，其社评为全国先进生产单位，出席全国劳模大会。1959年，任公社管委会副主任。1960年，任公社党委副书记。他虽然连续升职，但仍保持普通劳动者本色，常年蹲点基层，率领科研人员做品种对比试验、杂交试验、单株选种和密度试验等科研项目，创造出“苗期促进—蕾期控制—花铃期促进配合控制”技术。1963年，他蹲点的大队大面积亩产皮棉67公斤，为全县平均亩产的2.5倍。1964年，省委副书记杨万选带领省农科院等有关部门干部及《人民日报》《四川日报》记者到遂宁考察总结，在全省推广其经验。1966年，他又进一步改进技术，试验地亩产皮棉160公斤，集体大面积上升到亩产皮棉111.25公斤，创历史最高纪录。省科研部门曾组织棉花专家前来考察验证，肯定了他的科研成果。其间，1963至1965年他连续三次出席全国劳模会，1966年应邀参加国庆观礼。1986年12月王精益逝世。

【韦　杰】 韦杰（1914—1987)，广西东兰县人。民国14年（1925年）秋，参加农民自卫队。次年到东兰农民运动讲习所学习。民国16年（1927年）8月参加农民暴动。民国18年（1929年）12月，参加中国工农红军。民国22年（1933年）加入中国共产党。土地革命战争时期，任红七军班长、排长、连长，红3军团第5师13团营长，红15军团第73师223团参谋长、团长、骑兵团团长，第74师师长。参加了长征。抗日战争时期，任抗大学员队队长，八路军总部特务团团长，八路军115师344旅688团团长，八路军129师新编第1旅旅长，太行军区第五军分区司令员。解放战争时期，任晋冀鲁豫野战军第6纵队副司令员兼16旅旅长，华北军区第14旅队司令员，第18兵团61军军长。中华人民共和国成立后，任第18兵团军长兼川北军区司令员，中国人民志愿军第3兵团军长，中国人民解放军军事学院高级函授系主任，成都军区副司令员。1955年被授予中将军衔。是第五届全国人大代表。在中国共产党第十二次全国代表大会上被选为中央顾问委员会委员。1987年2月韦杰逝世。

【董弼忱】 董弼忱（1908—1989），辽宁省康平县人。毕业于北京私立中国大学法律系。民国24年（1935年）10月，加入中国共产党，在河北省昌平县以教师身份从事党的地下工作。民国26年（1937年）初，赴山西抗日前线，先后在山西抗日牺牲同盟会太原分会、山西新军青年抗敌决死队四纵队政治部从事政治工作。抗战后期及解放战争时期任晋绥边区雁门分区行政督察专员公署公安局长等职。1950年1月南下入川，任中共川北区委委员、川北行署委员会委员、川北行署公安厅厅长、川北人民检察署署长。1952年9月后，先后任西康省公安厅长、中共四川省委监委副书记。“文化大革命”期间，受到迫害。1976年后，先后任中共四川省委委员、中共四川省委顾问委员会委员、四川省高级人民法院院长、中共四川省委政法领导小组副组长、中共四川省委政法委副书记。1985年离休。1989年5月董弼忱逝世。

【刘晓山】 刘晓山（1910—1990），安徽省六安市人。民国18年（1929年）1月参加中国工农红军，民国20年（1931年）加入中国共产党。参加过六霍起义，鄂豫皖革命根据地第一至第四次反“围剿”，川陕革命根据地反三路围攻、反六路围攻和长征。历任战士、班长、排长、连指导员、政治委员、处长、太行军区供给部长、晋冀鲁豫第13纵队供给部长、第61军后勤部长。1950年后，任第61军后勤部长、川北军区后勤部长。1952年后，先后任贵州省军区后勤部长、第三砂轮厂副厂长、贵州省财政厅副厅长、贵州省财办副主任。1955年荣获三级八一勋章、二级独立自由勋章、二级解放勋章。1988年获二级红星功勋荣誉章。1990年5月逝世。

【长念法师】 长念法师（1908—1990），俗姓李，名太荣，遂宁县人。4岁时，祖、父相继去世，留下孤儿寡母，无以为生，母改嫁，随至继父家。10岁开始从事劳动，割草放牛，备受虐待，衣不蔽体，食不果腹。15岁时，经人介绍至广德寺东华堂拜海舟和尚为师，出家为僧，法名长念，别名义观。民国16年（1927年），奉师命至新都宝光寺受“具足戒”。是年秋，考入该寺办的佛学院，聆听名师教授，3年后取得优异成绩结业，回到广德寺。民国21年（1932年），考入重庆汉藏教理院深造。民国24年（1935年），结业回广德寺，已是佛学高深、知识丰富的僧人了。长念两度入佛学院学习，又经成渝两地丛林禅院名师教诲，回广德寺后经僧众推选，为东华堂住持。民国27年（1938年）再次赴成都各寺院参学，在大慈寺依业圣钦、果澈二大师修持禅定，虔心领悟，深得大师赞许，先后受任该寺书记、知客、维那、护寺等执事。民国37年（1948年），仍回广德寺作东华堂住持。

中华人民共和国成立后，僧侣安排还俗，长念被安排在新华书店工作。有人劝他成家，但长念坚持学佛誓愿，谨遵佛戒。中共十一届三中全会后，长念不顾年老体弱，多次向当地政府申请返回寺庙。1985年11月1日，广德寺正式开放，长念被僧众选为筹备小组组长，广德寺开始恢复和重建。长念法师诚信笃敬，慈悲为本，诲人详尽，为法忘身，对佛学造诣较深，是全川佛学界公认的高僧。1990年5月21日，省佛协会长宽霖大师亲自主持隆重仪式，晋升长念法师为广德寺方丈。1990年11月22日，长念法师圆寂。

【郑国友】 郑国友（1926—1991），南充县（今高坪区）人。郑国友两岁丧父，9岁离家帮人当放牛娃、当长工。南充解放后，当上了自卫队长。后被选为乡农会生产委员。1951年抗旱救灾时，他响应政府的号召，动员12户贫农、1户中农组织临时换工组，抢救秧苗；秋收时，提前8天打完谷子，犁完板田；全组的红苕提前挖完，其他单干户的苕却遭霜雪打烂了不少。他们初步尝到组织起来的甜头，在川北区率先建立互助组，被誉为互助组状元，他也成为川北第一个农业互助组组长。1952年3月11日，南充县人民政府召开劳模大会，郑国友在会上介绍了互助组的组织经验，他被评为头等劳动模范，互助组评为模范互助组，奖给一头耕牛，身披红绫、戴大红花。1952年4月中旬，郑国友出席川北区合作社会议。1952年5月11日，苍溪等县16个互助组和10个丰产模范联合向郑国友应战，掀起爱国增产热潮。是年，郑国友出席了川北区的劳模大会，胡耀邦亲自接见，授予一面“互助合作的方向”锦旗。《川北日报》《川北农民报》常有记者去采访，川北文联、川北美术社派人收集资料，先后在《川北日报》刊出两次连环画，宣扬他们艰苦创业的先进事迹，报道他们组秋收中的战斗情景，这些作品在川北区产生强烈的反响，有力推动了互助合作运动和农业生产的发展。1952年9月，郑国友加入中国共产党。1953年，郑国友被评为四川省劳动模范，选为赴朝慰问团的农民代表，到朝鲜前线代表祖国人民慰问志愿军指战员。1954年1月，南充县委派出工作组帮助郑国友互助组，建起全县第一个初级农业合作社。他担任共兴管理区党支部书记，哪里生产抓不起来，就组织人员突击。中共十一届三中全会后，郑国友依靠40多名党员，稳妥地落实土地承包责任制，提出“山上栽树子，庭园栽果子，田坎养蚕子，地里保肚子”的总体目标，调动群众改变山区面貌、治穷致富的积极性，收到显著成效。1984年，因年老多病，辞去支部书记职务。1991年郑国友逝世。

【熊季光】 熊季光（1903—1991），重庆市江津县人。民国18年（1929年）毕业于国立中央大学农学院。民国23年（1934年）留学日本。民国28年（1939年），任四川大学农学院蚕桑系教授兼主任，民国35年（1946年），任四川省蚕桑改良场场长、四川省南充高级蚕丝科职业学校校长。

1951年任西南蚕业管理局川北分局副局长。1952年9月川北区撤销后，先后在四川省农业厅蚕桑试验站、四川省轻工业厅蚕桑试验站、农业科学院蚕桑研究所负责科技管理工作，曾任中国蚕学会副理事长，四川省蚕桑学会理事长。组织、参与和指导科技人员进行蚕业科研，先后取得科技成果30余项。其中较突出的有：采用定向纯系分离法提高瀛文、华十两品种的茧丝质量，使其丝长、茧层率均获得大幅度的提高，并且有效地防止了品种退化；应用多雄杂交理论培育出“南6”蚕品种及“6031”桑品种，在生产上得到了广泛推广；组织调查棉区蚕病，发现了壁虱病对蚕的危害，研究出防治棉区壁虱病的有效方法。在栽桑方面，提出了四边栽桑（田边、地边、路边、渠边）这种适于四川省栽桑的好形式，较好地解决了人多地少和桑、粮争地的矛盾。此外，他还在指导辐射育种、激素应用、小蚕共育和发展蚕桑专业户等方面，取得了较好的效果。1991年熊季光逝世。生前著有《家蚕品种改良法》和《蚕病防治指导手册》。

【陈全波】 陈全波（1912—1992），蓬溪县人。自幼聪明伶俐，尤喜听戏、唱戏。14岁在县城铁铺当学徒时，就能随口唱出《南阳关》等10多出川戏的戏文。不久，在遂宁县观音堂加入永庆乐戏班，拜刘瑞甫为师，学习文武小生戏艺。16岁考入亦乐科班时，练基本功比较困难，但他不怕苦，舍得练。学唱腔，除了白天规定的时间认真练外，睡在床上还在扣拇指，哼三眼板。早晨天不亮就起床，到河滩激流处练嗓。出科后，陈全波搭班在川北、川南一带演出。20世纪30年代中期，搭班到成都演戏。在三益公剧社拜名满川西的鄢炳章为师。陈全波得到名师精心指点，又善于向众多师友学习揣摩借鉴，取长补短，技艺日益精湛。陈全波嗓音清脆，刚柔相济，高低自如，韵味悠长。特别是他的“娃娃腔”，使他的嗓音在高亢苍凉中又有浓烈清新的童稚气。他的表演活脱圆转，生动自然，幽默风趣，浑然天成，成为川剧艺术中风格独特的流派。他善于从人物性格、人物情感出发，设计表演技巧。一招一式、一颦一笑、一摇一摆，都具有浓郁的生活气息和高度的形式美、艺术美。在《问病逼宫》这出戏中，他塑造了一个外形俊美、风流倜傥而内心肮脏、残暴荒淫的杨广的典型形象。在《黄沙渡》中，他塑造了一个外形丑陋，而内心善良、机智风趣、路见不平拔刀相助的万安。在陈全波塑造的丑角形象中，更多的是喜剧人物。如

《余塘关》中的余彪、《裁衣》中的龚裁缝、《滚灯》中的皮金、《拜新年》中的窦相公。这些各具特色的艺术形象，给观众以审美的享受。他的表演艺术成为川剧艺术的瑰宝和精神文化财富。20世纪30年代末40年代初，陈全波搭班辗转泸州、宜宾、永川、内江一带演出，名噪川南。民国31年（1942），陈全波再上成都演出，与刘成基、周企何、周裕祥齐名，号“四大名丑”。民国37年（1948）冬到南充，加入平化剧社演出。南充解放后，陈全波历任南充市实验剧团副团长，南充专区川剧团（后更名南充地区川剧团）副团长、团长、艺术顾问，南充市文联副主席，南充地区文联副主席，南充地区戏剧家协会主席，四川省戏剧家协会理事、顾问，中国戏剧家协会会员等职，四川省一至七届人民代表大会代表。曾3次应邀进中南海怀仁堂为党和国家领导人演出。1978年，中央戏剧学院5名外国留学生专程从京来南充听陈全波讲授表演艺术。课间，他还为学员表演《裁衣》。那惟妙惟肖的表演，穿针、引线、裁剪、藏布，一招一式，无不活脱逼真，外国留学生伸出拇指说：“了不起！”1983年文化部主办戏曲演员讲习班，他应聘担任教师。其间，参加了“四川振兴川剧汇报团”赴京演出。邓小平特地点他演出了《做文章》。从艺几十年，陈全波传授和指导的门生难以胜数。李笑非、汪洋、许明耻、庞祖元、蔡华聪、涂显光等，成为川剧艺苑中卓有成绩的知名人物。1991年10月，南充地区行署为陈全波举办了“舞台艺术65周年纪念”。成渝两地及四川各地、市戏剧名家云集果城，庆贺陈全波从艺65周年。1992年1月陈全波逝世。

【赵子立】 赵子立（1908—1992），字一峰，河南省永城县人。18岁到魏益三部当兵，先后在暂编第3师和第30军服役。民国16年（1927年）考入中央军校第六期学习，毕业后回原部队，先后任第54师161旅322团3营任中尉营附、第54师参谋处上尉参谋、322团少校团附、师参谋处少校参谋、第47师141旅中校参谋主任、第141旅282团中校团附、54师军士训练班中校主任。民国24年（1935年）12月，考入陆军大学正规班第十四期学习。民国25年（1936年）3月后，先后任陆军工兵少校、工兵中校。抗日战争时期，先后任52军上校联络参谋、第1兵团少将高级参谋兼作战科科长、第9战区司令长官部参谋处少将处长、陆军工兵上校、9战区中将参谋。民国34年（1945年）1月，陆军大学毕业后，先后任中国陆军司令部中将高级参谋、5战区长官部中将参谋、郑州绥靖公署中将参谋长、第5绥靖区司令官副手。民国38年（1949年）4月，先后任第127军副军长、军长。

1949年12月26日，在巴中起义。1950年10月，任川北军区副司令员。1951年在“三反”运动中被逮捕判刑。1975年3月获得特赦。1978年3月当选为全国政协委员，1980年1月当为选全国政协常务委员，1983年12月当选为民革中央监察委员会委员，1988年6月当选为北京市黄埔军校同学会副会长，1989年10月当为选全国黄埔军校同学会副会长。1992年2月赵子立逝世。

【裴昌会】 裴昌会（1896—1992），字同野，山东省潍坊市人。他在中学期间，就萌发了富国强兵、反对帝国主义的思想，并参加了孙中山领导的同盟会。民国7年（1918年），裴昌会投考保定陆军军官学校并被录取，毕业后分配到湖北第2混成旅作见习班长，随后升任学兵连排长、连长、上尉参谋、少校团副等职务。民国18年（1929年）5月，裴昌会任国民革命军47师141旅第7团上校团长。民国20年（1931年），随部到江西省兴国县参与“围剿”红军，失败后，退守永丰、吉水一带。卢沟桥事变后，裴昌会奉命开赴河北涿县协同30军作战。面对装备精良、拥有炮兵群和战车的日军的疯狂攻击，他率部队顽强作战，抗击日军北进。民国29年（1940年）7月，裴昌会升任第9军军长，他按照战区部署，率第9军同八路军配合打击日寇。后任第4集团军副总司令、第1战区副长官、西安绥靖公署副主任兼第5、第7兵团中将司令官。日本投降后，裴昌会所部参加了内战，在多次战役中损兵折将，不断后退。1949年11月23日晚，裴昌会率部在四川省德阳起义。

1950年4月，裴昌会担任西南军政委员会委员。1950年6月，裴昌会作为起义将领，特邀参加全国政协一届二次会议。6月23日，毛泽东接见了裴昌会。10月，裴昌会任川北行署副主任兼工业厅厅长，并担任川北区土地改革工作委员会副主任。1952年1月，任民革川北区分部兼民革南充市支部筹备委员会召集人。1952年9月川北区被撤销后，任西南纺织管理局局长。西南大区被撤销后，任重庆市副市长，第五届、六届四川省人大常委会副主任、重庆市政协副主席。并先后担任民革中央委员、民革中央副主席、民革四川省委主任委员、名誉主任委员和重庆市委副主任委员。是第一至第七届全国人大代表，第五、六届全国人大常委会委员。93岁时加入中国共产党。1992年3月裴昌会逝世。

【段可情】 段可情（1899—1992），学名传定，笔名白莼、锦蛮等，达县（今通川区）人。民国8年（1919年），在达县中学毕业，东渡日本留学。民国11年（1922年）就读于德国柏林大学。民国15年（1926年），到苏联莫斯科中山大学学习。民国16年（1927年），受共产国际领导派遣回国，8月到上海，参与“创造社”工作。不久，国民政府查封了“创造社”“太阳社”后，段可情到南京国民党中央党部民运部任特约编辑。民国27年（1938年），段可情回川，任四川省立三台中学校长。民国31年（1942年），段可情回到达县，参与通川中学的创办工作。1950年，段可情任川北公立达县师范学校校长。是年秋天，任川北行署委员会委员、川北大学副校长和川北文联主席。1952年9月后，任四川师范学院建校委员会主任委员。1954年，任四川省文联副主席、省政协常委。1964年，任四川省文史研究馆副馆长。1992年段可情逝世。

段可情创作出版的短篇小说集有《铁汁》《杜鹃花》《梦冢集》和中篇小说《巴黎之秋》，诗集有《旅行列宁格勒》《火山上下之海》，译著有《海涅诗》等。

【孙先余】 孙先余（1911—1993），又名孙承烈，山西省曲沃县人。9岁到村立小学教室外旁听，12岁时正式进入小学，小学毕业后考入太原明源中学（教会学校），民国18年（1929年）毕业后便被洪洞县天主教会主办的伯多录学校聘为级任教师。民国23年（1934年）8月，加入中国共产党。民国27年（1938年）春，孙先余和他的几个兄弟先后参加了牺盟会，同日寇周旋在山西晋南一带。他被日寇抓进监狱坐牢两个多月，受到严刑拷打。他巧妙地隐匿了自己的身份，后由党组织营救出狱。在抗日战争和解放战争时期，孙先余历任洪洞县委书记、赵城地委书记、晋绥晋南中心地委宣传部部长等职。

1950年1月，任中共川北区委委员、南充军事管制委员会副主任、南充地委书记兼南充军分区政委。1952年9月，川北区被撤销后，孙先余调重庆工作，历任重庆市委常委、工业部部长、市政协副主席、市委书记、市人大常委会主任、市顾委主任等职务。1985年12月离职休养。1993年10月孙先余逝世。

【胡正平】 胡正平（1915—1994），原名胡其平，湖北省黄安县（今红安县）人。民国20年（1931年）参加中国工农红军，次年，加入中国共产党。

土地革命战争时期，胡正平历任红4方面军排长，第4军10师师部通信连指导员，10师30团副营长，12师36团营政委。参加了保卫鄂豫皖苏区、川陕苏区反“围剿”、开创川陕苏区的历次战役战斗和二万五千里长征。民国25年（1936年）入陕北红军大学学习。

抗日战争时期，任山西青年抗敌决死第3纵队1总队副总队长。民国27年（1938年）6月，任游击第4支队支队长。是年11月，山西翼城、曲沃、浮山、绛县、沁水、阳城6县的人民武装自卫大队合编为政卫4支队，胡正平任支队长。民国28年（1939年）7月，政卫4支队在青城与日军遭遇，部队边打边退，与日军整整纠缠一天。胡正平将队伍带到决死第3纵队驻地。8月，决死第3纵队以政卫4支队、纵队军政干校一部和五行政区民族革命中学部分参军学生组建32团，胡正平任团长。12月，阎锡山在决死第3纵队内部策动反动军官叛变。12月26日，上级突然要求32团撤回高平。当32团撤到沁水县一个小村庄时，发现周围驻有阎锡山军队，为避免被阎军包围消灭，胡正平连夜将32团带上山，赶到八路军黄克诚部防区。之后，胡正平调出32团，到冀鲁豫军区先后任独立团政委、湖西分区第九团政委。

解放战争时期，胡正平先后任湖西军分区政治部主任、冀鲁豫军区独立旅副政委、晋冀鲁豫军区独立第2旅旅长、第八纵队22旅旅长、第1野战军18兵团61军178师师长、军参谋长。参加了豫北、临汾、晋中、太原等战役。

中华人民共和国成立后，历任川北军区参谋长、中国人民解放军第二步兵学校校长、重庆步兵学校校长、甘肃省军区副司令员、宁夏军区副司令员。1955年被授予少将军衔，荣获二级八一勋章、二级独立自由勋章、一级解放勋章。1977年，当选为第五届全国人大代表。1988年9月，荣获一级红星功勋荣誉章。1994年8月胡正平逝世。

【贾子群】 贾子群（1905—1995），南充县（今嘉陵区）人。民国13年（1924年）考入成都大学（四川大学前身）。是年加入中国社会主义青年团。民国14年（1925年）5月，转为中国共产党党员。民国19年（1930年）9月大学毕业后，先后在成都大学及重庆、南充、江津、泸县、江安等地的中学以教师职业为掩护进行革命活动。民国27年（1938年）2月，受党派遣到延安抗大学习。后返回四川，在南充、三台、江安等地的中学，以教员、事务主任、教务主任、副校长、校长等职务为掩护进行革命活动。20世纪40年代，在中共南方局领导下开展革命工作。为了党的工作需要，于民国33年（1944年）1月加入中国民主同盟，任民盟四川省支部组织委员和秘书主任。民国38年（1949年）1月，在成都任中共川东特支统战委员。在此期间，以民盟成员身份，在成都等地的社会贤达、进步人士以及国民党军政要员中积极开展统战工作。1950年2月，任川北行署委员、文教厅长。1951年12月，当选为川北区第二届各届人民代表会议协商委员会副主任。1952年9月，川北区被撤销后，任四川省教育厅副厅长。1957年8月，任西南农业大学教务长。曾先后任民盟川北支部主任委员、民盟成都市委主任委员、民盟四川省委副主任委员、民盟四川省委顾问，全国政协第二届委员，四川省政协第二届、第三届委员，四川省政协第四届、第五届常委。1983年12月离休。1986年，中共中央组织部批准贾子群享受副部级待遇。1995年12月贾子群逝世。

【李登瀛】 李登瀛（1914—1996），陕西省神木县人。民国22年（1933年），参加中国工农红军。民国23年（1934年）3月，加入中国共产党。历任中国工农红军第26军师经理处处长、西北红军干校经济部主任、中共中央党校总务处处长。民国27年（1938年）后，先后任雁北6支队3团政委、中共右山怀县委书记、中共朔县县委书记、晋察冀边区五地委书记兼军分区政委，参加了陕甘宁根据地的创建工作。民国38年（1949年）6月，李登瀛率晋绥雁北地区一千多名干部南下，支援西南新解放区的工作。1950年3月，任中共川北区委常委、组织部长，他参与领导了川北区的清匪、反霸、征粮、土改、政权建设等项工作。1952年9月，任中共中央西南局农工部副部长。1954年至1960年，李登瀛任中央农村工作部副秘书长，国务院农村办公室副主任。1960年至1966年，任中共中央西北局委员、农村工作部部长。“文化大革命”期间，李登瀛遭到诬陷迫害。1973年至1978年，李登瀛历任陕西省农办副主任、主任兼渭南地委书记、省革委会副主任。1978年4月后，历任甘肃省委书记、甘肃省省长、甘肃省人大常委会主任。1987年11月，在中共十三次全国代表大会上当选为中顾委委员。是中国共产党第八、十四次全国代表大会代表，中国人民政治协商会议第二、三、四届委员会委员，第六届全国人民代表大会代表。1996年3月李登瀛逝世。

【王良佐】 王良佐（1920—1997），又名王顺安，教名马弟亚，绵阳县（今游仙区）人。5岁时，由于家贫，母亲将其送到当地天主堂养育。10岁时，进入法国传教士兴办的培训天主教传教人才的备修院学习。之后从备修院到中修院而转入大修院（神哲学院）。民国35年（1946年）毕业，在成都平安桥主教公署工作。民国37年（1948年）晋升为神父，被派往广元县农村大院子天主堂担任本堂神父。先后在广元大院子（今市中区荣山镇境）、小寺山（今元坝区柳桥镇境）、横梁子（今朝天区大滩镇境）等天主堂传教。1950年3月，继任广元县城天主堂神父。1950年7月，吴耀宗在北京发表了中国基督教在新中国建设中努力的途径的“三自”革新宣言，各地牧师和信徒热烈响应和拥护，掀起了基督教革新运动的高潮。1950年11月30日下午，王良佐通知城内、城附近的教徒20余人到教堂，由他主持召开了广元天主教自立革新运动签名大会。与会教友全部签名通过宣言，支持这一行动。之后，王良佐和500多名广元天主教教友发表了以自治、自养、自传(简称“三自”）为中心内容的《广元天主教自立革新运动宣言》。成为全国天主教反帝爱国运动的起点和突破点，得到全国三百多万天主教友和广大人民的支持、拥护。12月，《川北日报》《新华日报》等报刊先后发表了这份宣言。1951年1月8日，《人民日报》为此专门发表了题为《欢迎天主教人士的爱国运动》的社论，充分肯定了王良佐的爱国行为。1951年1月20日，《广元天主教自立革新运动宣言》在《人民日报》第一版全文刊载，全国天主教徒响应，各地教堂及教徒纷纷来信表示赞许并询问自立革新情况。四川境内有数万名天主教徒在宣言上签字。1月23日《人民日报》刊载《关于天主教革新运动诸问题——川北广元天主教堂答复教友询问》文章，公开发表部分来函和简要答复。中共剑阁地委、广元县委统战部对天主教自立革新运动给予大力支持。1951年3月，广元天主教革新促进会筹委会成立，王良佐等14人为委员。筹委会组织开展教务活动，兴办喜光烛皂工业厂、广元协康奶牛房等企业，扶持自养，安排神职人员生活。11月，成立广元天主教教务委员会，王良佐任主任。1954年后，王良佐被选为历届省人大代表。1983年4月，提名为全国政协委员。曾任四川省政协常委、中国天主教爱国会副主席、四川省天主教爱国会主席。1997年王良佐逝世。

【张介民】 张介民（1910—1998），原名熊轶吾，河南省正阳县人。民国18年（1929年）从开封陆地测量学校毕业后加入冯玉祥部第10军24师，任师部参谋。次年，蒋、冯、阎大战，冯失败，张介民返乡，在家相公从事革命活动。民国20年（1931年）5月在正阳第五小学任教，8月加入中国共产党。民国25年（1936年）春，进汝南师资训练班学习，秋季结业，打入国民党内部从事地下工作。民国26年（1937年）9月任阳谷县警察局局长。民国27年（1938年）12月转入八路军，任东进纵队3团4营营长。民国28年（1939年）后，先后任长治独立营营长、新编第1旅警卫营长、旅属独立支队作训股长、太行军区1团参谋长、伊洛支队参谋长、中原1旅参谋长。民国35年（1946年）后，先后任华东军区13旅参谋长、华野第1纵队独立第10师参谋长、37旅副旅长、183师副师长。

1950年4月，任西南军大川北分校副校长，第九步兵学校校长。1951年4月任川北军区参谋长。1957年6月，荣获二级独立自由勋章、二级解放勋章、二级独立功勋荣誉章。1961年，任甘肃省军区参谋长，1962年晋升为少将军衔。1964年，任甘肃省军区副司令员。1978年6月，任甘肃省军区顾问。1981年8月离休。1988年7月，荣获二级红星功勋荣誉章。1998年1月张介民逝世。

【张永青】 张永青（1916—1999），原名张积玉，山西省榆次市人。民国19年至23年（1930年—1934年）在太原市成成中学读书时，参加了“社联”、抗日同盟等革命组织，担任第一支部书记。民国24年（1935年）3月，加入中国共产党。第二次国内革命战争时期，担任中共山西省五台地区第一任区委书记和五（台）崞（县）定（襄）县委书记，中共山西省工委巡视员、特派员，中共山西省委秘书。抗日战争时期，张永青转战晋绥边区，先后任中共中央北方局宣传部油印科长，中共洪赵地委宣传部长、副书记，中共晋绥分局宣传部秘书，中共晋西北地区党委第七地委、第八地委宣传部部长，副书记、书记，晋绥军区第八军分区政委，兼任中共太原市城市工委书记。解放战争时期，任中共吕梁区委常委、宣传部长兼城工部长。1949年底，南下入川。任中共川北区委宣传部副部长兼川北行署新闻出版处处长、川北日报社社长。1952年9月至1954年12月，先后任中共中央西南局宣传部副秘书长兼宣传处处长、副部长。1954年12月至1983年11月，任西南师范学院党委书记兼院长。1983年11月，退居二线，任中共四川省顾问委员会常委。是西南军政委员会文教委员，中共四川省第三届委员会委员，四川省政协第一、二、三、四届常委，中共重庆市第二、三、四届委员会委员。1999年4月张永青逝世。

【李文清】 李文清（1910—1999），湖北省松滋市人。民国19年（1930年）6月，参加中国工农红军，民国21年（1932年）3月，加入中国共产党。土地革命战争时期，他参加了中央苏区一、二、三、四、五次反“围剿”和二万五千里长征，历任红2方面军班长、排长、营长、副团长、团长。抗日战争时期，参加了百团大战和文安、枣子营、五台、繁峙等战役战斗。解放战争时期，参加了保卫延安战役，指挥了罗川、榆林、清间、瓦子街和解放西安、解放大西南等战役战斗。先后担任延安抗大一期学员、队长，八路军120师358旅715团参谋长、团长，独立2旅参谋长，晋绥边区2军分区参谋长、司令员，第1野战军3纵队参谋长、第3军参谋长等职。中华人民共和国成立后，先后任中共川北区委委员、川北军区副司令员、四川省军区副司令员、成都军区副司令员，全国政协第五届委员会委员、第六届全国人大常务委员会委员。1955年被授予少将军衔。荣获二级八一勋章、二级独立自由勋章、一级解放勋章。1988年7月离职休养。8月被授予一级红星功勋荣誉章。1999年7月李文清逝世。

【余子云】 余子云（1909—2002），回族，广元县（今广元市中区）人。民国19年（1930年）毕业于广元中学师范班，毕业后曾任小学教师。民国24年（1935年）“一二·九”事变后，在广元组织学生抗日救国义勇队，自任队长。后历任四川省第十六行政督察区抚边知事、广元县财务委员会委员长、广元县军用代办所所长、粮秣处长、参议员以及广元伊斯兰小学校长。广元和平解放后，余子云被聘为广元、昭化、旺苍三县剿匪委员。1951年，余子云加入中国国民党革命委员会，历任川北行署委员、省民委委员、省伊斯兰教副会长，是省政协第四、五届委员。2002年9月余子云逝世。

【赵　林】 赵林（1906—2003），原名罗惠民，曾用名罗祥林，江西省吉安县人。民国15年（1926年）在江西吉安县城省立第六中学念书时，参加反对国民党右派和驱逐反动校长的斗争，并到农村组织农会、减租减息，开展支援北伐战争的宣传组织工作。民国16年（1927年）5月，加入中国共产主义青年团。是年转为中国共产党党员。民国18年（1929年）6月，受共青团赣西特委派遣，到吉安延福山区游击根据地检查共青团、少先队的工作。7月任共青团吉水县委书记。民国19年（1930年）5月调上海，任上海吴淞区行动委员会秘书处秘书。是年9月至次年4月任共青团北平市委书记。民国20年（1931年）2月至5月，任共青团唐山市委书记。5月因叛徒告密被捕入狱，被关押5年多。民国25年（1936年）10月，经党组织多方营救出狱。由中共北方局派到山西太原工作。12月至次年5月，任中华民族解放先锋队太原总队部总队长。民国26年（1937年）4月至10月，任中共太原市委书记。是年11月至次年1月，任中共晋西北临时省委书记。民国27年（1938年）后，先后任中共晋西北省委书记、中共晋西北区党委书记。民国28年（1939年）后，先后任八路军第三五八旅军政委员会委员、中共晋西区委副书记（兼任中共晋西区委社会部部长）。民国29年（1940年）3月，离开晋西到延安,，进中共中央党校学习，参加整风运动。民国31年（1942年）后，任中共中央晋绥分局委员。民国34年（1945年）4月至6月作为晋绥代表团成员出席中共七大。七大结束后派回晋绥边区工作。民国34年8月至38年9月（1945年8月至1949年9月），任中共晋绥分局常委兼城工部部长。

1949年12月，随部队南下入川。1950年2月至1952年9月，先后任西南军政委员会委员、中共川北区委第二书记兼区委纪律检查委员会书记、川北区编制委员会主任、川北区委党校校长、川北区政治协商委员会副主席、川北区土地改革委员会主任、川北区农民协会主席。1952年9月，川北区被撤销后，先后任西南行政委员会委员、中共四川省委第二副书记、省委秘书长、中共四川省委农村工作委员会书记、中共四川省委农村工作部部长、中共四川省委保密委员会主任、中共四川省委副书记、四川省第一届政协副主席、中共四川省委监察委员会书记。1955年11月后，先后任中共吉林省委第三书记、中共吉林省委书记处书记、中共中央东北局委员、中共吉林省委第二书记、吉林省军区第二政治委员、吉林省军区党委第二书记、中共吉林省委代理第一书记兼吉林省军区政治委员。“文化大革命”中受到迫害。1979年1月平反，恢复名誉。1979年1月后，先后任中共山东省委常务书记、山东省革命委员会副主任、山东省第四届政协主席、山东省第五届人大常委会主任、山东省人大常委会党组书记。是第五届全国人大代表。中共七大、八大、十三大代表。中共第十二、第十四、第十五、第十六大特邀代表。1982年9月至1987年11月任中共中央顾问委员会委员。2003年5月赵林逝世。

【牛　击】　牛击（1917—2004），河南省偃师县人。民国26年（1937年）参军入伍，次年加入中国共产党。抗日战争时期，历任文化教员、政治指导员、营政治教导员、干事、政训队长、团副政委。百团大战期间，先后参加了夜袭回舍村敌据点、正太路防御作战等大小战斗10多次。解放战争时期，历任科长、纵队政治部组织部副部长、军政治部组织部部长，先后参加了中原突围、鲁南、孟良崮、临汾、晋中、太原、秦岭等战役和进军西北、解放四川战役。中华人民共和国成立后，历任川北军区党委常委、川北军区政治部组织部部长、川北军区干部管理部副部长、四川省军区干部管理部副部长、成都军区干部管理部副部长、成都军区政治部干部部部长、成都军区后勤部副政委、成都军区政治部副主任、成都军区后勤部政委、成都军区政治部主任、成都军区副政委。1955年荣获二级独立自由勋章、二级解放勋章和独立功勋荣誉章。1986年离职休养，1988年9月获二级红星功勋荣誉章。是中国共产党第十二次全国代表大会代表、第六届全国人民代表大会代表。2004年7月牛击逝世。

【吴　西】　吴西（1900—2005），广西扶绥县人。民国14年（1925年）投身革命。民国18年（1929年）加入中国共产党。土地革命战争时期，吴西历任政治指导员、政治协理员、组织干事、俱乐部主任、科长等职，参加了广西龙州起义，后随部队远征，参加了广西长安镇、广东梅花村等战斗和中央苏区第四、第五次反“围剿”斗争。民国23年（1934年）10月随部队长征，参加了湘江、直罗镇、东征、西征和山城堡等战役、战斗。抗日战争时期，吴西历任科长，敌工部部长，军分区政治委员，支队政治委员，晋察冀边区第七地方委员会书记，冀中军区政治部副主任兼组织部部长等职，参加了百团大战和冀中平原反“扫荡”等战役战斗。解放战争时期，吴西历任晋察冀军区政治部副主任、晋察冀军区军事政治干部学校政治部副主任、华北军区第1兵团步兵学校政治部主任，参加解放太原和解放大西南等战斗。中华人民共和国成立后，吴西历任川北军区政治部主任、第四海军学校政治委员、海军东海舰队政治部副主任、海军政治干部学校校长、海军军事检察院检察长、中共海军委员会监察委员会副书记、海军后勤部副政治委员、中共海军后勤部监察委员会书记等职。1955年，吴西被授予少将军衔。曾荣获二级八一勋章、一级独立自由勋章、一级解放勋章和一级红星功勋荣誉章。是北京市第四、第五届政协委员，第五届全国政协委员。2005年7月吴西逝世。

【赵安泰】 赵安泰（1918—2006），甘肃临洮县人。民国20年（1931年）参加中国工农红军。次年加入中国共产主义青年团。民国25年（1936年）转入中国共产党。土地革命战争时期，任红一方面军第5军团卫生员、调剂员，第3军团11团卫生协理员，红四方面军第31军卫生部看护员、司药长、所医务主任、团卫生队长。参加了第4、第5次反“围剿”和二万五千里长征。抗日战争时期，历任八路军第129师771团医生，师卫生部科长、团卫生队长。解放战争时期，历任军分区卫生处长兼医院院长、军区卫生主任、纵队卫生部副部长、部长、军后勤部副部长。1950年后，历任川北军区后勤部政委、第三军医大学副政委、第二军医大学副政委。1955年，荣获三级八一勋章、二级独立自由勋章、二级解放勋章。1988年获二级红星功勋荣誉章。2006年8月赵安泰逝世。

【秦仲方】 秦仲方（1911—2007），原名覃良骧，达县人。民国25年（1936年）参加中华民族解放先锋队。是年加入中国共产党。抗日战争爆发后，秦仲方历任中共北方局宣传干事、晋南省委宣传部干事、中共隰县县委书记、晋西南区党委宣传部教育科长、晋西北区党委第三地委宣传部部长、晋绥分局第六地委书记兼晋绥区第六支队政治委员、军分区政委、晋绥边区第六专署专员、晋西北行政公署第一副主任。1949年，任中共中央晋绥分局城工部副部长。中华人民共和国成立后，历任川北行署副主任，建筑工程部设计院院长、设计总局局长、地方建筑管理局局长、城市建设部部长助理、中共中央西北局经委副主任。1966年后，历任陕西省副省长、政协陕西省第四届副主席、中国科学院科学出版社党委书记。1979年，任国家城市建设总局副局长。1983年2月离休。2007年6月秦仲方逝世。

【鄢斯云】 鄢斯云（1919—2008），南充县（今顺庆区）人。父亲姓贾，无田无房。鄢斯云出生时，全家6口人全靠父亲推渡船挣钱为生。父亲挣不到钱时，全家人以萝卜和野菜充饥，灾荒年间，全家人以挖观音土（白泥巴）、刮榆树皮填肚子。国民党军阀混战时期，李家钰部队战败，逃到南充县龙门场坐船过河，其父因无力，船划慢了点，被残兵用枪托打下河淹死。母亲带着他改嫁到斑竹乡鄢家，改名鄢斯云。鄢家也是穷人，只有一间烂茅房，靠租种地主30挑田地糊口。到1949年，已30岁的鄢斯云，从未穿过一件新衣服、一双新布鞋、吃一顿饱饭。

1951年上半年，在南充县土地改革运动中，鄢斯云工作积极，表现突出，斗争地主坚决，先后被选为乡农民协会武装委员、乡农协会主席、斑竹乡乡长。土地改革中，鄢斯云家分到了18挑好水田和一些生产资料。他看到大家都在搞自己的生产，连以前剥削和压迫他的地主也恭恭敬敬地叫他乡长，他认为土地改革结束了，革命成功了，就一心想着如何发家过舒适的日子。因此，他人在乡里，心在家里。多次向上级领导提出辞职，辞职未获批准，擅自离职回家种田。胡耀邦了解到鄢斯云及其他许多乡村干部有换班松劲思想后，非常重视，经过认真研究，决定在《川北日报》上辟出专栏，对鄢斯云思想开展大讨论。发动全区广大乡村干部和县、区干部参加讨论，使大家认识到“换班松劲”思想的危害及克服“换班松劲”思想的有效方法。1951年11月6日，《川北日报》刊登鄢斯云擅自回家的消息，并加了编者按。同时发表了题为《进一步提高乡村干部政治觉悟，树立终身为人民服务的思想》的社论。《川北日报》的消息、编者按和社论发表后，川北区掀起了对“鄢斯云思想”讨论的热潮。胡耀邦亲自找鄢斯云谈心，指出他的问题，勉励鄢斯云要安心工作，当好人民的公仆。在胡耀邦的严肃批评，耐心教育下，鄢斯云对自己的思想与行为有了较为深刻的认识，主动的检讨了错误，提出了继续工作的要求。中共南充县委重新安排了鄢斯云的工作，1951年12月17日，任长乐乡任乡长。此后，鄢斯云工作积极，表现突出，南充县长乐乡被评为爱国增产模范乡，鄢斯云被评为南充专区和川北区劳动模范。1952年11月6日，鄢斯云加入中国共产党。1954年至1980年，先后任长乐区副区长，中共斑竹公社、胜观公社党委书记、中共南充县磨尔滩水库支部书记。1980年8月退休。2008年2月鄢斯云逝世。

【李林枝】 李林枝（1910—2009），曾用名杜林忠，苍溪县人。民国21年（1932年）8月参加中国工农红军，民国22年（1933年）6月加入中国共产党。历任川北苍溪游击队排长、红31军93师276团1营3连党支部书记、红31军93师党委委员。参加了长征。民国25年（1936年）7月，任中共绥远清河县工委组织部部长。抗日战争时期，先后任中共雁北特委巡视团主任，中共平鲁、清河县委书记，中共山西右南县委书记，中共雁北工委、5地委委员，常委兼组织部部长。民国31年至民国34年（1942年—1945年），在中共中央晋绥分局党校及中共中央党校四部学习。

解放战争时期，先后任中共绥东地委副书记，中共绥南、丰凉工委委员、书记、中共绥蒙区委、平清土改工作团团长，中共绥东地委书记，中共中央晋绥分局干部科科长、城工部调查组组长。

1950年1月，任中共川北区党委委员、中共遂宁地委第一书记、遂宁军分区政委。1957年任中共绵阳地委第一书记。1965年5月，任中共四川省委常委。1965年12月，任中共四川省委常委、四川省副省长。1968年6月，任四川省革委会常委、生产指挥组副组长、生产建设办公室农业组副组长。1977年11月至1979年12月，任四川省革委副主任、四川省贫协主任、党组书记。1979年12月至1983年4月，任四川省人大常委会副主任、党组副书记、省贫协主任。1983年2月至1985年7月，任中共四川省顾问委员会常委。1985年12月，经中央批准离职休养。是第四届、第五届全国人大代表。2009年1月李林枝逝世。

【郭林祥】 郭林祥（1914—2010），江西省永丰县人。14岁参加农民协会，16岁加入中国工农红军。民国22年（1933年）加入中国共产党。

土地革命战争时期，参加了中央苏区一至五次反“围剿”斗争。随中央红军参加二万五千里长征。任中央军委干部团四连指导员，参加土城、遵义、会理、抢渡金沙江、强渡大渡河等战役战斗，到达陕北后，参加吴起镇、直罗镇和山城堡等战役战斗。

抗日战争时期，任延安抗日军政大学总校第2团团长，率部参加百团大战。民国30年（1941年）2月任八路军总部特务团政委。民国33年（1944年）8月，任八路军豫西抗日支队副政委兼政治部主任。

解放战争时期，任旅副政委兼政治部部主任、独立师副政委、纵队政治部主任、军副政委兼政治部主任，转战华中、华东、华北、西北、西南，任中原军区第1纵队1旅副政委兼政治部主任期间，参与指挥部队掩护主力转移，孤军千里转战，胜利到达苏皖解放区。

中华人民共和国成立后，郭林祥历任川北军区副政委、成都军区第二副政委、第二政委、第三政委、中共西南局常委、四川省委书记处书记。组织指挥川北、川东、黑水剿匪战斗，参加领导凉山、康定、川西北平息叛乱作战。1955年，郭林祥被授予少将军衔，获二级八一勋章、二级独立自由勋章、一级解放勋章。“文化大革命”期间，郭林祥被隔离审查5年之久。1973年9月，郭林祥复出，先后任总后勤部、新疆军区政委。1980年1月任南京军区政委。1985年3月，任军委纪委书记，是年10月兼任总政治部副主任。1988年获一级红星功勋荣誉章，被授予上将军衔，是第三、四、五六届全国人民代表大会代表，中国共产党第八、十一、十二次全国代表大会代表。2010年4月郭林祥逝世。

【饶　兴】　饶兴（1910—2012），湖南省长沙县人。民国19年（1930年）5月参加革命，是年7月加入中国共产党。土地革命战争时期，曾任湘鄂赣红16军连长、营长、总支书记，湘赣红17师51团政治部主任，红18军党委委员，湘鄂川黔6军团18师52团政委，第二方面军6军团政治部总务处处长。抗日战争时期，曾任八路军120师政治部宣传科科长，晋西北朔县动委会主任，大青山支队政治部副主任、晋西北新军暂1师政治部主任兼二军分区政治部副主任、地委委员。解放战争时期，曾任绥蒙军区政治部主任、军区副政委。中华人民共和国成立后，曾任中共川北区委委员、中共川北区委秘书长，西南军政委员会水利部党组书记、副部长，长江水利委员会上游工程局副局长，长江水利委员会副主任，水利部部长助理，中央气象局党组书记兼副局长，中央气象局局长。1982年离休。是第三届全国人大代表。2012年11月饶兴逝世。

人物简介

【王贵德】　王贵德（1914—　），福建省上杭县太拔乡人。民国18年（1929年）参加农民暴动，是年12月加入中国共产主义青年团，民国20年（1931年）2月参加中国工农红军，次年2月，转为中国共产党党员。土地革命战争时期，任上杭县独立团一连战士，红12军34师100团排长。民国21年（1933年）初任红12军34师100团连指导员、团政治处党总支部书记。民国23年（1934年）进入红军大学政治队学习，毕业后任红八军团21师62团政委，参加了中央苏区第二至五次反“围剿”作战和二万五千里长征。民国24年（1935年）红一、四方面军会合后，任红31军第91师第273团政治委员。抗日战争时期，历任八路军129师第386旅第771团政委，冀南军区新编第九旅政治部主任，冀南军区第二军分区政委，冀南军区第二、第四、第三军分区副政委，参加了百团大战、东石门战斗、黄崖底战斗、范村战斗、长生口伏击战、神头岭伏击战、长乐村急袭战和晋东南反“九路围攻”战役。解放战争时期，历任冀南军区第二军分区副政委，华北野战军第13纵队39旅副政委，38旅政委，第18兵团61军182师政委等，参加了晋南、晋中、太原、西北、西南等战役。中华人民共和国成立后，任中国人民解放军第61军政治部主任，川北军区副政委，第14军副政委，贵州省军区政委。1955年被授予少将军衔，荣获二级八一勋章，二级独立自由勋章，二级解放勋章。1960年进入解放军高等军事学院高级速成系学习，毕业后任铁道兵副政委兼政治部主任、铁道兵顾问。是中国共产党第八次全国大会代表，中国人民政治协商会议第五届全国委员会委员。1983年2月离职休养。1988年9月荣获一级红星功勋荣誉章。

【陈守荣】　陈守荣（1920—　），昭化县（今广元市）人。民国27年（1938年）毕业于成都济川中学。民国38年（1949年）9月前，任宝轮院乡公所乡长。1949年12月昭化解放前夕，他将自己家中保存的1300余支步枪、1000余箱子弹、13.5万余公斤粮食（公粮12万公斤、自有粮1.5万公斤）全部交给中国人民解放军。并主动把地方情况如实报告给五四〇团政委张向震，川北行署主任胡耀邦称赞他为“川北的李鼎铭”。解放后，任宝轮乡乡长。1950年8月，任昭化县各界人民代表大会常务委员会副主席。1952年任昭化县副县长。川北区撤销后，历任绵阳地区交通科副科长、绵阳市政协常委、副秘书长等职。1980年3月，他将“文化大革命”中受迫害政府补发给他的工资8050元全部捐给中共广元县委，支援家乡受灾人民。1987年退休。

【白　航】 白航（1925—　），本名刘新民，河北省高阳县人。民国34年（1945年），白航进入晋察冀解放区，在冀中军区敌工部当上了一名工作人员。经过训练，白航被派回到家乡从事地下革命工作：在被日本占领的区域，搜集情报。民国35年（1946年）秋，白航考取华北联合大学文艺学院文学系。民国37年（1948年），白航大学毕业，入伍从军，在中国人民解放军第18兵团文工团创作组任创作员，随部队转战太原、西安。1950年初到川北区工作，任川北文联创作出版社主任。1952年9月后，任四川文联创作研究组组长、《四川文艺》编辑。1957年创办《星星》诗刊。1982年加入中国作家协会，先后任中国作协期刊委员会委员、全国新诗评奖委员会委员等。

白航的诗歌创作多取材他的现实生活，比如有深刻自传色彩的《长城外》《入川记》《嘉陵江》；回忆早年学习及战斗经历的《华北联合大学》《在太原前线》《剑门关之夜》《车过娘子关》等。歌词《列车在轻轻摇荡》获1955年中央音乐学院创作奖。著有诗集《蓝色幽默》、《白航诗选》、《创作漫谈》、古典文学论著《简论李白和杜甫》等。曾获1987年全国文学期刊优秀编辑奖、1994年四川省全兴评论奖荣誉奖、四川省诗歌奖。2013年1月，白航收集的几百首民歌被出版社结集成书《川北民歌》出版。

【柴云振】 柴云振（1926—　），原名柴云正，岳池县大佛乡人。民国35年（1946年）被拉壮丁到国民党部队当兵。在淮海战役中参加中国人民解放军，曾多次立功受奖。1951年3月，入朝参战，任中国人民志愿军15军45师警卫连班长。1951年5月23日，中国人民志愿军各兵团开始北移。美军、李承晚傀儡部队乘志愿军转移之机，纠集4个军13个师的兵力，在飞机、大炮掩护下，强占汶川、金谷里、永平、华川、富坪里地区后，向芝甫里地区进击。担任阻击任务的中国人民志愿军15军45师134团3营击退了敌人一次又一次的进攻，坚守了8天，还有两天就能光荣完成阻击任务。但因敌众我寡，力量悬殊，7连和9连最后剩下的卫生员也英勇地献出了自己的生命。6月4日下午3时，穷凶极恶的敌人向8连坚守的阵地发起疯狂猛攻，如果防线被攻破，北移的中国人民志愿军司令部、东线主力兵团、后勤部总兵站及后方医院将受到威胁。柴云振看到情况紧急，主动向首长请求参战，他与郭忠堂、王富贵、周辅清组成一个战斗班，冲到3营指挥所。他在硝烟中清楚地看见右前方3营7连和9连失去的主峰阵地上、右后被敌人占领的无名高地和左侧被敌人占领的无名高地。他决定采取各个击破的战术，命令郭忠堂为战斗小组长，与王富贵作掩护，他带领周辅清向左侧被敌人夺去的无名高地反击。他看到战友把敌人的火力引了过去，从左翼火力薄弱处绕到敌人后面，冲入敌人阵地，夺回了左侧无名高地。然后乘胜追击，边冲边打，夺回了第二个山头。此时雨下得更大，风刮得更狂，柴云振决定乘胜向高地发起进攻。他和战友选择有利地形，借着暴风骤雨的掩护，绕到敌人阵地后面，从山凹处神不知鬼不觉地进入敌阵地，扑向敌人，其他战友都牺牲了，他身上受了伤，倒在地上失去了知觉。在这关键时刻，增援部队赶到，完全夺回了阵地，他所在部队光荣完成阻击任务。八连被授予特功连队称号。中国人民志愿军总政治部授予他一级战斗英雄称号，记特等功一次。柴云振的战斗事迹在军中广为传颂。柴云振受伤后被送到后方医院，与部队失去了联系。1952年，柴云振伤好后，带着三等乙级伤残证明和500公斤大米的复员费，回到家乡，先后担任大队长、乡长、公社党委副书记等。在工作中任劳任怨，从不表功，深受干部群众爱戴。1982年，邓小平题写“特等功臣黄继光”时，听说柴云振曾对黄继光起过激励作用，但不知其下落。指示说“这样的英雄一定要找到”。中国人民解放军某部专门成立寻人组，1984年9月找到了柴云振。1985年，柴云振作为中国人民志愿军英雄代表团8个成员之一，参加中国人民志愿军赴朝作战35周年纪念活动，受到金日成的接见。1986年，柴云振被增补为岳池县政协常委、省政协委员。1988年，被选为第七届全国人大代表。1989年，应邀参加中华人民共和国成立40周年庆祝活动。百余家媒体报道了他的事迹。岳池县地方志办公室撰写并出版了《埋名英雄柴云振》，以他为原型拍摄了电视剧《待领的勋章》，中央电视台、重庆电视台、香港卫视中文台拍摄了纪录片或专题片，他的英雄事迹传遍中外。

【刘玉衡】 刘玉衡（1937— ），山西省代县人。民国26年（1937年）10月，加入中国共产党。抗战时期，到绥远建立绥远省牺盟会。是年4月，任国民兵军官教导团第9团政治主任，6月调任教2团政治主任，10月加入中国共产党。民国27年（1938年）1月，任决死队第11总队政治主任，决死第4纵队政治部主任，203旅政治部主任、决死4纵队政治部主任、晋西北新军总指挥部视察室主任。民国29年（1940年）8月赴延安，在八路军军政学院和中央党校学习。解放战争时期。任晋绥吕梁军区政治部敌工部部长、华北野战军第1兵团政治部敌工部部长、第18兵团政治部敌工部部长，参加了晋中、解放太原等战役和进军大西南作战。中华人民共和国成立后，任中共川北区委统战部副部长，中共中央统战部文教处副处长。1955年，受到错误处理，下放到河北省张家口地区行署任教育科副科长、民政局副局长。中共十一届三中全会后平反。

注：本志编纂中，未搜集到川北行署委员会委员李鹏、林全九的任何资料，深表遗憾。

人物表

川北首次工人劳模代表

(1950年9月5日)

姓名	性别	年龄	工龄	单位	职业	籍贯	文化程度
王法海	男	28	10	军区后勤部	修械	山西长治	识字
袁学林	男	22	3	川北人民印刷厂	排字	河北邢台	高小
钟荣庭	男	40	21	广元	修械	四川郫县	初小
郑淑全	女	40	20	南充丝二厂	缫丝	南充市	初小
刘纶碧	女	19	5	南充丝二厂	整理	南充市	高小
卿澄云	男	35	24	南充丝二厂	缫丝	南充市	初小
罗潜龙	男	30	5	南充丝二厂	煮茧	南充市	初小
胡金山	男	27	11	南充丝二厂	木工	南充市	—
姚淑英	女	20	3	南充丝二厂	缫丝	南充市	高小
谢琼莲	女	19	3	南充丝二厂	缫丝	南充市	高小
王淑华	女	38	20	南充丝二厂	缫丝	南充市	—
刘芝奇	男	26	10	川北人民印刷厂	机器	重庆	高小
韩载阳	男	31	12	南充制种场	冷库	南充县	高小
耿祥如	男	30	12	南充市织绸业	织绸	南充县	识字
谯仲协	男	25	10	南充市织绸业	织绸	南充市	高小
杨廷辉	男	29	11	南充市猪毛业	楼工	南充市	高小
李毓森	男	31	17	南充市猪毛业	楼工	南充市	—

川北区抗美援朝志愿军功臣

专区	籍贯	姓名	功级
南充专区	南充	刘现法	三等功
	南充	李长荣	三等功
	南充	崔国忠	四等功
	蓬安	龙兴权	三等功
	蓬安	郑清云	三等功
	蓬安	雷殿武	三等功
	蓬安	熊得轩	二等功
	蓬安	李明富	特等功
	营山	李元兴	特等功
	西充	蒙炳和	二等功（两次）
	南部	向中仁	三等功
	南部	李存洲	三等功
	南部	任宗明	三等功
	南部	李正堂	三等功
	南部	范忠孝	三等功
	南部	李云孝	三等功
	南部	李传弟	二等功
	南部	熊顺法	三等功
	南部	王瑞通	二等功
	武胜	梁　俊	战门功
	仪陇	尚文才	二等功
	仪陇	侯深远	三等功
	岳池	陈绍云	二等功
	岳池	董茂林	三等功
	岳池	王世建	三等功
	岳池	柴云振	特等功
	蓬安	刘庚廷	一等功
遂宁专区	中江	姚国华	三等功
	中江	吴三星	二等功
	中江	黄继光	特等功
	中江	赖发均	特等功
	中江	蒋天伦	一等功
	中江	叶青海	三等功
	乐至	黄西忠	二等功
	乐至	李明根	四等功
	乐至	梁　凯	三等功
	乐至	李现洋	二等功
	蓬溪	勾清山	三等功（两次）
	三台	尹洪兴	二等功
	三台	赖清定	三等功

续表

区别	籍贯	姓名	功级
遂宁专区	遂宁	伍先华	特等功
	遂宁	李　和	三等功
	遂宁	刘运清	一等功
	遂宁	郑春山	四等功
	遂宁	梅洪洲	二等功
	安岳	李先明	三等功
	安岳	陈运国	二等功
	潼南	周少清	二等功
	潼南	王民钦	四等功
达县专区	南江	杨文模	三等功
	巴中	巩易德	四等功
	巴中	孙光国	三等功
	巴中	许昌银	四等功
	宜汉	杜海云	三等功
	宜汉	冉隆生	一等功
	宜汉	石学桂	三等功
	宜汉	黄胜龙	四等功
	宜汉	陈泽忠	三等功
	达县	李才清	三等功
	达县	罗傅耀	三等功
	达县	许和贤	一等功
	达县	李自华	二等功
	达县	卢恩有	三等功
	达县	谢光海	二等功
	达县	萧永忠	二等功
	达县	马英全	二等功
	达县	戴长明	二等功
	达县	李强华	三等功
	达县	金德义	一等功
	达县	侯光明	二等功
	达县	叶茂恒	二等功
	平昌	白兴义	四等功
	平昌	李　成	三等功
	通江	毛学轩	二等功
剑阁专区	阆中	陈　实	二等功
	剑阁	王仁正	三等功
	剑阁	杨胜志	二等功
	剑阁	罗光廷	一等功
	江油	赵德胜	二等功

附　录

文　告

中国人民解放军
南充军事管制委员会命令

委字第009号

右令四川丝业公司南充办事处三厂：

南充解放，本会奉命成立。依据中国人民解放军总部颁布之约法八章，该厂应在接管之例。兹特任命赵克林同志为本会军事代表，前来负责接管，从此该厂即属人民所有，原有一切人员应在军事代表指示之下，各守在职切实服从领导，遵守革命法纪，负责保护一切资财、机器、图表、仪器、账册、档案、物价用品等，尽速恢复生产，并由原主管人员造具详细书面清册，确实报告，听候清点接管。凡保护资财恢复生产有功者奖，怠工破坏者罚。我军赏罚严明，用才唯贤，希全体人员安心工作，为建设人民的新南充而服务。嗣后该厂行文，须经军事代表签字，方为有效。此令。

主　任：赵　林
副主任：孙先余
公元一九五〇年一月九日

录自川北区档案

中国人民解放军
南充军事管制委员会命令

委字第033号

右令四川丝业公司南充办事处：

顷接重庆四川丝业公司总通字第5号函开：本公司资本总额中应由政府接管与代管之股份总和已达百分之五十一，照规定应由政府接管与代管等情。据此，本会特派薛春圃为该公司南充办事处监理员、黄道康为副监理员，自一九五〇年二月十一日起正式执行接管与代管任务。

此令。

主　任：赵　林
副主任：孙先余
公元一九五〇年二月十一日

录自川北区档案

中国人民解放军南充军事管制委员会
布 告

军字第013号

查伪国民政府经济部长刘航琛，伪重庆市市长杨森违反约法八章及本会法令，于重庆解放前后，利用各种方法，组织外避，所投资各种企业行号之资金，影响工商业甚巨，为保护人民利益，发展生产，安定本市之商业起见，特规定：

一、凡刘航琛、杨森及其妻妾、亲戚、子女或其他代号所管一切公司股权及其它房屋财产，凡在一九四九年十月一日以后转移过户者，亦暂由本会代管，听候审查处理。

二、凡前条规定代管之股权财产，除已报本会备案者外，如有遗漏或报而不实者，限于十日内向本会补报，如有意隐藏不报，定予处罚。

仰即禀遵此布

主 任：赵 林
副主任：孙先余
公元一九五〇年三月十六日

录自川北区档案

川北行政公署令

（民干字肆号）

事由——令知南充设市，并委袁观为市长，及各科局长由

行署各处局室

令南充分区王专员：

南充县县长：

为了加强对南充的领导，特决定南充设市政府，按乙等县编制，暂归行署直接领导，连郊区共划十三万人口，属市政府管辖，并委袁观为市长，康尚仁、魏荐鹗为秘书，高瑞庭为财政科长，郑书香为建设科副科长，张崇古为教育科长，罗松柏为教育科副科长，郭子玉为税务局长，康守忠为公安局长，除呈报并分令外，希即知照此令。

主 任：胡耀邦
副主任：秦仲方
刘聚奎
公元1950年3月11日

录自川北区档案

川北初期工作纲要

（一）初期工作基本任务：支援前线，接好城市，收缴国民党匪军特务土匪等有组织武装及可能收缴的散匪枪支，安定社会秩序，稳定人心，达到群众复业生产。

（二）初期几项中心工作：甲、完成征借粮食任务，清理旧时财粮税收，推行人民币，交流城乡物资，稳定市场，支援前线。筹借粮食，必须坚决完成西南局所给之任务。在大军驻屯地区与川陕公路县分，求得2月内完成，在其他地区可分两次完成，将第二次推在夏收之后。但第一次必须完成五分之三（具体筹借办法，由行署另行规定）。我们进入新区群众最关心的问题之一是金融问题，因此，必须按照西南局所规定的比价（白洋一元比人民币6000元），迅速颁发布告推行人民币，以恢复市场交流城乡物资。对国民党税收机关，必须立即派人清理，除戡乱自卫等反共性的捐税必须宣布取消外，一般应按照原有税目迅速实行征收，以利支援前线。乙、推行治安工作：应利用我军胜利威力，加紧对敌伪武装政治瓦解，并配合主力歼灭敌人，收缴国民党溃散匪军的枪支。对伪地方团队在我之武装力量足以控制时，则集中整训改编；如我无武装力量控制则缓收缴，利用其维持治安，令其待命改编；对不受收缴或顽抗之敌人武装，在可能情况下坚决消灭。私枪暂不提收缴，只作调查登记，准备放在下一步收缴；被收缴枪支之国民党官兵和溃退下来之散兵游勇必须集中受训审查，分别情况处理。对敌特必须利用当前敌特内部动摇混乱时机，加紧对其利用分化与破坏工作，并严防敌特之阴谋暗害破坏活动。丙、接管好城乡：5万人口以上城市，如遂宁、南充成立军管会，实行军事管制，由各该地委负责人进行必要的准备工作；一般城市除迅速委派县长行使新政职权外，应成立接管委员会，负责接管敌伪政治经济文化机关。由于我们干部少，接管工作必须有重点，应着重清查接管财经机关，对旧人员除罪大恶极的反革命分子外，一般应予以使用；其中有些进步的可能改造的，应对他们加强改造教育工作，争取将来成为我们的干部。

为要很好完成上述任务，做好上述中心工作，首先要求我们干部紧紧掌握党的政策，善于运用策略，特别要善于正确运用党的统一战线政策，要团结一切进步分子与更多的中间分子，同我们一道工作；同时要争取可能争取的人，利用可能利用的人为我们工作。其次，必须善于深入群众，善于依靠群众。在进行上层工作时，必须同时注意进行下层群众工作，建立群众自己的组织，作为我们工作的依靠。对于群众当前的困难，如敌伪机关职员、工人生活问题、工人失业问题、群众冬季生产中的困难、冬防治安问题等，必须认真负责尽可能求得妥善解决。要在解决这些群众最迫切的问题中来教育与组织群众，要广泛的宣传党的各种政策，使政策与群众直接见面。

（三）工作步骤方法：甲、首先要求各地区搭好架子，要有中心地搭架子。对重要县、区干部配备要强些，反对平均搭配，党、政、民各系统干部要统一集中使用，各县要按当前工作需要组成性质不同的工作组或委员会，如支前、接管、治安、宣传等，统一领导、分头工作。在目前干部极端缺少情况下，要抓紧时机大量训练干部，各地委都应招收大量知识分子及贫苦进步的旧职员开办短期训练班；对地下党必须认真执行西南局关于团结培养与正确使用地下党力量的指示，尽量发挥地下党在各种工作中的作用。乙、工作应有基点向前开展：工作开始时，往往是集中干部力量接管城镇，由城镇向乡村发展；有些偏僻城镇我们暂时无力派干部前去开展工作时，可用公函或命令方式通知原来敌伪机关负责人派代表前来接洽，令其负责维持治安，保护公私财产，听候交代；或着其协同当地各阶层人士组织治安委员会，负责维持治安。城镇接管任务基本完成时，应及时将由交通要道城镇向偏僻城镇发展，工作转向乡村，大力把乡村工作搞好，同时不放松建设城市工作。丙、抓紧准备与及时召开代表会议：根据中央指示3万人口以上城市应召开各界代表会议（处在交通要道，情况较复杂不及3万人口的城市亦可召开)。我们进入城市工作开始时，即可应注意准备召开各界代表会议的工作，争取1个月左右时间即行召开。虽然因时间仓促，会议开得比较粗糙，但只要能够反映各阶层的意见，解决群众当前迫切需要解决的一两个问题也算成功。因此，目前必须调查研究群众当前最迫切需要解决的问题，研究出如何解决的办法，提出方案，交大会讨论通过后，建议人民政府执行。为了使会议有群众力量作基础，并保证党的领导，事前必须召开各种群众会议（工人、学生、近郊农民等)，选举代表筹备建立群众自己的组织，并准备提案；参加各界代表会议的代表成分，应注意做到进步分子和中间分子占优势。乡村农民代表会议可经过支前委员会、农民代表座谈会的方式，实行准备和有重点的实验召开，我们的工作转入反恶霸、减租运动即可普遍召开。丁、我们干部进入工作地区时，工作一开始即应注意对该地区进行调查研究工作，注意搜集旧有文件档案进行研究，要围绕着当前中心工作来做调查研究，不是漫无边际脱离实际的空泛的调查研究。对一个县一个区的主要情况，如人口、土地、生产、行政区域的划分，主要负责干部在工作一开始，即应了解掌握，并将材料及时整理，报告上级（县委向地委、地委向区党委，均应于1个月内，将各该县该分区的一般概况向上级作书面报告1次)。各地必须注意修通和保护电话线，利用电话线，经常互通情报，报告工作。在目前形势迅速发展，各阶层人士和广大群众对我们各种行政实施极端重视而又对我们尚不太了解的时候，尤应注意执行请示报告制度。各级党委对带政策性的主要问题，必须事先请示，经批准后才能实行。坚决反对无政府无纪律现象。戊、工作方法与作风上必须要能够适应当前形势发展与需要，抓紧当前有利形势，采取大刀阔斧、大胆放手开展工作的方式，放手召开各种会议（群众大会、各种问题代表会议等)，广泛宣传党的政策、推动工作，各种问题处理要迅速及时，反对小手小脚、墨守成规、拘泥于小圈子的工作方式。

（四）初期工作是开展下期剿匪、反恶霸、减租运动的准备：初期工作任务的完成是给下一期剿匪、反恶霸、减租的群众运动准备有利条件。因此，各地委、县委应于2月左右期间召开会议，总结初期工作中的经验，报告工委，以便布置下期剿匪、反恶霸、减租运动的工作。

川北工委

1950年1月15日

录自《中国共产党川北区历史》

川北区当前施政方针

一九五〇年六月十八日川北人民行政公署制定

一九五〇年六月二十八日川北区首届各界人民代表会议通过

西南军政委员会批准施行

绪言：解放战争即将在全国范围内结束，我国业已步入经济恢复与建设的新时期。我川北人民今后的总任务，就是坚决实行中国人民政治协商会议共同纲领及中央人民政府的一切政策法令，在西南军政委员会领导之下，巩固工人阶级领导的、以工农联盟为基础的、团结各民主阶级各民主党派和各少数民族及其他爱国民主分子的人民民主专政，迅速肃清残余匪特，有计划、有步骤地消灭封建制度，战胜并克服国民党反动统治所遗留下来的贫困与落后，有领导、有计划、有步骤地恢复和发展工业、农业、商业和文化教育，为反对帝国主义、封建主义、官僚资本主义，建设民主、自由、繁荣、幸福的新川北而奋斗！

彻底肃清匪特，建立巩固的革命秩序

（一）国民党反动派溃败时，有计划地留下了大批特务匪徒，他们勾结豪绅恶霸、封建会门、流氓恶棍，繁殖土匪，掠夺和残害人民，造谣惑众，实行武装叛乱。故匪特乃是川北人民当前最大和最凶恶的敌人，而彻底肃清匪特乃是川北人民当前最大和最高的利益。5个月以来，经人民解放军与各界人民的努力，已歼匪3万余，股匪业已基本肃清。但残存的匪特，尚不悔悟，分散潜伏，继续阴谋破坏。故全体军民，决不可丧失警惕性，务须群策群力，展开清匪肃特总动员，以期彻底全部干净肃清之。

（二）为了有效地肃清匪特，必须坚决贯彻“首恶必办、胁从不问、立功受奖”的正确方针。凡冥顽不悟继续作恶、佯作自新暗地作恶以及一切罪大恶极的匪特分子，务必予以严惩；凡自动来归、戴罪图功的一切匪特分子，均应从宽处理，并可根据其立功程度，酌予奖励；凡从匪多时的普通无业游民投案或俘获后，均须分别作恶的程度，予以一定时期的教育改造，并订出具体办法，使他们能从事生产；凡受骗或胁从为匪的一般农民，则经短期教育后释放回家生产；对一切守法的匪特家属，欢迎他们参加剿匪立功，不许株连问罪；但对继续通匪、窝匪、助匪的分子，则务须严厉惩办。

（三）军队是剿匪的主力。数月来，军队在剿匪中已获得光辉战果，受到各界人民的称赞与敬爱。全区武装同志，应继续发扬忠诚为人民服务的精神，采取军事镇压、政治瓦解、发动群众三者相结合的方法，认真执行剿匪政策，严格遵守群众纪律，继续努力，完成这个光荣的历史任务。

（四）散布于全区各地的私枪，为数甚大。事实证明：此种私枪常常为匪特利用或裹走。但如简单从事，一律收缴，在现今农村革命秩序尚未确实建立与人民觉悟程度尚未普遍提高的情况下，反而可能为匪特所乘。故应分别情况，慎重处理。凡助匪有据或持抢违法的私枪，应坚决收缴；凡易为匪裹走的私枪，可劝其交政府代管，但不得强迫，凡愿意交政府代管的私枪则代管之，其他私枪均应予以登记。

（五）各地封建迷信组织中的红灯教、大刀会、扇子队，早为封建阶级统治与愚弄人民的工具，解放后，各该组织多为匪特分子把持操纵，为匪作乱，与民为敌。人民政府已明令宣布其为非法组织，故应广泛为宣传，使无辜受骗的人民，早日自动脱离其组织。凡参加匪特叛乱之各该组织的首领，如能投案自新，准予从宽处理；倘敢执迷不悟，定予捉拿法办。但对于被胁迫参加叛乱的一般教众，准予悔过自新，不加问罪。

（六）除加强与提高县、区人民地方武装外，必须广泛组织不脱离生产的人民防匪自卫武装，这是防匪和确保农村革命秩序的有效办法。人民政府应经过农民协会，将此种武装从速组织起来。但此种武装组织，必须成员纯洁、领导可靠并经常教育，以期确能担当防匪保民的职责。

实行减租，准备土改，恢复与发展农业生产

（七）土地改革为发展生产力和国家工业化的必要条件，是我川北人民由贫困落后走向翻身致富的必经步骤。但土地改革必须在社会秩序业已定定，准备工作已经充分，群众的觉悟与组织已达应有的程度时，始能进行。我区土地改革，上述条件尚不具备，须待1951年秋收以后进行，不应操之过急。在未进行土地改革以前，则须一律实行减租，减轻封建剥削，初步改善农民生活，以利恢复与发展农业生产。

（八）实行减租，应遵照西南军政委员会颁布之“西南区减租暂行条例”，并颁发实施细则，有领导，有秩序地进行。各级人民政府必须立即广泛深入的宣传减租政策，组织农民团体，训练农村工作干部，进行调查研究，以便今年秋收后稳步地开展大规模减租工作。凡属地主、旧式富农及一切机关、学校、祠堂、庙宇、教会所出租的土地，均须依法减租，但对农民及其他劳动人民、贫苦的自由职业者、贫苦的革命烈士和革命军人家属以及鳏、寡、孤、独、残疾等，因缺乏劳动力而出租的少量土地（不超过当地一般中农土地平均数），则应由人民政府与农会协议，酌情少减或不减；地主依法减租后，农民应如议交租，对拖抗躲避减租的地主，应发动农民与之讲理、讲法、讲政策，对蓄意破坏或顽抗减租之恶霸地主，则须依法治罪，不得吊打和乱捕乱罚。未分配土地以前，地主的土地仍归地主所有，但不得违法夺佃，不得出卖及以典当、抵押、赠送等方式分散土地；凡在1949年12月以后以上述方式分散土地者，一律无效。地主确因生活困难而需收回土地自耕者，亦应由业佃双方协议，照顾原佃生活，经农民协会及当地区以上人民政府批准后，始得退佃一部。但对农民之间的土地买卖，则不在禁止之列。

（九）为有系统的进行土地改革的各项准备工作，应对各阶层广泛地进行宣传教育，说明在土地改革中只没收地主阶级的土地和许多公地，分配给无地少地农民，给地主也分同样一份，不动富农的土地财产，对于地主的其他财产，除农民必需的一部分农业生产资料如耕畜、农具及其在乡村中多余的房屋和多余的粮食外，也不予没收分配，并允许其投资工商业，地主经营之工商业，应予保留，不得侵犯。同时，应有系统地发动农民群众，普遍建立与健全农民协会和农民代表大会，训练足够的懂得土地改革政策与作法的干部，完成必要的调查研究与典型实验，并团结一切赞成土地改革的开明士绅，以便明年秋后的土地改革，能够有步骤、有秩序、有领导地进行。

（十）农村工作的一切步骤，均须与农民生产密切结合。各级人民政府必须经常系统地了解农村生产情况，关心农民生产中的困难与呼声，以便保持原有农业生产水平并逐步提高；必须坚决执行因勤劳耕作、善于经营而增产者，不增加负担，怠于耕作而减产者，亦不减少负担的政策；允许雇佣劳动与自由借贷，以促进农业生产；人民政府应有计划地发动与扶助农民，整修塘堰与修水利，发放可能与必要数量的农业贷款，帮助贫苦农民和革命烈、军属，解决生产困难；保护牲畜，推广优良品种，防治病虫害，改良农作技术，提倡换工合作；必须从组织运销，保持合理价格，以扶持和奖励棉、麻、丝等工业原料及桐油、猪鬃、白蜡、药材、山货等出口物资和家庭副业的生产；保护森林，严禁砍伐桐、桑、果木及一切生产树木。鸦片为祸国殃民的毒品，人民政府应严令禁种、禁销并逐渐地做到禁吸，结合广泛宣传，务求明年根绝种植。

调整工商业，繁荣经济

（十一）由于国民党反动统治对人民长期残暴的掠夺，使得川北地区经济凋敝与落后。目前川北封建经济依然强大，私人资本主义经济尚弱，农民与手工业个体经济则极其广大，国营经济虽已居领导地位，但还不足以发挥其更大的作用，至于合作社经济才开始萌芽，国家资本主义微不足道，若不改变这种经济状况，我们想把新川北建设起来是不可能的。改变的方法：第一，就是要有计划有步骤地消灭封建经济，这是没有疑问的。第二，就是要有计划地发展国营经济、合作社经济和国家资本主义经济，凡有利于国计民生的私营经济事业，人民政府应鼓励其经营的积极性，并扶助其发展。第三，就是要切实地保护工人、农民、小资产阶级和民族资产阶级的经济利益及其私有财产。第四，就是要把过去为帝国主义、官僚主义、封建主义、官僚资本主义服务的工商业转变为人民大众服务、为发展生产、繁荣经济服务的工商业，把无计划的盲目的发展，转变为有组织、有计划的发展。因而，一切从事于有利国计民生的私人资本经济是有极其广大的光明前途，应当努力。

（十二）工矿业的恢复与发展有其光明的前途。但目前政府尚无力量举办，只能进行重点的调查、勘察和着手某些个别工厂的计划。对于这些有益国计民生的工业，欢迎本区与外区的私人资本投资举办，或与国家合营，人民政府将尽可能给予扶助。对于现有的近代化的私营的中、小型纺织业与工矿业，国营企业应根据国家的需要与可能，予以扶助，例如加工、订货、代购原料、低利贷款等等。私营工商业者尤应自力更生，改善经营和管理方法，力求减低成本，增加产量，提高质量。

（十三）国营贸易，还须发展。它的任务是调剂供求，稳定物价，扶助人民合作事业，领导和调整公私商业，繁荣经济。公营贸易机关应根据国家价格政策，有计划地收购农产品，供给农民以工业品，对有利国计民生而无力经营的私人商业，应尽可能委托代购农产品，或代售工业品，并予以合理利润。在经营范围上，公营专业公司主要是掌握粮食、食盐、油、布、纱、煤等足以操纵国民生计的主要物资，其目的则在打击投机与稳定物价，而不应垄断一切，以便给私营商业以广泛的经营范围。并引导他们，面向农村，面向人民，从事正当营业，对于国计民生无利而有害的商业，应积极引导他们转业。从事正当的工商业。

（十四）川北手工业，在国民经济中占有很大的比重，从事织布、缫丝、制盐等手工业工人，或赖以维持一部或大部生活的半手工业工人，约在200万人以上。人民政府与国营企业应尽一切可能扶助他们维持生产，便利他们的推销。此外，应引导他们在自愿原则下，实行合作联营，划一规格，提高质量。对服务于封建主义没有前途的手工业，从讲明道理着手，引导他们逐渐转业。

（十五）原有交通已于短期内完全恢复。但大量发展交通，一定时期内尚不可能。目前的任务是保护交通，保证已有的公路、水路、邮电畅通。此外，对某些公路、桥梁、渡口、险滩、线路的勘察和某些个别的修建、敷设和疏浚是必要的，以期能有计划有重点地逐步发展。为了发展川北交通，对私人经营的运输业，各地人民政府应予以切实的保护。

（十六）工人阶级应该组织起来，成为国家的主人翁，必须从长远利益出发，在生产战线上起带头作用。私人工商业应当了解：在建设新川北相当长的时期中，既能得到国营经济的帮助，有利可图，又能起进步作用，应打破一切顾虑，积极努力团结起来。工人阶级与工商界，均应确实地遵守劳资两利原则，达到团结一致，发展生产，繁荣经济的目的。

严格执行财经统一政策，努力完成财政任务，克服困难

（十七）为了支持全国财政，渡过困难，支持西南解放战争，保证本区十几万军队与公教人员的供给，恢复战争创伤，维持生产和进行必要的建设，我区和其它友区一样，解放后即担负了巨大的财政任务，这是各级人民政府和全体国民的神圣职责，也是为了人民的长远利益。为此，我们曾采取了“征收1949年度国家公粮”“整顿税收”“推销公债”“统一财政”“节约开支”“整编、核实与裁减人员”“清理仓库”等一连串的重要措施，并迫使我们集中主要精力来完成这个紧急任务。现在的情况是：统一财政完成最快，不到1个月就完全办到了；依靠大家保持着节衣缩食的朴素生活，节约开支成绩亦大；公粮、税收、公债则均离任务数字尚远。

（十八）1949年度公粮任务，从现在实际材料来看，特别是因去年大部地区欠收，国民党破坏和土匪抢劫等等原因，就全盘来说，是略过重了一点，西南军政委员会现已宣布今年不再增派夏征公粮，这就大大减轻了任务，故全区原派任务，必须大力争取完成。而由于情况不熟悉所产生之畸轻畸重现象，的确普遍存在，此次要完全求其公平合理，事实上也确有困难；但只要一经发觉，各地应以负责态度，予以调整。现在各地征收具体情况，差别甚大，有的县已接近完成，有的相差甚远，有的区乡已经完成，甚至超过，有的相差很远，落后者应努力赶上。至于应征情况，农民异常踊跃，甚至超额献粮，不少开明士绅也表现很好，他们受到表扬是完全合理的，应该的。有些地主负担合理，仍观望不交或迟不交清，应该促其迅速交清，否则是非不分，会造成今后征粮的极大困难。少数恶霸地主采取顽抗甚至暗地或公开破坏，经再三说服教育无效，应送交人民法庭惩办，不许吊打与乱扣。在部分地区征粮人员中曾发生徇情济私，吊打与乱扣的恶劣作风，已经或正在纠正。必须指出：徇情济私是完全违法的，政府欢迎群众告发而将按情论处，吊打与乱扣则是完全错误的，决不允许的，应该严格纠正。

（十九）1950年度公粮的征收，为各个阶层所关怀，中央人民政府关于秋征，届时当会发布指令，西南军政委员会亦将发布具体办法，我区将严格遵照执行，各地务须采取广泛的群众路线，力求秋收前将全县粮户田亩与常年产量，进行核查，并力求正确。更须很好地总结1949年度征收经验，力求避免重复此次征收中的缺点。

（二十）税收情况比公粮征收更差，偷漏现象仍然严重，急需大力整顿。中央人民政府对税种、税目、税率和征收方法，已予以重新调整，各级税收机关和税收人员必须立即研究并切实遵照执行。在执行中，一方面要继续发扬大部税收人员精细调查，严守政策、积极努力、刻苦耐劳的优良作风，以保证国家这一正当收入，不受损失；另方面，要切实纠正部分人员违反政策，乱收乱要的错误现象。

（二十一）应贯彻与巩固财政的统一，健全财政制度，大力保证供给。地方财政须按中央规定征收，樽节开支，不得滥支滥派。一切财经部门，应加强教育，肃清贪污，发扬艰苦朴素的作风。可以大胆说：只要我们一致努力，既可以完成收入，又能节约开支，我们不仅可以渡过困难，而且能把其它事业大大推向前进。

有计划、有步骤地改革与发展文化教育事业

（二十二）国民党反动统治，不但给川北人民留下了匪特的灾害和经济上的贫困，还留下了文化上的愚昧与落后。所以，我们从现在起，必须担负起发展新民主主义文化的责任。在这方面的方针也和政治、经济一样，应该是：有计划、有步骤地改革和发展。改革与发展是一个问题的两面，其主要内容是：革除与肃清封建的、买办的、法西斯主义思想，建设与发展为人民服务的思想；革除理论与实际脱节的教育，提倡切合人民需要的教育；改变为少数人垄断的文化，发展为人民大众所共有的文化。

（二十三）在上述方针下，学校教育根据现有条件和需要，全区以川北大学为基础，办好大学1所；对现有各级学校，凡人数太少、办理太坏或性质相同不需分设者，均予以适当合并与调整。争取各专区办好普通中学、师范学校、高级职业学校各1所，每县办好中等学校1所。每区办好中心完全小学1所，每乡镇办好中心小学1所，取得经验，借以推广。在每个学校中，应力求作到教员称职，学生充实，设备较完善，经费有保证。为使教员称职，确定行署、专署、县人民政府三级分别组织寒暑假教员学习，提高师资。人民政府欢迎和鼓励以真正培养人才为目的的私立学校，并赞成民办小学，但因目前经费困难，只能予以可能范围的援助。至于幼稚教育，应有重点地先在工厂、学校、机关、部队和主要城市逐渐创办。对编余的教员，除极少数作恶的匪特分子和资质十分恶劣的分子外，均应采取负责的态度，介绍他们转业或学习。

（二十四）应朝着普及新民主主义文化方向广泛发展人民的社会教育。开展工农大众的思想启蒙运动，以提高人民大众的文化水平与政治觉悟。其主要办法是：广泛设置黑板报，创设识字班或夜校，增设阅览室，充实民教馆，有重点地举办劳动者的业余教育，有重点地建立收音网，开设新华书店，出版有益于人民的通俗读物，着手计划在主要城市中建立和在农村中轮回放映人民的电影，大力推行新华日报和川北日报。此外，应有重点地开展革命的文艺活动，有步骤地改革旧剧和曲艺。所有这些均应与当前的政治任务、经济任务紧紧地结合起来，达到文化为政治服务的目的。

（二十五）逐渐地开展人民的体育卫生事业，在人民中开展卫生知识教育，有重点地提倡国民体育，整顿和改善现有的公立医院与卫生所，增进人民健康。

（二十六）所有爱国的民主的文化知识界组织起来，团结起来，结成一条统一战线，组成一支文化大军，在新民主主义的文化战线上奋勇战斗。

巩固与扩大人民民主统一战线，建立坚强的各级人民政权

（二十七）各界人民代表会议是在人民代表大会尚未召开之前，人民参加管理国家政权的主要方式，是人民政府联系与动员广大人民群众协助政府完成各项革命工作和建设工作的最好的组织形式。各县人民政府务须按照县各界人民代表会议组织通则，按期与认真地召开和开好。认真地召开和开好的标志有二：一是真真实实发扬了民主，一是的的确确解决了问题。此外，各县的常务委员会和市的协商委员会，须确实地建立起定期的会议生活与经常的工作，不许使其流于形式。

（二十八）为人民深恶痛恨的保甲制度，应力争从速废除，普遍建立人民的乡村政权。人民的乡村政权是直接接近群众的机关，是人民政府的基层组织，关系重大。故建立时，上级人民政府应派坚强干部亲自指导，发动人民群众，充分酝酿，反复讨论，然后选举产生，严防为坏分子所篡夺。在步骤上可采取重点推行，由点到面。在过渡时间，应由上级人民政府委派或由农代会推选，经上级人民政府批准委任。至于旧乡保甲长，经数月来的工作，情况已有变化。其中公开持枪反抗人民政府及助匪作恶的分子，已受到或即将受到应得之惩处。其余应分别对待：凡已立功赎罪者，应从宽处理；凡有特殊贡献者，应欢迎其继续为人民服务；凡继续作恶者，务须发动人民检举，并按情节轻重予以论处；至于解放前作恶较少，解放后徘徊观望者，仍应本着治病救人方针，促其猛省，以取得人民的谅解。

（二十九）人民团体是支持和巩固人民民主专政有力的组织，也是人民政府的主要依靠。各级政府应大力予以协助，以期迅速建立起来。

（三十）妇女占人口半数，应切实保护她们的权利，并应注意发动她们积极参加政治的、经济的、文化的、教育的、社会的各方面活动。

（三十一）对回藏等少数民族，应严格按照共同纲领尊重他们的风俗习惯，保护他们的权利，扶助他们的民族文化，并吸收他们中的代表，参加当地政权工作。

（三十二）各级人民政府，均应逐渐地但必须力求迅速地从组织上、工作上健全起来。以便能符合人民的希望，担当起繁杂艰巨的任务。各级政府机关一切工作人员，必须不知疲倦地学习，通晓人民政府的政策法令，学习毛泽东思想。必须忠于自己的职责，廉洁守法，处处作人民群众的模范。必须经常联系人民群众，倾听他们的呼声，对于他们的意见与控告，必须用负责的态度，审慎处理。上级政府机关务须经常了解和检查下级政府工作人员的工作、思想和作风，严明赏罚，及时地进行适当的表扬和批评。目前必须做好整训干部工作，着重反对官僚主义、命令主义和关门主义。对于贪污腐化，违法渎职，徇私舞弊等一切破坏人民政府威信、损害人民利益的分子，一经查出，务须毫不犹豫地给以应得之处分，直至送交人民法庭法办。各级政府工作人员都应了解：只要我们在一切工作中有群众观点，走群众路线，处处联系群众，我们就可以率领群众前进，就可以把工作做好。

人民的大团结

综合上述，毋庸讳言，在我们前进路上，尚有许多障碍和困难，必须经过严重斗争。但我们有良好的条件，有全国确定无疑的胜利局面，有毛主席与中央人民政府的英明领导，有西南军政委员会的坚强领导。让我们四个阶级、四个朋友，结成一支1200万人的大队伍，整齐步伐，满怀信心，向胜利前进！

录自《川北日报》1950年6月30日第1版

信 函

表现新英雄人物是我们的创作方向

——行署胡主任给张永青等同志的一封信

行署胡主任写给张永青等同志的这封信，我们认为完全符合于我区目前文艺运动的情况，胡主任所指出的文艺创作的方向和改进文艺创作的办法，我们完全同意。我们希望全川北的文艺工作者和文艺爱好者以及领导文艺工作的各个部门，深入学习和讨论这一文件，据以检查自己的工作，订立创作计划，使我区的文艺运动推进一步。

中共川北区党委宣传部
川北军区政治部宣传部
川北行署文教厅
川北行署新闻出版处
川北文联筹委会

永青、子群、玉明、松岩、可情诸同志：

我区文艺工作者，骨干虽然不多，但一年多以来，他们做了不少的工作：建立了3万多人的群众性的文艺队伍，深入到工厂和农村，与各种群众运动相结合，开展了大规模的群众性的文艺活动，创作了一些作品，在川北人民的各种斗争中起了一定作用，这是可喜的现象。

可是综观我区已发表过的作品，能够完满地表现出新社会、新人物面貌的实在很少。这不能不引起我们十分的警惕。无论如何，我们不能漠视川北人民斗争的新的情况，这就是：一年多以来，我区千余万人民，在一个紧接着一个的翻天覆地的翻身斗争中，必然会涌现出和已经涌现出了无数的新英雄人物，必然会产生和已经产生了无数可歌可泣的英雄事迹。让我随便举几个我所知道的例子吧：如广元，有捉住匪首滚岩与匪首同归于尽的李登燕；如万源，有深入匪境，瓦解土匪1000余名的张云凤；如苍溪，有放火烧掉自己房子，帮助军队击毙匪首李坤山的陶老太婆；如南部，有在国民党匪帮统治下不惜倾家荡产，带了自己的独子躲兵7次，解放后而毅然亲自送子参加志愿军的张老汉；有每天跑十几里路拾桃核卖钱来捐献飞机和大炮的1个才满十岁的某贫农儿子；如三台，有揽工40多年，立场坚定、大公无私、刻苦工作的乡长张高长；如南充市，有增产1倍的丝厂女工刘瑞芳，有抗美援朝模范陈玉山家庭；如西充，有踊跃帮助其他军属缺少劳动力的军属代耕的军属张喜先；有仪陇新寺乡爱国增产捐献计划的严有明运动。这样的新英雄人物，是不胜枚举的。这些英雄人物和英雄事迹，也许有些还是朴素的，但无疑地，由于他们大无畏气概和英雄精神的出现，才掀起了空前的翻天覆地的伟大斗争，才急剧地深刻地改造着社会面貌，改造着一切的人们，也改造着他们自己。他们不愧是新川北的主人，是真正的新人，也是“最可爱的人”。他们的事迹，是惊天动地的事迹，也是应该大书特书的事迹。因此，表现他们，歌颂他们，刻画他们的思想感情和性格，以他们的崇高品质作榜样，鼓舞人民群众的战斗意志，指明人民群众斗争的方向，并通过这些英雄的事迹反映出正确的政策思想，就不能不是我们一切文学工作者、戏剧工作者、音乐工作者、美术工作者、舞蹈工作者、曲艺工作者乃至新闻记者的基本任务。我认为：这是我们新文艺发展的方向问题，只有首先充分地表现这些朴素的新英雄人物，在这个基础之上，再进而集中加工，才能创造出更为集中的典型人物；如果我们不首先面向这些新人物，而企图一下子就凭自己的“灵感”创造所谓典型，那就是脱离现实的创造方法。

可惜的是，这一重要问题在我们的创作思想中还没有根本解决，因而还没有认真地去表现这些新英雄人物，甚至没有认识表现他们的重要。我们有一些作者，他们虽然有十分的热情，他们也许熟读过和十分拥护毛主席的文艺政策，他们也说拥护“面向工农兵”的方向，但实际上他们却不自觉地存留着有害的小资产阶级的观点，他们不去寻找、调查、访问、捉摸这些活生生的新英雄人物，而是坐在房子里以自己的性格、思想臆造出一些莫须有的人物和故事，或者以想当然的思想感情，来代替那些真挚的动人的新英雄人物的思想感情。或者，拼命地去堆砌许多美丽的词藻来代替有血有肉和有声有色的事实。或者，即是下到工厂或乡村，对于这些新英雄人物也是熟视无睹，认为他们平淡无奇，而仍然写不出作品来。这样，他们就永远与人民群众格格不入，永远是“门外汉”。这样，他们也就被他们认为是“平凡”的人物和故事和“平凡”的历史无情地推在“后台”，打入“冷宫”。而他们这样，也将永远徘徊于现实的边缘，变为“流浪儿”，无“家”可归。

从这个观点出发，还可以有力地打破另一种错误的思想。这个思想是：我区之所以没有成功的文艺作品，乃是因为我区没有“有名的”“优秀的”作家。如果把这个思想用另一句话来解释，那就是：我区要产生出成功的文艺作品，就得攀请一些名作家来。诚然，我区现时没有优秀的作家，这给予了我们文艺创作上以某种困难，但优秀的作家，从来也不是从天上掉下来的，而是从人民群众的斗争中锻炼成长出来的，更不是被一些固定的人物所“垄断”的，而是从人民群众的斗争中不断生长起来的，如果我区的文艺工作者和文艺爱好者，能够脚踏实地地本着毛主席所指出的创作方向去下苦工夫，那么，可以断言：我区将逐渐地一批又一批地生长出优秀的作家来。

为此，我认为必须立即着手改变我们的文艺创作与现实斗争脱节的这种情况。我认为应采用如下的有效方法，这就是：讲明方向、组织力量、树立榜样和坚持下去。

讲明方向，就是要我党各级的宣传部门、各级宣传委员会和各地文联，召开文艺工作者和文艺爱好者的座谈会，号召他们细心学习毛主席的文艺政策，对本单位和自己的文艺思想、文艺作品来一个检查，来一个批判，然后订出创作的计划，以便使毛主席的文艺“理论”与自己的“实践”结合起来。我提议：要把这件事，在文艺工作者中当作一个运动来做，因为越做得广泛、做得深入，我区文艺运动的基础就越会树立得扎实。

组织力量，就是要各地经过上面这个运动之后，将各种文艺作者分门别类的组织起来，一方面供给他们以无数现成的材料，动员他们分头经过研究和思考，乃至再经过实际采访、实际体验去写作。另方面，要有计划地、经常地组织他们去寻找、采访、搜集、研究每天都在生长出来的新英雄人物和英雄事迹。只要我们善于组织，就可以产生出相当可观的作品来。

树立榜样，就是要在我们的日报和一切刊物上，经常推荐和表彰这类作品和作者，我们的出版处要有计划地出版和推荐那样的作品集子（如鼓词集、通讯集、小说集等）。为了给那样的作者和作品以应有的地位，我们的报纸与刊物，同时就应该拒绝刊登那些随便臆造，全属空话的通讯、小说、唱词、新诗等作品，以保持我们创作上的严肃性。

坚持下去，就是要把这件事当作关系于发展我区的文化，提高我区人民大众的思想水平的一个宣传任务来作。

如果你们同意，我就希望你们，并经由你们号召全区的文艺工作者和文艺的爱好者，迅速地行动起来，使我们川北的文坛上百花齐放！

胡耀邦

1951年8月7日

录自《川北日报》1951年8月14日第1版

给原《川北日报》记者孙阳的复信

孙阳同志：

你二月一日的信，我昨天才收到。

我不反对你们写点解放初期我们大伙在川北时的回忆录，但主题要明确。主题应该到处反映党的路线和政策同人民群众心心相连的情景，到处反映整个革命队伍朝气蓬勃闹革命的场面。绝不可偏离这个主题。如果只突出写某个人或某几个人，并且夸大他们的作用，那就歪曲了那个时期的历史真实。这点，请你们认真加以注意。

这两天晚上，我读完了刚出版的一位译者整理的安那·路易斯·斯特朗离开人世前写的一段回忆录的手稿。说的是她1949年被苏联以间谍罪名驱逐出境回美国到1958年重新游历莫斯科的一段经历。回忆录末尾她用寥寥数语描绘了第二次去苏的心情（1921年她第一次去苏，在那里住了20多年）。她写道：

"莫斯科很少有什么能诱使我留在那里了。鼓舞我去组织早年的第一家《莫斯科新闻》的那种世界使命的思想，已经一去不复返了。单单是由于我年纪更老的缘故吗？我怀疑。还是，所有的革命都要衰退？"

斯特朗的确称得上是一位独具慧眼又严于律己的作家和记者。她在解剖一个曾经冲杀在前列的社会主义国家的变化时，也没有放松过自己。

我们是否也可以从她这段话中得到教益呢？现在，许多国际友人为我们党和整个民族重新奋起而拍手叫好。但是我们队伍中是不是确有人精神上衰退下来了呢？

你不要专程来找我，因为我经常不在家。但遇上可以见面的机会，你闯进门来，我想我也不会给你吃闭门羹的。

就谈这些吧。

胡耀邦

1983年3月5日

录自《川北区党委时期史料》

领导讲话选录

团结起来　建设新川北

——胡耀邦在南充市第一届各界人民代表会议第一次会议上的讲话

一九五〇年二月二十五日

一、胜局已定，坚定信心

大陆战争基本已结束。国民党只剩下约57万人（其中战斗部队只剩25万人），今年我们要占领台湾、海南岛、进入西藏、彻底解放与统一全中国。

蒋匪帮反攻全属鬼话，全世界一切反革命都挽救不了残余蒋匪帮，蒋匪帮很快就要全部覆灭。中国人民几个月后即将全部结束历史上几十年几千年全国性的战争。

美帝毫不可怕，全世界民主力量比全世界反革命力量强大得多。

形势很好，小心上当。人人宣传，人心大定。

二、困难很多，必须斗争

我们共产党人从不隐瞒困难。

全区有困难，整年战争，创伤甚大；工业落后，比重只有10%；吃饭人多，有1000多万人，目前又不能裁减。

西南有困难，残敌还大；封建势力很大，吃饭的人很多。

对困难怎么办?斗争。

共产党领头，解放军领头，还要大众一起来。困难必须克服，一定可以克服。

三、事情很多，稳步前进

川北解放后，我们干什么?总的说：建设新川北，使1000万人生活逐步好起来。

但人民生活改善，目前办不到，原因是国民党破坏太惨，需要时间。当前干什么?三件大事：

1. 征收公粮。公粮不能减轻的唯一原因是一百多万人不能饿死，又不能解散。公粮负担应该公平合理，必须坚持负担70%~80%；必须民主评议，对不明了者要宣传，对抵抗者要“先礼后兵”，对有意破坏的分子严惩。

2. 剿匪肃特。匪特必须剿灭，匪特一定可以剿灭。剿灭的方针是军事加政治，首恶必办，胁从不问，立功受奖。人民必须全体动员，通风报信，追谣揭谣，人人宣传，个个出力。

3. 恢复生产。在农村中要立即准备春耕，以便不误生产，尽可能增加生产。为此，暂定几条：(1) 1年至2年内不分田地；(2) 不许地富转移土地与退佃；(3) 今年要二五减租，但农民须交租；(4) 提倡节约度荒，互助生产。

在城市中，要坚决执行劳资两利、公私兼顾的政策，资产者必须开明一点；工人必须忍受一点，要做模范。

此外，还有金融问题、文教问题、市政等重要问题，都需请各位代表好好讨论。

四、团结起来，一定胜利。

建设新川北，固然困难很多，但条件更多。条件是什么?有确定胜利的局面；有共产党中央与毛主席的领导，有共产党西南局、西南政府，西南军区的正确领导与帮助，现有6万我共产党员与解放军；川北有1200多万人民，并有光荣的革命历史。

阵线必须分明：

农民是主力。

小资产阶级、自由资产阶级、爱国民主人士是我们的朋友。

必须结成一个强大的统一战线。

工人、农民、青年、妇女、学生、知识分子、工业家应该组织起来，团结就是力量。

我们的敌人，就全国范围说是三个：帝国主义、官僚资本主义、封建主义。就川北具体情况说，凡属继续为阶级敌人服务的特务、土匪恶霸分子才是我们的敌人，这些敌人并不多，至多也是几万。

用1200多万的大锤去粉碎至多几万的敌人，我们一定胜利。

录自《南充市志》（2010年版）

在区党委第二次统战工作会议上的讲话（节选）

胡耀邦

（1951年10月26日）

统战的统字是12笔，凑了12条同大家谈谈。

（一）一般都好，个别不通。

我们执行中央、西南局的统战政策，就全区来说，一般都是好的。有的人说我们“上统下不统”，我想这个估计不恰当，各县都开了各界人民代表会议，建立了常委会的工作，动员了工商、文教、民主人士下乡参加土改，政权中也配了一批民主人士。一般的都有成绩，都做得好，有的做得更好一些，有的做得差一些，也有个别共产党员对统战政策的重要性想不通，有些朋友，也有些同志，对于依靠谁、团结谁，分不清，不了解我们依靠工农，团结朋友（文教、工商等），就是朋友也得依靠工农，土改中我们依靠贫雇农、团结中农及一切反封建的朋友，有些同志只要依靠，不要团结。也有些同志，把依靠与团结分不开轻重，都是不对的。

（二）不可减弱，更要加强。

这是我们今后统战工作的总方针。有些同志可能认为“土改完成了，统战工作可以减少一些了吧！”党外朋友也可能怀疑我们“土改完成了，可能不要我们了吧！”因此，这8个字，要向党内外讲清楚，我们要防止党内同志，可能有不正确的认识，也要打破党外朋友的怀疑“共产党的圈子是不是一天比一天小”。我们说，不会的，统一战线什么时候不要了呢？大概是共产党也不要了的那一天，统一战线就不要了，苏联现在还有党与非党的联盟。

（三）五个方面。

五个方面，就是知识分子、工商业界、宗教界、民主党派、无党派民主人士。请各县检查一下，这五个方面是否都作了工作（无民主党派和宗教的县不在内）。这五个方面就是统战对象。

（四）两个阵营，一条方针。（略）

（五）亲密合作，继续镇反。

请各县同志回去特别讲一下，这个问题特别重要。如果搞不好，我们就可能上当、吃亏。现在已经有谣言说："共产党又要大捕大杀了。"大捕大杀不会有，但我们还要继续肃清反革命的残余。不错，我们已把反革命抓了一批、杀了一批，但是还有残余，因此，不能说没有反革命。中央第四次公安会议上决定，在镇压反革命问题上，必须和民主党派、民主人士、各民主阶层亲密合作。川北过去在镇压反革命工作上，和民主人士合作了，有的合作得亲密，有的合作而不亲密。就全区来说，工商界、文教界、机关中都有少数反革命，宣汉百货公司一个反革命，一枪打死我们一个股长；达县一个反革命，借下乡向农民认错认罚机会，打伤了一个乡上的干部；南部中学校长，解放后还在搞反革命组织。我们必须和党外朋友亲密合作，假定一个机关有100人，其中一个是反革命，那么共产党员便要用团结其他99个人的方法来抓一个反革命。抓反革命一定要凭材料证据，而不能瞎猜，应公开向党外朋友讲清楚，共产党把你们当朋友，台湾便把你们当作共产党的走狗，看作敌人。因此，共产党有理由和党外朋友亲密合作、共同镇压反革命；而党外朋友也要以国家主人翁立场和无产阶级一道投入这一伟大斗争。镇压反革命是有界限的，不要把历史问题与反革命混为一谈，各县同志回去要讲清这一点，过去只是参加国民党、三青团、袍哥等都是历史问题，只要交代清楚便没关系了，中央公安会议决定"对这些自觉的坦白了历史问题的人，要迅速处理，以便团结他们"。

（六）全区上下，重视文教。

文教工作是一个极其重要的政治任务，中央提出口号要在10年以内使中国80%的儿童都能上学，没有文化，就不可能有经济建设高潮。川北农村中还有迷信，卫生事业不发达，婴儿死亡率很大，因此我们全区都要重视文教工作，中小学、文化馆、医院等都须受到重视，请大家了解一下学校有何困难。最近我到巴中、达县一带，听说小学教师太忙了，有的累得吐了血，今后要减轻他们的工作负担，不然便要脱离群众。我们还有些老、好、穷的"秀才"（包括那些有本事有声望的旧知识分子），我们要把他们养起来，养起来就是要安插，如到抗美援朝分会、学校、常委会等，工作可以少些，这些人的名单都要经过领导上审查批准。

（七）领导工商，放手经营。

现在我们川北经济情况很好，但有不好的地方，我们翻身加丰收等于7000亿人民币，结果就使市场上供不应求，物价不稳，现在市场上的商店增加很多，如达县土改后增加了500户。要号召工商界投资工业及小型手工业，要他们：一、钱向工业，腿走农村。二、四不要：一不搞反革命，二不偷漏税，三不囤积居奇、投机倒把，四不虐待工人店员。各县工商联合会都要搞好，发动工商业者，放手经营。

（八）民主党派，巩固发展。

我们川北有民盟、民革，还准备建立民建，今年民主党派要发展1倍，并要求派一些共产党员、共青团员参加进去，但不要超过10%左右的比例，要派好的进去，派进去的人，不许以领导者自居去领导人家，而是要帮助民主党派办事，团结他们沟通意见，起实际上的领导作用。

（九）宗教方针，革新到底。

我们川北宗教革新运动，革下个半新不旧，不够彻底。目前不提新口号，而是继续贯彻革新运动，搞这个工作要"教育与组织并重"。有宗教的地方要力求从速成立革新促进委员会，南充市的革新促进委员会，要挂起招牌，大张旗鼓作，我们县书、县长要同他们讲讲话，还要用"发动下层，推动上层，打击个别反革命分子”三者相结合的办法推进这个工作。

（十）各代会议，四回四有。

四回——县市各代会每年要开四回。

四有——每次开会要有：一有各方面的代表（包括各党派、团体、各种模范、军烈属等），二有简短精干扼要的报告（要印出来），三有提案与认真讨论提案，四有充分的民主。

（十一）少来客套，多来思想。

和民主人士合作的经验是少来客套，多来思想。政府中的共产党员与党外民主人士合作并不在于客套，共产党员要带头废除客套，但思想方面要加强，多谈心，只开座谈会还不够，我们要：一、组织学习，二、举行座谈，三、联席会议，四、个别谈心（这是很重要的一条）。只有个别谈心，互相间有些什么问题便能知道，各机关统战员今后便要这样做，但个别谈心并非鬼鬼祟祟的，而是谈政策，交换意见，提出疑问，过去我们对党外人士会开得多，但谈心不够，因此，党与非党之间多少还有鸿沟。

（十二）首长支持，事情好办。

各县县委书记、县长都要出来讲话，一个机关要搞好统战工作，机关负责同志也要出来讲话，但我们做统战工作的同志不要遇事埋怨、发火、急躁、灰心，党内打通思想也并非那样容易，凡事发展都有过程，我们要从实际出发。不急躁不是不动，而是有步骤的稳步前进，思想就会打通，情况会逐渐变好，一切骄傲、急躁、灰心、悲观、盲目乱干，都是共产党的辞典中所不允许有的。要求大家努力，统战工作一定会搞好。

录自《中国共产党川北区历史》

在四川省人民政府坚强领导下为迎接国家经济建设而努力！

——一九五二年八月三十一日在川北人民行政公署委员会和川北区协商委员会第九次扩大联席会议的报告

川北行署副主任　秦仲方

各位委员、各位同志：

今天我的报告，分三部分来讲：

一、合并建省的重要意义

一个崭新的、为四川全省5600万人民所热望的四川省人民政府，已于9月1日正式宣布成立。光荣地完成了自己历史使命的川北人民行政公署，也于9月1日同时宣布撤销。

中央这一重大措施，绝不只是一个恢复旧的行政区划，或者是合并4个行署机构的简单问题；而是适应着我们国家财政经济情况的根本好转，大规模经济建设即将到来的新形势所作的英明决定。这一英明决定执行，必然产生极好的结果：一、可以更加便利于上级的统一集中领导；二、可以抽出大批行政干部投入经济建设部门；三、可以精简机构，节省开支；四、可以通过这次合并，调整干部，使之更加合理地“人尽其才”。总之4个行署并成一个省府后，由于领导增强，机构充实，干部健全，经验汇合，工作效率必然更加提高，每个干部也必然会获得更好的学习与锻炼的机会。所以，新的四川省人民政府的成立，是我们国家新的胜利的标志之一，也是我们四川人民与广大干部的一件大喜事，我们应该为此而欢欣鼓舞，热烈地祝贺四川省人民政府的成立，竭诚的拥护四川省人民政府的领导。

二、川北区二年半工作的主要情况

当此川北行署结束之际，我们必须把各方面的工作情况作一交代，以便于全区人民检查与批评，并报请新的省府审核与参考。

川北行署自1950年2月24日成立到现在，已经二年半，在这二年半过程中，在中央人民政府和西南军政委员会领导之下，在各个兄弟区域的影响与帮助之下，我们经过了清匪、反恶霸、减租退押、土地改革、镇压反革命、抗美援朝、思想改造、生产建设、“三反”、“五反”等一系列的群众运动，川北面貌，确已焕然一新。同时，也就为国家财政经济情况的好转，创造了条件，这些条件主要的表现在下列几个方面：

（一）完成了全区土地改革。这一划时代的社会改革运动是在肃清匪特恶霸的基础上进行的。当时由于“国民党反动派溃退时，有计划地留下了大批特务匪徒，他们勾结豪绅恶霸，封建会门，流氓恶棍，繁殖土匪，掠夺和杀害人民，造谣惑众，实行武装叛乱。”我们全体军民经过了清匪肃特的总动员，开展了反对恶霸与减租退押相结合的激烈斗争，拔除了历史上苦害人民的匪祸老根。就在这种主客观条件业已基本具备的情况下，开始了全区土地改革运动。前后三期，共投入干部、工人、农民积极分子、学生和民主人士2万以上。从1951年2月中旬开始，至1952年4月上旬先后结束。共没收地主阶级土地776万亩，连同征收土地共964万亩，占全区耕地面积的39.4%，没收房屋2186522间，多余粮食稻谷84125467市斤，耕牛90460头，农具2611360件。全区约占总人口56%无地少地的农民分得了上述封建财产。在土地改革中全区反违法果实共折人民币28652351万元，平均每户贫雇农能分得15万元，每人分得3.5万元以上。到现在为止，除第三期土地改革的大部地区的颁发土地证工作，尚待今后结合复查工作进行，另有63个寨（每个寨相等于1个村）13046人口的少数民族区域尚未进行土改而外，全区土地改革的历史任务，已告全部完成。

整个土地改革运动中，除坚决贯彻了中央规定的总路线总政策，消灭了封建剥削制度外，而且也保证了广大农民获得最低限度的生活条件和必要的生产资料，以便于发展生产。事实证明，凡是这样做的地方，农民生产积极性都空前高涨，互助合作的要求也普遍迫切，目前全区互助组已经发展到18万组以上，约占农业人口的24%强。尤其是今年发动了“爱国增产竞赛运动”和“万户千组一百乡的增产创模运动”，更高度地发挥了农民的荣誉热情和与各种灾害作斗争的顽强精神。前后共修筑塘堰7.8万口，可灌171万亩水田。在今年春夏抗旱斗争中，共抢救了30%的缺水田，50%的干田，栽秧面积比去年扩大了5%以上。在捉虫运动中，仅盐亭等7县统计，即捉虫3600万斤以上。肥料全区比去年增加30%以上，土地加工，一般已做到4犁5耙以上，历来“广种薄收”的达县、剑阁两专区的某些县区，今年耕作技术上也有很大转变，仅苍溪统计：3犁3耙至4犁4耙者已达全县土地的80%。一般估计全区稻谷比去年增产1成以上，互助组平均增产2成左右。今年增产若与49年相比：粮食为132%，棉花为150%左右，蚕丝为120%。参加“增产”“创模”运动的17253户，9120组，461乡，绝大部分可以完成预定计划。政府为了扶植农民生产，共发贷粮8500万斤，贷款1000余亿元，投入农业的事业费109亿余元，投入林业的达13亿余元，推广良种400余万斤。所有这些，都大大地把人民政府扶植生产的根本政策深入人心，从思想上、组织上为明年大生产准备了条件。

土改运动，不仅在生产上获得了巨大成果，农民的组织性与觉悟性也大大提高。农会会员已发展到6842723人，占农业人口44.5%，民兵已发展到867430人，占农业人口5.6%，乡村干部和积极分子约占农业人口6%。加上这一运动紧密地结合了镇压反革命运动，越加显得规模宏大，声势猛烈，更由于在整个运动中贯穿着抗美援朝的爱国增产教育，使群众的阶级仇恨、爱国热情和生产积极性自然地结合起来，也就越加充实了土改运动的政治内容，而土改运动本身，又给镇压反革命、抗美援朝运动提供了极其有利的条件。因之，这三大运动的有机结合进行，就越加充分地发挥了川北人民反帝反封建的革命热情，发现了雄伟无比的力量，在横扫旧统治旧制度的同时，他们就用自己的双手把新政权、新制度创设起来，并广泛地团结了各民主阶层，巩固和发展了人民民主统一战线，川北区和各县均按期召开了各界人民代表会议，平均每次约有代表1.2万名左右。闭会期间，协商委员会经常和各地代表取得联络。保持了人民与政府的密切联系，充分发挥了人民民主制度的优越性。这样就把我们人民民主政权，安放在一个无可摇撼的牢固的基础之上。

但运动中存在的问题和缺点依然不少，主要是运动发展还不够平衡，某些地区的运动还进行得不够细致。有待今后生产运动中和三期土改地区的重点复查与颁发土地证中逐步解决。

（二）恢复并部分发展了经济，初步改善了人民生活。由于蒋匪帮长期残酷的剥削压榨，造成了金融混乱、物价飞腾、生产萎缩、工商不振、社会失业的严重现象。这样一个“烂摊子”，经过两年半时间坚决贯彻新民主主义经济政策的结果，各方面已见好转。首先，我们实行现金管理，消灭了金银黑市，调整金融，支持了工农业的生产。其次，消除了多年来国民党遗留下来的物价波动的大害，我们在主要生产资料上，保证了群众粮食的供应，消减了囤积居奇、垄断操纵的现象，缩短了时间差价，稳定了食粮价格。又保证了山区群众的食盐供应，尤其着重解除了少数民族地区与老革命根据地人民历史上缺盐的痛苦。减低与稳定了盐价，如南江解放前8斤大米换1斤盐，现在4斤大米换1斤盐，平武藏区解放前每斤盐换10斤大麻，现在14两大麻可换1斤盐，一般地区盐价均较解放前降低。在购销方面，国营公司先后收购了价值6390亿元的农村土特产品。又组织供应了价值5000余亿元的城市工业品下乡，既缩小了农业品与工业品的剪刀差价，又活跃了市场。同时，各县均先后召开了工商代表会及土产交流会，仅川北区第三届土产交流会上即成交2158余亿元，不仅沟通了城乡关系，使川北土产大部分找到了销路，并带动了私营商业的恢复和发展，两年半来，在土产的购销上做了54000余亿元的生意，土产类1952年8月上旬价格较50年底上升53%，土特产的增产1952年较50年增加73%强。农业人口购买力每人平均1952年较50年增加54%强。全区合作社已发展到732个，社员达125.5万余人，吸收了股金225亿元，也起了国营经济的助手作用。再次，在工业建设上，我们对厂矿基本建设共投资570余亿元，先后恢复和扩建广元煤矿等7个单位，新建嘉陵火柴厂等27个单位，扶植私营龙潭纸厂16个单位，已在28县市建立了电厂，全区发电量较解放时增加228%强，并在某些厂矿进行了民主改革工作，提高了工人阶级觉悟，发挥了生产积极性，1951年煤产量较50年增4%，铁增9%强，1952年计划较51年增产34%，铁又增9%。丝三厂品质提高，出现大批A级丝，打破了历史纪录。又次，在交通运输方面，对我区说来具有特殊重要的意义，两年半来，除抢修匪军溃退时破坏的工程外，计修翻公路877公里，整修86公里，修建桥梁41座，至年底可完成2000公里的修建工程。尤其是对边远山区与老根据地已开始了交通建设工作。

目前在国营经济领导下，合作社经济、私营经济、国家资本主义经济诸成份，都得到了相当的发展。尤其在“五反”以后，私营企业者认识到必须严守共同纲领，清除“五毒”，在国营经济领导之下才有前途，现在面临着秋后旺季，他们的经营积极性，正在日益增长中。

最后，在财政方面，农业税的征收，已基本贯彻了“查实田土，评实产量，依率计征，依法减免”的总方针，初步平衡了群众负担，今年则进一步要求做到“土地站队，群众评议，政府核定”，争取达到大致公平合理。并特别规定取消地方附加，严禁一切摊派，树立地方财政的基础。工商业税也在完成任务、打击投机、扶植正当工商业发展的原则下，实行了简化税制与合理负担的一切必要措施。我们的支出在预算范围内本着节俭的精神，每年都有结余。1951年开支相对减缩到仅占预算数的87%强。其中经济建设支出反比50年增大两三倍，并利用乡镇财政架修了1万多里的电话线，培养着157万名小学生。因此，我们可以说，财政上除已根本改变了反动派时代的“山穷水尽”的状态外，还为国家积累了不少的建设资金。

总起来说，我们在旧的废墟上已经改变了财经建设上的残破混乱局面，但也发生过一些缺点和错误，如在物资供应上个别地区曾经出现过油米排队挤购现象；去秋食盐普遍吊缺，影响了人民的生活与生产；工业生产上由于盲目增产，仅广元煤矿一处即曾积存煤4000余吨；基本建设上由于初期财经制度不严和缺乏计划，发生过某些盲目施工和修建中的铺张浪费现象；1950年菜籽抵交公粮，比价规定过低，致1951年产量锐减，本年又号召多种菜籽，但大巴山区未能很好组织收购，造成了农民很大损失。上述缺点和错误，虽经立刻补救，但在整个财经工作的领导上，今后还待进一步努力加强。

（三）大力发展了文化教育事业，稳步进行了思想改造工作。全区创办了各种报刊，并在群众中发生了重大影响，《川北日报》发行到2.9万份，《农民报》13.7万份，《工人报》近1万份，宣传手册5万份，《川北大众》4.2万份，各专区、县小报达38种，所有这些，对于各种运动均起了相当的组织与指导作用。通过各种文艺团体，运用各种形式，使群众受到宣传教育者不下900万人。解放前全区小学校7924所，现增至17844所，达235%，学生由413470人增至1553578人，达378%（包括民族小学22所，学生1326人），教师由14364人增至35701人，达249%。现有公立中学54所，师范10所，技术学校6所，私立中学22所，共92所，平均每县有中学2所以上。据不完全统计，两年多来，新设职工业余学校221所，学员33031人，教师10158人，农民夜校24799所，学员36万余人，教师12万余人。学生中工农成份已大大增多，小学达70%，中学达39%强。为了提高师资政治质量，改革教育工作，适应当前急需，1952年2月寒假中集中了大、中学教职员2405人，专、县文教科长22人在南充学习。7月又召开了全区小学教师代表会，8月暑假各专署又集中了2万教师学习，在这一学习中，由于贯彻了提高思想，耐心教育，发扬民主，展开思想批判的精神，一般教师觉悟程度有了很大提高，批判了反科学反人民的错误思想，进一步认识了作一个人民教师的光荣，学校工作已出现了一些新的气象。为了迅速着手扫除文盲的准备工作，8月已抽了350多名优良教师与干部开办速成识字法训练班。在卫生事业方面，各县市均设了卫生院，妇幼保健委员会，训练接生员7590人，在广大城镇和农村更注意了爱国卫生运动的宣传与团结中西医开展卫生工作的活动。在这些方面，我们认为成绩还是不够巩固的，发展也是不够平衡的，不少学校的校舍等问题，还待于今后的逐步解决。

（四）积极地进行了劳动就业和社会救济，改变了旧社会的残破面貌。解放初期，国民党遗留下来的工人失业现象异常严重，我们一方面通过贷款、收购、加工、订货等予工商业者以大力扶植，一方面在适当满足工人福利的原则下，说服工人自动调整工资待遇，团结并协助资方克服困难，使之迅速恢复生产，安定民生，同时动员1800余名失业工人参加修筑成渝铁路及临时市政建设工作，并帮助复工就业者23395名，以工代赈者3642名，协助转业还乡者29164名，资助生产自救者592名，单纯救济者334名，总共支付救济粮180310斤，救济了工人57227名。对于因天灾人祸而断炊缺粮的农民以及城市贫民乃至游民乞丐等等，两年多来，共发放了救济粮1400多万斤，款110余亿元。今后随着国家建设高潮的到来，这一问题，当会逐步获得解决。

所有上述主要的工作及其获得的成绩，都是由于我们遵循着毛主席争取国家财政经济状况好转的指示，在西南军政委员会的直接领导和川北区各民主党派、人民团体的团结一心，全体干部和广大人民的共同努力下取得的，这样才使得我们川北区两年半以来能够伴随着各个兄弟区域向前迈进，在迎接国家经济建设的新任务面前未辜负大家的愿望。

三、今冬尚须继续完成的主要工作

根据上述情况，我们预计今冬还要做好下列几件主要的工作：

（一）做好秋征、秋耕、冬季生产和“增产”“创模”的评选工作。各专区县必须集中全力开好劳模代表大会，总结今年增产、创模、互助合作运动的经验教训，准备和发动新的增产运动。

（二）继续加强财政经济工作的领导，保证全区增产1万亿的任务圆满完成，保证各种经济成份发挥其应有的作用，有预见有计划地迎接秋后旺季的到来。加紧老根据地的建设工作。

（三）全部结束土改的一切工作。

（四）大规模轮训乡村干部和组织干部学习，继续加强文教工作。

以上报告，请各位委员加以审查指正。我相信川北区全体干部和1600万人民，在新的四川省人民政府领导下，必须把上述工作任务完成得更好。

最后，我们大家愿以毛主席教导我们的话：“务必谦虚、谨慎、戒骄、戒躁”，来作为我们在新的不同的岗位上共勉。

祝贺四川省人民政府的成立！

坚决拥护四川省人民政府的领导！

在四川省人民政府的领导下，为迎接国家经济建设而努力！

中华人民共和国万岁！

毛主席万岁！

录自《川北日报》1952年9月5日第1版

对川北区党史座谈会的重要意见

胡耀邦

（根据李昭在川北区党史座谈会上讲话记录整理）

省委委托南充地委召开这样一次川北区党史座谈会，我能参加，感到非常高兴。但是我也有过犹豫。为什么呢？我想川北这么一个大块的历史，我知道得很少，所以我不想来。我问耀邦同志，他说你去嘛！在那里可以看到过去共同工作过的很多老同志，看看那个地区这些年工作成就和进步。你去看一看，并问候大家好（掌声）。我问还要讲点什么呀？地委电报上给我一个任务，说要你为会议说两句话。他说，好吧，是不是这样：第一，要善于实事求是，这就不解释了；第二，要注意集体领导；第三，不要突出个人。他说的总的思想就是这个。我作传声筒，给大家传达传达，请大家考虑。没有了，谢谢。（掌声）

川北区党史座谈会秘书处

一九八六年九月十五日

录自《川北区党委时期史料》（综合）

书 摘

《胡耀邦传》第一卷
第七章 主政川北

一、从马上到马下

1949年10月，胡耀邦在出席中国人民政治协商会议第一届全体会议和参加开国大典之后，同贺龙司令员一道，来到晋南重镇临汾，与晋绥分局领导会商了大批干部南下四川的配合问题。10月30日，南下干部誓师，山西父老举行了欢送他们南征的大会。会上，贺龙分析了全国形势和进军西南的任务：消灭盘踞西南的数十万国民党军队，解放四川省，解放大西南。贺龙号召南下干部入川以后，配合刘邓大军共同战斗，学习二野的优良作风。胡耀邦代表第十八兵团讲话，表示要保证胜利进军，保证部队进川之后，既是战斗队，又是工作队，配合地方工作同志共同建立和保卫新政权，建设新四川。

其后，英气勃发的胡耀邦夜涉风陵渡，于10月11日回到秦岭前线。

当时，由刘伯承、邓小平率领的中国人民解放军第二野战军和由林彪、罗荣桓率领的第四野战军已渡过长江，占领了华东、华中大片土地，随后第二野战军及第四野战军的一部分迅即将兵锋指向大西南。按毛泽东的战略部署，二野及四野的一部分自东向西，第一野战军自北向南，对西南守敌形成合钳之势。

根据形势发展的需要，中共中央决定成立西南局，邓小平任第一书记，刘伯承、贺龙分别任第二、第三书记。

进军大西南，首先要攻克四川，四川是西南的重心，拿下四川，就动摇了国民党在整个大西南的根底。

蒋介石意识到国民党在四川的险境，于8月份亲自跑到重庆坐镇。他判断解放军极有可能从川北挺进，因此将主力胡宗南集团十一个军约十六万人布防在秦岭、汉中、川北一线。

毛泽东则将由陕入川的任务交给了第十八兵团，他在10月13日电告彭德怀：“关于由陕入川兵力，已与贺龙伯承小平一起确定为十八兵团，不牵动其他部队。”

胡耀邦围绕进军大西南，做了充分的政治工作。11月16日，兵团召开了团以上干部会议，由胡耀邦传达中国人民政协会议精神和作入川动员报告。在传达政协会议精神时，他着重讲了体会最深的统一战线问题。他说，我们共产党打天下，不能只有我们共产党坐天下，而必须把一切可以团结的人员都团结起来。我们广泛团结的目的，就是要天下归心。他说，中国革命有三个法宝，统一战线就是克敌制胜的法宝之一。我们中国是个有五万万人口的大国，有很多民族；除了共产党和国民党外，还有很多党派以及无党派民主人士。各民族、各党派、各界人士都团结起来，形成的力量是不可估量的。大家合力建设我们的新中国，新中国才能很快富强起来。他要求克服那种对于起义人员和党外人士担任重要职务看不惯的狭隘思想，今后务必团结绝大多数人一道工作。

对于入川作战，他说，我们要给部队讲清楚、讲彻底几个问题：第一，入川是光荣的。第二，完成任务并不难。第三，四川很好。第四，我军的任务。他说："这是我们最后一次大仗了，是一个难得的好机会，我们每个同志，应该抓紧时机，大显身手，把我们的光荣带到四川去，我们要有始有终地革命到底！光荣到底！"他还主持制定了《南进入川政治工作要点》，号召部队要"打好，走好，合好，接好"，即仗打得好，行军走得好，同兄弟部队合作得好，对新解放的城镇接管得好。对入川作战有了充分准备的各个部队很快掀起了山地追击战的练兵热潮，普遍开展了爬山运动。战士们自编快板唱道："听了老胡一席话，天塌下来也不怕……"

11月间，贺龙、周士第、李井泉、胡耀邦率第十八兵团与第一野战军第七军先头部队沿秦岭北麓分左、中、右三路，昼夜兼程，冲向敌大巴山防线。

与此同时，屯兵湘鄂西的刘邓二野主力，已完成了对川、黔大迂回的战略部署。11月初，川黔战役的隆隆炮声，揭开了解放战争最后一场大战即西南决战的序幕。至11月末，刘邓大军在第四野战军一部配合下，于歼灭宋希濂、罗广文两主力后，一鼓作气攻下重庆，然后飞速向西、向北横扫，切断了蒋军逃向康、滇的退路，乘势从东、西、南三面形成了对成都平原的包围。

从12月4日开始，第十八兵团翻过三百多公里的秦岭，跨越二百多公里的大巴山，用重炮轰开剑门关，沿奇险的蜀道直扑而下。12月15日，胡耀邦率左路第六十一军在穿越大巴山占领南江县后，急速涉过嘉陵江、涪江，一路扫荡残敌，几乎每天攻克一座县城，直抵三台、中江。中路、右路第六十、第六十二军和第七军从汉中及天水地区向南挺进，以破竹之势攻占广元、剑阁、绵阳等要冲，又进占广汉、金堂、新都等县，沿途经历大小战斗数十次，歼灭胡宗南部队八万多人，迫使胡宗南不得不放弃秦岭、大巴山防线，将主力龟缩在成都周围。

12月下旬，第十八兵团同二野杨勇的第五兵团、陈锡联的第三兵团，四野的第五十军密切配合，发起了成都战役。蒋介石、胡宗南先后弃城逃走，各国民党部队惶惶不知所归。在解放军强大的政治攻势下，国民党军有五个兵团相继起义。其中第七兵团司令裴昌会的起义事宜，就是胡耀邦亲自安排的。

裴昌会是胡宗南的老部下。当第十八兵团发起扶郿战役之时，裴昌会坐镇宝鸡，负指挥总责，为解放军迎面之敌。但裴昌会早已对国民党的反动统治由不满而绝望，因而一直伺机起义。胡宗南由秦岭、大巴山防线后撤，裴昌会退到凤县双石铺时，曾派人前来联系，胡耀邦接见了来人。由于有黄樵松起义失败的前车之鉴，胡耀邦要他们积极准备，至于何时起义，则需要掌握最恰当的时机，不要过于冒险。后来裴昌会在秦岭、广元、剑门三次试图起义，都没有成功。直到国民党部队纷纷向成都溃逃之时，裴昌会才得以乘机宣布起义。

此时正驻德阳的胡耀邦得讯后，立即打电话邀见裴昌会。裴昌会连夜由中江赶到德阳。胡耀邦早早就在门前迎候。入座后，裴昌会送上所属各部现态势要图和全部人马、武器、弹药、装备、器材等表册。胡耀邦询问了有关情况后说："我们的来意，一是慰问你和起义部队，二是征询你还有什么疑难问题，有什么要求。我们现在是一家人了，敞开谈吧。"裴昌会对三次起义未成表示遗憾，说道："有负你对我的期望，推迟了三个多月，似有非到兵临城下不低头之嫌。"胡耀邦说："你在蒋胡嫡系部队中的处境，我们早有所知，现在你没有失信，实现了你的愿望，我和你都高兴嘛!"说得两人都笑了起来。之后，两人话起家常。胡耀邦对裴昌会的家属被劫持到台湾表示关注。两人促膝交谈直到夜阑人静。裴昌会见胡耀邦虽然年轻，但气度不凡，言辞恳切，特别是没有丝毫胜利者的凌人盛气，对他亲切和蔼如对兄长，只觉得满心欢喜，深有好感。此后不久两人便一起共事，并结下很深的友谊。

成都被围之后，只有胡宗南的亲信将领李文于24日率七个军进行突围战。26日，经过终日激战，李文以下五万余人被俘、被歼。27日。成都解放。

12月30日，贺龙率第十八兵团举行盛大的入城仪式，贺龙、周士第、李井泉、胡耀邦、陈漫远等分乘吉普车，在万众欢呼、喧天锣鼓声中，进入成都市。

至此，第十八兵团入川的主要战斗任务基本结束。大概胡耀邦自己也没有料到，他的多年戎马生涯也将随之结束，他将承担临政亲民的地方工作重担。

还在12月中旬，中共中央西南局即电告贺龙为首的川西北军政委员会："同意组织川北党的临时工委，以胡耀邦同志为书记，赵林同志为副书记。川北政权组织可直接以行署名义出现，不必用军政委员会过渡。奉西南军政委员会刘（伯承）电令，发表行署正副主任，先行到职，随即报中央政府。"

当时地域辽阔的四川省在区划上分为川东、川西、川南、川北四个部分，都是省级建制。川北之外的其他三个区党委和行署领导人是：川西：李井泉，川东：谢富治（后为阎红彦），川南：李大章。

胡耀邦此时还不能从容考虑他的新任命，眼前的兵团政治工作任务还相当繁重：组织第六十二军进军西康，总结南下的政治工作经验，适应新情况制订新的政治工作纲要及实施办法，特别是对起义、投诚和俘虏的二十多万国民党军政人员的接管、教育和改造，都要付出极大精力。经过一个多月紧张繁忙的工作，这些任务都已部署就绪。这时候，胡耀邦开始把目光移向他履新之地的川北，深思未来的方略。

二、初临南充

川北地区面积约九万平方公里，辖南充、遂宁、达县、剑阁四个专区，三十五个县和一个直辖市，首府南充市。全区耕地面积二千四百五十余万亩，人口一千七百余万。清代历史地理学家顾祖禹在《读史方舆纪要》中记载，这里"居三巴之间，为要膂之地"，"田畴沃衍，川泽流通，饶五谷，多盐利，西上成都，东下夔峡，资储常取给焉"。然而近世以来，特别是国民党反动统治期间，这里已是满目疮痍，百业凋敝，1949年的农业生产量，还不及抗日战争前的80%；工业产值仅占当地国民经济总产值的1.5%，加上手工业也仅占15%。川北是革命老区，1932年红四方面军离开鄂豫皖根据地后，曾辗转来到这里开辟了以通江、南江、巴中为中心区的14个县的根据地。当年徐向前将军以机动灵活的战略战术屡屡挫败国民党军队"进剿"的壮举威震一时，许多农村子弟投奔了红军，而张国焘发动"肃反"杀害大批革命干部的极左政策，也在人们心头留下了阴影。加之国民党溃败时布置潜伏下来的大量特务，以及当地的土匪、反动会道门，蠢蠢欲动，伺机反扑，阶级关系错综复杂。胡耀邦面临的就是这样的政治经济形势。

但是他有一定的心理准备。他阅读了大量有关川北的历史资料、国民党遗留下的档案，同熟悉川北情况的同志交谈，向贺老总请教，同有关部门沟通，心中有了个概数。尤其使他感到踏实的，是他知道川北已经有了较好的干部条件。1949年5月，中共中央晋绥分局根据中央指示，在山西临汾开办党校，培训了万余名南下干部，学习了党的七届二中全会精神和新区政策。10月下旬，在胡耀邦同贺龙离开临汾后，这批干部即分头南下，被分到川北地区的1680名干部，在进军路线沿途到职就事。川北当地还有三千多名地下党同志，也是一支坚强的力量。有了这样一批干部，开辟工作就有了重要保证。

1950年2月18日，春节刚过，胡耀邦辞别兵团首长和战友们，率领第十八兵团少数干部、一个创办报纸的班子和一些文工团员，还有一个警卫连，分乘军用卡车和吉普车，迎着春寒，奔向南充。

胡耀邦坐在车里沉思不语，只不断地吸烟，他一面观望川北景色，一面不停地思考。

这时候，他一定是思绪万千吧！抗战一结束，党就把他派到部队里。一连四年，他转战在华北地区，又从西北来到西南，先后在聂荣臻、徐向前、彭德怀、贺龙麾下战斗。那一场场战斗，虽然有时受挫，但多数是胜仗，真打得扬眉吐气。在部队里他结交了一大批雄姿英发的青年将领朋友，他也深深爱着那些生龙活虎的战士。在部队这几年，是他成长极快的几年。现在离开部队了，这也是党的工作需要，然而在情感上胡耀邦总还是有些留恋。

对于四川这块神奇的土地，他并不陌生。长征中最艰苦的过雪山、草地，就都是在四川。川北这里，不久前还曾是他驰骋的战场。这一次来，已是天翻地覆，他也从羸弱的“红小鬼”成长为治理一方的高级领导干部了。

他以前没有正式做过地方工作。虽然延安时期对地方党政建设有过一目睹耳闻，但自己缺少实践的经验。如何领导受苦受难的川北人民尽快过上好日子，这是个大题目啊！千条万条，把握党的政策最为重要。无论如何，要对得起川北人民。他不禁感慨地自言自语道：“耀邦以不满五尺之躯，来到川北，其将有利于川北人民乎?”

车队刚刚驶过三台县，突然有子弹向他们射来，一下把沉思中的胡耀邦惊醒，他立即意识到这是土匪在向他们袭击。他立即命令停止前进，就地反击。一小股土匪很快就招架不住，跑上山去，警卫连一直追到山上，土匪们落荒而逃。这一段小小插曲，使胡耀邦看到了川北形势的严峻。

经过两天的奔波，2月20日，在苍茫暮色中，胡耀邦一行看到了南充县城的粼粼黑瓦、点点灯火。

从这一天开始的在川北的895个日日夜夜，他向川北人民献出了他的全部真诚、雄心和智慧，为建设新川北而鞠躬尽瘁。

南充是1949年12月10日解放的。在这之后的40天里，以赵林为首的南下干部已经组建了南充军事管制委员会和中共川北临时工作委员会。临时工委根据中共中央的方针、政策和西南局的部署，结合川北实际，制定了《川北区初期工作纲要》，已经初步开展了工作。

历来雷厉风行的胡耀邦一到南充，拂去征尘，当天晚上就召开临时工委会议。会上，赵林等汇报了当地情况和近期工作，他特别强调了这里土匪猖獗，有的是股匪，有的是有组织的，严重危害着百姓。这一点胡耀邦已有亲身经历，他要求部队和干部都要有所警惕，等腾出手来要给这些匪徒以重重的打击。胡耀邦指出，当前的任务就是要正式组建川北区党委和川北行署，这是头等大事。他要求会后马上发通知，第二天就召开地委、县委书记、县长会议，决定这件事。

2月21日至24日，在县以上干部会上，宣布中共川北区委员会、川北行政公署、人民解放军川北军区成立，胡耀邦任区党委书记兼行署主任、军区政委，赵林任区党委副书记。区党委委员除胡耀邦、赵林外还有李登瀛、秦仲芳、韦杰、郭林祥、饶兴等，共14人；秦仲芳（后增补刘聚奎、裴昌会）任川北行署副主任；川北军区司令员韦杰、副司令员李文清，副政委郭林祥。

赵林、李登瀛、秦仲芳原先都是晋绥根据地的党政领导干部，有丰富的地方工作经验。韦杰、郭林祥分别是第六十一军军长、副政委，是胡耀邦的老战友。饶兴也是戎马半生转到地方来的。他们先期到达川北，完成了南下干部的分配和行政接管。他们相互间早就有所了解，但搭成一个班子共事这还是第一次。他们都比胡耀邦年长。在随后的岁月里，34岁的胡耀邦作为“第一把手”，始终同他们亲密合作，尊重他们，善于吸取他们的经验，接受他们的意见。而胡耀邦的坚强魄力、埋头苦干、民主宽厚、多谋善断、勇于承担责任的品格以及谦虚好学的精神，也令大家钦佩和信服。他们之间的紧密配合，优势互补，极大发扬了领导班子每个成员的积极性、主动性，因此各项工作得以令行禁止，顺利开展。多年以后，胡耀邦还以十分感激的心情回忆这个班子，特别是赵林。胡耀邦认为只有靠赵林把区党委的经常事务统管起来，他自己才有可能瞻前顾后，总揽全局，加强建政工作。

会上，讨论并通过了《川北区初期工作纲要》。《纲要》提出的初期基本任务是：支援前线，接管城市，收缴国民党军、特、匪等武装组织的枪支；安定社会、稳定人心，使群众恢复生产。其中心工作是：完成粮食征购任务，清理旧时财粮税收，推行人民币，交流城乡物资，稳定市场，加强社会治安管理，接管好城市等。《纲要》是粗线条的，但提出了目标，统一了思想。会议明确了全区的工作是紧迫的，中心工作一个接着一个，需要连续不断地、一环套一环地穿插进行。而恢复发展生产、恢复发展文教事业等，必须始终抓紧。

2月25日，胡耀邦来到正在举行的南充市第一届各界人民代表会议，同全市的党、政、军、工人、农民、妇女、民主人士、工商界的代表见面。这次代表会议的任务是，共商剿匪肃特、征收公粮、恢复和发展生产及文化教育大计。胡耀邦在会上发表了题为《团结起来，建设新南充，建设新川北》的讲话。他针对解放初期人们怕“变天”的思想，分析了形势，指出国民党已绝无“反攻”的可能，希望大家要坚定信心，不要轻信谣言，要相信共产党，相信人民政府的政策。接着他指出，当前困难重重，百废待兴，要做的事很多，不能停步不前，又不能操之过急，必须脚踏实地，稳步前进。他还特别强调，要建立、发展和加强各阶层人民的统一战线。他说，就数量而言，共产党员毕竟是少数，党外的广大群众是一支极其重要的建设大军，必须团结一切可以团结的力量，调动各方面的积极性，做好各项工作。随后他站起身来，满怀激情地举手高呼：“团结就是力量!”“团结就是胜利!”全场代表都被这一番鼓动性极强又有说服力的演说所感染，都情不自禁地高呼：“团结就是力量!”

散会以后，胡耀邦又走到代表当中，同大家交谈。这是他到任以来第一次在各界群众中露面。刚刚听了他那一番动人肺腑讲话的代表们，现在面对面同他接近，感到这位小个子的共产党高级干部热情似火、和蔼可亲，于是围拢过来的人越来越多。大家无所顾忌地向他询问关于公粮政策、工商业政策等，胡耀邦一一作了解答，并且反复强调要相信人民政府，要尽快恢复和发展生产。跟他交谈过的一个农民代表兴奋地说，“我今天硬是太高兴哕! 以前我们还能同专员、县长说话吗?今天我们穿得这样烂，也可以随便和胡主任摆龙门阵，人民政府和我们真是一家人啊!”

这一次会开得喜气洋洋，代表们纷纷表示，现在的人民代表和国民党的参议员可不一样，决议的东西要执行，不是说了就算了。所以不能只是名义上当代表，要当“行动代表”。会后，好多代表要求下乡协助开展剿匪和征粮工作。

三、“让人民有批评的自由”

南充市各界人民代表会议的经验很快推广到全区各地，接着南充、西充、南部、营山、武胜、仪陇等县也相继召开了各界人民代表会议，争取了各界人士向人民政府靠拢，社会秩序基本稳定下来。在此基础上，川北区首届各界人民代表会议，经过胡耀邦为主任的筹委会两个多月筹备，于6月23日召开。

来自全区各市、县的400多名代表有很广泛的代表性。他们怀着自豪感和使命感，怀着建设新川北的强烈愿望，来出席这次会议。

开幕式上，但见代表们的硬板凳座席之前，摆放着一排藤椅。人们都认为这自然是为首长准备的。会议主席团执行主席胡耀邦看代表们到齐了，笑容满面地走到台前，大声地说：请60岁以上的老年代表到前排藤椅上就座，并打着手势，不断邀请。这出乎意料的尊老之举和胡耀邦的活跃而平易近人的作风，顿时使全场掌声和笑声响成一片。

会上，胡耀邦作了《川北区施政方针》的报告。

这个报告是胡耀邦同区领导们反复研究，花了很大心血，熬了几个通宵写出来的。在准备这个报告时，胡耀邦了解到，群众对新政权的期望很高，但他们的有些要求和愿望是不切实际的，或是过于性急的。比如一些工人认为工商业者不愿把资金拿出来办厂，以致工人失业，要求政府采取强制措施，甚至主张开斗争会。农民则关心减租和土改，希望马上分田。而某些工商户，则是怕没收资产，怕提高工资，怕工人不好管，有很多顾虑。胡耀邦在报告中提出了六个方面的任务，即：彻底肃清匪特，建立巩固的革命秩序；实行减租，准备土改，恢复与发展农业生产；调整工商业，繁荣经济；严格执行财经统一政策，努力完成财政任务，克服困难；有计划、有步骤地改革与发展文化教育事业；巩固与扩大人民民主统一战线，建立坚强的各级人民政权。这个报告由于全面系统地阐述这六个方面党的路线、方针和政策，又针对群众中的思想实际，深入浅出地加以回答、引导或者作出释疑解惑的说明，所以影响很大。代表们经过认真讨论，明确了许多政策观念。工人代表表示，不能只从自己利益考虑，还要兼顾资方，使资方有利可图，他们有了利润，才能把厂办下去，我们才不会失业。农民代表也明白了“现在就实行土改是要出乱子的”，要先肃清匪特，安定好社会秩序，才能土改。工商户代表了解了政府保护工商业的政策，也打消了顾虑，表示愿意投资生产，不做投机买卖。

议程进入大会发言时，发生了令人由惊而喜的一幕。川北少数民族代表、阆中回族民主人士马腾九发言时神情激动。他说，政府不注意民族工作，《施政方针》里没有提到少数民族，这可能是大汉族主义留下的坏传统的影响，希望大家看重少数民族。此言一出，全场哑然，都觉得马先生这样直言无忌可能闯下了乱子。只见胡耀邦笑着站起来，带头鼓掌，表示对马先生意见的肯定。川北只有回、藏两个少数民族，数量不多，但忽视了总归不对，胡耀邦随即在报告修改稿中作了补充。会后，他请马腾九担任行署少数民族机构负责工作。这种从善如流的作风，大大激发了人们开诚布公、开展批评的勇气。

会议将近结束时，胡耀邦经主席团同意，亲自起草了《人民代表公约》，提交大会。他在说明《公约》起草意图时说：依靠我们的精诚团结和充分协商，我们的会议已顺利地完成了好几件有益于川北人民的大工程。可以断言，川北人民将为我们所做的工作而欢呼。但是，我们全体代表的工作并没有完。各位代表回去以后，仍然还是一个光荣的川北区人民代表，基于此，我们来通过一个共同遵守的公约，以此勉励我们大家更好地为人民尽忠，促进我们更好地为人民服务。他提交的这个《公约》一共十条：包括：“我们是人民的公仆，只能站在人民之中，不能站在人民之上。”“我们是人民的代表，要密切和群众联系，要坚决和敌人作斗争。”“我们是人民的代表，是人民政府各种法令的积极宣传者和组织者。”以及随时倾听人民群众的意见和呼声、监督政府工作人员等。胡耀邦进一步指出：《公约》条条都是为人民着想，条条都代表了人民的利益，而且条条都可以办到。毫无疑义，实现这些条文，就是人民代表的本色，就是人民代表应具备的品质。他希望大家都成为优秀的人民代表。

可以想见，在一个刚刚解放不久的地区，当人们渴求从共产党这里获取新的思维内涵、新的道德观念的时候，胡耀邦这样反复强调要全心全意为人民服务、一切要为群众利益着想，对广大干部和群众必然会是强有力的启迪和教育，也是思想上的武装。

在这次会上，经过民主协商，产生了川北区协商委员会，胡耀邦任主席、赵林等任副主席。协商委员会在各界人民代表会议闭会期间，代表各界群众参与政府讨论、协商川北各项重大政策，执行统一战线组织的任务。

在到职后的几个月内，胡耀邦一直把主要精力放在建立各级人民代表会议制度、巩固民主政权、加强政府工作上。在《川北区施政方针》这个报告里，胡耀邦概括地说：各界人民代表会议，是人民代表大会未召开之前，人民参加管理国家政权的主要形式，是人民政府联系与动员广大人民群众协助政府完成各项工作的最好组织形式。他要求各级人民政府不仅要按期召开和开好各界人民代表会议，还要把各县、市“各代会”常委会定期的会议生活和经常工作建立并开展起来。他提出，开好“各代会”的标准有两条：一是认认真真发扬民主，二是的的确确解决问题。

其后，他在发布《关于各县市召开第二届第二次各界人民代表会议的指示》中更明确指出：“各代会”的代表性务求广泛，工人、农民、文教界、工商业者、自由职业者、宗教界、民主人士、少数民族、妇女、青年、学生均应按一定的比例选聘代表。凡有民主党派的地方，应增设民主党派代表，不得偏重一方。他还强调，“各代会”要大大发扬民主，政府负责同志要实事求是地作出工作报告，耐心倾听代表的意见，使每个代表都有充分发言、进行批评和自我批评的机会。这样，方能集中意见，作出正确、有效的决议来。后来，他把这概括为“四有”，即有广泛的代表性，有简明扼要的工作报告，有充分民主议事的作风，有切实可行的决议。

在各县、市的“各代会”正常运作起来之后，胡耀邦又及时指出：各地务须认识到建立有权有责的常务委员会，作为“各代会”闭会后的常设机构，是民主建政的一个重要制度。随后，他又为健全各县、市“各代会”常务委员会正式发出通令，对驻会委员和工作人员的编制、他们的薪水待遇、常委会的办公费用等，都作了明确规定。经过这样的倡导和推动，各地“各代会”常委会得到大大加强，在贯彻与各阶层人民有共同利益关系的各时期的方针与政策，推动各项改革运动和经济的恢复发展方面，起了十分重要的作用。

鉴于当时不少干部存在着重党而轻政的情绪，胡耀邦强调说：“‘政府’两个字不能忽略，因为我们许多政策法令都是以政府名义颁布的，党与政府的政策法令是一致的。”“也正因为我们党掌握着领导权，因此，我们的干部熟悉政府公布的政策法令的意义就更大。”胡耀邦就在行署办公，住在行署，他是以“胡主任”而不是以胡书记、胡政委闻名川北的。1950年6月中央人民政府与政务院正式批准了川北行署的组建之后，胡耀邦郑重地率领行署组成人员举行了宣誓就职典礼。大家举起右臂，朗读誓词：“我们以至诚向川北人民宣誓：我们要奉行中央人民政府和西南军政委员会的各种政策法令，厉行廉洁朴素、为人民服务的革命作风，随时随地倾听人民群众的意见和呼声，及时改进我们工作中的缺点和错误，坚决完成我们的任务，为彻底实现《共同纲领》和建设人民的新的川北而努力奋斗。”

胡耀邦还特别注意不只是口头上，而且要在行动上实实在在地倾听群众的批评意见，把政府工作人员置于群众监督之下。一次，达县一位人民代表写信给川北协商委员会，批评当地人民政府门禁森严和干部作风方面的问题，措辞尖锐。胡耀邦非常重视，及时作了批示，他肯定这种批评是善意的，要达县地委认真调查并认真处理。他还指示把这封信和批语在党刊上刊登，以引起更大范围的注意。对于人民群众批评乃至揭发、控告某些干部的不良行为，胡耀邦要求政府工作人员采取正确态度，做到“三要”：一、要抱热烈欢迎的态度。不应认为这是群众“揭了自己的短”，是“找我的岔子”“让我丢脸”“打击我的威信”，而对群众的批评、控告采取拒绝、抱怨、厌恶、鄙弃的态度。二、要有坚决保护的态度。现在解放了，人民敢说话了，敢批评我们政府工作人员了，这是一种好现象。凡是群众正确的批评，都应该坚决保护和虚心接受。即使是不正确、不符合事实的，也须耐心地进行解释，而不能打击、嘲笑，更不能存成见，图报复，恐吓、威迫，甚至假公济私。三、要有负责查明、处理的态度。接到人民的控告和批评，一定要作出答复；需要公开检讨和答复的，一定要公开检讨和答复。如果“置之不理”或者拖延敷衍，或粗率从事，那就是官僚主义的再一次表现，是必须坚决反对的。胡耀邦还语重心长地说：各级政府工作人员，须知人民群众的这种控告和批评，是造成广大人民对政府工作人员群众性的批评和监督的一种好形式，是帮助政府工作人员克服缺点、错误的一种有效办法，是我们联系群众、倾听群众呼声的一种很直接的方法。他进而大声疾呼：对人民群众的批评和控告，我们要热烈地欢迎它，并热心去组织它。我们对人民群众的批评，要大开方便之门，让人民有批评的自由。

“让人民有批评的自由”，这是金石之声，是民主意识的升华。能发出这样的声音已属不易，更难能可贵的是切实付诸行动，惟大智大勇者始能为之。

四、肝胆相照

统一战线和党的建设、武装斗争并列，是中国共产党克敌制胜的“三大法宝”之一，从理论上胡耀邦老早就明白了。到北京参加了中国人民政治协商会议第一届全体会议，使他对统一战线实际作用的认识，又有很大的提高。他在宝鸡向第十八兵团团以上干部传达政协会议精神时，就着重讲了统战工作问题。他说，参加这次会议的一个突出感受，就是共产党领导革命，不等于包打天下，而必须最大限度地团结各界人士，充分发挥他们的积极性，形成合力，才能成功。他说：“我们广泛团结的目的，就是要天下归心。”所以对民主人士，就要像历史上的周公那样，一饭三吐哺，一沐三握发。现在，他主持一方工作，更切实认识到各种社会力量和知识力量通力合作，特别是在阶级关系十分复杂的社会背景下，化消极因素为积极因素、化对抗因素为友好因素非同小可，大力发展和加强统一战线工作，至关重要。因此，从主政川北一开始，胡耀邦就把这项工作同政权建设联系在一起，摆上了日程。

早在1950年3月，川北区党委就建立了统战部，胡耀邦亲自兼任部长。他对从事统战工作的干部说，统战部是党委领导下的重要工作部门之一，是党在统一战线方面的参谋部和办事机构，是党外干部的政治部。在他的具体指导之下，各地、市的统战部门也相继建立起来，大部分县委也设立了统战委员。他又从组织上对各级统战工作人员的编制、职责分工、政治面貌等作了明确规定。

对于有些党员干部居功自傲，看不起民主人士，不愿与民主人士交流的状况，胡耀邦严厉批评这些人要成为“孤家寡人”了。他告诫说：“共产党人只能三面威风，不能八面威风。对帝国主义势力、封建势力和反革命分子敢于打击和压制他们，而对其他方面，知识分子、工商界、宗教界、少数民族、民主党派、民主人士等都是统战对象，都要善于同他们协商合作，调动各方面的积极性。”“工农是我们的基础，没有基础不行。但没有朋友也没有力量，基础就不稳固。”他说：“没有群众要孤立，没有朋友也要孤立，我们必须同党外朋友亲密合作，各级政府必须吸收三分之一的党外人士参加工作。”

正是本着这个精神，组建川北行政公署时，在胡耀邦筹划下，29位行署委员中，民主党派和民主人士的代表占15人，超过了二分之一，主要厅、局中，都有民主人士担任厅、局一级的领导职务。起义将领裴昌会任行署副主任，民主同盟成员杨达璋任行署副秘书长，国民党革命委员会负责人龙杰三任行署委员，川北民盟负责人贾子群任教育厅厅长，当地著名工商业资本家奚致和任商业厅厅长，还有一些人任行署委员、参事，在各界任领导职务的民主人士也不在少数。这些民主人士有职、有权、有责，切实感受了共产党对他们的信任和尊重，因而心情舒畅，做出了很好的成绩。

1950年6月，平武县发生了千人暴动，历时二十多天，造成干部和群众五十多人死亡，损失公粮五万余公斤。在平武军民共同围剿下，暴动得以平息。但是由于某些干部没有严格按照党的政策办事，违反了民族政策，致使统战对象发生动摇，群众发动不起来，工作陷入困境。一天，平武县委组织部部长.刘复亮来到南充开会，胡耀邦把他找了去，劈头就问：“你知道党的三大法宝吗?”刘复亮回答：“知道。党的建设、武装斗争、统一战线。”胡耀邦追着问：“你们的统战工作做得怎么样?”刘复亮答：“就我们的水平，觉得还可以。”顿时，胡耀邦神情严肃起来：“还可以，那为什么发生叛乱?你认真考虑考虑，你们的统战工作有没有失误?”接着，胡耀邦又问：“你们地方的枪杆子，哪个势力最大?”刘复亮答：“宋北海，他是江油、彰明、平武、北川、青川山防总队的副总队长。”“这个人怎么样?”刘复亮说：“表现还好，地下党是他保护下来的。”于是胡耀邦神色缓和下来，说：“那好啊。今天跟你商量一件事，给宋北海一个委任状，任命他当副县长，让他带队上山剿匪。马夫、炊事员、通信员、警卫员都给他，行不行?”刘复亮有些为难：“我们说行，群众可能有意见。”胡耀邦说：“群众有意见，你们要做工作嘛! 宋北海在国民党恐怖时期就保护过地下党，他组织有山防队，给他个副县长，怎么不可以?我看他去剿匪，比你派上一个团进山威力还要强，效果还要好。”他又叮嘱：“统战工作，要大胆放手地干，要团结各界民主人士，这个不可靠，那个也不相信，那怎么行?”

刘复亮回到平武向县委汇报后，县委即按胡耀邦的指示，委任宋北海为副县长。果然如胡耀邦所料，宋北海不仅在围剿、瓦解叛乱残匪和其他顽匪的斗争中出了大力，而且影响了一大批民主人士，在促进社会稳定和经济恢复方面发挥了很大作用。

当时有些党外人士，曾经在国民党军政系统中任过职，也有些人属于地主或资本家成分。这些人既有不同程度的劣迹，在不同历史时期里又做过一些好事，像掩护中共地下党员、控制地方武装、组织和平解放，或者在当地兴办学校、资助进步学生等。这些人在后来连续开展的减租退押、清匪反霸、土地改革等运动中，处境被动，一些群众要求揪他们批斗，有些干部也认为只有这样才有利于发动群众，而且对于被批斗者也是一种改造。胡耀邦却很不赞成，认为这样做会给民主人士带来恐慌，影响党同他们的关系，影响合作共事。他说：“接受改造也不能采取那种过火方式嘛! 那样做，解决不了什么问题，还会走向愿望的反面，既把我们本来可以团结的中间力量推到敌人那边去，又不能根本解决思想改造问题。应该采取能使他们自新做人的其他方法改造他们嘛!”一次，南充的工商业者兼地主贾元和为讨好群众，办了几桌酒席请周围的人吃了一顿，当地干部和农民认为这是收买、腐蚀群众，把贾元和一顿批斗。胡耀邦得知后，当天就把一些统战对象请来开会，向大家说明他不主张这样做，要大家不要担心。他当场决定，凡是工商业者兼地主，从今天起一律不准由农民兄弟拉走批斗。参加各项运动的干部要认真掌握这一点，向群众做说服工作。同时，他又亲自找一些上层人士来谈话，要他们正确对待历史问题，好好做出检讨，主动争取群众的谅解。

由于胡耀邦对党外人士关怀备至，相处中襟怀磊落、开诚布公，因而使党外人士都觉得这位年轻的“胡主任”是内外透明的，可以照见肺腑，从而心存感激，对胡耀邦给予他们的开导、规劝以至批评，都心服口服地乐于接受，而不存戒备与芥蒂。正是在这种融洽气氛中，胡耀邦同他们中的许多人结下了友谊，其中他同原国民党军第七兵团司令、后来任行署副主任的裴昌会之间的友谊，就是一段广为流传的佳话。

裴昌会起义后，部队整编完毕，他向西南军政委员会刘伯承主席要求转到地方工作。刘伯承对他说：“你同耀邦同志熟.悉，就到川北工作吧”，接着报请政务院由周恩来总理任命裴昌会为川北行署副主任。胡耀邦得到通知后，立即派区党委统战部副部长兼行署秘书长刘玉衡专程去重庆迎接。裴昌会到来时，住房尚未完工，胡耀邦就把自己的住房腾出一间给他暂住，并嘱咐炊事员多给他做面食。当时普遍实行供给制，胡耀邦考虑到裴昌会旧部多、开支大，特地给他改为工资制。裴昌会接手工作后，胡耀邦热情地向他介绍川北情况，帮助他熟悉地方工作，后来又请他兼任工业厅厅长。有职有权的裴昌会在工作中认真负责，任劳任怨，经常下基层，决心从头学起，成为内行。胡耀邦、赵林、裴昌会每次去重庆出席西南军政委员会的会议，都是同乘一车，同住一处，无话不谈，亲密无间。胡耀邦还鼓励裴昌会经常与各界人士接触，听取他们的真实意见，发挥特殊作用。后来提请国民党革命委员会中央主席李济深批准，由裴昌会负责川北区民革分部的筹建工作。裴昌会也怀着作为朋友的真诚，回报对他的信任，倾全力做好各项工作。其后许多年，胡耀邦已调到北京，裴昌会调到重庆，担任全国人大常委会委员，每次到北京开会，都要去看望胡耀邦，欢叙旧谊。他念念不忘胡耀邦对他讲的话："党对你是负责到底的。"

川北的民主党派，主要是民主同盟、民主建国会和国民党革命委员会。新中国成立初期，这些民主党派的活动处于停滞状态。为使他们的组织重新建立，胡耀邦和川北区党委统战部门付出了大量心血，甚至经历了风波。

川北是民盟中央主席张澜先生的家乡，这里的民盟组织较强，其中不乏名重一方之士，对和平解放川北地区起了相当大的作用。新中国成立后经过整顿，民盟分部希望能够在原来已建有民盟组织的14个县中继续得到发展，民盟中央领导人胡愈之到川北参加土改时，也提出了这个意见。当时中共中央规定，民主党派应集中力量在大、中城市和省会发展，但在某些县城，如民主党派有相当人数和一定骨干，而且主动提出要求发展时，也应允许适当发展。川北区党委认为，在川北一些县里有步骤地适当发展民盟，是符合中共中央精神的。但是中共中央西南局统战部得知后认为这不符合中央规定，还需待"中央决定"，并且在内部《情况反映》中点名通报，说胡耀邦的意见同中央的方针"是有抵触的"。川北区党委统战部准备写信申辩，胡耀邦认为不需要这样做。他说："下面的事不可能件件请示中央来拍板，并且中央对此是有明确政策的。再说还有一个如何结合当地实际情况来贯彻执行的问题，应当允许有各自工作的特色。"他坚定地说：就这样做下去，"如果将来打官司，我自己出马"。根据胡耀邦的意见，在一部分县里发展了民盟组织，后来的事实证明它们发挥了很好的作用。

其后，在胡耀邦关注下，民建和民革组织也逐渐恢复与建立起来。

土地改革完成以后，党内有些人认为统战工作可以减少一些了，党外也有人怀疑"共产党的圈子是不是会一天天变小?"为此，川北区党委在1951年10月再一次召开全区统战工作会议（第一次是在同年3月土改高潮中召开的），进行讨论、部署。胡耀邦在会上详细阐述了党的统一战线政策是长期的，"统一战线什么时候不要了呢?大概是共产党不要了那一天，统一战线就不要了"。这个"长期共存"的思想，在川北党内外的影响至为深广。

五、造就一大批干部

川北的干部队伍中，随军南下的有1680人，最初大县分到二十来人，小县不到十人，不敷需要。这时分布在26个县的中共地下党组织发挥了很大作用。新中国成立前后，中共地下党员通过艰苦的工作，发动各阶层人民起来，配合解放军进城和接管，川北区党委随即在他们中间选拔一千多人参加各级党政工作，又从第61军抽调690多名干部，中共中央西南局又分配来500多人。就是依靠这4000多人的队伍，川北区完成了接管和建立县、区以上新政权的工作。

面对这样一种干部状况，胡耀邦首先强调南下党员和地下党员要加强团结，指出他们的成长经历不同，各有所长所短，必须做到相互学习、相互尊重、密切合作。南下干部大都担任主要职位，更有责任主动地去团结地方干部。对于地下党的主要骨干，胡耀邦都细心安排，也都使之各任其所。在胡耀邦倡导的一视同仁、不分亲疏、充分信任、大胆使用的气氛中，这两部分干部和谐共处，愉快地承担着工作。

川北区党委还邀请各界400多人参加接管和建设工作，同时录用旧职员7000多人。在局势稍定之后，即创办了川北革命大学、川北党校和各种训练班培养干部。在各种运动中，又有一大批工农积极分子和青年知识分子涌现出来，他们中的一部分人也被吸收来参加工作。这样，到1951年年底，全区干部扩展到43000多人，另有乡村干部9万多人，为新川北的建设事业奠定了组织基础和干部基础。

起先川北有许多岗位缺少领导干部，而有些优秀干部却因资格不够而得不到提拔。胡耀邦提出，要让德才兼备的干部从“资格”的“囚笼”里冲出来，大胆选拔、使用新干部。他强调说只重资格是一种腐朽观点，要在思想上来一个革命。他指示《川北日报》发表社论，批判把资格看得比德、才还要重要的观点。他号召各级领导要当“老母鸡”，去耐心地孵“鸡娃子”，如果能当好“老母鸡”，不久就会“鸡娃子”成群满院飞了。新中国成立之初，三台县有个新提拔的文教科科长谭卫根，他在新中国成立前为保护中共地下党曾立下很大功劳。遂宁建立专员公署，调任他作专署文教科科长。胡耀邦听说这个人毕业于北京大学，很有学识，懂交通、土木工程，政治表现也不错，就说：“谭卫根非百里之才，望重一方，行署交通厅需要人负责，应安排到行署工作。”经川北区党委研究，又将谭卫根调川北行署任交通厅厅长。谭卫根“连升三级”，一时传为美谈，使人们切实看到胡耀邦不拘一格提拔和使用人才的决心。

但是这支干部队伍，在新形势、新任务面前，思想作风和工作作风亟待提高。特别是个别新参加工作的干部，由于没有来得及接受严格的培训，旧的思想作风的烙印较深，主观主义、个人主义思想严重，群众反映不好。胡耀邦发现了这些问题，为此他专门给区党委赵林、李登瀛等写了一封信，提出要对干部进行思想作风方面的“深刻的教育”：

由于我们的干部这么新，小资产阶级这么多 (我认为这是主要的)，工作这么忙，“反”的空气这么高 (指各项政治运动。——引者注)，我认为我们必须经常地、仔细地留神下面这些现象：

1. 不严格遵守政策，乱撞乱碰，把事情弄糟弄烂。

2. 不调查，不研究，主观主义，粗枝大叶，是非良莠不分。

3. 强迫命令，急躁从事，脱离群众。

4. 到处惩办，不以教育为主来解决绝大多数的干部的缺点、毛病、错误问题。

5. 闹宗派，互相报复，不求进步，不努力学习。

6. 说假话，把缺点与问题掩饰起来。

我感到我们必须下定决心，用极大的力量准备一个极大的学习运动，学一些理论，学一些政策，学一些思想方法，大大宣传一番正确的作风问题，以便使这么广泛的新干部，对正确的思想作风从而得到一次深刻的教育。

胡耀邦估计，各种思想作风方面问题：一、相当普遍，二、有些地方相当严重，三、个别人、个别地方很严重。1950年6月，在他的主持下，开展了以反对官僚主义、命令主义、统一战线中的关门主义和贪污腐化为内容的整风运动。

胡耀邦首先来到川北军区，参加部队的整风。当时解放军第六十一军兼任川北军区，胡耀邦对老部下怀有深情，他虽然终日忙于党和政府的工作，但作为川北军区的政委，他一直关心着部队建设。8月，军区召开党代会，贯彻整风精神，胡耀邦前来作了一个很有针对性的报告。他明确地说：川北八个月的工作，要数军队功劳最大，大家为人民办了好事，川北人民永远记得。我们共产党员最大的好处，就是：自己吃苦，别人享福，所以才受到人民的尊敬。接着，他一针见血地说，但是，八个月来军区部队有一个缺点是纪律不好，这是不能原谅的，一切理由都不能减轻纪律不好所造成的损失。纪律不好，首先是犯纪律的同志自己要负责，居功，享乐腐化，总之是觉悟不高。其次，才是领导的责任，各级党委的领导在这个问题上不够坚强，个别地方有官僚主义，熟视无睹。纠正的办法是，坚决进行整纪整风。坏思想、坏作风像“孙悟空”，整纪整风，就是给他加一道紧箍咒。

在一次团以上干部会议上，胡耀邦进一步说：从整个部队来看，正风占优势；但是，有歪风，主要是强迫命令、军阀主义和官僚主义歪风。对上级指示不学习、不研究，也不看报纸，你说你的，我干我的，这也是一种歪风。这些歪风，是脱离群众的作风，害人坏事的作风。整风的主要障碍，是党内存在着不重视缺点，对缺点采取掩盖、粉饰的态度。不克服这一障碍，整风就会无结果。整风的一条重要原则，是采取批评、自我批评的方法，教育的方法，而不是采取简单粗暴的组织结论，绝不许可轻易处分人。

地方党政部门的整风开展以后，新、老干部都有些惴惴不安。老干部有老区“左”的“三查”的经历，心有余悸；新干部则怕查成分，追历史，怕暴露缺点、错误，被整掉饭碗。胡耀邦认为，解除这些思想障碍的关键，在于领导带头，作出样子，而不能整下不整上，只整别人，不整自己。他说，务须从上着手，先从上面检查和批评自己，严禁我来整你，然后帮助下面同志反省、检讨。川北区党委也明确指出：“此次必须自上而下，重点整顿领导机关和领导干部、党员和干部。这不仅是因为上述几部分人的带头检查，可以消除广大干部的思想顾虑，引导大家认真总结工作，更重要的是这些人担负着较大较重的担子，他们的作风好坏，将直接影响事业的成败，故整风首先从区党委和行署一级机关开始。”

当川北区党委和行署各部门整风进入总结检查阶段时，胡耀邦在区党委扩大会议上首先作了自我批评。他说，前段工作，成绩是主要的。“但有缺点，重大的缺点”，例如，对任务从整个过程看还抓得不紧；征粮工作中间紧、两头松，具体指导不够；在发动群众上具体办法少，督促不够；等等。在胡耀邦等领导干部带动下，各级、各部门自上而下总结工作，听取下面的意见和批评，加上胡耀邦一再告诫不可简单粗暴，不可轻易处分人，所以干部们情绪稳定，对缺点、错误不掩饰、不护短，实事求是地作好个人总结，都觉得收获很大。

整风后期，在胡耀邦倡导下，全区普遍开展了“评功检过”活动。胡耀邦在不同场合多次讲：“川北工作要有奖有罚。”“党内务必有是非，故需严明赏罚。”“评功”是自下而上，充分肯定成绩；“检过”是自上而下，作检讨、受处罚。他指出，无论是评功还是检过，最主要的是弄通思想，务求思想上得到提高。特别是对新干部，他们参加革命不久，工作经验不足，有这样那样的缺点、失误是不可避免的。对他们功过的评定不能同党员和老干部用一个标准去衡量。对他们的进步和提高，也不能指望在一次整风中去完成，需要经过长期的教育和在工作中磨炼。他一再讲，对大多数干部要从政治上、思想上、生活上关心爱护，而在-处理上，则要十分谨慎，“只准对极少数太不像话，不能救药者才处分，并需要经过批准”。

这次整风，无论在部队，还是在地方，都有效地提高了干部的思想觉悟和战斗力，同时也纯洁了干部队伍，为开拓川北工作创造了条件。

六、剿匪、“镇反”严格掌握政策

进入1950年以后，川区党委根据中共中央西南局和西南军政委员会的指示，结合本地实际情况，部署了征粮和剿匪两大任务。这是直接关系到建立和巩固人民政权的两件大事。

对于川北地区匪特猖獗的形势，胡耀邦早已心中有数。在国民党溃败之前，伪“国防部二厅”、“保密局”和“内调局”都在此地做过潜伏布置：有所谓“巴山防线”的军事设防和情报网，有所谓华蓥山和大巴山的“游击根据地”；特务头子廖宗泽、杨元森等曾率特务武装来川北活动；伪党团和中统特务系统也普遍做过“应变布置”；胡宗南和孙震等敌军溃经川北时，除遗留下大批散兵游勇外，也布置了“地下军”；新中国成立后，一些外地匪特又窜来活动，恶霸地主和旧乡保甲长以及封建会道门也蠢蠢欲动。就是说，川北的反革命势力是由特务、惯匪匪首、恶霸、反动党团骨干和反动会道门头子五部分组成，据估算共八万多人。匪特们组织武装暴动，杀害干部，抢劫军车、商车，烧毁公私建筑物和仓库，气焰极为嚣张。

在开展征粮工作之后，匪患就更加严重。掌握足够的粮食，直接关系着支援前线、稳定物价、安定社会，是巩固新生政权必不可少的条件。但是征粮工作刚刚铺开，相互勾结的土匪和地主封建势力就大肆破坏。他们造谣惑众，煽动抗粮、抢粮、烧粮，破坏交通，杀害征粮工作人员，以致人心惶惶，社会不得安宁。这样，剿匪肃特就成为刻不容缓的重大任务。

任务主要由第六十一军承担。2月初，部队投入战斗，剿匪工作全面展开，使匪特受到一定打击。但是打惯了大仗的指战员们认为小小土匪不堪一击，对剿匪肃特的复杂性和艰巨性认识不足，作战时又采取打大仗的办法对付分散隐蔽的敌人，并且忽视了发动群众和政治瓦解，所以虽然把敌人打得团团转，到处跑，但是歼灭不多，成效不大，匪特气焰仍很嚣张，甚至有的部队还遭到匪特的袭击和围攻。

为了加强对剿匪工作的领导，4月间，成立了以川北军区司令员韦杰、政委胡耀邦为正、副主任的川北剿匪委员会。委员会首先召开团以上干部会议，总结剿匪经验教训。胡耀邦来到会上，就全面贯彻剿匪方针和克服轻敌麻痹思想问题发表了讲话。他说，敌人已施行造谣、暴动、抢人、分散、隐蔽、躲藏、假投降、假悔过、放火等，还将要放毒、暗杀、潜入内部、挑拨离间、耍美人计等。我们要准备对付敌人的“三十六计”和“七十二变”。他强调说，要充分、全面贯彻剿匪方针，要将英勇顽强的斗志与机动灵活的战术相结合；党委、政府、军队和群众相结合；宽大与镇压相结合；军事打击与政治瓦解相结合；发动群众与控制乡保甲相结合。要彻底歼灭匪特，还要挖掉匪根，否则就会时起时伏，我来彼散，我走彼起。挖匪根就是要挖出不上阵的指挥官、惯匪头子，以及幕后操纵者、出主意出钱财者。过去前一类抓得多，后一类抓得少。今后要坚决抓后一类，并须严办。要彻底歼灭匪特、挖掉匪根，更要发动和依靠群众，组织农会，实行减租减税，实行土地改革。真正把群众发动起来，团结在我们周围，股匪是可以肃清的，争取9月以前消灭川北地区匪特的目标是可以实现的。

这次讲话有效地克服了干部们的轻敌思想，提高了对全面贯彻剿匪方针的认识。他们按照剿匪委员会的部署，普遍把发动群众放在首要位置，剿匪部队各团都成立了百人以上的群众工作队，连队普遍建立了群众工作组，结合军事清剿，召开各界代表大会和群众大会，宣布剿匪的方针、政策，同时组织农会和农民自卫队。这立即收到显著效果。早已对匪特切齿痛恨的群众，一经发动，便纷纷举报匪情，提供线索，还自动设立盘查哨，四处堵截追捕。通江县大恶霸杨晶恩等在新中国成立前曾杀害红军家属150多人，新中国成立后上山为匪。此时有240多名自卫队员到几十公里不见人烟的深山老林里搜捕，他们埋伏三天三夜，终于从峭壁的石洞里将杨晶恩捕获。

蓬安县自卫队张月阶等三人为捉拿匪首伍曾生等，不分昼夜追到重庆，经过二十多天的搜捕，终于将伍曾生捉拿归案。群众中的这些剿匪事迹，使胡耀邦深为感动，后来他在一封谈文艺创作问题的信里曾举了许多事例："如广元，有捉住匪首滚岩与匪首同归于尽的李登燕；如

万源，有深入匪境、瓦解土匪一千余名的张云凤；如苍溪，有放火烧掉自己房子，帮助军队击毙匪首的陶老太婆"等。他说："他们不愧为新川北的主人，是真正的新人，也是'最可爱的人'。"他号召一切文艺工作者应表现这些"英雄人物和英雄事迹"，以"鼓舞人民群众的战斗意志，指明人民群众的斗争方向"。

部队军事清剿的战术也越打越精了，有的采取伏击和袭击相结合、赶鱼入网的战术，歼灭了行为狡猾、一触即逃的股匪；有的采取一点扑空、四处搜索，一点击准、数路包围的战术，将股匪全歼。部队还乘势召开匪属座谈会，动员他们劝降，同时出布告，撒传单，广泛发动政治攻势。这种军民合作结成的天罗地网，使匪特感到走投无路，内部动摇分化，以至于纷纷投降自首。"反共救国军"及其第七师师长鲜致祥就是看到无路可逃，只得自动投案的。经过持续进剿，到8月底，共歼灭股匪73000多人，其中政治瓦解24000多人，粉碎了匪特企图在营山、江油、盐亭、射洪、蓬安、南充等地发动暴动的阴谋，比原计划提前一个月消灭了股匪，从而安定了社会秩序，保证了征粮工作顺利完成。

其后，结合减租退押和土地改革，按照中共中央统一部署，进一步开展了镇压反革命运动。

在剿匪和"镇反"过程中，胡耀邦始终全神贯注地关注着运动的进展，严格把握政策。

1950年5月5日，就在部队以强大攻势进剿匪特之时，南充县发生了反革命暴乱，匪徒们围攻当地党政机关，残酷地杀害党政干部和群众。5月7日夜，川北行署大院内的行署职员宿舍被人纵火。正在重庆开会的胡耀邦连夜赶回南充，主持紧急会议部署破案。经过缜密侦察，很快查清这两起事件都是"国民党救民义军川北总司令"胡伯洲策动的。胡伯洲纠集了三千多名匪特，准备制造一连串事件。经过军民奋力协作，很快将胡伯洲以及二百四十多名暴乱骨干分子抓获，收缴了各类枪支一千五百多枝。对这帮罪大恶极的匪特，群众和干部痛恨至极，纷纷要求将他们全部杀掉。面对人们的激愤情绪，胡耀邦向干部们说，越是在这种时候，越要把稳政策，分清主次，而不能感情用事。他说，剿匪不能不杀人，但杀人一定要做到一是"杀得其人"，即杀那些确实该杀、非杀不可的人，特别是幕后主谋，像胡伯洲这样的人；二是要"杀得其法"，经过一定机关批准，进行公审判决。遵照胡耀邦的指示，最后，经过万人公审大会：处决了胡伯洲等四名要犯，其余一律不杀。这些被分别处置、得免一死的匪徒对人民政府的宽大处理十分感激，有的还主动立功赎罪。从1951年2月开展起来的镇压反革命运动，是前一时期剿匪反特斗争的继续。由于这次运动是由中共中央统一发动和领导的，所以声势更为强大。而此时土地改革运动也正在同步进行。被这些惊心动魄的运动发动起来的广大群众斗争情绪异常高涨，基层干部也被这种形势所激动。因此，胡耀邦更为密切地关注着运动发展中的各种动向，及时发现问题，及时提出指导性意见。4月间，他看到川北公安厅一份简报，其中说：单是放毒者，就已经查出126名。他沉思良久，拿起笔来批道："这其中的许多情况，我不相信，特别是所谓126名放毒者，我敢说肯定有错，通报如不实事求是弄清楚再发，有害无利，只有造成下面惊慌失措。现在已有此现象，望注意。切勿因此造成夸大敌情、盲目从事之危险。"随着运动的发展，他发现有杀人渐多的倾向，于是他在川北区党委会议上严肃指出："可以不杀，以不杀为有利，可以不杀而杀，对我们没有利。"经过对情况的仔细分析、研究，不久他给川北公安厅作了一个更重要的批示："从广元、蓬安、南充市三处我最近所阅看的材料中，我确认为我们现在在彻底镇反中出现一种过左情绪。

似乎有些同志是为了彻底而用彻底的办法搞彻底，有些同志似乎并没有了解我们是为了人民最大的最长远的利益而镇反，还有些同志对特务界限并不明确，还有些同志对中央……的捕杀原则并没有真正了解，还有一些同志量刑时又忘记了某些罪犯是否立了功。我相当担心这件事。无论如何，要请你们及时了解情况，严防偏差，如果一出偏差，那我们就无法挽救了。”

为了总结前一段“镇反”的经验教训，1951年5月，胡耀邦主持召开了区党委扩大会议和公安厅、局长会议。会上，他对一系列政策界限问题作了明确指示。

在提醒大家“肃清反革命是一个长期的严重的斗争，不容许在获得重大胜利之后就产生新的轻敌麻痹思想”之后，胡耀邦指出：“必须十分谨慎地区别反革命的界限，绝不可把普通有劣迹的分子、一般反动党团分子、一般封建会道门分子、落后分子、一般违法分子与反革命分子相混淆；对于这些分子，虽然也应以适当方法施行争取教育改造，但与对待反革命分子是有原则区别的。这个界限，我们历来就是划清了的，今后要更加审慎，务求不错捉和错办一个人。”在量刑问题上，胡耀邦指出：“必须分别其罪恶之大小，对人民危害程度，分别治以应得之罪。对其中罪大恶极，人人痛恨者，应处以极刑；对罪不至死或可以不杀的分子，则处无期或有期徒刑，这也是必须坚持的；至于自动向人民政府真诚自首悔过立功赎罪分子，或被反革命胁迫欺骗非自愿之分子，或解放前反革命罪行并不重大而解放后又确已悔过、与反革命组织断绝关系者，均应结合着宽大，分别不同情况从轻处刑、减轻刑罚或免予处刑，给予政治上重新做人的出路。”对于批捕程序，他也作了明确规定：“为了更加审慎地镇压反革命，手续应更加严格。除了对现行反革命凶犯（放火、放毒、杀害、叛乱等）人人皆有权及时予以逮捕送交人民政府审讯外，捕人权属县以上人民政府。区以下的人民团体（包括农民协会），除有权收集罪证，向政府控告或告密外，均无擅自捕人之权。对于反革命分子的徒刑的判决，应经由专署以上人民政府批准，死刑的判决，应由本署主任批准，务须防止一切无纪律现象的发生。”

为了帮助干部们准确地掌握政策界限，胡耀邦还具体分析了一个典型，以作示范。当时蓬溪县上报，准备把一个叫做刘振海的人划为反革命分子。刘振海于1946年以前在国民党部队里当过排长，有偷东西、奸淫妇女行为。1946年以后他参加了解放军，当时就曾把他当做特务抓起来，后因证据不足又放出来。后来他当看守所所长时又曾奸污妇女。就这么一个人，算不算“反革命”？胡耀邦写道：“此人在1946年以前是个兵痞，还够不上反革命分子。他1946年后即参加我军，一直到现在，基本上是做革命工作，而且做了五年革命工作了。如果我们现在又把他当反革命分子办，岂不有点冤枉。但因为这几年流氓性未改，所以无政府、无纪律，特别是当看守所所长搞女人，这是政治原则错误，但不要与反革命分子混为一谈。”“因而，把他当反革命是不对的，错误的，但因为（他）犯了无政府、无纪律、违法乱纪等政治错误，流氓性很大，应受较严格的处分。如果因为他错误大，要关他年把禁闭，实行劳改，我也同意。但绝不可把他当作反革命分子，和什么混入的内奸分子。”他还特地关照说：“此案还可以大大教育干部，请你们仔细一阅并进行讨论研究，如有不同意见，请告我。”

到1952年4月，川北全区各类反革命分子基本肃清，没有出现大的政策偏差，从而使社会稳定、政权巩固的大势得到切实保证。

七、“土改发展正常，甚慰”

几乎与“镇反”运动同时，1951年2月起，农村土地改革运动也在轰轰烈烈地展开。

在农村实行土地改革，废除封建剥削制度，是解放广大农民群众、发展生产力、实现现代化的必要条件。1950年3月，西南军政委员会召开了有关西南地区土地改革的会议。邓小平鉴于西南地区解放不久，大量敌对势力还在活动滋扰，形势还较动荡，所以灵活地提出暂不进行土改，而先实行减租。作为西南军政委员会委员，胡耀邦参加了这次会议，参与了制定《西南地区减租退押条例》的工作。一年之后，川北地区经过剿匪肃特、减租退押，贫雇农普遍发动起来，农民协会、农民自卫武装已经建立，旧的保甲制度已经废除，实行土地改革的时机已经成熟。于是，从1951年开始了土地改革。

川北的土地改革，是完全按照中央颁布的《土地改革法》和《关于划分阶级成分的决定》进行的。中共中央根据新的历史条件，对在战争年代里实行的土改政策有所调整，其中重要的是保存富农经济，中立富农，更好地保护中农和小土地出租者，以便孤立地主，有秩序地实现土改，以更有利于发展生产。川北区党委又根据本地的实际情况，制定了《川北土地改革实施细则》，以保证中共中央方针、政策的贯彻执行。

1951年2月，川北区土地改革试点工作在巴中县恩阳乡正式展开。恩阳乡是巴中县城的门户，川北交通要道，信息灵通。这里的阶级关系、社会环境都比较典型，在这里试点，较有普遍意义。当然正因为是试点，也格外引起社会各界的关注，试点工作的好坏，关系重大。所以，胡耀邦也非常重视这一试点工作。

开头阶段，一些土改干部面对复杂的阶级关系不知从何下手，有的人甚至同地主、富农吃吃喝喝，收受他们的贿赂。各种敌对势力也竭力破坏、阻挠，甚至武装袭击恩阳区公所。一时之间，试点工作受到多方面的干扰和阻力。

3月中旬一个傍晚，胡耀邦专程来到恩阳乡。一见到土改工作团团长，他就尖锐地说："我一到此地，见到你们这里一片和平的气氛，好像你们在搞和平土改呀。"他立即召开了工作团小组长以上干部会议，在听取了汇报和问清楚工作详情以后，语重心长地对大家说："恩阳乡土改试点工作，是川北人民最关心的一件大事，你们要尽一切力量，一定要搞好、搞彻底，川北人民正在等待着你们，注视着你们。"接着，他提出了打开局面必须抓好的几个环节。巴中县委、县政府同土改工作团密切配合，根据胡耀邦的指示，立即组织土改工作人员认真学习领会土改路线的要求，加强思想建设；召开群众大会，宣讲土改政策，组织忆苦思甜，激发群众的阶级觉悟；把钻入农民协会的坏分子清理出去，整顿农会组织；对一些意志薄弱、违法乱纪的土改工作人员，根据情节轻重，给予处分；对罪大恶极、民愤极大的地主、恶霸、反革命分子坚决镇压。经过扎扎实实的工作，很快发动了群众，打开了局面。恩阳的试点，为其他地区提供了经验。

此时，川北已集中土改干部数万名，还有从中央和西南局来的土改工作团近千人。于是成立了川北土改工作总团，胡耀邦兼任总团长。他向全体土改工作队员着力强调：在自身学好土改总路线、总方针和一系列政策的基础上，要大张旗鼓地进行宣传，将土改的目的、任务、步骤、方法、依靠谁、团结谁，这些原则性问题，具体切实地传达给群众，要做到人人皆知、家喻户晓。对地主、富农，也要让他们懂得政策，要守法不要违法。胡耀邦强调的另一点，就是必须紧紧依靠贫雇农。恩阳试点里曾有一种状况，就是不少干部对依靠贫雇农的重要性还不甚了解，有些人甚至看不起贫雇农，认为他们"落后""不好发动"。因此，胡耀邦反复强调："群众、特别是贫雇农，真正发动起来了，地主阶级真正打倒了，是土改好坏的基本标准。""依靠和发动贫雇农是土改斗争的关键。"后来，以川北区党委名义发出的指导土改的第一、二、三号指示，也都指出发动和依靠贫雇农是土改"最基本的关键"。

各土改县遵照川北区党委和胡耀邦的指示，召开了22天的扩大会议，训练干部。会上除了进行土改路线、方针教育和强化对贫雇农的认识外，还对前一时期减租退押中贫雇农的发动程度作了实事求是的分析。大家看到，减租退押中虽然也强调了贫雇农的领导地位，但由于那次运动本身的局限性，中农得利最大，政治兴趣也高。加之当时没有严格划分农民内部成分，以致除少数地方确为贫雇农民领导和极少数地方仍为封建势力所把持外，大多数实际上是中农当权。通过分析、学习，干部们认识到这样的阶级状况很难适应土改斗争需要，非继续深入发动贫雇农不可。

干部思想认识的提高，大大加快了宣传政策和发动群众两项工作的进程，广大贫雇农踊跃行动起来了。

1950年6月，中央人民政府颁布了《中华人民共和国土地改革法》。那时候川北地区还没有实行土地改革，但许多地主已看到自己的财产即将不保。在那之后的一年多时间里，他们分散、盗卖、隐藏甚至烧毁粮食，破坏农具，砍伐林木，拆卖房屋，杀害或饿死耕牛，以至抽屋夺佃，造成很大破坏和损失。所以第一期土改一开始，就开展了反破坏、反分散、反隐瞒的斗争。第二期土改以前，胡耀邦、赵林等系统总结了第一期土改中反违法斗争的经验教训，指出了反违法斗争是土改斗争的中心环节，是从政治上打掉地主威风、搞垮封建经济、适当解决贫雇农生产困难的必然过程。这种斗争必须贯穿在土改运动的每个阶段。在胡耀邦指导下，川北区党委作出了《正确开展惩治不法地主斗争的几项规定》，进一步阐述了斗争的性质、必要性和重要性。《规定》明确指出对这场斗争不能单纯从经济上着眼，更应着重于政治。对于斗争的范围、界限、做法，其中也作出了具体规定，并特别指出：反违法斗争只惩治违法者，守法地主不予惩罚；赔偿面要宽些，但要近于实际，判罚面要窄些，要经过法庭判决；赔偿量要留下一定比例，使违法地主有生活出路；那种“要钱无底”、“越交得快，越罚得多”的做法，都是不对的。胡耀邦还特别提出，对历史上虽有罪恶，但新中国成立前后有出力、立功表现的头面人物，要“保护过关”，已移居城里的地主，不允许农民进城抓人，由领导出面调解并对农民进行说服。对于任行署委员或协商委员会委员的，则实行硬性保护，甚至由行署借钱给他们向农民退赔。

这些做法，都获得了农民的赞许和认可，从当时和长远来看，这样做都有利于社会的稳定和发展。

1951年12月上旬，第三期土改铺开。川北区党委鉴于第一、第二期土改中还有百分之二十左右的落后村，存在着严重问题；即使一般或较好的村，也有不同程度的遗留问题，因此决定在业已完成土改的20个县开展复查工作。复查的范围是：清查漏网反革命分子；斗倒继续作恶的不法地主；纯洁和加强农村组织；修订敌我间划颠倒了的成分；彻底处理未分完的胜利果实；处理尚未处理的山林问题；调整区、乡；填发土地证。复查的重点是落后乡村。为了安定各阶层情绪，促进生产的发展，对一般和较好的乡村，不开展大规模的群众斗争。川北区党委指出，复查的原则是：“团结内部，刀锋对敌，有利生产。”

在指导全部三期的土改运动过程中，胡耀邦始终全神贯注，兢兢业业。在土改的同时，还有镇压反革命运动和抗美援朝战争也在进行，即20世纪50年代初期的“三大运动”，任务极其繁重，政策性极强。胡耀邦几乎是在夜以继日地工作。他在重大问题上同区党委反复商量，同时也不辞辛苦地深入各县、乡检查指导，工作中他既大刀阔斧又认真细致，使各项政策都得到较好的落实。

1952年4月，川北地区土改工作全部完成，全区共没收、征收土地964万亩，占总耕地的39.4%；占全区农村人口56%的无地、少地农民，分得了这些土地和一部分生产资料。封建剥削制度的消灭，给川北带来了前所未有的欢乐、兴旺景象，广大农民的政治、生产积极性空前高涨。在保家卫国的号召下，四万多翻身青年农民踊跃参加中国人民志愿军，奔赴抗美援朝前线，他们中出现了黄继光那样的英雄人物。

对川北地区的土改，中共中央西南局作了肯定的评价。西南局在接到川北区党委关于土改情况的报告后复电说：“你区土改发展正常，甚慰。你们的各项处置均属妥当。”中央土改参观团也来到巴中，特地总结了当地的土改经验。

为庆祝土改的胜利，土改总团送给每个土改干部一本纪念册，胡耀邦为纪念册题了词：“每个革命干部都应牢记毛主席这四句话：完成任务，坚持政策，调查研究，实事求是。”

这既是对干部的要求与期望，也可以看做是胡耀邦的自勉与自律。胡耀邦也正是以这样的姿态和风格，迎接着随后到来的“三反”、“五反”等一系列运动。

八、“三反”“五反”在于改造社会、移风易俗

1951年年底，中共中央鉴于干部队伍中出现严重贪污蜕化现象，在全国范围内发动了反贪污、反浪费、反官僚主义的“三反”运动。12月8日，毛泽东为中央起草了《关于三反斗争必须大张旗鼓进行的电报》，强调“应把反贪污、反浪费、反官僚主义的斗争看作如同镇压反革命的斗争一样的重要，一样的发动广大群众包括民主党派及社会各界人士去进行”。“三反”运动开展不久，就发现一些重大贪污案件的共同特点，是私商和蜕化分子相勾结，共同盗窃国家财产。私商对干部的引诱、侵袭几乎无孔不入，他们甚至把伪劣产品提供给抗美援朝前线。1952年1月26日，毛泽东又为中央起草了《关于首先在大中城市开展五反斗争的指示》，号召“在全国一切城市，首先在大城市及中等城市中，依靠工人阶级，团结守法的资产阶级及其他市民，向着违法的资产阶级开展一个大规模的坚决的彻底的反对行贿、反对偷税漏税、反对盗窃国家财产、反对偷工减料和反对盗窃经济情报的斗争，以配合党政军民内部的反对贪污、反对浪费、反对官僚主义的斗争”。这样，一场震撼人心的“三反”“五反”运动，就开展起来了。

川北地区就是按照中央部署，适时地开展了“三反”“五反”运动。已经从土改、“镇反”等大规模群众运动中吸取了丰富经验的胡耀邦，本着一贯的审慎态度，关注着运动的每一步发展，认真掌握着政策。

胡耀邦特别注意从更深层次上理解这两个运动的意义，他认为这样的运动的终极目的，在于推动社会的前进。因此，当1952年年初部署运动的时候，他就引导干部把眼光放得远一些，而不要斤斤计较于眼前的功利。他说：“‘三反’运动不单是清经济问题，它的目的是改造社会，移风易俗，教育干部为政清廉、全心全意为人民服务，推动各项事业向前发展，我们一定不能忽略这一点。”“‘五反’运动主要是揭露资产阶级向党和政府猖獗进攻的各种阴谋，配合‘三反’运动，肃清经济内奸和坐探分子，提高干部的阶级斗争觉悟，巩固国营经济的领导地位。并在这一运动中，划清劳资界限，进一步组织和发动工人阶级，所以，‘五反’运动实际上是城市的民主改革运动。”

“三反”运动很快进入“打虎”即斗争贪污分子阶段。胡耀邦深知，一场运动发动起来，开头容易出现“左”的倾向，会有些过火行为，所以他及时提醒大家：“我们什么时候都不能忘记党的政策和实事求是作风。”他密切关注运动的发展，一方面随时纠正那些不符合政策的做法，一方面研究那些带倾向性的情况和问题。

由于运动发展迅速，一些单位虽揭出了“老虎”，但材料并不充分，于是硬追死逼，甚至施以变相肉刑。胡耀邦、赵林等领导人发现后立即指出：“逼供信要避免，防止假老虎，要谈具体事实。”在2月6日至9日的四天内，川北区党委连续三次发出指示，指出证据是降“虎”最有力的武器，要求各地把斗智、斗理、斗法和斗据很好地结合起来，重证据而不单纯重口供。

为了掌握真实情况，胡耀邦不断派出干部到基层单位作实地调查。他把各地纷纷上报的反出了多少贪污分子和贪污金额的材料，同经过调查掌握的第一手材料两相对照，综合分析，发现这里面有不小出入，打出的一批“老虎”中有些并非真正的“老虎”。于是他在一份调查报告上鲜明地指出：“目前‘三反’的基本情况和特点是，两种情况同时并存：一是老虎还打得不彻底，一是已有一批假老虎（而不是一两只）。目前我们的指导方针就一定要注意两方面，否则不利。”他还指出：“我们相信数字，又不能轻信数字，要对情况作深入分析，掌握运动事实情况。”他疾呼：“应该是我们更加清醒的时候了。”3月，运动进入“打虎”高潮。胡耀邦昼夜思虑，从3月1日到6日六天时间里，五次向川北区各地领导干部打招呼：“每一个新问题、新步骤，要精细地思考成熟，不要过于慌忙。”“凡属社会上，干部群众中实际上不赞同的事就不可做，这里不可完全听信勇敢分子的话。”如果有打错了的，“在的确错了之后，平反得早好不好?好！可以使好同志不受委屈，使大家心服”。他还再一次要求川北区各地党委书记要亲自领导，精心指导运动。

一天，有几个办案人员到川北行署来，报告有个基建单位的经营人员贪污几千吨石灰。胡耀邦疑惑地问他们：这个单位建房一共用了多少石灰?这些石灰堆放在哪里，你们调查过吗?几个人都回答不上来。他又问其中一名负责人：“你知道吗?”回答说：“没有去看过，只是材料上反映的。”几个人都有些紧张。胡耀邦没有批评他们，只是要他们回去再好好深入调查，情况弄清楚再讨论。几天之后，他们又来汇报说，经过实地调查，那里建房总共才用了几百吨石灰，贪污几千吨的事是不实的，并且作了检讨。胡耀邦耐心地对他们说：“遇事必须实地调查研究，不能凭道听途说或者书面材料去下结论，这样很危险，给革命和建设事业带来的只会是损失、是灾难。这必须引起我们每个党员干部的高度重视。在行动中要深入实际，认真贯彻党的实事求是的作风，大家在今后的工作中要吸取这次的教训。”

根据上报材料，川北全区共统计出贪污在1000万元（合现行人民币l000元）以上的有四千多人。胡耀邦怀疑这个数字的可靠性，派人到各地去检查。经过反复逐个核实，最后落实为二千人，使一大批无辜者得到解脱。

在“五反”运动开始和进行当中，工商界情绪紧张，思想也较为混乱。一些人认为：“‘五反’是政府要搞资本家的钱”，“政府口头说要保护工商业，实际是要没收我们财产，搞垮我们，‘五反’就是一个重要步骤”等等。他们普遍担心被划为“违法户”，怕退财补税过重，负担不起，怕挨了斗以后在工人面前无法抬头……

胡耀邦在实地调查中了解到这些情况，十分重视，迅即指示有关部门要搞好政策宣传和思想工作。在川北区党委统战部召开的工商等各界代表座谈会上，胡耀邦讲话时明确告诉大家：“‘五反’的目的是使工商界能守法，按照《共同纲领》的规定搞好自己的生产和经营。‘五反’的政策，仍然是坚决保护正当的工商业生产。但对那些知法犯法的，不管以前、现在、将来，都是要反对的，绝不含糊。”对于大家提出的一政策方面的问题，他一一做了回答和阐释，他说：“退补罚款，能够很快缴清又不影响营业的应一次缴清，实在有困难的，可分期补缴。税收要合情合理，合乎中央的税收政策。缺少资金的，国家可以贷款。劳资两利的原则不变。关于违法户与治安的关系，没有判刑的违法户，公安系统不能剥夺他们的权利。”胡耀邦还掷地有声地说：“人民政府对工商界有三条保证：一、合情合理严肃谨慎地结束‘五反’，并适当解决‘五反’后工商界的实际困难。二、今后工商界的朋友，只要能够做到‘严格守法，大胆经营’，政府一定坚决保护，坚决团结。三、任何一个人，在发展生产上、经营上、在工商业工作上有了成绩，对国家有功劳，人民政府是不会忘记的。”

由于严格把握政策，所以“五反”运动发展较为平稳，大多数有违法行为的工商户交代了问题，作了检讨，许多人获得了工人群众的谅解。

1952年端午节，“五反”运动已经接近尾声。上午，胡耀邦召集工商联委员到川北行署开会。委员们到会后，胡耀邦一一点名，只差南充市工商联主任林全九和一位副主任未到。

“林全九呢?”胡耀邦问。

“他还在川北大旅社交代问题。”有人回答。

“哎，运动都基本上结束了，他还有哪些大不了的问题要交代呢?快去叫他来开会。”

不多久，林全九和那位副主任相继赶到。见人到齐了，胡耀邦笑着对大家说：“今天请你们来是为了给大家散散心。今天下午大家到嘉陵江去看划龙舟，热闹一下，庆祝‘五反’取得的胜利，让‘五反’在欢乐的气氛中结束。”

听了这样的安排，委员们兴高采烈，运动中受了冲击的委员也一扫郁闷紧张的心情，精神为之一振。

“‘五反’运动虽然胜利结束了，但有些糊涂观念和错误认识还需要澄清。”胡耀邦接着说。在对这些糊涂观念和错误认识讲清了道理、交代了政策之后，他又一次强调了“严格守法，大胆经营”。他说：“毛主席说过，凡是对人民做了好事的，人民是永远不会忘记的。你们也是一样，只要对国家作出了贡献，政府就不会忘记，我们说话是算数的。”

话一讲完，全场就响起了热烈掌声。

下午，嘉陵江上龙舟竞渡，锣鼓喧天。胡耀邦和行署领导同工商界人士以及南充人民共同欢度佳节，用这种特殊的方式，庆祝“五反”运动的胜利。

九、“恢复和发展生产永远是第一位的"

一个接连一个的民主改革运动情况错综复杂，问题千头万绪，需要付出极大的精力和智力。这一时期胡耀邦昼夜工作，真可谓朝乾夕惕。但是就在最繁忙的时刻，他也从来没有忽视过恢复和发展生产，而是一直抓紧经济建设，正确处理了民主改革和发展生产的关系。

到任不久，他就兼任川北行署财经委员会主任。在理清川北施政方针的思路之后，他立即主持召开有各地、县税务、贸易部门干部参加的财经会议，通过了保证国家公粮、税收、整编等三个决议。这次会议使川北区财政工作从思想、政策统一，进一步达到了业务、制度统一。以后，他又多次主持召开全区经济工作会议，确定了一系列有关经济建设的方针、政策。平时，他主持财经委员会的工作，每一项重要经济工作的决策，都要同委员会组成人员和专家讨论研究，然后亲自布置、动员落实。他常说，革命的最终目的，就是发展生产力，也只有发展生产才能保证改革的最终完成。哪个对建设、工商不感兴趣，那就是对社会主义没有感情。

1951年春耕季节，川北全区土改正值高潮，农民群众的注意力都在土改上。胡耀邦看到了有因运动而耽误生产的危险，因此由行署向各级政府、各土改工作团、各地农民发出了《大力领导春耕生产十项命令》，其中包括：一切工作必须围绕春耕生产进行；已土改地区务必于春耕以前把土地分配完毕，把可以推后解决的问题放到春耕以后解决，保证农民已经分得的土地财产不受侵犯；尚未土改地区应巩固减租退押成果，保证佃权，保证不荒芜一寸土地，谁种谁收；允许富农经济发展，严格保护中农；提倡农村借贷自由，有借有还；对缺少劳动力的烈、军属组织好代耕工作；督促地主、游民、懒汉参加生产；发生灾荒地区，抢收早熟作物度荒自救；县、区、乡三级组织农业生产委员会，统一领导春耕事宜。由于做到未雨绸缪，所以没有贻误农时，基本保证了在土地改革中农业生产的正常进行。

川北属于丘陵和山区交错的地区，农业生产长期处于落后状态。1951年春夏之间，全区大部分县发生旱灾，有些县又加上风、雹、虫害，灾情严重。7月7日，胡耀邦召开行署紧急行政会议，安排全面抗灾工作。这次会议决定，一切灾区，无论是已土改区、正土改区或未土改区，毫无例外，都要以发动和领导群众抗灾为最中心任务。土改因此不能按期完成的，可以推迟。会议强调要发动男女老少一起动手，树立战胜灾害的信念。行署并且拨出专款和救济粮，赈济受灾严重的农民。经过群众性的抗灾自救，各地驻军的协助配合，再加上后来普降喜雨；1951年仍获得较好的农业收成。同1949年相比，粮食增产132%，棉花增产150%，蚕丝增产120%，为川北农业发展开拓了良好前景。

在土地改革完成以后，川北经济如何发展，以适应全国大规模工业建设的形势，是一个紧迫的现实问题。胡耀邦在反复调查研究之后，确认川北的农业既然占全区生产总值的85%，当然还是应该以农业为主。1951年下半年，胡耀邦及时向川北各级党政领导提出了“有计划、有预见地领导农业生产的发展”方针。他说：“现在，我们已有了全国政权，有了规模宏大的工业原料的需求，有了广阔的国内市场。这个重大情况的变化，一方面给我区农业潜藏力以充分发展的可能，另一方面，又需要我们在因地制宜的基础上，配合着整个情况的需要更有计划更有预见地领导。”从而，他响亮提出了发展农业的“四大”口号，即：大量发展蚕丝棉麻；大力提高粮食生产；大规模地植树造林，多种桐树，多种果木；大量繁殖畜牧，多喂猪，多养牛羊，多喂鸡鸭。这些号召，由于切实符合农民群众的愿望，所以得到热烈响应，没过多久，就大见起色，广大农村出现了粮棉遍地、牛羊盈野的喜人景象。胡耀邦认真总结了这“四大”的成功经验，掌握了它们的普遍性和规律性。20世纪60年代初，他在下放到湖南湘潭地区任地委书记时，又在湘潭推广了这“四大”，同样收到了很好的效果。

胡耀邦一面大抓农业生产，一面又苦心谋划发展交通运输问题。“要致富，先修路”的迫切性，他自然看得很清楚。农民虽然有了粮棉，但积存在家里，还是富不起来。农副产品必须卖得出去，工农业产品的“剪刀差”要缩小，使各项产品得以流通，这就非发展交通运输事业不可。胡耀邦同区党委一班人根据川北人多、劳动力充足的条件，决定给民工一定报酬，发动群众修路、护路。这样，除采取以工代赈办法整修了国民党军队溃败时破坏的公路外，还修成了从南充经蓬安到营山、阆中到苍溪、巴中到南江的沙河这三条公路共168公里，这对于恢复和发展革命老根据地的经济有着重要作用。新修南充经武胜到合川的公路，准备同重庆连接起来。当时翻修和新建的公路总计一千六百多公里。经过多次疏浚，全区内嘉陵江、涪江、渠江的水路航道近两千公里，也都畅通无阻。同时，又架设电话线一万多公里。后来西南地区自筹经费投资修建成渝铁路，川北行署成立筑路委员会，胡耀邦又亲自挂帅，兼任主任委员，动员数万人参加这个宏伟的铁路工程。

为解决边远山区人民土特产品销售难和生活用品购买难的问题，胡耀邦制定了迅速普遍发展山区合作社、大力开展城乡物资交流的措施。他在1950年签署的《关于成立生产供销社各项决定的通知》中明确规定了供销社的经营方针是：“扩大本区的土产和手工业品的流通范围，结合救灾，调剂本区农副产品及手工业产品的供求，扶助手工业产品与合作事业的发展，配合巩固物价稳定及人民币下乡，促进城乡物资交流。”到1952年8月，全区一半以上的乡镇建立了基层供销社。根据胡耀邦的指示，川北各国营贸易公司、山区生产供销社和山区合作社大量收购了农民的土特产；同时又积极向山区人民提供棉织、食盐、粮食等生活用品。全区和各县还每年都召开土特产交流会，促进土特产增产和物资交流，见效颇快，深受城乡人民欢迎。

当时川北地区的工商业经济更是落后。1950年，全区二十二万多工商户中，工业只有八万多户，其中手工业又占96.8%，机械工业仅占3.2%；商业约十五万户，其中摊贩占53%，坐商占35%，行商占12%，他们多系家庭商业户和独立劳动者，资金在1000万元（合现行人民币1000元）者占96%，充分表现出了浓厚的农村市场色彩。新中国成立初期，这些工商业者怕财产被没收，怕戴“资本家”帽子，将财产大化为小，小化摊贩，坐商一化行商，或关门停业，以致物价波动，市场萧条，经济运行处于停顿状态。

胡耀邦看到，这一切都在于有相当数量的工商户对党的相关政策不了解，或者不相信，因而解除他们思想上的障碍，仍然是工作的第一步。因此，一方面，他布置有关部门的干部都去做这方面工作，一方面他也亲自出马，只要是有工商户人士的场合，他都要宣传党的工商业政策。平时，他经常邀请工商界人士座谈或者个别谈话，了解他们有些什么疑虑，有哪些实际困难，一一解答，澄清或者帮助提出解决办法。对于坚持营业的，他热情予以表扬，树立为大家学习的榜样。他时常对工商界一些头面人物说：你们要多做工作呀！要主动宣传党的政策，劝导工商业者开门营业，不必有什么思想顾虑。要慢慢地耐心地教育他们，以现身说法，多举身边大家都熟悉的好例子，去开导他们，是完全能够争取他们恢复、重操旧业的。他强调说，只要守法，工商业的前途是光明的。这些代表人物对胡耀邦如此倚重和信任他们深为感动，回去后果然纷纷去做其他人的工作。

按胡耀邦的布置，1950年10月23日召开了川北工商会议，各县、市工商界代表和工商科科长参加。会议的目的是，更深人地了解工商界现状，听取代表们对党的政策、措施的反映和意见，调查在公私、劳资、城乡关系上必须解决的问题，同时在代表中发现积极分子，经过培养以作为今后工作中的骨干。

每次开会，胡耀邦都要来参加听取意见。他认真记录，不断提一些问题，或者商讨一些想法。来自县里的代表，发言顾虑较少，提意见直截了当。如说政府对工商户没有尽到应尽的责任，“公营排挤私营”，有的要求国家重新审定税率，等等。一次，在场的区统战部负责人觉得有的意见有点“出格”，示意代表们“客观些”、“缓和些”，胡耀邦掉转头对他说：“这些意见提得都很好，很少能听到这样发自肺腑的声音”，鼓励大家继续踊跃说下去。代表们见胡主任有这样海纳百川的气度，更加无拘无束，敢言直陈。几天意见听下来，胡耀邦掌握了大量第一手情况，对全区工商界的心理、要求、不满有了清晰的了解。他经过同区党委、行署领导交换意见，最后形成了一篇在11月6日闭幕会上发表的三个多小时的讲话。他一口气讲了27个问题，既从大处着眼，告诉大家不要听谣言，不要怕国营，又讲了政府方面的方针、举措。胡耀邦在讲话中对工商界的号召、叮嘱，体现了党和政府对工商业者的殷切关怀与期望，以及按照政策经营的严格要求。这篇经过充分调查的，同工商界面对面的直接交流的讲话，起了非常好的作用，澄清了模糊观念，坚定了经营信心。一些代表说，听了胡主任一席话，胜过攻读十年书啊1

1951年1月19日，南充市工商业联合会正式成立。此时川北各县工商界在税收方面已完成并超过了中共中央西南局下达任务的30%，在支援抗美援朝、参与市政建设方面也都作出了贡献。胡耀邦在到会讲话时，满怀欣喜地首先对工商界的表现作了充分肯定和高度赞扬，这使工商业者们深受鼓舞。胡耀邦接着又非常坦诚地把今后各级政府在工商业工作方面要处理的六个问题告诉了大家：一、正确处理劳资关系，不能因片面强调维护工人利益而妨害了劳资两利原则。二、关于税收问题，仍采用民主评议的方法。三、工商界的人权要有保障。发生了劳资纠纷，绝不应采取农村斗地主那样的方式，应运用协商、调解、评议、仲裁的方法。四、工商界的经营方式，提倡“联营”，但政府不能强制组织“联营”，“联营”与“单营”完全取决于自愿原则，政府一视同仁。五、销路问题。由于帝国主义的封锁，商品以内销为主。六、要认真听取工商界反映的意见和困难。

这样，就把政府同工商界之间的关系，差不多全都理清了，也为工商业的发展指明了方向。经过这次会议，南充以至整个川北的工商业又有了新的发展。

但胡耀邦没有就此放松对贯彻工商界政策的关注。1951年5月，他曾有一个批示，指出对工商界不仅在经济上，而且在政治上，都要防止“冒险主义”倾向，在当时带来了很大震动。当时中共中央西南局统战部和中央统战部为筹备全国工商联，责成川北区党委选一个小城市作为工商联工作的典型实验县，于是区党委统战部派出一批干部到岳池县蹲点。胡耀邦每期都审看他们编写的《岳池县工商联典型实验通讯》，这《通讯》出到第三、第四号，他读后十分不快。《通讯》介绍经验说，工商业者在爱国公约学习中，从工商联负责人，到学习大组长、小组长，自上而下层层检讨，并有12个人在1200人的大会上作检讨，作“典型示范”，会场“情绪紧张热烈”。胡耀邦批道：“这一套不好，实际把大家弄得精神很紧张……大概想把工商业者当做布尔什维克来培养教育了。”《通讯》写道：“岳池工商业者运用自我批评，坦白自己的错误、毛病和怪花样还是第一次，他们感到惊奇。”胡耀邦批示：“当然惊奇，幼稚的同志啊，这样他们是害怕的。”《通讯》还反映有个别人对这种做法不满，胡耀邦批道：“绝不是个别，只是个别人说出来了，多数人虽没有说，内心一定担忧!”胡耀邦最后写道：“这些办法请大家用心思考，究竟为什么不对，然后才能提高思想水平。”胡耀邦又就这份材料，给区党委统战部写了一个批示：“紧接着工商业的经济冒险政策之后，现在又出现了政治上的冒险政策。这份材料，实可作为代表，请你们考虑用什么方法求得最迅速有效的纠正和防止，否则演变下去，又会变成荒谬绝伦!”在胡耀邦的具体指导下，岳池县的试点纠正了“左”的做法，区党委统战部也认识到了工作中的问题，注意防止“左”的倾向。

十、切实关心群众生活

只要区党委、行署没有重要会议，胡耀邦就极少待在机关里，而总是到各县、到企业、到基层、到群众中去，调查研究，发现问题，解决问题。对于群众反映的意见、要求，他十分重视，总是力求解决；对于从调查中听到、看到的重要情况，他常常举一反三，进而联想到其他方面，作更大范围的考虑。1950年年初，南充市许多缝纫工人因货源缺少而停机歇业，生活陷入困境。胡耀邦听说后，专门去到缝纫工人家里访贫问苦，同他们探讨出路。在同有关部门协商后，他决定将原由重庆加工的川北军区的军服和川北区党政干部的制服包给南充市缝纫合作社，同时指示粮食部门用粮食支持丝绸公司购茧，支持贸易公司收购土布。这些措施确有起死回生之效，使濒临破产倒闭的中、小缝纫工业迅速复苏过来。

1952年1月8日，胡耀邦外出时经过南充市城西北市政府办公楼和工人俱乐部工地。他下车察看，发现市府楼修建了华丽的围墙，当即提出了批评。附近居民见他到来，纷纷上前反映拆迁中的一些不合理情况。胡耀邦认真听取了这些意见后，立即提出要因陋就简地结束俱乐部工程，不许继续拆除民房。回去之后，那些居民的急切目光和焦虑情绪，一直使他深感不安。他反复思索，觉得这是关系群众生活的大事，一点都马虎不得，现在才发现，似乎晚了一点，但正因为晚了一点，所以更需要下猛药救治。他又认真思索下去，想到有关住房的其他问题。这些问题如果不加以解决或解决得不好，都会影响政府同老百姓的关系。于是，他给南充市市长吴致中写了一封信，讲了他对这些问题的看法和处理意见，请吴市长将这封信在1月10日召开的南充市第二届第三次各界人民代表会议上宣读，以唤起普遍的注意。胡耀邦写道：

一年多来，国家修建房屋，不仅浪费很大，而且，因为收回了大量国有土地，购买了大批民房，特别是将其中一部分拆掉，使国家财产和政府威望遭受到许多损失，在这个问题上，我犯了官僚主义的错误，应向人民群众公开检讨。为了补救在这个问题上可能尚未发现的问题，请你们立即检查：

1. 搬迁户有无不满的，如有，请以我的名义向他们道歉。

2. 所购买的民房，是否还有没有全部合理地给足购买金的?所取回的国有土地户，是否还有没有完全妥善安置的?如发现有，务须由修建机关立即并合理地予以补偿和安置。不办或拖延者，以违纪论处。

据说现在市内民房不足，尚有一些人租不到房子住，为此特明确规定：

1. 自即日起，一切机关、部队、团体，均不得再购买一间民房，违者以违纪论处。

2. 指定专人负责，统一协调一下公家住房。在十五天内，腾出一百五十间左右的公家住房，以稍低于市上的房租，租给无房可租的市民居住。

3. 公家新建居民区的房屋租金是否尚高，如高了一些，请即再减低一点。在这封信里，胡耀邦还指示要改革一些其他有关群众生活及利益的事情：

——学习班、识字班、夜校、业余学校，必须实行自愿原则，不得采取强迫命令办法实施；

——除国家正当税收和人民团体的会费以及国家统一的捐献外，所有一切机关团体，均不得借口举办什么事情向群众募捐，违者以贪污论处。

——请全体代表发挥为人民服务的高度热忱，在会议期中，广泛收集人民群众正当的合理的意见与要求，并提交大会切实讨论，务使我们每次各界人民代表会议真正能够为人民办出许许多多的好事来。

由于信里提到的都是关乎群众实际利益的实实在在的问题，所以宣读之后引起了代表们的强烈共鸣。经过热烈讨论，不仅关于居民住房等问题一一得到解决，而且也启发了代表们又提出一些其他方面的问题。特别是大家从中认识到，无论是人民代表还是政府工作人员，应该随时关注民情民意，在人民呼声面前不能麻木不仁，应该有大公无私的气概和处处为人民着想的精神。

十一、尊重知识分子，发展文教事业

1950年胡耀邦到川北不久，就提出了一定要办一所全区性大学。行署文教厅根据他的指示，将三台县私立川北大学迁到南充市，与南充市原川北文学院合并，建成川北大学，学生一千多人，为川北地区及川北周边许多县的优秀青年接受高等教育打开了一条通途。胡耀邦异常关心两校合并工作，提出：一、要亲密地紧紧地团结起来；二、不看牌子只看货色；三、对两校师生同等看待，学生一律参加甄别考试。当时虽然干部紧缺，但他还是抽调了一批得力干部担任学校领导，使学校发展很快进入了正轨。

在胡耀邦的关注下，川北地区的中、小学教育也有很大发展，到1952年，平均每个县有两所中学，小学也比新中国成立前增加了一倍，少数民族地区还开设了民族小学。此外还办起了工人业余学校二万三千多所，农民夜校三万四千多所，有近六百万工农群众参加学习。胡耀邦外出视察时，经常要了解学校教育情况，有时候还径直到学校去察看教学设施，同教师们座谈。根据当时政治运动频繁的情况，他多次批示必须保持正常的教学秩序，保证教师队伍的稳定，限制政治学习时间，星期日不得召开会议，防止学校教育被冲击。

川北当时约有知识分子10万名，其中大部分为中、小知识分子，又多集中在中、小学里任教。在历史上，川北特别是南充各县教师队伍的形成，同张澜先生兴办现代教育事业密切相关。

这位清末秀才、早期革命家，从日本师范学习归国后，在家乡长期办学，培养了一代又一代的教育人才。他的子侄辈中也有众多优秀教育家。对这样一批学识、经验都很丰富的教育人才，胡耀邦视为重要财富，尊重有加，关爱备至。1950年的除夕，他以行署主任名义，在《川北日报》上发表了向全川北文教工作者表示慰问的贺年信，信里说："由于诸先生的努力，使我区新民主主义的文化教育得以顺利展开。切盼继续奋斗，俾使1951年的学校教育、工农教育及抗美援朝的爱国主义与国际主义教育更向前迈进一步。"社会上三百六十行，他特地向文教工作者贺年，使人感到意味深长。他还同行署副主任联名指示各县、市都要向文教工作者表示慰劳，在元旦后邀请城区5公里以内的文教工作者举行座谈并聚餐一次，5公里以外不便参加者由文教厅赠送新华书店书券一张。

1951年5月，发动了对电影《武训传》的批判。川北虽然没有放映这部影片，但由于这场批判来头极大，影片又是文教题材，所以在知识分子中引起不小的惊恐。随之而来的，就是对知识分子的思想改造运动。川北区党委组织了"川北区教育工作者寒假学习会"，有两千多名大、中学教师集中到南充来"学习"；进行组织清理和思想改造。胡耀邦担任学习会的主任委员，审慎地领导着这一场"学习"。他一开始就提出了"和风细雨"的口号，以避免精神紧张和粗暴斗争。进入思想检查时，他要求本着与人为善、耐心帮助的精神，联系实际，以理服人；对历史问题，他要求"坦白从宽，既往不咎"；总之是"放下包袱，轻装前进"、"仁至义尽，帮助到底"。他考虑到这期间教师们精神负担重，会影响身体，因此非常关心教师的生活。他多次到食堂察看伙食，到教师住地问寒问暖，并且再三嘱咐工作人员，要特别关照年老体弱的教师。在胡耀邦主持下，运动进行得大体是与人为善的。在学习会结束时，胡耀邦为大家题词送行："敬祝诸位平安返校！敬祝诸位为人民、为后辈服务中获得更大的功绩!"给教师们以安慰和新的鼓励。

1952年春，正是"三反"运动高潮期间，他深入一些县、市考察，发现小学教师政治学习任务繁重，且常常被任意抽调去参加临时任务，各级行政部门在小学教师的任免、调用、待遇等方面问题不少。经与行署有关部门研究，他做了三点指示：一、小学一律不进行"三反"。教师政治学习，完小和中心小学每周讨论会不得超过两次，每次不得超过两小时；村小每周举行一次讨论会。星期日为教师休息时间，均不应召开会议。二、小学教员任免，必须依照人事制度，务必防止混乱现象。三、各级人民政府应对小学教师关心爱护，照顾其实际困难，严禁一切轻视、侮辱小学教师的事情发生。

主政川北时期，思考面极广的胡耀邦对生产人民精神食粮的文艺工作也密切关注，但是现在我们所见到的，只有1951年8月7日他给区党委宣传部副部长张永青的一封信系统地讲了这个问题。从这封有2500字的长信里，可以看到他把文艺看做是反映时代的号角、教育人民的利器而十分重视。他热情奔放地呼吁文艺工作者要深入基层，深入群众，去讴歌英雄的人民，讴歌伟大的时代。他所阐释的观点，无疑是深刻透辟的。他说：

我区的文艺工作者，骨干虽然不多，但一年多来，他们做了不少工作。建立了三万人的群众性的文艺队伍，深入到工厂和农村，与各种群众运动相结合，开展了大规模的群众性的文艺活动，创作了一些作品，在川北人民的各种斗争中起了一定作用，这是可喜的现象。可是，综观已发表的作品，能够完满地表现新社会、新人物面貌的实在很少，这不能不引起我们的十分警惕。无论如何，我们不能漠视川北人民斗争的新情况，这就是，一年多以来，我区千余万人民，在一个紧接着一个的翻天覆地的翻身斗争中，必然会涌现并已经涌现了无数的英雄人物，必然会产生并已经产生了无数可歌可泣的英雄事迹。……

在饱含激情地列举了一系列感人肺腑的事例后，胡耀邦接着写道：

这些英雄人物和英雄事迹，也许有些还是朴素的，但无疑的，由于他们大无畏气概和英雄精神的出现，才掀起了空前的翻天覆地的伟大斗争，才急剧地深刻地改造着社会面貌，改造着一切人们，也改造着他们自己。他们不愧为新川北的主人，是真正的新人，也是“最可爱的人”。他们的事迹，是惊天动地的事迹，也是应该大书特书的事迹。因此，表现他们，歌颂他们，刻画出他们的思想感情和性格，以他们的崇高品质做榜样，鼓舞人民群众的战斗意志，指明人民群众的斗争方向，并通过这些英雄的事迹反映出正确的政策思想，就不能不是我们一切文艺工作者、戏剧工作者、音乐工作者、美术工作者、舞蹈工作者、曲艺工作者乃至新闻记者的基本任务。我认为：这是我们新文艺发展的方向问题。只有首先充分地表现这些朴素的新英雄人物，在这个基础上，再进而集中加工，才能创造出更为集中的典型人物；如果我们不首先面向这些新人物，而企图一下子就凭自己的“灵感”创造出所谓的典型，那就是脱离现实的创作方法。接着，他尖锐地指出：

可惜的是，这一重要问题在我们的创作思想中还没有根本解决，因而还没有认真去表现这些新英雄人物，甚至没有认识表现他们的重要。我们有一些文艺工作者，他们虽然有十分的热情，他们也许熟读过了和拥护毛主席的文艺政策，他们也说拥护“面向工农兵”的方向，但实际上，他们却不自觉地存留着有害的小资产阶级观点，他们不去寻找、调查、访问、捉摸这些活生生的新英雄人物，而是坐在屋子里以自己的性格、思想臆造出一些莫须有的人物和故事；或者，以想当然的思想感情来代替那些真挚的动人的新英雄人物的思想感情；或者，拚命地去堆砌许多美丽的词藻来代替有血有肉和有声有色的事实；或者，即使是下到工厂或乡村，对于这些新英雄人物也是熟视无睹，认为他们平淡无奇，而仍然写不出作品来。这样，他们就永远同人民群众格格不入，永远是“门外汉”。这样，他们也就把被他们认为是“平凡”的人物故事和“平凡”的历史无情地推在“后台”，打入“冷宫”。而他们自己也将永远徘徊于现实的边缘，变为“流浪儿”，无“家”可归。

从这个观点出发，还可以有力地打破另一种错误思想。这个思想是：我区之所以没有成功的文艺作品，乃是由于我区没有“有名的”、“优秀的”作家。如果把这个思想用另一句话来解释，那就是：我区要产生成功的文艺作品，就得攀请一些名作家来。诚然，我区现时没有优秀的作家，这给予我们文艺创作某种困难，但优秀的作家，从来也不是从天上掉下来的，而是从人民群众的斗争中锻炼、成长出来的，更不是被一些固定的人物所“垄断”的，而是在人民群众的斗争中不断成长起来的。如果我区的文艺工作者和文艺爱好者，能脚踏实地地本着毛主席所指出的创作方向去下苦功夫，那么，可以断言，我区将逐渐地一批又一批地成长出优秀作家来。

为此，我认为必须立即着手改变我们的文艺创作与现实斗争脱节的这种情况。我认为应采取如下的有效方法，这就是：讲明方向，组织力量，树立榜样和坚持下去。……

在这封信里，胡耀邦谈到了文艺工作的方向问题，文艺工作的功能、责任问题，文艺工作者深入群众、深入实际问题，文艺创作思想、创作方法问题等，可以看做是他对文艺指导思想的全面阐述。他在谈“树立榜样”时还写道：“为了给那样的作者和作品 (指深入工农兵群众的作者及讴歌新英雄人物和事迹的作品。——引者注) 以应有的地位，我们的报纸与刊物，同时就应该拒绝刊登那些随便臆造、全属空话的通讯、小说、唱词、新诗等作品，以保持我们创作上的严肃性。”这不仅在当时，即使在今天，不是依然有很强的警示作用吗?

在电视尚未出现的20世纪50年代，报纸是最重要的宣传武器，一个懂政治、有远见的领导人必然异乎寻常地重视报纸。胡耀邦曾说：“没有哪一件工作比得上报纸，为干部为广大人民服务得如此之广，如此之及时，如此之深刻，如此之完备。”他对报纸的爱护和指导，当得上“无微不至”这四个字。

还在准备赴川北时期，胡耀邦就着手《川北日报》的筹办。他从第十八兵团商调新华社驻兵团分社社长袁玉明负责筹办，又在兵团政治部办新闻训练班，培养了三十多名学员，还调拨印刷机，随他一同来到川北。开始时条件艰苦，设备简陋，机器要靠人力摇动。虽然困难很多，但在他的具体过问下，只经过短短的时间，1950年3月，《川北日报》就同读者见面了。

胡耀邦对《川北日报》的指导，首先着重在贯彻政策、方针方面。他要求报纸密切配合各个时期的中心工作，全面、准确地宣传报道群众的首创精神和英雄事迹。区党委的一些重要会议，以及胡耀邦同区党委、行署主要领导同志的小型商谈，都吸收总编辑袁玉明参加，以便使一些重要思想在报纸上及时体现。胡耀邦还经常为报纸出社论题目，他自己也动手撰写社论。他审阅大样的时候，看得极细，从政策提法到文字差错，从不放过。甚至连报纸印刷质量方面的问题，他的要求也很严格。1950年10月，他专门给报社写了一封信，具体详尽地指出了这方面的问题：

——我们的错字、倒字、歪字往往比别的报纸多，往往还排得零乱；

——我们的拼版，很少端正过，线条往往是歪的，特别是这两天的报，歪得不像样了；

——我们有些新添的字体很难看；

——我们的油墨常常没有调好，多半太浓，有时则是漆黑一块；

——我们的报，常常是把字印得凹进报纸里去，常常有些字又没有印出来；

——我们的报纸十张总有好几张没有弄平而印重叠了的。

在列举了这些问题之后，他接着写道：

我这样提出问题来，根本不是想批评你们，而是想和你们大家一起商讨，能否把报纸（书籍、刊物也一样）印得更好?要如何才能印得更好?还有一些什么问题，有些什么具体困难要解决?

这些，我都希望你们一件一件地告诉我，我愿意和你们一道来解决这些问题。这深厚博大的关爱之情和对工作一丝不苟、精益求精的精神，使报社上下深受感动，经过认真的研究，使印刷质量很快得到改进。胡耀邦经常要求各部门善于运用报纸指导工作，克服“手工业式”的领导方法。在他的倡导下，由区党委、行署有关部门负责人和报社负责人共同组成社论委员会，以加强对社论工作的领导。社论委员会每次开会，胡耀邦都要出席。由于胡耀邦的带头示范，区党委、行署各部门的领导人都很注意为报纸撰写文章或提供重要情况。

十二、奉调进京

1952年下半年，在完成建国初期的民主改革和建设任务以后，川北等四个区重新合并为四川省。川北区一级党政干部一部分到四川省工作，一部分到西南和中央各部门工作。1952年6月，川北区党委收到中共中央电令：“调胡耀邦来中央工作，务于七月底抵京。”

“胡耀邦要调走了。”这消息迅速传开。人们惊愕、惋惜，希望这不是事实。当看到这确实是不可改变的事实之后，大家就商量如何对胡主任表达自己的尊敬、感戴和惜别之情。川北政协副主席卢子鹤和南充市各界人士按中国传统的做法，筹备给胡耀邦送一堂德政碑式的以红色缎子为底、上镶金字的八幅锦屏。胡耀邦得知后，特地去跟这些人会见，表示婉谢。他说，大家“坚决不能做这个东西。若真要送，就送我五个字好了：‘为人民服务’。这五个字是毛主席说的，叫我们每个革命工作者，时刻用这五个字检查自己为人民服务的事做得如何了”。等一阵掌声过后他又说：“你们送我这‘五字箴言’，不用缎子，不用金字，只需口头嘱咐我、告诫我就行了。‘良友之言，金石之贵’嘛，超过缎子做的屏、金子做的字啊!”一番话，说得大家更是感慨系之。

卢子鹤老先生不禁黯然神伤地说："知己已去，我将安归?"

在胡耀邦离开南充的前夕，川北区党委、行署全体干部在办公楼前广场上，为他举行了欢送会。区党委、行署领导和干部们，对他的离去都有些依依不舍。在同大家讲话时，他也明显地十分动情。讲话的最后，他既是自勉又是鼓励地对大家说："党叫到哪里，就到哪里；到了哪里，就把哪里的工作做好。"

1952年7月初，在静悄悄的黎明，胡耀邦轻车登程，悄然离开川北。到中共中央西南局办过手续，同老首长、老战友等话别之后，他即乘军用飞机到武汉中转，然后飞抵北京报到。

川北主政，是胡耀邦第一次从事地方工作，而那又正是一个社会矛盾错综复杂、各种斗争接连不断的特殊时期。但他很快驾驭全局，创造了出色的业绩。这固然在于他从长期的革命实践中增长了突出的才干，同时更在于他的眼睛、他的心灵，始终是向着人民。他关心人民、热爱人民，总是以人民利益为施政的第一标准。

曾经在胡耀邦身边工作多年，对胡耀邦深有了解的黄天祥 (川北行署政研室主任)，对胡耀邦在川北的政绩作了这样的评价：

川北在全国并不占有显著的地位，它只有四川的四分之一。在社会经济的发展上，同沿海地区不能相比。对全国的全盘工作来说，没有特别重要的意义。但是，在从战争转向建设这个伟大变局中，以胡耀邦为书记的川北区党委在指导思想上，在领导艺术上，在工作作风和工作方式上，都是有预见和果断的。川北区党委根据本地区的实际情况，创造性地、放手大胆地执行中央的路线方针，执行西南局的决策和指示，符合川北人民的现实利益和长远利益。如何临政亲民，如何通盘筹划，如何调动和协调各种社会力量，颇有值得借鉴的经验。

作为川北党政全盘工作的领导人，不可否认，胡耀邦的作用是重大的，在某种意义上是具有决定性的。当时法制不健全，干部依靠领导，人民依靠"清官"，兴邦丧邦，第一把手的作为是太重要了。李登瀛同志在川北区党史座谈会上说："川北时期的工作大体没有留尾巴，干群心情舒畅。"这是川北干部和人民的心声。邓小平同志当时曾评论胡耀邦同志说："有主见，不盲从。"这个评价十分得当。胡耀邦是有思想的实干家，能实干的思想家。

这说得十分客观透辟。现在半个多世纪已经过去了，这段历历如在眼前的往事，经受住了历史的反复检验。

摘自张黎群等主编的《胡耀邦传》（第一卷）（1915—1976）
人民出版社、中共党史出版社，2005年11月第一版

回忆录

千里征程到川北

胡 健

1949年4月，我解放大军横渡长江，直捣蒋介石总统府之后，我各路解放大军开始横扫南方地区的国民党反动势力。贺龙、李井泉所率部队以及从晋绥边区抽调的地方干部，奉命从北路向西南进军，摧毁蒋介石在西南地区的反动堡垒，解放大西南。1949年5月，中共中央晋绥分局、晋西边区行署、晋绥军区领导机关，从晋绥解放区首府兴县搬迁到晋南重镇临汾，并陆续集中部队和大批地方干部，驻扎在临汾周围，进行军事和政治训练，准备南征。除军队外，在临汾周围，进行军事和政治训练，准备南征。除军队外，在临汾集中的地方干部，统一组织建成晋绥党校，李井泉兼任校长，杜心源任教育长，校部设城西五默村，下设7个部，这7个部的组成，不完全相同，有的是原来的党校，有的是原来的干校，有的是为新抽调来的干部而新建的。各部学员人数多少不等，有的部1000多人，有的部数百人。党校第五部是由原来的晋中青年干部学校改编的，史立言任部主任，胡健任副主任，校部设苏村，下设5个队，学员共有300余人，这个部是7个部中学员人数最少的1个部。这7个部工作性质不同，有财经、财政管理、青年工作、党的工作等。除业务课外，各部的基本课程都是相同的，设有社会科学概论、社会发展史、毛主席著作、政治形势、新解放区政策、军事训练。经过5个月的学习，学员对于进军西南，在政治上、思想上、军事上都有了较充分的准备。为了适应军事上的需要，10月上旬，把党校改编为中国人民解放第十八兵团第十八梯队，由贺龙、李井泉直接指挥。下属的7个部改编为7个大队，穿军装、发枪支，全部军事化。这时，把工会的100多名干部和党校五部合编为第五大队，全队共500余人。梯队司令部任命军事干部包大队长到五大队负责军事指挥，同时任命原晋绥边区工会主席王永和任副大队长，史立言任政治教导员，胡健任副政治教导员。一切准备就绪，待命出发。

10月21日，命令下达，部队开始分批先后从临汾向西安进发，有的坐汽车，有的乘火车，有的骑马，有的步行。第一天搭汽车出发的除运输物资外，有部分女战士乘汽车先行，五大队女战士张晋英等就是乘汽车第一天出发的。五大队的其他人员都是26日动身的。到11月中旬，全梯队大部分队伍已先后到达了西安，临汾留守处还在继续调运干部和家属向西安转移。在西安停留期间，主要是学习新解放区政策，各大队主要领导干部听取了西北局书记习仲勋的《关于新区政策的报告》，陕西省教育厅厅长江隆基的《关于文化教育工作报告》，并听取了赶到西安迎接解放军的四川地下党负责人马识途的《关于四川社会情况的报告》。我们当时对四川的社会情况很不了解，马识途介绍了四川的情况后，我们才有了较具体的了解。印象最深的是他介绍了国民党在四川留下来的残渣余孽、土匪部队、会道门等，始知四川的哥老会已成为社会问题，许多人都参加了，有袍哥大爷也有小老幺，只要说参加了“社会”，就知道是哥老会的成员了。为此，我们研究了对哥老会的政策，不能简单从事，要区别对待，一般不予追究。在西安的学习，进一步武装了我们的思想。

12月12日，接到命令，我们立刻出发，渡渭河，翻秦岭，过凤头，到21日，到达褒城县，在此我们稍事休息。此地乃周幽王爱妃褒姒的故乡，为了纪念她，在村外山头上修建有褒姒庙一座，内有褒姒塑像，我们站在马路上远望了此庙。周幽王因烽火戏诸侯，招致了大祸，这种历史教训是值得我们记取的。在褒城停留两天后，就宣布南征部队负责解放和接管川北区、川西区和西康省等3个省区，并公布了干部分配名单。我和张宇被分配在川北区，负责青年团工作。分配在川北区的党政领导干部赵林、秦仲方、李登瀛组织了川北区的队伍。为了争取时间，一部分领导干部改乘汽车，大部分队伍仍继续步行。我们的目标已经明确，直达南充。

24日，汽车队组成（包括租用私人的汽车在内），我和张宇、段涌泉、张全忠、赵清、孙启元、王瑛、景立柱等同乘一辆汽车。早晨车队出发，过了勉县，已望见有名的定军山了，车子很快飞过诸葛亮墓地。因军务在身，不能前往凭吊，很是遗憾。想起了杜甫在《蜀相》中的诗句："出师未捷身先死，长使英雄泪满襟"，的确值得惋惜。今天，我们进军西南，情况则完全不同，出师旗开得胜，大军所致，势如破竹，国民党残军望风而逃，虽有局部抵抗，已是兵败如山倒，而我军则是如入无人之境。说话之间，车子已过宁强，到了川陕交界的七盘关，南北两山之间，沟深万丈，一望无底，在悬崖峭壁上刻着："西秦第一关"5个大字，十分醒目。军队顺沟盘旋而下，别宁强，过朝天，第2次到达嘉陵江岸，沿着栈道，直奔广元，这已是川北区的辖地了。我们住广元城内阎锡山的公馆，门上挂着"半边城"匾额，这是阎锡山战时避难的地方。我在山西工作多年，总离不开和阎锡山作斗争，没想到离开山西不久，今日又住在阎锡山的公馆，但此地已经变主，属于人民所有了。广元虽已解放，政权尚未建立，为了稳定社会秩序，赵林决定临时派李林枝为广元县长、陈一平为县政府秘书，立即贴出布告，开始办公。过了3天，李林枝到遂宁担任地委书记去了，广元县长易人，这就是李林枝上任3天就卸任的广元县长。

28日，从广元开车，经昭化，上大巴山，公路往返盘旋，车队随弯道而上，几经周折，翻过山顶，至剑门关，稍停片刻。我们站在关上眺望剑门七十二峰，果然显出了"剑门天下雄"的雄姿。刻在关上的国民党大官们的题字，虽然字迹尚在，而他们是一去不复返了，剑门关已是人民的天下了。车队进剑门，至夜，宿剑阁城。

29日离剑阁。沿着山巅上的公路，车子飞快奔跑，路边两排巨大的柏树，如龙似虎，排成两条长蛇阵，一望无际，场面可观，传说这是三国时张飞栽的柏树，已有1700多年的历史。中午至梓橦，路旁有一片松柏林。林中有一庙宇，叫仓颉庙，相传也是黄帝时的官员，创造文字的始祖。然后，我们经过九泉水，到达川西北门户绵阳。屈指计算，从西安出发已半月有余。一路上翻山越岭，过险关，走隘口，今日进入四川盆地边境，结束了山连山、关连关的路程，进军任务，将要完成。在绵阳休息了1天。

31日，大雾，汽车不能开动，待雾散后，渡涪江，至三台，在三台城厢欢度了1950年元旦，并组织接管工作，收缴了大批枪支。领导决定派黄天祥任川北大学军代表，黄即留在三台，到职视事。我们决定派戴田春在三台县做青年团工作，戴也留了下来。这时，赵林同志交给我一个任务，要我到南充后即刻着手招收青年知识分子，进行训练，补充干部队伍，并让我找财政厅负责人张祥龄领取了部分经费，早作准备。

1950年1月3日，离三台，向遂宁进军，车队行至三台、射洪交界处，突然西边的远山上响起枪声，有人向我们射击，车子立即停下来，派出警卫部队追击，土匪已经逃跑，我军没有损失，车子继续前进，过太和镇，到桂花场，已是傍晚。此地离遂宁尚有40里路。连夜赶到遂宁城内，在遂宁又是一个小整军，一路上在川北境内，边走边留干部，建立政权，今日到了遂宁，原计划留在遂宁地区的党政干部李林枝、吕韵等又留了下来，青年干部赵科进等也留了下来。秦仲方、李登瀛、张永青又组织了队伍。

1月4日，中午从遂宁出发，至蓬溪天色已晚，今夜天气并不寒冷，我们露宿在蓬溪县城南门外的马路边上。

1月5日，整理队伍，向正东方向前进，至中午全部人员到了我们的目的地——川北重镇南充。这就是川北区的首府了，风景秀丽的嘉陵江又和我们第3次见面了。我们青年团的干部住在南充蚕桑职业学校，这两天有许多青年学生找我们，要求参加革命工作，根据领导同志指示，成立“川北人民服务团”，由赵林兼任主任，胡健任副主任，并立即贴出了招生广告。几天内报名的有数百人，经过考试，录取了200余人，正式成立了“川北人民服务团”。不久，因建立了川北人民革命大学，决定将服务团合并到川北革大，服务团全部团员都是革大的学员。

2月中旬，旧历年刚过，川北区党委第一书记、川北行署主任胡耀邦同志在参加指挥成都战役之后，从成都来到南充上任，机关主要干部和川北革大部分学员代表集中在南充城西郊等候迎接。晚上九时，远远望见了汽车的灯光，耀邦同志到达了，下车和大家见面。这时在路北的山头上，有土匪扰乱，向我们开了两枪。警卫人员立即追捕，抓到土匪一名，另外一名逃跑了。随后，各单位主要领导干部到区党委会议室开欢迎会。耀邦同志在会上讲了话，并要求大家齐心协力，为建设新的川北努力奋斗。还说，天下还不太平，刚才土匪向我们开枪，就是一种挑战，我们要把国民党的残余力量肃清，然后，他带领到会同志高呼口号，表示决心，对大家鼓舞很大。至此，进军川北的部队，从领导到战士都已到达了川北地区，在新的岗位上开始了新的战斗。

录自《中国共产党川北区历史》

和胡耀邦同志在一起

——南下川北工作回忆

张一平

我们是在天天打胜仗的捷报声中，在人民解放战争即将在全国取得胜利的形势下南下川北的。

（一）

1949年春，中共中央晋绥分局根据党中央和毛泽东同志的指示，部署了以县为建制，配备新区县领导干部班子的工作。1949年5月，晋绥分局、晋西边区行署、晋绥军区领导机关从晋绥解放区首府兴县搬迁到晋南重镇临汾后，陆续集中部队和大批地方干部，驻扎在临汾周围，进行军事和政治训练，准备南下。我们是从雁北出发，经太原到临汾的，到临汾集中的干部约八、九千人。晋绥分局在临汾设立党校，下设7个部，组织学习。10月上旬，党校改为中国人民解放军第十八兵团第十八梯队。即将南下时，贺龙同志于10月25日召开了南下干部动员大会。他在会上作了充满胜利信心的讲话，给大家极大的教育和鼓舞。十八兵团政治部主任胡耀邦同志也讲了话。他的讲话，声音洪亮，生动有力，简明扼要，鼓动性极大，十分感人。虽然首次见面，却给人留下了深刻印象。

在党中央、毛主席的伟大战略部署下，1949年10月底，由刘伯承、邓小平率领的第二野战军同贺龙、李井泉等率领的华北野战军第十八兵团和第一野战军一部开始向西南进军。我们随南下部队经风陵渡、潼关到达西安，驻扎在西安郊区，编入中国人民解放军十八兵团序列，发了军衣，穿上了解放军的戎装。并在西安听取了西北局习仲勋同志关于新解放区工作经验的报告和四川地下党关于四川概况的介绍，使大家对新解放区工作有了进一步的认识和了解。

到达宝鸡后，因战略方针的需要，又作了短暂停留。为战胜过秦岭的严寒，在宝鸡发了白酒和辣椒等食物，作了最后准备。我是在兵分三路时，分在中路行列中南下川北的。

根据党中央、毛主席“先慢后快”的军事原则和贺龙同志提出的“既像真打，又攻而不破”的作战方针，我军展开对国民党胡宗南防守在秦岭部队的军事行动。当我军伺机而发，向胡宗南部队攻击时，敌军虽然一击即溃，但我军也不急追，以便拖住胡宗南的后腿，不致向云贵方向逃跑。部队向前推进，我们随后冒着严寒翻越秦岭，或在蒋军洗劫过的村镇驻扎，或在峡谷河滩宿营，就地架锅造饭，风餐露宿，十分艰苦。

过秦岭，向汉中进发，经过萧何月下追韩信的古桥，不久到了褒城。在褒城境内约住了10天，组织上对到川西、川北和西康的干部稍作调整，并对到什么地方、担任什么工作，都作了最后安排，一切都准备就绪了。部队继续南下时，速度转慢为快。十八兵团和第七军进军神速，平均每日以超百里的速度向四川进逼。解放广元后，经过激战夺取了天下著名的军事要塞——剑门关，打开了通向成都的门户，长驱直入成都平原，与二野共同将胡宗南集团及其他国民党部队数十万人，围在成都附近，即予歼灭。我们经广元到达绵阳。自此，到川西和到西康的队伍向成都方向推进；到川北的，除留广元工作的外，其他都向各自的目的地前进。我经遂宁到达川北区首府——南充，从此在这里开始了我在川北行署时期的紧张工作，并经常与胡耀邦同志在一起。

（二）

川北解放初期，胡耀邦被党中央、中央军委、政务院任命为中共川北区委员会书记、川北军区政委、川北行署主任，因参加成都会战，还未到川北上任。1950年1月上旬，先期到达川北南充的中共川北区临时工作委员会副书记赵林和秦仲方、李登瀛、韦杰、郭林祥、饶兴、王叙五等区党委委员，根据党中央的方针政策和西南局的指示，结合川北工作实际，研究制定了《川北区初期工作纲要》，并部署支援前线，接管城市，收缴国民党军队流散武装和匪特武装的枪支，建立革命秩序，安定人心；布置借粮征粮，清理旧时财政税收；管好城市，开展城乡物资交流，推行人民币，稳定物价等项工作。当时，安排我在川北行署农业厅（开始称处）工作。

1950年2月19日，川北行署副主任秦仲方通知我说：“明天，胡耀邦主任就要到南充了，我们明天去南充郊外欢迎他，请你准备。”2月20日，我随川北区党、政、军领导率领的各单位负责同志，在南充郊外等候。黄昏时，胡耀邦同志乘坐的汽车和随行人员到达，他下了汽车，风尘仆仆，面带笑容与欢迎的同志一一握手，互相表示祝贺和问候，没有仪式，简单热烈。耀邦同志即乘车到了机关，当晚即召集赵林等川北区临时党委委员及有关负责同志汇报情况，了解工作进度，为自己着手工作做必要的准备。

解放初期的川北，情况复杂，形势严峻，任务艰巨繁重。由于国民党蒋介石发动内战，长期横征暴敛，掠夺民财，经济萧条，满目创伤；金融混乱，物价上涨；百业俱废，民不聊生。加之，国民党军队在逃跑时，有意识地留下反革命地下武装和安排特务潜伏，他们与惯匪、恶霸地主、反动会道门互相勾结，造谣破坏，蛊惑人心；放火放毒，破坏交通，阴谋在营山、蓬安、江油、盐亭、射洪等地煽动暴乱，伺机反扑。群众人心惶惶，社会秩序混乱。胡耀邦同志一身任三职，党政军的领导责任全落在他一人身上，摆在他面前的复杂情况和艰巨任务，十分繁重。但他却举重若轻，态度乐观，依靠党、政、军各级领导干部，充分发动群众，有条不紊地开展各项工作，并卓有成效。

开展清匪反霸减租退押工作

遵照党中央的“军事打击，政治瓦解，发动群众相结合”的方针，“镇压与宽大相结合”和“首恶必办，胁从不问，立功受奖”的政策，并根据中共中央西南局决定的“以剿匪、生产为当前的中心任务”的批示和西南军区决定的“采用合剿、驻剿、奔袭与穷追、搜剿相结合的战术”的原则，人民解放军61军军长兼川北军区司令员韦杰指挥驻在川北各地61军部队，开始紧张的剿匪工作。胡耀邦对剿匪工作十分重视。他在剿匪工作会议上，作了“全面贯彻剿匪方针”的讲话，强调要把英勇顽强的斗争与机敏灵活的战术相结合，党政军与群众相结合，宽大与镇压相结合，军事打击与政治瓦解相结合，战斗队与工作队相结合，发动群众与分化地主控制乡保甲长相结合，将剿匪工作搞好。又经区党委会议研究，作出《关于坚决而正确地发动农民群众完成清匪反霸、减租退押运动的决定》。于是，一个清匪、反霸、减租退押的群众运动在川北全面展开。我曾参加胡耀邦同志主持召开的一次剿匪工作会议，当会议结束时，参加会议的有关同志就拟好文稿，胡耀邦当即批发，这种雷厉风行的作风，令人敬佩。平武县叛乱、营山扇子匪围攻县城，都很快被消灭。我担任行署办公厅主任期间，被派往平昌县协助工作，兼任中共平昌县工委书记(工委是由平昌县委书记、县长、达县地委组织部长等同志组成)，领导平昌县党政配合军队剿匪。据当地人说，大巴山的匪患自明清以来就没有断过。平昌的惯匪在我军有力的清剿下，无法在当地隐藏，逃往汉中和甘肃。在广大群众配合下，我们穷追到汉中和甘肃，将其逮捕法办。这场斗争，在胡耀邦的领导下，全区共抽调干部1500名；通过各种方式，培养农民积极分子5万多人；参加各地层层召开会议的代表70多万人，广泛宣传了党的政策，普遍发动了群众。经过减租退押，农民获得胜利果实约6亿斤大米；在斗争中组建农民自卫队45万余人；建立盘查岗哨、报告匪情的组织，仅遂宁专区就设立了11000多个，布下了天罗地网。全区先后共歼灭股匪7300人，其中政治瓦解2400人，为征粮、恢复生产、土地改革提供了保证。

迅速恢复和发展生产

恢复和发展生产，是我们面临的一项重要任务，是胡耀邦非常重视的工作。我在川北农业厅工作时，根据川北区党委、行署关于恢复和发展农业生产的指示和胡耀邦的讲话精神，结合川北农业生产的实际，给《新华日报》写了一个综合报告，经秦仲方审批发出。不几日，《新华日报》在头版上刊登了。胡耀邦看了报告，认为写得很好，很有必要。不久，川北行署为了加快恢复和发展农业生产的步伐，发放贷款支援农业，要我代行署草拟一个指示文件。我把起草的文件送一位有关领导同志审改，他把我根据胡耀邦同志的讲话精神，草拟的关于“搞好春耕，恢复发展农业生产”的几句话删掉了，只留下重视解决贫苦农民的内容。胡耀邦批示：审改稿可发。我给胡耀邦同志写了一封信，建议应保留那几句话，否则会使人误解我们只帮助贫苦农民发展生产，不注重恢复和发展整个社会的生产。胡耀邦同志在我的原信上批示，同意我的意见，可按原写法下发，并说我们应提倡这种仔细研究和认真负责的精神。

一天，秦仲方找我谈话，调我到行署办公厅工作，担任办公厅主任兼政策研究室主任。他说，这是胡主任决定的，不应推辞。我调行署办公厅工作后，接触胡耀邦同志的机会就更多了。他在抓党、政、军各项工作的同时，一刻也没有放松对生产的重视。他不失时机地召开各种恢复和发展工农业生产会议，召开恢复地方手工业会议和工商联会议。在这些会议上，他亲自听取汇报，共同研究问题，交代党的政策，分析恢复发展生产的有利条件和存在的困难，提出解决问题的办法，并对工农业生产进行了贷款和投资。由于他提出的方针明确，措施有力，经专、县各级领导和广大工农群众的努力，川北工农业生产的恢复和发展取得了长足的进展。农业方面，粮食不断获得丰收。工业方面，先后恢复和发展了广元煤矿、嘉陵火柴厂、龙潭私营造纸厂等50多个企业；在川北35个县1个市中有28个县建立了小型发电厂。更可喜的是，当时南充丝业生产数量和质量均创造了历史最高纪录。由于经济建设发展了，广大人民的生活得到改善，社会秩序逐渐好转。

土地改革完成后，为了进一步推动生产，1952年4月29日，川北行署发出了《开展爱国增产竞赛运动指示》。5月11日，胡耀邦在川北人民广播电台发出号召开展“万户千组一百乡”的增产创模运动，随之，他又在《川北日报》上发表《致全区乡村干部、劳模和小学教师的公开信》，信中说：希望你们动员起来，站在群众前头，向群众宣传，和群众商量，订出每乡、每村、每户的春耕生产计划，实行生产互助，定期督促检查，开展一个大规模的爱国生产运动吧！从此，川北全区掀起了一个热火朝天、轰轰烈烈的群众性的爱国增产运动。

狠抓征粮工作

征收公粮，是我们面临的又一项重要任务。因公粮是我们的重要财源，是关系人民生活、稳定物价的重要问题。1950年初，川北行署布置了补征1949年度的公粮工作，要求各地在2月底完成，个别地方不超过3月底。可是，征收公粮工作的进度与我们布置征粮任务的要求相差甚远。到了3月底，全区只完成补征公粮数的10%。显然，摆在当时的问题是严重的。

对此，胡耀邦同志沉着冷静，从容不迫。首先，他通过各种方式了解情况，召开有关会议，分析征粮进度缓慢的原因，研究完成任务必须采取的措施和办法。他多次指出，征粮工作缓慢的原因是：地主狡猾抵赖，乡保长懈怠；基础力量薄弱，群众才刚刚发动；我们的干部缺乏新区征粮的经验，有畏难情绪；干部不足，措施不力。针对这些问题，耀邦采取了果断措施：一是加强征粮工作的领导，二是抽调干部充实征粮干部队伍；三是发动群众和深入宣传党的征粮政策；四是严令乡保长带头交粮和催粮，分化瓦解地主阶级，对顽固抵抗的地主，坚决给予打击；五是动员可能动员的社会力量，争取广大群众的支持。然后，经过会议决定：从川北区党委、行署各单位抽调可能抽调的负责同志和大批干部，到各专、县协助征粮工作。通过采取上述措施和办法，大大推动了征粮工作的开展。

耀邦对征粮工作的进度，十分关注，要财政厅经常向他汇报各地的征粮情况，并要求办公厅注意收集各方面情况。其间，耀邦要我写一篇征收公粮的社论。他笑着问我：“写过社论没有？”我答：“没有写过。”于是，他除了给我讲怎样写，写什么内容外，还教我怎样命题，讲命好题的重要性，并把毛主席的《为争取全国财政经济基本好转而斗争》这篇名著给我看。他说，你看了这篇文章后，对你命题写社论是很有帮助的。我按他的要求，写好社论。他认为命题醒目，内容切中要害，对内容稍加修改，便批发了。第二天，这篇社论便发表在《川北日报》上。接着，我又写了一篇关于加强公粮仓库管理工作的短评，送他审阅批准后，又在《川北日报》上发表了，足见对他粮食工作的重视。

之后，又抽派我到蓬安、营山协助征粮工作。走之前，耀邦找我去谈话，询问我到蓬安、营山开展征粮工作的打算，并对我作了具体指导。我在这两县工作期间，深感他对征粮工作所作的分析、决策和采取的措施的正确性。蓬安地主抵赖交粮是十分严重的；营山发生扇子匪围攻县城的暴乱后，地主抵赖交粮更为严重。我在营山时间不长，主要在蓬安协助工作。根据耀邦同志的指示，协助该县党政机关召开有关会议，采取各种措施与步骤，组织力量，推动征粮工作的开展，并到区、乡、村指导工作。当交粮入库工作进入紧张阶段时，还到粮库协助收粮，迅速掀起征粮、交粮的高潮。之后，我即返回行署。

大约7、8月间，胡耀邦又抽调了一批川北区党、政机关干部到专、县协助征粮工作。经大家的努力，全区再一次掀起征粮、交粮的高潮。到1950年10月底，全区共完成征粮5亿多斤，占征粮任务的97.5%。于是，耀邦同志果断决定：不再单独进行1949年度补征公粮工作，其尾数并入1950年公粮征收任务，一起进行征收。到1950年11月底，连同1950年征粮任务全部完成了。

有步骤地开展土地改革运动

土地改革运动在川北是一场规模空前的革命群众运动，也是一场彻底的反封建的伟大斗争，这场运动的目的是彻底消灭封建制度，保卫祖国，巩固人民民主专政，为我国社会主义建设扫清道路和奠定基础。

胡耀邦倾注巨大精力，领导川北的土地改革运动。在他的主持和领导下，根据党中央有关土地改革的方针和政策及西南局的有关指示，经川北区党委历次会议研究定下的决策，川北区的土地改革运动有准备、有计划、有步骤地开展。

在川北土地改革之前，区党委在川北选择了几个乡，进行了土地改革试点工作，为取得典型经验，指导全面工作做了充分准备。

川北全区的土地改革，是分为三期进行的。第一期于1951年2月开始，在南充、遂宁、三台、岳池、阆中等5个县和其他县的11个区进行。这样做易于集中力量，易于掌握，易于取得土地改革的经验。第二期在15个县进行，由于有了试点工作的经验，保证了土改工作顺利发展。第三期共15个县，由于土改工作实行先试点后推广的办法，不仅保证了大规模的改革循序发展，而且实现了对土地改革的深入领导。

川北土地改革，实行了集中力量，打歼灭战的方针。从川北行署、专、县党、政、群、团等机关，抽出大批干部，并调出了大批革大学员参加。凡土改的县以县为单位，组成数百人的强大的土改工作团。

川北土地改革开始不久，反违法地主的斗争，就成为一个关键的问题。第一期土地改革时，就发现了地主分散、隐藏、转移财产和伐木等破坏活动是相当严重的。就三个县统计，阆中损失折合稻谷3700万斤（相当于1950年的公粮款），潼南损失120亿元（折今人民币120万元），三台损失300亿元（折今人民币300万元）。违法地主第一期占80%，到第三期则达96%，地主违法手段，愈往后愈严重。胡耀邦和区党委看到了这种情况，便在第一期土改时，就及时地制定了《正确开展惩治不法地主斗争的几项规定》，有力地推动了反违法地主斗争的胜利进行。

在土地改革运动中，胡耀邦深入实际，指导和检查工作。对在土改运动中执行土改方针、政策，依靠贫雇农，划分成份的作法，给予肯定和支持；对惩办违法地主斗争中出现的偏差，个别地方出现的和平土改的倾向，迅速进行纠正，使川北的土地改革运动，沿着正确的道路前进。

我被抽调出来，参加了第二期土地改革运动，分在达县。川北行署副主任刘聚奎担任达县专区土地改革团总团长。我担任第五分团的分团长，由我负责包干达县五区的土改工作。我们在五区土地改革的步骤大体是：了解情况，宣传政策；依靠贫雇农，深入发动群众；划分成份，提高群众的阶级觉悟；开展反违法地主的斗争，争取反违法斗争的胜利；分配胜利果实和分配土地，进行复查，巩固土地改革的胜利成果。可以说，这也是土地改革整个过程的基本内容。

我们抓住反违法地主斗争这一要害，在该区石桥乡组织召开了12000多人参加的公审违法地主的斗争大会。大会声势浩大，显示了群众的无比威力。各乡列队进入会场，人山人海，红旗招展，梭镖林立；贫雇农诉苦，泣不成声，悲切义愤、群情激昂；万众口号声，震撼山岳；号声齐鸣，响彻云霄。当即镇压了几个违法的恶霸地主，在场的地主全身抖颤，低头认罪。在如此强大的威力面前，地主顽抗土崩瓦解，纷纷交出财物。胜利果实累累，摆满了大会场上所有的长桌。群众无不欣喜异常，庆贺自己的胜利，感到自己翻身解放了，是新社会的主人。大会后，乘胜追击，以乡为单位，进一步开展反违法地主的斗争。

第三期土地改革，我担任中共平昌县工委书记兼土改工作团团长。平昌县委书记、县长，达县地委组织部长，行署法院副院长等同志分别担任分团长。由平昌县抽出的干部和由达县地委、专署抽派来的干部组成800多人的平昌土地改革工作团，在该县开展了轰轰烈烈的土地改革运动。

划分成份是正确执行政策的基础，我们总结了在达县五区土改时的经验，采取了这种办法：凡土改工作队划不清的疑难成份，上报分团划分，分团仍感疑难不好划分的成份，上报县团部，在召开县土改会议上集体讨论，从而保证了成份划分的准确性。

平昌县的反违法地主的斗争，是在总结达县五区反违法地主斗争经验基础上进行的。我们确定采取政治、经济并重的原则，即既要彻底打垮地主的政治威风，又要彻底摧毁地主阶级赖以统治的经济基础。平昌县反违法地主公审大会是按联合公审、乡的分审和村的小会斗争三种方式相结合的斗争形式进行的。大小斗争会相互配合，在全县形成空前浩大的反违法地主斗争的运动规模。我们动员社会力量，对地主进行分化瓦解。全县有七个区共召开联合公审大会4次，参加人员11.44万多人，乡的公审斗争大会56次，参加人数35.17万余人；村的斗争会425次，参加人数20.74万余人，80%以上的农业人口参加了斗争。全县反违法斗争果实合计119亿元。整个反违法斗争稳健猛烈，平衡发展，赢得了政治上、经济上的两大胜利（以上统计，摘自《西南局土改通讯》)。我将平昌县驷马乡反违法斗争的总结上报，西南局土改通讯刊登了，标题为《川北平昌驷马乡开展乡的联合斗争，政治经济获得全胜》，并加按语：“平昌这个反违法斗争经验很好，希望各地注意参考”。之后，又登载了《川北平昌反违法斗争基本总结》，各地极为重视平昌县反违法斗争的成就和经验。

由于广大群众觉悟的提高，在分配土地及胜利果实中，各乡主动拿出一部分胜利果实，交给县团部，帮助解决城关没有住房的红军家属的困难。县团部组织力量，在城关为红军家属建了一批新房，分配给红军家属居住。平昌县的土地改革，由于准备充分，步骤更为完善，经验更为丰富，所以平昌土改的发展，就更为深入稳健。

在区党委和胡耀邦领导下，经过各级领导干部和广大群众的努力，川北第一、二、三期土地改革，圆满、彻底、胜利地完成了。通过土地改革，消灭了封建剥削制度，确立了贫雇农民在农村中的优势，促进了农业生产的恢复与发展，为社会主义改造和社会主义建设创造了重要条件。

大张旗鼓地开展镇压反革命运动

镇压反革命和土地改革运动是相辅相成的。川北区在土地改革的同时，开展了镇压反革命运动。

胡耀邦遵照《中华人民共和国惩治反革命条例》，遵照党中央镇压反革命的政策、毛主席关于《镇压反革命必须实行党的群众路线》和《镇压反革命必须打得稳，打得准，打得狠》以及西南局有关指示，根据川北全区镇压反革命的情况，经有关会议研究制定并签发了川北《认真贯彻惩治反革命条例》。经过各级人民政府和土改工作团广泛深入地宣传，镇反政策家喻户晓。结合土改，根据斗争的发展，分期分批地对反革命进行有力的镇压。

在镇压反革命斗争中，为了能使镇压反革命打得准、打得稳、打得狠，耀邦要我们写个结合当时情况的镇压反革命的文件，办公厅政研室起草了这个文件，送他审批。他把文稿交给我，嘱我再强调一下加强镇压的意义。我在文稿上加了“我们绝不能对敌人施仁政，对敌人的宽容，就是对人民的残忍……”等几句话，抄正后送他。他批示：“中肯，可以发”。翌日，《川北日报》发表了。从而增强了土改镇压反革命的信心，推动了镇压反革命斗争向纵深发展。

胡耀邦曾教育我，怎样贯彻和全面体现党和国家的镇压反革命的政策。他说：各案不要孤立进行，一个一个地公审，杀就杀一个，押就押一个，放就放一个，这不能全面体现党的“首恶必办，胁从不问，立功受奖”的政策；要学会在一个公审大会上，有镇压的、有判刑的，有判释放的，当场兑现。这样既可以全面体现党的政策，又可以瓦解敌人，效果就会大不一样，就会产生积极的效果。我们这样做了，效果非常好。

胡耀邦对镇压反革命分子既坚决又慎重。土改开始，他为了加强对镇压反革命斗争的领导，当反违法斗争形成镇压反革命高潮时，及时地提出“要防止简单草率，办案证据要准确，不要错杀一个人，可以不杀，以不杀为有利；可以不杀而杀，对我们不利。”保证了党的政策贯彻执行。

胡耀邦头脑清醒，凡事客观分析。1951年春，传播国民党匪特在通衢大道地方放毒，风传一时，广柑等水果也放了毒，《川北日报》也有报道，人心惶惶，不知所措。川北公安厅发出了《严密注意和警惕匪特投毒》的通报。耀邦同志见了这些报道、通报和听了传闻后，明确指出，匪特放毒的事是有的，但不会像目前所说的那么多，切勿夸大敌情。“所谓126名放毒者，我敢说肯定有错……。”经耀邦同志分析和采取措施，人心也安定了，社会秩序恢复正常。

川北在镇压反革命分子的过程中，贯彻了党的群众路线。在发动群众参加土地改革的同时，采取各种会议宣传党的镇压反革命分子的政策，发动群众揭发检举反革命分子；在公审反革命分子大会上，组织群众控诉反革命分子的罪行，使镇压反革命斗争成为群众运动。同时吸收了民主人士参加镇压工作，增强了镇压反革命的社会力量。川北镇压反革命的斗争，在胡耀邦具体领导下，稳、准、狠地打击了反革命分子，取得了彻底的胜利。

胡耀邦极为重视这一工作，在我未返回行署之前，他就确定我到川北供销合作社工作，担任主任和党组书记。我曾向他提出，我缺乏经商经验。他立即和蔼地说，供销合作工作，党中央极为重视，中央让薄一波同志兼全国供销合作社主任，并调山西省委书记、军区政委、山西省政府主席程子华同志任副主任。区委决定你到合作社，要敢于承担新的工作任务，没有经验，可边干边学。当时，川北合作联社需要开一次重要的会议，以便提高供销社同志的认识，提高大家的政策水平，推动工作的迅速开展。为此，耀邦亲自给我写了一封信，指示一定要把会议开好。

为了开好这次会议，我了解了川北供销合作社工作情况后，集中学习了党中央和全国供销社的有关供销合作的方针政策和指示。为了对供销合作社工作在理论方面有较系统的认识，又集中精力阅读了党中央和全国供销总社发的在列宁、斯大林领导下所作的《联共关于供销合作决议》上下两卷等，为开好会议在政策上、理论上做了准备。我们按预定计划开完会后，写了一个《川北合作联社筹备委员会党组关于目前川北区第二次合作社工作会议和目前合作社发展情况及有关问题和发展整理的方针步骤三个问题》的报告。川北区党委将这一文件转报西南局，小平同志极为重视供销合作社工作，在此件上批示：“抄送各地参考，抄报中央，可登党刊。”我们受到很大的鼓舞，满怀信心地投入了供销合作的工作中。由于他们的重视，极大地推动了川北供销合作工作。

加强统战工作　与党外人士合作共事

统一战线政策是中国革命的法宝之一。胡耀邦同志不但对这个问题有精辟的论证，而且模范地贯彻党的这一政策。他认为我们争取和调动社会各种力量，是完成我们党的任务必不可少的条件。为了加强这一工作的领导，耀邦亲自兼任了川北区党委统战部部长。

我曾参加过胡耀邦召开的民主党派和无党派民主人士的座谈会。在座谈会前，民主人士没有见过他，也不认识他。由于他活泼开朗，有谈笑风生的风度和谦虚民主协商的精神，能真诚和蔼相见，使与会的民主人士拘谨的态度消失了。大家兴奋地讲了解放以来的感慨，畅谈了民主党派如何开展工作。

胡耀邦根据党中央的政策和西南局的指示精神，帮助和支持民主党派的组建工作。川北原来只有民盟、民革两个党派，后者仅4人，他帮助支持组建和发展了民革。胡耀邦说服了裴昌会参加民革，及时致电民革中央主席李济深。李济深当即回电同意他的意见。裴昌会从此担负起民革组织的筹建工作，之后正式成立了“民革川北区分部”，裴昌会、龙杰三等9人为委员。

胡耀邦指示区党委统战部和工商界著名人士筹备组建工商联，加强对民族资产阶级的统战工作。解放初期，工商联担心没收他们的财产，经营消极，不收人民币而使用银洋，市场受到影响，物价波动。向他们宣传党的政策，消除他们的顾虑十分紧迫。1950年4月底，区党委召开了协商会会议。川北工商界人士和知名人物奚致和、林全九、蒋恒一等人参加了会议。胡耀邦主持了这次会议，他热情地说：“召开这个会议，是了解情况的会议，征求意见的会议……，当前你们工商界有什么反映，对我们党的方针政策有何顾虑，请大家敞开思想谈一谈。”他认真听取了汇报，还询问工商界人士的家庭生活情况，大家对他的关心很是感激。经过紧张的筹备工作，1951年7月初，川北工商联络委员会正式成立。通过会议章程，选举林全九为主任委员，主持工商联工作。

胡耀邦根据党的政策，分别给民主人士安排工作。起义将领、原国民党第七兵团中将司令官裴昌会被安排担任了川北行署副主任兼工业厅厅长，又相继任命川北民盟负责人贾子群为教育厅厅长，任命原南充商会会长，有名望的民族工商业资本家奚政和为商业厅厅长，更破格提升谭卫根为交通厅厅长。谭早年毕业于北京大学，1947年参加民盟，先提拔他担任三台县人民政府教育科长，不到2个月，又提升为遂宁专署文教科长。耀邦同志听说谭卫根很有学识，专长交通、土木工程，便说：“谭卫根非百里之材，望重一方，行署交通厅需人负责。”经川北区党委研究，又将谭卫根提升担任交通厅厅长。还安排了张澜的女婿杨达璋为行署副秘书长。杨是地主，解放前曾加入民盟，为党做过不少工作。这种安排，使民主党派和无党派人士感到共产党的真诚合作。

按照党的保护民主党派过好减租退押、土地改革关的政策指示，区党委统战部经过调查研究，提出全区共100名保护对象，并报西南局备案。行署规定对副厅长以上退赔有困难的民主人士可以借薪退赔，还拨出1亿元（相当于现行人民币1万元）帮助他们过关。这样既未伤害各民主党派人士，又取信于农民，保护了农民的革命热情，支持了农民的翻身运动。尤其是通过帮助龙杰三、赵济刚和李子龙过关，使他们更为感动，对党的政策更为理解。龙杰三解放前担任过卫戍师管区司令、三台县参议长等职，但当时参加过民革，是统战对象。赵济刚是原国民党巴中县参议长，又是巴中县自卫队副总队长。李子龙是原国民党巴中县长。他们是刘湘的地方实力派，与国民党有矛盾。赵济刚曾多次给共产党送过情报，李子龙解放时配合地下党做过一些工作。他们两人经地下党介绍在川北行署工作，既有反动历史的一面，又有为革命做了一些有益事情的一面；按党的政策，一面要向人民认罪，一面要帮助他们过关，让他们立功赎罪。减租退押时，三台群众纷纷要求将龙杰三押回去交待其解放前的罪行。此事报到区党委统战部，胡耀邦召集统战部和中共三台县委商量，说明龙是应当争取的中间力量，不要把他推到敌人那里去，不开斗争大会，让他在适当数量的农民代表会上，低头认罪，听群众控诉，倒苦水，满足了群众的要求，取得农民谅解。

在镇压反革命运动深入进行之际，通江、南江、巴中、平昌四县的群众提出要镇压赵济刚的要求，呼声越来越高。胡耀邦指示由行署邀请举行四县各界代表20多人参加的座谈会，行署副主任秦仲方向与会代表全面介绍了解放前夕4个县党的工作情况，充分肯定了国民党内进步人士对我党所起过的掩护作用，要求代表们准确地把握党的肃反的严与宽相结合的政策，既要认识他们的反动历史的一面，又要看到为革命做了一些好事的一面。他们过去欺压过群众都有民愤，但无血债，应给他们提供向人民认罪、为人民再立功的机会。胡耀邦又让区党委统战部把群众代表请到统战部，由赵济刚、李子龙向群众代表承认过去的罪行，得到群众代表的谅解，并由行署垫付退赔款，妥善地处理了这个问题。之后他们异口同声地说："要不是胡书记正确执行政策，我们早就身去黄泉了。"

胡耀邦在川北工作期间，定期并亲自主持各民主党派和无党派民主人士座谈会，向他们介绍党的各项工作方针政策和所采取的措施，通报工作情况，广泛征求他们的意见，进行民主协商。由于耀邦胸怀宽大，谦虚诚恳，认真听取吸收民主人士的意见；由于他平等待人，尊重民主人士；由于他为民主人士创造工作条件，发挥他们的作用；由于他关心民主人士的生活，解决民主人士的困难。因此，形成了与民主人士相互信任、相互配合、肝胆相照、荣辱与共的合作关系。党外人士把他当作诚挚的朋友，有什么问题都愿与他谈心，不论什么问题都能在他那里得到解答，受到启迪，心悦诚服，满意而去。这些民主人士的后代，每当提到胡耀邦的时候，肃然起敬。胡耀邦与川北人民有密切的血肉联系，川北人民永远怀念胡耀邦。

认真贯彻党的民主集中制的原则

胡耀邦在川北创造了一个大家心情愉快、团结一致、大胆工作、努力奋斗的新局面。这个难能可贵的新局面的形成，并不是偶然的，是有其深刻的重要原因的。这主要是与胡耀邦同志在川北工作善于学习，善于走群众路线的领导方法和严于律己的高尚品德分不开的。胡耀邦的领导作风，首先是坚决贯彻党的民主集中制的原则，凡是重要的问题，都是集体讨论决定的，需要作出决议的重要问题也都是集体讨论作出的。他尊重其他领导同志，我多次听过他对川北区党委副书记赵林同志尊重的谈话。他在一次讲话中有问有答的说："川北数谁马克思主义水平高？我看数赵林同志高。"

他密切联系群众，关心群众疾苦，处处体贴他人，使人感到温暖。他和谁接触，谁都乐于与他接近，倾心交谈，不拘谨、不害怕，愿说自己心里话，愿讲自己的问题。他亲切热情，平易近人，巧语如珠，教育人深刻，凡与他接触谈话的人，总觉得受到教育，获益匪浅。他遇事走群众路线，常与群众商量，认真倾听别人意见，意见不论大小，凡有可取的，他一面吸收，一面赞扬。他谦虚谨慎从不强加于人，一次六十一军文工团演出开幕时，文工团团长在致词中说，胡主任是毛主席的好学生，我们要向胡主任学习。他转过头来对坐在他背后的我说："这是'将我军'。"从此，再也没有听过人讲过这样的话。我想他劝阻过。他关心干部，爱护干部。一次，行署有一个单位的一名普通干部找他，反映自己有个人困难，他听了后，知道这位干部提出的要求是合理的，便对我说，我们哪能采取只要马儿跑，又要马儿不吃草这样的态度对待同志呢？我立刻与那个单位的领导联系，讲了胡耀邦同志的意见，很快解决了这个同志的困难。这个同志对胡耀邦很是感激。一次，一位年轻的同志找他提出不合理的要求。胡耀邦没有严肃地批评他，而是帮助他说：小弟弟，你年轻，知道的东西很少，你的要求是不妥当的，是与革命的利益相违背的。然后，耐心地给他做分析，这个青年听了他的教育之后，主动放弃了自己的要求，心悦诚服地离去了。胡耀邦严于律己，宽以待人，对工作的错误过失，敢于承担责任，不随便指责他人。如公粮征收进度缓慢时，从未听过他指责下边不对，而是采取措施，加强征粮工作。1950年5月7日，行署失火事件发生后，当时还在重庆开会的胡耀邦星夜赶回南充，主持机关紧急会议，除处理失火问题外，没有查处别人的失职，向上级写了报告，自请处分。同时组织力量，抓纵火的特务。所以，在他领导下的干部个个敢大胆工作，他的敢作敢为、勇于负责的精神令谁都钦佩，给大家以信心和力量，使大家体验到，在他那里，不论什么工作、什么任务、什么困难、什么问题、都有希望有办法解决。他品德高尚，光明磊落，以身作则，艰苦朴素，在机关从未提出过任何要求，与大家一起生活，到下边去，与大家一起在职工食堂就餐。对于他自己的亲属，严格要求。他的外甥从老家跑到南充来找他，要求工作，他并未及时安排，而是发信到老家了解了他外甥的情况后，才按照革大招收别人的条件，叫他到革大学习，学习完之后，按同样的原则分配了工作。胡耀邦经常教育要做人民的勤务员，他是全心全意为人民服务最好的勤务员，是大家学习的好榜样。

在川北工作过的同志，每忆起过去在川北工作的时候，总喜欢谈那段心情愉快、团结工作的往事。

胡耀邦50年代初，在川北写下了光辉的篇章，给大家留下了一个可亲可敬永远不忘的形象。

1952年8月，在撤销四个行政区建立四川省之际，我带着十分惜别的心情去看望即将离别的胡耀邦。促膝侃谈时，我请他题词留念，他当即挥笔写下：“在任何地方作好工作，在任何时候努力学习，对任何事情坚持真理。”旁侧写道：“让我们互相勉励。”这事，我感受很深，我把他的题词作为我终身的座右铭，应当说，题词闪烁着他崇高思想的光辉。

伟大的无产阶级革命家胡耀邦同志，我们永远怀念你，永远向你学习。

录自《南充市文史资料》第二辑

对川北区党委统战工作的点滴回忆

裴昌会口述　朱敬平整理

我于1950年9月到川北行署担任副主任，后又兼工业厅厅长，一直到1952年川北行署撤销。当时川北区党委统战部是胡耀邦书记兼任部长，刘玉衡同志任副部长。我在川北两年多的工作中，体会到川北区党委在贯彻执行党的统一战线政策，正确对待党外人士、知识分子，团结一切可以团结的力量，为党的中心工作服务，作得很出色。现仅就自己的记忆，谈一下那段时间的亲身经历和感受。

我是1949年12月在四川德阳率国民党第七兵团起义的。从1948年起，辗转代我向一野总部联系起义的，是我作军、师长时的军需处长李希三同志（地下党员），一野总部负责联系的是政治部主任胡耀邦同志。起义后，部队集中到中江、三台、盐亭等县整训。1950年8月，起义部队经过民主改革整训完毕，开往天水，与中国人民解放军第七军合编。部队整训结束后，我向贺龙司令员提出，要求转业到地方工作。8月底我由成都到重庆，在西南局受到刘伯承司令员的接见，我向刘司令员陈述了自己的意见。我说：“几十年的戎马生涯很厌倦，回顾解放前经历的几次反复，教训很深，不愿再作军事工作了。”刘司令员说：“军队已整编结束，现可以转到地方工作，你同耀邦同志熟悉，就到川北行署去工作。”他说：“川北南面是两白（白米、棉花），北面是两黑（煤炭、铁矿）。我在重庆北温泉休养时，见到川北下来的船都是装运的粮食、棉花、蚕茧，出产丰富。现在主要是把生产搞上去。”当我确定到川北工作以后，耀邦同志派刘玉衡同志专程来重庆接我，9月中旬到达南充，行署对我去工作很重视，在南充戏院为我召开了盛大的欢迎会，区党委和行署的主要负责同志都参加了。行署副主任刘聚奎同志致欢迎词，并要我讲话，我在会上传达了刘伯承司令员的指示。到南充后，我同耀邦书记等负责同志住在一个院内，同吃小灶伙食。行署的秦仲方、刘聚奎副主任，长期在外搞土改。耀邦同志、区党委副书记赵林同志和我都是西南军政委员会委员，每次去重庆出席西南军政委员会的会议，都是同乘一辆车，同住一间房，关系很融洽。

我没有做过地方政权机关的工作，对川北区的情况也不熟悉。耀邦同志和刘玉衡同志经常给我介绍川北的情况。谈到川北地区经济比较落后，帮会、反动会道门等封建组织的情况很复杂，没有群众基础，我们的政权还是建立在沙滩上。现在首先要抓土地改革，把田分给农民，发动群众，冲破封建势力的束缚，作好巩固政权的工作。要我除在行署办公外，还应通过参加各界人民代表会议等方面的活动，广泛接触群众，沟通情况，增加互相的了解。耀帮同志说：“革命胜利了，共产党威信高，群众都说共产党的好话，有意见也不敢提；对你，他们没有顾虑，通过接触可以听到他们的真话，这对我们的工作有好处，这个作用是共产党员起不了的。”

当时东北大学的部份教职员工由陕西咸阳集中到南充，行署以这些师资为主创办起了川北大学。1947年我任第一战区副长官在陕西时，东北大学一部分教职工由四川三台转移到咸阳，准备迁回东北，因内战开始，他们无法继续前行，滞留在咸阳。为解决他们的生活问题，我未经陕西省主席董钊的同意，曾批发过粮食和经费接济他们，因那时同他们有过交往，他们对我也比较了解，有话愿意同我讲，行署要我多同他们联系。在后来的大学院校合并中，对这些教职员工的安排，我作过一些工作。

到川北行署后，我对地方工作是从头学起，除曾任工业厅厅长外，耀邦同志还安排我管农林和交通方面的工作，还担任了川北区土改委员会委员。我当时只有50多岁，精力也好，经常到基层去，行署为我配有秘书和警卫员，我曾多次提出过取消秘书和警卫员，耀邦同志说：“这是党的政策，不能取消。”

川北区党委对党外人士作领导工作的，十分强调有职有权，工业厅我是厅长，党组书记是副厅长韩培仪同志，他主持日常工作，凡他决定的事，都向我汇报，我们合作共事关系很好。在业务工作上，凡是未按政策执行的，均由党委承担责任。当时经西南工业部化工局批准，在南充新建一个火柴厂。建成后才了解到邻县广安已有一个火柴厂。广安虽不属川北区，但事先没有了解到这一情况，实际已造成重复建厂。工作上的失误，我们承办单位应负责。我是厅长，应作检讨。耀邦同志知道后说：“这个项目是上级批准的，不应由你负责。你不要检讨。”在火柴厂建厂过程中，代厂长刘钊以书面向厅里请示一件事，工业厅以正式文件批复，批复后面盖有我的签章。当批文送达时，工业厅工业科科长李经武（老红军）正在工地检查工作，认为批复的内容不合他的意，当众把文件撕毁。刘玉衡同志知道后，非常气愤，立即到工业厅召开干部会，对李进行了严厉批评，指责他党性不强，无组织无纪律。不尊重党外人士，李经武当众作了检讨。刘玉衡同志还向我道歉。以后李同我的关系也很好。

1951年筹建民革川北地区组织，开始由原在南充的地下民革成员龙杰三、尹子勤同志负责。他们同帮会等封建组织和地方势力有千丝万缕的关系，在筹建民革组织中很难摆脱他们的制约，难以处理好人事关系，打不开民革工作的局面。耀邦同志要刘玉衡同志来同我商量，要我担任筹建民革川北组织的工作。那时我对统战工作接触不多，对很多政策不了解，一心想在业务工作上多学习，多干点事。我曾向耀邦同志说："抗战胜利后，国民党重新登记党员，我就没有申请，也没有参加过民革，我作民革的工作不恰当。"耀邦同志说："民革是进步组织，同过去的国民党不同。你起义就是同国民党反动派决裂，你作民革筹建组织的工作是恰当的。"耀邦同志当即致电民革中央李济深主席，发电的当天，李主席即回电，直接发展我为民革成员。以我为主和当地民革成员龙杰三、李树骅、肖端重等同志，担负起民革川北区组织的筹建工作。在区党委的关怀下，在统战部具体领导和帮助下，向民革输送了一批青年干部，组成了民革川北区分部筹备委员会，开展对川北区原与国民党有历史关系的人士进行团结教育工作，在机关学校中发展了一批民革成员，于1952年1月正式成立了民革川北区分部。

我起义以后，在部队是供给制待遇，到川北行署后仍是供给制，由于级别高，生活安排得很好，我是很满意的。耀邦同志知道我起义时，兵团不管经费，我没有积蓄，建议对我改为工资制。我对供给制的生活已经很满意了，认为没有必要改工资制，再增加国家的开支。耀邦同志和刘玉衡同志一再向我解释，说我与他们不同，有旧的部属请求我帮助，跟随我的还有一批人，筹建民革组织，开展统战工作，必然有一些应酬开支，仍决定给我改为工资制。这样我每月的收入就增多了，但实际开支也不大，剩下的钱就存入银行。当时正值农村减租退押，有些人，如尹子勤、蹇幼樵、杨达璋等，有的是我在保定军校时的同学，他们是地主，有退押任务，纷纷来要我给予支援，我曾给过他们一些钱，帮助一些人过了土改关。川北地区土改中，开初个别基层有错杀人的现象，一发现就严格制止了，凡要杀的都要经行署批准。以后，在整个土改过程中，是正确执行了党的政策的，杀人较少，没有错杀。在抗美援朝中，行署机关分配有支援抗美援朝战争的捐献任务，机关干部工资不高，我收入多，每次捐献的金额都比较大。耀邦同志风趣地对我说："机关的捐献任务由你包下来了。"

川北区党委对党外人士合作共事关系十分重视，定期召开党外领导干部和民主人士座谈会，行署机关有关负责同志主动检查党员对党外干部在合作共事中的缺点。在座谈中，主要负责同志多次指出过：党员对党外干部积极帮助不够，遇事缺乏商量，往往事情办了，党外干部应该知道的还不知道；个别党员干部骄傲自大，盛气凌人；有的不服从上级党外干部的领导，相处不融洽，生活上对党外干部照顾不够。通过座谈，广泛征求党外干部对党员的意见。党委负责同志对党外干部生活十分关心，我是在小灶吃饭，有次炊事员没有给煮面，耀邦同志亲自到厨房去对炊事员说："裴主任不能吃大米，为什么这顿不煮面？"

我由部队调到行署时，带去一辆吉普车，这辆车是我起义前向阎锡山驻成都办事处买的，内部质量较好，外观差些，使用起来倒很合意。行署考虑到车子的外观不好，给我换了一辆式样新颖的美制万能吉普车，一直由我使用。行署撤销后，我随工作调动，将车子带到西南纺管局。

起义前，我的家属和子女被胡宗南强迫送去台湾，留在大陆的只有在铁道部门工作的大儿子裴大超。当时他负责宝天路一项工程的设计和施工，在施工中，一处水泥隧洞的顶棚发生裂缝。在"三反"运动中，有人提出追查责任，他怕联系到历史，无限上纲，思想很紧张。曾产生自杀的念头，并给我写来诀别信。刘玉衡同志听到我的秘书张永龄反映后，立即向区党委作了汇报。区党委在研究这一问题时提到"他在大陆上只有这个儿子，可不能让他自杀"，并立即向大超所在单位发了急电，介绍了我的情况，要求这个单位正确处理工程上的问题。单位很快就有回电说，领导上并未追查他的责任，是他自己有顾虑，经苏联顾问鉴定，不算事故，不影响质量，也没有造成经济损失。由于领导的重视，问题很快得到了解决。事后行署还安排大超的妻子专程去工地看他。

1952年，川东、川西、川南、川北四个区合并建四川省。耀邦同志和其他几位副主任调北京等地，先离开南充。因我是调西南纺管局，由我负责行署的结束工作，最后将行署留在四川的人带到重庆。耀邦同志离开南充时对我说："两年多来，我们主要是集中力量抓土改，抓巩固政权的工作，对工业基本上没有摸过；你抓了一下工业，也不过懂得了几个名词。现在组织上分配你到西南纺管局作局长，按你的级别是安排低了，这是到实际工作中去锻炼，党不是把你当外人，是培养你。"还征求我有什么意见，我表示坚决服从分配。耀邦同志说："你管纺织不是内行，要到实际工作中去学习锻炼，要做到做什么爱什么，要做好，做到底。"我遵从耀邦同志的指示，到了新的工作岗位。当时中央规定，中央各部的局、司长的工资不得超过180元，我在行署是250多元的工资，在局里拿了半年180元的工资。后来局党组书记刘瞻同志发现了，对我说："这是我们搞错了，你的工资应保留。马上改过来，不过过去的不能补了。"在西南纺管局期间，我多次到北京开会，见到耀邦同志，他说："党对你负责到底。你在地方工作了几年，是否想到中央来，我可以替你说。"我说："按你的指示，要做到底，我对纺织没有学好，还不愿离开。"

耀邦同志对党外人士充分信任，大胆给工作做，错了他承担责任的精神令人感佩。同他一道工作，觉得既紧张，又愉快。他对党外知识分子都是一样关心照顾，川北区的统战工作是做得很出色的。这些年来，我接触过许多同耀邦同志一起工作过的同志，都对川北区出色的统战工作交口赞誉。

录自《南充市文史资料》第二辑

艺 文

田地本是刷金版

王 笙

田地本是刷金版，人难穷来地不懒，
只要努力来耕种，播下一升收一担。

而今世道大改变，穷人不再受熬煎，
穷人不再受熬煎，发家全靠多生产。

多生产、多生产，有吃有喝不困难，
大家一齐除特务，太平日子在眼前。

录自《川北日报》1950年4月7日第2版

交公粮

白　航

菜子唷开花一片黄，
今年唷更比往年香。
挑起担子大步走唷，
走到那场上交公粮。

往年唷交粮心里气，
大老壳没有出一颗粮。
千斤的重担全要咱来担唷！
五挑谷子硬上四角三。

今年唷实现合理负担，
贫富分等唷把粮摊；
田多的出得多、田少就出得少，
橘子还分个甜和酸。

请长年还要管吃穿，
人民政府全为我们把事办。
解放军为人民除害剿土匪；
交纳公粮唷理当然！

理当然唷，
快交粮
没有军粮怎打仗！

快交粮唷，
有钱有粮才能开工厂，
土匪特务肃清啊，
生产建设搞好了，
安乐的日子大家享！

录自《川北日报》1950年4月11日第2版

剿匪金钱板

杨　棣

各位同胞请雅静，
听我把土匪的罪恶说分明；
说起土匪太可恨；
害得大家不安宁。
抢劫杀人多凶狠；
破坏征粮，骚扰地方罪不轻。
有些人被他们抢干净，
有些人被他们杀死更痛心。
做生意的要想出门把钱挣，
只怕路上不安宁。
城头的货物不好运乡镇，
乡下的东西不好运进城，
往来东西不好运；
物价上涨人民生活苦万分。
人民都在切齿恨，
土匪特务反开心。
他们都是些地痞、流氓和光棍，
蒋介石的败将和残兵，
特务恶霸相勾引，
帮到蒋贼害人民，
制造谣言哄百姓。
想把清水来搅混，
土匪的罪恶多得很，
三天三夜说不清。

人民政府爱百姓，
剿匪安民下决心。
捉住匪首依法来审问，
罪大恶极的处极刑；
被迫为匪当别论，
准他自新做好人；
倘若拿枪来归顺，
帮助政府把匪擒，
立功受赏多荣幸，
人民一定很欢迎。

谁想捣乱图侥幸，
捉住严办不容情，
奉劝同胞要机警，
协助政府把匪平，
一切谣言不可信，
照常生活可安心。
军人剿匪为百姓，
咱们自己要齐心，
检举匪特要斗硬，
不要害怕得罪人，
你若对他来怜悯，
放了疯狗要咬人，
若有亲友跟着土匪混，
千万劝他跟着好人学好人。
一失足成千古恨，
万人咒骂羞先人，
还有一事更要紧，
保证工作人员到乡村。
发生情况要报信，
准备刀枪作斗争。

军人保护老百姓，
百姓帮助解放军，
坚决镇压反革命，
土匪特务要肃清，
为了财产和生命，
为了子女和家庭，
为了生活得安定，
合力剿匪要认真。
你我大家有责任，
不论工农商学兵。
工作人员要把机会来抓紧，
政治瓦解军事剿匪相呼应，
结合群众要齐心，
只要大家再加一把劲，
剿匪工作好完成，
土匪特务擒干净，
大家安居乐业享太平。

录自《川北日报》1950年4月30日第2版

谣言信不得

康工弟

谣言不能信，
信了谣言害死人。
城外解放军在挖茅坑，
特务造谣说要活埋人，
有的人听得睡不着，
有的人听得脸发青，
捏着一把汗在家等，
一幌几天没动静，
不放心悄悄出城看分明，
坑里早屙满尿和粪，
才知道乱听谣言受虚惊。

一波才平二波兴，
特务造谣说解放军要吃小人。
丁二婶的幺儿走掉了，
四处寻遍满城找，
眼睛哭得像杏仁。
一天下午快黄昏，
解放军找上了二婶的门，
手牵着幺儿交给了婶，
幺儿“妈呀”喊不停：
“妈呀，那天我走掉了，
幸好遇见解放军，
见我哭给我买糖吃，
见我饿去包点心，
今天听见传谣的说，
马上牵我转回门……”
丁二婶，感动得很，
哇的一下哭出声，
原来解放军这么好，
悔不该把那些谣言听！

二波稍平三波兴，
特务造谣说供祖神要抽税金，

听这话大家不高兴，
没办法只好拆祖神，
李老四胆大人年青，
亲自到政府去打听，
政府人员很耐烦，
挨一挨二解释给他听……
这些谣言不可信，
供祖神抽税根本没有这事情，
李老四，听得清，
知道又是特务造谣捉弄人。

同胞们：谣言千万不能信，
解放军打仗拼性命，
都是为了救人民，
共产党是我们的救命星，
解放军是我们的子弟兵，
救命星，救人民。
子弟兵那能害父兄！
特务谣言像把刀，
想割断我们骨肉亲，
同胞们呀要齐心，
团结起来对敌人，
大家动手一齐干，
肃清特务去祸根，
早一天把特务摘干净，
大家早一天享安宁。

录自《川北日报》1950年5月9日第3版

保密防特

川北军区修械所工人　郭金槐

学习镇压反革命，
保密防特最要紧；
外人来要问个明，
不和外人谈内情。
亲友通信要注意，
保密不得外传达；

文件一定要保密，
登记检查莫失职。
炊事同事要留心，
厨房不许闲人进；
特别注意防火烛，
严防特务放毒品。

下班休息要锁门，
值日特别要小心；
出了问题要负责，
提高警惕防万一。
工人同志听我说，
切记莫要玩弹药；
假使起火伤了人，
那时谁也说不脱。
开动力注意飞车，
机损人伤要不得；
不懂机器莫乱开，
伤人毁物要不得。

反对光说不去做，
反对自充假精灵；
反对不会又不学，
反对经常犯错误，
自由主义不得行，
实干硬干才是路；
秋毫之末该看得，
保密防特要做好。

录自《川北日报》1951年4月24日第3版

女主席张纪秀

艾　明

"共产党和毛主席来领导我们妇女，现在出头了。"

当我第一次见到张纪秀时，她很兴奋地对我说出这衷心感激的话。是的，几千年男尊女卑的封建制度，束缚着中国妇女翻不了身，出不了头。今天在共产党、毛主席的正确领导下，中国每一个角落被压迫的妇女都屹立地站起来了，张纪秀就是许多妇女中的一个。

她是岳池县杨柳浦第三村的人，二十岁，乡农协会副主席，正式团员。在她谈话态度上，表现着中国农村劳动妇女的特质——朴实，爽直。

解放后；她逐渐体会到党的政策，认识到妇女要翻身，必须自己起来干。她说："现在我们妇女出头了，任何人都拦不了……"在去年六月间，她毅然走出从来不敢出去的大门，参加了妇女会，作了征粮评议员。她不怕天晴落雨，这山跑那山的忙着，在她的带头影响下，该村妇女陆续地跨出房门来协助政府工作。随后，她被选为村的出席乡农会的代表。开了会回来，她思想上起了变化，就是正确地认识到穷人要翻梢，只有自己起来干的道理，她越发努力工作。每逢村上开会时候，一听见锣儿响，她便喊其他的妇女去参加，有时她开会到午夜才回去，她兴奋地说："过去嘛！休想这样……现在我们妇女硬是出头了。"

是去年九月间，她被选为乡农协会副主席。减租退押运动展开时，她积极地发动男女农民参加减租退押工作。当建立农民自卫武装时，她首先报名参加农民自卫武装队。在她的影响下，许多男女农民消除了顾虑，踊跃地参加到自己的队伍里来，她的丈夫屈纪学也参加了。每天早晨她都去下操，其他时间，就同着农民弟兄拿着刀刀，扛着红缨枪去找那些顽抗的地主减租退押。她说："我一个远房婶娘—何大婆在"月子"里不退押金，我拉她去退。我说，你过去压迫穷人，剥削过我们，现在不去退不行。"

由于阶级觉悟的提高，加深了她对地主阶级的仇恨。第四村地主罗治国违法夺田又砍树，又坚决不减租退押。群众会开了几次，都没有结果。当这消息传到张纪秀耳里时，她很气愤地说："这东西，非整他一家伙不可，不然认为我们好欺……"她便跑去发动该村妇女起来，组织了调查小组，没有几天功夫，果然查出罗治国转移财产在她姐姐家里。她谨慎地带着自卫队员去查看，发现几个大筐内满贮胡豆，她很怀疑，怎么这个时候还有这么多的胡豆呢？她渐渐联想到地主罗治国，真是有意拖赖顽抗，于是便发动群众向他展开说理斗争，揭穿他有意转移财产的阴谋，这样罗治国只好向群众低头认罪。

她对敌人狠狠打击是坚决的，哪怕是自己亲戚。她有个隔房婆婆屈刘氏，该退农民四石多粮食，故意拖延不拿，她带起自卫队员去找屈刘氏，她理直气壮地说："你们只有两娘母，在解放时，你们卖了许多石黄谷，现在就没有了？哼！用在那里去了？……"她又声色俱厉地说："你们剥削这么多年，现在该不该退？"屈刘氏无话可说了，便规规矩矩退给农民。

当谈到她的身世时，她含着泪水哽咽地说："提起话长啊！真是'遭孽'，我家有十多挑地，一家人勤做苦吃还不够过活。唉！不幸；我九岁那年，在八月间就死婆，十一月间死了娘，同志！你想一年接连死两个人，那一家乘得起？别人过年，我们四姐妹蹲在屋里边哭……。"她愤慨地说："过去我们穿烂襟襟，地主见着我们捏着鼻子说，'狗屎气'来了，同志，你说地主可恶不可恶?”她平静地又说:“那时,生活确实难过,我十四岁就去屈家作童养媳妇,白天出去捡柴、扯猪草、煮饭……,晚上便弹棉花,在十七岁结了婚。”丈夫屈纪学与她同年,两口子情感还好,只是屈纪学耳朵不对,她说,“他干庄稼很得行,就是耳朵听不见。”

因为她一贯对工作积极,群众关系也好,任何人找她都肯帮忙,有时她整天都在跑,饭都顾不得吃,这样她婆婆“不安逸”她了,时常说她到处走,回来吃闲饭,不做家里的事情,她忍受不住了,就赌气住在家里不出去了,没有两天,区上开会,卢区长问一个妇女委员,说:“张纪秀往回开会来得很早,今天为何不见她来?”便找了两个人来喊她,卢区长对她说:“你过去工作很积极,为啥现在不好好干了?张纪秀,你还是受过压迫欺凌的人呀?”她听了这话,抹着泪水,提起刀刀,便立即去查仓放哨。事后,卢区长对人说:“张纪秀硬是好,你看她受了冤屈,稍微说她一下,又干得蛮有劲!”

今年一月间,她出席了县的扩干会,被评为模范,并光荣地入了团,她极兴奋地说:“这下我在团的培养教育下,更要努力工作,学习文化。”

录自《川北日报》1951年5月3日第3版

土地证

胡明禄

土地证,真好看,
红红的官印盖后边,
地土房屋写得清,
四界分明注得全,
上面印的毛主席,
五星红旗插两边。

老汉看了递给老婆婆看,
越看心头越了然。
这下田地真正回了家,
土地证是我们的命心肝!
增产节约加油干,
跟着共产党再向前!

录自《川北日报》1952年2月8日第3版

十六户人是一家

——记郑国友互助组片断

王尔碑

豌豆开花几样红，
郑国友互助组大不同；
全组共有十六户，
就有十五户是贫农。
贫农受苦比海深，
苦连苦来心连心，
做起活来很展劲，
同一互助组，亲上更加亲。

青青天上一朵云，
组长把话说得明：
一根筷儿挑不上饭，
百根树儿才成林，
不搞好互助组啥，
社会主义社会难实行。
端端照到苏联学，
将后来才有好光景！
听在心来笑在心，
三个五个来讨论。

米要煮熟才捏得成团，
“私心”打破才好做活。
每天天才麻麻亮，
我喊你来你喊我，
今天齐扑扑做你家，
明天齐扑扑做我家。
做活在一起，
吃饭各吃各，
做好做孬要评分，
吃好吃孬没话说。

门前一树红桃花，
十六户人家是一家，

一家有困难，
十家想办法；
手板手背一般痛，
谁也不愿谁受痛。

堰头水满绿荫荫，
郑国友那心比水清，
自家活路丢在后，
回回抢先做别人；
安顿活路最公平，
事事先把群众问；
说声组上要换种，
他连夜连晚这村跑那村。

银子没有金子贵，
十天开个小组会，
谁有短处就批评，
谁有长处就鼓励，
组长有错组员说，
组员有错组长提，
批评只为帮助人，
红黑没人忧闷气。

娃娃不哭狗不叫，
三天读回农民报，
一个人拉高嗓门念，
全组人偏起耳朵听；
丰产经验记到起，
模范事情记到起；
坏人坏事要防备；
好人好事要学习。

天上鸟儿一队队，
飞过一起又一起，
人多手多力气大，
你追我来我追你；
手多人多多快乐，
有说有笑又唱歌；
手动眼快心盘算，
天天直往前头赶。

录自《川北日报》1952年4月15日第3版

人人都来参加爱国增产竞赛

（山顶广播对口唱）

王　笙

甲：我的山歌实在多，起码能装好几箩，那个同我比一比，放开喉咙来唱歌？

乙：对门山上是哪个？想必能唱几个歌，我要和你比一比，不唱旧歌唱新歌！

甲：要唱新歌不困难，一面唱来一面编，我今不是冲壳子，政策法令记得全！

乙：你说政策记得全，让我把你盘一盘，为啥要爱国增产搞竞赛，请你把它说一番！

甲：爱国增产搞竞赛，三言两语说不完，第一、支持志愿军，第二、建设国家有本钱，第三、农民生活能改善，第四、还能学习生产好经验。农民弟兄都参加，农业就能大发展，只要我们展劲搞，将来的日子蜜蜜甜！

乙：对门的大哥说得好，听我第二个问题又来了：一挑田土产一挑，产量咋样能提高？

甲：一挑田土产一挑，这个经验陈旧了！看看山西曲耀离，棉花务得多么好，一亩地产了籽棉九百多斤，为啥他又做得到？还有湖南李承桂，谷子产量也最高。陕西有个史安福，种麦经验有一套，每亩产麦九百斤，这都是精耕细作无他巧！苏联产量更加高，我今不能仔细表，只要大家多读报，思想就能搞通了！

乙：这番道理讲得好，我也相信产量能提高，为啥定要搞竞赛？达不到标准逗人笑！

甲：研究情况最重要，仔细算账订目标，增产多少有把握，标准哪能达不到？再说组织互助组，人多办法就更好，大家一齐来竞赛，生产热情也更高！组员仔细来商量，保险说到能做到，全组庄稼增一成，你想咋会放空炮？

乙：抗旱事情忙得很？各种活路又操心，哪有时间来竞赛？这事实在伤脑筋！

甲：莫说活路忙得很，有个道理要认清，样啥都是为增产，分开来看就不行！

乙：果然道理记得全，有条有理会宣传，愿你宣传展把劲，大家都来搞增产！

甲：爱国增产竞赛大开展，人人都来挑战和应战，胡主任的号召齐响应，争取在“万户、千组、百乡”中当模范！

乙：英雄不是天生成，全在我们干不干，爱国增产好处多，人人争取当模范！

甲：人人争取当模范，亮出本事看一看，精耕细作多施肥，学习别人好经验，人人能够这样做，人人都能当模范！

录自《川北日报》1952年6月7日第3版

编后记

2012年，南充市政府决定编纂《川北区志》的意见得到了省地方志编委会的同意。经过3年的努力，全面系统记述新中国初期省级行政区历史状况的《川北区志》(1950年1月至1952年9月)，现已定稿付梓，实属不易。

一、编纂意义

新中国成立初期，中央把四川省划分为川东、川南、川西、川北4个省级行政区和中央直辖重庆市、西康省。川北区辖南充市（川北区直辖市）和南充、遂宁、达县、剑阁4个专区35个县，面积约9万平方公里，1700多万人，中共川北区委、川北行署驻地南充市。

川北区从成立到撤并，存在了两年零八个月时间。在胡耀邦领导下，川北区党委、川北行署带领川北人民开展了轰轰烈烈的征粮剿匪、减租退押、土地改革、镇压反革命、抗美援朝和“三反”“五反”运动，在建立和巩固人民民主政权、恢复和发展地方经济、巩固和扩大统一战线、大力发展社会事业等方面取得了显著成效，为川北的发展奠定了较好的基础，留下了许多可资可鉴的宝贵的历史经验。

编纂《川北区志》，不仅能够全面系统记述川北区党委、川北行署领导川北区人民进行社会主义革命和建设的伟大实践，而且还能充分反映川北人民艰苦奋斗、英勇无畏、不怕牺牲的革命品质和敢于探索、勇于创新的开拓精神，同时还能填补地方志书专门记述新中国成立初期这一特殊时期的历史空白，既为人们研究这段历史提供了珍贵的历史资料，更能激励人们为全面建成小康社会、全面深化改革而努力奋斗。

二、筹备启动

2012年2月，市地方志办公室正式向市政府呈报了《南充市地方志办公室关于组织编纂〈川北区志〉的请示》，市政府副市长朱家媛、市长向东及时批准了市地方志办公室的请示。市地方志办公室又庚即向省地方志编委会呈报了编纂《川北区志》的请示，省地方志编委会批复同意南充市组织编纂《川北区志》。2012年4月，市政府办印发了《关于组织编纂〈川北区志〉的通知》，成立了由市委副书记、市长向东任主任，市委常委、常务副市长郑和平，副市长朱家媛，市政府秘书长沈一凡，市地方志办公室主任夏建平为副主任，市级相关部门负责人为成员的编委会；成立了由朱家媛任总编，沈一凡、张相君（市政府副秘书长）任副总编，夏建平任执行主编，何进、于明任执行副主编，有关专家学者任特邀副主编的总编室。4月，市政府召开了《川北区志》编纂工作会议，正式启动了编纂工作，决定用3年时间编纂出版《川北区志》。

三、资料搜集

2012年5月，总编室研究制定了《川北区志》编纂方案和搜集资料篇目，积极开展了资料搜集工作。在绵阳、遂宁、巴中、达州、广元、广安、资阳、德阳和重庆市潼南县等兄弟市、县地方志办公室的大力支持和帮助下，完成了原川北区所辖的35个县（市）第一轮志书收集任务；在四川省档案馆的支持帮助下，夏建平、于明、罗永师、徐方强、袁渊明等5人住在成都20多天，从近7000卷原川北区档案中逐一查阅筛选，复印了2万余页的原始档案；在南充日报社、市图书馆的支持帮助下，何进、祝华及聘请的专业摄影人员将原《川北日报》《川北工人报》《川北农民报》全部进行了拍照。同时，市地方志办公室、总编室还千方百计地收集到了《胡耀邦传》《胡耀邦在川北》《开创基业的人们》《南充市文史资料·胡耀邦与川北工作回忆》《中国共产党川北区历史》《中国共产党南充历史大事记》《川北区组织史资料》《川北区大事记》等有关记载反映川北区方面的专业书籍（资料）50余册（本）。至12月底，共搜集到了7000余万字的资料，基本完成了资料搜集任务。

四、精心编纂

初纂。2013年3月，编委会召开了《川北区志》编纂会议，对编纂工作作了全面安排部署。总编室组建了由专家学者、地方志工作者组成的初纂队伍，组织大家根据搜集到的资料修订和完善了《川北区志》初纂篇目，印发了《〈川北区志〉编纂工作文件汇编》，对编纂人员进行了集中业务培训。根据编纂人员特长，分工落实了初纂任务。于明负责概述、大事记、人物、附录，罗永师负责川北行署、政事概要、民政、工业、盐业、蚕桑丝绸、酒类专卖、卫生，徐方强负责人事、劳动、监察、外事、交通、邮电、索引，蒲明礼负责农业、商业、供销合作社、粮食，卿远明负责文化、新闻出版、教育、体育，史义华负责政区、川北区各界人民代表会议、民主党派、公安、检察、审判、城市建设，赵玉林负责中共川北区委、群团组织，唐庆玖负责财政、税务、金融，李德林负责军事，鲁廷辉负责自然环境，熊乐成负责宗教，吴兴中负责人口，谢洪才负责特载图片征集和分类编辑，林志华负责英文翻译。初纂中，编纂人员通过试写、不定时相互探讨、交流编纂心得等途径，解决有关具体问题；总编室组织召开了5次编纂人员集体研讨会，专题研究解决编纂中的有关疑难问题。8月，130余万字的《川北区志》初稿形成。为了在史实、数据等方面不出现遗漏和错误，总编室又安排每位初纂人员用2个月的时间，将初纂稿与《胡耀邦在川北》《胡耀邦与川北工作回忆》《川北区组织史资料》《川北区大事记》等重要著述逐一对照，对史实、数据等进行了全面核实和查补。

总纂。2013年10月，总编室夏建平、于明、罗永师、徐方强、蒲明礼5人承担了《川北区志》总纂工作，修订形成了《川北区志》总纂篇目，采取“一支笔成志、多只手完成”的办法，从头至尾各有侧重地把好政治关、史实关、体例关、行文关、保密关，重点在突出时代特点、地域特色，充分反映事物发展变化，处理内容交叉重复等方面着力。总纂人员经过集体研讨和逐一查证《川北日报》《川北工人报》《川北农民报》等重要资料，彻底解决了编纂中的疑难问题。经过辛勤耕耘，12月底，110余万字的《川北区志》总纂稿形成。

五、审核验收

志稿初审。2014年1月至5月，编委会将《川北区志》总纂稿送请市内部分专家学者和川北区部分老领导、老同志小范围内进行了审读，总编室根据审读意见，对总纂稿修改完善形成了约100万字的《川北区志》审读本。

志稿审读。2014年6月至10月，编委会将《川北区志》审读本分送原川北区部分老领导、部分工作人员和省地方志编委会领导、南充市市级领导、省上有关专家学者、原川北区所辖各市地方志办公室领导及专家学者、川北区部分县（市）地方志办公室领导、《川北区志》编委会成员等150余人进行了大范围的审读。同时，请市保密、统计、民族宗教等部门对《川北区志》的保密性、数据的准确性、志稿是否违反民族宗教政策等相关内容进行了审查。大家充分肯定了《川北区志》编纂的意义和质量，高度赞赏《川北区志》编纂所做的艰辛工作，还提出了3000余条（处）修改意见和建议。

复审评议。南充市政府与省地方志编委会商定，10月17日在南充召开了省、市有关领导、专家学者、原川北区相关市（县）地方志办公室领导、编委会成员及总编室等40余人参加的《川北区志》复审评议会。市政府副市长、编委会副主任朱家媛代表市政府、编委会致辞并全程参加了复审评议会，编委会副主任、执行主编、市地方志办公室主任夏建平汇报了《川北区志》编纂情况，省地方志编委会党组成员、副主任、《川北区志》复审评议组组长罗亚夫对南充市委、市政府高度重视《川北区志》编纂致以了衷心感谢，对《川北区志》编纂付出的辛勤劳动给予了充分肯定，对《川北区志》编纂质量给予了高度评价：选题意义重大，时代特点和地方特色突出，填补了国内地方志书专门记述建国初期的历史空白。市政协原副主席李盛文、省地方志编委会市县志处处长曾新苗、巴中市地方志办公室主任饶松柏、达州市地方志办公室主任冉炬、广元市地方志办公室主任王少卿、广安市地方志办公室原主任钟再原、遂宁市地方志办公室主任周正琴、德阳市地方志办公室主任李思源、资阳市地方志办公室主任李卫东、重庆市潼南县档案史志局副局长朱长忠、市委宣传部常务副部长赵东、市统计局局长吴兴中、市委党史研究室主任唐宗政、市民宗局局长熊乐成等领导也对志稿的修改提出了很好的意见和建议。市地方志办、总编室根据专家学者、领导等各方面的意见和建议，组织人员进行了修改完善，形成了90余万字的《川北区志》终审稿。

终审验收。2014年11月，市政府向省政府呈报了《南充市人民政府关于审查〈川北区志〉的请示》（南府〔2014〕90号），编委会按照“齐、清、定”的要求，将市政府请示和《川北区志》终审稿报送省政府。11月28日，省政府组织召开了《川北区志》终审验收会，省政府副秘书长陈越良任审查验收组组长。市政府副秘书长、副总编张相君向终审验收组汇报了《川北区志》编纂情况，省地方志编委会党组书记、副主任、终审验收组副组长马小彬宣读了终审验收意见，并宣布《川北区志》通过省政府终审验收。

六、定稿出版

《川北区志》通过省政府终审验收后，总编室召开了意见梳理专题会议，对终审意见进行了归纳分析，在认真核实史实的基础上，进一步修改完善，终于形成了80余万字的定稿。

2014年12月，市政府向省政府呈报了《关于批准〈川北区志〉（1950.1—1952.9出版的请示）》（南府〔2014〕115号），省政府作出了《关于同意〈川北区志〉（1950.1—1952.9出版的批复》（川府函〔2015〕3号）。市地方志办公室、总编室按照把《川北区志》印制成高质量的一流精品志书的要求，根据政府采购有关规定，经过政府采购，方志出版社中标《川北区志》出版印制工作。

七、诚挚致谢

《川北区志》编纂工作中，中共南充市委、市人民政府的领导给予了高度重视，市人大常委会、市政协的领导给予了大力支持；省地方志编委会领导和专家给予了关心指导，省地方志编委会党组书记、副主任马小彬和副主任罗亚夫、市县志处处长曾新苗等多次到南充指导编纂工作并看望慰问编纂人员；耀邦同志夫人、93岁高龄的李昭同志审读志稿后亲自为《川北区志》作序，耀邦同志长子、中共中央统战部原副部长胡德平同志提供了重要史料并帮助订正了个别重要史实；省档案局（馆）、市档案局（馆）、市委党史研究室、市图书馆、南充日报社、原川北区相关市县地方志办公室及编委会成员单位给予了鼎力相助；出版社大力支持，优先安排出版；等等。在此，谨向所有关心、支持、帮助《川北区志》编纂出版的同志致以崇高的敬意和衷心的感谢！

川北区距今已60多年了，由于档案资料中当时的民主建政和中心工作等方面总结性材料较丰富，而恢复发展地方经济、社会事业等方面资料较少；反映原南充专区、原南充市的资料、图片较丰富，而反映其他原3个专区的资料、图片较少，资料完整性较差，加之编纂人员水平有限，志书内容疏漏之处在所难免，恳请广大读者批评指正。

编　者

2015年1月

索　引

条目索引

A

B

C

D

F

G

H

J

K

L

W

X

Y

Z